Wellenreiter.

Ein ungarischer Europäer.

Für meine Familie.

Nachdruck oder Vervielfältigung nur mit Genehmigung des Autors gestattet.

Die Verwendung oder Verbreitung unautorisierter Dritter in allen anderen Medien ist untersagt.

Herstellung und Verlag:
BoD - Books on Demand, Norderstedt

ISBN 978-3-7504-4331-0

MIX
Papier aus verantwortungsvollen Quellen
Paper from responsible sources
FSC® C105338

Vorwort

Liebe Leser, ich führe Sie mit meinen persönlichen Erlebnissen durch verschiedene Epochen: Jahre vor dem Zweiten Weltkrieg, die entsetzliche Zeit des Krieges, Judenverfolgung, hohe Verluste seelischer wie körperlicher Art, der Beginn einer neuen, hoffnungsvollen Nachkriegszeit, in der die Sehnsucht nach Freiheit in einer weiteren dunklen Diktatur versank und die Freiheitsliebe einer Nation mit brutalen Konsequenzen niedergeschlagen wurde, und die Flucht in das Unbekannte. Allein und fast gelähmt in einem fremden Land, andere Sitten, fremde Sprache und die gnadenlose Einsamkeit mit Herausforderungen für die Zukunft. Die ersten Schritte auf einer Karriereleiter mit erheblicher Absturzgefahr, ein Kampf ums Dasein, Gründung eines festen stabilen Fundaments für die Zukunft und der unerschütterliche Glaube an ein demokratisches Freiheitsprinzip und die Hoffnung auf ein neues, starkes Europa in Frieden.

Lange Zeit habe ich diese Aufzeichnungen vor mir hergeschoben, und obzwar viele Bekannte, Freunde und Verwandte darauf drängten, endlich damit anzufangen, war ich, was das Schreiben betrifft, immer wieder zurückhaltend.

Es ist wirklich schwer, eine glaubhafte und vor allem akzeptable Antwort auf die Frage „warum" zu geben. Hier könnte ich Faulheit, Müdigkeit, Zeitmangel oder aber auch einfach nur ‚Angst' nennen.

Angst, nichts anderes als Angst. Ängste aber schließen Türen, und um diese Türen zu öffnen braucht man Zeit, viel Zeit. Man muss Ängste überwinden, um in die Freiheit zu gelangen. Freiheit führt zu Rechenschaft, zu Befreiung und innerer Erleichterung und retrospektiver Geschichtsbewältigung.

Ich denke an ein zutreffendes Zitat von Johann Wolfgang von Goethe:

„Die Geschichte irgendeines Wissens zu schreiben ist immer eine bedenkliche Sache. Denn bei dem redlichsten Vorsatz kommt man in Gefahr, unredlich zu sein; ja, wer eine solche Darstellung unternimmt, erklärt im Voraus, dass er manches ins Licht, manches in den Schatten setzen werde".

Ja, vor diesem Schatten fürchtete ich mich, vielleicht würde ich nur die halbe Wahrheit erzählen? Warum die halbe Wahrheit? Nun, nicht nur meinetwegen, denn ich hatte bei all den ehrlichen Erzählungen Angst davor, doch vielleicht jemanden verletzen zu können oder zu intime Geschichten aufzutischen, die im Augenblick vielleicht keine schwerwiegende Rolle spielen, aber doch wichtig waren.

Auch der Ablauf, der inhaltliche Zusammenhang, exakte persönliche Angaben, die mosaikartige Bildersammlung, farbenreiche Erlebnis-Einlagen und Erzählungen, all das bereitete mir von Anfang an erhebliche Schwierigkeiten.

Ich kann nur hoffen, dass ich hier denselben erfolgreichen Weg einschlage werde wie Moltke: „Getrennt marschieren, vereint schlagen!".

Deshalb lasse ich jetzt diesen vorzeitig selbstkritischen Akt ruhen und beginne lieber mit einer großen Portion Optimismus an diesem Werk zu arbeiten.

Es ist eine Mischung aus Erlebnissen, Erfahrungen und Geschichte. Aber vor allem erzählt es von der Vergangenheit, meiner Vergangenheit. Wir werden sehen, was daraus entsteht und ob es überhaupt einer nachträglich kritischen Überprüfung standhält. Das Verfassen eines solchen Buches mit retrospektiver und fraktionierter Schreibweise verlangt doch ganz andere Fähigkeiten, als wenn man „nur" eine kurze Abhandlung, einen Artikel oder einen Brief verfassen würde. Oftmals kommt es zum absoluten Stillstand, Nachdenken, Recherchieren, nochmaligem Kontrollieren und erneutem Korrigieren.

Mich erinnert diese Tätigkeit an die eines Bildhauers. Er beginnt an einem für außenstehende Beobachter unbedeutendem Stück Material zu arbeiten. Nur er allein sieht vor seinem geistigen Auge, was daraus entstehen soll, und er ist noch äußerst unsicher, ob aus diesem „Etwas" überhaupt einmal etwas wird. Dann, nach langer und schweißtreibender Arbeit, entwickelt sich aber daraus so eine für alle erkennbare Form, und nach und nach entfaltet sich ein Kunstwerk, das letzten Endes von dem einen oder anderem Betrachter abgelehnt wird, da er nicht in der Lage ist, dieses Werk zu verstehen. Vielleicht zerbricht aber dieses Kunstwerk kurz vor seiner Vollendung und wird von einem Augenblick zum anderen wertlos. Träume werden zerstört, Hoffnungen vernichtet, und man beginnt an sich selbst zu zweifeln. Doch dann überwältigt einen die Hoffnung, und man fängt nochmals von vorn an.

Jetzt zum Beginn meines Schreibens bin ich auch sehr unsicher, ob daraus überhaupt etwas werden wird oder ich das Ganze lieber lassen sollte. Warum tue ich das? Für wen schreibe ich das alles auf und lohnt sich denn überhaupt dieser große Aufwand?

Mein kleiner Enkelsohn ist gerade bei uns und hört nicht auf ununterbrochen Fragen zu stellen: „Opa, warum hast Du einen Kittel? Was für ein Ring ist das? Hast du auch einen Opa gehabt? Wer ist die Frau auf dem Gemälde usw.?" In diesem Moment denke ich, dass es sich doch lohnt, alles aufzuschreiben, schließlich ist es eine interessante Familiengeschichte. Sie zieht sich durch so viele verschiedene Epochen unserer Zeitgeschichte und hat, wie auch beim Wellenreiten, Höhen und Tiefen durchgemacht. Als Zeitzeugen dieser Epoche wäre es vielleicht auch für Außenstehende ganz interessant, derartiges zu lesen und eventuell das eine oder andere daraus zu erfahren und zu lernen. Deshalb beginne ich jetzt damit, auch wenn ich noch der einzige bin, der daraus ein Werk zu erkennen glaubt.

Vielleicht erreiche ich ja doch noch zur Vollendung dieser persönlichen Niederschrift und kann dann nur hoffen und wünschen, dass auch andere Interessierte Freude daran haben werden. Also, mit Gottes Hilfe, auf geht's!

Der Titel dieses Buches ist nicht willkürlich sondern wohl überlegt gewählt.

Mein ganzes Leben bestand aus einem ständigen Auf und Ab. Natürlich könnte man nun kontern: „Binsenwahrheit - wem ist es nicht so ergangen?" aber bitte urteilen Sie nicht zu voreilig. Alles in der Geschichte ist zwar ein Auf und Ab, aber die Vielfarbigkeit, der Bilderreichtum, der Tiefgang und die gesellschaftspolitische Bedeutung machen gerade die inhaltliche Essenz aus. Aber auch die Höhe der Wellen und ihre Qualität determinieren den späteren Ausgang. Geht man in den Fluten unter oder schafft man es oben zu bleiben? Und letztendlich wird man – wenn auch mit gewissen Blessuren - doch noch ein Wellenreiter.

05.12.2011. László Fodor

Inhalt

Meine Vorfahren und meine Familie..8

Geburt und Kindheit...24

Die letzten Kriegstage und der Neubeginn.. 46

So begann unser Leben wieder im Gefängnis................................... 53

Der Kommunismus und unsere Familie.. 56

Veszprém und mein Chemisches Gymnasium................................. 96

Eine Revolution, die die Welt verändert...129

Oktober 1956 – Monat der tausend Geschichten............................130

Go West..209

Tor des Westens..222

Richtung West-Deutschland..233

Vom Benediktiner Schüler zum Abitur..264

Käse ‚Facharbeiter' mit Abitur...288

Universitätsstadt Freiburg, ich werde
Mediziner...299

Physikum und Eintritt in der Klinikum als candidatus
medicus...324

Familien-
Gründung..432

Endphase
Staatsexamen..458

Nachwort...473

Literatur..481

Meine Vorfahren und meine Familie.

Ich glaube, bei jeder Autobiographie ist die Aufarbeitung der ältesten Erinnerungen einer der schwierigsten Momente, wo manche Erlebnisse nicht mehr so im Gedächtnis hängengeblieben sind, wie man es gerne möchte. Man ist auf viele Dokumente angewiesen, und leider sind viele Dokumente, die man jetzt benötigen würde, nicht mehr vorhanden. Ich muss gestehen, dass ich doch etwas verärgert über meinen Vater bin, da ich erst jetzt merke, wie viele unwiderbringliche Details meines bzw. unserer Leben fehlen, worüber ich leider nur spekulative oder überhaupt keine Antworten geben kann. Ich kann mir leicht vorstellen, dass sich so mancher Leser gerade beim ersten Teil dieser Autobiographie wegen der vielen Details gelangweilt fühlt, aber wie wir Ärzte sagen, ohne Anamnese gibt es keine Diagnose und keine Heilung, d.h. ohne Familien-Vorgeschichte ergäbe es ein unvollständiges Entwicklungsbild, und die daraus entstandenen Konsequenzen blieben unverständlich und schleierhaft.

Wie Sigmund Freud sagte: „Die Gegenwart kann man nicht genießen ohne sie zu verstehen und nicht verstehen, ohne die Vergangenheit zu kennen."

Beginnen wir bei meiner Familie. Diese Daten konnten durch Recherchen meines Vaters und meiner eigenen Nachforschungen aber auch durch Angaben verschiedener Verwandter und Bekannter gesammelt werden. In der damaligen Zeit war es nicht nur Mode sondern auch eine Notwendigkeit, die Abstammung möglichst lückenlos zu erforschen. Für Beamte und vor allem für Soldaten beim Militär, bei dem mein Vater gedient hatte, war es unerlässlich, die Abstammung nachweisen zu können. Nur so erhielt ein werdender Offizier die Chance, in der ungarischen Armee oder wie es auf ungarisch heißt „Honvéd" voranzukommen. Natürlich war diese Selektion lange nicht so streng wie dann unter Hitler in der Nazi-Zeit, in der rigoros nach der ‚arischen' Abstammung gesucht wurde. Es war schon ein ziemlicher Aufwand, aber da mein Vater in der Offizierslaufbahn weiterkommen wollte, setzte er diese Recherchen mit hochgradiger Akribie fort. Auf diese Weise wurden doch einige sehr interessante Aspekte unserer Familie bekannt.

Mein Großvater 1953

Mein Großvater väterlicherseits war ein uneheliches Kind.

Er stammte aus einer verarmten Adelsfamilie namens Bárdossy. Diese Familie kam aus Erzsébetváros, einer Stadt im jetzigen Rumänien, im sogenannten Siebenbürgen, und ist armenischen Ursprungs. Diese Familie zog Ende 1700 verarmt nach Szombathely in West-Ungarn. Ob dieser Familienzweig eine andere, noch bekanntere Bárdossy Familie als Stammfamilie hatte weiß man nicht. Tatsache ist aber, dass beide Bárdossy Familien, die eine ursprünglich aus dem Komitat Vas stammend, die andere aus Erzsébetváros, einer Ecke von Siebenbürgen, sehr alte Adelsfamilien waren. Ihr Ursprung reicht bis etwa zum Jahre 1100 zurück, und ihre Nachfahren haben bis heute große Berühmtheiten hervorgebracht: Die Familie ist sogar mit der englischen Königsfamilie verwandt. Einer der umstrittensten Persönlichkeiten in Ungarn, László von Bárdossy (1890-1946), entstammte ebenfalls dieser Familie. Er war von 1941 bis 1942

László von Bárdossy 1890-1946

Ministerpräsident von Ungarn und wurde als Kriegsverbrecher, ein heute recht umstrittenes Urteil, 1946 in Ungarn exekutiert.

Der Vater meines Großvaters, Gyula von Bárdossy, arbeitete damals als Oberinspektor für das Schulwesen in der Stadt Szolnok und zeugte mit der rumänischen Erzieherin namens Paraskiva (rumänisch für Piroschka) Morgoia, meinen Großvater. Dieser wurde am 17.Oktober 1878 geboren und erhielt nach seiner Mutter auch den griechisch-orthodoxen Glauben. Wie mein Vater mir später erzählte, war ein uneheliches Kind für die Familie eine große Schande. Daher hat die Bárdossy Familie das Kind einer fremden Familie übergeben, und die Erzieherin umgehend nach Rumänien zurückgeschickt. Warum aber die Mutter ihr Kind - meinen Großvater - im Stich ließ ist unbekannt. Von ihr fehlt bislang jede Spur und es wird angenommen, dass sie wieder nach Erzsébetstadt (Erzsébetváros), wo sie herstammte, zurückgekehrt ist.

So kam mein Großvater als Säugling zu einer Familie Fodor. Der alte Fodor arbeitete als Kutscher für das Rathaus von Szolnok. Außerhalb von Szolnok, in Szanda, besaßen sie einen kleinen Weinberg. Dessen Ertrag allein reichte natürlich zum Leben nicht aus. Sie waren recht arm und auf jeden Pfennig angewiesen. Die Familie von Bárdossy brachte das Kind mit viel Wäsche und reichlich Geld zur Familie Fodor, verlangte aber, dass das Kind nicht adoptiert werden durfte. So hat mein Großvater erst den Namen Jenö Morgoia getragen.

Der Vorname Jenö weist auch darauf hin, dass die Bárdossy-Familie doch großen Wert auf den Fortbestand des Familienzweiges legte, trotz der Tatsache, dass mein Großvater unehelich geboren war. Wie sich später herausstellte, bereuten sie es wohl sehr, meinen Großvater in fremde Händen abgegeben zu haben. Sie schauten auch öfter bei der Familie Fodor vorbei und kontrollierten, ob alles in Ordnung und das Kind gut versorgt sei. An dem Tag, als das Kind gebracht wurde, hatte es einen goldenen Stempelring um den Hals gebunden. Es war ein grüner Stein mit den Initialen BGY in Gold gefaßt.

Ich habe diesen Ring ein paarmal unter die Lupe genommen, aber entziffern konnte ich die Buchstaben bis heute nicht. Diesen Ring musste nach Bestimmung meines Großvaters der erste männliche Nachkommen erben. So bekam ihn mein Vater und so habe ich ihn heute, und mein einziger männlicher Erbe, mein Enkel Antoine, wird ihn erben. Mein Vater erzählte mir oft voller Stolz, dass unsere Familie trotz dieses unehelichen „Einbruchs", doch von einem der ältesten ungarischen Adels-Geschlechter stammt. Ich habe darauf nicht viel Wert gelegt, erst recht nicht während der damaligen kommunistischen Zeit. Ich musste aus dem Grund genug darunter leiden, dass wir zu der sogenannten „Sonstigen"-Kategorie, d.h. mehr oder weniger zu den Staatsfeinden gehörten.

Nach dem 2. Weltkrieg wurden in einer sog. ‚klassenlosen Gesellschaft' mehr Klassen aufgestellt als je zuvor. Die gesellschaftliche Ordnung wurde komplett auf den Kopf gestellt. Es gab die Arbeiter-Klasse, dann die Bauern-Klasse, dann kamen die Intellektuellen und zum Schluss wir, die Sonstigen. Hierzu gehörten die Großgrundbesitzer, Fabrikanten, Adels-Familien, Horthy-Offiziere von der damaligen Honvéd. Das bedeutete, dass z.B. auf ein Gymnasium etwa 70% Arbeiterkinder, 20% Bauernkinder, 9% Intellektuellenkinder und höchsten 1% Sonstige, aber auch nur hundertprozentig politisch umerzogene Sonstige-Kinder, aufgenommen wurden.

Also, was hatte ich schon von meiner Abstammung, egal ob rechtmäßig oder unehelich? Anders war es aber damals in den 20er Jahren bei meinem Vater. Da mein Großvater recht introvertiert und menschenscheu war, erwies es sich als sehr schwierig, von ihm Einzelheiten zu erfahren. Nach mühseliger Fragerei erhielt mein Vater immer nur fragmentartige Erzählungen, die ich nur mit Vorsicht verwende.

Angeblich erschienen eines Tages mal wieder die erwachsenen Brüder meines Großvaters bei der Familie Fodor und erkundigten sich, ob das Kind, mein Großvater, wirklich gut versorgt sei, da sie ihn sonst doch lieber wieder nach Hause zur Bárdossy Familie mitnehmen würden.

In dieser Zeit war mein Großvater etwa 7-8 Jahre alt, und die Bárdossy Brüder meinten, er würde in ein Internat und auf eine Militär-Kadetten Schule kommen.

Aufgrund dieser Besuche bekam der alte Fodor doch Angst und befürchtete, dass er vielleicht auch das Geld, das er damals für den Säugling erhalten hatte, zurückerstatten müsste. Da das Geld längst in seinen Weinberg investiert war, versuchte er mit Hilfe eines Rechtsanwalts alles zu unternehmen, um das Kind so schnell wie möglich zu adoptieren. Es gelang ihm aber nicht, und mein Großvater trug weiterhin den Namen Morgoia Jenö, sogar auch noch später beim Militär.

Es ist also auch hier völlig unklar, warum er letztendlich doch nicht von den Bárdossys abgeholt und ins Internat gebracht wurde. Hier und auch noch an zahlreichen anderen Stellen merkt man, wieviel Nebel und Unklarheit in unserer Familiengeschichte hängt.

Die Familie Fodor war sehr warmherzig zu meinem Großvater. Vor allem seine Ziehmutter, Frau Fodor, liebte ihn abgöttisch, weil sie ‚nur' ein Mädchen namens Maria hatte und sich doch immer sehnlichst einen Sohn gewünscht hatte.

Es blieb auch unklar, warum er später, als er schon volljährig war, nicht seinen alten Namen, also den seines leiblichen Vaters ‚von Bárdossy' angenommen hat. Viel später, als mein Großvater von der K.u.K. 68.-Infanterie-Division entlassen wurde und eine Zeitlang bei der Landespolizei - oder wie es in Ungarn hieß „Csendörség"- gedient hatte, trug er immer noch den Namen seiner Mutter Morgoia. Kurze Zeit später, im Jahre 1903, verließ er die Landespolizei und heiratete seine Kindheitsfreundin Apollonia Czinege, die Tochter eines Winzers, die ebenfalls in Szanda wohnte. Zu dieser Zeit, wollte er aus Gründen gesellschaftlicher Sicherheit endlich Wurzeln schlagen und nahm den Namen Fodor von seinen Zieheltern an. Nach der Hochzeit entschied er, sich beim MÁV (Staatliche ungarische Eisenbahngesellschaft) als Beamter zu bewerben. Leider war es zur damaligen Zeit sehr schwer, an solche krisensichere Posten zu kommen. Aber durch seine junge Ehefrau, meine Großmutter, erfuhr er, dass ein Johann von Bárdossy, der Sohn seines Vaters, in dieser Bahn-Gesellschaft als Rechtsanwalt tätig war und seinem „Bruder" sicherlich helfen würde. Wie mir mein Vater später erzählte, wollte mein Großvater anfangs davon gar nichts hören. Dazu muss man die Situation in der damaligen Zeit verstehen: Jemand, der als uneheliches Kind und sogar ohne Mutter aufwachsen musste, war ein absoluter Außenseiter der Gesellschaft. Diese Einstellung bekam mein Großvater ständig zu spüren und mied deshalb jeden Kontakt mit anderen Menschen. Er war ausgesprochen introvertiert, redete nicht viel und erzählte so gut wie gar nichts von seinem Leben. Auch zu uns, seinen Enkelkindern, hatte er keine besonderen Beziehungen. Wenn wir mal, was damals doch wegen der großen Entfernung selten geschah, bei ihm zu Besuch waren, vermied er längere Unterhaltungen und war fast abweisend. Auf unsere Fragen ging er gar nicht ein und wich ihnen aus. Natürlich spielte die Entfernung auch eine große Rolle, Sopron ist von Szolnok gut 300 km weit entfernt, was für uns damals eine Weltreise bedeutete. Aber wir Kinder vermissten trotzdem unseren Großvater sehr. Ich bin ohne Großvater aufgewachsen und habe deshalb eine umso innigere Beziehung zu meinen Enkelkindern. Ich versuche ihnen das zu geben, was ich ein Leben lang vermisst habe.

Wie gesagt, mein Großvater war ein eigenartiger Mensch, was sich bei seiner letzten Begegnung mit der Familie von Bárdossy nur noch mehr vertiefte. Die Familie Bárdossy zog von Szolnok nach Arad, einer Stadt an der jetzigen rumänischen Grenze und János – (Johann) sein Bruder war dort beim MÁV als höherer Beamte beschäftigt. Als mein Großvater sich dann letztlich dort vorstellte, wurde er überaus freundlich empfangen.

„Hallo Jenö, schön dass Du uns endlich besuchst, bitte komm herein." begrüßte man ihn überschwenglich.

„Entschuldige die Störung, aber ich wollte nur ganz kurz etwas fragen und auf keinen Fall stören." stammelte mein Grossvater etwas unbeholfen.

„Nein, nein, bitte nimm Platz, du bist doch hier zu Hause. Wir wissen vieles über dich, unser Vater, der mit mir hier noch lebt, hat uns alles erzählt. Uns tut das alles sehr leid, vor allem, was mit deiner Mutter geschah. Aber sie musste von Szolnok verschwinden, da es doch eine große Schande darstellte." erklärte er ihm.

„Und warum habt ihr mich bis heute allein gelassen?" fragte mein Großvater weiter.

„Dein Ziehvater, der alte Fodor von den Weinbergen in Szanda, wollte dich nicht freigeben als du 7 Jahre alt warst. So hat es uns unser Vater erzählt, und du hast jeden Kontakt mit uns vermieden. Du warst sehr böse auf uns, was wir auch verstehen, und dann haben wir halt die ganze Sache lieber gelassen".

In diesem Moment öffnete sich die Tür einen Spalt weit und es erschien der alte Gyula von Bárdossy. Er lächelte etwas gequält, und ohne seinen Sohn Jenö etwas zu fragen oder ihm etwas zu sagen verschwand er wieder wie ein Geist. Mein Großvater war von dieser stillen Begegnung so überrascht, dass er zuerst völlig vergaß, warum er eigentlich nach Arad zur Bárdossy-Familie gekommen war. Dann aber bat er János darum, ihm in der Eisenbahngesellschaft zu einer Anstellung zu verhelfen.

„Jenö, wenn Du nach Hause fährst, gehe unbedingt bei der MÁV Gesellschaft vorbei. Dort liegt schon die Ernennungsurkunde zur Bahn bereit." sagte János und dann verabschiedeten sie sich wieder.

Kaum war mein Großvater wieder in Szolnok angekommen, so lag seine Ernennungsurkunde tatsächlich schon bei der Szolnoker Bahngesellschaft.

Trotzdem wurde er nach diesem Vorfall noch abweisender und hatte mit meiner Großmutter eine große Auseinandersetzung. Wütend berichtete er von seinem Vater in der Tür und sagte verbittert: „Ich will nie mehr etwas von der Familie von Bárdossy hören. Er war nicht am geringsten daran interessiert, seinen leiblichen Sohn zu sprechen. Er schämt sich noch immer meinetwegen. Also werde ich ihn nie wieder stören. Er ist für mich samt Familie gestorben."

Hier endet seine Geschichte. Vieles davon blieb noch unklar und leider wurden auch zahlreiche Einzelheiten mit ins Grab genommen, von denen wir nie mehr etwas erfahren werden. Sicher ist aber, dass unsere Familie nichts mit dem Namen Fodor zu tun hat sondern in Wirklichkeit von der Familie von Bárdossy abstammt, einer der ältesten ungarischen Adelsgeschlechter.

Diese Geschichte hat mir mein Vater als Nacherzählung von seiner Mutter, also meiner Großmutter, weitergegeben, was auch schriftlich durch verschiedene Dokumente und Urkunden hinterlegt und bewiesen ist.

Meine Großmutter Apollonia Czinege stammte ebenfalls aus Szanda von einer reichen Winzer- und Bauernfamilie ab. Die Familie konnte bis Ende 1700 zurückverfolgt werden und wohnte seit dieser Zeit in Szanda.

Meine Großmutter wurde im Jahre 1883 geboren und starb leider relativ früh 1918 im Alter von 35 Jahren. Die Todesursache ist mir nicht bekannt, man erzählt, dass sie angeblich krebskrank war.

Meine Großeltern hatten eine für heutige Zeiten sehr interessante Beziehung. Mein Großvater sprach seine Frau stets mit „Sie" an und natürlich auch umgekehrt meine Großmutter ihren Mann. Mein Großvater ging relativ früh in Rente und war ein begeisterter Bahnreisender. Falls er mit Zug fahren musste, war er stets überpünktlich am Bahnhof, und das bedeutete, dass er dort mindestens 1 1/2 Stunden vor Ankunft des Zuges geduldig wartete. Eine Tugend, die leider von ihm über meinen Vater auch an mich weitervererbt wurde, da auch ich jedesmal viel zu früh zum Flughafen oder Bahnhof eile.

Eines Tages kam mein Großvater mit dem Zug in Szolnok an. Es war Herbst und sehr neblig. Als er aus dem Zug steigen wollte, verwechselte er die Richtung und stieg statt auf der Bahnsteigkante auf der anderen Seite Richtung Nachbar-Gleise aus. In diesem Augenblick fuhr ein Schnellzug in den Bahnhof ein, und es hätte nicht viel gefehlt und der Zug hätte meinen Großvater überrollt. Dieses Erlebnis konnte er nie richtig verkraften und entwickelte regelrechte Angstneurosen. Daher musste er seinen Dienst quittieren und wurde relativ früh, mit 45 Jahren, Rentner.

Mein Großvater war stets ein Frühaufsteher, und da er so früh Rentner wurde, arbeitete er oft und leidenschaftlich gern im Weinberg. Seine Weinproduktion war weder qualitativ hochwertig noch mengenmäßig viel, aber ihm und seinen Freunden reichte es ein Jahr lang bis zur nächsten Weinlese. Man muss wissen, dass mein Großvater gern Wein trank und zwar nicht wenig, und wenn er in die Weinberge ging nahm er stets eine 2 Liter große Weinflasche mit, die bis zum Abend geleert wurde.

Wahrscheinlich war das auch der Grund, warum er so gern in die Weinberge ging. Zum Abendessen trank er dann einen weiteren Liter Rotwein und wurde trotzdem 81 Jahre alt. Nicht selten saß er vor dem Haus zusammen mit einem Nachbarn und genoss seinen Wein, da ein Winzer nicht gern alleine trank. So saßen die beiden abends oft lange unter dem Nußbaum vor dem Haus, tranken ihren Rotwein und schwiegen sich an. Es gab damals kein Radio, von Fernsehen gar nicht zu reden, dafür gab es den klaren Himmel mit seinen Millionen Sternen. Nur ab und zu wurden ihre Gesichter kurz angestrahlt, wenn die Pfeifenglut durch tiefes Einatmen aufglühte. Hier liegt wieder der unwiderlegbare Beweis, dass Rotwein gesund ist und lebensverlängernd wirkt. Ich hoffe nur, dass es wirklich wahr ist, weil ich ebenfalls begeisterter Rotwein Genießer bin.

Eine andere aber für ihn ebenfalls sehr wichtige Gewohnheit pflegte er beim morgendlichen Aufstehen. Er war einfach nicht aus dem Bett zu kriegen bevor nicht folgendes Ritual abgelaufen war: Bei uns in Ungarn gibt es einen sehr netten und äußerst schmackhaften Morgengruß „Pálinkás jó reggelt kivánok". Nun, dieser Satz bedeutet soviel wie „ich wünsche Ihnen einen schnapsigen guten Morgen" und unser Großvater hat ihn wortwörtlich genommen. Das heißt, jeden Morgen musste ein gut gefülltes Schnapsglas voller Aprikosengeist, der gerade in Szolnok und Umgebung berühmt war, auf dem Nachttisch stehen. Wenn meine Großmutter ihn dann weckte, streckte er nur seinen Arm aus und suchte nach dem Glas. Wenn er aber kein Schnapsglas vorfand, dann blieb er weiter im Bett liegen bis der Schnaps kam.

Auch das morgendliche Frühstücksritual war meinem Geschmack nach sehr deftig. Ich kann mich noch gut daran erinnern, was wir alltäglich zum Frühstück verspeisten.

Es gab glasig angebratenen reinen Schweinespeck, der in grobe Würfel geschnitten war, Gurken oder Paprikaschoten und Weißbrot. Dazu tranken wir Lindenblütentee. Seit dieser Zeit kann ich keinen Lindenblütentee mehr trinken, und ein morgendlicher Fettgeruch kann mich bis zum Nordpol jagen. Jahrzehnte später, als ich mit meiner Familie in England Urlaub machte, kam ich eines Morgens die Treppe runter zum Frühstücksraum und vernahm diesen eigentümlichen Fettgeruch des gebratenen bacon und der kleinen Würstchen des typischen englischen Breakfast. Da war mein Appetit verflogen und ich war der einzige, der auf ein Frühstück verzichtete. Meine Frau konnte meine Verweigerung nicht begreifen und genoss ihr geliebtes ‚English breakfast' - aber so ist das nun mal mit Erinnerungen an bestimmte unangenehme Gerüche aus der Kindheit.

Das frische Weißbrot wurde auch einem besonderen Ritual unterzogen. In der damaligen Zeit backten die Bauern das Brot noch selbst. Ein Laib Weizenbrot war ungefähr 6-7 kg schwer, und wenn der Teig fertig war, wurde er zur Dorfbäckerei gebracht. Das Kinderlied „Der Bäcker hat gerufen..."stammt aus der damaligen Zeit, denn wenn der Bäcker mit seiner Bäckerei fertig war rief er die anderen Dorfbewohner, die dann den noch heißen Ofen zum Brotbacken benutzen durften. Bevor aber das Brot aufgeschnitten wurde, was immer die Angelegenheit meines Großvaters war, wurde auf der Rückseite des Brotes mit dem Messer ein Kreuz geritzt. Dann erst durfte das Brot angeschnitten werden. Es duftete immer verführerisch und noch heute ist dieser Duft in meiner Nase, wenn ich an einer Bäckerei vorübergehe. Das Brot wurde, nachdem es angeschnitten war, von meiner Großmutter in ein feuchtes Tuch gewickelt und in den Hofbrunnen gehängt. Dort, in einer Tiefe von 10-15 Metern, blieb es lange frisch und trocknete wesentlich langsamer aus als heute so manches Weizenbrot im Brotkasten.

Als ich als Kind das erste Mal in Szolnok bei meinem Großvater zu Besuch war, wohnte er mit seiner Tochter, meiner Tante Icanéni (Tante Ilonka), in einem alten Bauernhaus mit Lehmboden. Dieses Haus blieb im Sommer angenehm kühl, war aber im Winter umso kälter. Deshalb lagen auf den Betten Türme von Federbetten, die dann wie ein tonnenschwerer Klotz auf mir lagen, wenn ich abends unter sie kroch.

Ich kann mich noch gut an eine nette Geschichte mit meinem Großvater erinnern, als er mir von Geistern in der Pußta erzählte.

„Weißt Du, mein Sohn, in der Nacht kommen im Sommer Geister über die Pußta, man muss nur die Augen aufmachen." sagte er langsam und mit fast unbewegten Lippen. „Erzählen Sie dem Kind doch nicht solche Schauergeschichten! Der Kleine glaubt es noch und dann kann er nicht schlafen. Man soll Kleinkinder nicht immer so erschrecken." schimpfte meine Tante und umarmte mich beschützend.

Aber mein Großvater ließ nicht locker. „So, Junge, und ich werde es dir beweisen! Morgen Abend gehen wir raus und du wirst es sehen. Ich erzähle doch keinen Unsinn!" sagte er betont, drehte sich um und ging in den Garten.

„Tante Ica, ist es wahr? Hat Großvater die Wahrheit gesagt?" fragte ich verunsichert, aber meine Phantasie war schon über sieben Berge. Über mangelnde Phantasie brauchte ich mich nicht beklagen und die darauffolgende Nacht verlief entsprechend unruhig.

Am nächsten Abend marschierten wir tatsächlich mit meinem Großvater in die Pußta und legten uns auf den Bauch an eine flache Stelle, von der wir weit sehen konnten und warteten. Inzwischen wurde es stockdunkel und auch etwas langweilig, weil mein Großvater nicht gern redete, was wiederum für mich sehr anstrengend war. Schon damals bereitet es mir ein besonderes Vergnügen viel zu reden, was ich mein Leben lang gern praktizierte. Aber auf einmal stockte mir der Atem und ich traute meinen Augen nicht: nicht weiter entfernt als 30 m, tanzten leicht bläuliche Gestalten wie kleine Kinder über dem Boden, verschwanden dann wieder, um gleich darauf wieder zu erscheinen. Es war wirklich furchterregend und ich flüsterte ganz leise: „Bitte, Großvater, lass uns von hier verschwinden!" und entgegen meiner Gewohnheit suchte ich verzweifelt nach seiner Hand.

„Na, was habe ich dir gesagt?" grinste er im Mondschein. „Ich glaube dir ja schon, aber bitte lass uns von hier verschwinden." wiederholte ich flehend.

Auf dem Heimweg sprach ich kein Wort mehr und die darauffolgende Nacht verlief diesmal sehr unruhig.

Erst viel später habe ich dann erfahren, dass die Gestalten, die ich dort gesehen hatte, nichts anderes waren als selbstentzündetes Methangas, das im Sumpf der Pußta in diesem heißen Sommer reichlich gebildet wurde. Diese Abfackelung war damals in der Pußta keine ungewöhnliche Erscheinung, man musste eben nur wissen, was das ist. Ich wusste es damals nicht und habe mich noch lange mit Gänsehaut an diese Nacht erinnert.

Ich verlasse jetzt den Zweig meines Großvaters und wechsele auf die mütterliche Seite meines Großvaters. Die Ahnentafel meines Großvaters mütterlicher Seite können wir relativ einfach bis Ende 1700 verfolgen. Meine ältesten Ur-Ur-Großeltern Josef Czinege und seine Frau Rozál Farkas waren Bauern in Szolnok. Meine Ur- Ur- Großeltern waren ebenfalls Bauern und führten die Landwirtschaft und den Weinberg ihrer Eltern weiter. Sie hießen János Czinege, geb. 1849, und Apollonia Thassy, geb. 1850, und hatten eine Tochter namens Czinege Apollonia, geb. am 02.01.1883. Sie war Tochter eines Winzers und verbrachte ihre Zeit oft mit ihren Eltern in den Weinbergen von Szanda, wo mein Großvater mit seinen Adoptiveltern lebte, die gleichfalls Winzer waren.

So lernten sich meine Großeltern relativ früh kennen, wobei jegliche Initiative von meiner Großmutter kam, da mein Großvater, wie schon gesagt, sehr introvertiert und schüchtern war. Natürlich war sein Lebensweg auch nicht der schönste, und es ist doch bemerkenswert, wie lange es dauerte, bis sich solche sogenannten „deformierten Gene" wieder erholten.

Auch mein Vater war recht introvertiert, und sein Leben war ebenfalls von Einsamkeit, einem ausgeprägten Egoismus, von Rechthaberei und in gewisser Weise von Bitterkeit geprägt. Auch eine Portion Unruhe, mangelndes Durchhaltevermögen und gleichzeitig ein fast übermenschlicher Gerechtigkeitssinn zeichneten seine jüngeren Jahre aus, was sich später dann doch erheblich änderte - wahrscheinlich durch den Einfluss meiner Mutter. Er konnte, wie mein Großvater, seine Gefühle nicht zeigen und war für uns stets unnahbar und zeigte, auch für die damalige Zeit eine überaus militärische Strenge.

Aber lassen wir dieses Kapitel vorerst ruhen und kehren wir zu meiner Großmutter väterlicherseits zurück. Leider habe ich sie nie kennengelernt, aber laut Erzählungen war sie eine sehr hübsche, gutmütige und vor allem geduldige Frau. Nun, das musste sie auch sein, um meinen Großvater ertragen zu können. Die 20jährige heiratete am 10.05.1903 meinen Großvater. Aus dieser Ehe gingen drei Kinder hervor. Mein Vater, geb. am 30.03.1905, als ältestes Kind, dann mein Onkel Josef Fodor, geb. am 16. 06.1915, gefürchteter Gymnasial-Lehrer in späteren Jahren, der auch 3 ½ Jahre lang mein Lehrer in Veszprém war, und meine Tante Ica, Ilona Fodor geb. am 17.02.1917. Meine Großmutter verstarb leider sehr früh, 02.08.1918, angeblich an einer Krebserkrankung.

So, und hier gibt es schon die erste Lücke in meiner Ahnenforschung. Mein Großvater lebte später mit einer Frau aus Szolnok zusammen, doch weiß ich nicht, ob er sie jemals heiratete, und auch ihr Name ist mir nicht bekannt. Ich weiß nur, dass sie wegen des Verhaltens meines Großvaters davonlief, so dass meine Tante und mein Großvater allein blieben. Icanéni, wie wir sie nannten, betreute meinen Großvater bis zu seinem Tod, wofür sie auch gerechterweise sein ganzes Szolnok-Vermögen erbte. Merkwürdig ist nur, dass mein Vater von der sogenannten zweiten ‚Großmutter' nie sprach und es sich auch über sie oder ihre Familie keine Hinweise in meinen Unterlagen befinden. Über sie herrschte absolutes Schweigen, was ich mir bis heute nicht erklären kann.

Übrigens wurde ein Onkel zweiten Grades vom Czinege-Zweig nach dem zweiten Weltkrieg Verteidigungsminister in Ungarn, also ein großer Kommunist unter dem kommunistischen Diktator Mátyás Rákosi.

Über die Ahnen mütterlichseits weisen die Unterlagen leider ebenfalls viele Ungereimtheiten und weiße Flecken auf, aber soweit ich Fakten darüber ermitteln konnte habe ich sie auch niedergeschrieben.

Meine Vorfahren mütterlichseits waren ebenfalls gut situierte Bauern und stammten alle aus Tiszavezseny, nicht weit von Szolnok entfernt. Wie es auf den Dörfern üblich war, so wurde sehr häufig im selben Dorf untereinander geheiratet. Dies erzeugte zwar nicht die beste Blutmischung, ließ dafür jedoch die Besitztümer ungeteilt weiterwachsen. Übrigens waren die Bewohner dieses Ortes und weiterer Dörfer in der Umgebung überwiegend streng kalvinistisch, so auch meine Mutter, die erst den katholischen Glauben nach meiner Geburt angenommen hatte. Diese Konversion war die Einlösung eines Schwures. Meine Mutter erlitt vor mir mehrere Fehlgeburten und verlor ein sehr früh geborenes Kind nach einem dreiviertel Jahr, worüber ich nichts Näheres weiß. Sie hatte sich damals geschworen, wenn bei der nächsten Geburt ein gesundes Kind auf die Welt käme, so würde sie aus Dankbarkeit ihren Glauben wechseln, und so konvertierte sie zum Katholizismus. Warum sie dies getan hat und welchen Vorteil ihr ein katholischer Glaube gab verstehe ich bis heute nicht. Wahrscheinlich hatte mein Vater sie dazu gedrängt, da er tiefgläubiger Katholik war. Aus Freude über meine Geburt ließen sie eine kleine Dankestafel aus Marmor herstellen, die heute noch in Obuda Nagy Templom hängt (alte Kirche in Buda –Budapest) mit den Initialen „F.L. und seine Frau"

Ich habe immer eine liberale Einstellung zur Kirche verspürt und lehnte stets alle Dogmen ab, was sicher von den Genen meiner Mutter herrührte.

Mein Ur-Ur-Ur-Großvater mütterlicherseits hieß Sándor Kozma. Ihre Familien waren gleichfalls Bauern und stammten aus Tiszavezseny, und ihren Zweig konnte man ebenfalls bis Mitte 1700 zurückführen. Josef Kozma und Judit Szilágyi hatten zwei Töchter, Rozsi und meine Mutter Judit, geb. 22.03.1907 in Tiszavezseny. Leider sind beide Eltern sehr früh gestorben. Meine Großmutter starb am 06.01.1909, als meine Mutter noch keine 2 Jahre alt war. Wenige Jahre später starb auch mein Großvater am 04.05.1916, als er von einer Kutsche fiel und vom Wagen überrollt wurde. Man munkelte, dass er ziemlich betrunken war, doch genau weiß man es nicht. Leider konnte ich die Großeltern mütterlicherseits nie kennenlernen, und da ich nur väterlicherseits einen Großvater hatte, der kein einfacher Mensch war, hatte ich mich immer nach Großeltern gesehnt.

Hier beginnt wieder ein unklares und dunkles Kapitel, das ich nie aufhellen konnte.

Meine Mutter kam nach dem Tod ihrer Eltern angeblich zu Verwandten, über die ich bis heute nichts Genaues weiß. Sie musste als Kind hart auf dem Bauernhof arbeiten und schlief in einem ungeheizten Verschlag, der nur wenig besser als ein Schweinestall war. Im Winter durfte sie auf dem Kneipentisch der Gaststube schlafen, die ebenfalls dem Bauer gehörte, und musste sich mit alten Textilien zudecken. Was mit dem Vermögen ihrer recht wohlhabenden Eltern geschehen ist, weiß kein Mensch.

Ihre Schwester Rozsinéni, wie wir sie nannten, entfloh relativ früh diesem Elend in die Hauptstadt Budapest, in der Hoffnung auf ein besseres Leben. Was sie in Budapest letztendlich machte, weiß man nicht und es gibt darüber nur Vermutungen, die vom Zimmermädchen bis zur Bardame reichen. Leider waren die sogenannten ‚Goldenen 20er' Jahre nicht immer und überall golden.

Da meine Mutter auf dem Bauernhof und im Gasthof arbeiten musste, konnte sie nur die ersten vier Volksschulklassen absolvieren. Die Zieheltern hielten es nicht für wichtig, dass ein Mädchen die Schule besucht, sie sollte lieber arbeiten und sich nützlich machen. Als junges Mädchen hatte sie oft blutige Fersen von den stacheligen Überresten der abgeernteten Getreidefelder, auf denen sie Gänse hüten musste - und eigene Schuhe besaß sie nicht. So ging sie relativ früh, im Alter von 12 Jahren, zu ihrer Schwester nach Budapest, die etwas älter war als sie. Leider kümmerte sich ihre Schwester auch nicht sehr um sie und half ihr lediglich, eine Stellung als Dienstmädchen zu bekommen. Danach trennten sich ihre Wege für längere Zeit. Später kam sie in einer Tabakfabrik unter, wo sie relativ gut verdiente und sich auch ein Zimmer von 10m² leisten konnte. Sie war sehr wissbegierig und holte deshalb die mittlere Reife in der Abendschule einer Mädchenschule nach. Abends führte sie in dieser Schule Theaterstücke mit anderen Mädchen auf, wobei sie 1929 schließlich auch meinen Vater kennenlernte, der damals noch Unteroffizier war.

Ich komme jetzt doch immer näher an die Geschichte meines Vaters, über dessen Kindheit leider ebenso viel Nebel hängt wie bei der meiner Mutter.

Mein Vater verließ sein Elternhaus relativ früh. Nach Abschluss einer Handelsschule arbeitete er eine Zeitlang bei einem jüdischen Textilgroßhändler in Szolnok, verschwand aber bald aus mir nicht erklärlichen

Gründen in ein Internat in Vác und wollte dort katholischer Priester werden. Wie er auf diese Idee kam und warum er nach Vác ging, hat er mir nie erzählt. Wahrscheinlich hatte er mit seinem Vater, meinem Großvater, heftige Auseinandersetzungen. Aber er lenkte von diesem Thema immer wieder ab, wenn ich danach fragte. Er war ein guter Fußballspieler, sehr musikalisch und spielte gut Geige. Er war in seinem jugendlichen Umkreis ein sehr gefragter Mann, natürlich auch bei den Damen. So wie ich es von Bekannten und Verwandten hörte, war er auch ein kleiner Casanova und konnte dem weiblichen Geschlecht nicht widerstehen. Diese Eigenschaften sprachen aber gegen den priesterlichen Eid des Zölibats, weswegen er auch bald darauf aus dem Priesterseminar flog und sein Traum oder Alptraum ein abruptes Ende nahm.

Die damalige ungarische Armee war nach dem ersten Weltkrieg eine Berufsarmee. Es gab noch gewisse Spuren aus der K.u.K. Zeit, aber eine Offizierslaufbahn war unter dem Reichsverweser Horthy doch einfacher als in der Zeit der K.u.K Monarchie.

Also ging mein Vater nach Budapest zur ungarischen Armee oder wie es ungarisch hieß ‚Honvéd'. Dort brachte er es bis zum Hauptfeldwebel, und nachdem er in der Abendschule das versäumte Abitur erreicht hatte, wurde er als Leutnant in die Offizierslaufbahn aufgenommen. Dort diente er bis zuletzt im Honved Ministerium, wo er auch den Ausbruch des 2. Weltkrieges miterlebte.

Es war der 1. September 1939. Mein Vater war früh morgens als diensthabender Offizier in der Burg tätig, als der polnische Militärattaché ganz aufgeregt an die Tür klopfte.

„Bitte, machen Sie die Tür auf! Es ist äußerst dringend!" rief er aufgeregt, als mein Vater in der Tür erschien. „Bitte, melden Sie Ihrem Vorgesetzten, die Deutschen haben Polen heute früh überfallen und marschieren in Richtung Warschau."

Natürlich rannte mein Vater zum Telefon, um diese fürchterliche Nachricht sofort weiterzuleiten. So war er der erste Ungar, der vom Ausbruch des 2. Weltkrieges erfuhr.

Er war begeisterter Soldat und blieb es auch im Inneren bis an sein Lebensende. Er war nicht nur ein guter Schütze sondern auch ein begabter

Organisator. Nur sein Orientierungssinn war schlicht und einfach miserabel. Als er eines Tages mit seinen Soldaten als Übung einen Nachtmarsch mit Hilfe einer Landkarte absolvieren musste, kam er erst 6 Stunden nach der letzten Gruppe in der Kaserne an.

Wie bereits erwähnt, lernte meine Mutter meinen Vater 1929 bei einer Theatervorführung kennen. Ab dieser Zeit waren sie mehr oder weniger häufig zusammen. Als meine Mutter nach mehreren Abgängen endlich ein Kind zur Welt brachte, heirateten sie am 20.01.1935 in Budapest. Warum meine Schwester so früh, mit nicht ganz einem Jahr und woran sie starb hat mir mein Vater nie erzählt. Es lag über dieser Zeit ein mir bis heute unerklärliches Geheimnis.

Geburt und Kindheit.

Nach weiteren Fehlgeburten wurde meine Mutter endlich 1938 mit mir schwanger. Um jegliche Risiken bei dieser Geburt auszuschließen hatte sich der Gynäkologe in der Klinik Obuda zu einem Kaiserschnitt durchgerungen. Ein Kaiserschnitt zu dieser Zeit verlief nicht immer ohne Komplikationen und das Risiko lag wesentlich höher als heute. Deshalb waren beide Eltern doch sehr besorgt. Aber am 01.03.1939, um 20:00 Uhr lief alles glatt und der erste männliche Nachkomme mit dem Namen László kam auf die Welt. Es ist auch bekannt, dass Kinder, die mit einem Kaiserschnitt geboren werden, einen relativ runden Kopf haben, was mir unter anderem später auch den Rufnamen ‚Kugel' eingebracht hat. Genau genommen wurde ich nach meinem Vater mit dem Namen Laszlo und nach meinem Großvater mit dem Namen Jenö benannt. Damit wurde ein neues Kapitel aufgeschlagen namens László Jenö Fodor.

Also, ich bin als ein Friedenskind vor dem 2. Weltkrieg auf die Welt gekommen, aber in meine Wiege wurden schon zahlreiche Probleme gelegt, wie etwa die Gefahren einer weiteren Schwangerschaft meiner Mutter mit den folgenreichen Konsequenzen im Jahr 1944, der Kriegsausbruch, der plötzliche Wohnortwechsel von Budapest nach Sopron, aber davon unten reichlich mehr..

Nach meiner Geburt blieben wir vorläufig in Budapest. Mein Vater ging weiter arbeiten als Offizier im Honvéd (Verteidigungsministerium) Ministerium zum Generalstab und meine Mutter kümmerte sich um mich. Ende 1939 wurde meinem Vater plötzlich eine außerordentlich gute Stellung als Gefängnisdirektor in Sopron angeboten. Dazu muss ich bemerken, dass in dieser Zeit die Bewachung und Organisation der ungarischen Gefängnisse unter militärischer Hoheit standen und auch das Personal vom Militär ausgewählt wurde.

Sopron ist eine 2000 Jahre alte Stadt, die von den Römern unter dem Namen Scarbancia gegründet wurde und an einem wichtigen Handelsknotenpunkt lag. Hier verlief die berühmte Bernsteinstraße, die von Rom kommend bis zur Ostsee führte. Während des 2. Weltkrieges wurde durch die amerikanische Bombardierung nicht nur die römische Straße in der Altstadt freigelegt sondern durch spätere Ausgrabungen auch das Forum Romanum und andere zahlreiche römische Funde entdeckt, und so verwandelte sich ein Teil der Innenstadt zu einem römischen Museum. Aber das mittelalterliche Stadtbild mit seinen zahlreichen original erhaltenen Wohnhäusern war landesweit bekannt, und man nannte Sopron die ‚Stadt des offenen Museums'. Die geographische Lage machte die Stadt sehr attraktiv und immer begehrt. Von Wien nur 65 km entfernt, lag sie fast am Ufer des zweitgrößten Sees in Ungarn, dem Neusiedlersee oder wie er auf ungarisch hieß Fertötó. Um die Stadt herum befanden sich zahlreiche Weinberge, und der weit über seine Grenzen bekannte Soproner Blaufränkisch verbreitete eine sehr angenehme Atmosphäre, was auch die Wiener im Übermaß genossen. An den Wochenenden kamen unzählige Busse und Sonderzüge nach Sopron, um ein feucht-fröhliches Wochenende mit gutem Wein und der vorzüglichen ungarischen Küche zu genießen. Auch das kulturelle Leben spielte in Sopron eine wichtige Rolle: Sopron besaß ein eigenes Theater, eine große Musikschule und zahlreiche weiterführende Schulen und Gymnasien, mit konfessionellen Schulen der Benediktiner aber auch lange Zeit der Jesuiten. Nach dem 1. Weltkrieg entstand eine sehr angesehene Universität mit Spezialfächern wie Forst, Bergbau und Hüttenwesen, die aus dem verlorengegangenen rumänischen Siebenbürgen als Ergebnis des Friedensdiktats Trianon nach Sopron umgesiedelt wurden. Insgesamt kann man sagen, dass Sopron jahrhundertelang eine bedeutende, reiche und angesehene Stadt mit zahlreichen Privilegien war. Unter anderem besaß sie den Titel „königliche freie Handelsstadt", was der Stadt finanziellen Wohlstand und Anerkennung einbrachte.

Auch die Bürger waren sich dieses Prädikats bewusst, weshalb sie als etwas hochnäsig, stark zurückhaltend und relativ konservativ angesehen wurden. Aber sie waren auch sozial großzügig, und es entstanden relativ früh ein Altenheim, ein modernes Krankenhaus und Waisenhaus. Oft verhielten sie sich überraschender Weise auffallend liberal gegenüber der Kirche, obzwar die Habsburger vor ihrer Tür herrschten. Auch ihre Judenpolitik war fast revolutionär, da sie den Juden erlaubten, innerhalb der Stadtmauern zu leben, was in der damaligen Zeit als Sensation galt. Aus dieser Zeit stammt auch die älteste Synagoge des Mittelalters in Mitteleuropa, die noch heute ein großer Schatz der Stadt ist. Auch wurde direkt vor der Nase der Habsburger den Lutheranern erlaubt, Gottesdienste und Bibelstunden zu halten. Sogar eine preußische Prinzessin, die mit einem Grazer Grafen verheiratet war, wohnte längere Zeit in der Stadt, zur allgemeinen Verärgerung Wiens. Natürlich nahm das alles nach dem 2.Weltkrieg ein jähes Ende und die Stadt wurde als Grenzgebiet völlig isoliert. Aber wer hätte schon 1939 an eine solche Entwicklung gedacht, also war es verständlich, dass dieses Angebot meinem Vater äußerst attraktiv erschien. Er überlegte nicht lange und nahm den Direktorenposten in Sopron umgehend an.

Meine Mutter und ich bezogen Ende Dezember die freigewordene Dienstwohnung in Sopron. Es war für die ganze Familie eine große Umstellung. Wir zogen zwar wortwörtlich ins Gefängnis aber mit zur damaligen Zeit unvorstellbarem Komfort. Wir bekamen nach unserer Budapester Zwei-Zimmer-Wohnung nun eine etwa 120 qm große 4-Zimmer Wohnung mit Küche und Bad. Die Küche war voll eingerichtet einschließlich eines Kühlschrankes. Ja, es war tatsächlich ein Kühlschrank vorhanden, natürlich der damaligen Technik entsprechend. Ich erinnere mich noch ganz gut daran, wenn der Eismann regelmäßig zu uns kam und den Kühlschrank mit Eis füllte. Er trug einen Lederschutz über der Schulter, an den er mit einer Harke Eisblöcke befestigt hatte. Ich bekam dann immer ein kleines Stück Eis zum Lutschen. Der Eisschrank war innen mit Blech ausgelegt und unter dem Eisfach stand eine Wanne, in die das geschmolzene Eiswasser hineintröpfelte.

Auch das Badezimmer mit Badewanne, Dusche und Waschbecken war für uns ein großer Luxus. Jeden Samstag wurde das Wasser durch Einheizen des Wasserkessels erwärmt, denn Samstag war Badetag. Ach, und bevor ich es vergesse, wir besaßen sogar eine eigene Toilette und brauchten daher nicht mehr wie in Budapest die Etagen-Toilette benutzen. Welcher Luxus! Natürlich stammen diese Schilderungen aus einer Zeit, in der ich 4-5 Jahre alt war, aber noch heute kann ich mich genau an alle Einzelheiten unserer Dienstwohnung erinnern. Heute existieren weder das Gefängnis noch unsere Wohnung. Aus dem Gefängnis wurde ein Schülerinternat und unsere Wohnung zum Speiseraum umfunktioniert. Dies habe ich mit etwas Wehmut 2004 bei meinem letzten Besuch dieses Gebäudekomplexes entdeckt und musste feststellen, dass alles, auch unser damaliges Zuhause, vergänglich ist.

Aber bleiben wir im Jahre 1940.

Mein Vater, damals schon im Rang eines Hauptmanns, übernahm mit der üblichen Zeremonie seinen Dienst und wir erhielten aus dem Kreis der Gefangenen ein Dienstmädchen, einen Gärtner und einen Kutscher. Unsere Wohnung war gut vom übrigen Gefängnis getrennt, so dass man nur mit wenigen Zwischenkontrollen ins Gefängnisgebäude gelangen konnte. Jedoch waren die etwa 300 Gefangenen keinesfalls Schwerverbrecher sondern inhaftiert wegen leichterer Vergehen wie Unterschlagung, Betrug, Fälschung usw.

Verurteilte wegen schwerwiegenderer Verbrechen wurden nach Köhida verlegt, ein Gefängnis ca. 6km von Sopron entfernt, welches leider einen schlimmen Ruf hatte und auch oft mit politischen Gefangenen gefüllt war.

Familie 1941

Natürlich kann ich mich an diese Anfangszeit nur äußerst lückenhaft zurückerinnern und werde deshalb ein paar Jahre weiterspringen.

1941 heiratete mein Onkel Josef in Siofok eine junge, sehr hübsche aber auch etwas verwöhnte junge Dame namens Gisella Erdös. Hier ist der erste Mosaikstein, an den ich mich zurückerinnern kann. Ich war 2 ½ Jahre alt und wurde abends zum Schlafen in den obersten Stock des fremden Hauses befördert und in einem Zimmer eingesperrt. Wahrscheinlich war es die Dunkelheit oder aber auch die Einsamkeit, die mich zum Brüllen brachte. Wie meine Mutter mir später erzählte, führte diese drastische ‚Sicherungsverwahrung' auch zum ehelichen Krach, da mein Vater überzeugt war, dass man ein Kind nur ruhig brüllen lassen sollte, da es gut für die Lunge sei. Meine Mutter sollte mich auf keinen Fall wieder aus dem Bett holen, ich würde mich schon beruhigen. Ich muss sagen, dass ich mich auch heute noch in der Dunkelheit sehr unwohl fühle, und ich bin sicher, dass alle kleinen Kinder, die in fremder Umgebung im Dunklen allein gelassen werden, gleichermaßen reagieren wie ich damals.

1941 trat Ungarn in den 2. Weltkrieg ein, erst gegen Serbien, dann gegen die damalige Sowjetunion und zuletzt gegen Amerika, was leider alles auf Initiative meines Großonkels Laszlo von Bárdossy, dem damaligen Ministerpräsidenten, geschah. Er wurde aus diesem Grunde am 10. Januar 1946 erst zum Tode durch den Strang verurteilt und dann aus „Gnade" durch die Kugel in Budapest hingerichtet.

Mein Vater 1941

Im Jahre 1941 wurde mein Vater mehrmals nach Budapest ins Ministerium beordert. Ihm wurde nahegelegt, dass er im Falle eines Krieges mit einer Einberufung rechnen musste.

Auch in Sopron begannen die Bürger, aber auch die Stadt und damit auch unser Gefängnis, sich auf die veränderte Situation einzustellen. Es wurden zahlreiche Bunker gebaut, und mitten in der Stadt begann man unter dem Petöfi Platz eine Alarmzentrale einzurichten.

Meine Mutter 1943

Meine Mutter war eine sehr fleißige Frau, und um das Gehalt meines Vaters etwas aufzubessern bzw. auch ein wenig eigenes Geld zu erarbeiten, mietete sie im Löverek ein Stück Acker und pflanzte dort Kartoffeln an. Warum sie dies tun musste, habe ich später nicht verstanden, da das Gehalt meines Vaters wirklich ausreichend gewesen sein musste und derartiges auch für die gesellschaftliche Position nicht unbedingt vorteilhaft war. Mein Vater gehörte zur führenden Oberschicht der Stadt, er war ein angesehener Bürger in Sopron und überall willkommen, so auch im katholischen Kreis, wo er Billard spielte. Später wurde mir von verschiedenen Seiten erzählt, dass er recht geizig war und meine Mutter für ihre eigenen Bedürfnisse nicht genügend Geld zur Verfügung hatte. Sie besaß dann sogar eine ansehnliche Zucht von Angora-Kaninchen mit mehr als 50 Tieren, die sie im Hinterhof des Gefängnisses hielt. Ihre Angora-Zucht war stadtbekannt, und sie hat auch bei Ausstellungen mehrere Preise erzielt. Das Haar der Kaninchen hat sie selbst zu Wolle versponnen und mir daraus u.a. einen Pullover gestrickt. Warum ich mich daran so genau erinnere ist einfach, ich habe diesen Pullover gehasst! Er fusselte immer fürchterlich, und es war eine wahre Katastrophe, wenn wir in die Kirche gingen und ich eine dunkelblaue Hose tragen musste, die dann über und über voller Angora-Haare war. Ich versuchte zwar ständig meine

Hose zu säubern so gut es ging, aber es gelang mir nur unter maximaler Anstrengung und dazu mit der ‚Begleitmusik' meines Vaters „Wie siehst du denn wieder aus! Habe ich dir nicht hundertmal gesagt, bitte deine Hose zu reinigen, bevor wir in die Kirche gehen". Desöfteren war dies auch mit einer Ohrfeige verbunden. Seit dieser Zeit hasse ich Angorawolle und könnte mich nicht dazu überwinden, sie je wieder zu berühren.

Apropos Kirche. Mein Vater hatte einen sehr guten Freund, der promovierter katholischer Priester war, und da er sozusagen zu unserer Familie gehörte, nannten wir ihn Onkel Alois oder Lujzibácsi: Dr Alajos Németh, bischöflicher Berater und geistlicher Betreuer des Ursulinen-Klosters. Er beherrschte 4 Fremdsprachen, und während des Krieges hörte er ständig die englischen BBC-Nachrichten, so dass wir relativ objektiv über den Kriegsverlauf informiert waren.

1535 gründete die heilige Angela Merici in Brescia, Oberitalien, eine Gemeinschaft von Frauen, die sie unter den Schutz der als Patronin der Jugend verehrten Heiligen Ursula stellte. Der Heiligen Angela ging es mit ihrer Gründung darum, Frauen ein eigenständiges, religiöses Leben zu ermöglichen, mit dem sie für die Gesellschaft ein Fundament christlichen Lebens wurden. Die Gemeinschaft nahm sich besonders der geistigen und religiösen Bildung junger Mädchen an. Dieser Orden gründete auch in Sopron ein Kloster, in dem junge Mädchen streng katholisch erzogen wurden.

Onkel Alois selbst wohnte in der Klosterkirche und beerdigte in den letzten Kriegstagen von 1944/1945 sehr viele gefallene Soldaten, Flüchtlinge und natürlich Soproner Bürger und führte von Tausenden eine Liste mit Namen, Herkunft, Alter und Nationalität. Außerdem war er ein sehr mutiger und besonnener Helfer der Bevölkerung und ganz besonders der Juden, die damals durch den Befehl Eichmanns über Sopron nach Ausschwitz transportiert wurden. Durch zahlreiche Bilder aus dieser Zeit und dank seiner sorgfältigen Notizen entstanden später mehrere Bücher, die leider erst nach der politischen Wende veröffentlich werden konnten. 'Sopron könnyes véres dátumai' (Blut und tränenvolle **Tage Sopron**) oder 'Papok a rács mögött' (Priester hinter Gittern), um nur zwei wichtige Werke von ihm zu erwähnen. Er selbst hat sehr unter dem kommunistischen Regime leiden müssen und verbrachte über 20 Monate im gefürchteten Konzentrationslager Recsk. Erst nach der Wende 1989, kurz vor seinem Tode, wurde er rehabilitiert. 10 Jahre nach seinem Tode wurde dann im Jahre 2003 ihm zu Ehren eine Gedenktafel an der Wand des Ursulinen-

Klosters in Sopron enthüllt. Aber ich werde sicher noch mehr von ihm berichten, weil einige meiner interessantesten Kindheitserinnerungen mit ihm und dem Ursulinen-Kloster eng zusammen hängen, in das ich später, als der Orden vom kommunistischen Staat aufgelöst wurde, als junger Schüler 5 Jahre lang ging. Ich habe ihn sehr bewundert und in gewisser Weise zum Vorbild genommen. Noch heute sage ich oft, wenn ich einem solchen katholischen Priester begegnete, so würde ich öfter in die Kirche gehen und praktizierender Katholik werden. Trotz allem möchte ich betonen, dass die katholische Kirche und der Glaube zwei grundsätzlich verschiedene Angelegenheiten sind.

Im Sommer 1943 bekam mein Vater die lange angekündigte und vorhersehbare Einberufung nach Szombathely, und meine Mutter und ich blieben in Sopron zurück. Zum Glück musste er noch nicht an die Front, was damals für die ungarischen Soldaten ‚Don Kurve in Russland' bedeutete. In dieser Don Kurve verlor Ungarn mehr als 100.000 Soldaten, da sie sehr schlecht ausgerüstet waren und manche noch nicht einmal ein Gewehr besaßen. Auch ihre Kleidung war keinesfalls für den eisigen russischen Winter geeignet, und so trugen sie bei Minusgraden noch Sommeruniformen.

Mein Vater wurde als Versorgungsoffizier nach Héviz in ein großes Militär Hospital geschickt und erhielt somit noch eine Schonfrist, Héviz lag ungefähr 120 km von Sopron entfernt, so dass wir meinen Vater auch bald besuchen konnten. Am 25. August 1943 fuhren wir mit dem Zug nach Héviz. Mein Vater ließ uns vom Bahnhof mit einer Kutsche abholen. Ich kann mich noch sehr genau an diese Fahrt erinnern, weil der Himmel fürchterlich schwarz war und wir unterwegs in ein entsetzliches Gewitter kamen. Es donnerte, blitzte und stürmte und regnete wie aus Kübeln. Die Pferde wurden unruhig und wären fast durchgebrannt, wenn der Kutscher sie nicht mit seinem noch stärkeren Organ als der Lärm des Donners angeschrien hätte. Ich hatte unglaubliche Angst, und es dauerte später längere Zeit bis ich wieder auf eine Kutsche stieg.

Sommer 1943 in Héviz. Ich mit meinem Vater und meiner Mutter

Héviz ist ein sehr schönes Kurbad mit dem größten Thermalsee Europas von über 17 Hektar Fläche und einer konstanten Wassertemperatur im Winter wie im Sommer von etwa 28-32°C. In der Mitte des Sees befand sich ein aus Holz konzipierter Pavillon mit Umkleidekabinen Es gab Parkkonzerte, schöne Parkanlagen und vor allem ausgezeichnetes Speiseeis.

Ich habe diese Zeit sehr genau in meiner Erinnerung behalten, da wir damals besonders intensiv zueinander fanden. Ich genoss diese wenigen Tage sehr, eine Zeit des harmonischen Familienlebens ohne Spannungen und in friedlichem Miteinander. Leider war das nicht immer so, und ich erlebte als kleines Kind, dass meine Mutter und ich irgendwohin aufs Land gefahren sind und sie während der Fahrt ständig weinte. Sie hatte als Vollwaise keine engeren Verwandten und Freunde, bei denen sie sich hätte aussprechen können. Sie kannte nur ein Mädchen auf einem Dorf, dem sie ihr Herz ausschütten konnte.

Ich Stadtkind hatte ein unvergessliches Erlebnis in diesem Dorf. Ich durfte draußen neben einem kleinen Teich spielen, als mich plötzlich ein Schwarm von Gänsen angriff und einer mich unentwegt in mein Hinterteil kniff. Ich rannte so schnell wie ich konnte von ihnen weg, aber die Gänse waren natürlich ebenso flink und nur dank eines mutigen und beherzten Dorfjungen wurde ich vor den Gänseattacken errettet. Ich habe mich mächtig geschämt - nun, wer verliert schon gern.

Solche Mutter-Sohn-Erlebnisse waren für mich später immer unbegreiflich, da mein Vater die Mutter nach ihrem Tod stets nur in den höchsten Tönen lobte. Später empfand ich diese Art der Lobpreisungen meines Vaters während der Friedhofsbesuche häufig als unerträglich.

Wenn ich so retrospektiv an dieser Autobiographie arbeite, stellt sich bei mir die Sorge ein, dass dies zu umfangreich werden wird, denn ich erschrecke bei der Fesstellung, dass ich noch nicht einmal so richtig am Beginn meiner eigenen Geschichte bin, und befürchte, wie ermüdend meine „Buchstabensammlung" für Außenstehende doch sein muss. In diesen Momenten denke ich oft daran, diese Schreiberei und vor allem diese Pseudo-Schriftstellerei abzubrechen.

Die wenigen Tage in Héviz gingen schnell vorbei, und wir mussten wieder nach Sopron zurück. Im gleichen Sommer kam meine Cousine Kati, die Tochter meiner Tante Rozsinéni, zu uns nach Sopron. Kati wurde relativ früh von ihrer Mutter, die in der ganzen Familie die wenigste Sympathie genoss, aufs Land zu fremden Leuten geschickt, zu Bauern, die in Türje in West-Ungarn am Plattensee lebten. Sie hatte wie meine Mutter ein hartes Leben, wurde zum Arbeiten ausgenutzt und durfte auch die Schule nicht lange besuchen. Es erinnerte meine Mutter sehr an ihr eigenes Schicksal und sie hätte Kati gerne zu uns genommen, zumal sie sich so sehr eine Tochter gewünscht hatte und ihre eigene kleine Tochter früh verloren hatte. Aber mein Vater war strikt dagegen. Viel, viel später erzählte mir Kati selbst diese Episode, und ich habe die Reaktion meines Vaters auf den Wunsch meiner Mutter bis heute nicht verstanden. Auch zu Hause wurde darüber nie mehr gesprochen, obzwar wir nach wie vor engen Kontakt zu Kati hatten. Vielleicht hatte der zu dieser Zeit immer spürbarere Schatten des Krieges meinen Vater davon abgehalten?

Kati blieb ein paar Wochen bei uns, und ich hatte in dieser Zeit endlich mal eine Spielgefährtin in dem eintönigen Gefängnishof.

Leider wurden die weiteren Ereignisse immer düsterer. Gegen jeglichen Rat der Gynäkologen war meine Mutter wieder schwanger geworden. Aus medizinischen Gründen sollte sie auf keinen Fall noch ein Kind bekommen, aber nach der Erzählung meines Vaters hatte sie es sich angeblich so sehr gewünscht. Ausgerechnet in dieser Zeit kam für meinen Vater die endgültige Einberufung an die russische Front. Er musste sich wieder in Szombathely melden. Aber wo Schatten ist da gibt es auch Sonnenschein und so wurde er mit Rücksicht auf die alleinstehende Familie und seine hochschwangere Frau endgültig vom Frontdienst befreit. So blieben wir weiter im Soproner Gefängnis. Nach dem 2. Weltkrieg erfuhren wir, dass seine Division in der Don Kurve fast gänzlich ums Leben gekommen war - kaum einer der Soldaten hatte dies überlebt.

In Sopron wurde in dieser Zeit mit Hochdruck am Bunkerbau gearbeitet, und wir erhielten auch einen persönlichen Bunker unter unserer Wohnung mit direktem Eingang vom Hof. Mir machte dies alles richtig Spaß, besonders wenn wir üben mussten, wie schnell wir im Notfall unsere Unterkunft erreichen konnten. Als fast Fünfjähriger kann ich mich noch an viele Einzelheiten erinnern, wie wir unsere Notrationen in den Keller schafften und mit welch dicken Zusatzbalken die Decken verstärkt wurden. Unser Bunkerkeller öffnete sich aus dem normalen Keller, also mussten wir noch tiefer unter das Haus. Der Bunkereingang war im Keller etwas versteckt, so dass man ihn nicht sofort sehen konnte. Ich nahm auch meine Decke mit nach unten und ein wenig Spielzeug. Als alles fertig war, kam Lujzibácsi (Onkel Alois) und beurteilte die Sicherheit unserer Notunterkunft, segnete sie auch sogleich und bat den Herrgott darum, dass er uns beschützen möge. Übrigens war er ein von der Stadt ausgebildeter Rettungsoffizier oder Rettungsgeistlicher, was er freiwillig auf sich genommen hatte.

In diesem Sommer nahm er mich öfters zum Baden mit ins große Schwimmbad. Dieses Bad existiert heute schon lange nicht mehr. Wir legten uns dann auf die Wiese und beobachten den Himmel auf dem Rücken liegend. Es dauerte nicht lange bis die ersten Bomber kamen und in 7-8000 Meter Höhe ihre Kondensstreifen nach sich zogen. "Amerikanische Bomber" klärte mich Lujzibácsi auf und zählte eifrig wie viele es waren. Später konnte man von weitem dumpfe Detonationsgeräusche aus Richtung Wiener-Neustadt hören.

"Weißt Du, Sutyi," – Sutyi war mein Kosename, den ich angeblich von meiner Mutter erhielt, genau weiß ich es nicht, aber alle meine Freunde sprachen mich so an - "die sammeln sich über dem Neusiedlersee und dann bombardieren sie die Flugzeugwerke der Wiener Neustadt. Aber zu uns kommen sie nicht, da brauchst Du keine Angst zu haben. Was sollten sie hier auch schon zerstören wollen?" und er lachte herzlich.

Einmal erlebten wir über uns einen Luftkampf, bei dem ein amerikanischer Bomber abgeschossen wurde. Der Pilot konnte sich zwar mit dem Fallschirm retten, doch als er unten ankam war er leider bereits tot. Übrigens war dies Lujzibácsis erste Soldaten-Beerdigung, und noch heute liegt der amerikanische Pilot auf dem Heldenfriedhof von Sopron-Bánfalva.

Im Buch von Stephen E. Ambrose „The Wild Blue, The Men and Boys who flew the B-245 over Germany" findet man auch ein Kapitel über die Luftangriffe auf Sopron. Hier ist auch zu lesen, dass die amerikanischen Bomber, die nach Wiener Neustadt sowie nach Sopron flogen, aus dem in Italien befindlichen Stützpunkt San Giovanni Field stammten, da die damalige Spritmenge sonst nicht ausgereicht hätte für den Hin- und Rückflug.

Wir fanden öfter massenweise Staniolstreifen auf den Straßen, die der Radarstörung dienten, und nicht selten fand man auch Spielzeug mit explosivem Inhalt, was die Amerikaner angeblich heruntergeworfen hatten. Ob es so war, weiß ich bis heute nicht. Ich habe kein einziges Spielzeug gefunden, wurde jedoch von meinen Eltern gewarnt.

Mitte Januar 1944 bekam ich Masern. Ich entsinne mich deshalb noch so genau daran, weil meine Mutter zur Entbindung in das Elisabeth Krankenhaus in Sopron ging und ich ein Bastelset für Holzarbeiten erhielt. Dann kam meine Tante Icanéni zu uns, um meiner Mutter nach der Entbindung zu helfen. Meine Mutter musste sich wieder einem Kaiserschnitt unterziehen, und so kam am 17.01.1944 mein kleiner Bruder Jenö auf die Welt. Die Freude war groß, und ich wollte natürlich unbedingt meine Mutter so schnell wie möglich in der Klinik besuchen. Selbstverständlich war ich auch sehr auf meine ‚Konkurrenz' neugierig. Aber es vergingen einige Tage und es geschah nichts, ich wurde immer wieder vertröstet, dass ich vielleicht morgen doch in die Klinik dürfe. Endlich, am 25. 01.1944 nachmittags, war es dann soweit. Wir gingen in das Elisabeth Krankenhaus, doch es herrschte eine mir unerklärliche bedrückte Stimmung, und meine Tante Icanéni weinte immerzu, was ich erst recht nicht verstand. Als wir in der Klinik ankamen, erklärte mir mein Vater, dass wir nicht lange bleiben dürften und ich mich sehr still verhalten sollte, da es meiner Mutter nicht gut ginge und sie auch sehr geschwächt sei. Den

Anblick meiner Mutter in ihrem Bett liegend werde ich nie in meinem Leben vergessen. Sie lag in einem Einzelzimmer, die Fenster waren halboffen und es roch nach kaltem Schweiß und Chlorkalk. Sie war sehr blass, ihre Lippen blau verfärbt und sie lag fast unbeweglich da. Ich ging zu ihr und wollte ihre Hand nehmen, aber mein Vater hinderte mich daran.

"Nein, nein! Bitte lass deine Mutter in Ruhe, Du darfst sie nicht berühren." warnte er mich.

Ich schaute meinen Vater erst etwas ungläubig an und blickte dann auf meine Mutter. Sie lächelte etwas aber sagte nichts. Ihre Fingernägel waren tief blau gefärbt und ihre Hand blieb unbeweglich. Es war erdrückend still im Zimmer, nur meine Tante Icanéni weinte leise vor sich hin. Plötzlich kam die Schwester herein und teilte uns mit, dass wir nun meinen kleinen Bruder besuchen dürften.

"So, Sutyi, bitte nimm von deiner Mutter Abschied und dann gehen wir". Seine leisen Worte klangen leer und bedeutungslos, und dabei schaute mein Vater starr in die Ferne, als wenn er gar nicht anwesend wäre. Ich habe die Situation nicht verstanden und ahnte auch nichts. Es war das letzte Mal, dass ich meine Mutter sah. Sie starb in dieser Nacht um 24.00 Uhr angeblich an einer schweren fulminant abgelaufenen Sepsis, einer massiven Blutvergiftung. Ihr Arzt, Dr. László Tauber, schloss später in einem Brief weitere Todesursachen weitgehend aus - eine Obduktion wurde wegen des Vetos meines Vaters nicht durchgeführt.

Wir schreiben 1944, der 2. Weltkrieg neigt sich dem Ende zu und es war nicht möglich, in dieser Zeit Antibiotika zu bekommen. Heute sind die Bedingungen völlig anders und höchstwahrscheinlich hätte meine Mutter diese Komplikationen mit Hilfe von Antibiotika überstanden. Ihre letzte Stunde verbrachte sie in Gesellschaft meiner Tante Icanéni. Diese begleitete sie auf ihrem letzten Weg und berichtete in mehreren Briefen, dass meine Mutter still und ohne Todeskampf eingeschlafen sei. Ihre letzten Worte waren „Sag meinem Mann, er muss jetzt Vater und Mutter gleichzeitig sein." In diesem Augenblick begann ein neuer Lebensabschnitt für mich, der leider mit viel Leid und einer Menge ungeklärter Fragen einherging. Vor allem entwickelte sich ein für mich bis heute nebulöser Fragenkomplex: Hat mich meine Mutter geliebt oder war ich vielleicht unwillkommen, wenn nicht sogar lästig? Jahrzehnte später drückte mir mein Vater ein Stück Papier in die Hand mit der Bemerkung:

"Hier sind ein paar Zeilen, die deine Mutter für deinen Bruder geschrieben hat, bevor sie ins Krankenhaus zur Entbindung ging".

Ich las die Zeilen, die an meinen Bruder Jenö gerichtet waren. Es waren ein paar Sätze für sein zukünftiges Leben, wie er sich benehmen sollte und die Bitte an meinen Vater, meinen Bruder nie im Stich zu lassen und ihn als liebender Vater zu erziehen, falls sie diese Operation nicht überstehen würde. Es klang sehr nach Abschied. Aber über mich war kein einziges Wort zu lesen. Auch später, als ich alte Papiere, Briefe und verschiedene andere Dokumenten durchsuchte und recherchierte, habe ich nie ein Wort über mich entdecken können. Kann das sein, dass eine Mutter ihren erstgeborenen Sohn ignoriert? War ich so sehr ungewollt und lästig, dass ich nicht die geringste Notiz wert war?

Hat meine Mutter mich vielleicht wirklich gehasst? Es kann doch nicht wahr sein, dass sie ausgerechnet ihr erstes Kind so sehr kalt ließ? All diese Fragen konnte ich mir nie beantworten, es blieb immer ein Rätsel, denn ich hatte leider keine Möglichkeit mehr, sie direkt zu fragen. Der Tod hat diesen ungeklärten Fragenkomplex in ein großes Schweigetuch gehüllt, und vielleicht werde ich einmal nach meinem Leben darauf eine Antwort erhalten.

Glauben Sie an Schutzengel? Ich ja. Warum ich ausgerechnet an dieser Stelle diese Frage stelle hängt mit dem Tod meiner Mutter zusammen. Ich dachte lange Zeit wieder und wieder darüber nach, warum ich auf solche wie oben beschriebenen Fragen nie eine Antwort erhalten konnte. Dann fiel mir eine Geschichte ein, die mir mein Vater erzählte als ich ungefähr 8 Jahre alt war.

"Sutyi, schau mal diesen schönen Nachthimmel an. Siehst Du diesen hellen Stern? Nun, dieser helle Stern ist deine Mutter und von dort oben wacht sie über dich und beschützt dich, sie ist dein Schutzengel."

Kardinal Josef Ratzinger, Papst Benedikt XVI., dem ich in meinem Leben mehrmals begegnete, hält sehr viel von Schutzengeln und glaubt auch an ein Fegefeuer. In seinem Buch „Gott und die Welt" ein Gespräch mit Peter Seewald - der selbst Atheist war - beantwortet er die Frage, ob so etwas überhaupt möglich sei mit einem überzeugten ‚ja'. An einer anderen Stelle weist er darauf hin, dass niemand einen Freund schmutzig besuchen, sondern sich erst reinigen würde. Warum kann man dann vor Gott schmutzig erscheinen? Das heißt, das Fegefeuer ist sozusagen ein Reinigungsort bevor man vor den Allheiligen tritt. In meiner Vorstellung ist es bei meiner verstorbenen Mutter ähnlich. Das Fegefeuer dauert so lange bis auch ich nachkomme und sie endlich vor Gott erscheinen darf. Davor muss sie mich als Schutzengel beschützen. Also sind Schutzengel Kandidaten für die Ewigkeit, nur das Endziel haben sie aus verschiedenen Gründen noch nicht erreicht.

Bitte, schmunzeln Sie nicht über meine naiv kindlich erscheinende Erklärung, aber seit dem Tod meiner Mutter spürte ich sehr oft an zahlreichen Beispielen diese schützende Hand über mir und erlebte, was oft an ein Wunder grenzte, dass ich überhaupt manche Situationen überlebte. Deshalb glaube ich daran, dass dieser Schutz doch mit einem göttlichen Phänomen zusammenhängt.

Leider erfuhr ich vom Tod meiner Mutter erst 1946 durch ein aufklärendes Gespräch meines Vaters, der mir die wahre Geschichte um meine Mutter erklärte. Bis zu dem Zeitpunkt wurde mir von allen Seiten erzählt, dass meine Mutter in Szombathely, West-Ungarn, in einer großen Klinik läge und erst später wieder nach Hause kommen würde. Warum auch diese Aktion so geheimnisvoll gestaltet wurde erfuhr ich auch erst viel später durch meinen Vater. Angeblich wollte er die kindliche Psyche nicht mit dem Verlust der Mutter belasten. So fand auch die Beerdigung am 28. Januar 1944 auf dem Soproner St. Michael Friedhof ohne meine Anwesenheit statt. Ich kann mich noch gut daran erinnern, dass sehr viele Menschen, darunter mein Großvater, Tante Icanéni, Onkel Josef, Tante Gizinéni Coasan und zahlreiche Bekannte da waren und mich sehr freundlich behandelten. Ich glaube, so viele Streicheleinheiten, Geschenke und Süßigkeiten wie im Januar 1944 habe ich in meinem späteren Leben nie wieder erhalten.

Es war Winter 1944. Ich wurde zusammen mit meinem Freund Sántha Robert im Kindergarten der Barmherzigen Schwestern angemeldet. Wir nannten sie nur die ‚grauen Schwestern'. Unser Kindergarten war ungefähr 2000 Meter von unserer Wohnung entfernt, und ich musste mich jeden Morgen allein auf den für mich unendlich langen Weg machen, was mir nicht unbedingt gefiel. Mein Weg führte entlang der Wiener Straße, die - wie es der Name schon sagt - tatsächlich in Richtung Staatsgrenze und nach Wien führte. Sopron liegt von Wien etwa 65 km entfernt, und so war Sopron die erste Stadt in Ungarn, die von der Wehrmacht am 19. März 1944 besetzt wurde. Auf dem Weg zu meinem Kindergarten kamen mir ununterbrochen Panzer und Lastwagen entgegen und viele deutsche Soldaten standen am Straßenrand, rauchten oder aßen kalte Speisen. Als ich an ihnen vorbeiging erschien ein hochgewachsener Offizier, alle Soldaten sprangen auf, streckten ihren rechten Arm in die Höhe und brüllten "Heil Hitler!". Diese Situation beeindruckte mich sehr, weshalb ich am nächsten Tag, als ich wieder auf dem Weg zum Kindergarten war und einem Offizier begegnete, stolz meine rechte Hand hob und so laut wie möglich "Heil Hitler!" schrie. Es ist schon erstaunlich, wie schnell ein Kind so etwas lernt, aber dies war dann auch mein letzter Heil-Hitler-Gruß, da ich - statt einer Anerkennung - eine schallende Ohrfeige von ihm erhielt. Ich verstand nun die Welt nicht mehr. Ich hatte es doch nur gut gemeint, was womöglich der Offizier nicht verstanden hatte - oder er vielleicht von all dem Hitler-Gejohle endgültig die Nase voll hatte?

Wie sehr ich den langen Marsch zum Kindergarten liebte beweist folgende Geschichte: Als das Wetter allmählich wärmer wurde ließen meine Ambitionen, in den Kindergarten zu gehen, spürbar nach. Eines Tages erzählte ich auf dem Weg zum Kindergarten allen Kindern und ihren älteren Begleitern, dass der Eingang zum Kindergarten mit einem riesigen Stein blockiert sei und der Kindergarten deshalb bis auf weiteres geschlossen bliebe. Der Erfolg war wortwörtlich spürbar, da ich zu Hause eine entsprechende Abreibung von meinem Vater erhielt.

Nach dem Tod meiner Mutter hatten wir eine ständige Haushälterin, die meinen Bruder Jenö und mich versorgte. Zu dieser Zeit war ich aber bereits recht selbständig und empfand eine gewisse Abneigung gegenüber der fremden Person und lehnte die gutgemeinte Hilfe ab. Diese Aversion bestand sehr lange und auch dann noch und viel ausgeprägter, als mein Vater später wieder heiratete und die neue Mutter bei uns einzog. Ich wurde sehr still und ernst, und wie mir später auch viele Bekannte bestätigten, sah man mich selten lachen. Mein Selbstbewusstsein wuchs und mein Verhalten ließ oft zu wünschen übrig. Freunde hatte ich in dieser Zeit nicht, abgesehen von meinem Kindergarten Kumpel Sántha Robert. Natürlich ist dies nicht verwunderlich, da ich doch in einem Gefängnis und nicht in einem normalen Mietshaus lebte. Das Wohnen in einem Gefängnisblock hat es eben an sich, dass man sich nicht völlig frei bewegen und ein- und ausgehen kann. Zu den Gefängniswärtern hatte ich allerdings einen auffallend ‚guten Draht' und sie nahmen mich häufig in die Stadt mit zum Eisessen oder Bummeln. Innerhalb der Gefängnismauern jedoch musste ich mich den gegebenen Umständen anpassen, und wenn mal kein sogenannter Insassenrundgang stattfand, so war ich im Garten, kletterte auf die Bäume und spielte mit Lupus, dem Gefängnishund.

Unser Familienfreund Lujzibácsi, Dr. Alajos Németh, kam öfter zu uns und nahm mich auch in die Stadt mit. Oft gingen wir in der Altstadt zum Ursulinen Platz, wo er wohnte und allmorgendlich seine Messe für die Nonnen zelebrierte.

Es war Juni 1944, ein warmer sonniger Sommernachmittag, und wir spazierten mal wieder in die Altstadt. Als wir vom Hauptplatz aus entlang des Rathauses Richtung Új-utca – Neue Straße - gehen wollten, war uns der gewohnte Weg von einer schweren Eisenkette versperrt, die quer über die Straße lief. Dahinter standen und lagen viele Kinder und Erwachsene. Sie alle trugen einen gelben Stern an der Brust und lächelten uns verlegen an. Lujzibácsi war außer sich. Er schimpfte und rief immer mal die Straße entlang. Unter den Gefangenen waren scheinbar etliche gute Bekannte. Es dauerte nicht lange, bis ein großer Mann mit einem komischen Blechschild vor der Brust zu uns herüberkam und Lujzibácsi mächtig beschimpfte. Daraufhin mussten wir schleunigst die Straße verlassen. Ich erfuhr dann von ihm, dass die dort eingesperrten Menschen Soproner Juden waren. Jüdische Mitbürger gab es in Sopron schon seit dem Mittelalter und sie besaßen damals sogar ein wichtiges Sonderrecht, da sie innerhalb der schützenden Stadtmauer leben durften. So entstanden auch zwei mittelalterliche Synagogen mit den üblichen Tauchbecken, die es noch heute in der Altstadt gibt. Sopron hatte auch einen jüdischen Friedhof und noch weitere Synagogen. Auch das Zusammenleben mit jüdischen Bürgern war für die Ungarn jahrhundertelang kein bemerkenswertes Problem. Deshalb war auch Ungarn im ‚Dritten Reich' unter Hitler längere Zeit eine Rettungsinsel in Osteuropa, wohin sich Tausende Juden retteten. Leider änderte sich diese Situation grundlegend nach dem Einmarsch der deutschen Truppen; der Reichsverweser Horthy wurde erst unter Druck gesetzt, um die Judenverfolgung zu intensivieren und später selbst auch unter Arrest gestellt. Die Pfeilkreuzler kamen an die Macht. Die Pfeilkreuzler (offiziell: Pfeilkreuzlerpartei – Hungaristische Bewegung, ungarisch Nyilaskeresztes Párt – Hungarista Mozgalom, kurz NYKP), auch Hungaristen genannt, waren eine nationalsozialistische Partei in Ungarn. Sie wurde 1935 unter dem Namen ‚Partei der Nationalen Einheit' von Ferenc Szálasi gegründet. Mit Unterstützung des ‚Dritten Reiches' errichteten die Pfeilkreuzler vom 16. Oktober 1944 bis 28. März 1945 in den noch nicht von der Roten Armee besetzten Teilen Ungarns eine nationalsozialistische Regierung. Es begann eine grausame Judenverfolgung, und unter der Leitung Eichmanns wurden Abtransporte nach Auschwitz zur sogenannten Endlösung oder zur Zwangsarbeit nach Deutschland organisiert. Hierbei waren die

Ungarndeutschen besonders fleißig. Etwa 800.000 ungarische Juden kamen dabei ums Leben.

Auch der Krieg wurde für Ungarn immer bedrohlicher. Die russische Armee stand schon vor der ungarischen Ost-Grenze und der Luftkrieg nahm an Härte zu. In Sopron aber herrschte eine auffallend große Unbekümmertheit. Jeder dachte, dass der Krieg doch sehr weit entfernt sei und hier nichts geschehen würde. Ab und zu hatten wir Bombenalarm, aber auch dann suchten nur wenige die Schutzkeller auf und diese Zwangsaufenthalte dauerten auch nie lange. Ich war einmal mit Lujzibácsi unterwegs, als uns ein solcher Alarm überraschte und wir einen Schutzkeller aufsuchen mussten. In diesem Keller in der Ikvahid saßen viele verängstigte Menschen, die gemeinsam laut beteten. Aber Gott sei Dank geschah nichts. Die amerikanischen Flugzeuge flogen ungehindert weiter nach Budapest, und wir durften wieder aus dem Keller hinaufsteigen. Doch diese Aktionen geschahen nun immer öfter, und man konnte einen immer geringeren Widerstand als früher feststellen, als die deutsche Luftwaffe noch präsenter war. Auch daran war unschwer zu erkennen, dass Hitlers Armee am Ende war und die russische Streitmacht bald auch in Ungarn erscheinen würde.

In der Új-utca (Neue Straße) entstand neben dem Pap-Rét ein Judengettho. Vom Ursulinenplatz aus in Richtung Új utca war, wie bereits erwähnt, eine massive Eisenkette gespannt, an der deutsche Soldaten ständig Wache hielten. Trotzdem konnte ich anfangs noch öfter - als angeblicher Spielgefährte - rein- und rausgehen und dabei immer wieder heimlich Zettel von jemandem für Lujzibácsi mit hinausnehmen. Was diese Zettel beinhalteten erfuhr ich erst viel später als Erwachsener von meinem Vater. Es waren verschlüsselte Namen von Juden, die mit dem kommenden Transportzug durch Sopron gebracht werden sollten. Da die Züge in Sopron jedes Mal halten mussten, ergab sich eine Möglichkeit, bestimmte Personen aus dem Zug zu holen. Mein Vater, als Gefängnis-Direktor von Sopron, hatte diese Liste erhalten, ging mit Begleitung zum Bahnhof und holte bestimmte Gefangene aus dem Zug, da sie als gewöhnliche Kriminelle deklariert waren und sich vor der ungarischen Justiz verantworten sollten.

Ich bin bei solchen Aktionen öfter dabei gewesen, und ich erinnere mich gut daran, wie am Bahnhof der Zug nach Sopron hereinrollte. Um ihn besser überwachen zu können wurde der Zug auf das zweite Gleis geleitet, während das erste und dritte Gleis leer blieben. Diese Eisenbahnwaggons waren

Viehtransport-Wagen. Oft waren die Schiebetüren einen Spalt geöffnet und viele streckten durch diesen Spalt ihre Arme heraus, winkten uns zu und man hörte sie schreien „Bitte, bitte Wasser!" Als ich mit meinem Vater dort stand lief vor mir ein abgemagerter jüdischer Gefangener, der sich mit einem Eimer Wasser abschleppte. Hinter ihm ging ein deutscher Soldat, der ihn anschrie. Aber der Gefangene konnte trotzdem wohl nicht schnell genug gehen, worauf ihm der Soldat mit seinem Gewehrkolben auf seinen Rücken einschlug. Der Gefangene fiel um, der Wassereimer flog weg und der geschundene Mann blieb auf dem Asphalt liegen. In diesem Augenblick riss mich mein Vater herum und zerrte mich in die Wartehalle. Ich hörte noch einen Schuss, sah aber nichts mehr. Diese Bilder konnte und werde ich nie vergessen; meine spätere Einstellung und auch mein Umgang mit Juden wurden davon ein Leben lang geprägt.

Natürlich waren diese Namenslisten gefälscht, aber auf diese Weise kamen zahlreiche Juden in das Soproner Gefängnis und überlebten. Die Gestapo schikanierte diese Gefangenen tagsüber ständig und benutzte sie zum Putzen ihrer Quartiere. Im Gefängnis jedoch bekamen sie Essen und Trinken und konnten in einem Bett schlafen, was leider den anderen Leidensgenossen verwehrt war.

Unsere Dienstwohnung befand sich am Eingang des Gefängnisses, auf der linken Seite des großen Eingangstors. Gegenüber unserer Wohnung war rechts neben der Wache das Büros meines Vaters, und der Flur führte weiter in dasJustizgebäude hinein. So war es möglich, die Gefangenen direkt vom Gefängnis ins Gericht zu bringen und umgekehrt.

Es war ein warmer Sommertag im Juli als ein schwarz uniformierter deutscher Soldat ins Gefängnis kam und laut brüllend vom wachhabenden Justizbeamten verlangte, dass mein Vater sofort vorgeführt werden solle. Ich spielte wie immer im Eingangstor und sah, dass der deutsche Soldat seine Pistole in die Hand nahm und auf mich zielte. Ich war natürlich viel zu jung, um zu begreifen was da los war, aber plötzlich erschien auch mein Vater und der Soldat drehte sich um und schoss in die Wölbung des Eingangstores. Es krachte fürchterlich wegen des starken Echos und der Soldat lachte laut gestikulierend. Ich habe von alledem nichts verstanden, aber das war mein erstes echtes Kriegs-Erlebnis. Später habe ich erfahren, dass dieser deutsche Soldat ein Gestapo-Offizier war und verlangt hatte, dass ihm ein bestimmter Gefangener ausgeliefert werden sollte. Mein Vater hat es aber trotz der

Einschüchterungsversuche verweigert, worauf er wütend abzog und vorher drohte, dass er mit mehreren Soldaten wiederkommen und sie den Gefangenen dann mit Gewalt mitnehmen würden. Diese Episode sprach sich natürlich schnell unter den Gefangenen herum, was später meinem Vater das Leben rettete.

Ausgerechnet am 1.November 1944, Allerheiligen, fielen die ersten Bomben auf die Nachbargemeinde Agfalva. Leider musste man auch den ersten Toten beklagen. In Sopron wurde die Bevölkerung daraufhin etwas vorsichtiger, und immer öfter mussten wir bei Bombenalarm die Schutzkeller aufsuchen. Ich durfte auch nicht mehr so oft mit Begleitung in die Stadt gehen, und die Straßen füllten sich zunehmend mit Abertausenden von Flüchtlingen, die aus den Ost-Gebieten Ungarns kamen. Fürchterliche Geschichten über die Russen wurden in der Stadt erzählt, und meine Neugier führte zu ständig wachsenden Ohrwascheln, was meinem Vater gar nicht gefiel. Eines Tages standen dann plötzlich mein Großvater, Onkel und Tante und Cousin als Flüchtlinge mit zahlreicher Begleitung vor der Tür. In unserer Wohnung wurde es sehr eng, und ich musste mein Bett mit meinem Cousin teilen. Auch mit der Versorgung ging es bergab, Lebensmittel wurden immer knapper, obzwar das Gefängnis doch noch bevorzugt beliefert wurde. Mein Onkel Káplár Józsibácsi oder Josef hatte große Angst, da er zwar harmlos aber doch Mitglied bei den ungarischen Nazis bzw. Pfeilkreuzlern war. Ständig drängelte er, weiter nach Westen in Richtung Deutschland zu flüchten, und mein Vater versuchte ihm vergeblich zu erklären, dass die Russen diesen Krieg gewinnen würden und sie auch in Deutschland nicht in Sicherheit wären. Die nächsten Tage wurden noch aufregender, weil Budapest von der russischen Armee eingenommen worden war und sich die offizielle ungarische Regierung auch nach Sopron gerettet hatte. Somit wurde Sopron am 6. Dezember 1944 zur Hauptstadt erklärt, was mit einem hohen Preis bezahlt werden musste. Szálasi, der damalige Ministerpräsident, war ein großer Nazi und wohnte in Brennberg in einem Spezial-Bunker. Von dort fuhr er täglich in die Stadt, um zu „regieren".

Anfang Dezember war dann mein Onkel nicht mehr zu halten. Er besorgte sich einen Lastwagen und genug Diesel und verabschiedete sich in den Morgenstunden zusammen mit seiner Familie. Meine Tante Icanéni weinte sehr und Józsibácsi versuchte meinen Vater zu überzeugen, dass auch er flüchten müsse, da er sich als Gefängnisdirektor in Lebensgefahr befände, wenn die Russen ihn finden würden. Aber mein Vater war stur und blieb mit seinen zwei kleinen Kindern in Sopron zurück. Die Wiener Straße (Bécsiutca) vor unserem Haus war voll mit zahlreichen deutschen Soldaten, Panzern und Lastwagen, so dass sich unsere kleine Flüchtlingsgruppe nur schwer in diese Menge einordnen konnte. Es herrschte regelrechtes Chaos auf den Straßen, und nicht selten knallten Revolverschüsse, um einigermaßen Ordnung zu schaffen. In unserer Nähe, auf der anderen Straßenseite, befand sich eine Reithalle, die mit Wehrmacht-Autoreifen und Lebensmitteln bis zur Decke gefüllt war. In dieser Nacht wurde die Reithalle - da die deutsche Wehrmacht diese Reserven nicht mitnehmen konnte - in Brand gesteckt. Alles brannte lichterloh und es stank nach verbranntem Gummi, und unglaublich schwarzer Rauch verdunkelte den Himmel. Die Flüchtlingswelle wälzte sich endlos weiter, gemischt mit Wehrmachts-Einheiten. In Sopron entstanden zahlreiche Militärkrankenhäuser, und viele deutsche Verletzte wurden nach Sopron zur Versorgung geschickt. Auch zu uns ins Gefängnis kamen zahlreiche deutsche Soldaten, und es wurde immer wieder nach Deserteuren oder Spionen gesucht.

Unser Leben lief keineswegs in gewohnten Bahnen, und des öfteren fragte ich unsere Haushälterin nach meiner Mutter, bekam aber stets die gleiche stereotypische Antwort, dass sie in der Nachbarstadt Szombathely im Krankenhaus läge und bald nach Hause kommen würde. Leider war sie zu dieser Zeit schon fast ein Jahr tot, aber dies wurde auf strengen Befehl meines Vaters verschwiegen.

Am 6. Dezember 1944 mittags gab es plötzlich Bombenalarm und kurze Zeit später, nachdem wir mit letzter Kraft unsere Schutzkeller erreicht hatten, begann es fürchterlich zu krachen und ohrenbetäubend zu donnern. Unser Schutzkeller begann wie ein Schiff zu schaukeln, und neben mir begannen die Leute laut zu beten. Ich habe den Ernst der Situation gar nicht begriffen. Mir kam das Ganze eher lustig vor und, um meine Neugierde zu befriedigen, versuchte ich mich aus dem Schutzkeller hinauszuschleichen. Allerdings hat mich unser Gärtner rechtzeitig daran gehindert und ich erhielt daraufhin auch eine entsprechende Abreibung. Es war die erste Bombardierung Soprons, die großen Schaden anrichtete. Allein bei diesem ersten amerikanischen Angriff hatte die Stadt mehr als 340 Tote zu beklagen und etwa dreimal mehr Verletzte. Die Stadt lag vor allem im Innenstadtbereich in Trümmern. Viele wertvolle Gebäude waren zerstört, und beide Bahnhöfe lagen in Schutt und Asche. Unter den Toten waren auch zahlreiche deutsche Soldaten. Viele Verletzte wurden in das von uns etwa 1000 Meter entfernte Militärhospital, dem früheren Lehrerseminar, eingeliefert. Hier arbeitete auch mein späterer Hochschulprofessor für Neurologie, Professor Faust aus Freiburg, als junger Wehrmachtsarzt, was ich erst bei meinem medizinischen Staatsexamen direkt von ihm während der Prüfung erfuhr.

Aus meinem Nikolaustag wurde leider nichts, jeder hatte jetzt andere Sorgen als an den Nikolaus zu denken. Interessant ist auch, wie die nächste Bombardierung am 18. Dezember zustande kam. Leutnant George Mc. Govern leitete die aus 12 Bombern bestehende Einheit. Dieser Angriff sollte nach Süd-Deutschland gehen und hatte die Ölraffinerie im Odenthal zum Ziel. Der Deckname dieses Einsatzes war „Milchtransport". Leider wurde das Angriffsziel wegen eines plötzlichen Wetterwechsels kurzfristig geändert und die Bomber nach Sopron umdirigiert. Es scheint, dass die Besatzung relativ unerfahren war, denn das Bombenmaterial von mehr als 100 Bomben mit einem Durchschnittsgewicht von 500 kg verfehlte sein Ziel und zerstörte große Teile des Löverek, ein Villenviertel von Sopron ohne jegliche militärische Bedeutung.

Bedauerlicherweise gab es auch später weitere Bombardierungen, so am 21.Februar 1945, 4. März 1945, 19.März 1945, 29. März 1945, bei denen viele Menschen ums Leben kamen und zahlreiche Gebäude in Sopron zerstört wurden. Sopron blutete wie viele andere Städte in Ungarn aber auch in der ganzen Welt.

Die letzten Kriegstage und der Neubeginn.

So langsam gewöhnten wir uns an den Aufenthalt im Bunker, aber die freien Stunden in unserem Garten wurden immer weniger. Es gab fast jeden Tag Bombenalarm. Häufiger kamen nun auch Tiefflieger, mit denen nicht selten aus ihren Maschinengewehren das Feuer auf die Stadtbevölkerung eröffnet wurde. Wie Lujzibácsi mir erklärte, waren diese Flugzeuge russischer Herkunft, und somit wäre die russische Armee auch nicht mehr weit. Die Stadt war jetzt nicht nur mit Flüchtlingen überfüllt, es kamen nun auch immer mehr Soldaten, von denen viele verletzt waren. Die öffentlichen Gebäude wurden zu Lazaretten umfunktioniert. Sogar im Bahnhof standen Lazarettzüge, die später von russischen Fliegern erbarmungslos bombardiert wurden. Es gab sehr viele Tote auch unter den deutschen Soldaten. Es waren überwiegend SS-Soldaten, die sich in der Stadt aufhielten. Vor unserem Haus standen zahlreiche Panzer und große Lastwagen, was meinem Vater große Sorge bereitete, da er Angst hatte, dass die russischen Flieger auch diese Ansammlung von Kriegsmaschinerie bombardieren würden. Manchmal gelang es mir aus dem Haus zu schleichen und mich unter die Soldaten zu mischen. Nicht selten schenkten sie mir die Wehrmachts-Standardschokolade aus einer runden Blechschachtel. Später, in Deutschland, entdeckte ich dieses Produkt wieder, diesmal unter dem Namen ‚Schoka-Cola'.

Natürlich war der Kindergarten längst geschlossen worden, und ich konnte mich nicht mehr mit meinem Kindergartenfreund Robert treffen. Mir blieb also nichts anderes übrig als zwischen den Kriegsgeräten zu toben, bis ich mal wieder erwischt wurde. Aber eine Abreibung erhielt ich in dieser Zeit nicht mehr, ich glaube die Menschen hatten alle schon zu viele eigene Sorgen und waren mit sich selbst beschäftigt, so dass für erzieherische Maßnahmen weder Zeit noch Kraft blieben.

In dieser Zeit wurde der Veszprémer Bischof, der spätere Kardinal Mindszenty, erst in Köhida und dann in Sopron ins Gefängnis eingeliefert. Er wurde beschuldigt, dass er nicht mit den Nazi-Pfeilkreuzlern zusammenarbeiten wollte und alles Gemeinsame strikt ablehnte. Mein Vater wurde als Gefängnis-Direktor aufgefordert, doch nach einer etwas menschenwürdigeren Unterkunft für den Bischof zu suchen, und so kam Mindszenty mit all seinen 25 Priestern im Gefolge zu den Klosterschwestern meines Kindergartens. Dort blieben sie unter Arrest bis die russische Armee die Stadt eroberte.

Nach der letzten Bombardierung am 29. März 1945 wurde es in Sopron relativ ruhig. Nur die Panzer machten einen ohrenbetäubenden Lärm auf dem Asphalt, und es kamen immer mehr flüchtende deutsche Soldaten, die es jetzt sehr eilig hatten. Unter ihnen waren viele junge Soldaten in SS Uniformen und vermittelten nicht selten einen sehr unbekümmerten Eindruck. Am 31. März 1945, am Nachmittag des Karsamstages, kam ein junger SS Soldat zu uns ins Haus und wollte ein Glas Wasser und Zigaretten. Er war noch sehr jung, vielleicht 17 Jahre alt. Er war eine fröhliche Natur, machte Witze und erklärte ganz stolz, während er seine Maschinenpistole reinigte, was mich äußert faszinierte, dass die Russen bereits in der Vorstadt und bald auch hier sein würden. Er könne nichts mehr für uns tun und müsste sich beeilen. So erfuhren wir, dass die russische Armee praktisch vor der Tür stand. Es brach unter den Sopronern eine unglaubliche Angst aus, da jeder von uns aus Erzählungen wusste, mit welch brutaler Grausamkeit die russischen Soldaten vorgingen und alles mitnahmen, was wertvoll war. Mein Vater, der sein Erbstück, den Siegelring, immer noch trug nahm ihn vom Finger und vergrub ihn draußen im Hof. Zu dieser Prozedur nahm er mich mit und sagte mit sehr ernster Miene: „Junge, merke Dir diesen Platz gut, und wenn mir etwas zustoßen sollte dann grabe ihn aus, da dieser Ring Euch weiterhelfen wird." Ich habe zwar von all dem nichts verstanden, ihm aber versprochen, niemandem diese Stelle zu verraten. Im Grunde genommen war ich in diesem Moment sehr stolz und glücklich, dass mein Vater mir so was Wichtiges anvertraut hatte.

Auch von Vergewaltigungen war die Rede, aber das verstand ich natürlich noch nicht. Auf Anordnung meines Vaters zogen wir in den Keller und sämtliche Gefängniswärter und Gefangenen wurden entlassen. In der Stadt begann eine furchtbare Plünderung. Jeder nahm mit, was er konnte, manche Lebensmittelgeschäfte verteilten ihre Waren kostenlos, so auch die Fleischfabrik nebenan, von wo auch mein Vater Wurst und Schweineschmalz für uns mitbrachte. Am Nachmittag nahmen die Gewehrfeuer zu. Granaten und Kanonenkugeln knallten immer wieder und wir saßen angespannt im Schutzkeller und warteten.

Die Nacht verlief relativ ruhig. Es herrschte eher eine gespenstische Ruhe. Ich schlief tief und fest, was natürlich die Erwachsenen kaum fertigbrachten. Am nächsten Morgen, dem 01.04.1945, es war Ostersonntag, hämmerte man vehement an der Kellertür und kurze Zeit später traten zwei russische Soldaten in den Kellerraum. Es herrschte eine beängstigende Stille. Mein Vater stand auf und machte für die beiden Platz. Sie fragten nach deutschen Soldaten, und als sie mich erblickten, griff einer von ihnen in seine Hosentasche und reichte mir mit seinen schrecklich schmutzigen Händen ein Stück Würfelzucker. Anschließend drehten sie sich um und gingen hinaus. Die Spannung löste sich langsam und mein Vater beschloss, aus dem Keller zu steigen, um zu sehen, was sich da oben abspielte. Kurze Zeit später kam er zurück und meinte, wir könnten in den Hof hinausgehen. Mir musste man das kein zweites Mal sagen und ich stürzte ins Freie. Der Hof war voller russischer Soldaten. Überall lagen Gewehrmunition, Handgranaten und Konserven herum. Es war ein sehr schöner sonniger Tag und mich blendete das helle Licht nach einem so langen Kelleraufenthalt. Eine russische Soldatin kam mir entgegen, nahm mich an die Hand und führte mich in unsere Wohnung, die jetzt ebenfalls voller Soldaten war. Sie zeigte mir einen ausgewiesenen Platz, wo ich mich aufhalten sollte. Kurze Zeit später folgte auch unsere Haushälterin, die bei uns geblieben war, auf dem Arm meinen Bruder Jenö, der wie am Spieß brüllte. In unserer Wohnung wurde es immer lauter. Die Soldaten tranken reichlich Rotwein und wurden immer aggressiver. So nach und nach musste unsere Wohnungseinrichtung dran glauben und flog zerschlagen in den Hof. Auch unser schöner Flügel kam unter die Axt und wurde anschließend im Hof verbrannt. Einige Soldaten brachten von irgendwoher Fleisch und zwangen unsere Haushälterin, etwas daraus zu kochen. Plötzlich wurde es still im Raum. Die Soldaten standen stocksteif und schweigend da, und ein hoher Offizier betrat den Raum. Er sagte etwas und kurze Zeit später verschwanden die Soldaten. Die Soldatinnen begannen mit hektischem Putzen und Aufräumen. Der Offizier, der gut Deutsch sprach, erklärte unserer Haushälterin, die Ungarndeutsche war und Deutsch verstand, dass die gesamte Dienstwohnung zur Kommandantur umfunktioniert würde und wir nur im hinteren kleinen Zimmer bleiben dürften.

Von meinem Vater hörten wir allerdings nichts mehr. Er war verschwunden, und wir wussten nicht, wo er war und was mit ihm geschah. Er war von russischen Soldaten gefangengenommen und abgeführt worden. Zur Überprüfung, wie sie uns mitteilten. Erst drei Monate später haben wir ihn wiedergesehen.

Die nebenan befindlichen Gerichtsgebäude wurden kurzerhand zu russischen Lazaretten umfunktioniert, und im Erdgeschoss richtete das Militär Operationssäle und Behandlungsräume ein. In die Mitte des Fußbodens wurde ein kreisrundes Loch gesägt und alle verbrauchten Materialien wie blutige Binden, eitrige Tupfer aber auch Operationsreste wie amputierte Hände und Füße wurden dort entsorgt und anschließend mit Chlorkalk bedeckt. So entstand im Keller ein unvorstellbarer, zum Himmel stinkender Abfallhaufen, den später - als das Gefängnis wieder eröffnet worden war - der erste ungarische Gefangene ausräumen musste. Die ganze Umgebung stank bestialisch, und jeder befürchtete den Ausbruch einer Epidemie, da in Sopron schon die ersten Typhus-Fälle aufgetreten waren.

Mein Bruder Jenö und ich lebten also im hinteren Zimmer unserer Wohnung, und soweit ich konnte, musste ich meinen Bruder allein versorgen. Windeln gab es nicht, aber die russischen Soldatinnen besorgten mir Stiefellappen, die ich dann als Windeln verwendete. Gewaschen habe ich uns selten, und nur die Windel wurde so gut es ging mit Wasser ausgespült, da keine Seife vorhanden war. Die mangelhafte Köperpflege störte mich nicht besonders, bis mich dann eines Tages eine Russin schnappte und so richtig mit kaltem Wasser und Kernseife abschrubbte. Meine Augen brannten danach noch tagelang und deswegen habe ich wohl bis heute eine Aversion gegenüber Kernseife.

Kurz darauf erfolgte die nächste Attacke: Die Soldatin brachte mich zum Militärfrisör, der mir ruck-zuck einen kahlgeschorenen Kopf verschaffte, d.h. eine Glatze, die erste und letzte in meines bisherigen Lebens. Dieser Radikaleingriff war wohl notwendig gewesen, da ich höchstwahrscheinlich Kopfläuse hatte.

Um ein wenig Milch für meinen Bruder zu erhalten schickte mich unsere Haushälterin, die noch immer bei uns war, mit einer Milchkanne über die Kossuth utca in den Löverek. Mein Weg führte quer über die Eisenbahnschienen beim Südbahnhof. Beide Straßenseiten waren voller Trümmer und ausgebrannter Lastwagen, und es stand sogar eine, wahrscheinlich defekte, Kanone am Straßenrand. Nicht weit vom Südbahnhof entdeckte ich eine kleine Menschenansammlung, und als ich näherkam sah ich dort ein totes Pferd liegen. Die Leute versuchten, mit Taschenmessern Fleischstücke aus dem toten Pferd herauszuschneiden. Mir wurde übel, als ich plötzlich die Därme des Pferdes hervorquellen sah und lief eiligst weiter. Vor dem Bahnübergang lagen auch tote Menschen, viel war nicht von ihnen zu erkennen, da sie dick mit Chlorkalk übergossen waren. Dort versperrte mir ein Militärtransportzug den Weg, so dass ich nicht weiter kam. Hier standen sehr viele russische Soldaten, die diese entsetzlich stinkenden, aus Zeitungspapier gedrehten Mahorka-Zigaretten rauchten. Ich stand ratlos da: Wie sollte ich jetzt weiterkommen? Da kam mir eine meiner Meinung nach glorreiche Idee. Ich ging davon aus, dass der Zug nach Westen weiterfahren würde. Also müsste ich direkt neben dem vorderen Waggonrad unten durchkriechen. Falls sich der Zug in Bewegung setzte, hätte ich noch reichlich Zeit unter dem Waggon durchzuschlüpfen. Ich dachte aber nicht daran was passieren würde, wenn der Zug umgekehrt nach Osten fahren würde, dann nämlich wäre ich sofort tot gewesen. Also schlüpfte ich durch und der Zug stand noch immer still. Allerdings, als ich schon drüben auf der anderen Seite des Zuges stand, setzte er sich in Richtung Osten in Bewegung! Ich war Gott sei Dank am Leben geblieben. Auf der anderen Straßenseite sah ich mit Entsetzen, dass ein ganzes Pferd oben auf einem Telegrafenmast hing. Ich konnte mir nicht vorstellen, wie dieses große Tier in diese Höhe gelangt war, damals hatte ich noch keine Ahnung von der Stärke des Luftdruckes der explodierenden Bomben.

Nach dem Tod meiner Mutter hatte sich mein Vater Ende 1944 mit Frau Maria Zettel verlobt, mit dem Ziel, dass wir Kinder bald eine neue mütterliche Bezugsperson bekommen sollten. Da sie es in diesen Tagen jedoch nicht wagte ihr Haus zu verlassen, erschien ein paar Tage später ein Verwandter ihrer Familie, der uns aus den Händen der Russen erlöste und uns zu sich nahm. Wir hausten auf dem Dachboden des Hauses, und nicht selten verschwand die Leiter und damit der Weg nach unten. In dieser Gefangenschaft erlebte ich häufig schlimme Stunden der Einsamkeit. Eines Tages, als mein Bruder und ich mal wieder allein oben auf dem Dachboden eingesperrt waren, musste ich dringend auf die Toilette. Ich habe verzweifelt gerufen, aber es kam keine Antwort, und es fehlte mal wieder die Leiter nach unten. Was sollte ich tun? In meiner misslichen Lage entschloss ich mich, außen über das Dach hinunterzuklettern. Ich schlüpfte durch die Dachluke auf das Dach und suchte gerade nach einer Abstiegsmöglichkeit, als ich von unten eine dunkle männliche Stimme rufen hörte aber nichts verstand. Ich schaute hinunter und entdeckte drei russische Soldaten. Einer schrie immer noch nach oben und die beiden anderen lachten laut und zeigten mir gestikulierend mit ausgestreckten Armen wie einer aussieht, der fliegen will. Ich lächelte verunsichert zurück und versuchte zu zeigen, dass ich hinunterkommen wollte. Endlich verstanden wir uns und einer der Soldaten kletterte zu mir herauf, nahm mich in den Arm und trug mich vom Dach auf die Straße. Es war allerhöchste Zeit, ich drehte mich um und pinkelte im nächsten Augenblick auf die Straße. Die drei Soldaten brüllten vor Lachen und schrien in lautem Russisch, was ich natürlich nicht verstand. Auf diesen Krach hin kam die alte Zettlerin aus dem Haus gelaufen, schlug die Hände über dem Kopf zusammen und begann mich zu beschimpfen. Die Soldaten, die natürlich kein Wort Ungarisch verstanden, spürten sehr schnell, dass die Alte mich nicht unbedingt loben wollte. Daraufhin beruhigte sie einer: „Na, na, Babuschka njet karascho" (Großmutter das ist nicht gut) und hob drohend seinen Zeigerfinger. Sie war plötzlich erschrocken und sagte kein Wort mehr. Daraufhin packte mich einer der russischen Soldaten am Arm und wir gingen in eine Seitenstraße, wo ein russischer Mannschaftswagen stand. Als wir dort ankamen, sah ich eine Gruppe Frauen und Männer, die laut lachend herumsaßen und tranken. Eine Soldatin, die mich als erste entdeckte schrie plötzlich laut auf, lief mir entgegen, nahm mich auf den Arm und drückte mich fest an sich. Ich verstand überhaupt nichts und sah nur, dass sie weinte. Sie reichte mir dann etwas

Brot, was eher einem schwarzen Ziegelstein glich, ein in Zeitungspapier eingepacktes Stück Wurst und Speck und noch ein Handvoll Würfelzucker. In diesem Augenblick erreichte uns auch die Großmutter Zettler und lief besorgt auf mich zu, um mich aus den Händen der Russen zu befreien. Sie, als Ungarndeutsche, hatte versucht sich mit Deutsch zu verständigen, was überraschenderweise glänzend klappte. Die Soldatin, die mich so reichlich beschenkt hatte, sprach fließend Deutsch und so erfuhr ich, dass sie aus der Ukraine stammte und zu Hause einen gleichaltrigen Sohn hatte, dem ich wohl sehr ähnelte. Die alte Frau Zettler wurde ebenfalls reich beschenkt. Unterwegs, statt sich bei mir zu bedanken, beschimpfte sie mich unentwegt und es nützte auch nichts, als ich versuchte ihr den Grund meiner Kletterei vom Dach zu erklären. Ich war sehr enttäuscht und gekränkt und habe von nun an nicht mehr mit ihr gesprochen. Innerlich hoffte ich immer wieder: "Hoffentlich wird diese Frau nicht unsere zukünftige Großmutter."

Inzwischen war mein Vater gefangengenommen und als Volksfeind in ein provisorisches Gefängnis in der Altstadt gebracht. Das Gefängnis befand sich im Keller des späteren Bergbaumuseums, wo die russische GPU die Gefangenen wochenlang verhörte. Nachts wurden sie oft aus dem Keller hinauf in den Verhörraum gezerrt, wo ein Tisch mit einer Tischlampe stand und ein Verhör-Offizier bereits wartete. Die Fragen waren immer dieselben: Wieviele politische Gefangene waren im Soproner Gefängnis eingesperrt? Wo sind die russischen Gefangenen, usw.? Mein Vater wiederholte immer wieder, dass es in Sopron keine politischen Gefangenen gegeben hätte. Aber vergeblich, es nützte nichts, sie glaubten ihm nicht und bedrohten ihn häufig mit der Pistole.

Eines Nachts war wieder ein Verhör im Gange, als ein höherer russischer Offizier den Raum betrat. Er setzte sich an den Tisch und fragte auf ungarisch meinen Vater:

"Sie sind der Direktor des Soproner Gefängnisses?" "Ja", antwortete mein Vater.

"Na, dann müssten Sie mich kennen." fuhr der Offizier fort.

"Aber wie soll ich Sie erkennen, wenn Sie mir ständig in die Augen leuchten? Außerdem hatte ich gerade in der letzten Zeit sehr viele Gefangene und ich kann mir nicht alle Gesichter merken." erklärte mein Vater.

"Aber Herr Fodor, ich war unter Ihren Gefangenen, die Sie aus dem Deportationszug herausgeholt haben. Können Sie sich nicht an mich erinnern?" Er drehte das Licht zu seinem Gesicht herum, und mein Vater erblickte einen in eine Oberstuniform gesteckten ehemaligen jüdischen Gefangenen. Wie dieser Gefangene in so kurzer Zeit zu einem hohen russischen GPU Offizier geworden war blieb bis heute ein Rätsel.

"Also, wenn Sie nicht gewesen wären, so wäre ich heute mit Sicherheit tot." sagte er lächelnd, stand auf und umarmte meinen Vater. Dann gab er den Befehl, meinen Vater sofort freizulassen. Leider kam mein Vater noch immer nicht frei, weil ihn jetzt die ungarischen Behörden „überprüfen" mussten und ihn deshalb in den Keller des Rathauses einsperrten. Dort begann das ganze Verhör von vorne und dauerte wiederum gute 10 Tage bis zur Entlassung. Er sollte sich jeden Tag bei der Polizei melden, das war das einzige Kriterium bei seiner Entlassung. Endlich konnte er uns wieder in die Arme nehmen, und verständlicher Weise hat er sich sehr über unsere schmutzigen Gesichter gefreut nach gut 3 Monaten Abwesenheit. Er hatte schon befürchtet, dass er uns nie mehr wiedersehen würde und wir vielleicht schon längst von einem russischen Transport mitgenommen wären, was in dieser Zeit keine Seltenheit war. Als er dann erfuhr, wie es uns ergangen war, dass wir lange allein gelassen worden waren und seine Verlobte keine Anstrengungen gemacht hatte, sich um uns zu kümmern, packte er alles zusammen und brachte uns in unsere alte Wohnung zurück. Die verlassene Wohnung bot natürlich ein Bild der Verwüstung. Alles war kaputt, die Möbel waren teilweise nicht mehr vorhanden, die Wände waren voller Schmutz, die Bilder größtenteils verschwunden oder zerstört, die Toilette unbrauchbar, Wasserhähne abgebrochen, sogar manche Tür war aus den Angeln gehoben. Aber das war unsere Wohnung und wir waren wieder zusammen: wir waren zu Hause!

Ein paar Tage später erschien ein Polizist und teilte meinem Vater mit, dass er sofort ein Übergangs-Gefängnis eröffnen müsse. Mit den eingelieferten Gefangenen hatte er umgehend mit der Wiederherstellung des Gefängnisbetriebes zu beginnen. Er sollte die alten Gefängniswärter wieder einstellen und brauchte sich ab sofort auch nicht mehr in der Polizeiwache zu melden, da er mit sofortiger Wirkung erneut als Gefängnisdirektor in Sopron eingestellt sei.

So begann unser Leben wieder im Gefängnis.

Es wurde alles renoviert, wir bekamen neue Möbel und es wurde sogar eine neue Haushälterin eingestellt, die wiederum eine Gefangene war, da sie mit ihrem Mann Waren über die Grenze geschmuggelt hatte. Sie war sehr nett, aber anstandshalber werde ich ihren Namen hier nicht erwähnen, obzwar diese großartige Frau es sehr verdient hätte. Sie kochte fabelhaft, erzählte uns abends immer Märchen und war sehr um uns besorgt, so als wäre sie unsere Mutter gewesen. Ich werde sie nicht vergessen, und viel, viel später, als ich schon in Deutschland lebte, besuchten meine Frau und ich sie zu Hause in Sopron, worüber sie sich sehr gefreut hat.

Der Sommer verging sehr schnell, die Arbeiten an dem Gefängnis gingen schnell voran und die Keller der Justizgebäude wurden von dem stinkenden Hospital-Unrat befreit.

Im September wurde ich zu meinem Leidwesen in der Schule angemeldet. Ich kam in die Petöfi-Elementarschule, wo ich auch meinen alten Freund Sántha Robi vom Kindergarten wiedertraf. Es kamen auch andere Freunde dazu wie Szász Lajos, den wir nur Lala nannten, Kovács László, den wir Buci nannten und dessen Vater eine Bäckerei hatte, und viele mehr.

Ich durfte immer häufiger mit meinen Klassenkameraden spielen, wir gründeten die Lackner-Kristof-Straßenbande und haben allerlei Unsinn getrieben. Vor unserem Haus bzw. Gefängnis befand sich ein tieferliegendes Ackerfeld, wo sich heute der Busbahnhof befindet, und von dem auch mein Vater ein Stück Acker gepachtet hatte. Zu meinem Leidwesen musste ich nicht selten auf diesem Acker Unkraut zupfen, die Erde hacken und auch Pferdemist austeilen. Aber dafür hatten wir auch prächtige Tomaten, Kartoffeln, Kopfsalat und verschiedene Sorten Gemüse, was in dieser Zeit äußerst kostbar war. Die Lebensmittelversorgung wurde immer schlechter und ich lernte morgens in aller Herrgottsfrüh um 3 Uhr aufzustehen und für irgendetwas in einer langen Schlange anzustehen. Nicht selten passierte es, wenn die Ware endlich zur Auslieferung kam, dass sie kurz vor mir schon vergriffen und das Ganze vergeblich gewesen war. Auch Brot wurde langsam

Mangelware, von Butter konnten wir nur träumen und für Schweineschmalz musste man wertvolle Teppiche oder andere kostbare Gegenstände eintauschen. Die Landbevölkerung wurde in dieser Zeit reich belohnt mit Bildern, Möbeln und anderen wertvollen Dingen für ein paar Eier oder ein Glas Schweineschmalz. Fleisch sahen wir so gut wie nie, und Fisch vom Neusiedlersee kam ab und zu mal auf den Tisch, aber das war dann schon ein Festtag.

Als Pausenbrot für die Schule bekam ich ein dünn geschnittenes Stück Brot, bestreut mit Salz und rotem Paprikapulver. In der Unterrichtspause kauten wir dann unser Schulbrot ganz langsam und mit kleinen Bissen, um länger etwas davon zu haben. Niemand von uns war in dieser Zeit übergewichtig im Vergleich zu heute, woran ich später in meiner Arztpraxis öfter dachte, wenn ich versuchte, meine Patienten über vernünftige und gesündere Ernährung aufzuklären.

Anfang 1946 bekamen wir Lebertran, ein entsetzlich stinkendes Medikament, das wir löffelweise hinunterschlucken mussten. Wir bekamen auch eine Flasche, die wir mit nach Hause nahmen. Diesen Lebertran habe ich aber nie geschluckt sondern ihn zur Isolierung meiner Schuhe verwendet: Diese stanken dann zwar fürchterlich, waren aber wasserdicht.

Die Wahrheit über meine Mutter. Ich bekomme eine Stiefmutter.

1946 war für mich in vieler Hinsicht ein Wendejahr. Im Frühjahr bat mich mein Vater zu sich. Wir saßen feierlich im Wohnzimmer auf den Sesseln, die noch aus den Kriegstagen gerettet werden konnten und erklärte mir, was eigentlich mit meiner Mutter los war.

"Sutyi" fing er an, "ich muss Dir etwas erklären. Deine Mutter ist leider tot. Sie lebt nicht mehr. Sie ist bei der Geburt deines Bruders Jenö im Krankenhaus gestorben."

Ich war zwar erstaunt, aber interessanter Weise nicht traurig. Wahrscheinlich hatte ich mich an das Leben ohne meine Mutter so gewöhnt, dass sie mir in dieser Zeit überhaupt nicht fehlte. Ich habe zwar weder damals noch später verstanden, warum mir der Tod meiner Mutter verschwiegen worden war, aber traurig war ich damals über diese Mitteilung nicht. Später, als

Erwachsener, fehlte mir meine Mutter doch sehr und ich suchte oft auf viele Fragen eine Antwort. In dem Augenblick aber war ich nur erstaunt und wartete auf die nächste Überraschung, die unmittelbar darauf folgte. Er erklärte mir feierlich

"Sutyi, dein Bruder und du, ihr braucht eine Mutter, und ich habe mich entschieden, für euch eine neue Mutter ins Haus zu holen. Ich werde wieder heiraten." . Ich war sehr überrascht und konnte mir nicht vorstellen, eine andere Frau als unsere Haushälterin, die ich sehr gern hatte, in unserer Wohnung zu haben. Deshalb fragte ich gleich

"Was wird aus unserer Haushälterin Annanéni?" "Sie bleibt bei uns und wird deine Mutter unterstützen." antwortete mein Vater. Darüber war ich erleichtert, damit würde ja im Grunde genommen alles beim Alten bleiben und Annanéni nach wie vor den Haushalt führen. Ich war einverstanden ohne zu ahnen, dass sich doch vieles bei uns ändern würde.

Im Sommer heiratete mein Vater tatsächlich in Budapest. Leider erfuhren wir nie, wie er meine Stiefmutter eigentlich kennengelernt hatte. Warum wir nicht zur Hochzeit eingeladen und auch nicht mitgenommen wurden habe ich auch nie erfahren. Unsere neue Mutter war Calvinistin, was schon von Anfang an erhebliche Schwierigkeiten in dieser Ehe mit sich brachte: Ein konservativer Katholik heiratet eine Protestantin, deren Eltern sogar Baptisten waren, das konnte nicht gutgehen. Mein Vater brachte uns jeden Sonntag in die katholische Kirche, bis unsere neue Mutter regelmäßig in die protestantische Kirche ging und uns nicht selten zur Bibelstunde in ihre Kirche mitnehmen wollte. Daraus entstanden heftige Auseinandersetzungen zwischen den Eheleuten und es wurde ihr verboten, dies zu wiederholen. Mein Vater ließ dann aus einem alten Foto seiner ersten Frau ein großes Ölgemälde anfertigen und hängte es im Wohnzimmer auf. Verständlicherweise gefiel das unserer neuen Mutter überhaupt nicht. Wer kann schon eine Vorgängerin, die wie ein ständiger Schatten über dem eigenen Leben schwebte, tolerieren? Wer hört schon gern, wie und was die Vorgängerin besser gemacht hatte, und wer ist darüber glücklich zu hören, welch leuchtendes Vorbild die Vorgängerin gewesen war? Also war wohl diese Ehe von vornherein eine Zweckehe der Kinder wegen und wurde akzeptiert und getragen wie ein Kreuz. Nur erkannten die beiden etwas sehr Wichtiges nicht, dass dadurch der familiäre Zusammenhalt, die Wärme, der familiäre Frieden und die nötige Geborgenheit gestört wurden. Es gab in unserer Familie keine Ruhe mehr. Die

Eltern zankten sich ständig, und das Heim wurde ein Schlachtfeld zwischen zwei Menschen, die sich gegenseitig überhaupt nicht verstanden. Wir beiden Kinder hätten nach all den bösen Erfahrungen und schlimmen Zeiten doch besondere Zuneigung und liebevolles Verständnis gebraucht, stattdessen herrschte so häufig zwischen den Eheleuten eisige Kälte. Stille und Toleranz wechselten sich mit der lauten Ablehnung eines Waffenstillstands und erneuter Angriffslust ab. Mein Vater war sicherlich kein leichter Charakter aber auch unsere Stiefmutter war dickköpfig und unnachgiebig. Jeder wies dem anderen die Schuld zu, keiner war bereit nachzugeben. Ich wünschte mir manchmal sehr, dass sie sich trennen würden, aber so weit kam es nicht, stattdessen opferten beide ihr Leben auf diesem Ehe-Altar. Dazu kam noch der ständige Friedhofsgang mit meinem Vater, den ich einfach gehasst habe. Unterwegs erzählte mein Vater immer von meiner Mutter, und je mehr ich davon hörte, umso mehr weniger wollte ich davon wissen. Ich wünschte mir sehnlichst mehr Familienfrieden und Wärme, Liebe und Zuneigung, und das konnten mir beide auch später nicht geben. Aus dieser traurigen Zeit stammt auch meine tiefe Abneigung gegen bestimmte Blumen, wie etwa Chrysanthemen, die immer auf das Grab meiner Mutter gepflanzt wurden. Wie gern ich übrigens heutzutage auf Friedhöfen herumspaziere, so sehr habe ich damals den Friedhofsbesuch verabscheut.

Dieses Katze-und-Maus-Verhältnis meiner Eltern hat erst viel später, nach der Geburt meines jüngsten Bruders Tamás, nachgelassen, aber erst als die Eltern alt geworden waren, kehrte allmählich Ruhe und Gelassenheit in unserer Familie ein.

Der Kommunismus und unsere Familie.

Im Herbst 1946 eröffnete uns mein Vater, dass er ein sogenannter Nebenerwerbs-Winzer würde. Sein guter Freund László Horváth war mit der Tochter der alten und reichen Familie Schiller aus Sopron verheiratet. Die Familienmitglieder Schiller waren unter anderem bekannte Winzer und besaßen mehrere Weinberge und die dazu notwendigen großen Weinkeller in der O-Tomalom Straße. Die Horváths hatten vier Kinder, davon drei Söhne,

László, Péter und Andreas. Wir waren gut befreundet, besuchten allerdings eine andere Schule als ich, so dass wir uns selten sahen. Horváthbácsi, wie wir ihn nannten, Onkel Horváth also, war Justizbeamter im Justizgebäude, aber im Nebenberuf war er ein begabter und fleißiger Winzer. Nach der Neuaufteilung von Besitztümern beantragte mein Vater auf gutes Zureden von Horváthbácsi eine Weinparzelle und erhielt sie auch. Diese Neuaufteilung war eine großzügige kommunistische Geste gegenüber der ungarischen Bevölkerung, was sie ‚Agrarreform' nannten. Nach einigen Jahren wurde der Bevölkerung dann alles wieder weggenommen und der Boden verstaatlicht.

Für eine Weinparzelle benötigte man einen Weinkeller, Fässer und eine Weinpresse. Alles andere, was noch notwendig war, teilten sich mein Vater und Onkel Horváth.

Der Name des europaweit bekannten Soproner Rotweins „Blaufränkisch" ist Grunde genommen ein echter ‚Lemberger', was so viel wie ‚lehmiger Berg' heißt.

Die Gegend entlang der Soproner Weinstrasse ist bekannt als eines der ältesten Weinanbaugebiete des Landes. Sein Ursprung liegt bereits in der Zeit der Kelten (300 Jahre vor Christus). In den Weingärten werden heute noch überwiegend blaue Trauben angebaut, die letztendlich 80 % der Weinproduktion ausmachen. Etwa 3/4 der Rotweine bestehen aus dem sog. Kékfrankos, wie der Blaufränkische auf ungarisch heißt. Ein rubinroter, an Gerbsäure reicher Wein mit einer angenehmen, arttypischen Würze. Doch woher kommt der Name "Blaufränkisch"?

Da Sopron über die Sonderrechte einer freien königlichen Stadt verfügte, genoss sie zahlreiche, mit dem Wein und Weinanbau in Verbindung stehende Privilegien. Selbst die Soldaten der napoleonischen Besatzungstruppen haben den Wein aus Sopron gerne getrunken.

Überlieferungen zufolge wird seither der Rotwein dieser Gegend Kékfrankos (Blaufränkischer) genannt. Die französischen Soldaten haben nämlich den Wein mit Francs bezahlt. Der Franc hatte eine blaue Farbe und war seinerzeit wertvoller als andere Zahlungsmittel. Aus diesem Grund haben die schlauen Weinbauern von Sopron zu den Soldaten immer nur ein Wort auf ungarisch gesagt: "Kékfrankot", was soviel heißt wie "blauer Franc, bitte!"

Unser Weinberg lag unterhalb der Backstein-Fabrik und hatte schwere lehmige Erde, die für den Weinanbau ideal war. Mehrere Mandel-, Kirsch-

und Nussbäume wuchsen dort und in der Mitte stand auch eine kleine Holzhütte. Es war sehr romantisch und ich bin gerne dort hinausgegangen. Vor der Holzhütte fehlten an einer kleinen Stelle einige Rebstöcke, und man konnte von dort aus weit auf die andere Seite der Stadt schauen, direkt auf das sogenannte Löverek. Bei gutem Wetter, besser gesagt bei Föhn, hatte man sogar die entfernten Ausläufer der Alpen wie Schneeberg und Rax Semmering sehen können.

Im Herbst kam die Weinlese, die für uns Kinder immer recht aufregend war, da wir schon früh aufstehen und spätestens um 6 Uhr mit der Weinlese beginnen mussten. Unsere Mutter, Anyu, die sich großzügig um unsere Erntehelfer sorgte, machte zu Hause Kesselgulasch und wärmte dies vor der Hütte über dem offenen Feuer wieder auf und verteilte dazu frisches Weißbrot. Selbstverständlich gab es dazu noch Wein, ein ganz wichtiger Bestandteil der Weinlese. In Sopron, wo der echte Soproner Blaufränkisch zu Hause ist, war es nicht üblich, den Wein zu lagern. Falls es ein guter Wein war, musste er innerhalb eines Jahres getrunken werden. Der Winzer durfte nur so viel aufheben, was zur nächsten Weinlese notwendig war. Wenn aber mehr Wein vom vorigen Jahr übrig geblieben war, dann war sein Wein nicht gut. Heute hat sich in Sopron auch diesbezüglich vieles geändert, und die Winzer lagern nun auch ihren Blaufränkisch in Flaschen, sogar über mehrere Jahre, da der Wein dabei sein Aroma noch besser entfalten kann. Interessant war, dass mein Vater schon damals von der Lagerfähigkeit des Blaufränkisch überzeugt war und dass er damit experimentierte. Er füllte Wein in Flaschen und versiegelte die Korken mit flüssigem Wachs. Was daraus geworden ist, weiss ich jedoch nicht mehr.

Während der Weinernte wurden die schönsten Trauben zurückgelegt, die man dann beim Weinfest im Weinkeller zur Dekoration benutzte. Die übrigen abgeschnittenen Trauben kamen in Holzbuttige und wurden am Ende der Weinparzelle in ein großes hölzernes rundes Bad gekippt. In Sopron mußten die Winzer die abgeernteten Trauben hinunter in die Stadt fahren. Unter fast jedem Wohnhaus befand sich ein Weinkeller. Die Trauben wurden auf eine Holzrutsche gekippt und rutschten durch das Fenster in den Keller, wo sie dann gepresst und in Fässern gelagert und gekeltert wurden. Diese merkwürdige Verarbeitungsweise, nicht alles auf dem Weinberg aufzuarbeiten, hatte einen guten Grund: Früher wurden die Weinkeller in den Weinbergen sehr häufig ausgeraubt, weshalb der Wein sicherheitshalber in der Stadt gekeltert wurde. In dieser Zeit duftete die ganze Stadt nach Mostdämpfen und dem späterem Jungwein-Aroma.

Neben Rotwein, dem in Sopron dominanten Wein, gab es auch Weißwein, und so waren die sogenannten Presszeiten immer unterschiedlich. Die Winzerkunst beim Rotwein liegt in der Wartezeit, wie lange der Winzer wartet, bis die im Keller im Holzbad lagernde Maische die ideale tiefrote Farbe bekommt. Natürlich ist diese Wartezeit nicht einfach, da die Maische unter keinen Umständen zu früh zu Gären beginnen darf. So eine Lagerung kann von 1 Woche bis 10 Tagen dauern, doch dann geht es mit dem Auspressen in der Weinpresse los. Ich habe diese Zeit mit meinem Freund László, dem Sohn von Onkel Horváth, auch sehr genossen, da hier reichlich süßer Most floss und im Keller eine besondere Atmosphäre herrschte. Als Nebenwirkung musste ich dann auch den obligatorischen Durchfall akzeptieren, was einfach dazu gehörte. Gleichzeitig schmückten die Frauen die Weinkeller zwischen den Fässern, und die schönsten Trauben kamen jetzt auch zum Einsatz. Die Trauben wurden an eine Schnur gehängt und an der Decke befestigt. Wenn die Maischauspressung fertig war und der so gewonnene Most in die Fässer kam, wurde für eine Zeitlang - bei offenem Kellerfenster - die Kellertür verschlossen und geduldig auf die Beendigung der Gärung gewartet. Zwischendurch nahm Onkel Horváth immer wieder Proben, um zu prüfen, ob die Gärung noch andauerte. Dieser Prozedur wurde mit einer einfachen brennenden Kerze durchgeführt. Man ging mit einer brennenden Kerze in den Keller hinunter und beobachtete die Flamme. Wenn nach ein oder zwei Treppenstufen die Kerze erlosch, dann lief die Gärung noch und das Kohlendioxyd oder die Kohlensäure stieg immer noch stark an, was natürlich das Kerzenlicht auslöschte. Falls aber der Kellermeister bis ganz nach unten gelangte und die Kerze immer noch brannte, so war der Gärprozeß zu Ende, man konnte nun gut lüften, und in den Fässern befand sich der junge Wein oder auch ‚Heuriger` genannt. Jetzt war auch die Zeit des Weinerntefestes im Keller gekommen. Bei diesem Fest gab es nach alter Tradition immer Wein-Pörkölt (Wein-Gulasch) mit Nockerln und dem Wein vom Vorjahr. Dabei wurde viel gesungen, getanzt und ausgelassen gefeiert. Zu dieser Zeit gab es auch noch die sogenannten wandernden Zigeuner-Musiker, die von einem Weinkeller in den anderen zogen.

Neben diesen schönen Erinnerungen gab es aber auch ein ernstes Ereignis: Im Frühjahr 1947 fiel mein Vater von der Kutsche, als er von unserem Weinberg nach Hause unterwegs war und verletzte sich schwer an seiner

Lendenwirbelsäule. Es kamen schmerzhafte und lange Liegezeiten auf ihn zu, wobei man ihn zum Schluss doch noch operieren musste. Leider war eine Wirbelsäulen-Operation in der damaligen Zeit allgemein und ganz besonders in Ungarn äußerst riskant. Er wurde in Budapest vom damals bekannten Neurochirurgen Prof. Dr. Verebélyes erfolgreich operiert. Die beiden Männer hatten sich in den Kriegsjahren kennengelernt.

Ausgerechnet stellte man jetzt bei mir eine Blindarmentzündung fest, und ich wurde ins Soproner Krankenhaus eingeliefert. Ich muss dazu bemerken, dass dies wohl nicht so einfach gewesen war, da ich freiwillig nicht gegangen wäre. Deshalb musste Anyu einen Trick anwenden und behauptete, ich würde nur untersucht werden und könnte danach wieder nach Hause gehen.

„Du wirst sehen, es ist halb so schlimm. Der Doktor kommt und untersucht dich und dann gehen wir wieder nach Hause".

Ich habe ihr geglaubt, aber mir wurde es doch zunehmend mulmig zumute, als ich mich ganz ausziehen musste und gezwungen wurde ein recht fragwürdig aussehendes Hemd anzuziehen, das nur vorne geschlossen war aber mein ganzes Hinterteil frei ließ

„So, junger Mann, leg dich mal auf diesen Tisch" sagte der Op-Pfleger. Kaum war ich auf den Tisch geklettert, so hatte er mich auch schon festgegurtet, und ich lag da wie auf einem Foltertisch. Natürlich kapierte ich plötzlich, was die mit mir vorhatten und begann lauthals zu protestieren.

„Ihr seid alle Verbrecher und habt mich belogen, Hilfe, ich werde sterben" schrie ich verzweifelt bis plötzlich jemand, weißgekleidet und mit einer Gesichtsmaske versehen, erschien und mich anbrüllte: „So, jetzt ist aber Schluss, sonst schneide ich Dir deinen Kopf ab!" Und das saß! Ich bekam solches Herzklopfen, dass ich kein Wort mehr herausbrachte. Über mir wurde eine große runde Lampe angeschaltet, ich wurde mit einem Tuch zugedeckt, und dann wurde auch noch ein Vorhang vor meine Nase gehängt. Also konnte ich weder etwas sehen noch mich bewegen und spürte nur plötzlich einen Stich am Bauch, und alles wurde um mich herum ruhiger. Ich ergab mich meinem Schicksal und wartete auf die berühmte Äthermaske, die mir meine Freunde so lebhaft geschildert hatten.

Aber es passierte nichts und nach einer Weile kam wieder diese vermummte Person, der Chefchirurg , und fragte mich, ob ich etwas im Bauch verspüre.

„Nein, dann kann ich also jetzt nach Hause, oder?" fragte ich vorsichtig, da mir seine Brüllattacke noch im Ohr klang.

„Das nicht junger Mann, wir müssen jetzt deinen Blinddarm entfernen, aber Du wirst dabei nichts spüren", erklärte er mir diesmal überaus freundlich. In diesem Augenblick erschien der Op-Pfleger und lächelte mich ebenfalls freundlich an. Es dauerte aber nicht lange bis ich fürchterliche Schmerzen im Unterbauch verspürte und laut zu schreien anfing.

„Gleich sind wir fertig. Du bist wirklich sehr tapfer!" hörte ich den Chirurgen, und er zeigte mir plötzlich ein blutiges Stück Fleisch.

„So, schau mal deinen Blinddarm richtig an, Du bist ein richtiger Held, und das meine ich jetzt ernst. Jetzt wird es überhaupt nicht mehr wehtun. Wir sind gleich fertig, nur deinen Bauch müssen wir noch zunähen."

In diesem Moment dachte ich an das tote Pferd, das ich damals am Bahnhof gesehen hatte und dem die Leute mit Messern Fleisch herausgeschnitten hatten, während dem armen Tier die Därme rausquollen. Mir wurde übel und ich hoffte, dass sie mich bald entlassen würden. Viel später erfuhr ich, dass auf ausdrücklichen Wunsch meines Vaters keine Vollnarkose durchgeführt wurde, stattdessen wurde eine sogenannte Lokalbetäubung vorgenommen. Bei diesem Verfahren kann man den Bauchraum nicht vollständig betäuben, weshalb ich bei der direkten Blinddarmentfernung fürchterliche Schmerzen verspürt hatte. Mein Vater hatte Angst, dass während einer Vollnarkose etwas passieren könnte, und ich musste deswegen diese Tortur erleiden

Nach der Operation musste ich noch 10 Tage im Krankenhaus bleiben. Damals war die nachoperative Betreuung doch ganz anders als heute: Strengste Bettruhe, Nahrungskarenz, Diät. Aber ich hatte öfter Besuch vom Op-Pfleger, und nachdem ich aufstehen durfte, brachte er mich in den Op-Saal und zeigte mir die unterschiedlichsten Instrumente. Ich glaube, dass ich mich in dieser Zeit entschlossen hatte, Arzt zu werden, was ich meiner Mutter, als sie mich abholte, auch sofort mitteilte. Sie quittierte meinen Entschluß mit einem milden Lächeln, wichtiger war ihr, dass ich wieder auf die Beine kam. Natürlich habe ich meinen Freunden in allen Einzelheiten erzählt, wie es im Krankenhaus war und wie tapfer ich mich benommen hatte.

So werden Helden geboren!

Erstkommunion 1947.

Im Herbst 1947 wurde ich nach mehreren erfolglosen Versuchen meines Vaters, mich an seine Geige zu gewöhnen, in der Soproner Musikschule angemeldet. Mein Vater spielte begeistert Geige und hatte als junge Soldat immer dankbare Zuhörer vor allem weiblichen Geschlechts. Ich sollte irgendein Instrument erlernen, auch wenn es halt nicht die Geige war. Ich wollte immer Klavier spielen, es war schon lange mein Wunsch und ich war begeistert vom klaren Klang des Instrumentes, aber leider wurden wir bei der russischen „Befreiung" auch von unserem wunderschönen Flügel endgültig befreit, also musste etwas anderes her. Nach langer Probiererei entschied ich mich für das Cello und bekam nach kurzer Zeit als begabter Schüler später sogar ein Instrument, das ich zum Üben mit nach Hause nehmen durfte. Einerseits war dies angenehm und praktisch, andererseits eine zusätzliche Belastung, weil mein Vater mich immer wieder kontrollieren konnte, ob ich auch genug übte. Ich spielte etwa 7 Jahre lang Cello, konnte es dann aber im Chemischen Gymnasium in Veszprém nicht mehr fortsetzen.

Auch dieses Schuljahr begann anders als die bisherigen. Wir mussten unser Schulgebäude wechseln und gingen ab Herbst 1948 in das Gebäude, dem Mutterhaus der ‚Töchter des göttlichen Erlösers' der sogenannten „Grauen Schwestern". Das heißt, ich kam mit meinem Freund Robert in das gleiche

Gebäude, in dem wir 1944 den Kindergarten besucht hatten. Diese Schule war jedoch schon eine staatliche Schule, weil inzwischen alle Konfessionsschulen verstaatlicht worden waren, was eine zunehmende Unruhe in Ungarn ausgelöst hatte. In Sopron demonstrierten die Bürger am 7. Juni dagegen, und dabei wurde von der Polizei in die Menge geschossen. Gott sei Dank hatten sie nur über die Köpfe geschossen, um die Menschenmenge aufzulösen, sogar die Feuerwehr war mit Löschfahrzeugen beteiligt. Auch in anderen Städten gab es Unruhen. Es erhob sich also schon vor 1956 ein ernst zu nehmender Widerstand, von dem auf internationaler Ebene bis zum heutigen Tag wenig bekannt ist. Ursache dieser Bewegungen war die verstärkte Expansion der Kommunisten und die Verdrängung des Mehrparteiensystems sowie die gleichzeitige Vorbereitung auf eine totale Machtübernahme. Der größte Gegner der Kommunisten war stets der Klerus, d.h. die Kirchen mit all ihren Facetten. Die Kirchenmacht war in Ungarn immer sehr stark ausgeprägt, was aufgrund der ungarischen Geschichte leicht zu verstehen ist.

Gründer des ungarischen Staates war der Heilige Stephan I., der durch den Papst Silvester II. zum König gekrönt wurde, und der die Christianisierung Ungarns, oft mit starker Hand, weiterverbreitete. Hier ein paar Bemerkungen zum Heiligen Stephan, um das gesamte Ungarntum besser verstehen zu können.

Zusammen mit seinem Vater Géza wurde Stephan 985 von Adalbert von Prag getauft. Während der Großfürst Géza trotz der Taufe im Grunde Heide blieb, erhielt Stephan eine christliche Erziehung. Dies wurde noch verstärkt durch die Vermählung Stephans mit der bayrischen Herzogstochter Gisela, der Schwester des späteren Kaisers Heinrich II. Zudem festigte die Hochzeit das Bündnis Ungarns mit den bayerischen Fürsten, die noch 991 einen Feldzug gegen die Ungarn geführt hatten, und besiegelte die Bindung der Ungarn an die Westkirche. Als Stephan 997 die Nachfolge seines Vaters als Großfürst antrat, war er auch dank des Einflusses von Adalbert von Prag vermutlich Christ aus Überzeugung. Am Anfang seiner Herrschaft musste er sich zunächst gegen seinen Onkel Koppány durchsetzen, der als Clanältester selbst den Anspruch auf den Fürstenstuhl erhob.

Im Jahr 1000 sandte Stephan den Abt Astricus (Anastasius) aus dem Gefolge Adalberts zu Papst Silvester II. mit der Bitte nach Gewährung der Königswürde. Unterstützt wurde dieses Anliegen vom deutschen Kaiser Otto III., der mit Stephan verwandt war und sich zur gleichen Zeit in Rom befand. Anastasius brachte schließlich die Krönungsinsignien mit zurück nach Ungarn und wurde später zum Bischof von Gran (Esztergom) ernannt, dem Oberhaupt der ungarischen Landeskirche. Die Königskrönung Stephans durch einen päpstlichen Gesandten am 17. August 1000 in Gran war verbunden mit der Installierung dieser Landeskirche und vermutlich auch mit der Schenkung des Königreichs Ungarn an den Papst, der es darauf als Lehen an Stephan zurück gab. Dieser Schritt, analog zur Schaffung des Königreichs Polen, sollte die Herrschaft Stephans und die Kontinuität der Thronfolge in seiner Familie sichern.

Stephan setzte als König die Christianisierung fort. Er holte vor allem deutsche Ordensleute als Missionare ins Land. Er stand in Kontakt mit Bruno von Querfurt und Odo von Cluny. Darüber hinaus ordnete er die politische Struktur Ungarns neu. Die alten Stammesgebiete ersetzte er durch rund 40 Grafschaften *(Vármegye)*. Jeder Graf *(Ispán)* diente nicht nur als Regionalverwalter, sondern auch als Heerführer der freien Krieger, der *Jobagionen*, seiner Grafschaft.

Am 2. September 1031 verunglückte Stephans einziger Sohn Emmerich (Imre) bei einer Wildschweinjagd tödlich, so dass plötzlich die Söhne von Gézas Bruder Michael Thronfolger waren, die aber noch zum Heidentum neigten. Stephan I. machte daher seinen Vetter regierungsunfähig, indem er ihm die Augen ausstechen und Blei in die Ohren gießen ließ. Die anderen flohen daraufhin nach Polen und Russland. Er ernannte schließlich Peter Orseolo, den Sohn seiner Schwester Maria, zu seinem Nachfolger. 1038 verstarb auch Stephan und wurde neben seinem Sohn in der Marienkirche in Székesfehérvár (Stuhlweißenburg) beigesetzt. Seine Gebeine wurden später nach Buda übertragen. Am 20. August 1083 wurde Stephan zusammen mit seinem Sohn heiliggesprochen. Die Krone des Hl. Stephan, die *Stephanskrone*, ist die Staats-Insignie Ungarns als Königreich und in der Doppelmonarchie Österreich-Ungarn, und krönt auch das heutige Staatswappen der Republik Ungarn. Heute wird sie als Nationalschatz im ungarischen Parlamentsgebäude aufbewahrt, als Ausdruck des Fundaments des Ungarischen Staates. In der zur Zeit neu konstruierten Verfassung Ungarns (im Jahr 2010) nimmt die Heilige Krone oder Stephanskrone eine fundamentale Bedeutung ein, was wiederum die enge Verbindung Ungarns als Staat mit der Kirche demonstriert.

Deshalb ist es auch verständlich, dass die Kommunisten den damaligen Kardinal Mindszenty als größten Feind ansahen und ihn wegen Hochverrats am 26. Dezember 1948 verhafteten, unter dem Verdacht westlicher Spion zu sein. (Jozsef Kardinal Mindszenty: Erinnerungen 1974 Ullstein-Verlag)

Gleichzeitig wurden tausende Priester festgenommen und interniert, und so kam auch Lujzibácsi – Dr. Alajos Németh - ins Gefängnis und blieb dort bis 1950 eingesperrt. (Dr Németh Alajos: Sopron könnyes-véres dátumai Verlag Hillebrand 1993)

In der neuen Schule kamen noch andere Schüler zu uns, wie etwa mein langjähriger Freund László Boronkai, der in unserer benachbarten Straße wohnte. Als evangelischer Junge ging er zuerst in eine evangelische Schule, die dann auch aufgelöst worden war. Die Schuleinteilung wurde wie alles in Ungarn zentral durch die kommunistische Partei geregelt. Auch mehrere Schüler, die als Zwangs-Ausgesiedelte aus den sogenannten alten Ungarn-Gebieten wie Rumänien, Slowakei oder aus Serbien zu uns nach Sopron kamen, gingen in meine Klasse. Dafür mussten die Deutsch-Ungarn Sopron verlassen, von denen in dieser Zeit viele versuchten, ihre Name zu ungarisieren. Auf diese Weise bekam auch mein Freund László seinen neuen Namen Boronkai, statt des alten Namens 'Bergmann'.Vielen hat das nichts genützt und sie mussten von einem Tag auf den anderen Haus und Hof oder die Wohnung mit nur einem Handgepäck verlassen und die Ausreise nach Deutschland antreten.

Wie ich schon erwähnte, befand sich unser Weinkeller in der O Tomalom Straße, die in der Mitte des Poncikter-Viertels lag.

Poncikter nannten die Ungarn die deutschstämmigen Winzer. Diese deutschen Einwanderer waren vor gut 300 Jahren nach Ungarn gekommen. Der deutsche Stamm entwickelte sich beiderseits der mittleren Donau im pannonischen Zentralraum nach der Befreiung Ungarns von der Türkenherrschaft im 18. Jh. aus Einwanderern der südwestdeutschen aber auch böhmischen und österreichischen Stammlandschaften. Diesen Stamm bezeichnet die Völkerkunde seit den 1920er Jahren als Donauschwaben. Die im selben Raum lebenden slawischen und madjarischen Nachbarn hatten diese Deutschen seit ihrer Ansiedlung "Schwaben" genannt. Donauschwaben waren meistens auf der Donau auf den sogenannten ‚Ulmer Schachteln' gekommen, was nichts anderes war als ein Floß mit einem darauf gebauten Holzhäuschen. Die in Sopron niedergelassenen Schwaben wandten sich der Weinkultur zu, erlernten schnell das Winzerhandwerk und machten durch Fleiß und Kreativität das dort seit der Römerzeit befindliche Weinanbaugebiet berühmt. Wie allgemein bekannt sind aber die Schwaben ein nicht nur fleißiges sondern auch sparsames Volk und deshalb konnten sie nicht verstehen, warum so viel gute Erde zwischen den einzelnen Rebstöcken der Winzer ungenutzt blieb. So haben die Donauschwaben nach Erfahrungen aus ihrer alten Heimat, in der sie Bohnenzüchter waren, diese auch in ihrer neuen Heimat wieder angewendet und in den Weinbergen zwischen den Weinstöcken mit Erfolg Bohnen gezüchtet. Die Ungarn konnten aber den Namen ‚Bohnenzüchter' nicht aussprechen und so wurden sie Poncikter (Ponzikter) genannt. Es entstand ein ganzer Stadtteil in Sopron, in dem fast ausschließlich Donauschwaben als Winzer lebten und ihren Weinanbau betrieben.. Wein bringt viel Geld und deshalb war dieser Teil Soprons eines der reichsten Gebiete. Wichtig war allerdings auch der Weinvertrieb. Der Blaufränkisch wurde sogar nach Übersee verkauft, aber den Vertrieb übernahmen nicht die Donauschwaben sondern die in der Stadt lebenden jüdischen Kaufleute. Leider brach dieser gut strukturierte und organisierte Handel nach dem 2.Weltkrieg völlig zusammen. Die Donauschwaben wurden nach Deutschland ausgesiedelt, die jüdischen Mitbürger waren vernichtet oder vertrieben und die gut gepflegten Weinberge verstaatlicht. Dazu kam noch die hochgradige Isolierung der Stadt wegen ihrer Grenznähe. Es hat lange gedauert, erst nach der Wende um 1989, als so langsam wieder Leben in die Soproner Weinberge zog, dass sich die wenigen noch vorhandenen Poncikter erneut hauptberuflich dem Weinanbau gewidmet haben.

Kurz folgendes zur ungarndeutschen Vorgeschichte:

Der Sieg in der Schlacht am Kahlenberg (1683) über das osmanische Heer bildete nicht nur den Beginn für die Befreiung Ungarns von der Türkenherrschaft, sondern auch für den politischen, kulturellen und wirtschaftlichen Wiederaufbau des Landes. Die Habsburger, als seine legitimen Könige, begannen, veranlasst durch die ungarischen Stände, schon zum Ende des 17. Jahrhunderts mit der Neubesiedlung der an der mittleren Donau gelegenen und während der 160jährigen Türkenherrschaft weithin verödeten und nur mehr dünn besiedelten Gebiete. Zum Kernstück dieses Wiederaufbaus wurde die unter Karl VI., Maria Theresia und Joseph II. im 18. Jahrhundert von den kaiserlichen Wiener Regierungsstellen planmäßig durchgeführte Ansiedlung von deutschen Bauern und Handwerkern sowie österreichischen und böhmischen Bergleuten. Ihnen ist es hauptsächlich zu verdanken, dass die pannonische Tiefebene im 19. Jahrhundert zur „Kornkammer der Donaumonarchie" wurde. Zum Ende des Ersten Weltkrieges verlor Ungarn durch das Friedensdiktat von Trianon (4. 6. 1920) zwei Drittel seines Staatsgebietes, was auch eine Dreiteilung der Donauschwaben-Bevölkerung ergab. Rund 550.000 blieben bei Ungarn, 330.000 kamen zu Rumänien und 510.000 zu Jugoslawien.

Ungarn erreichte 1945 auf der Potsdamer Konferenz der Siegermächte, dass es seine Schwaben nach West-Deutschland und nicht in die sowjetische Besatzungszone aussiedeln durfte. 1946 und 1947 wurden 220.000 Ungarndeutsche de facto vertrieben. Ihr bewegliches und unbewegliches Vermögen wurde beschlagnahmt. Das gegenwärtige Ungarn bedauerte offiziell 1996 die Vertreibung, gewährte seinen Ethnien die Selbstverwaltung und bot eine eher symbolische Entschädigung der Vermögensverluste.

Also, inmitten dieser Poncikter-Siedlung musste ich zu unserem Weinkeller gehen und Wein in einer 5 Liter Korbflasche holen. Mein Freund Boronkai half mir des öfteren dabei und so auch an diesem Nachmittag im Mai 1947. Wir mussten mit Erstaunen und Erschrecken feststellen, dass in der ganzen Siedlung der Sant Michaelstraße und auch in den Seitenstraßen kein Mensch zu sehen war. Unsere Neugierde trieb uns in ein Poncikter-Haus. Dort sahen wir noch Geschirr und Essen auf dem Tisch stehen, und auch sonst war noch alles in der Wohnung vorhanden. Alles war wie gewöhnlich - nur fanden wir keine Menschenseele mehr. Ich erzählte natürlich sofort zu Hause, was wir gesehen hatten, aber mein Vater verbot mir, darüber mit anderen zu sprechen. Ich habe das alles damals nicht verstanden. Später ging mir ein Licht auf, als zu uns Ungarn-Aussiedler aus entfernteren Gegenden kamen. In unserer Klasse hatten wir Aussiedler-Kinder aus der Slowakei und Rumänien, Béla Pogorisky und Jozsef Gajdos, die später enge Freunde von uns wurden. Wir Kinder machten keinen Unterschied zwischen uns, was leider bei vielen Erwachsenen nicht so war. Es gab erhebliche Auseinandersetzungen, Neid und Missgunst.

Das war mein Erlebnis einer ungerechten Vertreibung nach dem Zweiten Weltkrieg. Es reichte nicht, im und nach dem Krieg so viel Schlimmes erdulden zu müssen, jetzt kam auch noch diese höchst ungerechte Maßnahme auf die stark geprüfte Bevölkerung zu.

1948 verstärkte sich die allgemeine Diktatur in Ungarn. Alle, die dem Staat auf irgendeine Weise unbequem oder negativ auffällig waren wurden abgelöst, interniert, in eine andere Stadt versetzt oder gleich zu langjährigen Freiheitstrafen verurteilt und ins Gefängnis geworfen. In einem sogenannten klassenlosen kommunistischen Land, in dem Gleichheit großgeschrieben wurde, entstand ein Staat mit verschiedenen Klassen. So gab es die Arbeiterklasse, dann die Bauernklasse, die Klasse der Intellektuellen und zum Schluss die Klasse X oder ‚Sonstige'. Zu der Klasse X gehörten all diejenigen, die vertrauensunwürdig waren oder exponierte Stellen im Horthy-Regime ausgeübt hatten. Es waren aber auch häufig adlige Familien, Großgrundbesitzer, Fabrikanten, Priester aller Religionen, Berufsoffiziere und nicht zuletzt auch führende Ingenieure. An ihre Stelle kamen schnell ernannte Parteifunktionäre, die mit der roten Armee zusammenarbeiteten. Diese sogenannte Säuberungsaktion hielt in Ungarn lange an und betraf natürlich die dazugehörigen Familien. So war es unmöglich, dass Kinder der Klasse X in ihrem früheren Gymnasium oder in irgendeiner Hochschule hätten weiter studieren können. Diese Klassenunterschiede hatten die immense Konsequenz, dass sie tiefgreifende Folgen für die ungarische Gesellschaft hatte, mit dem Ergebnis, dass plötzlich das Proletariat die führende Rolle innehatte und die ungarische Intelligenz entweder verschwand oder in Gefängnissen bzw. Internierungslagern endete. Natürlich wurden auch alle ehemaligen Führungskräfte nach diesem Klassensystem ausgewechselt, so dass plötzlich die Entscheidungsgremien in Ungarn nur aus Leuten mit fachlicher Inkompetenz bestanden mit entsprechenden Führungsergebnissen. Das war auch eine der Hauptursachen dafür, dass das Land sehr schnell eine völlig verfehlte wirtschaftliche Entwicklung durchmachte und bald die ersten schwerwiegenden Mangelerscheinungen in der ungarischen Volkswirtschaft auftraten. Diese Entwicklung führte dann auch zu Lebensmittelknappheit und Hungerzeiten. Die allgemeine Unzufriedenheit wuchs nicht nur bei der sogenannten Unterklasse sondern auch in der Arbeiterklasse. Jetzt entstand eine in dieser Beziehung wirklich echte klassenlose unzufriedene Gesellschaft, was später maßgeblich zum ungarischen Aufstand 1956 beigetragen hat.

Unsere Mutter wurde schwanger, und am 3. August 1948 bekamen Jenö und ich ein Brüderchen mit dem Namen Àkos. Leider war der Junge von Geburt an krank. Er war sehr schwach, und da meine Mutter nicht ausreichend stillen konnte mussten wir Muttermilch von einer anderen Frau holen. Natürlich hatte ich diese wichtige Aufgabe zu erledigen und ging deshalb jeden Tag zu einer Familie, um die abgepumpte Muttermilch abzuholen. Eines Tages konnte ich der Versuchung und Neugier nicht widerstehen und nahm einen kleinen Schluck von dieser Kostbarkeit. Aber meine Enttäuschung war grenzenlos. Es schmeckte ekelhaft, und ab diesem Augenblick bedauerte ich mein Brüderchen sehr, dass er mit dieser ungenießbaren Milch ständig traktiert wurde. Leider nutzten alle Anstrengungen nichts, er brach sehr häufig alles wieder heraus, blieb sehr schwächlich und starb schließlich am 31. August 1949 an einer Magen-Darm-Infektion. Dieser Tod traf die Mutter tief und sie fiel in eine starke Depression. Hinzu kam, dass mein Vater - wie viele andere altgediente Beamten - seiner Direktorenposition enthoben wurde und wir daraufhin sofort auch unsere Dienstwohnung verlassen mussten. Die Direktorenstelle meines Vaters wurde mit einem treuen Kommunisten aus Süd-Ungarn besetzt. Er war ein arroganter, unintelligenter Flegel, der uns nicht einen Tag für die nun dringend notwendige Wohnungssuche einräumte. Da wir jedoch so schnell keine geeignete Wohnung fanden, waren wir gezwungen, in vier Büroräume ohne Bad und Toilette eines nebenan befindlichen Gerichtsgebäudes umzuziehen.

Die Gerichtsgebäude hatten einen anderen Eingang als das Gefängnis, und man musste durch lange Flure mit spärlicher Beleuchtung gehen, bis man unsere provisorische Wohnung erreichte. Ich habe jedes Mal Todesängste ausgestanden, wenn ich spät abends von der Musikschule mit meinem Cello durch diese langen Gänge gehen musste, und um mich zu ermutigen habe ich entweder laut gesungen oder gepfiffen. Im ganzen Gerichtsgebäude wohnte außer uns nur noch der Hausmeister, der mich dann nicht selten wegen dieser Ruhestörung beschimpfte. Natürlich hat er nie erfahren, warum ich sang und sagte nur: „Sag mal, Junge, warum hast Du immer so gute Laune?" ‚Wenn er wüsste!' dachte ich, blieb aber stumm und nickte nur mit dem Kopf als Zeichen, dass ich ihn verstanden hatte. Nachts, wenn irgendwie möglich, vermied ich es auf die Toilette zu gehen, da es dort wegen häufig fehlender Glühbirnen stockdunkel war. Unsere provisorische Wohnung hatte wie gesagt auch kein Badezimmer, und so musste Anyu erst auf dem Herd Wasser erhitzen, damit mein Bruder Jenö und ich in einer verzinkten Sitzwanne abgeschrubbt werden konnten. Das war alles andere als ein erfreuliches Badevergnügen und im Winter dazu noch unangenehm kalt, da nicht alle Räume zu beheizen war

Wir spielten meistens direkt unter unserem Fenster auf der Straße, die eine Sackgasse war. Wie schon erwähnt befand sich hier, am Ort des heutigen Busbahnhofs, in einer Mulde ein ca. 5 Hektar großer Acker, der in Kleingärten aufgeteilt war. Wir besaßen auch eine schmale Parzelle, in der mein Vater zu meinem Leidwesen Tomaten, Gurken, Kartoffeln und Kraut zog und mich immer wieder Unkraut zupfen oder sonstige Gartenarbeiten verrichten ließ. Einer der Gartennachbarn hatte Rhabarber gepflanzt, der wunderbare große Blätter entwickelt hatte, ideal um Hüte für unsere Spiele daraus zu fabrizieren. Leider wurden wir erwischt, und so bekam ich wieder mal eine richtige Abreibung. Am Straßenrand stand lange Zeit eine zerstörte und dort abgestellte Flugabwehrkanone, die für uns Jungen ein ideales Spielzeug war. Im Graben war auch sehr viel Gewehrmunition ausgeschüttet, und nach kurzer Kratzerei im Erdboden konnten wir große Mengen davon ausgraben. Die Spitzen der Munition lösten wir vorsichtig heraus und verbrannten dann das in der Hülse befindliche Schwarzpulver auf dem Straßenasphalt. Bei einer solchen Suchaktion entdeckten wir eine von Stoffresten umhüllte menschliche Hand. Erschrocken rannten wir zur Polizei, die nebenan ihr Präsidium hatte, und erzählten von unserem Fund. Es dauerte nicht lange bis Arbeiter mit Pickeln und Schaufeln kamen und die Leiche exhumierten. Aufgrund des Identifikations-Halsbandes stellte sich heraus, dass der Tote ein deutscher Soldat gewesen war. Er wurde dann mit allen Ehren auf dem Soldatenfriedhof zur letzten Ruhe gebettet.

In diesem Frühjahr wurden zahlreiche Klöster geschlossen, so auch das in der Stadt-mitte befindliche Ursulinen-Kloster. Die Nonnen mussten sich ‚entkleiden' und einem weltlichen Beruf nachgehen. Wir begegneten häufig älteren Frauen, die ehemalige Nonnen waren. In unserer Nachbarschaft gab es auch mehrere Klosterfrauen der sog. „Grauen-Frauen", doch darüber durfte man nicht einmal reden. Sie trafen sich im Untergrund und führten so im Verborgenen ihr Religions- und Klosterleben weiter, wofür sie nicht selten mit hohen Freiheitstrafen büßen mussten. Mein Vater ging als fast bigotter Katholik demonstrativ jeden Sonntag in die Kirche, mit dem Erfolg, dass er seinen Arbeitsplatz immer wieder verlor, was natürlich die Familie enorm belastete. Wir hatten also keine Wohnung und manchmal auch nichts zu essen, aber dafür einen tiefgläubigen stolzen Vater, der sich niemals von den Kommunisten beugen ließ. Nachdem er das Gefängnis verlassen musste, bekam er für kurze Zeit eine Stelle als Buchhalter in einem Beerdigungsinstitut, was natürlich nicht lange anhielt und er wieder hinausflog, und dann musste er auf dem Land auf einer Kolchose arbeiten.

Doch auch dort musste er bald wieder gehen, woran ich nicht ganz unschuldig war.

In den Sommerferien 1949 nahm mich mein Vater mit nach Röjtökmuzsaly, wo er gerade arbeitete. Es waren 5 aufregende Tage für mich mit allem, was ein Stadtjunge auf dem Dorf so erleben konnte. Endlich konnte ich wieder reichlich essen und frisch gemolkene Kuhmilch trinken, die direkt aus einem Stall mit mehr als 100 Kühen kam. Es gab auch Weißbrot, dick mit Butter bestrichen und reichlich Obst, was mir nach dieser langen Hungerperiode fast märchenhaft vorkam.

In dieser Kolchose oder ‚Bauerngenossenschaft' war mein Vater als Buchhalter beschäftigt, und ich konnte während seines langen Arbeitstages draußen mit der Dorfjugend spielen. Geschlafen haben wir in einem alten Schloss, das früher einem Baron gehört hatte. Auch dieses Anwesen wurde, wie viele andere, verstaatlicht und unter den Bauern aufgeteilt. Kurze Zeit später jedoch wurden diese Ländereien den Bauern wieder weggenommen und in unproduktive Kolchosen umgewandelt, die gerade nur so viel erzeugen konnten, was unsere Befreier, die Russen, brauchten. So entwickelte sich in einem der ertragreichsten Agrarländer Europas ein Hungervolk. Nach der Wende 1989 wurde aus der gesamten Anlage dieser ehemaligen Kolchose ein teures Wellness-Hotel.

Meine berühmtberüchtigte überschießende Phantasie und die daraus geborenen Erzählungen führten jedoch fast zu einer Katastrophe. Eines Tages erzählte ich nämlich dem Stallarbeiter, dass wir in unserer Straße in Sopron einen Widerstand gegen die Kommunisten organisieren und als Stadtpartisanen arbeiten würden. Jeder hätte heute darüber gelacht, was ein phantasievoller Zehnjähriger so alles plaudert, nicht aber dieser Arbeiter, der sofort diese rein erfundenen Geschichten an den Parteisekretär weiterleitete - mit einer fast darauffolgenden Katastrophe. Als mein Vater nach Hause kam rief er mich ins Wohnzimmer. Ich dachte, so jetzt gibt es wieder anständige Prügel, denn diesbezüglich war er nicht zimperlich. Im Jahr zuvor hatte er mich wegen einer Lüge mit seinem Ledergürtel so verprügelt, dass ich noch Wochen später blaue Flecken am Rücken hatte. Diesmal aber war er ruhig, fast unbeweglich und leise und sein Gesichtsausdruck war voller Leid und Trauer.

„Sutyi, warum hast du dem Stallarbeiter so einen Unsinn in Röjtökmuzsaly erzählt?" fragte er leise. „Warum, um Gottes Willen, so einen haarsträubenden Blödsinn?"

Ich schwieg betroffen, aber nach einer Weile sagte ich:

„Ich habe nicht gelogen, wir haben in der Lackner-Kristof-Str eine Widerstandsgruppe gegründet, zusammen mit Boronkai, Szász Lala, Simon Iván und noch anderen."

„Hör bitte mit dem Unsinn auf und halte deine Klappe, wenn Du deine Familie nicht in den Ruin bringen willst. Was meinst Du, was passiert, wenn Du so einen Unsinn erzählst, und wer weiß, ob wir morgen noch hier sein können. Der AVH weiß schon von deiner Geschichte, und es ist nur zu hoffen, dass die doch etwas vernünftiger sind als diese Proleten dort im Stall. Also, wenn heute Nacht etwas geschieht, dann berichtest Du nur das, was Du schon in Röjtökmuzsaly erzählt hast und keine Silbe mehr, hast Du mich verstanden?" bläute er mir ein.

„Ja ja, es tut mir so leid. Das wollte ich alles wirklich nicht." schluchzte ich, als ich die traurige und ernste Miene meines Vaters sah. Er umarmte mich und sagte leise,

„Sutyi wir leben in einer schrecklichen Zeit. Du verstehst das noch nicht. Ich bin wieder arbeitslos. Aber mal sehen, wenn bis morgen nichts passiert, dann haben wir auch das überstanden."

Wir schliefen alle sehr unruhig in dieser Nacht. Mein Vater stand öfter auf und schaute vorsichtig aus dem Fenster. Aber es passierte nichts, und am nächsten Morgen gingen wir wie gewohnt, da es Samstag war, zum Einkaufen, was natürlich in keiner Weise dem heutigen ‚Shoppen' entsprach: Samstags wurden alle wichtigen Läden abgeklappert, um Lebensmittel zu ergattern. Mal fanden wir ein paar rote Bete oder Kartoffeln, und ‚wenn wir wirklich Glück hatten, noch Karpfen im Fischladen. Hier hatten wir einen ganz besonders guten Draht durch meine Mutter, und man konnte hoffen, dass die Verkäuferin, die Anyu gut kannte, doch noch für uns etwas zurückgelegt hatte. Ab und zu hatten wir auch Glück bei Onkel Németh, dem Metzgermeister im Graben, den Vater durch einen meiner Schulfreunde kannte, und bekamen manchmal von ihm eine Scheibe Schweinefleisch oder wenigstens Suppenknochen. Für Brot mussten wir immer ganz früh aufstehen. Ich bin nicht selten um 2 Uhr in der Nacht mit einem kleinen Hocker zum Laden gegangen, um noch relativ am Anfang der Schlange einen Platz zu ergattern. Häufig hat aber auch das nichts genützt, denn wenn ich endlich an die Reihe kam, da war das letzte Brot gerade vor mir verkauft worden. Einmal erschien der Brotwagen relativ spät vor dem Brotladen. Es war eine Holzkutsche mit Holzverschlag und wurde von zwei Pferden gezogen. Als die Kutsche ankam, war die wartenden Menschen schon so aufgebracht und wütend, dass sie die Kutsche umkippten und sich jeder nahm, was er konnte. Ich erwischte auch zwei Laibe Brot, ohne zu bezahlen, und rannte glücklich nach Hause. Es dauerte nicht lange bis die Polizei kam und einige Leute verhaftete. Ich hatte mal wieder Glück gehabt.

Das Klostergebäude der Ursulinen stand lange Zeit leer. Lediglich der Teil, der dem Ursulinen-Platz zugewandt war, wurde kurzerhand zur Schule umfunktioniert, und so musste unsere Klasse ab Herbst 1949 hier zur Schule gehen. Ich war schon in der fünften Klasse und das Klassenzimmer befand sich im dritten Stockwerk. Die hinteren Gebäude, wo sich früher die Schlafräume der Nonnen befunden hatten, waren mit Brettern vernagelt und jeglicher Zugang versperrt. Aber unsere Neugierde ließ uns natürlich, wie immer, einen Weg hinter diesen Verschlag finden. Viel war in den ehemaligen Schlafräumen nicht zu sehen und noch weniger zu finden, außer einer kleinen Christusfigur aus Wachs, die ich als Erinnerung mit nach Hause nahm.

Von meinem Abenteuer in Röjtökmuzsaly hatte ich natürlich meinen Freunden unserer Strassengang erzählt, und wir beschlossen, zwar vorsichtig aber dennoch unsere Aktivitäten zu verstärken. Unsere nächste Aktion war die Durchtrennung der Antenne des neuen Gefängnisdirektors. Wie die Reaktion darauf ausfiel, konnten wir nie erfahren, wir sahen nur, dass wenige Tage später eine neue Antenne gezogen wurde. Trotzdem waren wir alle sehr stolz auf unsere Taten. Wir erlebten in diesen Zeiten des öfteren, dass in der Nachbarschaft jemand über Nacht auf nimmer Wiedersehen verschwand. Aber wir konnten doch nie so richtig begreifen, was da vor sich ging.

In diesem Sommer ging ich zum ersten Mal so richtig als Tagelöhner arbeiten. In der Soproner Kolchose im Virágvölgy, zu deutsch Blumen-Tal, befand sich ein riesengroßes Zuckerrübenfeld, in dem wir Kinder nach kurzer Einweisung Zuckerrübensprossen ausdünnen mussten. Um den stärkeren Pflanzen mehr Platz zu verschaffen, zupften wir die schwächeren heraus. Mir machte diese Tätigkeit viel Spaß, obwohl das Arbeiten in ständig gebückter Haltung nicht unbedingt leicht war. Natürlich war ich zusammen mit meinen Freunden auf dem Feld, und das zwar lächerliche aber doch erste selbstverdiente Geld machte mich sehr stolz. Lalas Vater war ein geborener Fiumeser, oder wie man heute sagen würde: ein Mann aus Rijeka. Diese Hafenstadt an der Adria war vor dem ersten Weltkrieg der einzige ungarische Hafen am Meer, der nach dem Trianon verlorengegangen war wie weitere Zweidrittel unseres Landes. Dieses Urteil der damaligen Siegermächte nach dem ersten Weltkrieg konnten die Ungarn nie überwinden und noch heute leiden sie darunter. Viele reden von einem sogenannten Trianontrauma, das sich besonders nach der Wende 1989 mit heftigen chauvinistischen und nationalistischen Gefühlen äußerte.

Im Frühjahr 1950 machte unsere ‚Straßen-Bande' eine sehr interessante Entdeckung. Wie schon erwähnt, bestand unsere kleine Gruppe aus Kindern der Lackner-Kristof-Straße und Umgebung: Laszlo Boronkai, Sohn des Stadt Direktors, Lala Szász, Sohn eines aus Rijeka stammenden technischen Zeichners, Iván Simon, Sohn eines Kinderarztes, Josef Adelshofer, seinen Vater kannten wir nicht und wussten nur, dass seine Mutter Krankenschwester war. Dann war da noch sein etwa zehn Jahre älterer Bruder, der sich gut mit Gewehren verschiedenster Art und Munition auskannte – doch darüber später. Außerdem gehörten weiter dazu Robert Sántha, mein Kindergartenfreund, László Kovács oder Buci, wie wir ihn nannten, der Sohn eines Bäckermeisters und Paul Németh, der zwar nicht direkt zu unserer Gruppe gehörte, aber häufig bei uns war. Des öfteren kamen auch gern Àkos Molnár und auch Kálmán Derdák zu uns, obzwar die beiden weit von uns entfernt wohnten. Als wir uns eines Nachmittags wieder einmal trafen, erzählte uns Lala, dass er gehört habe, auf dem Dachboden seines Hauses läge ein von der deutschen SS verstecktes Paket.

„Was erzählst Du da? Was für eine Paket?" fragte Iván.

„Na ja, in den letzten Kriegstagen waren zwei junge SS Soldaten hier und baten meinen Vater, er solle ihnen Zivilkleider besorgen, da der Krieg verloren sei und sie abhauen wollten", begann Lala zu erzählen. Wir waren ganz Ohr und keiner wagte ihn zu unterbrechen, was bei uns höchst selten vorkam, da wir normalerweise immer alle gleichzeitig redeten ohne den anderen ausreden zu lassen.

„Ja, unter dem Balken, ganz nah am Giebel, haben sie ihre Uniformen und noch dazu Gewehre und Munition versteckt, hat mein Vater gesagt." fuhr er fort.

„Und das hat er dir so mir nichts dir nichts erzählt?" fragte ich etwas ungläubig aber voller Spannung.

„Ach was, er erzählte es nur meiner Mutter, weil er Angst hat, dass dieses Paket gefunden wird und wir alle in Teufels Küche kommen. Ich habe es nur so am Rande mitgehört."

„Und was ist aus dem Paket geworden?" bohrte ich weiter.

„Nichts, das war erst gestern und inzwischen ist nichts passiert." sagte Lala

„Also, dann brauchen wir den Dachbodenschlüssel und nichts wie rauf!" schlug Ivan mit Zustimmung aller vor. Lala ging in seine Wohnung, und kurze Zeit später stand er am Tor und zeigte triumphierend den Dachbodenschlüssel. Wir stürzten sogleich die Treppe hinauf. Auf dem Dachboden war es relativ dunkel und roch muffig und staubig. Man konnte sehen, dass hier oben schon lange niemand mehr gewesen war. Die Mieter besaßen alle Kellerräume und benutzen den Dachboden wohl kaum. Der Trockenraum befand sich im Hof und war wesentlich leichter zu erreichen. Durch die Zwischenräume der Dachziegel leuchtete die Sonne herein, und der aufgewirbelte Staub glänzte geheimnisvoll und sah aus wie silbriges Pulver. Es herrschte eine unheimliche Stille, nur von der Straße hörte man hin und wieder entfernte und gedämpfte Geräusche. In dieser Zeit fuhren ja auch viel seltener Autos, und es gab noch nicht die spätere laute Geräuschkulisse des Straßenverkehrs.

„He Lala, wo, meinte dein Vater, haben die SS-Leute das Ganze versteckt?" fragte Josef, der sich bis dahin zurückgehalten hatte.

„Ich weiß es auch nicht. Es muss unter den Dachzinnen sein oder beim Schornstein oder vielleicht…." „Ach halt deinen Mund! So kommen wir nicht weiter" schimpfte Ivan, der sich zu unserem Verdruss immer gern als Führer aufspielte. Plötzlich entdeckte ich vor mir ein graues, dick mit Staub bedecktes Stoffbündel. Ich bückte mich und wollte es hochheben, aber es war schwer und irgendwie eingeklemmt.

„Hier!" rief ich den anderen zu „Schaut mal her! Hier ist etwas, helft mir mal."

Mit gemeinsamer Kraft zerrten wir an dem Paket, das plötzlich ruckartig nachgab, und unter einer gewaltigen Staubwolke kam ein großes Stoffbündel zum Vorschein. Wir waren mucksmäuschenstill und guckten fasziniert auf unsere Entdeckung.

"Na, was ist los? Mach doch mal auf!" rief Laszlo ganz aufgeregt, der normalerweise immer sehr ruhig war. Wir packten dieses Bündel und zerrten es etwas weiter nach vorn ins Licht und begannen es aufzuschnüren.

"Ich hoffe nur, dass dieses Paket nicht voller Flöhe oder sogar Wanzen ist." äußerte sich Lala, "die waren doch alle verwanzt am Kriegsende, hat mein Vater gesagt, und jetzt kriegen wir sie, meint ihr nicht?"

Josef fing gleich an sich zu kratzen und auch ich schreckte für einen Moment zurück.

"Blödsinn! Die Viecher sind doch längst alle tot. Von was sollten die so lange leben, wenn kein Blut mehr vorhanden ist" zischte Iván und machte sich voll wilder Entschlossenheit und mit viel Mut daran, das Paket zu öffnen. Wir schauten alle ganz gebannt auf diesen Vorgang. Es dauerte nicht allzu lange, da das Bündel nicht festgeknotet sondern nur zusammengelegt war. Es kam eine graue Uniformjacke zum Vorschein mit silbernem Kragen und Hakenkreuzzeichen. Am Kragen war ein doppeltes SS–Zeichen befestigt, an das ich mich noch gut erinnern konnte, und eine der Uniformen besaß mehr Silberstreifen, also war sie wahrscheinlich sogar von einem Offizier. Als wir so die Bündel auseinandernahmen kam plötzlich ein Gewehr zum Vorschein, und es rutschten etwas freiliegende Munition heraus sowie eine Munitionstasche aus schwarzem Leder. Zum Schluss entdeckten wir noch ein extra eingewickeltes kleines Packet mit zwei Magazinen voller Pistolenmunition. Wir waren natürlich sehr aufgeregt aber dann doch auch sehr still, was bei uns eine Seltenheit war. Wir nahmen uns das kleine Bündel vor und fanden darin eine Mauserpistole. Wir waren alle sprachlos, und es dauerte ziemlich lange, bis einer von uns stotternd zu fragen anfing: "Was machen wir mit diesem Zeug? Wir können es doch nicht einfach hier liegenlassen. Aber wohin sollen wir es bringen, und was fangen wir mit den Waffen an?" fragte Laszlo ganz besorgt mit einem Gesichtsausdruck, als wenn er gerade in eine Zitrone gebissen hätte.

"Ach, warte mal ab. Wir bringen es zu mir unter den Veranda-Verschlag und dann sehen wir weiter," schlug Iván vor "komm, pack an, wir können hier nicht überwintern."

"Du, Lala, hast Du vielleicht einen größeren Sack, in den wir die ganze Sache einpacken können, dann wäre es leichter zu transportieren, und vor allem würde es dann auch nicht auffallen. Wir müssen schließlich auf die Straße raus." sagte ich und schaute ihn fragend an.

"Ja, doch, ich glaube, in unserem Keller kann ich schon was finden, aber ich muss den Sack wieder zurück haben damit mein Vater nichts merkt."
"Natürlich, es dauert nicht lange. Also geh endlich, dass wir von hier wegkommen!"

Er ging in den Keller, und wir packten das ganze Bündel wieder zusammen. Lala kam kurze Zeit später mit einem Sack zurück und wir stopften vorsichtig das ganze Paket hinein und schlichen so leise wie möglich vom Dachboden hinunter auf die Straße. Iván wohnte direkt nebenan, es war also nur ein Katzensprung, und trotzdem, kaum waren wir auf der Straße angekommen, trafen wir ausgerechnet auf einen Nachbarn, der sehr neugierig nach dem Sackinhalt fragte. Man muss wissen, dass zu dieser Zeit alles, was nach einem größeren Paket aussah, die allgemeine Aufmerksamkeit auf sich zog, in der Hoffnung vielleicht eine Quelle neuer Anschaffungsmöglichkeiten zu entdecken, egal was es war, auch wenn es einem selbst im ersten Augenblick überflüssig erschien. Hauptsache es handelte sich um ein Handelsobjekt, das man später mal gegen ein anderes Objekt eintauschen konnte.

Uns war die Frage natürlich nicht willkommen. Im Gegenteil, mir wurde vor Angst übel und meine Knie schlotterten, aber Iván, der den Sack trug, antwortete mit eiskalter Ruhe:

"Nichts für Sie. Es ist nur Spielzeug und Holz für uns."

'Mein Gott, wenn er wüsste, was da drin ist!' dachte ich, 'wir würden alle auf dem Polizeirevier landen, bestenfalls!'

"Was? So viel Spielzeug? Wo habt ihr denn das alles her?" bohrte er weiter "zeigt doch mal. Vielleicht kann man daraus noch was machen." 'Jetzt platzt die Bombe!' dachte ich und das Blut gefror in meinen Adern. 'Um Himmels Willen, nur jetzt nicht den Sack öffnen, dann ist alles aus!' Ich, der direkt hinter Iván ging, blieb mit Iván stehen und jetzt erst merkte ich, dass die anderen einen gehörigen Abstand hielten und für alle Fälle schon für eine rechtzeitige Flucht vorbereitet waren.

"Ach, es ist nichts für Sie. Wie ich schon gesagt habe, es sind unsere Spielzeuge, Holzsäbel, Schleudern, Holzschnecken ..." wiederholte Iván nochmals. Aber allem Anschein nach hatte das doch etwas bewirkt, denn der Nachbar schaute uns zwar etwas ungläubig an, sagte dann aber

"Na, dann viel Spaß mit eurem Spielzeug, aber wenn ihr etwas Nützliches findet, dann sagt ihr Onkel Takács Bescheid, nicht wahr?" "Natürlich!" versicherten wir ihm überschwänglich und erleichtert erreichten ohne weitere Behinderung Iváns Wohnhaus. Wir verschwanden durch die Haustür und gleich weiter in Iváns Garten, um schnellstens unter die Veranda zu gelangen.

Hier hatten wir schon etliche Stunden verbracht, zusammen gefeiert und sogar unerlaubter Weise mitgebrachten Rotwein getrunken. Auch hatte ich hier meine erste und auch vorläufig letzte Zigarette probiert, was mit fürchterlicher Übelkeit und Erbrechen endete und ich mir die Frage stellte, was an diesem Zeug eigentlich gut sein sollte und warum so viele Menschen Zigaretten rauchen? Auch unsere erste sexuelle Neugierde wollten wir hier stillen. Da es damals keinerlei Sexualunterricht gab und wir doch unbedingt den Unterschied zwischen Mann und Frau erfahren wollten, so wandten wir uns deshalb an Iváns Schwester und baten sie uns zu zeigen, was sich da so zwischen ihren Beinen befand. Um ihr das zu versüßen besorgten wir auch noch eine Schachtel Pralinen, was damals gar nicht so leicht war, und dann fragten wir Agnes, bzw. Agi, wie wir sie nannten, ob sie uns in unserem Verschlag ihre Geheimnisse zeigen würde. Zu unserer großen Enttäuschung lehnte sie dies empört ab, worauf wir gezwungenermaßen den Inhalt der Pralinenschachtel selber verputzen mussten. Also gab es statt Sexualunterricht Pralinen. Wir waren damals erst 11 Jahre alt, später änderte sich dies dann doch noch gewaltig.

Nun, als wir dort mit unserem Sack ankamen, packten wir alles aus, klopften die verstaubte Uniform aus und probierten sogar die Uniformjacke an. Wir waren alle sehr aufgeregt und stolz über unsere Entdeckung. Auch mit der Pistole hantierten wir unentwegt herum, das Gewehr jedoch ließen wir liegen, da es doch etwas zu schwer und unhandlich für uns war. Die Munition stopften wir mitsamt dem Ledergürtel in eine Tüte und begannen ganz aufgeregt zu diskutieren, was wir mit all den Sachen eigentlich machen sollten. Josef meinte schließlich, dass sein Bruder, der gut 10 Jahre älter war als wir, sehr viel von Waffen verstünde und wir ihn deshalb fragen sollten, ob er eine vernünftige Idee hätte. Auf jeden Fall war die ganze Angelegenheit nicht nur kompliziert sondern auch recht gefährlich, weil auf unerlaubten Waffenbesitz Gefängnisstrafe bis sogar Todesstrafe drohten. Wir beschlossen deshalb, die Uniformen zu verbrennen, um eine eventuelle Rückverfolgung auf die anderen Dinge zu vermeiden. Die Stoffe waren von guter Qualität, und man hätte zweifellos etwas daraus schneidern können, aber für uns war das zu gefährlich. Wir gossen im Garten ein wenig Feuerzeug-Benzin auf die Uniformen und zündeten sie schließlich an. Es qualmte anfangs recht stark, aber dann brannte es doch lichterloh. Wir standen andächtig um das Feuer herum als es plötzlich gewaltig krachte und ein Schuss laut pfeifend aus dem Feuer kam. Wir duckten uns und waren ziemlich erschrocken. Natürlich rissen einige Nachbarn sofort die Fenster auf und schrien: "Was ist denn da unten los?" Auch Iváns Mutter eilte zu uns in den Garten herunter und fragte, was wir da täten. Wir versuchten ihr, auch wenn nicht besonders glaubhaft, zu erklären dass wir alte Stoffe verbrannten, die sehr schmutzig und nicht verwendbar waren. Aber ein Hosenrest, der aus dem Feuer ragte, beruhigte Iváns Mutter nicht besonders und sie fragte bohrend weiter, wo diese Dinge herstammten. Iván erklärte dann, dass wir sie vor meiner Wohnung in einem Graben gefunden hätten und wir uns damit ein Feuer im Garten machen wollten. Natürlich nahm sie uns das erst recht nicht ab und hörte nicht auf uns weiter auszufragen:

"Und was bedeutete dieser Knall?"

"Ach ja, wir haben die leere Benzinkapsel ins Feuer geschmissen, und die explodierte dann." log ich ohne rot zu werden, in der Hoffnung, sie würde mir das abnehmen. Sie schaute mich an und sagte:

"Sutyi, das glaube ich dir aber nicht. Du erzählst mir ein Märchen."

"Nein, Frau Simon, hier ist noch der Deckel der Benzinpatrone, mit dem wir das Feuer angezündet haben." und zeigte auf den Deckel. Lala unterstützte mich eifrig, obzwar wir alle nicht genau wussten, woher der Knall eigentlich gekommen war.

"Also, macht das Feuer aus und dann ist Schluss mit dieser Räucherei, es stinkt erbärmlich!" befahl sie uns.

"Natürlich, das machen wir sofort!" versicherten wir eifrig und begannen das Feuer zu löschen, jedoch ganz langsam, weil wir Sorge hatten, dass die noch nicht verbrannten Uniformreste zum Vorschein kommen würden. Frau Simon ging wieder ins Haus zurück, und wir löschten das Feuer und entdeckten dann in der Asche eine Gewehr-Munitionshülse. Wahrscheinlich hatte sie noch in der Tasche der Uniform gesteckt und war durch die Hitze explodiert.

Wir mussten uns jetzt sofort über unser weiteres Vorgehen beraten, da diese Geschichte allmählich für uns alle gefährlich wurde, und es blieb nun nichts anderes übrig, als Josefs Bruder zu fragen, was wir mit dem Gewehr machen sollten. Die Pistole wollten wir allerdings nicht aus der Hand geben, und deshalb versteckten wir sie vorläufig auf dem Dachboden des Gerichtsgebäudes, in dem ich wohnte, unter einem unzugänglichen Balken. Wir waren sehr stolz auf unsere antikommunistische Widerstands-Gruppe, die nun auch mit Waffen ausgerüstet war. Josefs Bruder staunte nicht schlecht über unser Gewehr und putzte uns erst mal richtig zusammen, was wir uns eigentlich dabei gedacht hätten, so etwas in der Gegend herumzuschleppen. Hoffentlich wüsste keiner von unserem gefährlichen Fund. Wir versicherten ihm, dass außer uns kein Mensch davon wusste, worauf er das Gewehr mitsamt Munition entgegennahm und versprach, alles zu entsorgen. Wie er das bewerkstelligte, weiß ich bis heute nicht. Josef hat mir später erzählt, dass sein Bruder alles an einen Jäger weiterverkauft hätte. Wir erhielten jedoch nichts von irgendeinem Erlös, obzwar uns doch mindestens ein Teil davon gehörte. Unsere Pistole behielten wir aber eine lange Zeit und wollten sogar ein Übungsschießen in den Wiener-Hügeln veranstalten, was wir aber dann doch lieber sein ließen. Auf Josefs Rat händigten wir ihm dann später die Pistole doch noch aus. So nahmen unsere deutsche Aufrüstungshilfe und die antikommunistische Widerstands-Gruppe ein Ende.

Anyu, unsere Mutter, besaß ein rotes Damenrad, womit ich das Fahrradfahren lernte. Es war relativ einfach, da ich erst auf dem mittleren Rahmenteil Platz nahm und so eine flache Bergstraße hinunterrollte. Es klappte hervorragend, und so langsam traute ich mich allmählich auf den Sattel zu steigen. Erst nur für kurze Zeit aber später immer länger und plötzlich konnte ich Fahrrad fahren. Ich war sehr stolz auf mich und führte meine Kunst der Mutter vor, die auch sehr beeindruckt war. Ab dieser Zeit und bis heute bin ich ein begeisterter Fahrradfahrer und schreckte bis vor wenigen Jahren auch nicht vor längeren Touren zurück. So unternahmen meine Freunde und ich auch 30-40 km lange Ausflüge in der Soproner Umgebung. Ich verwendete das Rad auch als wichtiges Transportmittel und schleppte nicht selten Äpfel und anderes Obst, das wir billig bekommen konnten, heran. Leider verlief ein solcher Obsttransport auch mal ziemlich gefährlich.

Das Löwerviertel (Löverek), die Hügellandschaft südlich der Stadt, ist das schönste und vornehmste Erholungsviertel der Stadt. Ruhige Wälder mit Fichten, Eichen und Kastanien, Maiglöckchen und Alpenveilchen, mit zahlreichen Wanderwegen und Aussichtspunkten sind im Löwerviertel finden.

Unser alter Familienfreund, Onkel Tamási, der im Löverek, wohnte, hatte einen sehr schönen großen Garten mit vielen Obstbäumen und Johannisbeer-Büschen. Onkel Imre, wie wir ihn nannten, war ein ehemaliger Lehrer in der Volkschule, und seine Frau Mariskanéni, Tante Mariska, eine gebürtige Szolnokerin und stammte damit aus der gleichen Stadt wie mein Vater. Es entstand zwischen den beiden Familien eine enge Freundschaft, und nachdem meine leibliche Mutter gestorben war und vor allem nach dem Krieg waren wir oft bei ihnen im Löverek und übernachteten als Kinder sogar mehrmals bei ihnen. Ihr Haus war eine typische Lövér-Villa, im Alpenstil gebaut mit Holz-Veranda und großem Holzbalkon, und bot reichlich Platz nicht nur für die Familie sondern im Mansarden Zimmer auch für zwei Forststudenten. Die Tamási Familie hatte zwei Kinder, einen älteren Jungen, der direkt nach dem Krieg nach Amerika emigrierte und die Tochter Hugi. Sie war ca. 7 Jahre älter als ich, spielte sehr schön Klavier, und ich war hoffnungslos in sie verliebt. 1956 flüchtete auch sie mit ihrem Freund, einem Medizinstudenten, nach Amerika, dort heirateten sie und lebten in Arizona. Ihr Mann Johann wurde ein mit zahlreichen Auszeichnungen geehrter, bekannter und vermögender Augenarzt,. Weltbekannt wurde er durch seine caritative Arbeit in Entwicklungsländern, in denen er, vor allem in Afrika, sehr oft mit seinem Team kostenlose Augenoperationen durchführte.

Aber kehren wir zu unserer Familie Tamási zurück. Imrebácsi, Onkel Imre, besaß eine Menge Hühner, eine Ziege, ein Schaf und nicht selten ein paar Gänse. Solche Tiere waren damals in der Stadt Gold wert. Aber das Besondere an dieser Tierhaltung war, dass dieses Viehzeug nicht nur frei im Garten herumlief sondern auch ungehinderten Zugang ins Haus hatte. Manchmal sah das Wohnzimmer aus wie die Arche Noah: In der Mitte des Raumes stand die Ziege und auf dem Tisch gackerten die Hühner. Tante Marischka störte das alles überhaupt nicht, und wenn Onkel Imre der Geduldsfaden riss, was relativ selten vorkam, sagte sie nur: „Imre, lass die armen Tieren zufrieden. Sie sollen glücklich leben, da sie zum Schluss ja alle aufgegessen werden."

Diese Philosophie gefiel meinem Vater aber auf keinen Fall, was er auch später öfter betonte: „Ich würde so gerne Marischkas Kuchen essen, aber wenn ich sehe, dass kurz davor die Hühner auf dem Tisch tanzten, dann vergeht mir mein Appetit". Eine derartige Aussage meines Vater bedeutete schon etwas, da er als leidenschaftlicher Kuchenfreund galt - wie auch sein Sohn.

Eines Tages informierte uns Marischkanéni, dass sie für uns eine Menge Äpfel hätte, ich sollte sie nur abholen. Also nahm ich mein Fahrrad und fuhr mit zwei Körben zur Familie Tamási hinaus. Nachdem die Körbe mit Äpfeln gefüllt waren hängte ich einen Korb auf die rechte und den anderen auf die linke Seite der Lenkstange und trat so mit dem jetzt doch sehr schwer lenkbaren Fahrrad die Heimreise an. Es ging immer bergab, und ich wurde immer schneller und irgendwo auf dieser abschüssigen Straße, in der auch der Bus regelmäßig fuhr, verlor ich das Gleichgewicht und …. alles wurde dunkel um mich herum. Ich konnte mich an nichts mehr erinnern, nur, dass ich im Bus aufwachte und der Busfahrer mir sagte, dass ich eine gute halbe Stunde bewusstlos gewesen sei. Als er mich auf der Strasse liegen sah, packte er mich mitsamt Fahrrad in den Bus, legte mich zwischen die Sitze und fuhr mich bis zur Endhaltestelle nach Sopron hinein. So sah damals der Rettungsdienst aus. Es gab weder eine Einweisung ins Krankenhaus, noch Röntgenbilder oder irgendwelche anderen Untersuchungen. Also nahm ich mein Fahrrad und schob es, weil mir immer noch etwas schwindlig war, samt Äpfeln nach Hause. Später zog mich meine Frau desöfteren damit auf, wenn ich mich in ihren Augen sonderbar verhielt, und meinte dann: „Naja, Du hast von Deinem Kopfunfall doch noch was zurückbehalten".

Endlich, Anfang 1952, bekam mein Vater im Löverek eine Wohnung zugewiesen. Lövér bezeichnete man in Sopron einen mit Wald bewachsenen Hügel, der sich von der Stadt westlich in eine Hügellandschaft erstreckte und auf dem sich ein sehr schönes Villenviertel entwickelt hatte. Wohlhabende Soproner Bürger hatten dort große Villen bauen lassen, und so entstand eine recht vornehme Wohngegend. Nach dem 2.Weltkrieg wurden auch diese Villen verstaatlicht, da dort angeblich die sogenannten Staatsfeinde wohnten. Die rechtmäßigen Eigentümer durften zwar in ihrer Wohnung bleiben, mussten aber Miete zahlen, und wenn einer von ihnen verstarb, dann wurde die Wohnung sofort einem neuen Mieter, meist Parteitreuen, überlassen. Parteigenossen mussten es auch deshalb sein, weil diese Gegend unweit der österreichischen Grenze lag und die Kommunisten Sorge hatten, dass ein nicht ganz so zuverlässiger Bewohner eventuell über die Grenze flüchten könnte.

Übrigens stammte der Name Lövér von sogenannten 'Schießern': Dies waren Schützen, die dort vor gut 1000 Jahren zur Sicherung der ungarischen Grenze angesiedelt wurden. Früher hatten auch Kelten diese Gegend besiedelt, was heute noch zahlreiche Gräber und Befestigungsanlagen bezeugen.

Unser Haus, das wir zugewiesen bekamen, gehörte einmal einer sehr reichen und alten Soproner Familie, von der zuletzt nur noch eine ältere Dame, Hilibi Beatrix Haller, lebte. Als sie 1951 im Alter von 67 Jahren starb, erhielt mein Vater diese Villa. Wir wunderten uns darüber, dass ausgerechnet wir dieses Haus bekommen sollten, aber bald stellte sich heraus, dass wir dort nicht allein wohnen würden sondern das Haus mit einem sehr zuverlässigen Kommunisten teilen mussten, der aus der Tiefebene nach Sopron gekommen war.

So wurde mein Vater ohne großes Aufsehen unter eine ständige Kontrolle gestellt. Wir Kinder empfanden die neue Umgebung als sehr angenehm. Wir wohnten direkt am Rande eines prächtigen Eichenwaldes, der früher ein Stadtpark war. Aber auch dieser Park war wie so viele andere sehr heruntergekommen, man konnte noch den Rest eines Pavillons erkennen, in dem die Armee vor dem 2.Weltkrieg sonntags immer Konzerte gab. Nicht weit entfernt davon befand sich ein großartiges Hotel in der Nähe der Pferderennbahn, und es gab im Wald eine Rodelbahn.

Sopron war immer eine Garnisons-Stadt gewesen und hatte sogar eine berühmte Kadetten-Schule, die für mich als zukünftiger Weiterbildungort vorgesehen war. Nach Meinung meines Vaters sollte natürlich der Sohn eines ungarischen Offiziers auch Offizier werden! Diese Kadettenschule befand sich unterhalb unseres Hauses. Während des Krieges war sie jedoch total zerstört worden, und es hatte viele Tote gegeben, darunter zahlreiche Schüler, die sich bis zuletzt in der Schule aufgehalten hatten. Auch das war ein Ergebnis der amerikanischen Bombardierung.

Unser Haus Villasor 38 im Löverek.

Unser Haus war mit viel Holz im Tiroler Stil gebaut und hatte ein erhöhtes Parterre, ein einziges Stockwerk und einen ausgebauten Dachboden, der nach vorn in eine Mansarde und eine halboffene Terrasse mündete. Von hier aus hatte man ein phantastisches Panoramabild der gesamten Stadt. Ich bekam mit meinem Bruder Jenö dieses Mansarden-Zimmer, was leider im Winter unbewohnbar war, da man es nur schwer heizen konnte. Deshalb mussten wir bei stärkerer Kälte wieder in die untere Wohnung ziehen. Trotzdem waren es für mich die schönsten Zeiten, die ich hier verbrachte. Noch heute denke ich oft und gerne an diese unvergesslichen Jahre zurück, und der Stil des Hauses prägte auch in gewisser Weise meine Vorstellung über Einfamilienhaus-Architektur. In der direkten Nachbarschaft wohnte ein weiterer kommunistischer Funktionär mit zwei Töchtern, wobei die jüngere etwa in meinem Alter war. Sie hieß Piroska, und ich war recht heftig in sie ‚verknallt'.

Aber sie war auch ein richtiges raffiniertes Biest und mit ihren sexuellen Vorstellungen und Wünschen wahrscheinlich doch schon wesentlich weiterentwickelter als ich. Nicht selten flüchtete ich vor ihr, weil mir Unschuldslamm die eindeutigen Zeichen doch ein wenig zuviel waren.

Wir Kinder gingen im Sommer häufig in die umliegenden Wälder zum Beeren sammeln oder Pilze suchen. Piroska schlug öfter vor, zusammen loszuziehen, aber wie gesagt, ich versuchte mich immer zu verdrücken. Eines Tages war es ihr doch gelungen mich zum gemeinsamen Sammeln zu überreden. Auf einer Waldlichtung blieb sie plötzlich stehen, legte sich vor mir auf den Boden und ermunterte mich, sich neben sie zu legen und ihre Brüste anzufassen. „He, du brauchst keine Angst zu haben, ich werde es niemandem erzählen", beruhigte sie mich.

„Ich habe kein Angst, was ist schon dabei, deine Brüste zu massieren" antwortete ich selbst überzeugt.

„Na, dann mach schon, du Großmaul!" forderte sie mich auf. Ich legte mich also neben sie und fing an die festen und zugegebenerweise schönen Brüste zu bearbeiten. Sie stöhnte und machte dabei ihre Augen zu und sagte nur leise „Bitte mehr, bitte fester". In diesem Augenblick griff sie mir aber in meine Hose, was für mich völlig unerwartet kam und mir doch zu viel erschien. Ich sprang auf und schrie entsetzt:

„Hör auf! Was willst du denn von mir? Lass mich in Ruhe"

„Du Feigling, hast du noch nie etwas mit einer Frau gehabt?" Diese Frage traf mich unvorbereitet, und da ich jetzt mit der Wahrheit hätte herausrücken müssen, versuchte ich mich doch besser mit Ablenkung aus der Affäre zu retten.

„Natürlich, so ein dummes Zeug. Aber heute habe ich keine Lust, verstehst du"? Ich schnappte mir meine Kanne, die nicht eine einzige Beere enthielt und ging in Richtung unseres Hauses. „Komm, wenn du willst, kannst mit mir nach Hause gehen, aber ich habe keine weitere Lust mehr aufs Beerensammeln" log ich ihr vor. In Wahrheit wollte ich mich so schnell wie möglich von ihr befreien. So kläglich endete meine erste ernste Sexualprüfung. Dieses Erlebnis konnte ich natürlich nicht für mich behalten und erzählte es bei nächster Gelegenheit meinen Freunden.

"Was? Und du bist davongelaufen? Oh Gott, bist du ein Idiot! Warum passiert mir nicht sowas" schrie Iván auf.

„Halt deinen Mund, du Held, ich hätte dich gerne in einer solchen Situation gesehen!" fuhr ich ihm betont selbstbewußt über den Mund, aber innerlich musste ich ihm recht geben und bereute tatsächlich diese ganze Sache nachträglich.

Hinter unserem Haus verlief eine Autostraße, auf der aber abgesehen von unserem Linienbus selten ein Auto vorbeikam. Wer hatte schon damals in Ungarn oder besser gesagt in Sopron ein Auto. Nicht weit entfernt von uns, in der fünften Nachbarschaft, lebte ein alter General und Lehrer der Kadettenschule, dessen einzige Tochter Olga Ärztin war. Sie war die einzige motorisierte Person weit und breit. Sie fuhr allerdings auch nur ein kleines altes Motorrad, mit dem sie es öfter kaum schaffte, unseren Berg zu erklimmen. Nicht weit im Wald stand ein fast hundert Jahre altes Touristenhaus. Es war mit seinem großen Biergarten ein sehr beliebtes Ausflugziel für die Soproner und war berühmt für seine ausgezeichnete Küche. Mein Vater hatte als Buchhalter in dieser Zeit eine relativ gute Stelle in der Gastronomie und konnte aushilfsweise sogar noch am Wochenende in diesem Touristik-Hotel die Abrechnung machen. Dies ermöglichte mir, als sogenannter Brotjunge ebenfalls einen Wochenendjob anzunehmen, was doch ein wenig Kleingeld für mich abwarf. Als ‚Brotjunge' hatte ich eine relativ einfache Arbeit. Ich bekam ein viereckiges Tablett vor meinen Bauch geschnallt und musste den Gästen Brötchen, Zigaretten und Süßigkeiten verkaufen. Beim Beginn meines Dienstes wurde das Tablett mit Waren beladen, und zum Schluss musste ich mit dem Küchenchef abrechnen, und was übrigblieb war mein Verdienst. Hier lernte ich zum ersten Mal zu rechnen und konnte meine ersten kapitalistischen Erfahrungen machen. Unangenehm wurde es nur dann, wenn bekannte Mädchen, unter anderem auch Nachbarin Piroska, erschienen, dann schämte ich mich immer ein bisschen. Aber Geld und Arbeit stinken nun mal nicht, und dies gehörte eben auch zu meiner Lebensschule.

Während ich an den Wochenenden im Touristik-Hotel jobbte, nahmen wir Kinder während der Sommerferien alle möglichen Gelegenheitsarbeiten an, da wir alle auf jeden Pfennig angewiesen waren. Deshalb verbrachte ich die Sommerferien seit meinem 10. Lebensjahr mit Arbeit. Meine Eltern konnten mir von dem Verdienst Schuhe und Kleidung kaufen. Leider war dies nicht immer das, was ich mir wünschte und erhofft hatte, sondern es wurde gekauft, was mein Vater für praktisch und nützlich erachtete. Dadurch entstanden nicht selten gewaltige Meinungsverschiedenheiten, die dann öfter mit der schon bekannten Ohrfeige beendet wurden. "Basta - es wird das gemacht, was ich dir sage!", pflegte mein Vater hinzuzufügen.

Eine sehr lukrative Arbeit wartete im Sommer draußen in den Weinbergen der Kolchosen. Wir mussten hierfür zwar sehr früh aufstehen und in die Weinberge fahren, aber wir wurden dann relativ schnell mit unserer Arbeit fertig, weil diese Tätigkeiten nach Leistung bezahlt wurde. Nicht selten konnten wir das Dreifache der Norm erfüllen und kassierten dann auch entsprechend viel. Nach jedem geleisteten Arbeitstag wurde sofort bezahlt, was natürlich sehr angenehm war. Die Arbeit verlief folgendermaßen: Wir mussten die im Morgengrauen noch feuchten Weinstöcke mit reinem Schwefelpulver bestäuben, um schädlichem Ungeziefer vorzubeugen. Zu diesem Zweck erhielten wir jeweils zwei etwas locker gewebte Säckchen voller Schwefelpulver, das wir zwischen den Weinstöcken durch ständiges Schütteln verteilen mussten. Der Wind trug dann diese Schwefelstaubwolken an die Weinblätter weiter, wo der Staub dann wegen des Taus hängenblieb. Natürlich war es notwendig, dass diese Arbeit sehr früh erledigt wurde, damit das Schwefelpulver noch auf den vom Tau feuchten Weinblättern haften blieb, anderenfalls wäre das Pulver von den trockenen Blättern fortgeweht worden und unsere Bemühungen vergeblich gewesen.. Wieviel wir davon schafften hat ein sogenannter Qualitätskontrolleur oder Meo-Mann überwacht und nach getaner Arbeit abgemessen. Nach entsprechender Parzellengröße hat er uns dann auch streng nach Leistung bezahlt. Er trug stets eine zirkelähnliche Messlatte bei sich, um damit Länge und Breite der Parzelle abzumessen und kontrollierte auch gleichzeitig stichprobenartig den Qualitätsgrad der Bestäubung. Dabei fiel uns aber auf, dass er nur am Rande der Parzelle kontrollierte und nicht zwischen die Weinstöcke ging, wohl aus Sorge, seinen Anzug mit dem Schwefelpuder zu beschmutzen. Das war für uns ein wichtiges Zeichen, und ab diesem Moment bearbeiteten wir den Rand der Parzelle massiv mit Schwefel, taten aber im Inneren so gut wie nichts. So konnten wir unsere vorgegebene Norm 300%ig übererfüllen und verdienten entsprechend mehr. Leider konnte ich diese lukrative Beschäftigung nicht lange ausführen, da ich plötzlich im Gesicht kleine Bläschen bekam, die nach kurzer Zeit aufplatzten. Durch die Flüssigkeit, die aus diesen Bläschen herausquoll entstanden wieder neue Bläschen, und so hatte ich plötzlich in kürzester Zeit das ganze Gesicht voller nässender Geschwüre und sah aus wie

Frankenstein. Meine Mutter war erschrocken und ich musste sofort in die dermatologische Klinik marschieren. Dort stellten die Ärzte eine Schwefelvergiftung fest, und ich bekam eine schwarze Quecksilber Salbe auf das ganze Gesichts geschmiert und dazu eine weiße Gesichtsmaske verpasst. Ich sah jetzt aus wie ein Mitglied des Ku-Klux-Klans und kein Mensch konnte mich erkennen. Als meine Mutter zu Besuch kam und ich im Krankenhausgarten auf der Bank saß, kam sie auf mich zu und fragte, ob ich einen Laszlo Fodor kenne und in welchem Zimmer er zu finden sei. Ich habe mich prächtig amüsiert, als ich sie aufklären musste: "Anyu, ich bin es doch!".

Also war die ertragreiche Arbeit der Schwefelbestäubung für mich ab dieser Zeit vorbei und ich musste mir, nachdem ich geheilt aus der Klinik entlassen worden war, einen neuen Job suchen. Eine recht lukrative Tätigkeit war auch das Kirschenpflücken in den Weinbergen. Von der Menge Kirschen, die man dort am Tag erntete, gehörte die Hälfte der Kolchose und die andere Hälfte dem Pflücker selbst. Natürlich ließen wir nicht jedesmal die gepflückten Kirschen abwiegen sondern packten nach Einbruch der Dämmerung unsere Sachen und verdrückten uns mitsamt Kirschen. Leider waren die Weinberge von uns sehr weit entfernt, und wir mussten immer mit unserem Fahrrad gut 12 km fahren. Eines frühen Nachmittags, als ich allein dort auf einem Kirschbaum hockte, wurde der Himmel plötzlich dunkel und bevor ich das herannahende Gewitter bemerkte, begann es auch schon wie aus Kübeln zu schütten. Ich wurde sofort klatschnass und suchte verzweifelt nach irgendeinem Unterstellplatz. Nicht weit von mir entfernt entdeckte ich ein kleines Häuschen und rannte mit letzter Kraft zwischen Donnern und Blitzen dorthin. Als ich dort ankam, waren schon 5 oder 6 junge Arbeiterinnen in dem Haus und lachten laut, als sie mich in diesem klatschnassen Zustand erblickten.

"Junge, du siehst aber schön nass aus." sagte eine von ihnen

"komm, zieh Dich aus." Worauf die anderen im Chor wiederholten "Ausziehen, ausziehen!" Diese Mädels waren alle etwa 10 Jahre älter als ich, und es machte ihnen wohl einen Riesenspaß.

"Das kommt nicht in Frage!" wehrte ich ab. Aber sie ließen nicht von mir ab und hetzten mich weiter, bis die älteste mich in Schutz nahm und rief: "Ruhe, ihr Hexen! Er ist doch noch ein Unschuldslämmchen. Hände weg von ihm! Aber dein Hemd und die lange Hose solltest du besser ausziehen, sonst erkältest du dich wirklich." erklärte sie mir. Ich habe einen Moment überlegt, nahm dann allen Mut zusammen und zog meine Klamotten bis auf die Unterhose aus. Ich musste sicher komisch ausgesehen haben, weil sie alle ununterbrochen kicherten, und ich stand zum ersten Mal in der Unterhose - nicht nur vor einer Dame sondern gleich vor einem Haufen Frauen.

"Na bitte! Wovor hast Du denn Angst? Glaub bloß nicht, dass wir sowas zum ersten Mal sehen." sagte eine von ihnen und hörte nicht auf zu lachen.

"Warum schämst Du dich denn so? Außer deiner Unterhose sehen wir doch nichts." "Mir reicht das auch!" antwortete ich schon etwas aggressiv, bis dann die ältere Frau ein Machtwort sprach: "Schluss! Jetzt reicht es, merkt ihr denn nicht, was ihr anrichtet oder soll ich weiter ausholen?"

Jetzt erst kehrte wieder etwas Ruhe ein und ich konnte entspannter in der Ecke stehen. Langsam wurde mir auch etwas wärmer und draußen hörte allmählich der Regen auf. Meine aufgehängten Kleidungsstücke waren etwas trockener geworden und ich habe sie mit großer Erleichterung wieder angezogen. Ich nahm mein Fahrrad und die gepflückten Kirschen, verabschiedete mich hastig und ging los in Richtung Sopron. Als ich aber auf mein Fahrrad steigen wollte, merkte ich, dass ein Reifen einen Platten hatte. Da ich kein Flickzeug dabei hatte musste ich mein Fahrrad mit den 5-6 kg Kirschen etwa 12 km nach Hause schieben. Ich glaube, das waren für mich die teuersten Kirschen, die ich je gegessen habe.

Mit meinen alten Freunden habe ich trotz der größeren Entfernung meines neuen Wohnsitzes zur Lackner-Kristof-Straße weiter Kontakt gehalten. Vor allem Lala Szász und Laszlo Boronkai kamen öfter zu mir herauf, und nicht selten traf sich sogar die ganze Klicke bei uns. Zur 1.Mai-Feier mussten wir alle von der Schule aus mit verschiedenen Transparenten durch die Straßen marschieren, was nicht selten bei uns im Löverek endete. Hier im Eichenwald, neben dem Touristik-Hotel, wurden dann Tische aufgestellt und die Marken, die die einzelnen Betriebe an ihre Arbeiter als Geschenk verteilt hatten, konnten hier eingelöst werden. So bekamen sie kostenlos Würstchen aber auch freies Bier oder Wein. Mit solchen Aktionen wurde die Zahl der demonstrierenden Menge kontrolliert, und für einen Außenstehenden sah es so aus, als würde die ganze Belegschaft begeistert demonstrieren. Wir mussten auch mit marschieren und lauthals schreien "Es lebe der 1.Mai! Es lebe die Arbeiterklasse! Es lebe Stalin und Rákosi!" Wenn wir dann im Wald ankamen lösten wir unseren Gutschein für Würstchen ein, Freibier oder Wein waren für uns natürlich tabu. Aber auch hierbei wussten wir uns zu helfen. Wegen der ungeduldig drängelnden Menge, die ihre Gutscheine einlösen wollte, hatte die Bedienung nämlich keine Zeit mehr dafür, die Scheine zu zerreißen und ungültig zu machen und warff sie nur unter den Tisch. Das war unsere Chance. Einer von uns lenkte dann die Bedienung ab und der andere kroch heimlich unter den Tisch und sammelte alle herumliegenden Gutscheine auf. So ergatterten wir zahlreiche Wein- und Bier-Bons für uns selbst und verkauften anschließend den Rest. Es kam auch schon mal vor, dass wir ein wenig zu viel getrunken hatten und uns im Wald hinlegen und etwas schlafen und ausnüchtern mussten, bevor wir nach Hause gehen konnten.

Im Jahre 1952 wurde meine Mutter wieder schwanger, und im November kam unser Bruder Tamás zu Welt. Die Freude war allerseits groß, und meine Mutter hatte endlich die Trauer über ihren ersten verlorenen Sohn Ákos überwunden. Auch bei Tamás war anfangs die Verdauung nicht komplikationslos, aber es ging doch Gott sei Dank relativ schnell aufwärts und der kleine Kerl wurde bald kräftiger und entwickelte sich zu einem gesunden Baby. Er wurde natürlich der Mittelpunkt der ganzen Familie und entsprechend verwöhnt.

Am 5. März 1953 starb unser ‚heißgeliebter' Diktator Stalin. Sein Tod verbreitete sich wie ein Lauffeuer in der ganzen Stadt. Auch in der Schule erfuhren wir von dieser Nachricht und vor lauter Freude schrie ich im Schulhof laut auf: "Stalin ist tot! Es lebe die ungarische Freiheit!". In diesem Augenblick klatschte es, und ich hatte eine Riesenohrfeige von meinem Sportlehrer erhalten, so dass ich fast umgefallen wäre. Das saß. "Du Armleuchter! Willst du uns alle ins Gefängnis bringen? Weißt du überhaupt, was du da sagst?" zischte er mit zorniger Miene. In diesem Moment begriff ich erstmals, was 'relativ' bedeutete und dass eine einzige Schwalbe noch lange keinen Frühling bringt.

In diesem Jahr versuchte mein Vater, mich im Soproner Gymnasium anzumelden, da ich die achte Klasse der Volksschule erreicht hatte und nun in eine weiterführende Schule gehen musste. Wenn jemand später studieren wollte, so musste er natürlich ein Gymnasium oder ein sogenanntes Spezialgymnasium besuchen, in dem man dann in den nächsten vier Jahren im gewählten Fach wie z.B. Chemie, Maschinenbau oder Agrarwesen gründlicher vorbereitet wurde. Jedoch durfte man dann nach dem bestandenen Abitur nur die entsprechende Hochschule des Wahlfaches besuchen, d.h. mit dem Abiturzeugnis eines normalen Gymnasiums hatte man die Möglichkeit, alle Universitäten zu besuchen, mit dem Abschluss eines Spezialgymnasiums nur die weiterführende Fachhochschule.

Natürlich waren die Gymnasien heiß begehrt, und ich sollte auch nach Möglichkeit in Sopron bleiben, deshalb war für mich die Aufnahme in ein Gymnasium sehr wichtig. Leider gehörte unsere Familie zur sogenannten Gruppe X oder zu den ‚Sonstigen' und dadurch waren meine Chance gleich Null. Zur Gruppe X gehörten ehemalige Offiziere, Großgrundbesitzer, Adlige, Priester und andere Staatsfeinde, und die hatten es nicht verdient, dass ihre Kinder an einer höheren Schule studierten. Studieren sollte das arme, unterdrückte Proletariat. Also gab es eine sogenannte Studienquote mit ca. 65% Arbeiterkindern, 20% Bauernkindern und 14% Kinder der Intelligenz, in diese Gruppe gehörten die Kinder von Akademikern, Künstlern etc. und der Rest der Gruppe X. Meinem Vater wurde gleich mitgeteilt, dass ein ehemaliger Generalstabsoffizier und Gefängnisdirektor, praktizierender Katholik und noch dazu Antikommunist absolut keine Chance hätte, seine Kinder auf einem Gymnasium weiterlernen zu lassen. Auch hier spiegelte sich die neue klassenlose, kommunistische Gesellschaft in ihrer ganzen Vollkommenheit wider: In der ungarischen Geschichte gab es noch nie so viele Klassenformen wie zu dieser Zeit. Um wahrheitsgetreu zu bleiben, muss ich aber auch bemerken, dass ich nie der beste Schüler war. Ich gehörte in meiner gesamten Schul- und Studienzeit zur goldenen Mitte. Im Studium war ich nie ehrgeizig. Ich hatte immer zahlreiche Interessen - nur nicht fürs Studium, und ich habe nur soviel gelernt wie es absolut notwendig war. Ich hatte aber Glück im Unglück, da ich von Anfang an vom Fach Chemie begeistert war und Chemiker werden wollte. Mein Onkel war in Veszprém, einer ca. 160 km von Sopron entfernten Stadt, stellvertretender Direktor eines Spezialgymnasiums für Chemie, und so hätte ich dort eventuell unterkommen und nach dem Abitur gleich weiter Chemie studieren können, da die Hochschule auch in Veszprém war. Es wäre also ideal gewesen. Jedoch hätte ich in Veszprém in einem Internat wohnen müssen, was meinem Vater überhaupt nicht gefiel. Ich meinerseits war keinesfalls abgeneigt, sondern sogar hellauf begeistert über diese Aussicht, da ich endlich von zu Hause wegkommen würde. Auf zu neuen Ufern, neue Erlebnisse, neue Freunde - was konnte es Schöneres geben! Nach langem Kampf und zahlreichen Telefonaten mit meinem Onkel Jozsef, oder wie ich ihn nannte ‚Józsibácsi', gab mein Vater nach. Ich hatte Glück und wurde nicht nur im chemischen Gymnasium sondern auch im Internat aufgenommen. Meine Freude war grenzenlos, obzwar ich auch etwas wehmütig an meine alten Freunde in Sopron denken musste. Aber ich tröstete mich mit der Aussicht auf lange Ferien, in denen wir uns dann genügend sehen würden,

Am Ende des Schuljahres gab es eine großartige Schul-Abschlussfeier, auf der wie in jedem Jahr die besten Schüler ausgezeichnet wurden. Diesmal erhielt Ákos Molnár, einer unserer Freunde, diese Auszeichnung. Als Anerkennung für sein sehr gutes Zeugnis wurden ihm zwei Wochen kostenloser Aufenthalt in einem Budapester Pionierlager geschenkt.

Ich hatte mich das erste Mal in meinem Leben in ein Mädchen namens Aniko Komjáti verliebt. Sie wohnte in einem Haus im Stadt-Graben, und ich verbrachte manche Zeit damit, davor zu stehen, um einen Blick zu erhaschen. Außerdem war ich natürlich mit meinen Vorbereitungen fürs Internat voll beschäftigt. Ich erstellte mir eine Liste mit allem, was ich in Veszprém so brauchen würde und was ich noch alles besorgen musste.

Eines Tages traf ich auf der Straße unsere Klassenlehrerin ‚Tante Maria', die mich ganz besonders für das Fach Chemie begeistert hatte. Sie erzählte mir, dass Ákos Molnár kurz vor seiner Abreise nach Budapest zum Pionierlager schwer erkrankt war, und fragte mich, ob ich vielleicht seinen Platz einnehmen möchte.

"Aber ich bin noch nicht mal Pionier!" antwortete ich völlig verwirrt und verunsichert. "Das macht nichts. Du musst dir nur die Erlaubnis von deinem Vater besorgen. Alles Weitere erledige ich für dich. Aber beeil dich! Es ist sehr dringend, und wir haben nicht viel Zeit, da ich diesen Platz schnell mit jemandem besetzen muss."

Ich rannte natürlich gleich zu meinem Vater, der damals als Buchhalter in der Gastronomie mitten in der Stadt arbeitete, um seine Erlaubnis einzuholen. Mein Vater war anfangs dagegen und bezweifelte, da ich ja kein Pionier war, dass ich überhaupt in dieses Lager aufgenommen werden würde. Aber nach langer Unterhaltung und dank meiner Überredungskraft sah er es doch ein, dass es schade wäre, so etwas nicht mitzumachen und erteilte seine Erlaubnis. Zwei Tage später saß ich schon im Zug nach Budapest. Ich freute mich und hatte doch ein ziemlich beklommenes Gefühl: 'Was ist, wenn man herausfindet, dass ich überhaupt kein Pionier bin? Werden sie mich vielleicht sogar nach Hause schicken?' In Budapest angekommen wurden wir mit anderen Jugendlichen in einem Bus zum Pionierlager nach Csillabérc gefahren.

Csillabérc liegt auf der Buda-Seite der Stadt, in den Bergen, mitten in einem wunderbaren Wald. Es gab hier auch eine sogenannte Pionier-Bahn, die nur von Kindern bedient wurde. Jedoch musste man Musterpionier sein, um zu einer solchen ehrenvollen Aufgabe zugelassen zu werden, es handelte sich wiederum um eine besondere kommunistische Auszeichnung. Das Lager selbst bestand teils aus fest gemauerten Pavillons und teils aus großen Militärzelten. In einem Zelt hatten acht Personen auf Militärklappbetten Platz. Ich bekam in einem der Zelte ein Bett zugewiesen, und nachdem ich meine Sachen weggeräumt hatte, mussten wir mit den anderen Pionieren vor dem Zelt antreten. Überhaupt ging es hier sehr militärisch zu, was mir am Anfang gar nicht behagte. Es gab mehrere Zeltlager nebeneinander. Jedes sogenannte Lager, das aus 6 Zelten bestand, war sternförmig um eine Fahnenstange angeordnet. An der Fahnenstange wehte die ungarische Flagge, natürlich mit Hammer und Sichel und dem roten Stern in der Mitte. Unser Lager hieß 'Freiheit' und lag nicht weit entfernt von einem Mädchenlager namens ‚1. Mai', in dem es ständig sehr geräuschvoll zuging - Mädchen sind eben doch lauter als Jungen. Die Jungs in unserem Freiheitslager mussten eine Regierung wählen, d.h. drei Jungen aus unserer Reihe: einen Ministerpräsidenten, einen Außenminister und einen Gesundheitsminister. Ich wurde Gesundheitsminister und meine Aufgabe war es, sich um Lagerhygiene, Küchendienst, Duschkabinen usw. zu kümmern. Der Küchendienst war allerdings von großem Vorteil, da ich dadurch über die nicht verbrauchten Lebensmittel verfügen und diese nach gut Dünken auch weiterverteilen konnte. Natürlich habe ich dabei stets unser Zelt bevorzugt, weswegen wir nicht nur in unserem Lager sondern auch bei den Mädchen von nebenan sehr begehrt waren. Eines Tages bekamen wir abends Wassermelonen, und wie immer verteilten wir den übrig gebliebenen Anteil unter uns im Zelt. Die Melonen waren diesmal sehr süß und wir aßen ununterbrochen und immer mehr davon, bis ich auf einmal nicht mehr konnte und eine sich unglaubliche Spannung in meinem Bauch ausbreitete. Ich wälzte mich vor Schmerzen hin und her und dachte, alles wäre jetzt vorbei. Ich war mir sicher, mein Bauch würde jeden Augenblick platzen. Aber es erging nicht nur mir so sondern auch allen anderen in unserem Zelt. Wir begannen zu jammern, worauf ein Erzieher an der Zelttür erschien und losbrüllte, als er uns Leidende erblickte: "Raus aus dem Zelt! Und eins, zwei, drei im Laufschritt um das Zeltlager!" Ich werde diesen Lauf mein Leben lang nicht vergessen. Mein Bauch war schwer und fühlte sich an, als hätte ich lauter Steine im Magen. Meine Knie wurden immer weicher, aber es gab kein Pardon und so schleppten wir uns von einer Runde zur anderen. Inzwischen hatte sich um uns herum das ganze Lager versammelt und zu allem kamen kichernd auch noch die Mädchen von nebenan dazu. Es war einfach fürchterlich.

Endlich hörten wir den befreienden Befehl "Halt!". Ich atmete erleichtert auf und dachte, so jetzt kannst Du dich hinlegen, aber dann kam schon der nächste Befehl: "Ab ins Schwimmbad!" Ich dachte, ich höre nicht richtig - ins Schwimmbecken? Das konnte doch nicht sein! Doch, wir mussten rein, und jetzt kam das erlösende Wassermelonen-Wunder: Kaum waren wir im Wasser ging es uns plötzlich wesentlich besser. Wir waren gerettet! Seitdem aber esse ich Wassermelonen nur in Maßen und mit Verstand.

Vom Pionierlager zurückgekehrt bekam ich wieder einen Job in den Weinbergen, bei dem ich zwischen den Weinstöcker hacken und Unkraut jäten musste. Ich muss gestehen, dass diese Arbeit alles andere als leicht war und war deshalb abends häufig völlig kaputt. In unserer Nachbarschaft gab es eine Familie, die von irgendwoher frische Milch bekam und uns jeweils 1 Liter davon abgab. Dafür besorgte ihnen mein Vater als Gegenleistung Koks für den Winter, es war eben immer ein Geben und Nehmen. Mein Vater war inzwischen in der städtischen Gasfabrik als Buchhalter aufgenommen worden, wo er dann auch bis zu seiner Pensionierung blieb. Die tägliche Milchration brachte uns die Tochter. Sie hieß Maria und war eine relativ frühreife Dame meines Alters. Jeden zweiten Tag erschien sie abends mit der Milchkanne, und es kam manchmal vor, dass ich allein zu Hause war wie auch an jenem Abend. Sie war gut entwickelt und hatte vor allem einen wunderschönen Busen.

Als sie an diesem Abend hereinkam und erfuhr, dass ich wieder einmal allein zu Hause war, sagte sie plötzlich ohne Übergang und unverblümt:

"Sutyi, gib mir deine Hand." Sie nahm meine Hand und legte sie auf ihre Brust und fragte

"Na, was für ein Gefühl ist das? Sind meine Brüste hart?" Ich war in gewisser Weise erschrocken, da ich zum zweiten Mal in meinem Leben eine weibliche Brust direkt in der Hand hielt und antwortete stotternd:

"Ja ja, es ist schon interessant." Daraufhin nahm sie unvermittelt meine andere Hand und legte sie auf ihre andere Brust, mit scheinbar großem Vergnügen. Aber das reichte ihr nicht, sondern sie zog plötzlich ihre Bluse aus und stand halbnackt vor mir. Das war für mich dann doch zu viel, da ich nicht wusste, was ich jetzt machen sollte, und mit rotem Kopf fragte ich vorsichtig, ob es nicht doch zu kalt für sie sei. Sie begann zu lachen, ohne jedoch meine Hand loszulassen und fragte mich noch einmal "Ist das nicht wunderbar? Spürst du auch was?"

Ja, ich hatte Angst, dass jeden Augenblick meine Mutter durch die Tür kommen konnte, aber ich schwieg lieber, da sich auch bei mir langsam ein angenehmes Gefühl einstellte. Vor allem dachte ich an mein Erlebnis mit Piroska und die abschätzigen Bemerkungen meiner Freunde, also ich durfte jetzt nicht versagen. In diesem Augenblick ging tatsächlich die Tür auf und meine Mutter stand in der Tür. Maria drehte sich erschrocken weg und zog blitzschnell ihre Bluse an. Ich stand da wie ein begossener Pudel.

"Was macht ihr denn hier? Maria, schämst du dich denn nicht?"

Ich machte zwar meinen Mund auf, brachte aber kein Wort heraus. Maria rannte ohne etwas zu sagen aus unserer Wohnung und brachte uns nie mehr Milch.

So endete mein nächster Sexualunterricht mit praktischen Übungen, aber ich hatte leider wieder nicht genügend Glück, diesen Unterricht zu Ende zu führen, darauf musste ich doch noch lange warten.

Ende August musste ich packen und fuhr nach großem Abschied von meinen Freunden mit meinem Vater nach Veszprém.

Klassen 8a 1953 Sopron

Veszprém und mein Chemisches Gymnasium.

Veszprém (deutsch: Wesprim oder Weißbrunn) ist eine der ältesten ungarischen Städte.

Die Stadt Veszprém liegt in Nordwestlicher Richtung oberhalb vom Plattensee in einer recht hügeligen Gegend, den Ausläufern des Bakony–Gebirges. Die »Stadt der Königinnen«, auf fünf Hügeln erbaut, besticht durch das weithin sichtbare Burgviertel und ein reges Kulturleben. Gegründet wurde sie von König Stephan im 11. Jh. als Bischofssitz. Seine Gemahlin Gisela war die erste Herrscherin, die in Veszprém residierte. Vom 14. Jh. bis zur Türkeneroberung (1552) war Veszprém durch die Bischöfe und die Präsenz der jeweiligen Herrscher ein geistiges und weltliches Zentrum der Macht. Ihr barockes Gesicht verdankt die Stadt (60 000 Ew.) dem dem im18. Jh. begonnenen Wiederaufbau.

Unser Schule in Veszprém 1953

Der Hauptgebäude der Schule war ursprünglich das Ordenshaus der Englischen Fräulein, das im neogotischen Stil gebaut war. Die ältesten Teile des Ordenshauses sind 150 Jahre alt. Das Treppenhaus bot einen romantischen Aufgang, und der Festsaal war mit wunderschöner Holztäfelung versehen. Die Klassenzimmer wurden später alle völlig renoviert und hell und der damaligen Zeit entsprechend modern eingerichtet. Die einzelnen Übungs-Laboratorien waren im Untergeschoss untergebracht, und die gesamte Schule hatte einen wunderschönen großen Garten, der noch von den Englischen Fräulein angelegt worden war. In diesem Garten hatten wir unseren Sportplatz, aber es befanden sich auch verschiedene Obstbäume dort, und am anderen Ende des Gartens war sogar ein kleiner Gemüsegarten angelegt. Das direkt neben der Schule angeschlossene Internat war nicht sehr komfortabel, und leider stammten die Schlafsäle noch aus der Zeit der Englischen Fräulein, wo in einem Schlafsaal 30-40 Schüler Platz fanden. Der persönliche Spind, in dem wir unsere Sachen unterbringen konnten, stand im Flur, und so war es möglich, auch tagsüber an die eigenen Sachen heranzukommen, da die Schlafsäle tagsüber verschlossen wurden. Jeder Saal hatte einen gusseisernen Kohleofen mit geschwungenem Abzugsrohr, nur war es im Winter leider häufig unmöglich zu heizen, weil einfach die dazu nötige Kohle fehlte. Als Erstklässler kam ich in einem Saal mit 40 Kindern und lauter Etagenbetten unter. Mein Bett befand sich unter einem Doppelbett. Neben mir lag ein Junge aus der Gegend vom Plattensee und über mir war einer aus der Gegend von Pápa, einer Stadt ca. 100 km von Veszprém entfernt. Die Internatsschüler kamen alle von außerhalb und waren deshalb an diesem ersten Tag von ihren Angehörigen begleitet. Im Saal herrschte eine relative Ruhe, da alle in gewisser Weise Beklemmungsgefühle hatten und sich dieselbe Frage stellten: Wie wird es weitergehen? Wie komme ich in der Fremde zurecht, das erste Mal so weit von zu Hause weg allein zu sein? Wir waren schließlich erst 14 Jahre alt.

Nach einer Weile erschien unser Internatsdirektor, Herr László Lovas, der wie sich später herausstellte, ein sehr feinfühliger, entgegenkommender aber auch in gewisser Weise strenger Lehrer war. Er selbst war Kunstlehrer und ein begabter Maler. Er begrüßte uns und erklärte die wichtigsten allgemeinen Regeln. Was mich dabei jedoch nur interessierte war, wo ich mein Essen bekomme, wann und für wie lange ich in die Stadt gehen darf, wie lange das sogenannte Silencium dauert und wie unsere Wochenenden aussehen. Leider waren die Antworten alles andere als ermutigend: Morgens um 6:00 Uhr mussten wir aufstehn und dann zum Frühturnen in den Hof, von 6:30 Uhr bis 7:00 herrschte Silencium, das man zum Lernen nutzen musste, anschließend gab es Frühstück und ab 8:00 Uhr Unterricht. Der Unterricht in der Schule dauerte immer bis 13:00 oder 14:00 Uhr, gefolgt von einem halbstündigem Mittagsessen und anschließendem Ausgang bis 16:00 Uhr. Wer nicht pünktlich vom Ausgang zurückkehrte wurde mit Hausarrest bestraft. Der Nachmittag war bis 19:00 Uhr zum Lernen in dem dafür vorgesehenen Klassenzimmer vorgesehen. Es folgte das Abendessen mit kurzer Pause und danach erneut eine Stunde Silencium und schließlich ab 22:00 Uhr Nachtruhe. Ich war, nachdem ich das alles angehört hatte, über dieses feste Programm entsetzt und noch mehr, als ich über die zusätzlichen Aufgaben wie Küchendienst, WC-Dienst, Putz-Kolonne, usw. erfuhr.

„Du, ich heiße Pista Füredi", sprach mich jemand an. „Ich halte das nicht aus! Was die uns hier zumuten, da werde ich bald abhauen." sagte er verängstigt mit blassem Gesicht. „Sowas habe ich zu Hause nicht gehabt. Ich konnte mit meiner Zeit umgehen, wie ich wollte. Meine Eltern haben sich um so etwas nicht gekümmert, wichtig war für sie mein Zeugnis und sonst nichts. Das ist ja hier wie im Gefängnis!"

„Mir gefällt das auch nicht. So habe ich es mir in einem Internat wirklich nicht vorgestellt." antwortete ich und stellte mich kurz vor:

„Ich heiße Laszlo Fodor und komme aus Sopron, wo kommst du denn her?"

„Aus Tata, kennst du Tata?" fragte er mich.

„Nein, ich weiß nur, dass die Stadt bei Budapest liegt, aber in Tata selbst war ich noch nie."erklärte ich ihm.

„Sopron kenne ich." sagte Pista „mein Vater ist Bergmann und er war mal dort in einem Erholungsheim für Bergleute. Das ist die Stadt, in der man ständig auf den Straßen kontrolliert wird, und Gott sei einem gnädig, wenn man seinen Ausweis und die Aufenthaltsgenehmigung nicht dabei hat, erzählte uns mein Vater."

„Ja, es stimmt aber ganz so schlimm es ist doch nicht. Weißt du, bei uns in der Stadt haben die Polizisten und die Grenzsoldaten ständig Angst, dass jemand über die Grenze in den Westen abhaut, deshalb ist es so." erklärte ich ihm.

Doch unsere eben begonnene Unterhaltung wurde plötzlich durch die Stimme des Direktors unterbrochen: „Bitte, kommt jetzt alle mit. Ihr bekommt nun euren Spind im Gang, und dann gehen wir in den Speisesaal, wo jeder seinen eigenen Lebensmittelschrank erhält. Bitte, achtet darauf, dass weder im Spind noch im Schlafsaal Lebensmittel aufbewahrt werden dürfen. Es ist strengstens verboten. Wenn jemand Lebensmittel von zu Hause mitbringt oder im Paket erhält und davon essen möchte, dann muss er in den Speisesaal gehen, aber der Speisesaal wird nur in den Pausen geöffnet."

„Welche Überraschungen haben wir denn noch zu erwarten?" knurrte ich, denn es wurde mir schon langsam zu viel. Nicht dann essen zu können, wenn man es möchte, was ist das für ein Unsinn. Mein größtes Vergnügen war das Essen und das wurde hier auch noch delegiert, es war fürchterlich, wo war ich nur gelandet? Ich bekam immer stärkeres Heimweh und dachte schon daran, heimlich abzuhauen. Pista bekam neben mir seinen Lebensmittelschrank und wir warfen Essgeschirr, Besteck und die Reste des Reiseproviants in unsere Fächer.

„Also, lieber Nachbar, herzlich willkommen!" knurrte ich mit saurer Miene. "Vier Jahre Militärleben!" prophezeite ich noch vorwitzig, was dann später leider bitterer Ernst wurde. Auf diese Weise kam ich doch noch gewissermaßen in den Genuss einer Kadettenschule.

Die einzige angenehme Nachricht an diesem Einführungstag war, dass wir an Sonntagen immer von 14 bis 18 Uhr Ausgang erhielten.

Die erste Nacht im Internat war nicht besonders angenehm. Lange Zeit lag ich im Bett und konnte nicht einschlafen. All diese verschiedenen Geräusche waren absolut neu für mich wie das Quietschen der Betten, Schnarchen in der einen und plötzliches Wimmern in der anderen Ecke, leises Flüstern über mir und dann wiederum ein hartes, krachendes Umdrehen im Bett. Als ich endlich eingeschlafen war, wurde ich plötzlich durch fürchterliches lautes Schreien aufgeschreckt: „Aufstehen!" Ich öffnete die Augen und konnte nicht begreifen, dass die Nacht schon vorbei war. Ich kletterte aus meinem Bett und schon folgte der zweite Befehl: "Los, ab in den Garten zum Morgenturnen." Mürrisch und ohne ein Wort zu wechseln ging ich mit meinem Bettnachbarn Josef in den Hof, wo schon die älteren Schüler in Reih und Glied standen. Ein sogenannter Präfekt oder Erzieher stand vor uns und erteilte Anweisungen: Nach vorne beugen, eins-zwei-drei, nach hinten beugen eins-zwei-drei, Arme hoch, Arme runter, rechtes Bein hoch, linkes Bein hoch usw. Als diese Prozedur endlich vorbei war, begann der Dauerlauf um den Garten herum. Diese Strecke führte auch hinter hohem Buschwerk entlang, wo zu meinem Erstaunen mehrere ältere Schüler grinsend hockten, was ich zuerst nicht begriff. Aber ich kam bald dahinter, dass sie nur eine Runde mitliefen und sich uns erst wieder bei der letzten Runde anschlossen. So erleichterten sie sich diese lästige Tortur. Später schloss ich mich natürlich ebenfalls dieser Gruppe an und ruhte mich geduldig hinter dem Gebüsch aus. Dies klappte recht gut bis zu einem Wintermorgen: Es war bitterkalt, und da morgendliches Turnen und anschliessender Lauf sofort nach dem Aufstehen im Schlafanzug erfolgen mussten, versteckten wir uns wie gewohnt hinter den Büschen. Dort warteten wir und warteten. An diesem Morgen kamen jedoch die Läufer nicht mehr wie üblich an uns vorbei, sie hatten wegen des extrem kalten Wetters wieder zurück ins Haus gedurft. Wir warteten eine Zeitlang und schlichen dann vorsichtig zur Tür. Mit Entsetzen stellten wir jedoch fest, dass die Tür fest verschlossen war. Da es keine andere Möglichkeit gab, in das Gebäude zu gelangen, klopften und warteten wir zitternd vor Kälte vor der Tür. Nach einigen Minuten wurde dann endlich die Tür geöffnet, und der Erzieher nahm uns in Empfang. Das Ergebnis war 3 Wochen Ausgangsverbot.

Apropos Ausgang am Sonntag. Ca. 100 Meter von unserem Internat entfernt befand sich ein altes Kino, in dem zwar gute aber für uns leider unerreichbare Filme gespielt wurden - uns fehlte das nötige Kleingeld für die Eintrittskarten.

Aber ich entdeckte dann, dass die Rückseite des Gebäudes, wo die Zuschauer nach der Veranstaltung hinausgelassen wurden, nur mit einer einfachen Tür ohne Klinke verschlossen war. Also besorgte ich mir eine passende Türklinke und damit ein ‚Sesam öffne Dich', es war perfekt. Sobald die Vorstellung begann, schlichen wir vorsichtig durch die Hintertür hinein und genossen so ein kostenloses Vergnügen.

Aber zurück zu meinem ersten Schultag im ‚Chemischen Gymnasium'. Nach unserem Frühstück, das mit Tee, Marmeladen-Brot, Zwetschgen-Mus und ein wenig Margarine nicht das schlechteste war, mussten wir alle wieder im Hof antreten. Auf einem kleinen Hügel stand, über allem erhaben, unser Schuldirektor Kálmán Lang. Er war ein dicker, halb glatzköpfiger, gedrungener Mann mit kaum sichtbarem Hals und kleinen Augen, die weniger gefährlich als witzig aussahen. Er war genau das Gegenteil von unserem Internats-Direktor und auch charaktermäßig völlig verschieden. Leider sollte ich mit diesem Mann noch öfter zu tun bekommen, mehr als es mir lieb war. Auch mein Schulrausschmiss stand schon einmal zur Debatte, aber darüber später. Er war ein 150%iger und treuer Kommunist, aber wohl auch ein echter Wendehals, wie allgemein gemunkelt wurde, da er noch 1944 bei den Pfeilkreuzlern, den ungarischen Nazis, war.

Er stand da wie ein Feldherr und begrüßte uns mit dem üblichen politischem Schwall von ‚......'wir sollten brave Mitglieder des Arbeiter- und Bauerstaates sein, und es sei eine Ehre hier studieren zu können, und was uns der kommunistische Staat alles ermöglichte, und dass wir unseren großen Führern Stalin und Rákosi ewig dankbar sein müssten......' Als der Name Stalin fiel musste ich grinsen, da der Genosse zu dieser Zeit schon steifgefroren in seinem Mausoleum lag und ich unserem ungarischen Führer, Mátyás Rákosi, ein ähnliches Schicksal wünschte. Als Ungarn nach dem Zweiten Weltkrieg in den sowjetischen Machtbereich geriet und die Kommunisten mit unsauberen Methoden an die Macht gelangt waren, wurde Rákosi zum Generalsekretär der Partei der Ungarischen Werktätigen (MDP) berufen. Er führte die Partei sehr autoritär, festigte seine Macht und organisierte 1945–1949 die schrittweise Sowjetisierung des Landes. Alle „nichtstalinistischen" Organisationen wurden verboten bzw. gleichgeschaltet.

Rákosi bezeichnete sich selbst als „Stalins bester ungarischer Schüler". Für seine systematische Sowjetisierung griff er den vom politischen Gegner geprägten Begriff „Salamitaktik" auf, um zu beschreiben, wie man eine demokratische Opposition Stück für Stück eliminiert. 1949 begann Rákosis Staatsterror. Die Sicherheitspolizei (ÀVH) ging energisch gegen alle Regimegegner vor, einige Tausend wurden dabei umgebracht.

Im Jahr 1952 wurde Mátyás Rákosi zusätzlich Generalsekretär der am 12. Juni 1948 aus der Kommunistischen Partei und der Sozialdemokratischen Partei hervorgegangenen Magyar Dolgozók Pártja (*Partei der ungarischen Werktätigen*). Somit wurde er auch Ministerpräsident und führte Ungarn mit äußerst autoritären Mitteln. Das Land geriet in eine schwere Wirtschaftskrise mit massiver Verschlechterung der Produktionsverhältnisse und einem Kollaps der Landwirtschaft. Deshalb zwang ihn im Juni 1953 nach dem Tod seines Förderers Stalin die sowjetische Führung, das Amt des Ministerpräsidenten zugunsten von Imre Nagy aufzugeben. Er blieb jedoch Chef der Partei der Ungarischen Werktätigen. Anfang 1955 riss die Gruppe um Rákosi die Macht wieder an sich, Nagy wurde am 14. April 1955 seiner Ämter enthoben und András Hegedűs zu seinem Nachfolger bestimmt. Rákosi blieb aber weiterhin KPU-Generalsekretär, obwohl sich der Ungarische Volksaufstand schon abzeichnete, und ließ tausende Regimegegner verhaften oder umbringen.

Als Chruschtschow im Februar 1956 seine berühmt gewordene Geheimrede auf dem 20. Parteitag der KPdSU hielt und die Nachricht dieser Wende gegen den stalinistischen Personenkult in die anderen Ostblockländer durchdrang, musste Rákosi fünf Monate später sein Amt niederlegen. Er wurde durch Ernő Gerő als Generalsekretär der MDP ersetzt und floh erneut in die Sowjetunion, wo er noch 15 Jahre lebte.

Szabó Josef und Füredi Pista standen neben mir, gähnend und gelangweilt, und nachdem uns unser Klassenlehrer vorgestellt worden war atmeten wir alle auf und gingen endlich in unsere Klassenzimmer.

So begann meine Ausbildung in Veszprém, und es folgten viele Höhen und Tiefen.

Mein erstes Jahr war relativ schwer, da ich von Beginn an doppelt beobachtet wurde, einerseits von meinem fast unmenschlich strengen Onkel - er war als stellvertretender Direktor immer anwesend - und andererseits von der Lehrkörperschaft, weil die leider alle meinen Onkel nicht ausstehen konnten. Also, zwischen zwei Feuern zu sitzen, das hielten weder Napoleon noch Hitler aus. Zum anderen war ich natürlich auch kein Engel!   Mein Onkel unterrichtete chemische Technologie, er war sehr streng, aber seinem Neffen gegenüber entpuppte er sich (in meinen Augen) als wahrer Sadist.

Zur damaligen Zeit war es schwer, rechtzeitig Kohle für den Winter zu besorgen, und so fragte er mich eines Tages: "Sutyi, könntest du mir heute Nachmittag eine Fuhre Kohle von der Straße in den Keller schaufeln" Ich war sofort dazu bereit und hoffte, dafür ein paar Stunden mehr Ausgang zu bekommen, und dass dann auch das gehasste Silencium für mich ausfallen würde. Also marschierte ich nachmittags direkt nach dem Mittagessen zur Wohnung meines Onkels, um Kohlen zu schaufeln. Als ich dort ankam lag schon ein prächtiger schwarzer Haufen auf der Straßenseite. Meine Tante begrüßte mich, und ich begann sofort mit dem Schaufeln. Zwischendurch brachte sie mir ein Schmalzbrot, aber von meinem Onkel war keine Spur zu sehen, und er kam auch später nicht um zu helfen. So langsam wurde es dunkel, und erst in den späten Abendstunden wurde ich mit meiner Arbeit fertig.

Rabenschwarz und verklebt von Kohlenstaub ging ich nach getaner Arbeit zurück ins Internat. Dort angekommen traf ich auf den Internatsdirektor, der erstaunt fragte, was mit mir los sei und warum ich voller Kohlenstaub sei.

„Herr Direktor, ich komme vom Kohlenschaufeln" antwortete ich.

„Wie bitte? Um Himmels Willen, wie kommst du denn zum Kohlenschaufeln? Weißt du nicht, dass man so etwas während des Silenciums nicht machen darf?" keifte er mich an.

„Aber ich..." er schnitt mir das Wort ab: „Was hast du dafür bekommen? Na, so etwas habe ich noch nicht erlebt, dass meine Schüler während des Silenciums Schwarzarbeit leisten."

„Nein, ich wollte doch gerade erzählen..." begann ich stotternd. Aber er unterbrach mich abermals und raunzte mich an:

„So, jetzt verschwinde in den Waschraum, mach dich fertig, und dann kommst du sofort zu mir. Keine Widerrede und keine Märchen mehr!"

Mir blieb nichts anderes übrig als wortlos in den Waschraum zu verschwinden. Ich zog mich aus und stellte mich unter die Dusche, deren lauwarmes Wasser wohltuend an mir hinunterfloss. Doch als ich mich gerade komplett eingeseift hatte war mit diesem Vergnügen plötzlich Schluss: Es kam nur noch eiskaltes Wasser und mir blieb wegen der Kälte nichts anderes übrig als wie ein wildgewordener Indianer herumzutanzen, um die Seife schnell von der Haut zu waschen.

Als ich mit dieser Tortour fertig war schlich ich mit noch nassen Haaren zum Direktor. Ich klopfte an die Tür und trat ein. Er saß an seinem Schreibtisch, blickte nur kurz auf und fragte streng:

"Also, wie war das jetzt nochmal mit dieser Schwarzarbeit? Was meinst du, welche Strafe du dafür verdienst?" Doch jetzt riss mir wirklich mein Geduldsfaden.

"Herr Direktor, bitte hören Sie mich endlich an!" herrschte ich ihn fast an. Auf diese Reaktion und den Ton war er wohl nicht vorbereitet, denn er schaute mich plötzlich mit aufgerissenen Augen an und öffnete seinen Mund, um etwas zu entgegnen. Aber ich ließ ihn nicht zu Wort kommen und konterte:

"Ich habe keine Schwarzarbeit geleistet, sondern musste für meinen Onkel Kohle von der Straße in den Keller schaufeln. Das ist die Wahrheit, und wenn Sie mir immer noch nicht glauben, dann fragen Sie ihn doch persönlich."

Plötzlich herrschte Totenstille im Zimmer, dann murmelte er etwas wie: "Warum weiß ich nichts davon?" Dann grinste er plötzlich und sagte:

"Na gut, das ist etwas anderes, wenn ich Kohlen erhalte, dann wirst Du sie auch bei mir in den Keller schaufeln. So und jetzt geh, es gibt bald Abendessen, Du bist sicher hungrig." Ich staunte nicht schlecht über diesen plötzlichen Sinneswandel, verließ aber schnellstens das Zimmer.

In der folgenden Nacht schlief ich dank der Müdigkeit sehr tief und kam dann morgens dank des heftigen Muskelkaters kaum aus dem Bett. In der zweiten Unterrichtsstunde hatten wir Technologie was mein Onkel unterrichtete. Wir waren immer alle unsicher und nervös, wenn Technologie auf dem Stundenplan stand, weil einer von uns stets einen Fünfer kassierte. Diesmal war ich aber absolut entspannt, und war sicher, dass mir nichts geschehen würde, da ich ja schließlich gestern bei ihm Kohle geschaufelt hatte und mich deshalb nicht gründlich für den Unterricht vorbereiten konnte. Er kam ins Klassenzimmer und rief mich als Ersten zum Referieren auf. Ich dachte, mich trifft der Schlag. Ich stotterte und versuchte mein Gedächtnis aufzufrischen, aber es nutzte alles nichts. Ich bekam einen Riesenfünfer und verstand die Welt nicht mehr. Nach dem Unterricht kamen meine Klassenkameraden auf mich zu und bestätigten, was ich schon lange sagen wollte: "Du, dein Onkel ist der größte Arsch, der hier herumläuft!"

Beim Mittagstisch, an dem auch häufig - je nachdem, was es zu essen gab - die Lehrer teilnahmen, aß an diesem Tag auch mein Onkel mit. Anschließend kam er auf mich zu und fragte scheinheilig, ob ich mit ihm in der Mittagspause Tischtennis spielen würde. Wahrscheinlich quälte ihn doch sein Gewissen. Im ersten Moment dachte ich, welche Unverfrorenheit das war, aber dann stieg in mir das Rachegelüst des kleinen Mannes auf. Mein Onkel hatte im Krieg durch eine Mine den rechten Unterschenkel verloren und trug seitdem eine Prothese. Deshalb hieß er in der Schule „Buchenholz". Aber er spielte relativ gut Tischtennis, nur springen konnte er deswegen nicht so gut. Ich selbst spielte auch recht gut und wusste, dass ich ihm eins auswischen konnte indem ich den Ball stets auf die Ecken, mal rechts und mal links abwechselnd spielte. So schnell konnte er wegen seiner Prothese nicht springen und verlor daher ein Spiel nach dem anderen. Er wurde wütend und meine Klassenkameraden, die zugeschaut hatten, grinsten bis über beide Ohren. Er ist jetzt schon lange tot, gebe Gott ihm die ewige Ruhe, doch trotz allem kann ich diese Ungerechtigkeit bis heute nicht vergessen.

Im Herbst und Winter 1953 waren Osteuropa aber auch die westliche Allianz erheblich verunsichert. Man fürchtete eine Führungslosigkeit und sich daraus entwickelnde Unruhen. Entgegen allen Befürchtungen des Westens, dass die internen Auseinandersetzungen um Stalins Erbe eine Unberechenbarkeit der Sowjetunion zur Folge haben könnte, übernahm Georgi M. Malenkow unangefochten die Regierungsgeschäfte als Ministerpräsident und Generalsekretär der Kommunistischen Partei der Sowjetunion (KPdSU). Malenkow schlug in der Wirtschaft einen neuen Kurs ein und setzte wieder stärker auf Landwirtschaft und die Konsumgüterindustrie. Er setzte durch, dass die Kolchosensteuern gesenkt und die Schulden der Kolchosbauern annulliert wurden. Außenpolitisch strebte er einen weniger aggressiven Kurs zwischen Ost und West an. Außerdem leitete er auch die ersten zaghaften Schritte ein zur Rehabilitierung der Opfer stalinistischer Säuberungen, begrenzte sie jedoch auf die Verwandten und nahen Freunde der obersten Partei- und Staatsführung.

Nach der Entmachtung und Verhaftung Berias am 26. Juni 1953 verlor Malenkow allmählich seinen Einfluss. Er wirkte oft elitär, ungesellig und verschlossen, grenzte sich von seinen Untergebenen ab und vermochte es nicht, sich mit der alten Garde der Politbüromitglieder auszusöhnen. Außerdem überwarf er sich mit Suslow und verlor zusehends den Rückhalt im Parteisekretariat. Der Sturz Berias bedeutete den Aufstieg von Chruschtschow, dem Malenkow nichts entgegenzusetzen vermochte. Im Unterschied zu seinem Rivalen, der infolge seiner zehnjährigen Arbeit in der Ukraine an eine selbständige und energische Tätigkeit gewöhnt war, absolvierte Malenkow seine ganze Karriere im Sekretariat und in den verschiedenen ZK-Abteilungen, wo er immer nur als Handlanger Stalins und Ausführender fremder Entscheidungen fungierte, was seiner Entschlusskraft nicht förderlich war. Im Vergleich zu Chruschtschow machte er den Eindruck eines Zauderers. Die Machtverschiebung vom Ministerrat zu den Parteistrukturen - so wurde unter anderem das KGB der Kontrolle des ZK unterstellt - untergrub Malenkows Position. Am 7. September 1953 wurde Chruschtschow Erster Sekretär des ZK der KPdSU, Malenkow blieb Vorsitzender des Ministerrates. Diese politischen Änderungen wirkten sich auch auf die ungarische Politik aus und Mátyás Rákosi, der beste Schüler und ein absoluter Anhänger Stalins, bekam zunehmend in dem Z.K. Ungarns Schwierigkeiten. Man konnte einen Hauch Liberalismus spüren, was sich nicht nur politisch niederschlug sondern auch wirtschaftlich eine gewisse Besserung brachte. Auch wir Internats-Schüler profitierten von dieser Änderung: Unsere Lebensmittelversorgung wurde plötzlich besser und wir erhielten oft besseres Essen als zu Hause. Leider war die Versorgung mit Heizmitteln aber auch den alltäglichen Industrieprodukten wie Textilien, Maschinen und anderen Dingen des täglichen Bedarfs oft nicht möglich. Wir hatten auch den strikten Befehl, alles umgehend wieder zu besorgen, wenn man irgendetwas im Labor zerbrochen hatte, was dann tatsächlich sehr schwer war.

Nach dem ersten Schuljahr gab es endlich Sommerferien, und wir waren überglücklich, wieder das Internat verlassen zu dürfen. Leider waren unsere Ferien wesentlich kürzer als die für die klassischen Gymnasium-Schüler, da wir vorher noch ein sogenanntes vierwöchiges Betriebspraktikum absolvieren mussten, bevor wir endgültig nach Hause fahren durften. In meinen ersten Ferien kam ich zum Praktikum nach Herend in die weltberühmte Porzellanfabrik, die ca. 20 km von Veszprém entfernt liegt.

Herend ist die älteste und größte Porzellanmanufaktur in Ungarn und zählt heute zu den bedeutenden Manufakturen in Europa. Sie wurde 1826 in dem Ort Herend (Komitat Veszprém) von dem Keramiker Vinzenz (Vince) Stingl gegründet. Unter seinem neuen Eigentümer Moritz Fischer (* 25. März 1799 in Tata ; † 15. Februar 1880 ebenda) begann ab 1839 der Aufstieg des Werkes. Fischer begann mit Ergänzungen alter asiatischer und europäischer Speiseservices für die ungarische Aristokratie. Auf der Grundlage dieser Erfahrungen und mit den durch diese Aufträge geknüpften Kontakten gelangen ihm Erfolge mit eigenen Kreationen, die auf den großen Ausstellungen in Wien, London, New York und Paris Mitte des 19. Jahrhunderts ausgezeichnet wurden. Die prominenten Kunden dieser Zeit (Königin Victoria, Kaiser Franz Joseph, die Familien Esterházy, Batthyány, Rothschild, und Apponyi) sind teilweise Namensgeber für die heute noch hergestellten Dekore. Geliefert wurden unter anderem Services für die königliche Burg in Budapest, das Service für das Schloss in Gödöllő sowie für Kaiser Maximilian I. von Mexiko. In der Folge wurde die Manufaktur in Herend unter der Leitung von Fischer 1872 zum K.u.K. Hoflieferanten ernannt. Leider ging nach dem 2. Weltkrieg wie in vielen anderen Industriebereichen auch hier nicht nur die Produktion zurück sondern es wurde auch immer weniger exportiert. Zu Stalins Geburtstag erteilte Rákosi der Manufaktur den Auftrag, eine etwa. 1,5 m hoher Vase mit reichverzierter Handbemalung herzustellen. Trotz zahlreicher Versuche und mehrmaligem Brennen ist diese Vase nicht fertiggeworden, und als ich mein Praktikum in Herend anfing konnte ich diese halbfertige Vase noch sehen.

Viel, viel später, im Jahre 2000, landete eine zwar etwas kleinere doch für Porzellan noch immer mächtige Vase im Berliner Reichstag als Ausdruck der deutsch-ungarischen Freundschaft. Nach der Wiedervereinigung Deutschlands unterhielten sich deutsche und ungarische Politiker im Reichstag darüber, ob die deutschen Parlamentarier vielleicht eine Herend Vase als Ausdruck der gemeinsamen Freundschaft möchten, worauf die Deutschen freudig zustimmten. Es vergingen jedoch noch etliche Jahre bis eines Tages der Botschafter Ungarns den Parlaments- Präsidenten anrief und mitteilte, dass die Vasen aus Ungarn angekommen seien. Daraufhin bat ihn der Parlamentspräsident, er solle doch so nett sein, die Vasen ins Parlament zu bringen. Ihm wurde geantwortetet, dass dies doch ein wenig schwer wäre, er es aber versuchen würde. Kurze Zeit später kam der Sekretär des Parlamentspräsidenten zur Tür reingestürzt und teilte mit, dass ein Lastwagen vor dem Reichstag stehe und die Ungarn nun gerne die Vasen abladen möchten.

"Wie bitte? Ein Lastwagen um eine Vase abzuladen? Was ist denn das für ein Unsinn! Die sollen es in den Reichstag bringen, wo es in einer Vitrine einen würdigen Platz bekommen wird – basta.."

"Herr Präsident, das wird so wahrscheinlich nicht gehen." erklärte ihm der Sekretär.

"Es wäre doch besser, wenn Sie herunterkämen und sich die Sachlage mal selbst anschauten." Verärgert über die Unfähigkeit seiner Mitarbeiter ging er hinunter und sah eine Riesenkiste von mehr als 1.5 Meter Höhe auf dem Lastwagen stehen. Seine Mitarbeiter mitsamt Botschafter standen ratlos davor.

"Um Gottes willen, was ist das denn?" fragte er erstaunt. Darauf entgegnete der Botschafter: "Das ist die versprochene Vase, Herr Präsident." Der Parlamentspräsident fing an zu stottern und sagte:

"Wir haben doch eine kleine Vase erwartet. Wo sollen wir um Himmels Willen das nun unterbringen?" Worauf der ungarische Botschafter ruhig und gelassen antwortete: "Wissen Sie, Herr Präsident, wenn wir Ungarn was machen, dann machen wir es auch richtig, und auf diese Weise werden die Deutschen uns nicht mehr übersehen können."

Diese Vase steht bis heute in der Deutschen Parlamentarischen Gesellschaft (früherer Reichstagspräsidenten-Palast) im ersten Stock und kann von jedem bewundert werden.

Mein Praktikum in Herend war sehr interessant und ich wurde durch sämtliche Abteilungen geschleust. So lernte ich die Porzellan-Herstellung kennen, dann das Brennen sowie die Bemalung mit all den wunderbaren Figuren und Skulpturen wie Vögel oder Bauernfiguren.

Während der Praktikumszeit wohnte ich mit anderen Schulfreunden im Internat. Die Disziplin war jedoch zu dieser Zeit im Heim etwas lockerer und wir durften auch abends länger aufbleiben und auch öfter in die Stadt gehen.

Der Sommer 1954 war für Ungarn ein wichtiges Datum: Es fand die Fußball-Weltmeisterschaft in der Schweiz statt und Ungarn war der absolute Favorit. Seit zwei Jahren war die ungarische Nationalmannschaft ungeschlagen und hatte sogar die legendären Engländer im Londoner Wembley Stadion am 15.11.1953 im „Jahrhundertspiel" gegen England erstmals mit 6:3 geschlagen. Natürlich warteten wir alle mit großer Anspannung auf das Endspiel gegen Deutschland, damals noch West-Deutschland. Am 04.07.1954 war es soweit. Wir stellten im Hof ein Radio auf und verfolgten das Spiel mit Spannung. Nach einer Führung von 2:0 waren wir uns schon sicher, dass Ungarn das erste Mal in seiner Geschichte Weltmeister wird. Leider wendete sich das Spiel in der allerletzten Phase und wir verloren 3:2. Als das „Wunder von Bern" wurde das Ergebnis der Fußball-Weltmeisterschaft 1954 in der Schweiz durch die bundesdeutsche Fußballnationalmannschaft gegen die hoch favorisierte Nationalmannschaft Ungarns in der BRD bezeichnet. Das Endspiel, das mit einem 3:2-Sieg für Deutschland endete, fand im Berner Wankdorf-Stadion vor 60.000 Zuschauern statt. Die Spieler um Kapitän Fritz Walter und Bundestrainer Sepp Herberger gingen daraufhin als die „Helden von Bern" in die deutsche Sportgeschichte ein.

Der Titelgewinn löste in Deutschland einen wahren Freudentaumel aus, in Ungarn jedoch eine Volkstrauertag-Stimmung. Neun Jahre nach dem Ende des Zweiten Weltkriegs schien dieser Erfolg ein ganzes Volk aus den Entbehrungen und Depressionen der Nachkriegszeit zu reißen. Am Anfang des deutschen Wirtschaftswunders stehend, wird er deshalb gelegentlich als „die eigentliche Geburtsstunde der Bundesrepublik Deutschland" bezeichnet. Die ungarische Mannschaft hingegen traute sich nicht sofort nach nach Ungarn zurückzukehren und wartete mehrere Tage in Wien, bis die Budapester Emotionen abgeklungen waren.

Die vier Wochen in Herend vergingen schnell, und dann durfte ich endlich nach Hause fahren. Zum ersten Mal brauchte ich in meinen Ferien nicht zu arbeiten, da ohnehin nicht mehr viel Zeit übrig geblieben war und wir Ende August schon wieder nach Veszprém zurück mussten. Aber diese kurze Zeit genoss ich in vollen Zügen. Jeden Tag traf ich mich mit den alten Freunden. Wir gingen zum Baden ins Löverbad oder zum Tomalomsee. Tomalom war ein ca. 50.000 m² großer Teich, relativ tief und recht sauber. Ein Ufer des Sees war zum Strandbad ausgebaut und es gab sogar noch ein wenig Sandboden. Das Wasser war recht warm, man konnte tief in den See hinausschwimmen und sogar verschiedene Seerosen finden. Nicht weit davon entfernt lag zwar der Neusiedlersee, aber das war Grenzzone, und ohne besondere Genehmigungen durfte dort niemand hin. Nach der Wende, als ich wieder nach Sopron fahren durfte, war ich erstmals am Ufer des Neusiedlersees und erfuhr erst jetzt, wie schön diese Gegend ist und mit welcher Brutalität die kommunistische Herrschaft die Bevölkerung unterdrückt hatte.

Leider war der Weg zum Tomalom ziemlich weit, man brauchte schon eine gute Stunde bis man dort ankam. Bei der sommerlichen Hitze war dieser Marsch häufig eine Tortur, und wir hatten immer fürchterlichen Durst. Lalas Vater riet uns dann, dem mitgenommenem Trinkwasser immer ein wenig Essig hinzuzufügen, das würde das schlimmste Durstgefühl dämpfen. Eins war auf jeden Fall sicher, wegen des schrecklichen Essiggeschmacks tranken wir erheblich weniger! Ich konnte diesen Mix nie trinken. Oft vergnügten wir uns mit einem ungarischen Kartenspiel namens „Snapszli" (Schnapslie, ähnlich wie Sechsundsechzig). Wir konnten den ganzen Tag Karten klopfen und dabei die mitgebrachten Schmalzbrote mit Tomaten oder Paprika essen. Eine besondere Delikatesse waren die saftigen Wassermelonen, die wir in großen Mengen verschlangen, wobei der süße Saft an beiden Mundwinkeln herunterlief und überall am Bauch klebte. Dann sprangen wir kurzer Hand ins Wasser und setzten anschließend unser Kartenspiel fort.

Als wir eines Tages wieder einmal ins Lövér-Bad marschierten, trafen wir unterwegs eine Zigeunerin mit Baby, die um Trinkwasser bettelte. Ich schüttete ihr etwas aus meiner Wasserflasche in einen kleinen Becher, worauf sie meine Hand nahm und sagte: "Junger Mann, Sie werden bald unsere Heimat verlassen und sehr weit fahren und etwas werden, was Sie nie wollten. Ihr Leben wird nicht einfach werden."

Wenn ich nun viele Jahre später daran zurückdenke, frage ich mich immer wieder - war es Zufall oder hatte die Zigeunerin tatsächlich übermenschliche Fähigkeiten? In jedem Fall hatte sie 100%ig recht gehabt. Knapp 2 Jahre später ging ich ins Ausland und wurde nicht Chemiker, wie ich es eigentlich geplant hatte. Und was mein Leben betraf, so hatte sie auch recht, da es wirklich nicht leicht für mich wurde.

Die Sommerferien vergingen sehr schnell und ich musste zurück nach Veszprém. 1954/55 war ein für mich äußerst anstrengendes Schuljahr. Kaum hatten wir den Schulunterricht begonnen, da geriet ich mit einem etwas älteren Internatsschüler in eine Auseinandersetzung im Speisesaal: Jeweils zur Schulpause hatten wir Zugriff auf unsere Lebensmittelkästchen im Speisesaal. Auch an diesem Tag ging ich an meinen Kasten, um noch einiges an Lebensmitteln von daheim zu entnehmen. Zur gleichen Zeit trat ein älterer Schüler an mich heran und verlangte von mir, dass ich ihm etwas abgeben sollte. Da es nicht für uns beide gereicht hätte und ich den Kerl auch gar nicht kannte, verweigerte ich seine Forderung.

"Wenn Du mir nichts abgibst, dann nehme ich es mir eben selbst."

drohte er mir und kam mir gefährlich nahe. Ich hielt noch mein Messer in der Hand, mit dem ich gerade mein Brot gestrichen hatte und drohte ihm, damit zuzustechen, falls er in meine Nähe käme. Er trat darauf erschreckt zurück, nahm einen Stuhl und schlug mit aller Kraft gegen meinen Schädel. Ich versuchte zwar noch im allerletzten Augenblick mit meinem Oberarm den Schlag etwas abzuwehren, aber er erwischte mich und auf meinem Kopf klaffte eine ca. 15 cm lange, stark blutende Platzwunde. Als er meinen blutenden Kopf sah, rannte er aus dem Speisesaal und erzählte dem gerade entgegenkommenden Schuldirektor Lang, was passiert war und dass ich ihn niederstechen wollte, obzwar er mir nichts getan habe. Direktor Lang eilte daraufhin sofort in den Speisesaal und sah mich blutend auf dem Stuhl sitzen.

"Was ist denn hier los? Schon wieder Du, Fodor? Was hast Du angestellt" brüllte er gestikulierend. Ich versuchte zwar die Sachlage zu klären, aber er hörte mir gar nicht zu sondern brüllte nur weiter.

"Das wird ein ernstes Nachspiel haben, darauf kannst Du Dich verlassen!" Inzwischen war noch ein weiterer Lehrer aufgrund es Lärms herbeigeeilt, der sich aber dann als erster um meine Verletzung kümmerte:

"Herr Kollege, sehen Sie nicht, dass der Junge blutet? Man muss ihn doch versorgen!" "Ach was, das ist doch nichts, er stirbt mit Sicherheit nicht daran und wenn, dann verdiente er es auf jeden Fall." sagte Direktor Lang unbekümmert.

"Naja, wenn Sie wollen, dann verbinden Sie den Kerl. Verdient hat er es aber nicht." sagte er so abfällig wie nur irgendwie möglich und verließ den Speisesaal. Ich musste die Auseinandersetzung dem Lehrer erklären, der mir doch wohl eher glaubte als unser Direktor Lang.

"Mach Dir nichts draus. Scheinbar liebt er dich sehr, schließlich hast Du einen Onkel, den er auch überaus liebt." sagte er ironisch.

"Also, zeig mal Deinen Kopf. Ich glaube, das muss man gar nicht nähen lassen. Ich werde Dir einen Turban verpassen und dann hat sich die Sache.

Achte darauf, dass kein Staub hineinkommt und fasse die Wunde nicht mit der Hand an. In ein paar Tagen nehmen wir dann den Verband ab, aber bis dahin darfst Du Dir Deinen Kopf nicht waschen. Du siehst prächtig aus, Junge!" und er grinste bis über beide Ohren. Mir war aber nicht zum Lachen zu Mute.

Natürlich sprach sich diese Geschichte in kürzester Zeit wie ein Lauffeuer in der Schule herum und alle staunten nicht schlecht, als ich in mit meinem Kopfschmuck erschien. Einen Vorteil hatte diese Geschichte immerhin, ich hatte seit dieser Zeit das Ansehen eines Kerls, mit dem nicht zu spaßen sei.

Leider hatte diese Geschichte doch noch einen unangenehmen Ausgang. Ich musste zum Direktor, der mir einen Schulverweis androhte, ohne mich jedoch nur einmal anzuhören und entsprechend des tatsächlichen Ablaufs die Geschehnisse richtig zu beurteilen.

"Du bist mit dem Messer auf ihn losgegangen und hast sein Leben direkt gefährdet." sagte er mit einem bestimmenden Unterton. "Du bist schon verurteilt, also raube nicht noch meine Zeit."

"Herr Direktor, ich hatte das Messer doch schon vor meinem, wie sie sagen, Angriff in der Hand, da ich mir ein Schmalzbrot gestrichen hatte. Es war also keine Absicht. Übrigens sind die Internatsmesser aus dem Speisesaal so stumpf, dass man damit überhaupt keinen Menschen töten kann. Mit ihnen kann man ja noch nicht einmal ordentlich Brot schneiden." versuchte ich verzweifelt zu erklären, "und nicht ich habe ihn angegriffen sondern er mich. Ich habe ihn nicht in den Speisesaal gerufen."

"Das interessiert mich nicht. Ich glaube Dir kein Wort. Den Jungen kenne ich sehr gut. Er stammt aus einer anständigen Bergmann-Familie. Sein Vater ist mehrmals mit der Stachanow Medaille ausgezeichnet worden und ein hart arbeitender Vorarbeiter, und er ist nicht wie Du ein verzogenes Horthy-Offiziers Söhnchen."

Stachanow war ein sehr fleißiger russischer Arbeiter, der die vom Staat ausgegebene Arbeitsnorm ständig mehrmals übertraf oder besser gesagt verfälscht hatte. Arbeiter, die nun gleichfalls die Norm überflügelten und dann auch noch Parteimitglieder waren, erhielten daher auch diese Auszeichnung.

"Du bekommst ein Disziplinarverfahren erster Klasse, und wenn noch das Geringste mit Dir vorkommt, dann fliegst Du aus dieser Schule." Dann stand er hinter seinem Schreibtisch auf und sagte:

"So, jetzt verschwinde aus meinen Augen, Du Schande der Arbeiterklasse!" Ich ging wieder zurück in mein Klassenzimmer, wo ausgerechnet der Russischunterricht lief, und unser Russischlehrer war auch nicht zimperlich: "Na, Du Messerstecher, bist Du noch unter uns?"

Ich war wütend und hatte größte Mühe mich zusammenzureißen, um nicht das nächste Problem loszutreten. Nach dem Unterricht fragten alle meine Mitschüler, was beim Direktor passiert sei, und ihr Mitgefühl war leider sehr geteilt. Nur ein paar Freunde trösteten mich mit der Hoffnung, dass das alles auch vorüber gehen würde. Am Nachmittag traf ich mich mit meinem Onkel, der natürlich längst von der Angelegenheit erfahren hatte, doch anstatt mich anzuhören und den Versuch zu machen mich zu verstehen, hat er auch nur geschimpft. Am Ende diesen Tages war ich am Boden zerstört. Ich verstand die Welt nicht mehr und wäre am liebsten davongelaufen. Ich konnte nie Ungerechtigkeiten ertragen, sie lösten immer tiefer Depressionen bei mir aus. Aber wohin? Zu Hause wartete auf mich nur die nächste Strafe. In dieser Zeit bekam ein Kind nie Recht, das war nun mal so. Am Nachmittag verzog ich mich in den Garten, bis mein Freund Pista mich fand und mich zu trösten versuchte, aber auch nur mit geringem Erfolg. In den nächsten Tagen war ich sehr deprimiert und fühlte mich ungerecht behandelt. Ich war doch wirklich niemand, der zu Gewalt – und schon gar nicht mit einem Messer - neigte und fühlte mich zu Unrecht wie ein Schwerverbrecher beschuldigt.

Anfang Dezember hatte ich noch immer eine dicke Wundkruste auf dem Kopf, und da die Weihnachtsferien nahten und ich Angst hatte, dass mein Vater von der Geschichte erfahren würde, versuchte ich allmählich den Schorf vom Kopf zu kratzen, in der Hoffnung, dass sich darunter schon gesunde Haut gebildet habe. Leider ging der Schuss nach hinten los, und ich bekam eine Infektion mit einem sogenannten Rotlauf. Ich hatte plötzlich 40° Fieber und wurde sofort in unser Internats-Krankenzimmer verlegt. Noch am selben Tag kam ein Arzt und verpasste mir eine riesige Penicillin-Spritze in das Hinterteil und an den darauffolgenden Tagen noch weitere. Plötzlich stand auch der Kollegiums-Direktor vor meinem Bett und tröstete mich und sogar mein Erzfeind Lang besuchte mich. Ich nutzte die Gelegenheit und erklärte ihm nochmals die Messerangelegenheit. Diesmal jedoch hörte er zu, und ihm schien die Sache nun auch leid zu tun. Ich musste mehr als 10 Tage im Bett bleiben, und es wurde zeitweise sogar überlegt, mich in das dortige Krankenhaus zu verlegen, wogegen ich energisch und mit Erfolg protestierte. In den letzten Tagen wurde ein weiterer Junge mit irgendeinem Infekt ins Krankenzimmer gelegt. Er stammte aus Badacsony, einer berühmten ungarischen Weingegend nördlich des Plattensees. Es dauerte nicht lange und sein Vater erschien und brachte uns Rotwein und gutes Bauernbrot sowie selbstgemachte Wurst und Kuchen mit. Es war uns im Internat zwar strengstens verboten alkoholische Getränken zu konsumieren, aber: wo kein Kläger - da auch kein Richter! Wir nahmen also einen anständigen Zug aus der mitgebrachten Weinflasche und von der Wurst blieb auch nichts übrig. Kurze Zeit später bekam ich eine rote Birne, mir wurde schlecht und ich musste mich überall kratzen. Gott sei Dank kam kurze Zeit später mein Arzt, um mir noch eine letzte Spritze zu verpassen und sah die Sauerei. Er fragte mich sofort, ob ich Rotwein getrunken hätte. Ich konnte es nicht leugnen und nickte nur, worauf er mir erklärte, dass ich dadurch eine Penizillin-Allergie ausgelöst hatte und in Zukunft vor jeder Penizillin-Therapie den behandelnden Arzt aufklären müsse. Leider habe ich diese Allergie heute immer noch und bekomme Hautrötungen beim Rotweinkonsum.

Endlich standen die Weihnachtsferien vor der Tür und wir durften für 10 Tage nach Hause fahren.

Eine Fahrt von Veszprém nach Sopron war immer abenteuerlich. Der Zug benötigte für 150 km etwa 8 Stunden. Die Eisenbahnwaggons stammten noch aus der Zeit des 1. Weltkrieges, sie besaßen Holzbänke und die Fenster konnte man nur herunterlassen, wenn man an einer in der Mitte des unteren Fensterrahmens befindlichen Lederzunge kräftig zog. Wo es keine Lederzunge gab, na ja, da konnte man eben das Fenster nicht öffnen.

Es passierte nicht selten, dass der Zug auf offener Strecke ganz langsam fuhr und der Heizer vom Zug sprang, um getrocknete Maisstangen von den Feldern aufzusammeln, die noch von der Ernte übrig geblieben waren. Die warf er dann in den Heizofen, um dem miserablen Braunkohlestaub zum Brennen zu verhelfen. In diesem Winter war es schon relativ kalt und die Waggons wurden natürlich innen nicht geheizt. Deshalb gefror nach kurzer Zeit die Kondensfeuchtigkeit auf dem Fensterglas und bildete bizarre Kristallbilder. Mit diesem Zug fuhren auch gelegentlich russische Soldaten, die während der Fahrt verschiedene Kleinigkeiten zum Kauf anboten. Die

Sachen waren nicht teuer, und endlich konnte auch ich mir mal dies oder jenes leisten. Diesmal verkauften sie Flieder-Kölnischwasser. Ich wunderte mich immer darüber, dass es in Russland so viel Flieder gab, weil viele Soldaten penetrant danach dufteten. Ich kaufte diesmal auch ein kleines Fläschchen als Weihnachtsgeschenk für meine Mutter, erntete aber keine Begeisterungsstürme für diese Gabe.

Kaum zu Hause angekommen fragte mich mein Vater sofort: "Was ist mit deinem Schädel, zeig mal!" Aha, dachte ich, die Buschtrommel hat mal wieder exzellent funktioniert.

"Ach, das ist nichts, alles schön abgeheilt, und mir tut nichts mehr weh." wiegelte ich ab.

"Aber mir" antwortete mein Vater mit ernstem Gesicht

"Ich musste mir diese schmerzhafte, kommunistische Rede von deinem Direktor Lang anhören. Er hat mich durchs Telefon nicht besonders freundlich darüber unterrichtet was passiert war."

"Apu, ich erzähle Dir alles wenn Du willst, obzwar es mir schon lange reicht, aber hör mal zu. Es ist so und so gewesen, und dass ich keinen Vater mit einer Stachanow Auszeichnung habe dafür kann ich nichts".

Na, daraufhin wurde er richtig wütend, aber nicht auf mich sondern auf das Regime und auf die Kommunisten.

"Und sage mal, hat Onkel Josef Dir nicht geholfen?" Meine Antwort fiel kurz und knapp aus: "Nein."

"Ich verstehe die Welt nicht mehr." murmelte er vor sich. "Haben die alle Angst, sogar mein eigener Bruder? Nein, das kann ich nicht verstehen."

Ich wandte mich aber von meinem Vater ab, da mir diese Sache nun wirklich langsam zum Hals heraushing, und begrüßte meine Mutter und meinen Bruder Jenö. Dann nahm ich unser kleinstes Familienmitglied Tamás auf den Arm. Er war jetzt schon 2 Jahre alt und hatte sich prächtig entwickelt, seit meinem letzten Besuch. Er war nach wie vor der Liebling der Familie und stand, wie auch später, stets im Mittelpunkt, was für seine Entwicklung nicht immer unbedingt von Vorteil war.

Die Weihnachtsfeier verlief wie eh und je, vielleicht etwas ärmlicher als sonst. In dieser Zeit herrschte in Ungarn ziemliche Armut, so dass man nicht einmal für die Feiertage alles Nötige besorgen konnte. Südfrüchte kannten wir nur vom Hörensagen und auch Süßigkeiten waren eine Rarität. Meine Mutter hatte den traditionellen sogenannten Salonzucker hergestellt, der in Stanniolpapier eingewickelt an den Weihnachtsbaum gehängt wurde, es war eine alte Tradition in Ungarn, den Weihnachtsbaum so zu schmücken. Außerdem bereitete sie auch die ungarischen Beigli zu, Mohn- und Nuss-Rollen, die unbedingt zum Weihnachtsfest gehörten. Am Weihnachtsabend, nach der Bescherung, wurde bei uns immer Karpfen gebacken und davor die traditionelle Fischsuppe genossen. Gegen Mitternacht mussten wir alle zur Mitternachtsmesse marschieren, was mir nicht immer gefiel, aber das musste eben sein.

Nach den Weihnachtferien, als wir wieder ins Internat zurückgekehrt waren, wurde in der Schule auch unser Destillator fertig, der für die Herstellung von Destillier-Wasser für unsere Laboratorien notwendig war. Deshalb musste eine Internatsmannschaft zusammengestellt werden, die spät in der Nacht das Kasan geheizt hat. Dieser Destillierraum lag am anderen Ende unserer Schule. Es war dort immer angenehm warm und sehr still. Man störte niemanden, konnte dort ungestört lernen und man fühlte sich vor allem frei und unbeobachtet. Natürlich habe ich mich sofort für diese Arbeit gemeldet und hatte Glück, in die „Destillator-Brigade" aufgenommen zu werden. Das Kasan musste mit Koks geheizt werden, der einzig und allein nur für diesen Zweck angeschafft wurde, weil er recht teuer und schwer zu bekommen war. In unseren Schlafzimmern mussten wir uns mit Braunkohle zufrieden geben, die jedoch eher Staub als Kohle war. Allein mit diesem Kohlenstaub einzuheizen war schon eine Kunst. Wir nahmen Zeitungspapier und füllten es mit Kohlenstaub und versuchten so, mit den von uns hergestellten Briketts und ein wenig Holz, das auch nicht ausreichend vorhanden war, in unserem großen gusseisernen Ofen einzuheizen. Leider passierte es mehrmals, dass unser Ofen nicht funktionierte und die Kohle nicht zum Brennen kam. Einmal gab es sogar eine Staubverpuffung, und die Decke des Ofens flog in hohem Bogen weg, so dass wir längere Zeit wegen des Kohlengases nicht unsere Schlafzimmer betreten konnten. In dieser aussichtslosen Situation kam ich auf eine glorreiche aber verhängnisvolle Idee Koks vom Destillierraum zu klauen und damit unsere Schlafzimmer zu heizen. Also füllte ich bei meinem nächsten Dienst zwei große Kannen mit Koks und brachte sie heimlich in unseren Schlafsaal. Nach dem Einheizen wurde dann der Eisenofen so heiß, dass er zu glühen begann und Kondenswasser die Wände hinunter floss. Es wurde aber sehr angenehm warm, und unsere Aufsicht staunte am nächsten Tag nicht schlecht, dass wir mit dieser miserablen Kohle ein solch starkes Feuer entfachen konnten. Natürlich versteckten wir unseren kostbaren Koks gut. Es ging eine Zeitlang gut, und jedes Mal, wenn ich Dienst hatte, brachte ich zwei weitere Kannen Koks zum Heizen in unseren Schlafsaal. Leider hielt dieses Glück nicht lange an und eines Tages, als ich wieder mal mit den zwei Kannen Koks unterwegs war, schrie plötzlich jemand hinter mir laut "Halt, Du Dieb! Ich sehe Dich - halt!!!!"

Daraufhin nahm ich meine Beine in die Hand und fing an zu rennen. Tatsächlich konnte Schuldirektor Lang, wer anderes sollte es schon sein, mir nicht folgen, und ich verschwand in unserem Internat. Der Schuldirektor wohnte auch in der Schule und ging häufig durch die Schulgänge, wobei er auch ab und zu in die Räumlichkeiten hineinschaute. Ganz außer Atem erzählte ich das Geschehnis meinen Freunden und hoffte, dass er mich vielleicht doch nicht erkannt hatte. Aber meine Hoffnung wurde jäh zerschlagen. Am nächsten Morgen musste ich sofort zu Direktor Lang marschieren, der mich freudestrahlend in seinem Direktorenzimmer empfing.

"So, Du Dieb, jetzt habe ich Dich endlich erwischt!" sagte er triumphierend.

"Es ist aus mit Dir, Du Parasit der Arbeiterklasse, du armselige Kreatur. Ich werde einen Schulverweis einleiten, und dann sind wir Dich endgültig los."

Jetzt wurde mir doch sehr mulmig zumute. Ich dachte an meinen Vater und all die Konsequenzen, die auf mich zu kämen und dachte deshalb, es wäre besser, nun alles zuzugeben und um Entschuldigung zu bitten. Irgendeine Erklärung, warum ich das getan hatte, verschwieg ich lieber, weil ich wusste, dass jetzt jeder Verteidigungsversuch nur Öl aufs Feuer gewesen wäre.

"Du siehst deine Tat also ein, Du Dieb des Sozialismus?" fragte er mich noch immer triumphierend.

"Ja, ich gebe es zu" sagte ich leise, "und ich möchte mich hier in aller Form entschuldigen."

"Da ist nichts zu entschuldigen, mein Junge." antwortete er mit schmieriger Stimme, "dies kommt jetzt vor das Lehrerkollegium, und Du kannst schon mal packen. Und geh jetzt in deine Klasse."

Mir blieb nichts anderes übrig, als mich leise zurückzuziehen. In der Klasse erzählte ich, was passiert war, worauf sich Totenstille einstellte. Jeder Internatsschüler fühlte sich natürlich mitschuldig, da wir doch alle wollten, dass unsere Schlafsäle wärmer würden, und nicht nur ich hatte Koks geklaut sondern die anderen auch. Nur leider wurde ich erwischt.

"Was soll ich nur tun?" fragte ich unsicher.

"Du allein kannst nichts tun, aber wir müssen etwas unternehmen." meinte Michael Modi ‚unser Klassensprecher.

"Aber was? Wir können es nicht leugnen, da er ja Laszlo erwischt hat." "Ja, aber Du hast die Wärme doch auch genossen, oder?" fragte Modi bohrend.

"Wir können also nicht schweigen, dies wäre feige und beschämend!" sagte mein Freund Füredi, "wir müssen zugeben, dass wir alle abwechselnd Koks geholt haben, da es in unseren Schlafzimmern vor Kälte nicht auszuhalten war, und die uns zugeteilte Kohle nicht zu gebrauchen war. Damit konnten wir einfach nicht heizen, und wenn wir uns eine Lungenentzündung geholt hätten, so wäre die Schulleitung dafür verantwortlich gewesen."

Nach einer Weile beschlossen sie ohne mich - ich war von diesem Unternehmen verständlicherweise ausgeschlossen - zum Direktor zu gehen und die Sache zu klären. Ich wartete aufgeregt, war mir aber sicher, dass sie uns nicht alle aus der Schule werfen könnten. Tatsächlich, nach längerer Zeit kamen sie strahlend aus dem Direktorenzimmer zurück und erzählten, dass Direktor Lang erst fürchterlich böse war und sogar richtig tobte, er aber dann plötzlich eingelenkt hatte unter folgenden Bedingungen. Erstens, der ganze Schlafsaal bekommt einen Direktoratsverweis und der Fodor, weil er schon einiges auf dem Kerbholz hat, und von ihm diese Koks-Idee stammte, bekommt ein Disziplinarverfahren zweiter Klasse, was bedeutete, dass er endgültig von der Schule fliegt, sollte er noch einmal etwas anstellen..

Später aber erfuhr ich, dass auch er Angst bekommen hatte, da er zum Eigenverbrauch ebenfalls Koks aus der Schule genommen hatte. Außerdem hatte er wohl auch bereits mehrmals darauf hingewiesen, welche unzumutbaren Zustände sowohl in der Schule als auch im Internat in Bezug auf die Heizung herrschten. Ich aber war ab dieser Zeit ein braves Lamm: Wer nicht auf dem Seil tanzen kann, soll auch nicht auf das Seil treten.

Wir verbrachten immer mehr Zeit in den Laboratorien und führten anorganische wie organische Analysen durch. Wir mussten bestimmte Produkte wie Bakelit oder einfache Grundstoffe wie Phenol, Methylalkohol, Nitratpulver etc. herstellen. Am Ende des Jahres war für uns ein Praktikum in Pétfürdö im Nitrogen-Kombinat vorgesehen, was mich nicht besonders gereizt hat, da wir wieder in unserem Internat festgebunden waren. Ich habe mich zwar bis zum Schluss dagegen gewehrt, musste aber dieses Praktikum dann doch annehmen. Ziel des Praktikums war, die Technologie der in Laboratorien hergestellten Stoffe in Großproduktion zu studieren. So kam ich in ein Nitrogenwerk, in dem Düngemittel, Amoniumsäuren und weitere Chemiegrundstoffe produziert wurden.

Im Werk befand sich ein mächtiger etwa 25-30 m hoher Betonsilo mit trichterförmig, konisch verlaufendem unteren Ende. Dieser Silo war kürzlich fertiggestellt worden, aber die innen vorhandene Holzverschalungen noch nicht restlos ausgeräumt. Anstatt uns im Werk in den technischen Bereich zu schicken wurden wir beauftragt, Aufräumungsarbeiten im Silo zu verrichten. Ein Freund und ich - die Leichtesten unserer Gruppe - wurden mit einem Seil in den Silo hinuntergelassen. Wir sollten daraufhin die unten liegenden Bretter bündeln und sie von unseren oben wartenden Schulfreunden hochziehen und entsorgen lassen. Diese Arbeit war anstrengend, schmutzig und wirbelte unsagbar viel Staub auf. Als es dann endlich Mittagzeit war wurde es über uns plötzlich still.

"Heee" schrien wir, ohne eine Antwort zu bekommen. Lajos Bors, mit dem ich unten war, schaute mich erstaunt an und sagte dann: "Du, ich zerre mal an dem Seil. Vielleicht hören sie uns oder merken was." In diesem Augenblick fiel plötzlich mit Krach das Seil auf uns und das wars.

"Was machen wir denn jetzt?" fragte ich verunsichert. "Hier hört uns kein Schwein. Auch wenn Du noch so laut schreist, dieser Silo schluckt alle Töne." Er schaute mich hilflos an und sagte: "Uns bleibt nichts anderes übrig als zu warten. Die anderen müssten bald zurückkommen." Also setzten wir uns auf die noch vorhandenen Holztrümmer und warteten. Es vergingen einige Stunden, aber oben blieb alles still.

"Du Lajos, es kann doch nicht sein, dass die uns vergessen haben. Das ist ja wohl ein schlechter Witz!"

"Ja, ich verstehe das auch nicht, und ich glaube, wir sollten mal wieder schreien und mit dem Holz gegen die Betonwand hämmern. Vielleicht hört es doch jemand." schlug er vor.

Nun, wir fingen also wieder an zu schreien aber ohne Erfolg. Jetzt wurde mir richtig mulmig zumute. Allmählich wurde es auch dunkel und es war schon längst Feierabend, als plötzlich ein Holzstück herunterfiel. Wir fingen wieder an zu schreien und sahen endlich ein Gesicht über unserer Einstiegsöffnung.

"Heee, ist da unten wer" schrie ein älterer Mann. "Natürlich, wir sind hier unten und kommen nicht hoch!" rief ich ihm zu.

"Wie seid ihr denn da runtergekommen? Was macht ihr denn überhaupt da" fragte er verblüfft.

" Die anderen Praktikanten haben uns an einem Seil runtergelassen, um das restliche Holz von hier rauszuholen." antwortete ich ihm.

"Und wo ist das Seil??" "Leider ist es auch hier unten. Es ist runtergefallen."

"Und die anderen?" "Die sind weg und kamen nicht wieder." antwortete ich. "Also, ich kann Euch allein nicht hochziehen und es ist schon Feierabend. Ich muss jemanden finden, dann holen wir Euch raus. Also ‚wartet bitte geduldig, ich komme wieder. Na, sowas habe ich auch noch nicht erlebt." rief er uns noch zu und ging weg.

Langsam wurde es immer finsterer und wir warteten geduldig, bis wir plötzlich wieder Stimmen hörten und ein Scheinwerferlicht oben in der Öffnung erschien. "So, wir sind soweit, wir lassen Euch erstmal eine dünne Schnur runter. Bindet bitte euer Seil daran fest. Wir ziehen es hoch und werden Euch dann mit diesem Seil hochziehen." Nach einer Weile waren wir endlich wieder oben und wurden wie Witzfiguren von den drei älteren Arbeitern ausgelacht. Später stellte sich heraus, dass unsere Schulfreunde mit dem Lastwagen das herausgezogene Holz abtransportieren und uns deshalb allein lassen mussten. Aber bevor sie abfuhren informierten sie einen Arbeiter darüber, dass wir noch unten wären und er sich darum kümmern sollte uns hochzuholen. Der hatte uns aber leider in der Mittagspause einfach vergessen, und deshalb mussten wir so lange unten im Loch hocken bis die anderen uns befreiten. Ein Wagen vom Werk fuhr uns beide nach Veszprém zurück, weil die anderen schon längst in der Schule zurück waren.

In Pét verlief die restliche Zeit relativ langweilig. Wir mussten von sämtlichen Fabrik-Technologien ein ausführliches Protokoll anfertigen, und auch die Arbeitsatmosphäre war nicht die Beste. Dafür genossen wir in Veszprém etwas mehr Freiheit. Wir durften des öfteren länger ausbleiben, und ich lernte wieder ein hübsches Mädchen aus Balatonfüred kennen, einer kleinen Stadt am Balaton, und ging oft mit ihr spazieren. Natürlich waren diese Mädchenerlebnisse alle rein platonischer Art, voller Unschuld.

Nach unserem Praktikum konnte ich zu Hause wieder in der Kolchose arbeiten und diesmal in einer Apfel-Plantage Unkraut vernichten.

Meine Freunde in Sopron 1955

Mit unserem kleinen Bruder Tamás haben wir in diesem Sommer schon viel intensiver spielen können. So brachten wir ihn eines Tages auf die Terrasse unseres Mansardenzimmers hinauf, schnürten ihn anständig zusammen und ließen ihn langsam von der Terrasse als Fallschirmjäger hinuntergleiten. Ihm machte es Riesenspaß so zwischen Himmel und Erde zu schweben und er jauchzte und quietsche lauthals vor Vergnügen. Doch plötzlich kam mein

Vater um die Ecke und musste zu seinem Entsetzen den kleinen Tamás in gut 5-6 Meter Höhe schweben sehen. Wir bekamen natürlich großen Ärger, und weitere Fallschirmübungen waren von da ab strengstens verboten.

Unser Haus war noch nicht an die Kanalisation angeschlossen, und deshalb hatten wir eine Klärgrube im Garten, die jedes Jahr ausgeleert werden musste. Der Deckel dieser Klärgrube war mit Holzbrettern zugedeckt. An einem Sonntag im Sommer, bevor wir alle in die Kirche gehen wollten, spielte ich mit meinem Bruder Jenö im Garten. Ich lief über die zugedeckte Klärgrube und hörte hinter mir plötzlich ein Krachen und ein klatschendes Geräusch. Ich drehte mich schnell um und sah, dass mein Bruder bis zum Hals in der Klärgrube hing und sich nur mit seinen beiden Oberarmen am Rand halten konnte. Schnell zog ich ihn heraus, und gleich darauf gaben auch die restlichen Bretter nach und fielen mit lautem Krachen in die Klärgrube. Es hatte nicht viel gefehlt und Jenö wäre in der 4 Meter tiefen Grube verschwunden. Wir trugen beide unsere feinen Sonntagsanzüge, waren aber nun durch diese Aktion völlig verdreckt und stanken penetrant. Mein Vater nahm kurzentschlossen einen Gartenschlauch und spritzte uns beide zuerst einmal aus gebührendem Abstand ab. Dann mussten wir unsere gesamte Kleidung ausziehen und nur in Decken eingewickelt warten, bis das Badewasser warm wurde. Zum ersten Mal nach langer Zeit fiel der traditionelle sonntägliche Kirchgang aus.

Auch in diesem Jahr mussten wir, mein Bruder Jenö und ich, in unserer Freizeit Holz aus dem Wald für den Winter sammeln. Außerdem sammelten wir auch Lindenblüten, die getrocknet wurden. Ich erinnere mich nicht mehr daran, woher Jenö die Seidenraupen hatte, aber er besaß auch in diesem Sommer mehrere, und verkaufte die sich entwickelnden Puppen wiederum an die Kolchosen. Die Raupen kamen auf den Dachboden und mussten mit Maulbeerblättern gefüttert werden. Natürlich benötigte man immer mehr Blätter je grösser die Raupen wurden. Leider kam Jenö nicht mehr mit der Fütterung hinterher, so dass nach und nach alle Raupen verendeten. Statt Seidenpuppen blieb ein stinkender Haufen verendeter Raupen im Dachboden zurück - mit entsprechender Reaktion unseres Vaters.

Das Schuljahr 1955/56 war, glaube ich, das schwerste. Ich war nie ein guter Schüler aber in jenem Jahr ist es mir sehr schwer gefallen. Meine größte Schwäche war immer Mathematik und selbstverständlich der von uns allen gehasste Russisch-Unterricht. In diesem Schuljahr hatten wir das letzte Mal

Geschichte bei einem sehr netten alten Lehrer, Onkel Papp, den wir alle sehr gern hatten. Die Anzahl der Technologie-Unterrichtsstunden nahm zu meinem Leidwesen plötzlich zu und ich musste aus diesem Grunde meinen Onkel immer öfter sehen.

Nach den Weihnachtsferien fiel sehr viel Schnee in Veszprém und ich durfte meine Skibretter nach Veszprém mitnehmen. Im Schulhof gab es einen kleinen Hügel mit einer kleinen Sprungschanze. Dort übte ich Tag für Tag das Skispringen mit auffallend gutem Erfolg. Herr Biró, mein Sportlehrer, war begeistert und hat mich dabei eifrig unterstützt. Unser Sportlehrer war ein Olympionike im Turnen. Außerhalb von Veszprém gab es eine kleine Skischanze von ca. 30 Metern. Um mein neues Talent richtig ausprobieren zu können sind meine Freunde und ich eines Sonntags dort hinausgegangen. Natürlich waren meine Ski nicht fürs Skispringen konzipiert und die Schuhbefestigung war nochdazu äußerst primitiv, aber das alles hielt mich nicht vom Springen ab. Mulmig wurde es mir erst, als ich oben stand und hinunter blicken musste.

"Na, was ist? Worauf wartest Du denn?" schrie Pista von unten.

"Ja, ja, aber ich weiß nicht. Vielleicht sollte ich das doch lieber lassen, was meinst Du?" rief ich unschlüssig zurück.

"Ach was, Du musst nur richtig Schwung nehmen und Deinen Oberkörper nach vorne drücken." belehrte er mich.

"Du redest leicht, komm hier nach oben und schau mal runter, dann wird Dir deine Begeisterung schon vergehen", raunzte ich ihn an.

"Also, es ist nicht zu glauben, ich marschiere mit Dir hier raus und Du hast jetzt die Hose voll."

"Wenn Du es besser weißt, dann komm doch rauf und spring Du!" schrie ich runter. "Du kannst meine Bretter haben."

"Na hör mal, Du wolltest doch hier herkommen und nicht ich, Du Schlappschwanz!" blaffte er zurück. Das war jetzt aber doch zu viel für mich und wütend nahm ich Schwung und sauste die Schanze runter. Beim Sprungtisch hob ich wunderbar ab und flog etwa 15 Meter, landete dann aber auf meinem Gesicht. Ich wurde mehrmals herumgewirbelt, rutschte dann plötzlich auf dem Rücken weiter und kam endlich unten zum Stehen, natürlich ohne Ski. Einer meiner Ski war in zwei Teile zerbrochen, der andere hatte sich längs gespalten. Meine Nase blutete und ich hatte mehrere Kratzer am Gesicht, da die Schneedecke nur sehr dünn war und darunterliegende Steine meine Haut zerkratzt hatten. Damit war meine Laufbahn als Skispringer ein für alle Mal beendet. Wir kehrten ohne Ski ins Internat zurück, ich dafür aber mit zerkratztem Gesicht und blauer Nase. Mein Internatsdirektor fragte sogleich, was mir passiert sei, worauf ich ihm alles erklärte. Er antwortete darauf nur nüchtern: "Das ist ganz gut, dann hast Du jetzt mehr Zeit zum Lernen."

Unsere Weihnachtsferien zu Hause waren wie immer stressig. Der schlimmste Tag war stets der 24. Dezember. Mein Vater hat den ganzen Tag nur gemeckert, darüber, dass der Weihnachtsbaum nicht schön sei, dass die Blumen für den Friedhof zu welk wären, und grübelte nervös, ob wir rechtzeitig den Karpfen abgeholt hätten. Es war obligatorisch, am Nachmittag - vor Einbruch der Dunkelheit - auf den Friedhof zu gehen und über den Gräbern unserer Mutter und unseres Bruder Ákos zu beten. Zum Friedhof gelangten wir mit dem Bus und einem Fußmarsch, was alles andere als friedfertig war. Natürlich begann mein Vater, wie jedes Mal, von unserer verstorbenen Mutter zu erzählen, und je öfter ich das anhören musste umso mehr zweifelte ich an seinen Äußerungen. Ich hatte immer den Eindruck, dass er versuchte, sein Gewissen rein zu waschen, was mich innerlich zur Weißglut brachte. Ich schwieg während des ganzen Weges, aber innerlich kochte ich und dachte, ach, wenn das meine Mutter hören könnte, was für ein Gesicht sie wohl machen würde.

Auf dem Heimweg erfuhren wir, was noch alles vor der Bescherung gemacht werden musste, und da ich der Älteste war, welche Aufgaben ich zu erledigen hatte wie etwa Karpfen putzen, den Weihnachtsbaum schmücken und reichlich Holz und Kohle für die Öfen bereitstellen - ausnahmsweise wurden an diesen Feiertagen alle Öfen, also beide Kachelöfen sowie der gusseiserne Schlafzimmerofen, angezündet.. Beim hochheiligen Baumschmücken durften natürlich meine beiden Brüder nicht anwesend sein, schließlich brachten doch die Engel den Weihnachtsbaum - und nicht etwa der älteste Sohn und Bruder! Es gab gewohnheitsmäßig einen väterlichen Zornesausbruch, weil das Weihnachtsessen nicht rechtzeitig fertig war und ich zu früh die Kerzen angezündet hatte und außerdem Wachs auf das Parkett getropft war. Aber irgendwann waren wir soweit und jeder setzte seine ‚Heiligenschein-Miene' auf, ich musste ein Weihnachtslied singen, und dann endlich bekamen wir unsere Geschenke. Bis dahin war alles in Ordnung. Die Stille und das Knistern der angezündeten Kerzen war immer beeindruckend und strahlte einen gewissen Frieden aus. Diese Augenblicke waren eigentlich für mich die schönsten der ganzen Weihnachtszeit. Ich durfte mich zurückziehen und mich in aller Ruhe meinen Geschenken widmen. Diesmal hatte ich ein wunderschönes aus Holz geschnitztes Schachspiel bekommen. Nur wusste ich nicht, mit wem ich spielen sollte, da außer mir keiner Schachspielen konnte.

Das Abendessen verlief ebenfalls traditionsbewusst ab. Erst gab es, wie an allen Weihnachtsabenden, „Halászlé" oder ungarische Fischsuppe, und anschließend Karpfen paniert und gebacken mit Petersilien-Kartoffeln. Zum Nachtisch wurden die obligatorischen Beigli aufgetischt. Ich durfte sogar zwei Glas Wein trinken, natürlich insgesamt nur 0.2 l. Ich darf nicht vergessen, dass es auch anderes Gebäck wie Vanillekipferl oder die berühmte Gerbeaud–Schnitte gab.

Über diesen zuletzt genannten Kuchen muss man folgendes wissen: Ein berühmtes Caféhaus in Budapest, das heute jeder Tourist kennt, ist das „Café Gerbeaud" am Vörösmarty tér 7, und dort wurde, neben anderen Köstlichkeiten, dieser einmalige Kuchen von einem gewissen Konditormeister Gerbeaud entwickelt.

Es war ein langer Tag gewesen, und nach all diesen feinen Sachen wurde man nun relativ müde, aber man war gezwungen dagegen anzukämpfen, da wir um Mitternacht zur obligatorischen Mitternachtsmesse in die etwa 30 Minuten entfernte Kirche marschieren mussten. Also war es meistens etwa drei Uhr morgens, ehe wir erschöpft, endlich im Bett landeten.

Weihnachten 1955

Im Frühjahr musste ich öfter im Labor arbeiten, was leider nicht nur Vorteile sondern oft erhebliche Nachteile brachte. Wie heißt es so schön: ‚wo gehobelt wird, da fliegen Späne', und so war es auch bei mir. Ich zerbrach in meinem Eifer doch etliche Glaskolben, die nicht unbedingt billig waren, und wir mussten alle zerbrochenen Glaskolben ersetzen!

Es bereitete uns ein besonderes Vergnügen, anderen Klassenkameraden Salpeter oder Schwefelsäure in die Arbeitskittel zu gießen. Man musste nicht viel von dieser Flüssigkeit verwenden, um einen doch absolut durchschlagenden oder besser gesagt durchbeißenden Erfolg zu erzielen. Diese hochkonzentrierten Säuren waren in kürzester Zeit in der Lage, sich durch die Kitteltasche zur eigenen Kleidung vorzuarbeiten. Man nahm diese Attacke aber erst wahr, wenn es plötzlich auf der Haut zu brennen begann. Aufheulend rannte man zum nächsten Wasserhahn, um die Hose von der Säure zu reinigen. Natürlich blieb ein Loch von dieser Säureätzung zurück, aber das gehörte halt zu unserem ‚Spiel'.

„He, Laci, hast Du das gesehen?" rief mir Lajos Bors zu.

„Nein, was ist denn?"

„Stell Dir vor, Lajos Kiss hat unserem Laborchef Säure in die Kitteltasche gegossen!" „Wie bitte, Du spinnst!" sagte ich entsetzt.

„Doch! Er verwechselte allem Anschein nach den Laborleiter mit Vörös. Die beiden haben sich gebückt und dabei war der Laborleiter etwas weiter vorne, und aus Versehen ist es halt passiert."

„Und hat er es bemerkt?"

„Nein, noch nicht, aber es wird nicht lange dauern, darauf kannst Du Gift nehmen." „Na, dann haben wir ja noch was vor uns!" Ich schaute mich vorsichtig um und erwartete gespannt darauf , dass jetzt die Bombe platzen und er mit Sicherheit wütend aufschreien würde. Aber es passierte nichts. Es vergingen weitere Minuten und außer, dass er öfter an seinem Oberschenkel kratzte, wohin mit größter Wahrscheinlichkeit die Säure gelangt war, arbeitete er seelenruhig weiter. Ich muss zugeben, dass ich schon etwas enttäuscht war. Kurze Zeit später ging er aus dem Labor, und als er zurückkam trug er eine andere Hose, sagte aber noch immer nichts. Wir wussten jetzt alle, dass er das ganze Malheur bemerkt hatte, aber es kam kein Wort über seine Lippen.

Zum Unterrichtsschluss sagte er dann schließlich: „Ich habe mir überlegt, dass wir, obzwar die große schriftliche Arbeit erst in 4 Wochen ansteht, sie sofort erledigen sollten. Da sich die Umstände geändert haben, werde ich daher mit Einverständnis eueres Geschichtslehrers unsere Laborarbeit um eine Stunde verlängern. Ich bin überzeugt, dass ihr alle meinem Vorhaben zustimmen werdet und ich Euch von der noch vierwöchigen zermürbenden Wartezeit befreien werde. Also nehmt bitte alle Platz, ich teile jetzt weißes Papier aus, und wir fangen mit der Arbeit an."

Wir waren alle fassungslos. Einige von uns machten den Mund auf und versuchten etwas zu erwidern, aber er hörte uns überhaupt nicht an, blieb sehr ruhig und begann die erste Frage zu diktieren. Natürlich ging diese Arbeit in die Hose. So schlecht hatten wir noch nie im Kollektiv eine Arbeit geschrieben, mit einem Klassendurchschnitt von 4,1.

Beim Einsammeln der Arbeiten fügte er noch nebenbei hinzu: „Außerdem würde ich mir an eurer Stelle in Zukunft gut überlegen, was man mit Säure anstellt." Wir waren tatsächlich keine Engel.

Endlich kam der sehnlichst erwartete Frühling, vorbei waren die kalten Nächte in den Schlafsälen, und wie jedes Jahr genossen wir die plötzliche grüne Pracht der Bäume und das von heute auf morgen erschienene Blumenmeer. Wie man so sagt kommt mit dem Frühling auch die Liebe, und tatsächlich verliebte ich mich wieder einmal in eine Gymnasiastin. Wir lernten uns im Zug nach Balatonfüred während eines Schulausflugs kennen. Die Gymnasiasten machten, wie der Zufall es wollte, zur gleichen Zeit einen Schulausflug in Richtung Plattensee. Ich saß ausgerechnet im selben Abteil wie sie und so kamen wir ins Gespräch.

"Ich heiße Laci und Du, wie heißt Du denn?"

"Was geht Dich das an?" raunzte sie mich an.

"Ach, ich dachte, wir könnten uns vielleicht mal in Veszprém treffen?" versuchte ich einen zweiten Versuch.

"Und warum?"

"Na ja, ich dachte..." fing ich an zu stottern "vielleicht hättest Du Lust, Dich mal mit mir zu treffen?"

"Wieso? So toll bist Du doch auch nicht. Wie kommst Du darauf, dass ich mich mit Dir treffen will?" blaffte sie mich an.

"Naja, ich bin auch in Veszprém, nicht weit von Eurem Internat, und in der Ausgangszeit könnten wir doch mal zusammen was unternehmen."

"Ach, und Du glaubst, dass ich mich allein nicht beschäftigen kann, oder?" sie lachte laut auf, und die neben ihr stehenden Mädchen lachten mit. Es wurde mir zu bunt, und ich wurde allmählich auch sauer darüber, was sich diese Weiber überhaupt erlaubten. Innerlich hatte ich die ganze Affäre schon aufgegeben, als sie sich plötzlich wie durch eine Sinneswandlung umdrehte und sagte "Meinetwegen, am nächsten Wochenende könnten wir uns wiedersehen."

"Und wo und wann?" bohrte ich weiter.

"Na, sagen wir nächsten Sonntag um 3 Uhr nachmittags vor unserem Internat." lächelte sie und verschwand zwischen ihren Freundinnen. Leider kam alles ganz anders und ich – wie das Schicksal so spielt - habe sie nie wiedergesehen. Sie wurde angeblich krank, dann kamen die großen Ferien, ein weiteres Betriebspraktikum und wieder Sopron.

Wer hätte damals gedacht, dass sich die Welt in kürzester Zeit für uns total verändern würde.

Eine Revolution, die die Welt verändert .

Der Sommer 1956 war herrlich, warm aber doch nicht zu heiß, trocken und mit viel Sonnenschein, wunderbares Ferienwetter. Mitte Juni, nur noch ein paar Tage waren zu überstehen und die großen Ferien konnten beginnen.

Ich war 17 Jahre alt und hatte noch ein Jahr bis zum Abitur vor mir.

Die letzte Klasse hatte gerade mit der härtesten Prüfung des Abiturs, Mathematik, begonnen, und so lief der gesamte Schulunterricht in dieser Zeit mehr oder weniger auf halber Kraft. Die Lehrer mussten die Abitur-Klasse bei der schriftlichen Arbeit überwachen, und für uns gab es wegen Lehrermangels mehr Sportunterricht, Geschichte und manch andere Ersatzstunden, die wir natürlich nicht ganz so ernst nahmen. Wer dachte schon in dieser Zeit an das kommende Jahr, an unser bevorstehendes Abitur, das alles lag für uns noch sehr weit entfernt. Wichtiger war, wie wir schnell zum Plattensee ("Balaton") kommen und kurze Ausflüge in die Umgebung veranstalten konnten. Auch das Abendessen war in dieser Zeit im Internat merkwürdigerweise besser als sonst. Vielleicht war es eine Art Gehirn-Doping für die Abiturienten, wovon auch wir reichlich profitierten. Am Vorabend des Mathematik-Abiturs war wieder einmal der Internats-Speisesaal nicht nur mit Internatsschülern sondern auch mit Lehrern gefüllt. Dieses sonderbare Phänomen war immer dann zu beobachten, wenn unsere Schulküche etwas Besonderes auf den Tisch bringen wollte. Solche überaus guten Nachrichten verbreiteten sich unter der Lehrerschaft mit erstaunlicher Geschwindigkeit. Natürlich war dieses Abendessen für die Lehrer kostenlos. In einem ausgehungerten kommunistischen Land war dies immer eine willkommene Abwechslung und Grund genug, an einem solchen Abendessen teilzunehmen.

Mein Onkel, der gefürchtete stellvertretende Direktor, war ebenfalls dabei. Wir nannten ihn auch „die Buche", da er im Zweiten Weltkrieg seinen rechten Unterschenkel verloren hatte und seitdem eine Beinprothese besaß. Wir waren alle zutiefst davon überzeugt, dass diese Prothese aus Buchenholz bestehen musste. Alle waren anwesend und erwarteten gespannt die Abendessen-Überraschung.

"Ich möchte wetten, dass es eine Riesenwurst geben wird" flüsterte mir Lajos zu, der neben mir saß.

"Ach Blödsinn – zur Zeit gibt es zu wenig Fleisch. Also träume nicht davon!" antwortete ich etwas genervt. Man muss dazu wissen, dass diese sogenannte Riesenwurst aus lauter Abfall-Fett bestand und mit einer nicht definierbaren Füllsubstanz in einen fraglichen Kunststoffsack gepresst wurde. Aber in dieser mageren Zeit war auch diese Wurstimitation sehr gefragt und gehörte somit zu den etwas besseren Abendessen.

Inzwischen teilten die zum Küchendienst eingeteilten Mitschüler die großen verbeulten Aluminiumkannen aus. Küchendienst war stets eine heiß umkämpfte und hoch angesehene Position im Internat, da natürlich immer die besten Stücke für Diensthabende abfielen, und außerdem durften sie dann auch noch eine halbe Stunde früher mit dem Silencium aufhören. Also, was wollte man mehr!

"Mensch, schau mal in die Kanne" schrie plötzlich Lajos auf. Ich beugte mich vor und steckte meine Nase in die Kanne. Der süße würzige Dampf von frischer heißer Schokolade stieg mir in die Nase. Ein Genuss, den es nicht so oft gab.

"Ich glaube es nicht" schrie ich laut auf "Es ist doch Kakaooooo!". So etwas hatten wir im Internat schon lange nicht mehr erlebt. Jeder schrie durcheinander, und der Kampf um die vollen Kannen begann sofort zu eskalieren, mit einer kaum beschreibbaren Heftigkeit.

In diesem Augenblick kam aber schon die nächste Überraschung auf den Tisch.

Hefezopf, jawohl - noch leicht warmer und köstlich duftender süßer Hefezopf. Ich wurde auf einmal in den Himmel katapultiert.

"Kinder - Lajos - Kakao und Hefezopf, träume ich oder was??" schrie ich ganz außer mir.

"Nicht so heftig, es gibt mehr als genug - Ihr könnt alle nachschöpfen" ertönte plötzlich die Stimme unseres Internat-Direktors, Herrn Lovas.

Die Stimme kam aus der Richtung des etwas erhöhten Lehrerpodiums. Dort saß immer die Lehrerschaft, die auf diese Weise eine bessere Übersicht und Kontrolle hatte. Unsere Lehrer schmunzelten auch alle zufrieden, und mein Verdacht wollte nicht weichen, dass sie schon den ganzen Tag über gewusst hatten, was es zum Abendessen geben würde. Nur uns hatten sie nichts verraten, auch mein Onkel, "die Buche", nicht - was ich nicht sehr schön fand – schließlich waren wir doch Verwandte.

Na egal, wir genossen Kakao und Hefezopf, und nur das zählte.

In dieser Nacht schlief ich entgegen meiner Erwartung relativ schlecht. Ich musste sonst in der Nacht äußerst selten aufstehen und die Toilette aufsuchen. Diese Nacht entwickelte sich aber völlig anders und übertraf alle meine Vorstellungen. Ich wachte ungefähr zwischen zwölf und halb eins mit merkwürdigen Bauchkrämpfen auf. Es dauerte nicht lange, bis ich begriffen hatte, dass ich schleunigst die Toilette aufsuchen musste. Leicht gesagt, aber in der Tat war es schwierig: Es gab auf unserem Flur nur zwei Toiletten für ungefähr vierzig Schüler und beide waren recht konservativ ausgerüstet, mit Spüler und Wasser-Sammelgefäß. Das heißt, nachdem jemand die Toilette benutzte und spülte, dann musste der nächste so lange warten, bis die Wasserreserve wieder aufgefüllt war, um erneut spülen zu können. Das brauchte aber eine entsprechende Laufzeit. Nur hatte der nächste, der ebenfalls dringend etwas erledigen wollte, diese Zeit nicht, und so war es unmöglich, die Toilette zu spülen. Es bildete sich blitzschnell eine gefährliche Schlange vor der ‚Erlösungsstelle'. Als ich in dieser Nacht dort ankam, wusste ich sofort; dass ich so viel Zeit nicht mehr hatte; um mich geduldig anzustellen; wenn ich meine saubere Unterhose noch behalten wollte. Also blieb mir nichts anders übrig, als kurz entschlossen in den Garten zu hasten. Als ich draußen ankam sah ich schon zahlreiche Mitschüler, die mich hockend mit erleichtertem Gesichtsausdruck begrüßten. In diesem Augenblick begriff ich erst, dass wir alle von einer unbekannten Kakaoitis mit durchschlagendem

Erfolg befallen waren oder Opfer einer Hefezopf-Vergiftung geworden waren. Auf jeden Fall war das gesamte Internat auf den Beinen, und das Kakao-Hefezopf Eldorado blieb für uns alle unvergesslich.

Am nächsten Morgen kam sofort jemand vom Gesundheitsamt und nahm eine Probe der Essensreste des Vorabends, um die Ursache für diese Durchfallerkrankung herauszufinden. Das Ergebnis war, wie ich später erfuhr, sehr dürftig, wenn nicht sogar ungenügend.

Wer von der gesamten Affäre am meisten profitierte waren die Abiturienten, die am nächsten Vormittag eine Mathe-Arbeit schrieben. Wegen des nächtlichen Vorfalls durften sie öfter den Saal verlassen und die Toiletten aufsuchen. Ich möchte ihnen nichts unterstellen, aber einem erfolgreichen mathematischen Wissensaustausch in der Toilette mit dem Ziel einer guten Abiturnote stand an diesem Tag sicher nichts im Wege.

Mein Onkel, "die Buche", war nach dem Genuss von Kakao und Hefezopf leider auch nicht verschont geblieben. Meine Tante erzählte mir später, dass mein Onkel diese Nacht recht unruhig verbracht hatte. Er musste auch öfter aufstehen. Da die Wirkung bei ihm sehr schnell eintrat, hatte er keine Zeit mehr gehabt, seine Prothese anzuschnallen und versuchte deshalb, auf einem Bein hüpfend das ‚rettende Ufer', seine Toilette' zu erreichen. Beim dritten Sprungversuch waren diese Anstrengungen zu groß und die Naturgewalt zu mächtig, so dass es in der Mitte des Schlafzimmers zu einer Katastrophe kam, die meine Tante anschließend beseitigen musste.

So endete das Kakao-Fiasko. Viel später traf ich in Deutschland während eines Schwarzwald Ski-Ausflugs einen Chemiestudenten, der Schüler dieser Abiturklasse gewesen war. Er erzählte mir, dass die Abiturienten an diesem Abend im Internat reichlich Phenolphthalein in den Kakao geschüttet hätten, in der Hoffnung bei der bevorstehenden Mathematik-Prüfung ausreichend Gelegenheit zu Aufgabenvergleich und -kommentierung zu haben. Phenolphthalein ist ein weißes kristallines Pulver und in Wasser praktisch nicht löslich. Es findet meist in 1%iger alkoholischer Lösung Verwendung. Es ist eine schwache Säure und ein äußerst starkes Abführmittel, bis zur Entdeckung einer möglicherweise karzinogenen Wirkung wurde Phenolphthalein mehr als hundert Jahre lang als Abführmittel verwendet.

Endlich war es soweit, und nach einem recht traurigen Tag, an dem die Zeugnisse ausgeteilt wurden, brachen wir in die Ferien auf. Solche Ereignisse waren im Internat etwas ganz Besonderes. Jeder packte sein Hab und Gut zusammen und sang das obligatorische Lied "....in ein paar Tagen bin nicht mehr hier, auch mich nimmt der Zug mit usw...." und ging zum Bahnhof, um die Heimreise anzutreten.

So ein relativ einfaches Vorhaben war jedoch damals in Ungarn häufig recht kompliziert. Fahrkarten bekam man erst, nachdem man zahlreiche Ausweise vorzeigen musste, wie etwa den Schüler Ausweis, Personalausweis mit dem besonderem Eintrag, dass ich in die Grenzzone einreisen durfte und Bewohner von Sopron war. Dazu muss man wissen, dass die Stadt Sopron geographisch neben dem Neusiedlersee liegt und somit ein ganz besonderes Grenzgebiet war. Man kann es so beschreiben: ein kommunistischer Sack umgeben von dem kapitalistischen, reaktionären Land Österreich, voller Spione und Aggressoren, die zu jeder Zeit bereit waren, unser sozialistisches Paradies zu erobern. Solche Aggressivität mussten wir mit allen Mitteln vereiteln.

"Sei wachsam Bruder und kämpfe fürs Vaterland - Schütze deine Heimat!"

Diese Kampfparolen waren überall zu sehen. Jedoch war ich trotz meiner reichen Phantasie nicht in der Lage mir vorzustellen, wo diese Aggressoren zu finden wären. Wir müssen unsere heiß geliebte sozialistische Volksrepublik vor diesem sehr gefährlichen und aggressiven amerikanischen Nazivolk schützen, hieß es. Ich hätte gerne einmal einen amerikanischen Nazi getroffen, aber stattdessen hatten wir die berüchtigte AVH (Staatssicherheitsdienst) und Grenzsoldaten am Hals, und die waren wirklich nicht pingelig was Schikane und unnötigen Terror betraf. Dieser "intensive Schutz" begann jedes Mal schon beim Bahnkartenkauf. Ich wusste zwar nicht, warum ausgerechnet wir Ungarn dann hunderte Male kontrolliert werden mussten, und hatte auch keine Kenntnis davon, dass eventuell amerikanische Spione unter uns sein könnten, aber letztendlich wurden wir und nicht die echten Spione gefilzt.

Eine solche Fahrt nach Sopron war immer ein wahres Abenteuer. Kaum hatten wir den Soproner Zug in Györ (Raab) bestiegen - wir mussten in Györ immer umsteigen, was ebenfalls zur besagten Spionage-Abwehrtaktik gehörte - kamen schon die ersten mit Maschinepistolen, den sogenannten "russischen Gitarren"ausgerüsteten Uniformierte. Die "russische Gitarre" war eine Trommel-Maschinenpistole, die im 2. Weltkrieg den Russen große Dienste geleistet hatte. Diese Waffe war nicht kaputt zu kriegen. Während man ein deutsches Maschinengewehr ewig reinigen musste, um es feuerbereit zu halten, funktionierte die russische Waffe in Staub, Schmutz und Nässe immer und einwandfrei. Der einzige aber doch sehr große Nachteil war, dass dieses Maschinengewehr bei einer Entfernung von mehr als 30 Meter beim Schießen so streute, dass jemand wirklich großes Pech haben musste, von einer Kugel aus diesem Gewehr getroffen zu werden.

Nach Csorna, gut 60 km vor Sopron, ging die Kontrolle dann weiter, aber in erhöhter Schärfe. Jetzt kamen nicht zwei sondern sogar drei Soldaten in das Abteil. Jeder Reisende musste sofort aufstehen, wer eine Brille trug musste sie abnehmen und die Papiere wurden unendlich lange unter die Lupe genommen. Zwischendurch wurden die altbekannten Fragen gestellt: "Wo wohnen Sie? Seit wann wohnen Sie dort? Warum studieren Sie nicht in Sopron? Haben Sie was eingekauft?" ... und so weiter. Wenn jemand auf diese stereotypen Fragen nicht richtig antwortete oder falls jemand verdächtig erschien, dann war dessen Reise mit Sicherheit spätestens in Kapuvár zu Ende.

Der Sommer 1956 war relativ warm und ich traf mich öfter mit meinen alten Freunden. Gemeinsam gingen wir im Strandbad Löverek oder im Tomalom- (Müllersee) baden. Leider war diese schöne Ferienzeit bald zu Ende, da ich mit meinem Betriebspraktikum in Budapest beginnen musste. In Wahrheit war diese Aktion im Grunde genommen vergeudete Zeit. Gelernt haben wir nichts, wir waren immer im Weg, und während der vorgeschriebenen acht Stunden haben wir uns oft zu Tode gelangweilt. Ich war mit drei anderen Schulfreunden aus unserer Klasse der Gasfabrik ‚Hidroxigén' am Rande von Budapest zugeteilt. Wir brauchten jeweils eine Stunde Fahrzeit für die Hin- und Rückfahrt, da sich unsere Unterkunft mitten in der Stadt im Internat des Budapester Tochter-Technikums (Technisches Gymnasium für Chemie) befand.

Allerdings hatten wir auch gewisse Vorteile in diesem Betrieb. Weil neben der Wasserstoff- und Sauerstoffherstellung durch sogenannte Dialyseverfahren als Abfallprodukt auch Chlor produziert wurde, was ein relativ giftiges und absolut aggressives Gas ist, erhielt aus diesem Grund jeder Arbeiter pro Tag einen halben Liter Milch als Arbeitsschutz. Wie dieser halbe Liter Milch uns schützen sollte, habe ich jedoch nie herausgefunden, aber wir haben unsere Milch jeden Tag genossen.

Eines Tages geschah etwas Ungewöhnliches, was mir unvergesslich in Erinnerung blieb. Am Montagfrüh begann unser Arbeitstag immer mit einem Arbeitsrapport. Das heißt, wir mussten uns bei unserem Meister melden und von der vergangenen Woche berichten, was wir getan oder, besser gesagt, nicht getan hatten und was wir in der kommenden Woche erledigen mussten.

"Also, in dieser Woche werdet ihr eine sehr wichtige Aufgabe erledigen müssen." -

begann er an mit pathetisch erhobener Stimme, was mich etwas an Eunuchen erinnerte, nur sein Schnurbart passte nicht zu meinem Verdacht. Die rote Nase sprach allerdings von einer anderen Leidenschaft, und in seinem Bürotisch hatte er auch das dazu notwendige Behältnis, eine flache Messingflasche, was er uns natürlich als Chlor-Gegenmittel verkaufte.

"Also", fuhr er fort "wir haben am Ufer der Donau" (unser Werk lag direkt am Ufer des Flusses) "ein Saugrohr, das zur Kühlwasser-Gewinnung benützt wird. Und weil der Fluss dort immer viel Kies und Sand ablädt, müssen wir von Zeit zu Zeit die Umgebung des Rohres von diesen Ablagerungen befreien. Sonst verstopft das Rohr, und dann haben wir kein Kühlwasser mehr. Natürlich haben wir noch anderswo ebenfalls solche Saugrohre installiert" erklärte er salbungsvoll "aber wir benötigen alle, sie müssen alle einwandfrei funktionieren."

"Ja, und was sollen wir dabei tun" fragte Lajos ängstlich, schon ahnend, dass unsere schönen Zeiten nun vorbei sein könnten und wir ab sofort von morgens bis abends Kies schaufeln müssten.

"Ihr bildet zwei Mannschaften - jeweils aus zwei Leuten", begann er, uns über die kommende Arbeit detailliert aufzuklären "der eine bindet sich ein Seil um die Brust und steigt ins Wasser. Der andere sichert ihn ab, so dass er nicht von der Strömung weggerissen wird. So…" - und er machte eine kurze Pause - "der andere nimmt tief Luft, taucht zum Rohr und versucht, die Umgebung des Rohres unter Wasser zu reinigen. Wenn es ihm zu kalt wird, dann wechselt Ihr Euch ab." Er machte wieder eine Pause und musterte uns von oben bis unten mit zweifelndem Ausdruck, ob wir es wirklich schaffen könnten oder ob er lieber die ganze Aktion abblasen sollte. Es herrschte eine unangenehme Stille im Zimmer und wir sahen auch wirklich nicht sehr begeistert aus.

"Na, was ist, Ihr Schlappschwänze? Habt ihr vielleicht die Hose voll?" schrie er uns an. Aber gerade das wollten wir nicht hören.

Deshalb sagte ich zwar vorsichtig aber ohne jede Begeisterung: "Also, wenn es sein muss, dann gehen wir baden". Er grinste zufrieden, worauf ich sofort nachschob "Aber, dass wir uns klar verstehen, erstens machen wir das nicht während des ganzen Tages und zweitens steigen wir bei schlechtem Wetter unter keinen Umständen ins kalte Wasser der Donau, das ist doch klar, oder?"

"Ja ja" brummte er "und jetzt holt eure Ausrüstung und fangt mit der Arbeit an. Heute ist es warm, und die Strömung der Donau ist auch nicht stark."

Wir gingen schweigend aus dem Zimmer, aber sobald wir draußen waren begann eine sehr lebhafte Diskussion. "Hör mal, wir sind nicht hier, um am Schwimmunterricht teilzunehmen! Es ist doch ein Schwachsinn! Was interessiert mich schon ein verstopftes Rohr?" schimpfte Pista lautstark.

"Ja, Du Klugscheisser, warum hast Du Deinen Mund nicht da drinnen aufgerissen?"- entgegnete Lajos wütend "oder kannst Du vielleicht nicht schwimmen? Keine Angst ich halte Dich am Seil fest ...wenigstens ein Zeitlang!" und er grinste breit.

"Du Idiot, ich konnte schon schwimmen als Du noch Windeln getragen hast!" Pista wurde krebsrot im Gesicht und hob seine Faust in die Höhe. "Was soll das, bist Du verrückt? Es ist jetzt halt mal so. Wir müssen unter Wasser, ob wir wollen oder nicht." sagte Miska ruhig.

Er war der Ruhigste unter uns, etwas langsam zwar aber äußert bedächtig. "Also gehen wir und holen die Seile ab und dann sehen wir weiter" Diese pragmatische Bemerkung hat uns alle überzeugt, und wir marschierten in Richtung Werkzeug-Ausgabestelle. Dort angekommen erklärten wir, was wir benötigten und erwarteten, alles auch so zu erhalten wie es uns erklärt wurde. Weit gefehlt! Der Lagerist, ein magerer nach Schwindsucht aussehender Mitvierziger, lachte erst auf und brüllte uns dann an, was wir uns vorstellen würden. Mit welchem Seil wollten wir uns absichern? Sowas hat er nicht, und der Meister ist absolut verrückt, so etwas anzuordnen, und wir seien viel zu jung, eine derartige Arbeit zu verrichten, und überhaupt sollten wir von hier verschwinden.

"Was machen wir denn jetzt?" fragte ich halblaut und schaute etwas unsicher um mich.

"Ausgezeichnet" rief Pista "für mich ist die Sache erledigt. Von wegen Schwimmen!" er drehte sich um und wollte gerade triumphierend unseren etwas orientierungslosen Haufen verlassen, als unser Meister um die Ecke kam. "Was ist? Habt ihr immer noch nicht angefangen? Verdammt, es ist bald Mittagszeit! Was ist los mit Euch?"

Ich machte meinen Mund auf, aber bevor ich was sagen konnte, brüllte der Lagerleiter schon los:

"He, Du Komiker, willst Du vielleicht diese Grünschnäbel in die Donau schicken? Du hast doch nicht alle! Hier mit dem von Dir angeforderten Seil kannst Du Dich selber aufhängen, aber lass diese jungen Kerle in Ruhe."

"Was mischst Du Dich in meine Angelegenheiten ein! Kümmere Dich um Deinen Mist! Es ist meine Sache, was ich mit den Praktikanten anstelle. Hast Du mich verstanden oder bist Du für diese Kerle verantwortlich?" keifte der Meister zurück. Er drehte sich wutschnaubend zu uns und brüllte "und ihr packt endlich die Seile und ab geht's!" und zeigte auf den Weg in Richtung Donau.

"Herr Meister, wir haben aber gar keine Badehose dabei" bemerkte Lajos ängstlich. "Na und? Ihr könnt doch nackend ins Wasser gehen oder glaubt ihr, dass hier ein Haufen Jungfrauen auf Euch wartet, um endlich knackige Ärsche zu sehen?" und er lachte so laut mit seiner Eunuchen Stimmen, dass ich glaubte in einer Opernvorstellung zu sein.

Wir trotteten hinter dem Meister her und hörten von Ferne noch den Lagerleiter kreischen: "Die sind verrückt geworden! Das ist doch Wahnsinn! Aber das werde ich bei der Leitung melden!" Uns hat das aber im Augenblick nicht viel geholfen. Als wir unten am Donau Ufer ankamen, zeigte uns der Meister, wo ungefähr das Rohr unter Wasser sein könnte, und dann hieß es "Hose runter".

"Ach nein - um Gottes willen! Lasst eure Unterhosen an, die trocknen nachher sowieso so schnell. Sonst bekomme ich auch noch Schwierigkeiten mit der Sittenpolizei!" - zischte er. Und so standen wir kurze Zeit später alle in einer Reihe in Unterhosen da. In diesem Moment öffneten sich im 3. Stockwerk, wo sich die Laboratorien befanden, die Fenster und wir wurden von ohrenbetäubendem Gelächter überrascht. Die Fenster waren von neugierigen Laborantinnen belagert, die alle ihre Köpfe rausstreckten. Das hatten wir nun wirklich nicht erwartet und stürzten uns - ohne weitere Erklärungen des Meister abzuwarten - ins Wasser. Ich weiß noch heute, dass ich vom kalten Wasser überhaupt nichts spürte. Nur ein einziger Gedanken ging mir durch den Kopf: was erzähle ich nach diesem Desaster im Speisesaal während der Mittagpause? Pista hockte neben mir im Wasser und wiederholte ununterbrochen: "Scheiße, Scheiße - ich bringe den Meister um!"

Nach einer Weile löste sich der erste Schreck und von der Strömung erfasst schwammen wir ein Stück die Donau abwärts. Im Schatten eines Lagerhauses kletterten wir wieder ans Ufer. Jetzt erst merkten wir wie kalt der Fluss tatsächlich war und begannen am ganzen Körper zu zittern. Im Schatten des Lagerhauses ruhten wir uns im Gras liegend aus und ließen unsere Sachen in der Sonne trocknen.

"Und wer holt unsere Bekleidung wieder?" fragte Lajos "wir haben nur unsere Unterhose an, und die Weiber kleben mit Sicherheit noch immer an den Fenstern."

"Wir losen aus" schlug ich vor. "In Ordnung" brummte Miska "Wie ich mich kenne, werde ich sowieso verlieren."

"Ach, Du Armer, wenn ich mehr Zeit hätte, würde ich Dich bedauern" stichelte Joska. Und tatsächlich verlor Miska und musste in seiner Unterhose unsere Klamotten holen. Nach einer Weile erschien er mit unseren Sachen und verkündete triumphierend, dass die Laborfenster wieder leer wären und er keinen zweiten unangenehmen Zwischenfall erlebt hatte. In der Kantine war zum Glück bis zur Mittagspause die Unterhosen-Affäre längst wieder abgeklungen. Nur vereinzelt kicherten noch einige der Damen. Wir hatten jedoch die Angelegenheit noch lange nicht verdaut und dachten uns daher am Nachmittag eine sehr wirkungsvolle Aktion aus, ohne einen Gedanken an ein entsprechendes Nachspiel zu verschwenden.

Wie schon erwähnt produzierte unsere Fabrik Industriegas wie Sauerstoff, Wasserstoff, Chlorgas und Nitrogen, was anschließend in Stahlflaschen gefüllt wurde. Diese Stahlflaschen wurden nach internationalem DIN Norm-Verfahren mit jeweils verschiedenen Farben am Flaschendeckel gekennzeichnet. Rot war an den Stahlflaschenhälsen das Zeichen von Wasserstoff, gelb stand für Chlor, grau für Stickstoff und blau stand für Sauerstoff. Unsere andere Tätigkeit bestand darin, die Flaschendeckel zu säubern und mit neuen Ölfarben zu bemalen. Eine recht eintönige Arbeit und nicht besonders sauber, da man die Ölfarbe nur mühselig mit speziellem Lösungsmittel von den Händen abwaschen konnte, was dazu noch unangenehm gestunken hat.

Im Hof lief stets eine magere Katze herum, die immer wieder unsere Pausenmilch oder Brote stibitzte. Sie genoss deswegen keine besondere Sympathie. "Wisst ihr was?" sagte Lajos begeistert "Rache ist süß - wir werden die Katze fangen und mit unseren Ölfarben bemalen!"

Wir fanden die Idee ausgezeichnet und fingen auch sofort mit der Aktion an. Die Katze war nicht schwer zu fangen, wir brauchten ihr nur ein Stück Wurst von unserem Mittagsessen hinzulegen und schon war die Katze im Sack. Anschließend wurde sie mit allen vier Farben, rot, blau, gelb und grau bemalt und dann entlassen. Sie sah aus wie ein Kakadu auf vier Beinen. Die ganze Belegschaft hat über unser Werk gelacht, nur unser Meister empfand unser Werk disziplinarreif, so dass wir vier schriftlich beim Gymnasium gemeldet wurden. Diese Episode war leider, zusammen mit den anderen Ermahnungen in unserem Gymnasium, der letzte Tropfen, der das Fass zum Überfließen brachte und der zu weiteren Konsequenzen führte. Aber darüber später.

Wir konnten nach den vier Wochen Praktikum wieder nach Hause reisen und die restliche Zeit als Ferien verbringen. Natürlich hatte man für die letzten 3 bis 4 Wochen noch versucht, irgendeine Arbeit zu finden, um wenigstens bis zum Schulbeginn noch etwas „flüssig" zu sein. Leider verging die Zeit rasend schnell, und kaum war ich noch mit meinen Freunden zusammen, so musste ich auch schon wieder mit dem Zug in Richtung Veszprém fahren.

Dort im Internat angekommen fand ich ein recht großes Durcheinander vor. Von den Kellerräumen stiegen dicke Rauchschwaden auf, die ein Bewohnen des Erdgeschosses unmöglich machten. Als Abiturient hatte ich etliche Privilegien. Unter anderem durfte ich in die Zimmer im Erdgeschoss ziehen. Doch diese Option fiel nun leider aus.

Was war geschehen? Die im Keller gelagerte Kohle, die ja eher Kohlenstaub als feste Kohle war, hatte sich selbst entzündet und musste aus dem Keller wieder entfernt werden. Leider waren zu wenige Arbeiter vorhanden, und so fragte man uns frisch zurückgekehrte Internatsschüler, ob wir nicht für einen kleinen Obolus bereit wären, auszuhelfen und die Kohle aus dem Keller zu schaufeln. Diese Arbeit war jedoch nicht ganz ungefährlich, da die Rauchschwaden viel Monoxid-Gas enthielten. Dies verursachte nicht nur

Kopfschmerzen sondern konnte auch sehr leicht zu anderen Vergiftungserscheinungen bis hin zur Bewusstlosigkeit führen. Aber mein Internats-Direktor hatte zu dieser Zeit schon von unseren "Heldentaten" in Budapest erfahren und sprach mich deshalb sofort an: "Laszlo, Du brennst doch schon sicher darauf, deine Katzentaten von Budapest hier mit großer Hilfsbereitschaft auszubügeln, oder?" Ich war überrascht, dass diese Nachricht so schnell den Weg aus der Hauptstadt in unsere Schule in Veszprém gefunden hatte.

Was sollte ich darauf schon antworten. Ich nahm kommentarlos die Schaufel in die Hand und ging, statt in mein Zimmer, wortlos in den Keller zum Kohleschaufeln. Ich brauche nicht zu betonen, welch großartiges Erlebnis eine solche "Kohle-Rettungs-Aktion" war. Nach einer Viertelstunde Kellerarbeit mussten wir alle ins Freie, weil wir keine Luft mehr bekamen, und das nasse Handtuch vor unserem Mund nützte auch nicht viel. Abends sahen wir aus wie schwarze Afrikaner, waren total erschöpft und hatten nur einen Wunsch: am nächsten Morgen nicht weiterarbeiten zu müssen. So begann mein letztes Schuljahr in Veszprém, aber wir haben noch nicht geahnt, mit welchen Folgen dieses Jahr zu Ende gehen und wohin es mich noch führen würde.

Oktober 1956 – Monat der tausend Geschichten.

Als wir nach tagelangem Kellerkampf endlich unseren Kohlenbrand gelöscht hatten, durften nun auch die Abiturienten ihre Zimmer im Erdgeschoß beziehen. Unsere Spinde standen jetzt vor unseren Schlafräumen, und in den Zimmern waren nicht mehr wie früher 15 bis 20 Schüler untergebracht, sondern wir waren nur zu sechst und schliefen in drei Etagenbetten. Diese Unterbringung empfanden wir schon als fürstlich.

Einer unserer Zimmerkameraden hatte noch eine tolle Überraschung für uns parat. Als wir uns endlich in unserem Zimmer eingerichtet hatten, ertönte plötzlich flotte Radiomusik aus einer Ecke des Raumes. Wir waren alle wie vom Blitz getroffen. Ein Radio – ein richtiges Radio, das war schon etwas ganz Besonderes. Zu Hause hatten wir noch nicht einmal ein richtiges Röhren-

Radio sondern nur ein sogenanntes Detektor-Radio, das mit einem richtig lauten Radio-Apparat wie diesem hier nicht zu vergleichen war. Wir staunten nicht schlecht. Unser Freund Josef Szabo hatte es von seinen Eltern geschenkt bekommen. So etwas war natürlich eine absolute Sensation. Wir waren ab sofort in der Lage jederzeit Nachrichten zu hören. Aber nicht nur das, wir konnten neben den verfälschten ungarischen Nachrichtensendungen ab sofort auch „Sender Freies Europa", und die „Stimme Amerikas" empfangen, was wir ab sofort natürlich aufgiebig nutzten. Welchen unschätzbaren Wert dieses Radio später für uns alle darstellte, zeigte sich während der Oktober-Revolution.

Über die Schule war anfangs nicht viel Neues zu berichten, es ging wie bei jedem Schulanfang mit einer Moralpredigt einher, und was mich betrifft, so hatte ich bereits meinen ersten Verweis von unserem Schul-Direktor, dem dicken Herrn Lang, abbekommen, zur Erinnerung an das Sommerpraktikum in Budapest.

Unser Internatsdirektor Herr Lovas, ein sehr netter und vor allem umgänglicher Lehrer, der gleichzeitig in der Schule Kunst unterrichtete, hatte sich für uns eine nette Überraschung ausgedacht: Jeder Internatsschüler der Abiturklasse, der der 4. Klasse angehörte, sollte einen Internatsschüler aus der 1.Klasse übernehmen und betreuen.

Man muss hier erwähnen, dass unser Chemisches Gymnasium aus vier Jahrgängen bestand. Das ungarische Schulsystem bestand aus 8 Elementar- oder Grundschulklassen und anschließenden 4 Gymnasial- oder speziellen Fachschulklassen mit Abitur. Also, unsere Schule war ein spezielles Chemisches Technikum mit Abitur. Man konnte nach erfolgreichem Abschluss auch die Universität besuchen, dann jedoch nur an fachgebundenen Unis. Also konnte man mit diesem Abschluss nicht Arzt werden, höchstens auf einem Umweg über Abendgymnasium usw. Beim Sprachunterricht existierte nur eine Fremdsprache und zwar Russisch. Alle westlichen Sprachen wie Deutsch oder Englisch waren in Ungarn bis 1953 strengstens verboten. Später wurden in humanistischen Gymnasien neben Latein langsam auch westliche Sprachen wie Deutsch oder Englisch zugelassen. In Fach-Gymnasien blieb es aber nach wie vor beim Russisch als einzige Fremdsprache. Wir lernten zwar die ungarische Grammatik, aber ohne lateinische Begriffe als Sprachgerüst. Bezeichnungen wie Genitiv, Akkusativ etc. wurden einfach ins

Ungarische übersetzt. Später hatte ich dann beim Erlernen von Fremdsprachen große Probleme. Mein Vater hatte zwar versucht, mich privat in Deutsch unterrichten zu lassen, ließ aber wegen Drohungen der kommunistischen Partei wieder sein. Auf diese Weise wurde ich von dieser zusätzlichen Schulbelastung ‚befreit'.

Ich bekam einen netten Jungen aus Süd-Ungarn zugeteilt, der vom Land kam und dessen Eltern Bauern waren. Das bedeutete für mich, endlich etwas mehr gesunde und kräftige Nahrungsmittel zu bekommen und zwar in großzügigen Mengen, da er sehr oft Pakete von zu Hause erhielt.

Der Monat September verlief sehr friedlich und ohne nennenswerte Ereignisse. Nur ab und zu hörten wir von gewissen Unruhen in Kreisen der Budapester Schriftsteller, die uns 17-jährige damals kaum interessierten. Mein Freund Jozsi erzählte mir zwar von einem Petöfi-Club und einer Polnisch-Ungarischen Literaturvereinigung, aber ehrlich gesagt berührte mich das nicht besonders. Ich war mal wieder in ein Mädchen unseres Nachbar-Gymnasiums verliebt. Wenn es nur irgendwie ging, so trafen wir uns an Wochenenden unter der Veszprémer-Burg. Nicht weit entfernt von unserer Schule befand sich ein tiefes Tal, über das sich ein Viadukt zog. Unten im Tal, wo das kleine Bächlein Séd floss, war eine sehr romantische Ecke mit wenig Wald, wilden Felsen und einer wunderbaren Aussicht auf die Burg und Umgebung. Dieses Plätzchen war wie gemacht für frisch Verliebte und wir profitierten reichlich von diesem Naturgeschenk. Unsere Liebe blieb aber streng platonisch und wir waren glücklich, wenn unsere Hände sich hin und wieder mal berührten, obzwar bei mir zuweilen doch noch etwas wildere Vorstellungen wach wurden, aber ich war stets brav, blieb eben doch ein Gentleman.

Der Herbst war auffallend warm und schien lange anzuhalten. Mein letztes Jahr vor dem Abitur lief relativ bequem an, und die einzelnen Fächer schienen mir doch machbar. Daher legte ich meine Angst vor dem Abitur so nach und nach ab, nur vor Mathematik hatte ich immer noch viel Angst. Aber dieses Fach war mein Leben lang nicht meine große Stärke. Mein Vater hatte mir erlaubt, mich für die Tanzschule anzumelden, und ein paar Tage vor dem 23.10.1956 bin ich, zwar aufgeregt aber voller Stolz, in die Tanzschule marschiert. Leider blieb es bei diesem einmaligen Auftritt, da die nächsten Tage wirklich nicht zum Tanzen geeignet waren. So endete mein

Tanzlehrgang endgültig, und leider habe ich auch später nie wieder eine Tanzschule besucht.

Am 15. Oktober 1956 ertönten auch in der Universität in Veszprém scharfe Kritiken gegenüber der kommunistischen Führung, man verlangte Pressefreiheit und Beendigung der Diskriminierung aufgrund Abstammung und deren Auswirkungen auf die Genehmigung eines Universitätsstudiums. Die Universitäten Szeged und Budapest übernahmen die Führungsrolle in einer für Ungarn ganz neuen Bewegung, und es wurde für den Studenten-Verein MEFESZ geworben, der am 23. Oktober offiziell gegründet werden sollte.

Auch begann in Veszprém eine eifrige Werbung um neue Mitglieder und es gab mehrere Versammlungen zwecks Disskusionsforen.

In Veszprém wurde am selben Tag um drei Uhr nachmittags eine große Versammlung im Petöfi-Theater einberufen, zu der nicht nur die Studenten sondern auch Arbeitervertreter, Schüler aber auch die kommunistische Partei eingeladen waren. Der stellvertretende Dekan, Dr. Ernö Nemecz, forderte die Studenten auf, jegliche Provokationen zu unterlassen, da auch die Staatsicherheit (AVH) an der Zusammenkunft teilnehmen würde. Dies könnte dann unter Umständen entsprechende Konsequenz nach sich ziehen. Wir Schüler erhielten ebenfalls eine Einladung. Mein Freund Jozsi und ich wollten unbedingt an dieser Veranstaltung teilnehmen setzten uns deshalb schon kurz nach dem Mittagessen ab, um einen Platz zu ergattern. Obzwar uns die Internatsleiter nur zwei Stunden Extraausgang gewährt hatten, blieben wir bis zum Ende der Veranstaltung um ca. acht Uhr abends im Theater.

Es war für mich die aufregendste Versammlung, die ich in meinem bisherigen Leben erlebt hatte. Erst wurde das ‚Szegeder 16 Punkte Programm' vorgelesen, was an und für sich schon aggressiv genug war, aber dann kamen ungeheure Töne auf wie Forderungen nach „Freiheit für Ungarn", „Neutralität", „ungarisches Uran gehört Ungarn", „Russen nach Hause", „Ungarn gehört den Ungarn", „raus aus dem Warschauer-Pakt" . Ich war schlicht und einfach entsetzt und wartete darauf, dass die AVH erscheinen und uns alle verhaften würde. Mein Freund Szabó Josef drängte sogar darauf, dass wir besser zur Schule zurück gehen sollten, da das Ganze sicher nicht gut ausgehen würde, doch ich war völlig sprachlos. Mein Mund blieb offen und ich dachte, ich sei in einer anderen Welt. Diese Töne waren nicht nur fremd für mich sondern klangen auch recht gefährlich, da man schon für weit harmlosere Äußerungen jahrelang eingesperrt wurde. Plötzlich rannte jemand in den Saal herein und schrie „Budapest ist in Unruhe, Hunderttausende sind auf der Straße und marschieren zum Kossuth-Tér vor das Parlament und verlangen eine Rede von Imre Nagy." Sofort herrschte Totenstille. Dann brach die gesamte Zuhörerschaft in ein freudiges „Hurra" aus und verlangte, dass wir auch auf die Straße gehen sollten. Es folgte die Neugründung der Veszprémer MEFESZ. Nach Zusammenstellung der Veszprémer 20 Punkte und deren Verlesung wurde die Versammlung mit der ungarischen Hymne beendet. Eine Straßen-Demonstration wurde zwar versprochen, jedoch sollte sie gemeinsam mit der Bevölkerung von Stadt und Land durchgeführt werden. Deshalb wurde eine Großdemonstration auf die nächsten Tage verschoben. Wir, Szabó Jozsi und ich, gingen glücklich nach Hause und hatten das Gefühl, Augenzeuge eines neuen Zeitalters und eines historischen Ereignisses gewesen zu sein, worauf wir sehr stolz waren.

Im Internat angekommen wurden wir schon vom Internatsleiter erwartet und bekamen natürlich gehörig den Kopf gewaschen. Aber wir merkten sehr bald, dass auch seine Augen glänzten, und zum Schluss, nach unserem Rapport, flüsterte er uns zu: "Ich habe euer Abendessen aufbewahren lassen. Geht in die Küche und esst etwas." Das war schon etwas ganz Außergewöhnliches – so etwas hätte er sonst nie getan.

Anschließend haben wir bis spät in die Nacht in unserem Zimmer Radio gehört. Es wurde immer wieder erklärt, dass Konterrevolutionäre in Budapest Unruhen gestiftet hätten, dass aber die Regierung diese Unruhen im Griff habe und die Menschen nach Hause gingen..

Zwischen diesen Meldungen wurde immer wieder klassische Musik gespielt, meistens von Beethoven und List. Etwa um 20 Uhr wurde eine wichtige, bedeutungsvolle Rede vom Kossuth-Radio gesendet. Gerö Ernö, Generalsekretär der ungarischen Kommunistischen Partei und stellvertretender Ministerpräsident von Ungarn, bezeichnete in dieser Rede die Demonstranten d.h. die Arbeiter und Studenten auf der Straße als reaktionären, antisemitischen Pöbel, Faschisten usw. Diese Rede löste im ganzen Land Empörung aus und wirkte wie Öl auf Feuer. Vor dem Kossuth-Radio-Sender kam es zu einer Großdemonstration von mehreren zehntausend Menschen. Die Demonstranten verlangten, dass im Radio die 16 Punkte Forderung der Studenten vorgelesen werden sollte. Nach längeren Diskussionen hatte sich zwar der Rundfunk bereit erklärt, einigen Studenten einen zensierten Aufruf vorlesen zu lassen, was aber der Menge nicht genügte. Daraufhin versuchten Studenten, in das Rundfunkgebäude einzudringen. Um ca. 21 Uhr wurde bei einem erneutem Versuch der Studenten, das Gebäude zu betreten, in der Vorhalle ein Student von einem AVH-Soldaten erschossen. Dieses Ereignis verbreitete sich wie ein Lauffeuer in der ganzen Hauptstadt, und es begann ein regelrechter Sturm auf die Radiogebäude. Diese Schießerei forderte zahlreiche Opfer, und damit begann der blutige Aufstand in Ungarn.

In Veszprém hatten wir von diesen Ereignissen nur soviel mitbekommen, dass während der Radiosendung im Hintergrund ständig Gewehrfeuer zu hören war und die sogenannten Konterrevolutionäre immer wieder aufgefordert wurden, ihre Waffen abzugeben und die Ordnung wiederherzustellen. Später erfuhren wir, dass Gerö Ernö unmittelbar nach seiner Radioansprache von dem damaligen russischen Botschafter und späterem russischen Ministerpräsidenten Andropow ein sowjetisches militärisches Eingreifen in Ungarn verlangt hatte. Interessanterweise war die Sowjetunion schon wesentlich früher auf einen ungarischen Aufstand vorbereitet gewesen, und ein militärischer Interventionsplan - der sogenannte Iránytü oder Kompass - war bereits einsatzfertig. Auch war der Oberbefehlshaber der in Ungarn stationierten sowjetischen Armee, Malasenko, schon am 23. Oktober in Budapest. Die gesamte sowjetische Armee in Ungarn war im Alarmzustand, so auch die bei uns in Veszprém und Umgebung stationierte Panzerdivision und die russische Luftwaffe. Radiosender wie „Sender Freies Europa" oder „Stimme Amerikas" begrüßten und lobten den ungarischen Aufstand und erweckten in uns immer mehr Hoffnung auf eine große Veränderung.

Am nächsten Morgen, es war der 24.10.1956, erfuhren wir, dass das Stalin-Denkmal in Budapest heruntergerissen und der Platz in ‚Stiefelplatz' umgetauft worden war, da jetzt nur die Stiefel Stalins auf dem Sockel des Denkmals stehengeblieben waren. Auch alle anderen Motive, auf denen der russische rote Stern sichtbar war, wurden mit Gewalt entfernt und auf diese Weise entstand die ungarische Fahne mit einem sichtbaren Loch in der Mitte, weil das alte Emblem mit dem roten Stern daraus entfernt worden war. Dieses Symbol lebt noch heute, und am Tag der Nationalfeier am 23. Oktober trägt jeder Patriot eine rot-weiß-grüne Kokarde mit herausgerissenem Loch in der Mitte.

Im Hauptsaal unserer Schule hielten wir Schüler auch eine Versammlung ab und wählten einen Revolutionsrat. In diesen Rat wurde auch ich gewählt, und so bildeten wir drei Schüler die Delegation, die dann im Rathaus bei der Sitzung des zukünftigen Revolutionsrats und dessen Bildung mitwirkte. Mich langweilten diese unendlichen Dispute und die stundenlangen Diskussionen, weshalb ich dann öfter auf die Straße gegangen bin, um mich dort mit den Leuten auszutauschen und zu erfahren, wie die Meinung und Stimmung der Bevölkerung in den Dörfern und anderen Städten um Veszprém herum war.

Am Vormittag des 25. Oktober richteten wir mit Studenten im Rathaus ein sogenanntes Radiozimmer ein, in dem mehrere Radiogeräte gleichzeitig liefen. So waren wir in der Lage, nicht nur den offiziellen ungarischen Radio-Sender Kossuth zu hören sondern konnten auch „Freies Europa", „Stimme Amerikas" aber auch österreichische Radio-Sender, West-Deutschland und sogar BBC abhören. Unser offizieller Rundfunk war jedoch noch immer in der Hand der Kommunisten, und ständig wurde dort von Konterrevolution und Unruhen geredet und immer wieder wurde die Bevölkerung aufgefordert, die Waffen abzugeben. Man muss dazu wissen, dass der sogenannte ‚freie Kossuth-Radio-Sender' erst am 30.10.1956 endgültig gegründet wurde, und so lange hatten zahlreiche kommunistische Mitarbeiter Zugang zur Rundfunkanstalt. In diesem sogenannten ‚Abhörzimmer' arbeitete mein Freund Laszlo Turcsek den ganzen Tag, und über ihn erfuhr ich dann immer die neuesten Nachrichten. Er war ein sogenannter Donauschwabe oder Ungarn-Deutscher und seine Muttersprache war Deutsch, und hatte deshalb im Fach ‚Ungarische Grammatik' erhebliche Schwierigkeiten. Diesmal war es aber ein nicht zu bezahlender Vorteil, weil wir nun in der Lage waren, auch deutsche Sendungen abzuhören und zu verstehen.

Während dieser Zeit wurde in Budapest eine Großdemonstration geplant, und schon morgens um 7 Uhr versammelten sich die Menschen. Von verschiedenen Seiten der Stadt kamen Menschenmassen zum Parlament am Kossuth-Platz. Es waren nach Schätzungen ca. 30.000 Menschen, sie waren nicht bewaffnet, überwiegend Frauen und zahlreiche Kinder. Man muss auch wissen, dass in dieser Zeit in zahlreichen anderen Bezirken in Budapest schon erbitterte Straßenkämpfe tobten. Auch die russische Armee war bereits eingesetzt. Sogar der später ernannte Verteidigungsminister unter der Imre Nagy Regierung Pál Maléter, der mit Nagy zusammen hingerichtet wurde, kämpfte als ungarischer Oberst auf der Seite des kommunistischen Regimes. Sein Schritt, wie es Aufständische deuteten, dass er zu den Aufständischen hinübergelaufen sei, beruhte auf einem Missverständnis. Er erhielt nämlich den Befehl, die Nationalflagge mit dem herausgerissenem Emblem in der

Kilian-Kaserne, in der sein Panzer im Tor der Kaserne hängengeblieben war, zu hissen weil angeblich ein Waffenstillstand eingetreten sei. Ursprünglich lautete sein Befehl, die im Corvin-Kino kämpfenden Aufständischen niederzuwerfen. Als um etwa 10 Uhr die Demonstranten den Kossuth-Platz erreicht hatten, eröffneten wahrscheinlich AVH-Leute vom Dach des gegenüberliegenden Gebäudes des Agrarministeriums Feuer auf wehrlose Menschen. Mehr als 300 Menschen, dabei viele Frauen und Kinder, wurden damals erschossen. Dieser „blutige Donnerstag" änderte den gesamten Verlauf der Revolution. Diese Nachricht hatte in Windeseile die ganze Nation erfasst, und auch wir in Veszprém haben von den Ereignissen sehr schnell erfahren. Wir waren bestürzt und eine unglaubliche Wut stieg in uns auf. Es entstand das Gefühl als wären alle Dämme gebrochen. Aufgestaute Wut, Bitterkeit und Gefühle von Ungerechtigkeit, die die Menschen so lange belastet hatten, wurden plötzlich befreit, so dass es nun kein Halten mehr gab. Zahlreiche Studenten verlangten auch in Veszprém nach Waffen und wollten nach Budapest eilen, um dort für die Aufständischen zu kämpfen. Wir erfuhren auch davon, dass die ungarischen Divisionen, die aus verschiedenen Gegenden in die Hauptstadt beordert wurden, eine nach der anderen die Befehle verweigerten auf Aufständische zu schießen. Viele sind damals zu den Revolutionären übergelaufen. Auch die russische Armee hatte zunehmende Verluste zu melden, und die west-europäischen Sender vor allem „Sender Freies Europa" feuerten uns ununterbrochen zum Durchzuhalten an, mit hoffungsvollen Versprechungen, dass militärische Hilfe vom Westen zu erwarten sei.

Am Freitag den 26.10. organisierten wir eine Großdemonstration in Veszprém, bei der auch alle Bewohner von Veszprém und Umgebung und das erste Mal auch Bergarbeiter vom umliegenden Bergbau anwesend waren.

Ich war an diesem Tag sehr aufgeregt, und trotz Mahnung unseres Schuldirektors Lang, nicht an dieser Demonstration teilzunehmen, waren wir Internatschüler nicht zu halten. Mein Freund Laszlo Turcsek, ein kräftiger Kerl mit Lockenkopf und breiten Schultern und ich gingen direkt nach dem Frühstück zum Rathaus, wo sich schon sehr viele Menschen versammelt hatten.

„Wo ist der Jozsi?" fragte er unvermittelt und schaute mich an: „Hat er vielleicht Angst bekommen?"

„Ich weiß es nicht, ich habe ihn auch heute früh nicht beim Frühstück gesehen" antwortete ich etwas verlegen, da ich selber nicht verstand, wo er blieb. „Komisch, ich habe ihn auch nicht gesehen. Aber gestern sagte er, dass er vielleicht nach Hause gehen müsste, wer weiß, was in den nächsten Tagen noch auf uns zukommt."

„Ja, diese Einstellung mit seiner Vorsicht ist nachvollziehbar. Er war immer schon ein wenig ängstlich. Sogar bei der Versammlung im Theater fühlte er sich unsicher." „Na ja, das macht nichts. Wir sind hier genug und wer weiß, vielleicht hat er ja auch recht." Inzwischen erreichten wir beide das Rathaus und ordneten uns in den Demonstrationszug ein. Dieser Demonstrationszug mit etwa 15.000 Menschen, was in Veszprém bisher noch nie stattgefunden hatte, setzte sich in Gang und marschierte zum 1848er Denkmal. Dort wurden unter anderem die Forderungen des Revolutionsrats nochmals vorgelesen.

Anschließend setzten wir unseren Marsch quer durch die Stadt fort und riefen ununterbrochen Parolen wie ‚Ruski damoi (nach Hause)' und ‚Uns gehört das Uran', ‚Es lebe die ungarische Freiheit'. Zwischendurch sprang immer mal wieder ein Student oder junger Arbeiter aus der Reihe und riss hier und da russische rote Sterne oder kommunistische Parolen von den Wänden ab. Plötzlich hörte ich wie mich jemand von der Seite ansprach: „He, Laci, geh auf die Seite und lass mir auch ein bißchen Platz!" Aufgrund dieser mir bekannten Stimme drehte ich mich um und entdeckte zu meiner größten Überraschung meinen Onkel Jozsi oder wie wir ihn nannten ‚die Buche'. Mit recht gemischten Gefühlen konstatierte ich diese plötzliche Veränderung, da ich nicht besonders begeistert war, neben meinem Onkel zu marschieren. Turcsek schaute auch überrascht und verzog sein Gesicht, was eine Mischung aus Bewunderung und Qual widerspiegelte. Er hat aber nichts gesagt sondern nur kurz seinen „Lehrer" begrüßt. „Die anderen Schüler sind hinter euch" nahm Onkel Jozsi nun wieder das Gespräch auf, grinste freundlich, und dann fing dann auch an lauthals zu schreien: „Ruski damoi!". Jetzt war ich endgültig perplex. Der stellvertretende Direktor marschiert mit uns und schreit sogar mit uns. Das war absolut ungewöhnlich.

„Herr Lehrer" fragte Turcsek unvermittelt „Morgen haben wir keinen Unterricht, nicht war? Nicht, dass Sie uns morgen ausfragen?"

„Ach, um Gottes willen, jetzt haben wir wesentlich Wichtigeres zu tun. Jetzt wird jeder Patriot aufgerufen, wichtigere Aufgaben zu erledigen als meine Technologie zu pauken". Dabei lachte er und schlug mir auf die Schulter.

"Kopf hoch, Jungs, wir gehen einer besseren Zukunft entgegen!"

Unsere Schule mit gesamter Belegschaft, Schülern, Lehrern und anderen Angestellten war vollzählig dabei. Viel, viel später, ich glaube im Jahre 2009, bei einem meiner Besuche in Veszprém, fiel mir ein Buch in die Hände. Es war ein lügenhaftes Jahrbuch unserer Schule, herausgegeben von László Irányi im Jahr 1999. In diesem Buch wurden 10 Jahre nach dem Regierungswechsel in einer freien Nation Ungarn noch immer Lügen und Unwahrheiten über die 1956er Revolution verbreitet. Die Behauptung, dass die Lehrerschaft an den Demonstrationen nicht teilgenommen hätte, wird durch diese kleine hier geschilderte Episode ad absurdum geführt. Übrigens war mein Onkel Józsibácsi, der damalige stellvertretende Direktor unserer Schule, von Anfang an dabei und ist den ganzen Weg mitgelaufen. Ich weiß, wie beschwerlich dieser Marsch für ihn war, da er in dieser Zeit große Schwierigkeiten mit seiner Fußprothese hatte. Das Ende der Prothese rieb seinen Stumpf blutig, so dass er bei jedem Tritt starke Schmerzen hatte. Trotzdem ist er singend mit marschiert. Ich muss zugeben, ich habe ihn nicht besonders gemocht, aber sein Einsatz bei dieser Demonstration ist mir positiv in Erinnerung geblieben.

Auch die Behauptung im besagtem Jahrbuch, dass bis zum 26.10. der Unterricht ungestört weiterlief, war eine Lüge, da wir Schüler nicht mehr in der Lage gewesen waren, bei diesen Ereignissen einem normalen Unterricht zu folgen. Stattdessen gab es viele Versammlungen, und außerdem war auch schon ein Großteil unserer Mitschüler in dieser Zeit bereits nach Hause entlassen worden. Nur Freiwillige blieben weiter im Internat. Für mich blieb dieser Tag unvergesslich. Ich schwebte in einem unwirklichen Zustand, ähnlich einem Traum, der nicht wahr ist, weil er nicht wahr sein darf. Bei der Niederschrift dieser Erinnerungen fiel mir dazu ein schönes Zitat von Václav Havel über die Freiheit ein:

„Die Freiheit ist wie das Meer: Die einzelnen Wogen vermögen nicht viel, aber die Kraft der Brandung ist unwiderstehlich."

Am 27.10. ging eine Delegation zum russischen Stützpunkt nach Szentkirályszabad, um einen eventuellen russischen Angriff auf Veszprém zu verhindern – jedoch ohne Erfolg.

Leider haben wir und viele andere Ungarn in dieser Zeit nicht gewusst, dass an diesem Tag in einer Rede des amerikanischen Außenminister John Forster Dulles, nach vorheriger Absprache mit Präsident Eisenhauer, mitgeteilt wurde, dass Amerika unter keinen Umständen bereit sei, sich in die inneren Angelegenheiten Ost-Europas einzumischen. Warum Eisenhauer sich so entschieden hatte möchte ich hier nicht kommentieren. Ob es übertriebene Angst vor einem Atom Krieg oder Angst um den Verlust strategischer Vorteile war? Tatsache ist aber, dass die Amerikaner und die freie Welt in diesem Augenblick eine unglaubliche Chance verspielt hatten, was später bewiesen wurde. Leider war diese Fehlentscheidung nicht die letzte, die sich die USA leisteten. Denkt man nur an Vietnam, Kuweit, Irak oder in unseren Tagen an Irak und Afghanistan.

Damit war bereits am 27.10.1956 die Ungarische Revolution besiegelt, obzwar erst jetzt in Ungarn der blutige Aufstand begann mit tausenden von Toten und Verletzten auch auf Seiten der sowjetischen Armee. Die große Hoffnung, dass man Ungarn allein lassen würde, wurde jäh zerschlagen: Suez- und die Öl-Krise waren zu dem Zeitpunkt wichtiger als sich für die Freiheit einer kleinen unbedeutenden Nation einzusetzen. Die Dulles–Erklärung wurde am nächsten Tag, am 28.10.1956, im UNO Sicherheitsrat vorgetragen und durch Charles Bohlent, den amerikanischen Botschafter in Moskau, an Schukow und weiter an die sowjetische Führung offiziell weitergeleitet. Der amerikanische Botschafter hat dann erneut am zweiten Tag nach dem israelischen Angriff in Suez, offiziell in Moskau mitgeteilt, dass Amerika sich nicht in die ungarischen Ereignisse einmischen werde.

Jetzt hatte Moskau völlig freie Hand erhalten. Es folgte daraufhin im Zentralkomitee am 01.11.1956 eine entscheidende Sitzung, bei der Suslow ein direktes Einmischen mit militärischer Niederschlagung des ungarischen Aufstands forderte, um die erwünschte Ruhe wiederherzustellen. Nur so wäre es den Sowjets möglich, Ungarn mit sicherer Hand als Satellitenstaat zu führen. Serow forderte die komplette Besetzung Ungarns, und anschließend wurde Marschall Koniew beauftragt, das gesamte ungarische Manöver zu leiten. Hier begann dann der sogenannte „Sturm", ein Manöver mit der Zielsetzung, den ungarischen Aufstand niederzuschlagen und mit einer neu gebildeten Regierung unter János Kádár mit bis zu 4000 Todesurteilen die Revolution auszumerzen. Man muss daran erinnern, dass unter Kádár mehr Todesurteile in Ungarn gefällt wurden als in der Zeit von 1945 bis 1956. Dies bezeichnete die ungarische Regierung bis 1989 als eine "liberale" Regierung, und Kádár wurde als großartiger Staatsmann gefeiert. Einer seiner treuen Gefolgsmänner war Gyula Horn, der spätere ungarische Außenminister. Er gehörte zu den „Nationalgardisten", die nach den russischen Winterjacken

„Pufajkások" (Steppjackenbrigaden) benannt wurden. Diese gehörten bis Juni 1957 zur „Revolutionären Ordnungswache", die für die Retorsionen zuständig waren. Historiker weisen darauf hin, dass er 1957 die „Ehrenmedaille für die Arbeiter-Bauernmacht" erhielt. Diese wurde nur Leuten verliehen, die aktiv zur „Verteidigung der Volksmacht" beigetragen hatten.

Horn selbst hat sich zweimal zur damaligen Zeit geäußert. Als er im Jahre 1997 als Ungarns Ministerpräsident wegen der 1956er Ereignisse zum Rücktritt aufgefordert wurde, tat er den vielzitierten Satz: „Ich war Pufajkás. (Steppjackenträger) Na und?" In einem Interview mit der Zeitung „Die Welt" erzählte er 2006, er habe damals nicht nur den Bruder verloren, sondern seine Tochter sei am 30. Oktober, „genau in diesem schwierigen Augenblick", geboren worden. „Die Umstände waren schlecht. Mit dem Aufstand kamen viele Kriminelle auf freien Fuß. Ich habe in der Steppjackenbrigade die gesetzliche Ordnung verteidigt." Die deutsche Presse aber auch die Bundesrepublik hatten ihm blind geglaubt, ohne jegliche Recherche, was er früher eigentlich gewesen war, und überhäuften ihn mit zahlreichen Ehrungen, so unter anderem 1990 mit dem Karlspreis in Aachen und dem Bundesverdienstkreuz.

Doch kehren wir zu den damaligen Ereignissen zurück.

Am 28.10. 1956 ging eine Delegation zum damaligen Veszprémer Bischof Bertalan Badalik und bat ihn um Hilfe, um in der Stadt Ruhe zu bewahren. An diesem Tag habe ich persönlich den Gymnasiallehrer Dr. Árpád Brusznyai kennengelernt, der dann 1957 ebenfalls hingerichtet wurde. Er war sehr besorgt wegen der frei herumlaufenden und Waffen tragenden AVH Leute und empfahl, um einen eventuellen Straßenkampf wie in Budapest zu verhindern, die AVH Leute zu entwaffnen und sie zu ihrer eigenen Sicherheit gefangenzunehmen. So überlebte die AVH von Veszprém den Aufstand, nicht so in anderen Städten Ungarns. Für diese Initiative wurde er später zum Tode verurteilt.

Am Abend rollten plötzlich mehrere russische Panzer durch Veszprém. Auf den Panzern saßen viele Soldaten, manche trugen weiße Mullbinden an Arm oder Kopf, andere wiederum waren gutgelaunt. Wir standen am Straßenrand, doch als der Konvoi plötzlich anhielt wichen wir aus Angst zurück. Aber es passierte nichts und so näherten wir uns den Soldaten. Ich war damals relativ schmächtig und auch nicht sehr groß und sah daher aus wie ein kleiner Junge, wurde aber seltsamerweise immer akzeptiert. Mit meinen relativ dürftigen

Russischkenntnissen fragte ich etwas zögerlich: "Wohin fahren Sie denn?" Daraufhin antwortete ein Soldat: "Nach Suez – Wie weit ist denn das Meer von hier?" Wir staunten nicht schlecht und haben sicherheitshalber nochmals nachgefragt, ob wir es richtig verstanden hätten. Aber sie wiederholten nochmals, dass sie nach Suez und zum Meer wollten, worauf wir versuchten ihnen zu erklären, sie seien hier in Ungarn und nicht am Suez. Das glaubten sie wiederum nicht und lachten nur.

Am Morgen des 29.10.1956 fragte mich Dr. Brusznyai, ob ich mit jemand anderem einen ersten Lebensmitteltransport nach Budapest begleiten möchte. Er verschwieg mir nicht, dass diese Mission auch gefährlich sein könnte, da Budapest von der russischen Armee abgeriegelt war. ‚Gerade deshalb brauchen die Aufständischen Lebensmittel, da Lebensmittel in der Hauptstadt knapp sind'. Den Lastwagen hatten sie schon besorgt, und der Fahrer stammte aus Budapest – Kőbánya. Er kannte daher etliche Schleichwege und so hätten wir eine gute Chance, unbeschadet hineinzugelangen.

"Und wen darf ich mitnehmen?" fragte ich neugierig. Innerlich hatte ich mich schon längst für den Transport entschieden. "Mir ist es egal, wen Du mitnimmst, aber überlege es Dir gut, denn die Sache ist nicht ungefährlich."

"Ach was - da ist nichts zu überlegen! Selbstverständlich fahren wir! Wann kann es losgehen?"

Er schaute mich zuerst ein wenig ungläubig an und entgegnete: "Na, dir wird hoffentlich nichts passieren. Du siehst ja wie ein etwas zu groß geratenes Kind aus, und die Russen mögen Kinder." Meine etwas klein geratene zierliche Figur würde sich jetzt endlich als Vorteil erweisen.

"Zuerst müsst ihr", erklärte Dr. Brusznyai „in zwei Dörfer fahren. Dort werdet ihr schon erwartet. Nachdem ihr die Kartoffelsäcke aufgeladen habt, geht's dann ab nach Budapest, in Ordnung?" Er fragte mich noch einmal, ob ich wirklich dazu bereit wäre. Aber ich versicherte ihm, dass alles in Ordnung sei und rannte in unseren Radioraum, wo mein Freund László Turcsek am Radio saß.

"László, wir müssen nach Budapest – kommst du mit?" fragte ich ihn.

"Du bist nicht ganz dicht, weißt du überhaupt, was du da redest? Was sollen wir in Budapest? Wir kommen da sowieso nicht rein - wenn du hören würdest, was da los ist! Bitte, höre dir nur diese Nachrichten an, überall sind schwere Kämpfe und hohe Verluste auf beiden Seiten! Und da willst du hin? Du bist ja absolut bescheuert!" keifte er mich an.

"Nein, hör mal zu, Brusznyai hat mich gefragt, ob ich einen Kartoffeltransport begleiten möchte. Ich habe sofort zugesagt und gemeint, dass wir beide sofort abfahrbereit wären, du und ich", versuchte ich ihn zu überzeugen. Natürlich habe ich dabei ein wenig geschwindelt, aber Turcsek wollte ich einfach dabei haben.

Er schaute mich ziemlich düster an, dann wurde er laut: "Verdammt, wie kannst du nur so etwas in meinem Namen versprechen? Was glaubst du eigentlich, wer du bist? Geh zum Teufel, und was du dir da eingebrockt hast, da kannst du auch selber wieder auslöffeln!"

"Blöder Hund, ist mir doch egal. Dann fahre ich eben mit jemand anderem. Aber ich fahre! Außerdem brauche ich so einen Feigling sowieso nicht. Wenn du heute ins Internat nach Hause gehst, dann sage denen Bescheid, wo ich hingegangen bin. Morgen bin ich wieder in Veszprém. Ach ja, und wenn sie fragen, warum du nicht mitgegangen bist - na darauf kannst du dir ja ein stichhaltiges Argument ausdenken, das würde ich dir dringend empfehlen!" - betonte ich und wusste, dies würde das Fass zum Überlaufen bringen. Und so kam es auch.

"Du Arsch, Du glaubst wohl ich hätte Angst? Na, da irrst du dich aber gewaltig! Was du Hosenscheißer kannst, kann ich schon lange! Also gehen wir!"

Er stand ruckartig auf und stürzte durch die Tür. Ich triumphierte innerlich und folgte ihm. Unten vor dem Rathaus stand schon der Lastwagen bereit. Aber der Fahrer war nirgendwo zu sehen. Plötzlich kam er mit zwei anderen Studenten. "Was wollt ihr hier?" fragte er und musterte uns von oben bis unten.

"Was? Wieso, wir sind von Brusznyai hergeschickt worden, um den Transport nach Budapest zu begleiten." sagte ich deutlich betont aber innerlich voller Angst, dass aus unserer Mission doch nichts werden würde. "Nein, ich brauche euch nicht" sagte der Fahrer "ich habe schon zwei Studenten".

"Nein, nein - ich kann zurücktreten, wenn ihr wollt. Ich hatte sowieso etwas anderes vor." schaltete sich plötzlich einer der Studenten etwas verunsichert ein. Aber er schien sichtlich erleichtert zu sein, dass er nicht fahren musste. "Na ja,, wenn du zurücktrittst, machen wir es wirklich gerne." meinte Turcsek. Ich war zutiefst erstaunt über Turcsek, der bis jetzt nur schweigend daneben gestanden hatte. Er war körperlich einen guten Kopf grösser als ich und sah auch sehr athletisch aus - eben das genaue Gegenteil von mir. Plötzlich grinste er und machte eine Handbewegung, als wenn dies alles absolut selbstverständlich wäre und als hätten wir seit Stunden diese Transportbegleitung geplant.

"Mir ist es egal, wenn Ihr unbedingt mitmachen möchtet, aber eure Säuglingsschwester bin ich nicht." sagte der Fahrer mit unmissverständlicher Verachtung.

Turcsek fühlte sich äusserst gekränkt und brummte: "Sie brauchen nicht so zu tun, als wären wir Säulinge. Das ist absolut unnötig oder glauben Sie wirklich, auf den Budapester Straßen läuft nur ein Haufen Greise herum? Falls Sie es noch nicht gehört haben - die Jugend ist hier die treibende Kraft! Aber das werden Sie mit Sicherheit noch selbst erleben. Übrigens, so eine Riesenerfahrung haben Sie auch nicht."

Ich staunte nicht schlecht über meinen Freund. Er war nicht unbedingt ein redegewandter Mensch, eher von schüchterner Natur.

"Ach, ich habe es doch nicht so gemeint. Seid nicht sofort beleidigt. Also o.k. - wir fahren zu dritt. Steigt hinten auf den Lastwagen auf. Ich hole schnell noch die Papiere und dann kann es losgehen," entschuldigte sich der Fahrer.

Er ging ins Rathaus zurück, und wir beide kletterten auf den Lastwagen. Natürlich konnte ich mich nicht zurückhalten als wir allein waren und fragte Turcsek: "Sag mal, du bist ja ganz schön aus dir herausgekommen. Was ist denn mit dir passiert? Ich dachte, du kommst nur ungern mit und jetzt warst du der Held. Ist alles o.k. mit dir?"-

Er sagte dann ganz betont: "Hör mal, was diese ärmlichen Studenten tun, das können wir schon lange. Und der Fahrer soll sich nicht so aufspielen. Abgesehen davon wollen wir erst einmal sehen, wie er uns durch die russische Sperre bringen will. Jetzt mal abwarten. Er soll seinen Mund nicht so vollnehmen."

Der Fahrer kam zurück und winkte uns zu, dass wir losfahren könnten. Unser Lastwagen setzte sich in Bewegung. Wir fuhren zuerst in ein nahegelegenes Dorf. Dort erwarteten uns schon Bauern von der dortigen Agrar-Produktionsgenossenschaft mit einem Berg gefüllter Kartoffelsäcke. Sie packten auch mit an, so dass unser Lastwagen nach kurzer Zeit bis oben hin voll war.

"So, nun nehmen uns endlich die verdammten Russen nicht unsere Kartoffeln weg. Wir wünschen euch eine gute Fahrt, aber seid vorsichtig! Auf der Straße nach Székesfehérvár (Stuhweißenburg) wimmelt es von russischen Fahrzeugen und Panzern. Seid hier bitte verdammt vorsichtig - es ist keine Ausflugsfahrt!" ermahnte uns ein älterer Bauer und schaute mir dabei tief in die Augen: "Junge, du bist noch viel zu jung. Was sagt denn dein Vater dazu?" "Er weiß davon nichts." gab ich zögernd zu.

"Was, und da unternimmst du eine solche Höllenfahrt?" der Bauer war entsetzt. "Ja, ich bin im Internat in Veszprém geblieben. Ich bin ursprünglich aus Sopron und kann jetzt nicht zurückfahren, aber es wird schon gut gehen." sagte ich tapfer, aber zum ersten Mal stieg doch ein wenig Angst in mir hoch.

Wir wollten gerade losfahren, als uns eine ältere Bäuerin entgegenlief. "Wartet doch!" schrie sie und hielt in ihren Händen ein kleines Paket. "Hier sind noch ein paar Eier. Mehr habe ich nicht, aber nehmt das mit - die werden es dringend benötigen in Budapest", und sie reichte mir drei Eier.

Endlich fuhren wir los. Der Fahrtwind auf dem Lastwagen war recht kalt, und die halb sitzende, halb liegende Position war auch nicht sehr bequem. Nach einer halben Stunde Fahrt stoppte der Lastwagen plötzlich, und der Fahrer kam zu uns nach hinten.

"Hört mal zu, stapelt die Kartoffelsäcke so, dass in der Mitte eine Mulde entsteht, in die ihr Euch dann legt. Sollten die Russen uns eventuell beschießen, so habt ihr wenigstens einen gewissen Schutz. Außerdem halte ich ab jetzt nirgendwo mehr an, also, wenn ihr pinkeln wollt, dann müsst ihr es jetzt tun. Ach ja, noch was - wenn ich plötzlich Gas geben sollte, dann duckt euch schnell, weil dann Gefahr droht."

Wir schauten uns beide an. Gesagt haben wir nichts sondern einfach nur angefangen die Säcke zu ordnen. Ich ging sicherheitshalber noch einmal zum Pinkeln, und nach dieser Pause fuhren wir weiter. Bei Székesfehérvár

(Stuhlweißenburg) kam uns plötzlich ein Lastwagenkonvoi entgegen. Es stellte sich heraus, dass die Autos russische Soldaten transportierten. Sie fuhren friedlich an uns vorbei, und einige Soldaten haben uns sogar lächelnd zugewinkt.

"Hoffentlich bleibt es so" sagte Turcsek. Auf unserem Lastwagen wurde es immer kälter. Der eisige Wind pfiff durch die Ritzen und meine Finger waren schon ganz steifgefroren.

"Du, Laci" fragte ich Turcsek, "warum können wir eigentlich nicht in der Fahrerkabine mitfahren? Neben dem Fahrer hätten wir beide doch noch Platz, oder?" "Nein, hast du nicht gesehen, dass der Beifahrersitz bis zur Decke voll mit Brot ist? Da hätten wir keinen Platz mehr gehabt." erklärte er mir.

Eine ganze Weile lang passierte nichts. Wir kamen bereits in die Nähe der Hauptstadt, als wir das erste Mal auf Kanonendonner und Schießereien aufmerksam wurden.

"So, ich glaube es ist soweit. Duck dich gut, Kopf runter - jetzt wird es ernst." sagte Turcsek und ich begann unruhig zu werden.

Wir erreichten einen südlichen Außenbezirk der Stadt und konnten jetzt sehr deutlich Kanonendonner hören, der sich mit Maschinengewehrfeuer mischte, und immer wieder krachte es fürchterlich bei Granat-Einschlägen. Die Kampfhandlungen mussten unmittelbar in der Nähe sein, aber wir trauten uns nicht, unseren Kopf aus dem Wagen zu stecken und wussten deshalb auch nicht wo wir waren. Plötzlich gab der Fahrer Gas und unser Fahrzeug kam ins Schlittern. Wir rollten über den Säcken hin und her. Es krachte mal links, mal rechts. Dann bremste er unvermittelt und nach einer scharfen Kurve gab er wieder Gas. So ging es eine ganze Zeitlang. Mir schien es, als wäre die Zeit stehengeblieben. Ich muss zugeben, ich zitterte am ganzen Leib und bedauerte schon, diese Fahrt überhaupt unternommen zu haben. Dann aber wurde es langsam wieder leise, und als wir endlich unsere Köpfe aus dem Wagen steckten, erblickte ich die Donau. Wir fuhren entlang der Donau, an der Petöfi-Brücke vorbei, und kamen kurze Zeit später im Hof der Technischen Universität an. Als wir in den Hof hineinfuhren, wurden wir in kürzester Zeit von einer Menge Studenten umringt. Sie schrien "Es lebe Ungarn!" und umarmten uns, als wir vom Wagen hinunterkletterten.

"Sagt mal, wie habt ihr das nur geschafft?" fragte mich jemand. "Frag bitte unseren Fahrer. Er war der Held, wir lagen nur auf der Ladefläche. Der hat uns hergefahren. Er ist der Macher." sagte ich, ging zu meinem Fahrer und umarmte ihn.

Die Kartoffelsäcke wurden in Windeseile abgeladen und auch das mitgebrachte Brot wurde übergeben. Die ganze Ladung kam in die Universitätsmensa, wo man schon lange auf die Hilfslieferung gewartet hatte. Unser Wagen war die erste Lieferung, die dort überhaupt angekommen war, und deshalb war die Freude besonders groß. Na ja, und ich muss zugeben, wir waren auch ziemlich stolz darauf. Meine fürchterliche Angst hatte ich längst vergessen - bis zur nächsten Episode.

Plötzlich kam ein älterer Mann auf uns zu und fragte, ob wir unseren Wagen schon inspiziert hätten.

"Nein - ist etwas nicht in Ordnung?" fragte ich besorgt. Daraufhin führte er unseren Fahrer und uns beide zum hinteren Teil des Lastwagens und zeigte uns drei Löcher über dem rechten Reifen im Holz des Wagens. "Dies sind Einschusslöcher, Jungs. Ihr habt aber verdammt großes Glück gehabt." Ich wurde blass, da sich die Einschusslöcher direkt dort befanden, wo ich kurz zuvor gelegen hatte. Ich wurde sehr schnell in die Realität zurückkatapultiert und dachte mit ungutem Gefühl und bleierner Angst an unsere bevorstehende Rückreise.

"Also, um euch eine gewisse Sicherheit zu bieten kommt bitte mit. Ich werde euch Waffen geben. Damit ihr auch diese Waffen tragen dürft, stelle ich euch den neuen von Imre Nagy verordneten Freiheitskämpfer-Ausweis aus. Ich weiss, dass er keine absolute Sicherheit bietet, wenn wirklich etwas passieren würde, aber ein wenig Schutz habt ihr dadurch allemal". sagte der ältere Mann lächelnd und ging vor uns ins Gebäude.

Wir folgten ihm in einen Nebensaal, der voller Handfeuerwaffen war, angefangen von verschiedenen Revolvern, Maschinenpistolen, Gewehren, Handgranaten, Schnellfeuergewehren, Munition usw. Ich bekam einen sogenannten „Nußschlägerstock", wie dieses lange Gewehr damals genannt wurde. Es war ein Gewehr mit aufgestecktem Bajonett, wahrscheinlich noch aus dem II. Weltkrieg, und dazu noch 60 Stück Munition. Was ich mit diesem Monster anstellen sollte, wusste ich nicht wirklich. Ich hatte in meinem bisherigen Leben noch nie ein Gewehr besessen, geschweige denn mit einem Gewehr geschossen.

Turcsek bekam eine Maschinenpistole, eine sogenannte russische Gitarre, ebenfalls aus dem II. Weltkrieg. Es war eine Maschinenpistole mit Trommel-Magazinen, daher auch der Name Gitarre. Unser Fahrer nahm einen Revolver an sich. Dazu bekamen wir noch vier Handgranaten. Natürlich war ich sehr stolz auf meine Ausrüstung, ohne zu bedenken, welche Konsequenzen es haben könnte, wenn die russischen Soldaten uns damit erwischen würden. Außerdem, wie hätten wir unseren Wagen verteidigen können, da keiner von uns je einen Schuß mit irgendwelchen Waffen abgefeuert hatte. Vielleicht hatte unser Fahrer, der gut 10 Jahre älter war als wir, diesbezüglich gewisse Erfahrung. Wir beide aber überhaupt nicht.

Es war ein kalter Novembertag, und es wurde langsam dunkel. Unser Fahrer wurde etwas unruhig: "Jungs, ich muss jetzt in den Norden von Budapest fahren, nach Köbánya. Dort wohnen meine Eltern. Ich kann aber nur einen von euch mitnehmen. Also, der andere muss hier in der Uni übernachten und dann morgen früh nach Köbánya nachkommen." Ich schaute ihn verblüfft an und fragte: "Na, das ist ja eine tolle Überraschung. Sag mal, wie soll der andere denn nach Köbánya kommen? Es ist von hier gute 10 km entfernt und es gibt zur Zeit keine Verkehrsmittel. Also müsste derjenige dann doch zu Fuß diese Strecke zurücklegen, oder irre ich mich?" Mein Freund Laci schaute ihn ebenfalls etwas verunsichert an. Aber der Fahrer blieb konsequent: "Es tut mir echt leid, aber unsere Wohnung ist viel zu klein. Ich kann euch beide unmöglich dort unterbringen. Aber ich werde auf jeden Fall morgen solange warten, bis der andere in Köbánya ankommt."

"Ach, wie ungemein beruhigend, dass du uns nicht im Stich lässt und bereit bist, uns nach Veszprém zurückzubringen," ich kochte vor Wut. "Sei nicht gleich beleidigt. Ich kann halt nicht anders." versuchte mich der Fahrer zu beruhigen.

"So, und wer bleibt von uns beiden jetzt hier?" fragte ich Laci. Er schaute etwas ratlos und sagte dann: "Lass es uns auslosen. Wer den Kürzeren zieht, der bleibt und kommt morgen nach."

Dann nahm er zwei Streichhölzer, brach sie in zwei Teile und hielt sie mir hin. "So, du ziehst" forderte mich Turcsek auf. "Wieso soll ich zuerst ziehen. Wir können es ja auch umgekehrt machen. Ich verstecke die Streichhölzer und du mußt ziehen oder?" versuchte ich ihn zu überreden. "Hört mal, macht es endlich. Es wird immer dunkler, und ich kann nicht fahren, wenn es ganz dunkel ist. Oder aber ihr bleibt beide hier und kommt morgen dann gemeinsam nach Köbánya." schlug unser Fahrer ungeduldig vor.

"Nein, nein - einer wird schon mitfahren." sagte Laci und forderte mich nochmals auf endlich zu ziehen. Also, gab ich klein bei und zog prompt den Kürzeren. Bei solchen Glückspielen hatte ich noch nie Glück, also verlor ich auch diesmal.

"In Ordnung" - sagte ich schweren Herzens, und wir verabschiedeten uns, nachdem der Fahrer mir die genaue Adresse genannt hatte.

"Du kannst unsere Wohnung gar nicht verfehlen, weil wir direkt neben der Brauerei wohnen, da mein Vater in der Brauerei arbeitet. Du musst über die Szabadság-Hid (Freiheits-Brücke) nach Pest marschieren. Gehe nicht über die Petöfi Brücke, weil es dort noch etwas gefährlich ist. Du läufst dann Richtung Kálvin-Tér weiter, die Üllöi-Ut runter Richtung Köbánya. Dort suchst du nach der Brauerei." "Ja ja, ich hoffe, ich werde euch finden. Aber bitte wartet unbedingt auf mich. Wer weiß, wie lange es dauert bis ich da ankomme."

Der ältere Mann, der uns die Waffen ausgehändigt hatte, mischte sich plötzlich ein: "Ich glaube, es ist besser, wenn ihr mit dem Lastwagen auch die Waffen mitnehmt, damit er morgen ohne Waffe durch Pest läuft. Sollte er morgen mit der Waffe in der Hand auf Russen treffen, dann machen die mit ihm kurzen Prozess."

Ich war schon reichlich bedient. So hatte ich mir meinen Budapest-Transport bei Gott nicht vorgestellt.

Die beiden gingen zum Wagen. Ich gab ihnen noch meine Waffe, dann öffnete sich das Tor und der Lastwagen verschwand in der nebligen Dunkelheit. Ich stand noch eine Weile da und blickte in die Dunkelheit, bis der ältere Mann mich aus meinen Gedanken weckte: "Komm bitte mit. In einem der Hörsäle liegen zahlreiche Matratzen und es ist gut geheizt. Da kannst du schlafen. Aber gehe erst mal in die Küche und hol dir was zu essen. Auch Decken sind im Saal reichlich vorhanden, du wirst also mit Sicherheit nicht frieren."

In der Zwischenzeit war es merklich kälter geworden. Es war ein feuchtkalter Abend mit eiskaltem Ostwind und ich begann zu frieren. Nachdem ich die

Küche gefunden hatte sprach mich eine ältere Frau an: "Mein Junge, wo kommst du denn her? Warum bist du nicht zu Hause geblieben? Weiß deine Mutter, dass du hier bist?" "Nein, nein, ich habe schon lange keine Mutter mehr. Sie ist 1944 gestorben. Aber machen Sie sich keine Sorgen, mir geht es gut und morgen abend bin ich wieder in Veszprém," versuchte ich sie zu beruhigen.

"Was, du bist nicht mal von hier? Um Gottes Willen! Und wie kommst du wieder nach Veszprém?" fragte sie mich ganz aufgelöst.

Ich erzählte ihr von meinem Plan, morgen nach Köbánya zu gehen und dass dort ein Lastwagen auf mich wartet, der mich mit meinem Freund nach Veszprém bringen würde.

"So, aber jetzt geben Sie mir bitte etwas zu essen, da ich einen Mordshunger habe." forderte ich sie schon etwas ungeduldig auf.

"Natürlich, mein armer Junge! Ich bringe dir gleich was. Möchtest du Tee oder lieber eine Flasche Bier?" sie stockte plötzlich und fuhr dann etwas unsicher fort: "Oh Gott, was rede ich eigentlich! Du darfst doch noch kein Bier trinken. Ein Junge mit 13 Jahren trinkt doch noch keinen Alkohol, oder?" Ich war nicht gerade erfreut, als ich mein geschätztes Alter erfuhr. Ich versuchte es sofort eifrig zu korrigieren, ähnlich wie ein Leprakranker, der verzweifelt zu beweisen versucht, dass er völlig gesund sei - mit dem selben Erfolg. Sie hörte mir gar nicht mehr zu, und ich bekam eine große Tasse Lindenblüten-Tee, den ich noch nie ausstehen konnte, mit reichlich Zucker. Aber zum Trost bekam ich auch eine Riesenscheibe Weißbrot und dazu eine ebenfalls große dicke Scheibe „Standardwurst". Diese Wurst bestand aus mehr Fett als Fleisch, aber sie war gut gewürzt und für meinen Hunger in dem Augenblick genau das Richtige. Sie packte mir noch eine zweite Portion Wurst und Brot für unterwegs ein. Ich saß noch eine ganze Weile in der Küche. Aber dann wurde ich müde, vielleicht von den vielen Fragen oder dem aufregenden Tag, und so bedankte ich mich für mein Abendessen und ging in meinen "Schlaf-Hörsaal", in dem ich ganz alleine lag.

Kaum hatte ich mich hingelegt, fiel ich auch schon in einen tiefen traumlosen Schlaf, den noch nicht mal die Geräusche der fernen Kampfhandlungen stören konnten. Am nächsten Morgen, es muss ungefähr um 6 Uhr gewesen sein, wachte ich auf, stellte zu meiner großen Überraschung fest, dass außer mir noch mindestens 25 bis 30 Studenten und Arbeiter auf ihren Matratzen lagen.

Einigen war der Kopf verbunden, andere hatten Verbände am Arm oder am Fuß. Sie schliefen sehr tief. Ich stand vorsichtig auf ohne Lärm zu machen und ging in den Hof. Nachdem ich endlich einen Wasserhahn gefunden hatte erledigte ich die sogenannte Katzen-Wäsche und unternahm den Versuch, in der Küche vielleicht etwas zum Frühstück zu ergattern. Jetzt war eine jüngere Frau in der Küche, eventuell eine Studentin. Sie reichte mir eine große Tasse Kaffee mit reichlich Milch und wieder ein große Scheibe Weißbrot mit Zwetschgen-Marmelade.

Es war noch relativ früh, als ich schließlich meine Wanderung nach Köbánya begann. Ich ahnte nicht, welche Überraschungen ich an diesem Tag noch erleben würde. Manchmal ist es doch gut, wenn man nicht ahnt, was einem noch alles bevorsteht.

Draußen war es jetzt kalt bei klarem Himmel, und der Ostwind hatte sich zum Glück etwas gelegt. Ich marschierte entlang dem Donau-Ufer in Richtung Szabadság-Hid. Es war noch relativ früh, so gegen 7 Uhr, und nur ab und zu fuhr ein Lastwagen vorbei. Der spätere seit den 80er Jahren berüchtigte dichte Autoverkehr war in diesen Jahren in der Hauptstadt noch völlig unbekannt.

Als ich an der Brücke ankam stieß ich auf mehrere junge Studenten und Arbeiter, ausgerüstet mit Maschinenpistolen und Handgranaten. Einer von Ihnen fragte mich woher ich käme und wohin ich zu gehen beabsichtigte. Ich berichtete ihm von unserem Transport, und dass ich jetzt auf dem Weg nach Köbánya war. Da fingen sie plötzlich alle lauthals zu lachen an. "Was, du willst zu Fuß nach Köbánya? Junge, das ist eine Weltreise von hier. Dir ist sicher nicht bewusst, dass allein die Überquerung dieser Brücke schon nicht ganz einfach ist, ganz zu schweigen von der Üllöi Straße. Dort, bei der Killian-Kaserne, wird noch heftig gekämpft. Von dort weiter zu laufen ist fast unmöglich." sagte ein älterer Arbeiter. Er musterte mich von Kopf bis Fuß, lächelte und fügte dann noch hinzu: "Mein Gott, du bist wirklich zu naiv! Wer hat dich bloß auf diese Reise geschickt?"

„Es ist egal, wer mich auf diese Reise geschickt hat. Tatsache ist, dass ich nach Köbánya muss." antwortete ich ungeduldig und fast unhöflich.

"Hör mal, warte hier bis ein Rettungswagen kommt, vielleicht könntest du mit denen weiter über die Brücke fahren." schlug ein älterer Freiheitskämpfer vor und tat einen tiefen Zug an seiner im Mund hängenden Zigarette. "Bisher haben die Russen unsere Rettungswagen in Ruhe gelassen, mit denen könntest du rüberrutschen."

„Was willst du in Köbánya? Gehst du vielleicht Bier holen? Na, dann vergiss nicht uns davon was abzugeben." kicherte ein jüngerer Student. Er war vollgehängt mit Handgranaten, sah aber nach meiner Meinung nicht so aus, als könnte er damit umgehen. Zumindest sah so ein Hosengurt voller Handgranaten doch sehr eindrucksvoll aus. Ich erzählte erneut, wie ich hier gelandet war und dass wir heute Abend nach Veszprém fahren müssen.

"Was, und ihr seid durch die Sperrzone gekommen?" fragte mich wieder der ältere Arbeiter „na, das nenne ich Leistung, Junge, Hut ab! Habt ihr das gehört, ihr Grünschnäbel? Der Granatengürtel allein nützt nicht viel!" Der junge Student lächelte verlegen, fast entschuldigend und ich war in diesem Augenblick richtig stolz auf mich.

Ich blieb also bei ihnen, setzte mich auf die Bordsteinkante und wartete geduldig. Was sollte ich sonst tun? Langsam wurde mir klar, dass dieser „Spaziergang" alles andere als ungefährlich sein würde. Aber was sollte ich tun, wenn ich nach Veszprém zurückfahren wollte. Hier in Budapest wollte ich unter keinen Umständen bleiben, obzwar ein Onkel in Újpest lebte - einem Stadtbezirk nordwestlich von hier - und als letzten Ausweg hätte ich auch zu ihm gehen können. Aber ich hatte zuviel Stolz, um mich als "Feigling" bloß zu stellen. Nein - was ich angefangen hatte, das wollte ich nun auch zu Ende führen.

"Und was meinen Sie dazu, wenn ich vielleicht versuche, mit einem anderen Transporter aus der Stadt zu kommen?" fragte ich neugierig. Aber alle lehnten einstimmig diese Möglichkeit ab, da Budapest zu dem Zeitpunkt bereits von der russischen Armee völlig abgeriegelt war und kein Mensch so eine Fahrt riskieren würde.

"Aber wir sind doch auch reingekommen." erwiderte ich dieser Argumentation. "Natürlich – gestern, da konnte man es ja noch mit viel Glück eventuell schaffen. Aber ihr habt verdammt viel Glück gehabt!" versicherte mir ein Student. "Doch ab heute ist es nicht mehr möglich. Wir sind vollkommen eingeschlossen, und wenn nicht bald etwas geschieht, dann haben wir ein großes Problem."

Was sollte geschehen? Wer sollte uns helfen?

"Na, die Amerikaner haben doch versprochen, dass Hilfe kommen wird. Wir sollten nur durchhalten. Jeden Tag hört man es im Sender Freies Europa."

"Ach was, du glaubst doch nicht im Ernst, dass jemand neben der Suez Krise in unserem kleinen Land wegen unseres Ideals „Freiheit" etwas unternimmt?" schaltete sich wieder der ältere Arbeiter in unsere Diskussion ein. "Die reden schon eine ganze Weile darüber, auch in der UNO, aber es geschieht nichts. Junge, wir sind auf uns allein gestellt - wie 1848. Der einzige, der uns jetzt noch hilft, ist der Herrgott und sonst niemand." Mit bitterer Miene warf er seine Zigarette weg, schaute in die Ferne und seufzte tief: "So ist es und nicht anders! Wir allein müssen es schaffen. Nur wie, weiß ich auch nicht."

Ach Gott, ist der ein Pessimist, dachte ich und wollte auf keinen Fall glauben, was ich da hörte. Wir werden siegen! Wir sind doch eine Nation in Europa, sie können uns doch nicht einfach allein lassen. Das ist doch absurd! Die können nicht vergessen haben, was diese Nation für Europa getan hat. Die Tatareninvasion haben wir aufgehalten, bei der wir fast als Volk untergegangen sind. Dann 150 Jahre türkische Herrschaft. Während dieser Zeit konnte sich Europa ungestört weiterentwickeln. Nur wir sind dabei verblutet. Dies alles kann der Westen doch nicht vergessen haben und ignorieren? Die sind in unserer Schuld, dachte ich kindlich naiv mit großer Hoffnung auf Europa, auf die abendländische Kultur. Ich ahnte damals nicht, was noch auf uns zukommen würde. Hier, in diesen Minuten, war ich das erste Mal mit einer eventuellen Niederschlagung unseres heiligen Aufstands konfrontiert. Das alles hatte bei mir eine nachhaltige Wirkung ausgelöst. Ob ich es glauben wollte oder nicht, meine innere Festigkeit und Siegesgewissheit erhielt doch eine gewaltige Delle. Dieses wenn auch unterschwellige Gefühl habe ich beibehalten, trotz ständigen Ankämpfens. Ein Virus der Unsicherheit, ein Virus des Nichtglaubens an Europa und ein Virus des Alleinseins hatten mich infiziert.

Plötzlich tauchte tatsächlich ein Rettungswagen auf. Wir hielten ihn auf, und ich bat darum, mich auf die andere Seite der Brücke mitzunehmen.

"Na klar, steig ein, kleiner Mann" riefen sie mir zu.

Normalerweise hörte ich sowas gar nicht gerne, aber ich war sehr froh, endlich mitgenommen zu werden. Ich musste erneut meine Geschichte in Kurzfassung erzählen, und auch sie waren sehr beeindruckt.

"Und du möchtest über die Üllöi-Ut nach Köbánya marschieren? Na viel Spaß, aber du hast in gewisser Weise Glück. Ab heute ist, wenn es stimmt, ein Waffenstillstand für 48 Stunden ins Leben gerufen, und auch die russische Armee ist auf dem Rückzug. Also ist anzunehmen, dass auch in der Körut und Üllöi ut Ruhe herrscht."

"Ich empfehle dir aber, wenn du irgendeine Schießerei hörst, nicht in der Üllöi ut weiterzugehen sondern Seitenstraßen zu benutzen. Du kommst nämlich bei Corvin Köz vorbei und dort ist es immer noch sehr gefährlich."

29.10.1956 Russischer Panzer Üllöi Strasse

Inzwischen hatten wir die andere Seite der Donau erreicht, und nach kurzer Weiterfahrt stieg ich am Kálvin Platz aus und setzte meinen Marsch in Richtung Üllöi ut fort. Leider war hier von einem Waffenstillstand nicht viel zu spüren, und je näher ich an die Kreuzung zur Üllöi Ut kam, umso heftiger war das Gewehrfeuer. Mit großem Erstaunen beobachtete ich, wie sich jemand am Kálvin-Platz an einer gut 25 Meter hohen Außenwand abseilte und versuchte, den dort angebrachten übergroßen roten Stern abzumontieren. Kurz darauf stürzte der rote Stern, das letzte Zeichen der sowjetischen Diktatur, mit einem fürchterlichen Donnerschlag herunter.

Die herumstehenden Leute jubelten und ein älterer Herr, der neben mir stand, sagte nur leise:

"Wenn es wirklich so leicht gehen würde. Aber die Russen kommen bereits ununterbrochen aus Rußland und aus Rumänien ins Land. Diese Gangster, und uns lügen sie einen Waffenstillstand vor."

"Entschuldigung, was haben Sie eben gesagt?" fragte ich vorsichtig, fast ängstlich. "Die Russen kommen ununterbrochen ins Land rein?" "Ja, Junge, so ist es. Wir bekommen noch mehr Russen als wir schon hatten."

Schon wieder dieser Virus der Unsicherheit, dachte ich mir, das kann doch nicht wahr sein! Ich wollte gerade in die Üllöi ut einbiegen, als es plötzlich fürchterlich krachte und neben mir Staub aufwirbelte. Ich zog mich etwas zurück und plötzlich schrie mich jemand aus dem Hintergrund an:

"Sag mal bist du verrückt? Was denkst du wo du bist? Es ist hier nicht der Boulevard! Hast du wenigstens Waffen?"

Ich drehte mich hastig um und sah plötzlich einen Mann mit Maschinenpistolen und Handgranaten ausgerüstet auf mich zukommen.

"Nein, natürlich nicht. Ich will nur nach Köbánya. Ich dachte es ist Waffenstillstand." stammelte ich.

"Was, Waffenstillstand? Na dann steck mal deinen Kopf raus und du wirst gleich merken, ob wir Waffenstillstand haben oder nicht!" schrie mich der Mann an.

Plötzlich erschien ein Junge mit Baskenmütze, der nicht viel älter als höchstens 13/14 Jahre alt war. Er grinste mich an und fragte:

"Hast du was zu essen bei dir? Ich habe mächtigen Hunger."

Mir fiel sofort mein Stück Weißbrot und die Wurst ein und ich zog es langsam aus meiner Manteltasche heraus und bot es ihm an:

"Hier, du kannst was davon haben. Mehr habe ich nicht."

Der Ältere nahm plötzlich das Ganze aus meiner Hand und sagte: "Wir teilen uns das zu dritt. Bist Du damit einverstanden?"

Um ehrlich zu sein blieb mir auch nichts anderes übrig, als mit dem Kopf zu nicken, in der Hoffnung in Köbánya etwas zu essen zu bekommen. Die beiden würgten mit einer Affengeschwindigkeit ihren Anteil hinunter. Es war nicht schwer festzustellen, dass die beiden schon längere Zeit nichts mehr gegessen hatten. Ich gab ihnen auch noch meinen Teil ab, da ich noch von meinem Frühstück satt war. Auch meinen Anteil hatten sie schnell vertilgt. Dann fragten sie mich, wohin ich wollte. Ich erzählte meine Geschichte nun schon zum dritten Mal, worauf der Junge vorschlug:

"Also, ich führe dich über die Üllöi ut zur Baross utca. Wenn du die Baross utca entlang gehst, so bist du bald an der Köbánya utca und von da gelangst du geradeaus immer weiter nach Köbánya."

"Ach, ich danke dir, aber du wirst doch sicher hier auch noch gebraucht."

"Nein, nein" unterbrach er mich. "Ich habe bisher Munition geschleppt und die sind jetzt gut versorgt. Ich kann dir also helfen."

"Joska," mischte sich nun der Ältere ein "du kannst gehen, aber sei vorsichtig und besorge ihm eventuell eine Waffe. So nackt kann er doch hier nicht herum marschieren."

Wir gingen vorsichtig auf der anderen Straßenseite entlang. Dann blieb er vor einem Tor stehen und sagte: "So, hier müssen wir rein. Unten im Keller gibt es eine Verbindung zu einem anderen Hof und von da bist Du schon in der Baross Straße. Also komm, wir dürfen keine Zeit verlieren, ich muß nämlich wieder zu meiner Gruppe zurück."

Er klopfte ein paarmal ansTor, das sich plötzlich öffnete, nachdem wir hineingesprungen waren schloss es sich hinter uns wieder ebenso schnell. "Wir sind hier in Sicherheit" beruhigte er mich und wir gingen die Treppen hinunter in die Kellerräume. Hier und da trafen wir auf Leute, die alle bis an die Zähne bewaffnet an den Kellerwänden saßen. Nach einer Weile kamen wir in einen Kellerraum, der mit unterschiedlichster Munition angefüllt war. Auch größere Waffen, wie Maschinengewehre aber auch Granatwerfer, lagen herum.

"Hier ist mein Arbeitsplatz" erklärte er und zeigte auf einen Haufen Munitionskisten. "Von hier aus versorge ich meine Kumpel mit Nachschub." sagte er stolz und grinste dabei. "Du kannst dir hier gerne eine Waffe auswählen. Aber anschließend müssen wir sie beim Kommandanten registrieren lassen. Möchtest du was? Schau mal, hier sind eine Menge Pistolen." Er zeigte mir eine Kiste voller Handfeuerwaffen wie Revolver, ‚sowjetische Gitarren' aber auch Handgranaten.

"Nein danke, es wird doch nur noch komplizierter, wenn ich was mitnehme und die Russen mich womöglich erwischen." lehnte ich höflich ab.

"Hast du Angst? Ich habe keine Angst. Mich erwischen sie nicht. Aber wie du willst. Denke nur daran, was Imrebácsi vorher gesagt hat. Er weiß wovon er redet. Wenn wir wieder auf der Straße sind wirst du mir schon rechtgeben. Aber wie du willst."

Wir gingen wieder über die Treppen hoch und kamen in einen Innenhof. Hier konnte ich schon etwas deutlicher vereinzelte Schießereien hören. "So, wenn wir jetzt durch dieses Tor gehen, dann bück dich und renne hinter mir her, auch wenn du keinen Schuss hörst, hast du mich verstanden?"

Ich dachte, er redet mit seinen 13 Jahren schon wie ein General, aber er hatte doch recht. Ich folgte ihm ganz dicht, und wir rannten beide quer über die Straße auf die andere Seite. Es war still. Kein Schuss war zu hören, nur aus der Ferne hörte man vereinzelt das Knattern von Maschinengewehrfeuer.

Barrikaden
Baross Straße

"So, jetzt bist du in der Baross Straße und in diese Richtung" er zeigte mit der Hand nach Richtung Norden "musst du weiter gehen. Achte immer darauf an der Wand entlangzugehen, und wenn du an der Körut ankommst, dann läufst du geradeaus, und auf keinen Fall rechts einbiegen, weil du dann sofort auf dem Corvin-Köz Platz wärest, und dort ist alles verdammt heiß. Ich muß jetzt wieder zurück." Er blieb plötzlich stehen, drehte sich um, grinste und fragte mich etwas vorsichtig:

"Hast du vielleicht eine Zigarette für mich?" Ich staunte nicht schlecht. So ein junger Fratz und raucht schon. "Nein leider nicht. Ich bin Nichtraucher." antwortete ich verblüfft.

"Macht nichts. Vielleicht bekomme ich anderswo eine. Also, mach's gut!" er lächelte noch und rannte dann quer über die Straße zurück, wo wir hergekommen waren. Ich schaute ihm noch lange nach und winkte ihm zu. Er drehte sich um, winkte zurück und verschwand hinter dem Tor. Das war mein erstes Erlebnis mit den sogenannten Pester–Straßenjungen oder ungarisch "Pesti srácok". Sie waren einer der Hauptakteure des Budapester Aufstandes.

Kurze Zeit später gelangte ich an die Körut Kreuzung. Aber was ich hier sah, das konnte ich lange nicht vergessen.

Toter AVH Polizist 29.10.1956 Üllöi Strasse Budapest

Die Ecke Baross Straße und Körut war voller Trümmer. So manches Haus hatte mehrere riesige Einschusslöcher, und auf der Straße lagen überall Leichen. Es waren vor allem tote russische Soldaten neben ausgebrannten Mannschaftswagen mit rotem Stern.

Ich kam an einer Litfaß-Säule vorbei. Die Decke der Säule, eine schwere runde Eisen-Platte, lag gut zwei Meter entfernt auf der Straße. Darunter lag der leblose Körper eines russischen Soldaten, dessen beide Arme und die gestiefelten Füße herausragten. Neben ihm lag ein anderer Soldat, zur Desinfektion mit Chlorkalk übergossen. Die Körut war belebt. Es waren doch etliche Leute auf der Straße, die sich neugierig umschauten, obzwar in den Nebenstraßen noch heftig gekämpft wurde. Allerdings wurde, wie ich erfuhr, die sowjetische Armee von den Straßen zurückgezogen, und die immer wieder aufflackernden Kämpfe verliefen zwischen den Freiheitskämpfern und den vereinzelt verschanzten AVH (Stasi). Wenn ein AVH-Mann erwischt wurde, dann wurde er an Ort und Stelle gelyncht. So sah ich einen toten AVH-Mann mit den Füßen nach oben an einem Baum hängen. Ob er lebendig aufgehängt wurde oder nach seinem Tod weiß ich nicht, aber es war Mord, auch dann, wenn man die Taten der AVH hier mitberücksichtigt. Leider war die aufgewühlte Menge zu allem fähig, und nach einem Rechtsgefühl kann man in dieser Situation vergeblich suchen.

Auf dem Köztársaság-Platz, wo sich die Zentrale der kommunistischen Partei befand, nur paar Straße entfernt von mir, brach ein heftiges Feuergefecht aus. Es gab über 70 Tote, wie mir ein Junge aus der Baross-Straße erzählte. Ich traf ihn in der Körut. Er war ungefähr so alt wie ich und fragte mich, ob ich vielleicht etwas zu essen hätte. Sein Gesicht war teilweise mit Ruß verschmiert, und auch er trug zwei Handgranaten und eine Pistole mit sich.

„Leider habe ich nichts. Meine Ration habe ich schon in der Üllöi út verschenkt. Es tut mir leid, aber ich habe auch so langsam einen mächtigen Kohldampf." antwortete ich und lächelte verlegen.

„Macht nichts, ich dachte nur." er grinste und in diesem Augenblick sah er aus wie ein Halbblut mit seinem verschmierten Gesicht. Natürlich fragte auch er, wohin ich gehe, und er war der erste, der nicht daran zweifelte Köbánya zu Fuß zu erreichen. „Hast du es eilig"? fragte er mich plötzlich und zog mich dann in eine Seitenstraße und erklärte:

„Wenn wir Glück haben finden wir in einem Keller was Essbares. Komm mit, es dauert nicht lange!" und kaum hatte er es gesagt, so verschwand er auch schon in einem Torbogen. Im Hof ging er in den Keller und ich folgte ihm ohne weiter nachzudenken, schließlich hatte auch ich Hunger und hoffte, vielleicht etwas Essbares zu finden. Als wir im Keller ankamen und uns ein wenig an die Dunkelheit gewöhnt hatten, standen wir plötzlich vor einer verschlossenen Tür. „Was machen wir jetzt? Ich glaube, außer Kohlenstaub finden wir hier nichts." flüsterte ich leise, weil ich fürchtete, dass uns jemand hört und es dann Schwierigkeiten gäbe. Er versuchte gerade die Tür zu öffnen, als sie plötzlich wie von alleine aufschwang und wir einen lauten Schrei hörten:

„Halt, Hände hoch! Wer seid ihr?" „Wir sind Freiheitskämpfer" antwortete mein Begleiter, „und suchen was zum essen." In diesem Augenblick dachte ich, wenn diese Leute AVH-Soldaten sind, dann ist es aus mit uns. „Kommt näher!" kam jetzt eine Stimme aus der Dunkelheit, „zeigt euch!" Wir traten ein paar Schritte nach vorn und der Strahl einer Taschenlampe leuchtete in unsere Gesichter.

„Wo kommt ihr her?" „Von der Körut," antwortete ich schnell und zitterte vor Angst, da ich nicht wusste, mit wem ich es zu tun hatte.

„Macht die Tür zu!" sagte jemand aus dem Hintergrund, und nun wurde uns langsam klar, dass sich noch andere Personen im Keller befanden. Nachdem die Tür zuging knipsten sie das Licht an und erst jetzt sahen wir, dass der ganze Keller voller Menschen war. Die meisten lagen auf Matratzen und trugen Verbände. Ein Mann in weissem Kittel stand vor uns und knipste seine Taschenlampe wieder aus:

„Hier ist ein Verbandsraum und keine Feldküche, kapiert? Und zu essen haben wir auch nichts!" „Entschuldigung, das haben wir nicht gewusst. Wir wollten nichts wegnehmen, aber wir haben so großen Hunger und sind deshalb hier runtergekommen," stotterte ich, in der Hoffnung, dass sie meine Entschuldigung akzeptieren.

„Lass es gut sein." mischte sich jemand ein, der auf einer der Matratzen lag. „Komm her, hier ist ein Apfel, mehr habe ich nicht." und reichte mir einen verschrumpelten, welken Apfel.

„Danke sehr, aber wenn Sie selber nichts haben, so lassen sie es bitte. Sie brauchen es dringender." sagte mein Begleiter, der bisher kein Wort herausgebracht hatte. „Nein nein, nehmt nur. Ihr könnt ihn ja halbieren."

Ich ging zu ihm, um den Apfel zu nehmen, als ich plöezlich merkte, dass alle im Keller Soldaten waren. So ist also die Armee auch auf unserer Seite, dachte ich und es erfüllte mich mit Stolz und Zuversicht, dass wir doch noch unseren gerechten Kampf gewinnen würden. Ich bedankte mich, und dann zogen wir uns auf demselben Weg zurück, auf dem wir gekommen waren. Draußen reichte mir mein Begleiter die Hand und sagte:

„Ich heiße Árpád, und du?" „Ich bin László oder Laci, wie Du willst." „Hör mal", fing Árpád an, als wir wieder auf der Straße waren „Hast du die Uniformen gesehen, die sie trugen?"

„Ja, natürlich und ich bin froh, dass unsere Soldaten mit uns auf unserer Seite kämpfen." „Meine Herren, bist du blöd! Du hast also nichts gemerkt? Was meinst du, warum ich so still war?" herrschte er mich an. „Was weiß ich? Vielleicht hast du Angst gehabt?" und lachte laut auf.

„Na, ich würde an deiner Stelle nicht so lachen. Ja, ich habe verdammt große Angst gehabt, weil du Hammel es nicht gemerkt hast, dass diese Soldaten alle von der AVH sind und sich nur im Keller versteckt haben," erklärte er mir.

„Wie bitte? Du machst Witze, oder? Wenn es die AVH war, warum haben sie uns dann wieder laufen lassen?" fragte ich erstaunt. „Sie hätten damit hoffen können, dass sie unentdeckt bleiben!" „Und hast du das an den Uniformen erkannt?"

„Natürlich, die hatten blaue Kragen, und das ist die Staatssicherheit vom Innenministerium!" In diesem Augenblick wurde mir übel und ich machte mir klar, dass ich doch einen Schutzengel hatte. Noch heute denke ich daran und kann immer noch nicht begreifen, warum sie uns laufen ließen. Was aus der Keller AVH geworden ist, weiß ich nicht. Wir haben uns bald darauf getrennt, aber Árpád hatte sich fest vorgenommen, die Soldaten im Keller den Freiheitskämpfern zu melden. Ich versuchte zwar, ihn davon abzuhalten und ihm klar zu machen, dass wir froh sein müssten, dass wir noch leben, aber er argumentierte damit, wieviele Menschen sie auf dem Gewissen hatten.

Später erfuhr ich, dass zahlreiche AVH-Soldaten von der Parteizentrale aus das Feuer auf unbewaffnete friedliche Demonstranten, vorwiegend Frauen und Kinder, eröffnet hatten,. Dort, im Hof der Partei-Zentrale, wurden ebenfalls die Leichen von mehr als 20 Jugendlichen im Alter zwischen 14-17 Jahren gefunden, die mit Kopfschuss getötet worden und in einem provisorischen Grab gelandet waren. Meine Keller-Erlebnisse stammten gar nicht weit von dieser Parteizentrale entfernt, und eine ältere Frau, die ich auf der Strasse getroffen hatte, erzählte mir, dass die AVH-Soldaten geflüchtet wären und sie nicht wiedergefunden wurden. In diesem Augenblick dachte ich an Árpád und an das, was er mir gesagt hatte. Innerlich war ich doch zerrissen, sollte man sie verraten oder nicht? Haben sie nur nach Befehl gehandelt oder aus kommunistischer Überzeugung. Unwillkürlich fiel mir der ältere Soldat ein, der mir den Apfel geschenkt hatte. Sollte ich jetzt doch jemandem erzählen, wo ich die Soldaten getroffen hatte und zulassen, dass sie gelyncht werden? Nein, das ist keine christliche Tugend, und so ging ich weiter und je weiter ich mich von diesem Ort entfernte, desto mehr war ich von meiner getroffenen Entscheidung überzeugt und fühlte mich plötzlich erleichtert.

Ich vermied die Gegend um den Köztársaság-Platz und marschierte weiter nach Norden in Richtung Kőbánya, um noch rechtzeitig anzukommen. Mein Hungergefühl hatte sich nun auch gemeldet - trotz des halben Apfels - und ich hätte jetzt gerne meinen Proviant von der Uni verzehrt, aber den hatte ich ja leider nicht mehr. Ich kam an mehreren Geschäften vorbei, deren Schaufenster zwar kaputt waren, die Waren jedoch noch unberührt im Fenster standen. Darüber stand auf einem Schild zu lesen: „Unser Aufstand ist sauber, hier wurde nicht geplündert!" Anderswo war in der Mitte des Gehwegs ein großer Karton aufgestellt, mit der Aufschrift: „Für unsere gefallenen Revolutionäre", und im Karton befand sich eine Menge Geld.

Als ich so langsam die Peripherie Budapest erreichte, sah ich einen geöffneten Bäckerladen. Ich kratzte mein Restgeld zusammen und ging in den Laden, um etwas Eßbares zu kaufen.

"Guten Tag, ich hätte gern was zum Essen gekauft. Haben Sie vielleicht noch etwas zu verkaufen?" fragte ich höflich. Die ältere Dame schaute mich an und schlug dann die Hände über dem Kopf zusammen: "Junge, wo kommst du denn her? Du siehst aber schlimm aus. Hast du dich mal im Spiegel angeschaut?"

Nein, ich habe heute Morgen schon alles Mögliche gesehen, aber einem Spiegel zu begegnen - dieses Glück hatte ich nicht. "Bist du aus der Innenstadt?" – fragte sie mich.

"Ja, besser gesagt von Buda. Von der Technischen Universität." antwortete ich ihr. "Um Gottes Willen, und wie bist du bis hierher gelangt? Sag nicht zu Fuß, denn das glaube ich dir doch nicht."

"Doch, so war es, oder glauben Sie, dass es in Budapest noch Straßenbahnverkehr gibt?"

Und jetzt musste ich meine Odyssee erneut erzählen und fragte sogleich, ob sie wüsste, wo sich in Kőbánya die genannte Adresse befindet.

"Junge, du bist schon in Kőbánya, und etwa 15 Minuten von hier entfernt ist die Adresse. Aber was möchtest du essen?" "Ist mir egal. Aber ich habe nur ein paar Forint, und um ehrlich zu sein, habe ich seit heute früh um 6 Uhr nichts mehr gegessen. Was haben Sie denn für mich?"

Sie lächelte, ging nach hinten in den Laden und kam nach einer ganzen Weile wieder mit Butterbroten und einem guten halben Liter Milch in der Hand zurück. "Bitte schön, setz dich hin und iss, guten Appetit".

Das musste sie mir kein zweites Mal sagen. Ich stürzte mich auf mein Essen. Nur der ‚Reichtum' in meiner Hosentasche störte mich gewaltig. Was wird es kosten und was, wenn mein Geld nicht ausreicht?

Als ich mit dem Essen fertig war, fragte ich sie vorsichtig: "Entschuldigen Sie, was muss ich jetzt bezahlen?" "Hast du so viel Geld bei dir, dass du es bezahlen kannst?" und sie lachte laut auf. "Es hängt von der Summe ab." und ich zog aus meiner Tasche den ersten Geldschein raus.

"Nein, nein Junge. Lass dein Geld stecken. Du brauchst überhaupt nichts zu zahlen. Im Gegenteil, ich bin diejenige, die dich bezahlen müsste. Ihr riskiert euer Leben, und ich sitze hier in der warmen Stube und tue nichts. Nein, nein, ich bin stolz, dass ich auch etwas für die Revolution beitragen kann, nicht viel, aber wenigstens etwas."

Daraufhin umarmte sie mich und drückte mich fest an sich. Um ehrlich zu sein gefiel mir das schon sehr, weil ich lange nicht mehr so leidenschaftlich an die Brust genommen worden war. „So, und jetzt komm und wasch wenigstens dein Gesicht. Nicht, dass die Leute, die dich erwarten, noch einen Schreck bekommen."

Diese Episode blieb noch lange in meinem Gedächtniss tief sitzen. Ja, das war wirklich eine vom ganzen Volk getragene "Heilige Revolution", die später Kommunisten wie Kádár, Horn und Gefolge in den Dreck gezogen und aus Rache Tausende von Menschen hingerichtet haben.

Man muss wissen, dass der Verräter Kádár nach dem Aufstand noch fast 30 Jahre herrschte und bis 1960 mehr Menschen hinrichten ließ, als Todesurteile zwischen 1945 und 1956 vollstreckt wurden. Über 600 politische Häftlinge wurden zwischen 1956 und 1960 hingerichtet! Aber schon 1970 und danach wurde er als „Retter der Nation" gefeiert und als Vater des Gulasch-Kommunismus geehrt. Auch bis heute gibt es viele Kádár-Verehrer, dumme

Nostalgiker, die die blutigen Tage vergessen oder verdrängt haben und sich noch heute die alten Zeiten zurückwünschen!

Mir fällt darauf nichts Besseres ein als ein Zitat von Albert Einstein, der gesagt hat „Es gibt zwei Unendlichkeiten: Das Universum, was noch nicht mal sicher ist, und die menschliche Dummheit".

Inzwischen war es dunkel geworden, und tatsächlich kam ich ca. 15 Minuten später bei der genannten Adresse an. Es war ein kleines Einfamilienhaus mit Garten, vor dem unser Lastwagen stand, halb vom Haus verdeckt. Ich klingelte und ein älterer Mann öffnete die Tür. Ohne mir eine Chance zum Vorstellen zu geben, umarmte er mich lachend und rief:

"Du Teufelskerl, du hat es wirklich geschafft! Wir haben bereits Wetten abgeschlossen, dass du nicht kommen wirst und haben schon überlegt, was wir dann machen sollen. Nun jetzt bist du da - komm rein Junge, das müssen wir feiern."

Er führte mich in die gute Stube, wo noch etwa zehn Leute saßen, die alle gleichzeitig losjubelten, als ich hereinkam.

"Komm her, Laci. Setz dich hin und trink erstmal eine Flasche Bier und erzähle, wie es dir ergangen ist." forderte mich mein Freund auf und zeigte auf einen Platz neben sich. Ich begann zu erzählen, wo ich überall gewesen war und welche Schwierigkeiten es gibt, die Innenstadt zu erreichen und dass überall, trotz des Waffenstillstands, noch geschossen wird. In diesem Augenblick vergaß ich vollkommen meine Müdigkeit, ich fühlte mich wie ein Held, und meinen Redefluss, über den ich mich eigentlich nie beklagen konnte, hatte das Bier noch beschleunigt. Von einem Augenblick zum anderen war ich zu einem echten Volkshelden aufgestiegen, was ich natürlich entsprechend genossen habe.

Nur der Hausherr unterbrach mich kurz und entschuldigte sich bei mir, dass es ihm sehr täte, dass sein Sohn mich allein zurück gelassen hatte.

"Laci, du heißt doch so oder? Es tut mir aufrichtig leid, dass mein Sohn dich dort gelassen hat, so ein Idiot! Du hättest natürlich auch hier noch Platz zum Übernachten gehabt. Was er sich dabei gedacht hat,e weiß ich nicht. Aber ich habe ihm schon gesagt, wenn dir was zustößt,, dann trägt er die ganze Verantwortung und das ein Leben lang."

Ich schaute zu seinem Sohn und sah wie er verlegen grinste. Er versprach daraufhin, dass er diesen dummen Fehler auf unserer Rückfahrt nach Veszprém noch gut machen würde. Wie er das anstellen wollte, hat er nicht verraten. Aber mir war das egal. Wichtig war nur, dass ich hier war und wir nun gemeinsam nach Veszprém aufbrechen konnten.

Plötzlich standen sie alle auf, und ein älterer Mann sagte: "So, also lasst uns aufbrechen, sonst wird es zu spät und dann kommt ihr vor Mitternacht nicht mehr in Veszprém an."

"Ja, das stimmt. Aber es ist halb so schlimm, wenn wir in der Dunkelheit fahren müssen. Es gibt uns ja auch einen gewissen Schutz." meinte unser Fahrer.

"Wie, Sie wollen alle mitfahren?" fragte ich etwas ängstlich.

"Ja, aber nur bis zur Innenstadt. Vielleicht schaffen wir es über die Váci-ut bis zum Westbahnhof zu gelangen, und von da können wir weiter zu Fuß, und Ihr versucht über die Árpàd Brücke nach Buda und von da weiter nach Westen zu gelangen."

"Wir haben auch Waffen und Munition dabei, und mit Sicherheit werden wir das in der Innenstadt brauchen." schaltete sich ein anderer ein.

Na, wenn wir von den Russen erwischt werden, dann gute Nacht, dachte ich. Wir transportieren hier eine kleine Armee, aber zu einem Gegenargument bot sich keine Gelegenheit, also schwieg ich lieber.

Getankt hatten wir schon, unser Diesel stammte von der Brauerei. Es mussten nur noch ein paar Kisten Bier aufgeladen werden und dann fuhren wir los. Die Eltern unseres Fahrers standen noch lange vor dem Haus und winkten uns nach, bis sie ganz in der Dunkelheit verschwunden waren. Wir saßen alle oben auf dem Lastwagen. Ich hielt wieder meinen Karabiner, und meine Tasche war voll mit 60 Stück Gewehrmunition. Die Stimmung auf dem Lastwagen war relativ ausgelassen. Die Arbeiter erzählten politische aber auch schmutzige Witze, und wir lachten laut und viel, und nur ab und zu wurde diese laute Fröhlichkeit unterbrochen, wenn jemand eine neue Flasche Bier öffnete. Ich dachte, es ist fast so wie im ersten Weltkrieg, als die jungen Soldaten voller Unbekümmertheit freiwillig an die Front marschiert sind, um für Vaterland und Kaiser zu kämpfen und als Helden zu sterben. Ich muss ehrlich zugeben, dass es mir bei diesem Gedanken plötzlich unbehaglich zumute war, weil ich unter keinen Umständen beabsichtigte bald zu sterben. Wir kamen relativ schnell voran. Die Váci-ut war leer und so erreichten wir ungestört den Westbahnhof. Hier hielten wir an, die anderen umarmten uns und sprangen vom Lastwagen runter, jedoch nicht bevor sie auch die Bierkisten abgeladen hatten, nur ein paar Flaschen Bier blieben für uns übrig. An der Árpád-Brücke erwartete uns die erste Überraschung. An der Auffahrt blockierte ein querstehender Panzer den Weg. Wir konnten aus der Ferne nicht genau sehen, ob es ein russischer Panzer war oder ob er der ungarischen Armee gehörte. Wir wussten, dass die ungarische Armee ab heute offiziell auf der Seite der Aufständischen war, aber ganz sicher waren wir nicht. Unser Fahrer schlug vor, dass wir doch besser noch auf der Pester Seite blieben und in Richtung Vác fahren sollten.

„Ich seh mir mal die Sache aus der Nähe an," meinte Laci, sprang kurz darauf auch schon vom Wagen und verschwand in der Dunkelheit. Sicherheitshalber stellten der Fahrer den Motor ab und schaltete die Lampen aus. Ich wurde nervös. Was würden wir tun, wenn es tatsächlich Russen sind, dachte ich. Was ist, wenn sie unsere Waffen entdecken? Die Handgranate und mein Gewehr waren in einem Sack eingerollt und leicht zu finden. Dann fiel mir das Bier ein. Wenn sie sich nähern würden und Fragen stellten, dann gäbe ich ihnen gleich ein paar Flaschen Bier, um sie abzulenken. Da die Russen ja ständig ‚soffen', so würde das vielleicht etwas nützen, grübelte ich. Wir warteten gespannt auf Lacis Rückkehr, und als er endlich wieder auftauchte sagte er zu unserer großen Erleichterung:

"Wir können ruhig durchfahren. Der Panzer mit Besatzung ist von der Panzer-Division aus Tata. Sie halten nur Wache an der Brücke, und wenn wir Lebensmittel transportieren, dann dürfen wir durch." Erleichtert setzten wir unsere Fahrt fort, aber an der Brücke wurden wir doch aufgehalten.

"Halt! Steigt aus und zeigt Eure Papiere her," forderte uns ein Offizier auf. Jetzt merkte ich erst, dass hier mehrere Panzer standen, und drum herum standen gelangweilt ein paar rauchende Soldaten. Nach der Ausweiskontrolle entdeckte einer der Soldaten mein Gewehr, das ich sorgfältig in einen Kartoffelsack gesteckt hatte.

"Wo hast du denn dieses Museumsstück her?" fragte er mich. "Ich habe es von der Universität. Hier ist der dazu notwendige Freiheitskämpfer Ausweis," antwortete ich und wollte ihm schon das Papier reichen.

"Ich brauche deinen Ausweis nicht. Ich frage mich nur, ob du schon jemals mit so einem Gewehr geschossen hast, denn wenn du damit schießen willst, dann achte auf deine Unterhose, nicht dass du da reinscheißt." Darauf gab es ein gewaltiges Gelächter und ich stand ziemlich beschämt da und wusste nicht so recht, was ich dem entgegnen konnte.

Wir durften wieder auf unseren Lastwagen klettern und konnten unsere Fahrt fortsetzen. Laci kletterte in das Führerhaus, aber ich blieb auf der Ladefläche des Lastwagens liegen. Eigenartigerweise war es jetzt gar nicht mehr so kalt wie bei der Hinfahrt, und als ich so auf dem Rücken lag und nach oben schaute sah ich nichts als einen dunklen Nachthimmel über mir. Ich konnte keinen Stern entdecken, und dieser dunkle Nachthimmel erschien mir wie eine bedrohliche dicke Decke, die einen bald erdrücken würde. Ich erinnerte mich daran, als kleines Kind einmal, gehörige Angst verspürt zu haben, als mir mein Vater aus Spaß eine Daunendecke über den Kopf gezogen hatte. Ich empfand damals Panik und glaubte, sterben zu müssen.

Dann bemerkte ich plötzlich, dass wir bereits die letzte Strassenlaterne hinter uns gelassen hatten und uns nun schon außerhalb von Budapest befanden. Wir tauchten in völlige Dunkelheit ein. Es war um uns herum absolut still. Nur die monotonen Dieselmotorgeräusche waren zu hören.

Nach zirka anderthalb Stunden Fahrt, wir mussten ungefähr in Höhe von Székesfehérvár (Stuhlweißenburg) gewesen sein, als ich vor uns immer stärker werdende Fahrgeräusche hörte und in der Ferne winzige Lichter auf uns zukommen sah. Laci steckte den Kopf durchs Fenster und rief: "Russischer Panzer voraus, duck dich! Wir müssen an der Kolonne vorbeifahren, falls sie es zulassen."

Es dauerte nicht lange bis die Panzerkolonne neben uns war. Die Panzer waren nur spärlich beleuchtet, nur wenig Licht kam aus den abgedunkelten Fahrzeugen durch kleine Ritze am Scheinwerfer. Allerdings passierte nichts. Sie fuhren in Richtung Budapest und wir in die entgegengesetzte Richtung. Der Panzerkolonne folgten dann aber eine Menge unterschiedlicher Fahrzeuge wie Mannschaftswagen, Nachrichtenfahrzeuge und sogar Rettungsfahrzeuge . Ich dachte schon, es würde kein Ende mehr nehmen. Sie schienen an uns überhaupt nicht interessiert zu sein. Ich saß im Wagen und konnte alles gut beobachten, ohne jedoch zu bedenken, dass ich ihnen die beste Zielscheibe bot.

Dann wurde es plötzlich wieder still und kurze Zeit später hielten wir an. "Laci muss pinkeln. Der hat die Hose voll." witzelte unser Fahrer und lachte. "Ja, du Held, Du warst aber auch ganz blass und hast geschwiegen wie ein Grab." verteidigte sich Laci

"Auf jeden Fall haben wir diesen dicken Hund überstanden." sagte ich und ging ebenfalls zum Pinkeln. "Du Laci, sei ehrlich," fragte mich Turcsek, "hast Du keine Angst bekommen?"

"Doch, und was für eine! Mir klapperten die Zähne, aber ich habe mir gesagt, jetzt können wir nicht mehr umkehren, wir müssen da durch. Doch als ich gesehen habe, dass die für uns keinerlei Interesse zeigten, da habe ich mich im Wagen aufgesetzt und die Kolone beobachtet." erzählte ich ihm.

"Du Himmelhund! Die hätten dich jederzeit abknallen können! Du hast sie doch nicht alle!" Er drehte sich um, knöpfte sein Hose zu und schüttelte ununterbrochen seinen Kopf. "Du bist verrückt und bleibst verrückt."

Damit war unsere Unterhaltung zu Ende, aber er kletterte zu meinem Erstaunen diesmal zu mir auf die Ladefläche. Nach gut einer Stunde Fahrt kamen wir in die Nähe von Veszprém. Man konnte in der Ferne schon die Lichter der Stadt erkennen als sich erneut eine Fahrzeugkolonne näherte. Es waren wieder Sowjet-Soldaten mit Mannschaftswagen und wieder passierte nichts. Merkwürdig und bedenklich aber war die massive Bewegung der russische Armee in Richtung Budapest.

"Findest du es nicht merkwürdig, dass so viele russische Militärfahrzeuge in Richtung Hauptstadt fahren?" fragte mich Turcsek. "Ja, irgendwie schon. Es sieht nicht nach einem Abzug der russischen Armee aus, im Gegenteil, ich finde es wird immer mehr."

Natürlich wusste keiner von uns, dass in dieser Zeit schon der Flughafen Ferihegy von der Sowjetarmee umzingelt war. Sie warteten nur auf den letzten Befehl, um den Flughafen zu erobern und einen massiven sowjetischen Armee-Gürtel um Budapest zu ziehen.

Glücklich erreichten wir endlich Veszprém. Es muss so um Mitternacht gewesen sein. Wir fuhren direkt zum Rathaus, doch weil wir dort niemanden vorfanden entschlossen wir uns, nach Hause ins Internat zu gehen. Die von Budapest erhaltenen Gewehre mit Munition und die vier Handgranaten haben wir natürlich mitgenommen. Wir verabschiedeten uns von unserem Fahrer und marschierten in Richtung Internat. Unterwegs begegneten wir ein paar Leuten, die uns jedesmal neugierig hinterher schauten. Später war uns klar, dass die wegen unserer Bewaffnung irritiert waren, da so etwas in dieser Zeit in Veszprém ‚nicht üblich war'. Im Internat schliefen bereits die Zimmerkameraden, weshalb ich mich leise auszog und ins Bett schlüpfte. Ich fiel sofort in einen tiefen Schlaf und kam erst am nächsten Morgen wegen der Radiomusik wieder zu mir.

Ich drehte mich nochmals auf die andere Seite, aber Turcsek war schon aufgestanden und fragte, ob ich überhaupt noch frühstücken wollte, da es gleich 9 Uhr sei und der Speisesaal vielleicht schon geschlossen wäre. Ich zog mich blitzschnell an, wir rannten beide zum Speisesaal in der Hoffnung, vielleicht doch noch was zu bekommen.

Leider ohne Erfolg, der Speisesaal war bereits abgeschlossen. So haben wir als letzte Möglichkeit den Besuch der unter dem Speisesaal liegende Küche erwogen. "Mariskanéni, könnten wir vielleicht doch noch etwas zu essen bekommen?" fragte ich sehr höflich, leider ohne Erfolg.

"Laci, weißt du was, wir gehen einfach ins Rathaus. Dorthin müssen wir sowieso wegen unseres Transportes nach Budapest", und den folgenden Teil des Satzes betonte ich besonders laut: "dort kriegen wir bestimmt noch etwas." Ich wusste, dass Mariskanéni eine sehr neugierige Frau war und hoffte auf eine entsprechende Reaktion, und tatsächlich zeigte es sofort Wirkung.

"Was? Ihr wart in Budapest? Erzählt mal, wie war es?" wollte sie uns gleich ausfragen. "Nein, wir haben so schrecklichen Hunger, dass wir sofort gehen müssen, um wenigstens im Rathaus noch etwas zu bekommen." wiegelte ich schnell ab.

"Na komm. In Ordnung - ich weiß, dass es nur ein Trick war, um etwas zum Essen zu kriegen!" lachte sie und wollte die Tür vor unserer Nase zuknallen.

"Ja, sollten wir Ihnen vielleicht eine Handgranate zeigen?"

"Was? Bist du verrückt? Ich werde es sofort dem Direktor melden, was glaubt ihr denn wo ihr seid?" schrie sie ganz aufgebracht.

"Nun, da kann der Direktor auch nichts machen, wir sind nämlich autorisierte Freiheitskämpfer und haben das Recht Waffen zu tragen!" sagte ich ganz stolz. "Komm Laci, wir gehen ins Rathaus. Mit ihr können wir nicht reden."

"Na meinetwegen, aber dann erzählt ihr mir auch alles, was ihr in Budapest gemacht habt," ließ sie sich breitschlagen. Sie murmelte noch "mein Gott, diese jungen Kerle, und dann noch mit solchen gefährlichen Waffen! Nun, das fehlt uns noch, in welchen Zeiten leben wir denn?" und verschwand in der Küche, um uns etwas zum Frühstück zu machen.

"Du Laci, ich hoffe, daraus wird nicht wieder ein Direktoratsverweis", sagte Turcsek mit sorgenvollem Gesichtsausdruck. "Ach was, wir befinden uns im Ausnahmezustand. Wir haben eine Revolution, also was soll's." beruhigte ich ihn.

Inzwischen kam unsere dicke Mariskanéni mit Brot, Marmelade, einem Stück Käse und einer Kanne mit schwarzen Tee zurück. "So hier, bitteschön! Aber jetzt erzählt mal. Was ist denn in Budapest los?" fragte sie ganz gespannt.

Ich begann die Ereignisse mit etwas aufgetragener Farbe zu erzählen. Phantasie hatte ich immer schon reichlich und ahnte nicht, wofür diese Geschichte später noch nützlich sein würde. Sie lauschte ganz gebannt mit offenem Mund, und als ich zum Ende meiner Geschichte kam, fügte sie ganz leise, fast flüsternd, hinzu:

"Na, wenn das mal gut geht. Das wird uns noch viel Blut kosten. Bitte, esst alles auf. Mittagessen gibt es heute nicht. Wir müssen unsere Reserven einteilen, hat der Direktor gesagt, da die Lebensmittel auch hier schon knapp werden." "Mariskanéni, wir sind doch nur noch ein paar Schüler im Internat. Und das Essen wird trotzdem zu knapp für diese kleine Gruppe?" fragte ich ganz ungläubig.

"Ja, mein Junge, und ich fürchte, dass ihr auch bald euer Essen allein kochen müsst, da ich daran denke, in dieser unruhigen Zeit auch zu Hause zu bleiben." Turcsek und ich schauten uns erstaunt an und waren uns des Ernstes der Lage überhaupt nicht bewusst. Dann versuchte ich sie noch zu beruhigen, aber ich glaubte zu diesem Zeitpunkt schon selber nicht mehr an den Wahrheitsgehalt meiner Worte.

"Mariskanéni, wir werden versuchen, Lebensmittel für das Internat zu besorgen. Nur bitte, um Himmels Willen, bleiben Sie bei uns, da wir nicht kochen können. Sie können doch jetzt ihre Jungs nicht allein lassen!" flehten wir sie an.

"Na, jetzt geht mal los und erscheint bitte pünktlich um 19 Uhr zum Abendessen." lenkte sie geschickt ab. Wir bedankten uns und gingen direkt zum Rathaus. Turcsek hatte seine „Gitarre" und ich mein Gewehr über die Schulter genommen und so ausgerüstet schritten wir quer durch die Stadt zum Rathaus. Dort erwarteten sie uns schon. Wir mussten uns sofort bei unserem ‚Boss', Dr. Brusznyai, melden. Als wir in sein Zimmer traten begann er uns gleich fürchterlich zu beschimpfen: "Wie kommt ihr eigentlich dazu, hier in Veszprém Waffen zu tragen? Es ist keinem erlaubt, Waffen zu tragen außer der Polizei. Ihr gebt sofort die Waffen ab!" Turcsek schwieg, aber ich wehrte mich heftig gegen diesen Befehl und versuchte ihm klar zu machen, dass wir beide in Budapest bevollmächtigt worden wären, Waffen zu tragen, und wir die dazu notwendigen Freiheitskämpfer-Ausweise erhalten hätten.

"Mich interessieren eure Papiere nicht. Ihr müsst die Waffen abgeben. Ich lege großen Wert darauf, dass Veszprém waffenfrei bleibt," beharrte er eisern.

In diesem Augenblick kam ein Student vom MEFESZ hereingestürzt und rief "Wir müssen mit allem rechnen! Die sowjetische Armee hat tausende von Panzern und mehrere Divisionen nach Budapest geschickt. Der Flughafen Ferihegy befindet sich ebenfalls schon in russischer Hand. Ich verlange eine sofortige Aufrüstung der Studenten! Wir müssen unverzüglich mit einer bewaffneten Freiheitsbrigade beginnen." Dann sah er uns an und fügte noch beiläufig hinzu: "Na bitte! Der erste Schritt ist schon getan!" Brusznyai war außer sich, er schimpfte laut, dass es so nicht ginge und er der gewählte Vorsitzende des Revolutionsrates wäre, und wüssten die Studenten überhaupt, welche Konsequenzen eine Aufrüstung der Studenten nach sich ziehen würde?

Hierzu muss man erwähnen, dass Brusznyai gerade wegen dieser Erlaubniserteilung, die Zivilbevölkerung aufzurüsten, am 09.Januar 1958 zum Tode durch den Strang verurteilt wurde. Als ich viel später von diesem Urteil erfuhr, musste ich noch unzählige Male an diesen 31.Oktober denken und fürchtete, dass u.a. meine hartnäckige Haltung vielleicht auch zu seinem Todesurteil geführt haben könnte. Doch an diesem Tag blieben Turcsek und ich Sieger und waren die ersten zwei Zivilisten, die in Veszprém, einer Stadt von ca. 40.000 Einwohnern, Waffen tragen durften.

Viel später erfuhr ich, dass ich für dieses Delikt hätte gehenkt werden können. Aber dazu kam es Gott sei Dank nicht, da mir die Flucht in den Westen gelang.

Auf die Nachricht des MEFESZ Studenten hin erzählte ich auch sofort von unseren Erlebnissen und was wir alles auf dem Rückweg nach Veszprém erlebt hatten. Ich berichtete davon, dass wir mehrere lange russische Militär-Kolonnen gesehen hatten, was bei allen Zuhörern große Besorgnis auslöste. Später wurde in der Universität beschlossen, dass die sofort aufgestellte Freiheitsbrigade aus 240 Bürgern, von denen 80 Studenten waren, auch Waffen bekommen sollte. Kurz darauf kam ein Munitionstransport von der Munitionsfabrik Füszfö. Wir wurden den Freiheitskämpfern zugeteilt und sollten nachts rund um Veszprém auf Wache gehen und eventuelle russische Militärbewegungen beobachten. Der nächste sowjetische Militärstützpunkt befand sich nicht weit entfernt in Veszprém-Külsö, und es war anzunehmen, dass diese Soldaten auch Veszprém umzingeln würden, was später tatsächlich auch so geschah. Nach dem Abendessen marschierten wir los zusammen mit einem älteren Polizisten, dem wir auch unsere abenteuerliche Fahrt nach Budapest erzählen mussten.

Die Nacht wollte gar nicht zu Ende gehen, und je später es wurde, desto müder wurden wir. Bei einem kleinen Haus, in dem noch Licht brannte, klopften wir ans Fenster und baten darum, ob sie uns vielleicht heißen Kaffee machen könnten. Inzwischen war es auch unangenehm kalt geworden und es begann langsam zu regnen. Wir waren angenehm überrascht, als ein etwa 45jähriger Mann - anstatt uns für verrückt zu erklären - tatsächlich herein bat und uns auch wirklich Kaffee kochte.

„Na, zeigt mal eure Gewehre" bat er uns. „Habt ihr denn auch genügend Munition?" fragte er neugierig. „Ja, natürlich, hier schauen Sie her, allein ich habe 60 Schuss in meiner Tasche. Das müsste doch für den Anfang reichen, oder?" antwortete ich ihm stolz.

„Na ja, je nachdem, aber sage mal, hast du überhaupt schon einmal damit geschossen?" er schaute mich dabei kritisch von der Seite an. „Nein, mit diesem Gewehr noch nicht, aber mit einem anderen natürlich." log ich ungeniert. Turcsek guckte mich schief an, sagte aber nichts.

„Weißt du, ich kenne dieses alte Gewehr. Es hat einen fürchterlichen Rückschlag. Sei also vorsichtig damit. Es ist kein Kinderspiel, mein Lieber!" meinte er mit zweifelndem Gesichtsausdruck. Nachdem wir unseren Kaffee getrunken und uns ein wenig aufgewärmt hatten, bedankten wir uns und setzten unsere Runde fort. Wir mussten uns durch einen mit Büschen stark zugewachsenen Weg kämpfen und bemerkten plötzlich Geräusche, als wenn jemand im Gebüsch lauern würde. „Halt, wer ist da?" rief unser Begleiter, der Polizist, aber es kam keine Antwort. Im Gegenteil, das Geräusch wurde stärker und hörte sich an, als ob es jemand sehr eilig hatte zu fliehen.

„Halt, ich schieße!" rief unser Polizist erneut. Wir zwei schwiegen verängstigt. Ich dachte unentwegt an die eventuell erste notwendige Verwendung meiner Waffe, und daran, dass ich doch noch nie mit einem Gewehr geschossen hatte. Wir drei duckten uns und warteten auf eine Reaktion, die jedoch noch immer nicht folgte.

„Ich fordere Sie das letzte Mal auf. Kommen Sie mit erhobenen Händen in diese Lichtung!" rief der Polizist, und nach einem erneuten Knistern und Knacken im Dickicht erschien plötzlich vor uns ein friedliche Ziege. Wir staunten nicht schlecht und begannen dann fürchterlich zu lachen, wobei Turcsek behauptete, das mit der Ziege hier sei die Inkarnation von Lenin mit seinem spitzen Bart.

„Lieber Turcsek" sagte ich, nachdem wir uns etwas beruhigt hatten: „morgen früh gehen wir zuallererst zum Steinbruch und werden unsere Gewehre ausprobieren. Ich will nicht noch einmal bibbern, weil ich nicht weiß, wie man mit diesen Dingern umgehen muss." und zeigte dabei auf meinen Karabiner.

„Ja, Jungs, das würde ich Euch auch wärmstens empfehlen, sonst könntet ihr auch einen Stock auf der Schulter tragen!" grinste der Polizist und schüttelte seinen Kopf.

„In Ordnung, morgen früh gehen wir zur Schießübung" willigte Turcsek ein. Allmählich war es hell geworden. Durchgefroren und absolut übermüdet meldeten wir uns bei unserer Polizeidienststelle ab und fielen im Internat todmüde ins Bett.

Turcsek und ich schliefen natürlich sehr lange, und so war das „späte Frühstück" endgültig vorbei, so dass wir mit knurrendem Magen zum Rathaus gingen, in der Hoffnung doch noch etwas Essbares zu ergattern. Als wir unser Ziel erreicht hatten, kam uns schon ein Arbeiter entgegen und teilte uns mit, dass wir am Friedhof für gut zwei Stunden eine Ehrenwache halten müssten. Danach würden wir von zwei anderen Studenten abgelöst werden.

"Aber wo sollen wir denn die Ehrenwache halten?" fragte ich verwundert. Ich konnte beim bestem Willen nicht verstehen, warum ausgerechnet wir Ehrenwache halten sollten.

"Szalai István, ein ehemaliger Schüler von Veszprém, wurde bei einer Demonstration in Mosonmagyaróvár, wo er in der Agrarhochschule studierte, erschossen." erklärte er uns.

"Moment, hat er nicht vor einem Jahr im Chemischen Gymnasium Veszprém sein Abitur gemacht?" fragte ich erstaunt.

"Ja, so ist es, Ihr müsstet ihn also kennen." "Natürlich kennen wir ihn. Er war ein stiller, etwas zurückgezogener Junge, aber ein guter und fleißiger Schüler. Ich kann mich gut an ihn erinnern. Er war eine Klasse über uns und ebenfalls Internatsschüler wie wir." sagte ich.

"Das ist ja entsetzlich! Wir gehen natürlich sofort zum Friedhof, wenn wir vorher vielleicht noch etwas zum Beißen bekommen könnten." willigte ich ein. Plötzlich dämmerte mir, es war ja heute Allerheiligen, der 1.November. In all der Aufregung wusste ich gar nicht mehr, was für einen Tag wir hatten. "Im ersten Stock könnt ihr noch was zu essen finden. Ich glaube es gibt noch Brot und Margarine. Beeilt euch und geht dann zum Friedhof." "In Ordnung, aber vergesst bitte nicht, uns auch abzulösen." rief ich ihm noch hinterher.

Wir fanden tatsächlich noch Weißbrot und ein wenig Margarine vor. Es war zwar für uns weiß Gott nicht viel, aber besser als gar nichts.

Nachdem wir unseren Hunger etwas gestillt hatten, marschierten wir mit unseren geschulterten Waffen zum Friedhof. Natürlich wurden wir auf der Straße von vielen Passanten neugierig angeschaut, da zu dieser Zeit noch immer kein bewaffneter Freiheitskämpfer zu sehen war, und ehrlich gesagt war ich darüber sehr stolz. Heute glaube ich, dass ich doch ziemlich lächerlich ausgesehen haben muss mit meiner Körpergröße von 165 cm und einem gut

120 cm langen Gewehr plus Bajonett. Mich störte zu diesem Zeitpunkt allerdings, dass ich noch nicht ein einziges Mal mit irgendeinem Gewehr, von meinem eigenen gar nicht zu reden, geschossen hatte. Wir erinnerten uns daran, was wir uns gestern vorgenommen hatten, mussten aber diese Waffen-Übung nun verschieben Deshalb beschlossen Turcsek und ich, dass wir am nächsten Tag für Schießübungen in einen Steinbruch gehen wollten, der nicht weit vom Internat entfernt war.

Auf dem Friedhof herrschte ein reger Verkehr. In Ungarn ist es Tradition an Allerheiligen zum Friedhof zu gehen, Kränze niederzulegen und Kerzen anzuzünden. Wenn es dann langsam immer dunkler wurde, so sahen die Gräber fast gespenstisch und doch auch in gewisser Weise feierlich aus durch die tausenden kleinen flackernden Kerzenlichter, die Angehörige auf die Gräber der Verstorbenen gestellt hatten. Langsam zog feuchter Nebel über den Friedhof. Es war still, man hörte kaum jemanden reden. In dieser Stille bewegten sich dunkle Gestalten um die Gräber herum, ab und zu sah man plötzlich im Kerzenschein ein Gesicht, das genauso schnell wieder in der Dunkelheit verschwand.

Unser Ehrengrab hatten wir schnell gefunden und nahmen sofort unsere Stellung am Grab ein. So standen wir also eine lange Zeit. Nach meinem Gefühl etwas zu lange, bis ich Turcsek leise fragte, ob die vielleicht vergessen hätten uns abzulösen.

"Was weiß ich, wir müssen warten bis jemand kommt" wiegelte er ab, aber ich konnte an seiner Stimme vernehmen, dass auch er schon fror und ungeduldig wurde. "Aber langsam wird es ungemütlich. Ich friere wie ein Schneider und mein Gewehr wird immer schwerer, " begann ich zu jammern

So allmählich verschwand meine Begeisterung mit der Ehrenwache, und ich wurde immer hungriger, von einer vollen Blase gar nicht zu reden. Der Besucherstrom vor unserem Ehrengrab riss aber nicht ab. Die Leute blieben stehen, manche lächelten zustimmend, manche bekamen feuchte Augen, wiederum andere diskutierten leise miteinander über unseren Toten. Inzwischen war es jetzt stockdunkel geworden, nur die Kerzen auf den Gräbern gaben ein wenig Licht, aber eine Ablösung war nirgendwo zu sehen. Daraufhin entschlossen wir uns notgedrungener Weise zu handeln und unsere Mission zu beenden. Wir gingen wieder zurück ins Rathaus und beklagten uns dort darüber, dass man uns einfach vergessen hätte.

"Ach, was jammert ihr! Wir haben viel Wichtigeres zu tun als an eure Ehrenwache zu denken, ihr habt das doch überlebt, oder?" sagte einer vom Radioabhörbüro.

"Habt ihr nicht gehört was in Budapest passiert ist? Budapest wurde von tausenden neuen russischen Panzern umzingelt. Von der sowjetischen Grenze, aber auch von Rumänien aus strömen neue Armee-Einheiten nach Ungarn. Wir müssen mit dem Schlimmsten rechnen - es wird Krieg geben!"

Wir standen wie gelähmt da, und ich war in diesem Augenblick einfach nur sprachlos. Ein unangenehmes Gefühl stieg in mir auf und ich begann aus einem mir nicht erklärbarem Grund zu zittern. War es noch vom Wachehalten auf dem eiskalten Friedhof oder kam es von der aufsteigenden Angst - ich wusste es nicht. Sprachlos gingen wir in unser Internat zurück und konnten endlich mal wieder mit den anderen Schülern das Abendessen genießen. Es gab Gulaschsuppe mit sehr vielen Kartoffeln und einer kleinen Menge Rindfleisch. Unser Internatsdirektor kam nach dem Essen zu uns und fragte, wo wir denn so lange gewesen seien.

"Kinder, so geht's aber nicht. Ihr müsst euch abmelden und Bescheid sagen, was ihr macht und wo ihr seid. Schließlich bin ich für Euch verantwortlich." schimpfte er, aber mit ein wenig aufgesetzter Strenge. Gleich darauf klang er schon wieder besänftigt und fragte, was wir in Budapest gesehen hätten und was sich denn im Rathaus täte. Wir erklärten, was wir gerade erfahren hatten, worauf er mit ernster Miene meinte:

"Diese Nachrichten sind alles andere als beruhigend. Wir müssen uns auf das Schlimmste vorbereiten. Deshalb müssen wir vor allem Lebensmittel für unser Internat sichern. Laci, bitte geh morgen mit ein paar Schülern zu dieser Adresse und bring Kartoffeln, Mehl, Sonnenblumenöl und Zucker mit. Ich werde mich um andere Dinge kümmern. Leider hat uns Mariskanéni allein gelassen. Sie teilte nach dem Abendessen mit, dass sie von jetzt ab zu Hause bleiben würde. Aber vielleicht bekomme ich eine Aushilfe zum Kochen. Ihr seid sowieso nur 12 Schüler. Das kriegen wir schon hin." Er stand auf und verließ unseren Speisesaal mit sorgenvollem Gesicht.

Wir, die noch im Internat waren, durchweg von der ältesten Klasse, sprachen nochmal die Situation durch und beschlossen, nach Besorgung der Lebensmittel gleich in die Universität zu gehen, um dort genauere Nachrichten von den Studenten zu erhalten. Wir wollten auch wissen, inwieweit nun Arbeiter und Studenten mit Waffen ausgerüstet werden würden und was wir im Internat tun sollten, falls etwas passieren würde.

An diesem Abend ging ich früh ins Bett. Aber wir hatten noch lange Zeit das Radio an und erfuhren dadurch, dass Imre Nagy die Neutralität Ungarns über den Rundfunk mitteilen ließ. Wir dachten 'Jetzt kommt die Wende und die Russen müssen unser Land verlassen'. Später sprach auch noch János Kádár, der die Revolution und die tapfer kämpfenden Freiheitskämpfer lobte. Er bat die Bürger darum, dass jetzt alle zusammenhalten müssten, um unsere errungene Freiheit erfolgreich verteidigen zu können.

Allerdings ahnte in diesem Augenblick niemand von uns, dass dieser widerliche Verräter János Kàdár kurz nach dieser Rede zusammen mit Ferenc Münich in einer von den Sowjets zur Verfügung gestellten Privatmaschine nach Moskau abgeflogen war. Zu dieser Zeit war in Moskau längst beschlossen worden, mit allen Mitteln den ungarischen Aufstand niederzuschlagen und eine neue Regierung mit János Kádár an der Spitze in Budapest einzusetzen.

Während der Sitzung vom 1. November 1956 hatte Suslow in Moskau eine kluge und zugunsten der Russen eindeutige klare Antwort etwa folgendermaßen formuliert: „Die jetzige Regierung ist nicht in der Lage uns eine Garantie zu geben, dass unsere Interessen weiterhin wahrgenommen werden. Deshalb ist eine Okkupation in Ungarn unerlässlich".

Es wäre hier sehr mühselig zu eruieren, was passiert wäre, wenn die Sowjetunion damals ernsthaft mit Ungarn in politische Verhandlungen getreten wäre. Aber ohne Gesichtsverlust wäre man aus dieser Affäre sicherlich nicht herausgekommen.

Koniew Marschall wurde beauftragt die gesamte militärische Operation in Ungarn zu leiten und dafür Sorge zu tragen, dass genügend Material und Soldaten zur Verfügung standen. Deshalb wurden mehrere Einheiten auch von Rumänien aus in Bewegung gesetzt. Bereits zu dieser Zeit befanden sich in Ungarn etwa 200.000 russische Soldaten und ca. 4600 Panzer. Dazu kamen noch Verstärkung aus dem Militärkreis Odessa und durch eine neue Aufstellung verschiedener KGB Einheiten direkt aus der Umgebung von Moskau.

Wie heißt die gute alte Redensart „Was ich nicht weiß, macht mich nicht heiß". Hätten wir das alles gewusst, so hätten wir sicherlich nicht einen derartigen Widerstand nach dem 4. November entwickelt. Jedoch klangen alle westlichen Nachrichten optimistisch und verbreiteten Durchhalteparolen. Wie sollte man in dieser Situation an das Gegenteil denken? Wahrscheinlich wären viele Berichterstatter leer ausgegangen ohne das notwendige Sensations-Material, mit dem die Zeitungsverleger ihre Umsätze mächtig in die Höhe trieben, auf Kosten vieler Toter und Verletzter, tausender Todesurteile und nochmals tausender politischer Gefangenen, und nicht zuletzt hunderttausender Flüchtlinge, die ihre Heimat verlassen hatten.

Am nächsten Morgen, dem Befehl unseres Internatsdirektors folgend, besorgten wir Lebensmittel und zogen sie mit einer kleinen Handkarre ins Internat. Wir waren äußerst überrascht, als wir zurückkamen und unsere gute "Küchenfee" Mariskanéni wieder in der Küche herumwirbeln sahen.

"Ich kann doch meine Jungs in dieser schweren Zeit nicht allein lassen" sagte sie und stürzte sich in die Arbeit.

"Ich werde etwas kochen, was ihr später nur aufzuwärmen braucht, zum Beispiel Krautnudeln oder Paprikakartoffeln oder Ähnliches. Frühstück müsst ihr euch aber selber besorgen. Brot, Marmelade, etwas Margarine, Tee und ein wenig Milch sind noch vorhanden."

Wie erwähnt, hatte ich einen Onkel an der Schule. Er war stellvertretender Direktor, hat sich aber um mich in dieser Zeit nicht gekümmert. Wir beide hatten nicht den besten Kontakt zueinander, und seine Familie war damals zu sehr mit sich selbst beschäftigt. Ehrlich gesagt, vermisste ich ihn auch nicht besonders.

An diesem Nachmittag beschlossen Turcsek und ich, endlich mit den Waffenübungen zu beginnen. Wir gingen in eine nahegelegene Sandgrube und hielten unsere Schießübung ab, besser gesagt "wollten". Ich nahm mein Gewehr, das Magazin war mit Munition gefüllt, holte tief Luft und legte das Gewehr an.

"Na los!" schrie Turcsek hinter mir "Schieß doch!" Ich nahm einen Stein ins Visier und drückte ab. Es knallte fürchterlich, und ich saß auf meinem Hintern. Meine Schulter brannte vor Schmerz, und auch sonst sah ich nicht besonders gut aus. Das fürchterliche Lachen von Turcsek brachte mich wieder zur Besinnung, und wutentbrannt schrie ich: "Du Arschloch, schrei nicht so, du elender Klugscheißer! Jetzt bist du dran - zeig mal, was du fertigbringst."

Er nahm seine ‚Gitarre', die russische Maschinenpistole, legte sie an und drückte ab. Die Maschinenpistole ratterte los. Es kam eine lange Salve aus der Waffe, nur wussten wir nicht so recht, wohin die Kugeln geflogen waren.

"Respekt" zischte ich "aber du müsstest diese Maschinenpistole auch auf Einzelschuß einstellen können, sonst hast du gleich ein komplett leeres Magazin." "Du willst mich wohl belehren, was?" antwortete er arrogant und überheblich.

"Also, schießen wir noch einmal?" "Meinetwegen, aber ich muss mir was einfallen lassen. Dieses Gewehr hat nämlich einen fürchterlichen Rückschlag."

"Ja, du mußt das Gewehr fest an dich ziehen und festhalten, sonst erschlägt es dich,." und lachte laut auf.

Ich versuchte es erneut. Das Gewehr angelegt, fest an meine Schulter gedrückt, und dann auf einen heftigen Rückschlag vorbereitet, zog ich ab. Es knallte wieder fürchterlich, und mein Ohr klingelte, aber es ging schon wesentlich besser. Ich fand sogar das Einschlagloch im Sand, das gar nicht so weit von meinem anvisierten Stein entfernt war. Ich war recht zufrieden mit meiner Leistung.

Auch Turcsek kam besser mit seiner Maschinenpistole klar, und uns gefiel die Schießerei immer mehr. Als mein Magazin leer war und es etwas dunkler geworden war, hörten wir auf und gingen ins Rathaus zurück.

Dies war meine einzige aktive "Waffen-Arbeit" während des ganzen Aufstandes. Nie mehr in meinem späteren Leben fasste ich jemals wieder eine Waffe an.

Im Internat hörten wir plötzlich laute Motorengeräusche, jemand rannte in unser Zimmer und schrie: "Die Russen sind da!"

"Wie bitte? Beruhige dich! Was redest du da für einen Blödsinn!"

"Nein, nein - das ist die Wahrheit! Geht zum Rathaus und ihr werdet selber sehen."

Natürlich rannten wir sofort hinunter, und tatsächlich donnerten draußen auf der Straße Panzer und Mannschaftswagen an uns vorbei, voll mit russischen Soldaten aus Richtung Székesfehérvár, also aus Richtung Budapest. Auch auf den Panzern saßen sie, aber fast alle trugen irgendwelche Mullbinden am Kopf, an den Händen und Füßen. Sie fuhren friedlich ohne Zeichen der geringsten Aggressivität quer durch unsere Stadt. Die Stadtbevölkerung stand am Straßenrand. Manche beschimpften die Kolone, manche warfen sogar brennende Zigarettenstummel in Richtung der Soldaten. Es war eine sehr brenzlige Situation, und ein paar Studenten versuchten vergeblich die Bevölkerung zu beruhigen. Die Beschimpfungen wurden immer lauter, bis plötzlich ein Panzer anhielt und seinen Panzerturm auf uns zudrehte. In diesem Augenblick verstanden dann alle, dass es hier sehr ernst wurde. Plötzlich herrschte Totenstille und etliche Neugierige flüchteten in die umliegenden Häuser. Ich stand da und wartete, was passieren würde, ohne mir darüber im Klaren zu sein, dass die Russen jederzeit schießen könnten. Ein russischer Soldat aus der Panzerluke rief mich zu sich. Diesmal war ich froh, dass ich mir doch etwas Russisch in den sechs Jahren Sprachdiktatur in der Schule angeeignet hatte. Ich ging langsam auf ihn zu und merkte plötzlich, dass ich ganz allein auf der Straße stand. Alle anderen hatten sich vorsichtshalber unter die Bögen der Haustore zurückgezogen. Wie ich so langsam näherkam merkte ich, wie fürchterlich schmutzig sein Gesicht aussah und er mir den Eindruck machte, als wäre er gerade aus der Kanalisation empor gestiegen.

Er musterte mich kritisch und sprach dann mit seinem Kameraden, der mit ihm im Panzer saß. Er schaute dann nochmals etwas vorsichtig um sich und fragte mich, warum wir ihnen gegenüber so feindseelig wären, sie wollten uns doch nur vor den Faschisten schützen. Außerdem sollte ich den andern sagen, dass sie Freunde wären und nur Frieden bringen wollen. Bei dieser Erklärung musste ich unwillkürlich grinsen: ein russischer Soldat erklärt von einem russischen Panzer aus, dass er Frieden bringen will. Die ganze Situation erschien mir wirklich komisch und grotesk. Plötzlich reichte er mir in Zeitungspapier eingepackten Tabak und erklärte, wir könnten mehr davon haben, wenn wir friedlich nach Hause gingen, und dass ich dies allen anderen berichten sollte. In diesem Augenblick fiel mir die Friedenspfeife der Indianer ein, und als ich hinter mir hörte, wie die Leute von den Haustoren her riefen, was da los sei, rief ich zurück, jemand sollte doch mal kommen und mit den russischen Soldaten Mahorka als Friedenspfeife rauchen. Die Reaktion war natürlich entsprechend.

„Bist du völlig verrückt geworden? Verschwinde von der Straße, du hast doch den Verstand verloren!" riefen alle durcheinander. Aber ich war nicht in der Lage, von den Panzern loszukommen, da mich die Soldaten immer grimmiger anschauten. Noch dazu drehte ein zweiter Panzer seine Kanone auf uns, um zu beweisen, dass es kein Spaß war. In diesem Augenblick sprang ein Offizier vom Mannschaftswagen herunter. Er gestikulierte mit seinem Revolver und richtete ihn in Richtung Haustor. Dann kam er wütend auf mich zu, stieß mich zurück und brüllte etwas wie ‚verdammter Faschist!' In diesem Augenblick dachte ich, jetzt passiert etwas, aber dann sprang er auf den Panzer und das Ungetüm setzte sich plötzlich in Bewegung. Ich sprang zur Seite und rannte zum nächsten Tor. Die ganze Kolonne setzte sich plötzlich in Bewegung und verschwand langsam im Nebel.

Es war aber Gott sei Dank friedlich geblieben. Nach ca. einer halben Stunde war der Spuk vorbei.

Wesentlich später erfuhren wir, dass diese Einheiten notwendig waren, um die Umzingelung von Veszprém vorzubereiten. Die vermeintlichen Mullbinden der Soldaten waren wieder nur eine Maskerade und Täuschung, um ohne Kampfhandlungen durch die Stadt fahren zu können.

Am nächsten Morgen, es war der 3. November, bat uns die Universität, in den großen Hörsaal zu kommen und dabei zu helfen, Munition scharf zu machen. Obzwar wir nicht genau wussten, wie man so etwas angeht, eilten wir hin und meldeten uns beim Leiter der Freiheitskampfbrigade, wie die Studenten sich damals nannten. Auch hier erfuhren wir, dass Brusznyai in der ungarischen Kaserne in Veszprém zu den Soldaten spräche und sie auffordern wollte, auf unserer Seite zu kämpfen. Zahlreiche Studenten und Arbeiter waren in dieser Zeit mit Handwaffen versorgt und sogar mit schweren Waffen wie Granatwerfer, aber auch Maschinengewehre waren vorhanden.

Wir wurden in einen Saal geführt, der bis an die Decke voller Kisten war. Dazwischen saßen Studenten und Schüler, unter anderem auch unser Klassenkamerad Mihály Modi, und sie alle arbeiteten daran, Granaten und Panzerminen scharf zu machen. Es ging folgendermaßen vor sich: Jeder bekam eine leere Kiste. Aus einer gefüllten Kiste wurde die Handgranate herausgenommen und vom Ölpapier befreit, dann wurde der kleine Aluminiumzünder in die Granate gesteckt, und zum Schluss schraubte man den Holzgriff auf die Handgranate, und damit war die Granate wurffertig. Auch Tellerminen wurden auf ähnliche Weise vorbereitet. Ich habe nur ab und zu ängstlich um mich geschaut und dachte, wenn hier jetzt ein Unglück passiert, bleibt von diesem Gebäude nichts übrig.

Mittagessen erhielten wir hier auch. Zum Lohn durften wir auch ein paar Handgranaten mitnehmen, wovon Modi reichlich Gebrauch machte und etwa acht Stück in die Tasche steckte. Dies endete am nächsten Tag fast in einer Katastrophe, aber darüber später.

Der Abend verlief überraschend friedlich. Wir blieben im Internat, und manch einer sprach sogar schon vom baldigen Neubeginn des Unterrichts. Die Abendnachrichten waren allerdings alles andere als ermutigend. Der Sender "Freies Kossuth-Radio", so wie der Sender sich seit ein paar Tagen nannte, meldete weiter massive militärische Bewegungen im Osten. Auch wurde bekannt, dass die sowjetische Armee mit Panzern die österreichische Grenze abgeriegelt hatte. In Veszprém aber herrschte fast gespenstische Ruhe.

Ich war relativ früh eingeschlafen und schlief aufgrund der Tagesereignisse sehr tief, bis mich auf einmal ein ohrenbetäubender Krach und das Zersplittern von Fensterglas und eine weitere Detonation förmlich aus dem Bett warfen. Ich schlief im oberen Etagenbett, aber so schnell wie an diesem Morgen bin ich noch nie aufgestanden. Besser gesagt sprang ich vom Bett hinunter und warf mich auf den Fußboden. Über unseren Köpfen rieselte der Putz und ich sah mehrere Einschusslöcher. Szabo Joska und Modi Mihály lagen schon auf dem Fussboden und nur Lajos Bors flüsterte: "Die Russen sind da!" Ich hatte mich im ganzen Leben noch nie so schnell angezogen, und das alles liegend, da wir es nicht wagten aufzustehen. Anschließend krochen wir auf dem Bauch in den Gang, wo unsere Schränke standen.

"Laci, Modi" schrie ich "Die Waffen! Wir müssen die Waffen verstecken! Und denkt auch an die Handgranate!" Ich packte mein Gewehr mitsamt Munition und rannte nach oben auf den Dachstuhl. Modi und Turcsek folgten mir. Als wir oben ankamen meinte Modi "Komm, lass uns auf die Seite gehen, von wo aus wir die Post sehen können". Wir drängelten uns an einem winzigen Dachfenster und schauten auf die Straße. Unten war alles voller russischer Soldaten, und auf dem Balkon des Postgebäudes wurde gerade ein vierröhriges Maschinengewehr zusammengestellt. Direkt unter uns lag ein Haufen Granaten neben großkalibrigen Granatwerfern.

"Du, wenn ich da eine Handgranate runterschmeiße, dann gehen die alle hops, oder?" fragte Modi grinsend. "Ja, aber dann bist du auch mausetot. Was, glaubst du, gegen diese Macht mit ein paar Handgranaten zu erreichen?" sagte Turcsek. "Nein, wir müssen alles gut verstecken, bevor die ins Haus kommen. Sonst wirst du an die Wand gestellt. Los, los! Macht endlich!"

Ich steckte mein Gewehr direkt unter die Regenrinne, in der Hoffnung, dass dort kein Mensch hineinkriechen würde, und vielleicht liegt mein Gewehr sogar heute noch dort, wo ich es versteckt hatte.

Als wir fertig waren und ins Erdgeschoss hinunterliefen, kamen vier Studenten herein und trugen einen blutüberströmten Kommilitonen. Sie fragten uns, wo sie den Verletzten hinlegen könnten und ob wir Verbandszeug hätten, weil er sehr stark blutete. Ich zeigte ihnen ein am Ende des Ganges liegendes Zimmer, wo sie sich vorübergehend zurückziehen konnten. Leider hatten wir kein Verbandszeug, und so zeriss ich ein sauberes Bettuch, womit wir provisorisch die Bauchwunde versorgten. Anschliessend zog ich noch schnell meinen Mantel an, und im nächsten Augenblick hörten wir schon lautes russisches Geschrei, und plötzlich standen sie vor uns mit auf uns zielenden Maschinenpistolen. Es waren Fallschirmjäger, vermutlich aus Asien wegen der typischen schrägen Augen und etwas gelblicher Hautfarbe. Einer stiess mich an, ich solle vorwärtsgehen. Dann trat er mich kräftig in den Hintern. Daraufhin lief ich etwas schneller, und so erreichten wir die Straße gegenüber der Post. Er forderte mich auf, meine Hände hinter den Nacken zu legen und trieb mich auf die andere Seite der Straße, an die Hauswand des Postamtes. Unterwegs zeigte er wütend auf eine Blutlache und schimpfte mit mir auf Russisch. Ich stand eine ganze Weile alleine da, bis ich plötzlich hörte, dass auch andere mir folgten. Leider konnte ich in der Dunkelheit und dazu bei relativ dichtem Nebel die Gesichter neben mir nicht erkennen. Hinter mir hörte ich plötzlich Knacken und ein Rasseln der Gewehre. Jetzt wusste ich, dass die uns gleich erschießen würden. In diesem Moment hoffte ich, dass diese Teufel gut zielen konnten, damit wir uns nicht quälen müssten. Wir standen alle nebeneinander mit dem Gesicht zur Wand. Plötzlich wurde jemand neben mir unruhig und versuchte, den hinter uns stehenden Soldaten etwas zu fragen. Ich glaube, er musste dringend pinkeln. Er drehte sich wohl deshalb um, dann dröhnte ein Schuss, und sein Körper sackte zusammen.

Ich begann daraufhin fürchterlich zu zittern, so ungefähr als wäre man in einen Tiefkühlschrank eingesperrt. Sogar meine Zähne klapperten, aber es passierte weiter nichts. Ein paar Minuten später hörte ich, dass hinter uns jemand auf Russisch schimpfte, und ich konnte etwas verstehen: „Es sind noch Kinder! Bitte erschießt sie nicht, sondern sperrt sie in ein Klassenzimmer der Grundschule ein." Diese Grundschule befand sich direkt in der Nachbarschaft unseres Internats.

Wir, das waren Modi Mihály, Bors Lajos, Szabo Jozsef, Turcsek Laci, und ich trafen dort noch etliche andere Schüler und Studenten sowie unseren Aufsichtslehrer Robert Monath.

Zwischendurch wurde immer heftiger geschossen, und auch Kanonenfeuer wie Granatfeuer waren zu hören. Ab und zu erschien ein russischer Offizier und befahl, uns auf den Boden zu legen. Nach einer kurzen Weile stand unser Aufsichtslehrer Robert Monath auf und sprach mit einem russischen Offizier, während er immer auf uns zeigte. Der Offizier kam dann zu mir und schaute mich an. Plötzlich begann er lautstark zu lachen und sagte auf Russisch: "Der kann doch keine Handgranate haben, er ist doch noch im Kindergarten."

Hier erfuhr ich, dass dieser hochgeschätzte Lehrer Monath, der später große Auszeichnungen vom Kádár Regime erhielt, uns feige verraten hatte. Nur der Gutmütigkeit des russischen Offiziers hatten wir es zu verdanken, dass uns nichts passiert ist.

Nach einer Weile kam der russische Offizier nochmals zu mir zurück und führte mich allein vor das Haus. Jetzt, dachte ich, ist es endgültig vorbei. Aber zu meiner größten Überraschung erklärte er mir, ich solle zur in der Nähe liegenden Kirche gehen und mit dem ‚Popa' die Gläubigen zusammentrommeln, da er mit ihnen reden wolle. Ich versuchte ihm klar zu machen, dass dies nicht ginge. Ich kenne keinen ‚Popa', und die Gläubigen würden trotz des Sonntags mit Sicherheit nicht in die Kirche gehen. Es nützte nichts, ich musste in die Kirche, deren Pforte die Russen schon aufgebrochen hatten, und musste dort die Glocken läuten. Es war aber natürlich alles vergeblich. Daraufhin führte er mich schimpfend zu den anderen in das Klassenzimmer zurück und erklärte gestikulierend, dass wir alle nach Sibirien kommen würden.

Wir saßen weiterhin auf dem Fußboden, aufstehen durften wir nicht. Nach einer Weile fragte ich einen unserer Bewacher, ob ich die Toilette benutzen dürfte, da ich dringend musste. Er nickte, und ich verschwand im Gang, an dessen Ende sich die Toiletten befanden. Kaum hatte ich die Tür hinter mir geschlossen, überlegte ich auch schon, wie ich von hier ausbrechen könnte. Die Toilettenfenster waren relativ hoch, aber nicht zu klein, um hindurch zu rutschen. Also kletterte ich zum Fenster hoch und zwängte mich durch den Fensterrahmen. Das Fenster öffnete sich zum Innenhof, von wo ich wiederum durch das Internat, dem dahinterliegenden Garten und über die Mauer entfliehen wollte. Ich sprang also vom Toilettenfenster in den Hof und rannte ins Internat. Das Internatsgebäude war von den russischen Soldaten bereits wieder verlassen. Die Soldaten hatten alle Räumlichkeiten durchwühlt, überall lagen Kleidungsstücke von uns Schülern herum, Schränke waren aufgebrochen, und eine Menge Papiere lagen verstreut auf dem Fußboden herum. Als ich weiterlaufen wollte ging plötzlich vorsichtig eine Tür vom Schlafzimmer auf und ein junges Gesicht schaute heraus.

"Was machst du hier? Wie bist du hier hereingekommen" fragte ich erstaunt. "Pssst, ich habe auch einen Verletzten bei mir. Kannst du uns helfen?" flüsterte der unbekannte Student mit ängstlichem Gesichtsausdruck. "Es kommt darauf an, ich bin auch geflüchtet, und die Russen sind nebenan. Also viel kann ich nicht tun." erklärte ich ihm.

"Nein, du sollst nur in die Kiskörösi utca gehen. Da warten bereits ein paar Studenten, die uns von hier rausholen werden. Allein schaffen wir es nicht, hast du verstanden?"

"Ja, aber wie willst du von hier rauskommen? Nach vorne ist es nicht möglich, und nach hinten durch den Garten ist es ebenfalls zu riskant."

"Im Garten, seitlich an der Mauer befindet sich ein Granatenloch. Da kannst du direkt auf die Straße raus, und umgekehrt können sie leicht rein. Mit einem Bettuch könnten wir dann zu dritt den Verletzten raus schaffen. Er muss dringend ins Krankenhaus, da er stark aus dem Oberschenkel blutet."

Ich eilte zuerst in unseren Internatshof, doch leider waren dort im Garten schon mehrere russische Soldaten, die mich aber noch nicht bemerkt hatten. Ich überlegte, wie ich unbemerkt in den Garten gelangen könnte. Doch es schien fast unmöglich, weil die Soldaten von ihrem Standpunkt den ganzen Garten überblicken konnten. Doch dann hatte ich die Idee, mich erst einmal hinter dem dicken Stamm des alten Nußbaums zu verstecken und dann von dort aus die letzten 30 bis 40 Meter bis zur Gartenmauer schnell im Zick-zack zu erreichen.

Ich dachte, falls sie mich dann doch entdecken sollten, wäre es doch weitaus schwieriger, auf mich zu schießen. Es war natürlich sehr riskant, aber in der Morgendämmerung und dank des noch immer nebligen Wetters könnte es klappen. Als ich dann unter dem Nußbaum ankam dachte ich, also jetzt oder nie und rannte los. Am Anfang herrschte noch Stille, aber plötzlich schrie jemand laut: „Stoj" (Halt!), aber ich drehte mich nicht um sondern rannte so schnell wie ich konnte und erreichte atemlos das Loch in der Gartenmauer. Blitzschnell kletterte ich durch das Mauerloch zur Kiskörösi utca. Hinter mir blieb alles still. Wahrscheinlich hatten die russischen Soldaten keine Lust gehabt, sich weiter um mich zu kümmern. Tatsächlich stand hinter der Gartenmauer schon eine Gruppe bewaffneter Studenten. Sie wollten langsam in Richtung Post gehen, wo sich die russischen Soldaten befanden, und diese von der Flanke aus angreifen. Ich erklärte ihnen, dass in unserem Internat ein Verletzter dringend Hilfe brauche. Aber vor allem versuchte ich, ihnen den Angriffsplan auszureden: "In der alten Volksschule gegenüber der Post sitzen mindestens 30-40 Gefangene. Was glaubt ihr, was mit denen geschieht, wenn ihr von hier aus die Russen angreift? Ich konnte nur mit Not durch ein Toilettenfenster flüchten und habe gesehen, wieviele Soldaten dort sind, einschließlich zweier Panzer, die den Russen in der Vorosilov Straße (heute Iskola-Straße) zu Verfügung stehen. Außerdem warten Granatwerfer und Schnellmaschinengewehre auf euch. Mit euren Maschinenpistolen und den paar Handgranaten könnt ihr gar nichts ausrichten!"

Sie schauten mich erst erstaunt an und begannen über die neue Situation zu diskutieren. Inzwischen machten sich drei Studenten auf den Weg zum Internat, um den dort liegenden verletzten Kameraden zu bergen.

Zwischendurch flogen immer wieder russische MIG Düsenjäger sehr niedrig mit ohrenbetäubendem Lärm über die Stadt. Das gehörte auch zu ihrer Einschüchterungstaktik. Gleichzeitig lief ein erbitterter Kampf über unseren Köpfen ab. Wie sich später herausstellte, hatten sich Einheiten der russischen Armee gegenseitig beschossen, im Glauben, dass eine von ihnen zu den Aufständischen gehörte. Die Freiheitskämpfer waren nicht nur in der Zahl sondern auch ausrüstungsmäßig weit unterlegen, und jeder weitere Kampf wäre sinnlos gewesen. Wenn sich noch irgendwo ein konzentrierter Widerstand hätte entfalten können, dann wäre dies nur in den weitläufigen

Bakony-Wäldern als ein sogenannter Partisanenkrieg möglich gewesen, aber das hätte man sehr viel früher organisieren müssen. Es war bemerkenswert, dass die sowjetische Armee recht gut organisiert war, und nicht nur in der Hauptstadt pünktlich um 4 Uhr morgens ihren Angriff startete sondern zur gleichen Zeit in ganz Ungarn. Der - zwar sinnlose - Widerstand hat jedoch der russischen Armee mehrere Tausend gefallene Soldaten und über 2000 Panzer und weitere Kriegsgeräte gekostet.

Leider wurde ein vernünftiger Widerstand auch dadurch verhindert, dass am 4. November, morgens zwischen 4 und 5 Uhr, vom Verteidigungsministerium ein Befehl erteilt wurde, unter keinen Umständen Widerstand gegen die vorrückende sowjetische Armee zu entwickeln. Die ungarische Armee war dadurch paralysiert. Hierzu muss man wissen, dass die linientreuen Generäle wie Gábor Janza, Gyula Uszta, Gyula Váradi, und Imre Kovács, die sich in dieser Zeit im Verteidigungsministerium aufhielten, diesen Tagesbefehl unterschrieben hatten. Dieser Befehl wurde dann später um ca. 8 Uhr wiederholt: ‚Unter keinen Umständen gegenüber der vorrückenden russischen Armee Widerstand leisten'. Allerdings war dieser Befehl dann schon direkt aus Szolnok erteilt und von Münich unterschrieben, wo schon die noch provisorische Regierung unter der Leitung von János Kádár fungierte.

Demgegenüber entwickelte sich in Budapest, aber auch in zahlreichen anderen Provinzstädten und auch Fabriken wie Csepel, wo bis zum 10. November erbittert gekämpft wurde, ein Widerstand mit mehr oder weniger grossem Erfolg. Im noch freien Radiosender wurden ununterbrochen Hilferufe in den Äther abgesetzt, doch leider ohne den geringsten Erfolg. In dieser Zeit war die ungarische Nation schon aufgegeben und ihr Schicksal besiegelt.

Nachdem auch die Studenten eingesehen hatten, dass ein Widerstand von hier aus unmöglich sei, liefen wir gemeinsam zu einer befreundeten Familie, bei der ich auch eine Nacht verbringen durfte. Was aus dem verletzten Studenten wurde, weiß ich nicht. Ich habe nur erfahren, dass er das Krankenhaus erreicht hatte und dort operiert worden war. Noch in der Nacht ließen die Kämpfe nach, so dass wir am nächsten Morgen versuchten, Veszprém zu Fuß zu verlassen, erst über die Jozsef Atilla Straße in Richtung Nemesvámos. Unterwegs trafen wir auch auf Soldaten, die aus ihrer Kaserne geflohen waren und sich unserem Marsch anschlossen.

Ich lernte einen Soldat kennen, der in Richtung Pápa unterwegs war, und ich fragte ihn, ob ich mich anschließen dürfte. Inzwischen hatte ich mich entschlossen, möglichst schnell nach Hause, nach Sopron zu gehen. Allerdings hatte ich eine Strecke von ca. 180 km vor mir, und bei dem Gedanken, das zu Fuß zu bewältigen, wurde mir schwindlig. In Nagyvázsony konnten wir bei einem Bauer im Stall zwischen den Kühen schlafen, und bekamen am nächsten Morgen warme Milch und ein Stück Brot. Am liebsten hätte ich noch ein bisschen Wurst oder geräucherten Speck probiert, von denen reichlich in der Kammer hingen, aber ich traute mich nicht zu fragen. Der Bauer hatte viel mehr zu essen gehabt, uns aber nichts davon gegeben. Eigenartig, ich erlebte immer dieselbe Erfahrung mit der Landbevölkerung, auch in der Zeit nach dem II. Weltkrieg, dass sie furchtbar geizig waren. Jammern konnten sie ununterbrochen, aber den anderen etwas abgeben, nein, so etwas gab es bei ihnen nicht.

Unterwegs sahen wir in der Ferne sowjetische Einheiten, die immer öfter auftauchten, weswegen wir beschlossen, nur nachts weiter zu marschieren. Mein Soldatenfreund Zoltán trug immer noch seine Uniform, und im hellen Tageslicht damit zu laufen erschien uns doch zu gefährlich. Also saßen wir tagsüber irgendwo im Straßengraben und machten nicht selten ein kleines Feuer in der Hoffnung, dass uns niemand entdecken möge. In dieser Zeit entzündeten die Bauern auf den Feldern häufig kleine Feuer, um trockenes Unkraut und Reste von der Kartoffelernte oder trockenen Maisstangen zu verbrennen. Deshalb fielen unsere kleinen Feuer wohl nicht besonders auf. Desöfteren fanden wir noch liegengebliebene Kartoffeln oder Maiskolbenreste auf den Feldern, die wir dann gebraten haben.

Den halb süßlichen, halb bitteren Geschmack einer etwas angefrorenen Kartoffel hatte ich noch lange in meinem Mund, aber wenn man hungrig ist, dann kann man alles überwinden.

„Kannst du dir vorstellen, statt dieser verdammten Kartoffel ein Stück Speck auf unserem Spieß zu haben?" fragte Zoltán etwas verlegen lächelnd, doch sein Lachen ähnelte eher einer Grimasse, als wenn er in eine Zitrone gebissen hätte.

„Ja, ich könnte mir auch etwas Besseres vorstellen, aber schau mal, zwischen deinen Beinen ist ein Stück Fleisch." Er blickte etwas erschrocken, und in diesem Augenblick verschwand gerade eine Feldmaus unter seinem Bein. Er sprang auf und begann zu fluchen, was die Ungarn ja besonders gut können.

Ich fing an zu lachen und sagte: „Na, du bist schon ein Soldat, und ihr wollt uns verteidigen?" Leider blieben wir hungrig, und so legten wir uns in einen Heuhaufen, schliefen ein wenig, um nachts weiter marschieren zu können.

Am nächsten Morgen trafen wir zufällig auf eine kleine Gruppe Freiheitskämpfer aus Veszprém, die orientierungslos aber noch bewaffnet weitere Widerstandsgruppen suchten.

Abends, es war schon ziemlich dunkel, rief plötzlich jemand aus einem Waldstück: „Halt, Hände hoch!" Ich war furchtbar erschrocken, da ausgerechnet der ungarische Befehl ‚Hände hoch!' nur von AVH-Leute kommen konnte. Zoltán schaute mich irritiert an, da wir aber nichts erkennen konnten und der Ruf unmittelbar aus der Nähe kam, war an Flucht nicht mehr zu denken. Wir standen also mit erhobenen Händen und warteten was passieren würde. Im nächsten Augenblick kamen zwei Gestalten aus dem Wald gestürmt. Sie hatten ihre Maschinenpistolen auf uns gerichtet und einer von ihnen brüllte: „Umdrehen!" Aber jetzt konnten wir erkennen, dass auch sie Zivilisten waren. Hinter ihnen kamen noch weitere Männer zum Vorschein, die ebenfalls bis an die Zähne bewaffnet waren.

„Was soll das denn?" rief Zoltán „seht ihr nicht, dass wir auch Aufständische sind? Nur Waffen haben wir nicht. Wir kommen aus Veszprém und sind unterwegs nach Westen. Also runter mit den Waffen, sonst passiert hier noch ein Unglück!"

Auf diese energischen Worte und wahrscheinlich auch wegen des optischen Eindrucks seiner Uniform kam es schließlich zu einer Einigung. „Entschuldigt, wir wussten nicht, wer ihr seid, und die Uniform, die wir zuerst entdeckten," er zeigte auf Zoltán „machte den Eindruck, ihr seid russische Soldaten."

Leider kostete diese Verwechslung mehreren ungarischen Soldaten zu dieser Zeit das Leben, weil ihre Uniformen ähnlich aussahen wie die ihrer russischen "Brüder".

„Wieviele seid ihr denn?" fragte Zoltán „Neun" „Und ihr seid alle aus Veszprém?"

„Nein, wir fünf sind Bergmänner aus Ajka, und die anderen sind aus der Porzellanfabrik in Herend" antwortete einer der Bergleute.

„Und was habt ihr vor? Wohin geht ihr so entsetzlich bewaffnet?" bohrte Zoltán weiter.

„Wir werden im Untergrund weiterkämpfen. Wir haben vor, eine Partisanengruppe zu gründen." erklärte uns ein etwa gleichaltriger junger Mann, der mit Handgranaten und Maschinenpistolen behängt war. Um sein Vorhaben zu beweisen zeigte er mir eine Packung Paxit Sprengstoff aus dem Bergwerk.

„Wir wollen eine wichtige Verbindungsstraße unterminieren, auf der ständig russische Panzer verkehren und dann ... Bumms." und grinste dabei siegessicher.

„Ihr macht doch mit, oder?" fragte ein anderer aus der Gruppe.

„Ja, wenn es Sinn macht. Aber zuerst müssen wir sehen, wo diese berühmte Straße ist." erklärte Zoltán.

„In Ordnung! Gehen wir, solange es noch dunkel ist. Es ist nicht weit, so ungefähr 7 km, und bis zum Sonnenaufgang müssten wir dort sein. Habt ihr Waffen?"

„Nein, wir kommen direkt aus Veszprém und haben alles zurücklassen müssen". erklärte ich und fügte noch hinzu:

„Außerdem haben wir verdammt großen Hunger. Seit Tagen essen wir nur halbgefrorene Kartoffeln und das auch nur, wenn wir welche finden."

„Hier ein Stück Brot. Viel haben wir nicht, aber ich kenne einen Waldarbeiter hier in der Nähe. Vielleicht kann er uns aushelfen." Ich nahm ein Stück Weißbrot aus seiner Hand und aß mit gierigen Bissen. Es war ein Gefühl, als wenn mir das beste Abendessen aufgetischt worden wäre.

„Mein Gott, das ist himmlisch, nicht war Zoltán?" sagte ich, er lächelte nur und verschlang ebenfalls sein Stück Brot voller Genuss.

„Also, ihr macht mit oder?"

„Natürlich" antwortete ich schnell, voller Angst, dass er mir mein Brot wieder aus den Händen reißen könnte. Zoltán sagte nichts sondern nickte nur. So setzten wir uns wieder in Bewegung und kämpften uns durch das

Walddickicht unserem Ziel, der Straße, entgegen, die wir sprengen wollten. Während des Marsches redete keiner von uns. Um uns herum herrschte absolute Stille und es war stockdunkel. Nur ab und zu schien der Mond schwach durch die Zweige und beleuchtet uns kurz. Ich muss gestehen, dass ich keinen Augenblick an die Konsequenzen dieser Attacke dachte. Im Gegenteil, ich freute mich, endlich etwas Vernünftiges für mein Vaterland zu tun. Welch jugendlicher Leichtsinn und gleichzeitige Sinnlosigkeit, denn wir schrieben den 7. November 1956! Wie viele Jugendliche waren gerade in dieser Zeit in Ungarn bereits gefallen. Und was brachte es außer unendlichen Schmerz für die Angehörigen und Trauer im Land und …im Westen nichts Neues.

Wir kamen langsam voran, gut anderthalb Stunden später standen wir plötzlich vor einer tiefen Senke. In ca 20 bis 25 Meter Tiefe verlief eine asphaltierte Straße ohne bemerkenswerten Verkehr. Hinter uns war dichter Wald mit Büschen, die bis zur Straße hinunterreichten.

„So, das ist die Straße, und da unten, wo sie eine Kurve macht, müssen wir unser Paxit verbuddeln. Zünden werden wir es dann von hier oben. Von hier können wir schnell durch den Wald verschwinden." erklärte einer der älteren Bergmänner. Zoltán blickte den Hang hinunter und erklärte dann mit skeptischer Miene, was für ein Risiko ein solches Unternehmen birgt, es jedoch machbar sei. Ich dachte nur, dass es jetzt ernst werden würde, und wohin ich danach fliehen sollte, da es hier dann mit Sicherheit nicht gemütlich sein würde.

„Wir werden eine Zeitlang den Verkehr beobachten und dann in der Nacht die Bohrungen vornehmen. Józsi, du bleibst als Erster hier oben und schreibst alle Verkehrsbewegungen auf. Aber sei vorsichtig, Du mußt dich gut tarnen. Wir werden so lange etwas zum Essen besorgen." sagte wieder der älteste Bergman mit dem Namen Ernö, der allem Anschein nach auch der Anführer der Truppe war, wenigstens benahm er sich so. Wir gingen nun zum besagten Waldarbeiter, in der Hoffnung, etwas Essbares zu bekommen. Es dauerte tatsächlich nicht lange, bis wir das Haus in einer Waldlichtung entdeckten, nur war er nicht mehr zu Hause. Der Hund bellte zwar gehörig, doch es kam niemand aus dem Haus, und so mussten wir unverrichteter Dinge den Rückzug antreten.

„Ich kenne Leute hier in der Nähe, die haben einen kleinen Bauernhof. Der Mann arbeitet ebenfalls in Ajka im Bauxit Bergwerk. Er wird uns sicher helfen." schlug jemand vor.

„Na, dann gehen wir doch gleich mal dort hin, falls sie überhaupt zu Hause sind." sagte Ernö, und wir marschierten mit erhöhtem Tempo zum Bauernhof. Tatsächlich hatten wir hier mehr Glück. Der Bergmann war zwar nicht mehr zu Hause, aber seine Frau empfing uns. Als wir ihr unsere Absicht erklärten meinte sie: „Oh, das ist aber schade, denn ich habe nicht so viele Lebensmittel im Hause, um 10 Leute zu versorgen. Aber meine Schwester arbeitet im Lebensmittelgeschäft im Ort. Ich könnte euch dort vielleicht etwas besorgen."

„Aber ich habe nur ein paar Forint dabei." erwiderte ich „ich kann nicht zahlen."

„Wir legen alles zusammen, was wir haben und dann kaufen Sie soviel ein, wie Sie dafür bekommen." antwortete Ernö. Leider kam nicht viel Geld zusammen, aber sie ging trotzdem los, um etwas zu kaufen. Solange konnten wir uns im Haus hinsetzen und uns warmen Tee mit einem Stück Brot gönnen. Nach mehreren Tagen saß ich zum ersten Mal wieder in einem bequemen Sessel und genoss nach langer Pause auch endlich wieder ein heißes Getränk.

„He, Chef, wenn sie uns nun verpfeift, was ist dann? Sie ist nicht blind, und unsere Waffen hat sie auch gesehen," bemerkte einer der Bergleute.

„Dann haben wir Pech und zwar verdammt großes Pech!" antwortete Ernö,

„aber ich hoffe, dass sie eine anständige Frau ist und nicht mit der AVH zurück kommt. Trotzdem wäre es nicht schlecht, wenn einer von euch die Straße beobachten würde."

Ich bekam daraufhin wieder das schon bekannte komische Gefühl im Bauch. Was würde wirklich mit uns geschehen, wenn sie uns verriet? Es vergingen lange Minuten und Stunden und je mehr Zeit verrrann, umso unruhiger wurden wir. „So, meine Herren, wir brechen auf. Mir gefällt diese Warterei nicht. Da stimmt was nicht." sagte Ernö und stand auf. In diesem Augenblick rief unser Beobachter am Fenster:

„Sie kommt, aber nicht allein. Da ist noch eine Frau und ein Mann bei ihr. Was machen wir?"

Wir waren alle bis aufs Äußerste angespannt, konnten aber nichts mehr unternehmen, da plötzlich die Tür aufging und die drei beladen mit Tüten ins Haus hereintraten. „Gott sei Dank, wir dachten schon…" aber Ernö brach mitten im Satz ab und lächelte nur.

„Ja ja, es tut uns leid. Ich musste noch einiges organisieren, was mir auch gelungen ist, und zwar ohne euer Geld. Was wir mitgebracht haben wird euch eine Zeitlang ausreichen." sagte die Hausfrau. Sie lächelte und gab uns unser Geld zurück. Ihr Gesicht strahlte siegessicher und auf gewisse Weise auch stolz. Wir waren alle sehr erleichtert, erst recht, als wir die vielen mitgebrachten Lebensmittel erblickten. Es waren zahlreiche Konserven sowie Wurst, Speck, Schmalz, mehrere Laibe Brot. Sogar Tee, Milch und ein mittelgroßer Topf waren dabei. Natürlich hatte sie Zigaretten, Feuerzeug und sogar Verbandszeug nicht vergessen. Der Mann, der neben ihr stand trug einen großen Rucksack und teilte uns mit, dass er sich uns anschließen möchte, da er nämlich aus Székesfehérvár (Stuhlweißenburg) stammt und vorhabe, sich in den Westen abzusetzen. Ernö erzählte ihm, was wir vorhatten und dass wir noch nicht aufgegeben haben und deshalb auch nicht daran dächten, uns nach Westen abzusetzten. Er hat uns nicht ganz verstanden, begann aber dann mit gerunzelter Stirn zu erklären:

„Ich habe für euer Vorhaben volles Verständniss und finde es auch äußerst lobenswert. Aber erlaubt mir euch zu warnen, dass es nicht nur sinnlos ist sondern ein Opfer sein wird, das keinem hilft. Ihr begebt euch in eine äußerst gefährliche Lage und werdet für eure fragliche Heldentat eventuell mit dem Leben bezahlen. Ich rede euch da nicht hinein, aber als älterer Mann ist es mir ein inneres Bedürfnis, euch das mitzuteilen. Deshalb werde ich nicht mit euch gehen sondern setze meinen Weg nach Richtung Westen fort."

Nach dieser kurzen aber recht inhaltsvollen Rede schwiegen wir einen Moment und jeder von uns dachte über seine Worte nach. Plötzlich unterbrach Zoltán die Stille: „Wenn wir schon hier sind und Jozsi seit mehreren Stunden den Verkehr beobachtet, würde ich vorschlagen, doch nochmal an Ort und Stelle über unser Vorhaben nachzudenken."

„Selbstverständlich müssen wir erst zur Straße zurück und dann sehen wir weiter. Aber entschuldige, wer bist du eigentlich? Wie heißt du und was hast du bisher in Székesfehérvár gemacht?" fragte Ernö und wandte sich dem uns immer noch völlig unbekannten Mann zu.

„Ich bin Gymnasiallehrer und habe Deutsch und Latein in Székesfehérvár unterrichtet und heiße Imrédy. Unser Gymnasium hat auch aktiv an der Revolution teilgenommen, aber nach dem 4. November sind wir in alle Richtungen auseinander gegangen. Székesfehérvár wurde massiv von russischen Truppen besetzt, ein Widerstand war völlig zwecklos. Ich bin mit ein paar Schülern und noch anderen Männern in Richtung Westen losmarschiert. Aber so nach und nach fiel unsere Gruppe auseinander, bis ich dann ganz allein geblieben bin. Nur zufällig kam ich in diesen Ort und hörte dann im Lebensmittelgeschäft von euch. Ich dachte, ich schließe mich euch an und brauche nicht mehr allein zu marschieren. Aber von eurem Vorhaben wusste ich nichts. Ich nahm an, dass euer Ziel auch der Westen sei und wir zusammen weitergehen könnten. Aber wie gesagt, ich mache nicht mit. Ich denke, ihr versteht mich, und ich werde mich jetzt von euch trennen."

"Aber woher sollen wir wissen, dass du uns nicht verpfeifst, wenn du von hier alleine weitergehst?"

„Du hast recht, ich kann nur versprechen, dass ich mit niemanden über euer Vorhaben reden werde. Aber mehr als mir zu glauben bleibt euch nicht übrig, falls ihr mich nicht hier an Ort und Stelle erschießen wollt."

In diesem Augenblick lief mir ein kalter Schauer über den Rücken. Ich stellte mir vor, welche Konsequenzen das mit sich bringen würde, und überhaupt, das wäre ja glatter Mord. Ich konnte meine Gedanken noch nicht mal zu Ende führen als Ernö schon mit schneidender Stimme sagte:

„Wir sind keine Mörder! Unser Aufstand ist uns heilig, und du bist kein Vaterlandsverräter, davon bin ich überzeugt. Und wenn es anders sein sollte, dann hast du elf Leute auf deinem Gewissen, und ich nehme an, dass du ein Gewissen hast, oder? Aber um dich nicht unnötig zu belasten, so werden wir uns hier von dir trennen. Ich frage euch nun alle: Wer sich Imrédy anschließen möchte, der sollte es jetzt es tun. Ich gehe meinen eigenen Weg weiter und werde, wenn irgendwie möglich, diese Straße sprengen. Auch wenn es nur eine kleine Tat ist, aber ich bin es meiner Heimat und meinem Vaterland schuldig."

Er stand auf, packte seine Waffen und einen Teil der Lebensmittel in einen Stoffsack, drehte sich um, schaute uns immer noch stumm Herumstehenden an und rief:

„Was ist nun? Entscheidet euch endlich! Ich gehe, aber verdammt noch mal, wartet nicht zu lange. Jozsi braucht uns dort draußen!" Stillschweigend packten wir unsere Sachen zusammen und verabschiedeten uns mit stummem Handschlag vom Lehrer und gingen hinter Ernö in den Wald zurück. Keiner von uns sagte ein Wort, aber ich war überzeugt, jeder hatte tausend Fragen im Kopf und suchte darauf verzweifelt eine Antwort. Ich war sehr verunsichert und dachte unterwegs daran, was der Lehrer über unser sinnloses Vorhaben und die Gefahren gesagt hatte. Lohnte sich das? Ich fragte mich das ständig, und in mir stiegen immer mehr Unsicherheit und auch eine große Portion Angst auf. Andererseits besaß ich wieder mal nicht genügend Mut zu sagen: Nein, es ist Unsinn, ich mache nicht mit. Inzwischen hatten wir die Stelle erreicht, wo unser Beobachter lag. „Mensch, wo wart ihr denn so lange? Ich dachte schon, ihr kommt nicht mehr zurück," sagte Jozsi vorwurfsvoll.

„Na, was ist mit dem Verkehr? Hast du Russen gesehen? Übrigens haben wir Dir auch etwas zum Essen mitgebracht." sagte Ernö und setzte sich neben ihn auf die Erde.

„Ja, es sind mehrere russische Manschaftstransporter und sogar drei Panzer vorbeigefahren, aber noch viel mehr Zivilfahrzeuge, sogar ein Bus voller Leute. Was ist, wenn wir ausgerechnet die Zivilfahrzeuge treffen?" fragte Jozsi und schaute Ernö mit besorgtem Gesicht an.

In diesem Augenblick ertönte eine Stimme hinter uns aus dem Dickicht: „Bitte, versteht mich nicht falsch, aber ich mache nicht mit. Es ist tatsächlich sehr gefährlich, und vor allem könnten wir Zivilisten treffen, und ich bin kein Mörder. Deshalb werde ich euch verlassen und empfehle euch dasselbe zu tun, solange ihr noch könnt. Wenn jemand euch erwischt, dann bekommt ihr die Todesstrafe, das ist sicher. Ich werde erst nach Hause gehen und mich von dort ebenfalls nach Westen absetzen."

Zoltán kam langsam aus dem Gebüsch zum Vorschein und putzte aus Verlegenheit an seiner Uniform herum. Er schaute mich an und fügte dann noch hinzu: „Was ist mit dir? Du könntest mit mir weitergehen, aber ich verschwinde jetzt." Ich war nun wirklich überrumpelt. Einerseits stimmte ich ihm zu, aber andererseits schämte ich vor den anderen. Ich kämpfte mit mir selbst, überwand mich aber und sagte:

„Ja, Zoltán, du hast recht. Ich schließe mich dir an." Ich holte tief Luft und fuhr fort: „Bitte, verzeiht mir, aber ich glaube wirklich, das ist zur Zeit das Allerbeste, was wir tun können."

„Ach, ihr braucht euch nicht zu entschuldigen. Ich verstehe euch. Kommt her und lasst mich euch umarmen und dann geht. Ich bleibe," sagte Ernö.

Wir umarmten uns, verabschiedeten uns von jedem und verließen in der Dämmerung die Truppe. Viel später, als wir in Celldömölk ankamen, hörten wir von einem Busfahrer, dass auf einer Landstraße eine gewaltige Explosion stattgefunden hatte, bei der mehrere russische Panzer und zahlreiche russische Soldaten umgekommen seien. Aber auch mehrere Aufständische seien durch diese Explosion getötet worden. Ich wusste, wer diese Aufständischen gewesen waren und sie werden ewig in meiner Erinnerung bleiben.

Es vergingen etliche Tage bis wir in Celldömölk ankamen. Dort verabschiedete ich mich von Zoltán, da er erst nach Pápa zu seinen Eltern gehen und anschliessend über Sopron in den Westen flüchten wollte. Ich habe ihn nie wieder gesehen, aber noch heute denke ich oft an ihn, da wir doch manches gemeinsam überstanden hatten. In Celldömölk erfuhr ich, dass ein Güterzug vom Bahnhof nach Sopron fuhr. An diesem Abend, nachdem ich mich von meinem Soldatenfreund verabschiedet hatte, kletterte ich auf einen Waggon in die sogenannte Bremser-Kabine und wartete darauf, dass sich der Zug endlich in Gang setzen würde. Plötzlich kam ein Bahnbeamter vorbei und entdeckte mich. In der ersten Sekunde war ich sehr erschrocken, aber er beruhigte mich und sagte nur leise:

"Junge, willst du auch nach Westen? Du brauchst dich nicht zu fürchten, du bist auf diesem Zug nicht der Einzige. Die anderen wollen alle über Sopron in den Westen. Also bleib ruhig drin und - gute Fahrt."

Bevor ich antworten konnte verschwand er in der Dunkelheit. Jetzt wusste ich genau, dass der Zug tatsächlich nach Sopron fuhr und ich in Sicherheit war.

Spät in der Nacht setzte sich der Zug endlich langsam in Bewegung und fuhr los. In der Bremser-Kabine war es recht ungemütlich, weil der Wind von allen Seiten durchpfiff, und die Nacht feuchtkalt war. Aber ich war froh, überhaupt weiterzukommen. Während der Fahrt bin ich auch eingeschlafen und wachte erst auf, als der Zug plötzlich langsamer wurde. In diesem Augenblick wusste ich, dass ich in der Nähe von Sopron war. Man konnte in der Ferne schon die beleuchtete Stadt erkennen. Der Zug hatte sein Tempo, das ohnehin nicht besonders schnell gewesen war, noch stärker gedrosselt, und auf diese Weise wusste ich, dass bald die Eisenbahnbrücke beim Elisabeth-Krankenhaus erreicht sein würde. Danach musste ich sofort abspringen, da der Zug dann wieder beschleunigen und bis zum Sopron Bahnhof nicht stehenbleiben würde. Ich vermutete auch, dass es auf unserem Bahnhof wie immer von Polizisten wimmeln würde, und diese Probleme wollte ich mir ersparen, also sprang ich lieber jetzt ab.

Es war soweit. Ich nahm Schwung und segelte durch die kalte, feuchte Nachtluft und landete etwas unsanft auf feuchter Erde. Ich blieb noch ein Weile liegen, und als der Zug vorbeigezogen und nichts passiert war, stieg ich vom Bahndamm hinunter und begab mich auf den Weg in Richtung Villasor, nach Hause.

Als ich zu Hause ankam war unser Haus stockdunkel, und meine Familie schlief noch tief und fest. Es musste ungefähr vier Uhr morgens gewesen sein. Ich klingelte und eine ganze Weile passierte nichts, bis endlich mein Vater in der Verandatür unseres offiziellen Eingangs erschien.

"Sutyi, bist du es?" "Ja", antwortete ich erschöpft und erleichtert.

"Um Gottes Willen, wo kommst du denn her? Wir haben seit Wochen nichts mehr von dir gehört, abgesehen von dem kurzen Telegramm, in dem du uns mitgeteilt hattest, dass du in Veszprém bleibst und es dir gut geht."

"Was sollte ich mehr schreiben? Es war auch so." antwortete ich. Aber in diesem Augenblick wurde die Wohnung hell erleuchtet und meine Brüder und meine Mutter standen schon auf der Veranda.

Hier endete nun meine Odyssee, ein Fußmarsch, der „lange Marsch" von Veszprém nach Sopron, der genau zehn Tage gedauert hatte.

Mein Vater arbeitete in dieser Zeit in der städtischen Gasfabrik, und so schlug er gleich vor, dass ich sicherheitshalber ab morgen dort pro forma arbeiten sollte, weil der AVH (Staatssicherheitspolizei) mich schon zu Hause gesucht hatte. Ich brauche nicht zu betonen, dass ich mich aufgrund dieser Nachricht nicht besonders wohl fühlte. Ich wusste, was das heißt und hatte schon von zahlreichen Gefangenennahmen und Transporten nach Russland gehört. Auch von Jugendlichen war dabei die Rede, sie verschonten also auch die Minderjährigen nicht. Es begann eine blutrünstige Verfolgung, so dass bald die Gefängnisse überfüllt waren. Ich konnte mir deshalb, trotz lebhafter Fantasie nicht vorstellen, wie mir eine Anstellung in der Gasfabrik in meiner Situation helfen sollte. Aber mein Vater beharrte darauf, also, was sollte ich tun. Die nächsten Tage bin ich mehrmals in die Gasfabrik gewandert, aber nicht mit dem größtem Vergnügen. Abends traf ich mich mit meinen Freunden und hörte mich in der Stadt um, was sich allgemein in Ungarn und vor allem an der Grenze tat. Die Nachrichten waren mehr als beunruhigend. Zahlreiche, sogar unbewaffnete Bürger, darunter Kinder, waren von russischen Soldaten auf offener Straße erschossen worden. Der Widerstand war ab dem 12./13. November schon fast überall gebrochen, und die ungarische Justiz hatte bereits zahlreiche Todesurteile ausgesprochen. Auch Minderjährige wie ich blieben nicht verschont. Neue Internierungslager waren eröffnet worden, und um den Flüchtlingsstrom zu stoppen, wurde die österreichisch-ungarische Grenze von der russischen Armee abgeriegelt. In mir reifte der Gedanke, dass ich das Land schnellstens verlassen müsste, wenn es überhaupt nicht schon zu spät war.

Go West.

23. November 1956. Es war gegen 17 Uhr, draußen war es stockdunkel und es begann zu regnen, kalter, klebriger Schnee-Regen vermischt mit dickem Nebel. Ich stand hinter dem Fenster und starrte auf die nassen triefenden Kastanienbäume vor unserem Haus. Laub und lose Äste hingen von den Bäumen, teilweise mit weiß-grauen und nassen Schneeflecken beladen, und allein ihr Anblick jagte mir kalte Schauer über den Rücken.

Auch meine verbotene Antenne vom Kastanienbaum zu meinem Zimmer war mit nassem Schnee beladen und hing so tief durch, dass ich befürchten musste, sie würde jeden Augenblick abreißen. Dann wäre meine einzige Verbindung nach Westen wortwörtlich abgebrochen. Das Detektorradio mit Kopfhörer war meine einzige Verbindung nach Westen und stets auf den Sender „Radio Freies Europa" gerichtet. Natürlich war das verboten, und mein Vater hat mir mehrmals gedroht und geschimpft, dass ich noch immer diese illegale und ausgerechnet nach Westen gerichtete Einrichtung besäße. Aber man konnte damit doch relativ gut hören, und ich war jedes Mal wie elektrisiert, wenn ich auf Empfang ging.

Mein Blick schweifte vom Fenster zum Detektorradio und zu den dazugehörigen Kopfhörern, da bei diesem Radio leider immer nur eine Person mit Kopfhörern zuhören konnte.

Mein Freund Pista, ein fleißig schraubender Elektro-Künstler, bastelte daher ein echtes Röhrenradio. Eines Tages führte er mir voller Stolz vor, welch Wunderwerk er fertiggebracht hatte und damit in der Lage war, verschiedene Sender anzupeilen. Natürlich war das in meinen Augen eine Heldentat, und so bat ich ihn darum, mir auch ein solches Radio zusammenzustellen. „Kein Problem", sagte er „aber was zahlst du denn?" In Anbetracht meiner jämmerlichen finanziellen Situation musste ich mir etwas Besonderes einfallen lassen. Dabei fiel mir ein, dass auch er immer für den Winter Holz aus dem Wald sammeln musste. So kam ich auf die glorreiche Idee, Pista Holz anzubieten:

„Hör mal Pista, ich bringe dir Holz und du bastelst mir ein Radio, ist das ein Angebot?" Er dachte kurz nach und willigte dann ein: „In Ordnung, aber es kostet dich 10 Säcke Holz mit deinem Hakenkreuz-Wehrmachtssack." „He, 10 Stück ist aber ein ganze Menge Holz!" antwortete ich entrüstet. Dazu muss man wissen, dass mein Wehrmachtssack, den die Deutschen während des Krieges hier gelassen hatten, eine Kapazität von 100 kg Mehl hatte und deshalb auch eine entsprechende Menge Holz hineinpasste. Man muss sich aber nun vorstellen, dass ich diesen Sack nicht mit großen Holzscheiten sondern mit kleinen Zweigen und trockenem Holz füllen musste, und dieser Sack davon eine mächtige Menge schluckte.

Es vergingen ein paar Wochen, und ich sammelte fleißig Holz, während dessen er mir ein Radio bastelte. Nun war es langsam soweit, und wir gingen in seine Keller-Bastelkammer. "So, hier ist dein Radio, ich muss nur noch ein paar Drähte befestigen. Aber ich schalte es schon mal ein, damit du gleich hörst, dass es funktioniert." sagte Pista.

Ich war natürlich sehr gespannt, und als die ersten Töne zu vernehmen waren und sich eine österreichische Station meldete, da war ich sprachlos. Ich strahlte und dachte die ganze Zeit, was wohl mein Vater zu unserem ersten Radio sagen würde. Sicherlich war das eine kleine Sensation, denn ich hatte uns mit meiner Hände Arbeit, das heißt, durch mein fleißiges Holzsammeln, ein Radio erwirtschaftet.

"Pista, es ist einfach fantastisch!" Er grinste voller Stolz und wollte nun die paar noch fehlenden Drähte festziehen. Ich dachte, naja, du kannst dich nützlich machen und nahm kurz entschlossen das Radio in die Hand.

Er rief mir noch zu: "Nicht anfassen!" aber da war es schon zu spät. Plötzlich zuckte ein fürchterlicher Schmerz durch meinen Körper, ich sah grün und gelb und flog mit dem halbfertigen Radio rückwärts auf den Boden. Und das war mein Glück! In diesem Augenblick riss ich nämlich das Stromkabel aus der Steckdose und unterbrach dadurch den Stromfluss.

Ich kam langsam wieder zu mir, doch das Radio war in einem elenden Zustand: es war völlig kaputt.

Damals waren Radioröhren sehr schwer zu besorgen, und deshalb war mein Radiotraum von einem Augenblick zum anderen zerstört. Dies schmerzte mich sehr, denn ich war auch gleichzeitig den Gegenwert von 10 Säcken Holz los.

Ich musste schmunzeln, als ich so vor dem Fenster stand und an Pista und das Radio-Abenteuer dachte. Doch nun hatte ich eine wichtige Entscheidung zu treffen, die mir kalte Schauer über den Rücken jagte. Seit Tagen grübelte ich darüber, was ich tun sollte - bleiben oder doch in den Westen flüchten? Die Nachrichten, die mich erreichten, waren sehr verwirrend und auf keinen Fall positiv. Angeblich hatte die Veszprémer AVH (Staatssicherheitspolizei) eine Liste von den revolutionären Führungskräften in Veszprém mit Namen und Adressen gefunden, und wenn das stimmte, dann hatten sie meine Adresse ebenfalls entdeckt. Was das bedeutete, habe ich damals nur geahnt, erst 40 Jahre später wurde es Gewissheit: Todesurteil oder bestenfalls langjähriger Gefängnisaufenthalt und natürlich null Weiterentwicklung. An ein Universitätsstudium war gar nicht zu denken.

Mehrere Gespräche zwischen mir und meinem Vater verliefen ergebnislos und waren sehr von der egoistischen Einstellung meines Vaters überlagert. Wer hätte meinem Vater dies auch verübeln wollen? Erst hatte er seine Frau verloren und jetzt sollte er auch noch seinen ältesten Sohn verlieren? Das war dann doch zu viel für ihn. Es half auch nicht, als ich ihm erklärte, dass ich doch nicht sterben würde und im Westen vielleicht ein besseres Leben haben und dort womöglich auch studieren könnte. Natürlich waren seine Gegenargumente auch nicht von der Hand zu weisen:

"Du sprichst doch keine einzige Fremdsprache, und mit deinem Russisch kommst du auch nicht weit. Du stehst gerade vor dem Abitur und hättest in ein paar Monaten deine Schule abgeschlossen. Wir haben keine Verwandten oder Bekannten im Westen, wie willst du dort draußen allein zurechtkommen. Du weißt gar nicht, welche Gefahren da lauern, Fremdenlegionen, Söldner-Armee, Arbeitslosigkeit. So, und hier an der Soproner Grenze hat die russische Armee die ungarische Grenze hermetisch abgeriegelt, alle 1500 m steht ein Panzerwagen, und mehrere hundert Soldaten halten Wache. Wie willst du da bitte durchkommen?"

Die Bilder, die mein Vater vom Westen malte, und der Status in Sopron waren alles andere als ermutigend. Aber hatte die Hoffnung, doch im Westen eventuell etwas mehr zu erreichen, na, und um ehrlich zu sein, in mir steckte auch ein wenig Abenteuerlust.

In der Stadt hörte man entmutigende Nachrichten, die keinesfalls übertrieben waren. Ich kannte zuverlässige Leute, die im Grenzgebiet in einer Kolchose arbeiteten und das alles weitgehend bestätigten. Gerade aber hier lag auch meine Hoffnung auf ein Gelingen und die Flucht in den Westen zu riskieren. Ich dachte, ich könnte vielleicht mit einer leeren Milchkanne so tun, als würde ich frische Milch aus der Kolchose holen wollen. Wenn sie mich dann erwischen würden, hätte ich ein echtes, stichhaltiges Argument. Im nächsten Moment wischte ich aber auch diese Überlegungen weg, das Risiko schien mir doch viel zu groß.

Nein, allein würde ich doch nicht diesen großen Schritt riskieren, dachte ich, als ich nochmals einen Blick durchs Fenster auf die nasskalte Außenwelt wagte. Wenn wir mehrere wären und zusammenhalten würden, dann könnte vielleicht dieses Wagnis gelingen. Andererseits, gerade zu dieser Jahreszeit und bei solchen Wetterbedinungen könnte mein Vorhaben realisierbar werden. Unwillkürlich dachte ich an meine Freunde in der Stadt. Wir hatten gemeinsam schon darüber spekuliert, ein Fluchtrisiko auf uns zu nehmen, aber die Gegenargumente meiner Freunde waren schwerwiegender:

"Mensch, wir stehen direkt vor dem Abitur und ausgerechnet jetzt sollen wir unsere Heimat verlassen?" Aber meine Freunde waren während des Aufstandes zu Hause in Sopron gewesen. Sie hatten sich immer ruhig verhalten und waren in gewisser Weise nicht gefährdet. Die Sachlage war bei mir aber doch ganz und gar anders. Was sollte ich tun?

Inzwischen war es draußen ganz dunkel geworden, und meine Mutter rief mich zum Abendessen. Es gab Fleischbrühe mit Schweineknochen. Ein für mich himmlisches Essen, weil ich leidenschaftlich gern die Knochen abknabberte. Also wurden meine Emigrations-Pläne vorläufig zurückgestellt. In der Küche setzte ich mich erwartungsvoll und hungrig an den Tisch. Da die Suppe schon dampfend in meinem Teller war, begann ich gierig und mit großer Freude zu essen. Besser gesagt, ich hätte es gern getan, aber nach dem ersten Löffel Suppe hatte ich meinen Mund so verbrannt, dass ich vor Schmerz laut aufschrie.

Meine Mutter schaute mich erstaunt und etwas verächtlich an und sagte "Gott, bist du dumm! Schließlich ist die Suppe auf dem Herd gekocht worden."

Nun, das hatte mir gereicht! Ich stand wutentbrannt auf. Mir die Freude an meiner Lieblingssuppe zu verderben – nein, das war wirklich zu viel! Hatte ich nicht schon eine Menge Probleme, und jetzt auch noch das? Ich stampfte die Treppen hinauf in mein Mansardenzimmer und knalle die Tür zu. In diesem Augenblick fällte ich die Entscheidung: Go West.

So entstand ein weitreichender und lebenswichtiger Entschluss, der mein zukünftiges Leben völlig verändern sollte, aus einem typischen Wutanfalls eines Teenagers wegen einer zu heißen Suppe. Oder war es womöglich eine Vorbestimmung?

Später dachte ich öfter darüber nach, ob in diesem Augenblick vielleicht zahlreiche schon manifestierte Gedanken und Pläne aus dem Unterbewusstsein hochgekommen waren, so wie auch meine langgehegte Antipathie gegenüber meiner Stiefmutter. Ich weiß es nicht. Tatsache war, ich entschloss mich endgültig, Sopron und Ungarn und meine Familie zu verlassen, komme was da wolle.

Darauf folgte eine planmäßige Vorbereitung: Nicht viel mitnehmen, warm anziehen und auf keinen Fall eine Aluminium-Milchkanne vergessen. Meine Vorstellung war, dass, falls sie mich erwischten, ich behaupten würde, ich wollte nur im grenznahen Major frische Milch holen. Welche Naivität, abends um 6 Uhr Milch holen zu wollen!

Aber bevor ich mich endgültig auf den Weg machte, wollte ich noch ein letztes Mal meine besten Freunde besuchen und sie doch noch einmal fragen, ob sie es sich vielleicht anders überlegt hätten und mitgehen wollten.

Ich ging die Treppe hinunter und schlich mich aus dem Haus. Draußen war der Nebel inzwischen noch dicker geworden, und schwerer Schneeregen fiel herab. Ich war froh, dass mein Schuhwerk ideal für so eine Gewalttour war. Wer weiß, ob meine Schuhe diese Nässe überstanden hätte, wenn ich querfeldein durch Acker und Gebüsch marschieren müsste.

Ich nahm mein rotes Fahrrad und fuhr in die Stadt.

Das rote Fahrrad. Dieses Fahrrad gehörte im Grunde genommen meiner Stiefmutter, aber ich hatte sie noch nie auf diesem Fahrrad sitzen sehen. Baujahr 1935, rot, robust, und da es ein Damenrad war, war es für mich als Anfänger auch möglich, auf dem Rahmen balancierend sitzend die ersten Schritte der Fahrkunst zu erlernen. Diese autodidaktische Aktion war, wie später viele andere notwendige Aneignungen verschiedener Fähigkeiten, in meinem Leben eine Selbsterfahrung, Ich habe kaum eine Ausbildung von einem Lehrer oder anderen erfahrenen Person erhalten. Ich musste immer alles allein und mühsam erlernen, und habe deswegen auch häufig viel Lehrgegeld bezahlen müssen. Die Ergebnisse solcher Lehrzeiten waren oft ein sehr langsames Vorwärtskommen, viel Schweiß, viele Opfer, manchmal sogar Depressionen und Selbstzweifel, aber dann ein triumphaler Aufschrei „Ich habe es allein geschafft!"

Also, hier stand ich nun mit diesem roten Fahrrad und meinem jugendlichen Elan, unendlicher dynamischer Kraft, unbegrenztem Optimismus und einer großen Portion Naivität.

Also, schwang ich mich auf den nassen Sattel des Fahrrades und radelte los in Richtung Stadt, während ich mit einer Hand meine Aluminiumkanne festhielt. Der Weg in die Stadt war recht einfach, da es ständig bergab ging, aber dafür war stets der Heimweg umso schwieriger. Mein Gott, wie toll war es, abwärts zu sausen, auch wenn der nasskalte Wind mir heftig ins Gesicht peitschte. Ich war immer ein guter Radfahrer und fuhr gerne längere Strecken mit dem Rad in unserer Gegend. Leider waren auch hier unseren Radtouren Grenzen gesetzt. Wir lebten in der Grenzregion, und unsere Bewegungsfreiheit war entsprechend limitiert. Grenzposten, Ausweiskontrollen, neugierige Fragen, wohin, woher und warum, begleiteten uns und Gott sollte uns gnädig sein, wenn wir mal den Personalausweis vergessen hatten.

'Schluss mit diesem und ähnlichem Unsinn! Ab heute Abend ist es allemal vorbei!' dachte ich, während ich mich der Stadt näherte. Egal, was passieren würde, auch wenn es nicht klappte über die Grenze nach Österreich zu gelangen, ich wollte es versuchen. Ich fühlte in mir eine innere Stärke, eine Entscheidungskraft, es wird kein Zurück mehr geben. Dieses Gefühl war wie ein Konglomerat aus Ehrgeiz, Angst, Trotzreaktion und innerem Trieb. Ich musste es tun, es gab kein Zurück mehr, nur noch ein Vorwärts.

Ich stellte erst einmal mein Fahrrad unangemeldet bei Bekannten ab und marschierte dann zu Fuß weiter zu meinen Freunden. Als ich dort ankam, waren Lala und Laci schon da. Ich merkte sofort, dass hier gewaltige Angst und Unsicherheit herrschten, und sie nicht mitmachen würden. Trotzdem versuchte ich sie zu überzeugen, doch meine gut gemeinten Argumente verpufften, und es entwickelte sich statt Optimismus ein immer stärker werdender erdrückender Pessimismus. Ich stand mit meiner Entscheidung plötzlich allein da. Ein zunehmendes Angstgefühl stieg in mir auf, und um nicht ganz daran zu ersticken, erklärte ich mit letzter Kraft:

"Ich muss von hier weg! Wenn ich nicht verschwinde, werden sie mich verhaften. Eure Situation ist ganz anders als meine, mich suchen sie schon."

Stille. Lala schaute mich lange an, holte dann tief Luft und sagte: "Du, ich kann meine Eltern nicht allein lassen. Die brauchen mich, und meine Mutter würde es nicht überstehen, wenn ich fort ginge."

"Und du solltest auch nicht so ängstlich sein" warf Laci ein, "du hast momentan Panik und wirst schon bald sehen, dass es nicht so schlimm werden wird. Bitte, wirf doch vor dem Abi nicht alle Möglichkeiten weg. Was machst du in Österreich oder anderswo ohne Sprachkenntnisse, ohne einen Schulabschluss, ohne einen Beruf? Was würden wir dort drüben anfangen?"

Er machte eine kurze Pause und fuhr dann fort: "Wovon sollten wir leben, wohin sollten wir gehen, hast du das alles bedacht?"

Er ging zu einem runden Nussbaumtisch, dessen Füße schöne alte Verzierungen im Rokoko Stil hatten und an dem wir immer auf der glatten Intarsien-Oberfläche Karten gespielt hatten. Heute war eine Europa-Karte darauf ausgebreitet. Ich muss hier anmerken, dass diese sogenannte Europakarte eher den Eindruck einer stark zerfledderten Antiquität widerspiegelte. Man darf nicht vergessen, dass wir in einem kommunistischen Land lebten und es nicht im Interesse der Parteiführung war, dem Volk eine vernünftige, aktuelle Europakarte zur Verfügung zu stellen. Dafür gab es eine Menge sowjetischer Landkarten, die aber falsch waren. Russland hatte wohl Sorge, von seinen ‚Brudervölkern' heimgesucht zu werden – doch in in diese Richtung wollten wir mit Sicherheit nicht marschieren.

"So, schau mal her" fuhr er fort, "hier sind wir, und wohin willst du nun gehen? Hast du mal daran gedacht? Du, das ist kein Ausflug! Italien, Spanien, Frankreich, oder wohin?" seine Stimme wurde immer eindringlicher und lauter. "Was ist mit unserer Schulausbildung? Wovon sollten wir leben?"

"Ja, das ist mir klar! Du brauchst mich nicht so anzuschreien, ihr habt doch noch gestern gesagt, dass ihr mitgeht, oder hatte ich mich da verhört?"

Es wurde bedrückend still im Zimmer. Lala und Laci schauten etwas unsicher auf den Boden bis plötzlich die Tür aufging und Laci's Mutter in der Türschwelle erschien und fragte: "Nanu, was ist denn hier los? Worüber wird hier so laut diskutiert?" Dann warf sie einen Blick auf die ausgebreitete Europakarte.

"Was ist das?" Ihre Stimme hatte einen fragenden und zugleich besorgten Unterton. Mir wurde unbehaglich zumute und fürchtete, dass ich die beiden Freunde in eine unangenehme Situation gebracht hatte und sagte triumphierend: "Wissen Sie, Frau Boronkai, ich bin hier, um mich zu verabschieden, ich gehe in den Westen."

"Um Gottes Willen, Junge, du hast den Verstand verloren! Weiß dein Vater, was Du vorhast, sicher nicht, was? Es ist höchst unüberlegt. Egal, welche Gefahren drohen. So etwas muss man sich sehr gut überlegen. Laszlo, du fährst jetzt schleunigst nach Hause und ihr beiden" und sie drehte sich zu Lala und Laci um, die noch immer stumm vor sich hinschauten "nehmt sofort diese

Karte vom Tisch, und nun Schluss mit dummen Abschiedsfeierlichkeiten. Ich mache euch jetzt mal einen heißen Tee, in dieser Kälte ist so etwas immer ganz gut, und anschließend geht jeder nach Hause. Und ich möchte kein Wort mehr von irgendeiner dummen Abschiedszeremonie hören! Habt ihr verstanden?" und ohne eine Antwort abzuwarten verschwand sie aus dem Zimmer, und wir standen wortlos da wie begossene Pudel. Vor allem wusste ich jetzt nicht, was ich tun sollte.

"Also, ich gehe nicht mehr zurück! Mein Entschluss steht fest, ich werde in den Westen abhauen, Punkt." sagte ich wild entschlossen und mehr von Unsicherheit getrieben als von einem fundamentalen klaren Entschluss.

"Mensch, überleg dir das gut. Bleib doch zu Hause!" flehte mich Lala eindringlich an "oder warte wenigstens bis morgen."

"Ach, du glaubst doch nicht, dass morgen etwas anders sein wird, oder ihr bis morgen eure Meinung ändern werdet?" fragte ich ironisch.

"Klar, warte doch noch, und wenn es nicht anders geht, dann kannst du morgen immer noch verschwinden, und" er machte ein kurze Pause "vielleicht kommen wir dann auch mit, oder?" und schaute fragend Laci an.

"Klar, morgen sehen wir es alle etwas anders und können bis dahin auch mehr erfahren. Schließlich ist die Grenze abgeriegelt, und um die Anlagen überwinden zu können, braucht man doch bessere Vorbereitungen." fügte Lala betont hinzu.

Aber ich blieb bei meiner Entscheidung: Entweder jetzt oder nie! Mich überwältigte ein starkes Gefühl, es war fast wie ein innerer Zwang: Ich muss jetzt gehen, und ich darf nicht zögern.

Sehr viel später erfuhr ich, dass in den darauffolgenden Tagen die politische Situation viel schlimmer und somit auch die Grenze bei Sopron fast unüberwindlich geworden war. Auch in der kommenden Nacht gab es erhebliche Probleme an der Grenze, aber darüber später.

"Na gut, wenn ihr bleibt, so soll es mir recht sein. Ich gehe, mein Entschluss steht fest. Ich kann nicht mehr zurück." sagte ich mit entschlossener Stimme und drehte mich in Richtung Tür, um damit meinem Willen mehr Ausdruck zu verleihen. Meine Freunde standen unschlüssig und fast etwas ängstlich mit fragendem Gesichtsausdruck mitten im Zimmer. In diesem Augenblick taten sie mir fast leid, und ich sagte etwas unüberlegt: "Na, dann wir sehen uns in Österreich! Ihr könnt ja morgen nachkommen."

Geglaubt habe ich daran keinen Augenblick.

Ihre Augen glänzten plötzlich, ihre Gesichter strahlten, und wie befreit von irgendeinem unsichtbaren Druck sagte Laci erleichtert: "Ja, natürlich, das ist die Lösung! Du gehst vor und wir kommen nach, oder?" Er drehte sich zu Lala um: "Nicht wahr?" "Na ja, vielleicht." antwortete der unsicher.

Ich umarmte Lala ganz spontan und dachte 'Du wirst ihn lange, lange nicht mehr wiedersehen.'

"Servus, ich muss jetzt wirklich gehen. Es wird langsam spät und wer weiß, wann ich drüben ankomme, noch dazu bei diesem Wetter. Ich umarmte auch Laci, ging dann zur Tür, drehte mich nochmals um und sagte mehr zu mir selbst: "Gott sei mit Euch! Wer weiß wann wir uns wiedersehen."

Draußen in der Lackner Kristof Straße wehte ein eisiger Wind, der die Nebelschwaden wegfegte, der Schneeregen hatte aufgehört. Es war nun schon sehr dunkel und ich begriff jetzt erst richtig, dass es ernst wurde. Ich musste jetzt den eingeschlagenen Weg fortsetzen, ohne Rückweg. Mit meiner Aluminiummilchkanne in der Hand marschierte ich in Richtung Vizmürét (Wasserwiese), Gutshof und dann auf die Grenze zu. Nachdem ich die letzten Häuser von Sopron hinter mir gelassen hatte, stieg in mir wieder das Gefühl aus Angst, Unsicherheit und Unentschlossenheit auf. Ist das, was ich tue, wirklich in Ordnung? Sollte ich vielleicht doch umkehren und nach Hause gehen oder doch weiterlaufen? Auch der eisige Wind und die feuchte Kälte erzeugten bei mir alles andere als euphorische Aufbruchsstimmung. Aber plötzlich hörte ich eine innere Stimme in mir: Wenn Du A gesagt hast, dann musst Du auch B sagen können. Was man begonnen hat, muss man auch zu Ende führen.

Die militärische Erziehung, nicht vor Problemen wegzulaufen sondern die Probleme zu lösen, das war der richtige Weg. In diesem Augenblick dachte ich an meinen Vater, ein alter K.u.K.- Offizier, dessen Vorbild die preußische Armee war. Sein Motto war stets 'immer wieder durchhalten', 'nicht erschrecken', 'Aufgaben zum Ende bringen', 'sich nicht von Schwierigkeiten abschrecken lassen', all das hatte er uns immer wieder eingeimpft.

Nun, dachte ich mir, jetzt kannst du zeigen, was du gelernt hast. Nur nicht nachgeben sondern durchhalten. So, in Gedanken verloren, kam ich plötzlich an ein Maisfeld. Auf dem Feld standen dicht an dicht trockene Stiele und Stängel, die noch nicht abgeschnitten waren, und durch den Wind entstanden knisternde und raschelnde Geräusche. Es klang, als würde sich jemand nähern, doch dann begriff ich den Grund und beruhigte mich. Trotzdem lief ich jetzt langsamer und wesentlich vorsichtiger.

Plötzlich wurde das Rascheln und Knistern jedoch sehr laut, und gleich darauf erschienen zwei Gestalten im Maisfeld, die leise miteinander flüsterten. Als sie mich entdeckten, waren sie zuerst sehr erschrocken, merkten aber schnell, dass auch ich auf der Flucht war und kamen vorsichtig näher.

"Bist du auch auf dem Weg nach Westen?" fragte eine männliche Stimme, da ich in der Dunkelheit nicht erkennen konnte, ob es Frauen oder Männer waren.

"Ja" antwortete ich "aber wo kommen Sie denn her?"

"Wir sind aus Budapest", sagte jetzt eine weibliche Stimme, "uns haben die Soproner die Richtung nach Westen gezeigt, und dann sind wir losmarschiert. Aber wir kennen uns hier nicht aus und hoffen nur, dass es auch der richtige Weg ist. Bist du aus Sopron?"

"Ja, aber ich gehe allein, weil wir zu dritt leicht auffallen." erwiderte ich mit Nachdruck.

"Aber du könntest uns doch helfen, und ich glaube zu dritt sind wir bestimmt sicherer." sagte nun die männliche Stimme.

"Nein, da bin ich ganz anderer Meinung. Vergessen Sie nicht, dass die Russen das ganze Grenzgebiet hermetisch abgeriegelt haben. Wenn es stimmt, dann steht alle 1500 Meter ein Panzer, und soweit ich weiß sind dazwischen noch eine Menge russischer Soldaten positioniert, und ich habe mich vor meiner Flucht gut informiert. Glauben Sie mir!"

"Oh Gott, dann sollten wir doch vielleicht umkehren?" sagte jetzt die weibliche Stimme."Nein, nein, wenn wir es bis hierher geschafft haben, dann werden wir es auch weiter schaffen!" beruhigte sie die männliche Stimme.

"Also dann viel Glück!" ich drehte mich um und verschwand langsam im Dickicht des Maisfeldes.

Ich weiß nicht, was aus den beiden geworden ist, aber wie ich später erfuhr, haben sie den Westen leider nicht erreicht, sondern wurden von russischen Soldaten abgeführt. Wohin sie gebracht wurden und ob sie der ungarischen Behörde übergeben worden sind oder eventuell weiter nach Russland transportiert wurden, habe ich nie erfahren.

Plötzlich legte sich der eisige Wind und langsam kam wieder Nebel auf. Wie bestellt, dachte ich, eine bessere Deckung kann ich mir nicht wünschen. Meine Füße waren eiskalt, und diese unangenehme nasse Kälte begann an mir hochzukriechen.

Ich bewegte mich sehr langsam im Maisfeld vorwärts, in dem ich zwei Schritte vorwärts machte, fünf Minuten pausierte und jedes Mal angespannt horchte.

Plötzlich hörte ich vor mir „Kuschatj, Kuschatj" was so viel bedeutete wie „essen, essen", worauf gerade mal fünf Meter vor meiner Nase zwei russische Soldaten aus einem Erdloch stiegen, mit ihrem Essgeschirr klapperten und direkt an mir vorbeiliefen. Ich lag unbeweglich auf dem Boden, wortwörtlich zu ihren Füßen, und machte mich so flach wie irgendwie möglich und versuchte sogar meinen Atem anzuhalten. Dank der stockdunklen Nacht hatten sie mich nicht bemerkt, sonst wäre das gerade begonnene Abenteuer schnell zu einem Ende gekommen. Mein Herz schlug bis zu meinem Hals, ich schwitzte und fror gleichzeitig und meine Gedanken rasten.

Ich wartete eine Zeitlang und dachte nach. Wenn hier schon russische Soldaten sind, dann kann die Grenze nicht mehr weit sein. Also jetzt oder nie! Ich fasste ängstlich einen Entschluss, stand langsam auf und ging geradeaus in die Richtung, aus der die Soldaten gekommen waren, in der Annahme, vor mir müsste die Grenze sein. Als ich so langsam vorwärtskroch entdeckte ich neben mir ein Erdloch mit Maschinengewehr und anderem militärischen Krimkrams, sogar eine Munitionskiste und Handgranaten. Aus diesem Loch waren die beiden Soldaten herausgekommen, um Essen zu holen, und ich hätte die gesamte Ausrüstung mitnehmen können. Doch ich hatte in diesem Moment nur den einen Gedanken: Weg von hier - so schnell wie möglich!

Nach ein paar Minuten zuckte ich plötzlich zusammen. Direkt vor mir hörte ich ein energisches: „Halt! Hände hoch!"

Wo bin ich? Schon in Österreich oder doch noch auf ungarischem Gebiet? Sind das die österreichischen Grenzposten oder vielleicht Russen? Ist jetzt alles aus?

Ich trat mit erhobenen Händen aus dem Maisfeld heraus, meine Milchkanne noch immer krampfhaft in der Hand haltend, und ich versuchte, verlegen lächelnd, meine Angst zu verbergen. Einer der Soldat leuchtete mir direkt ins Gesicht, so dass ich keine Möglichkeit hatte zu erkennen, wer diese Soldaten waren. Aber diesmal war mir alles egal, ich wusste, es ist sowieso aus.

Die beide kamen näher, blieben plötzlich stehen und begannen hastig zu diskutieren. Jetzt wurde mir klar, dass es österreichische Grenzsoldaten waren, ich aber noch auf ungarischem Boden stand. Sie winkten mir aufgeregt zu und gestikulierten, dass ich über den Wassergraben springen sollte, was ich sofort verstand und dann mit einem großen Sprung direkt vor ihren Füßen landete.

"Herzlich willkommen in Österreich. Sie sind gerettet!" versuchte wohl der eine auf Deutsch zu erklären, aber meine deutschen Sprachkenntnisse waren gleich Null und so habe ich nicht viel verstanden.

Als wir drei so da standen heulte plötzlich ein Maschinengewehr auf der ungarischen Seite auf, dann noch eine Salve und gleich darauf die nächste. Wir warfen uns zu Boden, obzwar wir uns doch auf österreichischem Hoheitsgebiet befanden, aber sicher war sicher. Daraufhin hörten wir Schreie und Hilferufe, vermischt mit russischen Wortfetzen wie "Stoi" und "dawai".

Doch trotz allem war ich plötzlich überglücklich und endlich völlig entspannt. "Ich habe es geschafft, ich habe es geschafft!" wiederholte ich immer wieder. Ich war im Westen. Frei, glücklich, unendlich glücklich! So glücklich, dass ich in diesem Moment der Euphorie gar nicht begriff, dass in diesem Augenblick in meinem Leben ein neues Kapitel aufgeschlagen wurde. Ein Kapitel der tausend Fragen, der Unsicherheit und Einsamkeit, aber auch ein Neubeginn, eine Herausforderung und eine Zukunft, die ich nun allein, ohne Unterstützung der Eltern aufbauen musste. Ich war frei, aber auch allein. Ich war unabhängig, aber auch selbstverantwortlich. Ich war der Gewinner - aber auch der Verlierer.

Tor des Westens.

Erschöpft aber glücklich verbrachte ich die erste Nacht in Freiheit, in einem Schulgebäude, wo ich mit mehreren Flüchtlingen zusammen in einer Schulklasse auf bereitgestellten Matratzen schlafen konnte. Wir erhielten auch Abendessen, besser gesagt Kakao mit Hefezopf, was hervorragend schmeckte und mich ein wenig aufwärmte.

Hier traf ich einen Soproner Roma, den mein Vater kannte. Wie es sich herausstellte hatte er schon mehrere Flüchtlingsgruppen, natürlich gegen entsprechende Bezahlung, über die Grenze geführt. Anschließend ging er wieder zurück, um die nächste Gruppe zu holen.

Ich konnte mir gut vorstellen, dass dieses Geschäft zu der Zeit recht einträglich war. Er versprach mir, dass er morgen, wenn er wieder nach Sopron zurückgekehrt war, meinen Vater informieren würde, dass es mir gut ging und ich glücklich im Westen gelandet war.

Und tatsächlich hat er auch sein Versprechen gehalten, wie ich später von meinem Vater selbst erfahren habe.

Spät in der Nacht kamen noch mehr Flüchtlinge zu uns und berichteten, dass irgendwo in einem Maisfeld ein Massaker zwischen russischen Soldaten und Flüchtlingen stattgefunden hatte. Ich brauche nicht besonders zu betonen, dass ich sehr aufgeregt über diese Nachricht war, denn es handelte sich um ‚mein' Maisfeld. Ob das aber tatsächlich so war oder ob sie nur in die Luft geschossen hatten, bleibt für immer unklar. In dieser Zeit wurden sehr viele Horrorgeschichten erzählt aber ebensoviel Horror verübt.

Am Morgen des 24. November holte uns ein Bus vor dem Schulgebäude ab. Wir wurden nach Traiskirchen, südlich von Wien, in eine ehemalige Kaserne gebracht, die noch aus Zeiten von Maria Therese stammte und jetzt als Sammellager diente.

Während der ganzen Fahrt schaute ich aus dem Fenster und versuchte mir immer wieder klarzumachen: "Hallo, du bist im Westen!" Wie oft hatte ich mir das schon vorgestellt und fast nicht gewagt davon zu träumen, dass es irgendwann einmal wahr werden könnte.

Zu Hause in Sopron hatten wir einen Aussichtsturm mit dem Namen Karlshöhe oder Károlykilátó. Dieser Turm war auf einer 360 Meter hohen Bergkuppe errichtet worden und bietet einen herrlichen Ausblick auf die Stadt Sopron, aber auch auf die österreichische Grenze und bei klarer Sicht sogar auf die nahe gelegenen Berge der österreichischen Alpen wie Semmering, Schneeberg oder Rax. Also, wenn einem Urlauber oder einem Gast des Sanatoriums die sehr begehrte Einreise nach Sopron genehmigt wurde, was für ungarische Bürger anderer Städte oder Dörfer nicht immer einfach war - schließlich lag Sopron in einem von Kapitalismus, Spionen und westlichen Agitatoren sehr gefährdeten Gebiet - dann pilgerte er selbstverständlich hinauf auf die Karlshöhe. Nicht wegen des wunderbaren Soproner Panoramas, sondern um wenigstens einmal einen Blick nach Westen werfen zu können, auch wenn dieser für ihn unerreichbar blieb. So wurde die Neugier befriedigt und das Fernweh ein wenig gemildert.

Ich wohnte nicht weit von diesem für mich lukrativen Aussichtturm, und das Fernweh der Besucher setzte ich in bare Münze um. Ich kletterte auf den Turm und erzählte bereitwillig, was man von dort oben alles sehen konnte und wo die Grenze verlief. Ich fügte meist auch noch einige nette, selbst erfundene Fantasiegeschichten hinzu. Aber natürlich tat ich das nicht umsonst. Meine Zuhörer waren immer begeistert und entzückt und zahlten gern für diesen nicht alltäglichen Unterricht. Vielleicht zeigte sich damals schon meine Neigung zu Vorträgen, die ich später in meinem Leben oft und zu vielen unterschiedlichen Themen hielt.

Auf den Straßen der österreichischen Dörfer fuhren viele Autos, und die Häuser waren schön renoviert und leuchteten in verschiedenen Farben trotz des düsteren und nebligen Novembertages. Ich glaube, jeder andere hätte sich während dieser Fahrt gelangweilt, aber für mich war es wie eine Triumphfahrt. In mir brodelte fortwährend das überwältigende Gefühl: Ich bin im Westen, ich habe es geschafft! Es war ähnlich wie der viel später unbeschreibbare Gefühlsausbruch nach meinem bestandenen Staatsexamen.

Ich war überglücklich, frei, unbeschwert und neugierig auf das, was noch auf mich zukommen würde.

Wir kamen in Traiskirchen vor einer alten Kaserne an, die noch zu Zeiten der Kaiserin Maria-Theresia errichtet worden war. Wir stiegen aus dem Bus und suchten unser im Voraus bestimmtes Quartier auf. Dieser Ort war zum sogenannten Sammellager für Ungarnflüchtlinge bestimmt. Tausende von Flüchtlinge kamen und gingen durch dieses Lager. Hier wurden die Flüchtlinge zuerst registriert und dann in die verschiedenen Länder, die zur Aufnahme von Ungarnflüchtlingen bereit waren, weitergeleitet. Dieses Lager war im Grunde genommen nur als Durchgangslager gedacht.

Wie es von innen aussah ist leicht zu erklären: Es gab lange Gänge mit zahlreichen Türen, die wiederum zu Sälen führten, die wohl früher als Soldaten-Schlafsäle gedient hatten. An jeder einzelnen Zimmertür hing eine Tafel mit verschiedenen Ländernamen, z.B. USA, Deutschland, Frankreich, Kanada usw.

Ich stand mit meinen 17 Lebensjahren vor diesen Türen und konnte mich nun entscheiden, wohin die Reise gehen sollte. In Österreich wollte ich natürlich auf keinen Fall bleiben, das stand schon von vornherein fest.

Also ging ich gleich in Richtung Kanada. Da ich gerne Ski gelaufen bin, dachte ich, dass es in Kanada genug Schnee gäbe, daher also ein ideales Land für mich. Unterwegs entdeckte ich dann noch Brasilien, was mich ebenfalls reizte, weil es meiner Meinung dort immer angenehm warm war und man viele Apfelsinen essen konnte. Ja,, so dachte ein junger, naiver und unausgereifter Jüngling, dem plötzlich die Welt offenstand. Unterwegs traf ich auf einen gleichaltrigen Jungen und nahm an, dass er sich auch irgendwo registrieren lassen wollte.

"Willst du auch nach Kanada?" fragte er mich. "Weiß ich noch nicht. Vielleicht. Ich habe mich noch nicht entschlossen, wohin ich auswandern soll." antwortete ich ihm und nahm ihn gleichzeitig von Kopf bis Fuß gründlich unter die Lupe.

"Wo kommst du denn her?" fragte ich. "Ich bin aus Budapest" sagte er erst etwas zögerlich. "Und wohin gehst du? Hast du dich schon irgendwo registrieren lassen?" fragte ich ihn neugierig.

"Wieso muss man das? Was heißt denn 'registrieren lassen'? Wozu das denn?" Er machte ein fragendes aber gleichzeitig etwas aggressives Gesicht, und ich war nahe daran, meine Konversation abzubrechen. Warum sollte ich meine

Zeit mit einem einfältigen Kerl vergeuden. Aber dann dachte ich, vielleicht braucht er jemanden, der ihm hilft."Wie alt bist du?" fragte ich ihn.

"Was geht dich das an?" war seine recht unwirsche Antwort. "Oh, entschuldige! Ich wollte dir nicht zu nahe treten. Mir ist dein Alter samt deiner Persönlichkeit absolut egal, ist das klar? Und noch was, du kannst meinetwegen machen, was du willst. Wenn du allein zurechtkommst - bitte schön! Ich brauche dich mit Sicherheit nicht, ich komme schon allein zurecht." Ich drehte mich um und ging, aber nach ein paar Schritten hörte ich einen halblauten Ruf:

"Du, ich habe das nicht so gemeint, und du brauchst nicht sofort eingeschnappt zu sein. Ich bin halt das erste Mal im Ausland, und das ist alles gar nicht so einfach für mich."

'Aha - ein eingebildeter Großstädter! Budapester Arroganz, die nur langsam von ihrem hohen Ross runterkommen kann. Diese Typen hatte ich als Urlauber zur Genüge während der Sommerzeit in Sopron kennengelernt. Sie wussten alles besser, sie hatten eine große Klappe, aber es steckte nichts dahinter und vor allem kritisierten sie alles von morgens bis abends. Es war eine Ansammlung von Antipathie. So, und ausgerechnet mit solch einem sollte ich mich abgeben?' dachte ich und verdrehte die Augen.

Ich wandte mich langsam um und schaute ihn nochmals an. Das Bild, das sich mir jetzt bot, war alles andere als das eines selbstsicheren und aggressiven Besserwissers. Er lächelte etwas verlegen und sagte vorsichtig: "Komm, wir vertragen uns und vergessen, was gewesen ist. Schließlich ist hier draußen jeder auf den anderen angewiesen, oder?"

Na ja, so unrecht hatte er ja gar nicht, aber ich stellte mir trotzdem noch ein paar Fragen, sicher war sicher. Wenn ich damals gewusst hätte, welche Auswirkungen diese hier beginnende Bekanntschaft haben würde, und wir beide noch viele, nicht immer fröhliche Jahre zusammen bleiben würden, na, dann hätte ich meine Entscheidung wahrscheinlich doch anders gefällt.

"Aus welcher Schule kommst du denn?" fragte ich, nur um mal zu wissen, mit wem ich es zu tun habe. Die Antwort haute mich aber fast um.

"Ich komme vom Chemischen Technikum in Budapest." "Wie bitte?" mir blieb mein Mund offen stehen "und jetzt sag bloß nicht, dass du auch vor dem Abitur standest" "Doch im Frühjahr wäre es soweit gewesen."

"Donnerwetter, ich komme aus derselben Schule, nur aus Veszprem, und auch aus der Abi-Klasse."

Er grinste noch immer etwas verlegen, war aber offensichtlich erleichtert, dass wir aufeinander gestoßen waren. Ich streckte ihm meine Hand hin und stellte mich vor "Laszlo, Fodor Laszlo heiße ich und du?"

"Ich bin Fazekas Jozsef, unterwegs nach Amerika" antworte er und grinste über das ganze Gesicht. Das Eis war gebrochen.

"Na also, dann sollten wir uns jetzt doch registrieren lassen." schlug ich vor und begann in Richtung der Kanada-Tür zu marschieren. "Oh ja, das ist eine gute Idee!" und Joska, das war sein Rufname, folgte mir.

Es ging relativ schnell. Wir mussten nur unseren Namen, Vornamen, Geburtstag, Beruf und Wohnort in Ungarn angeben und schon waren wir registriert.

Wir bekamen beide eine Nummer. Dann wurde uns erklärt, dass wir durch die Lautsprecher aufgefordert würden, wann der nächste Transport zum Hafen in Verona und dann nach Kanada abginge.

"Und wann wird das etwa sein?" fragte ich vorsichtig.

"Oh, das kann dauern! Zwei bis vier Wochen, eher sogar fünf Wochen, aber keine Sorge, Sie werden mit allem, was sie brauchen, versorgt. Bitte, melden Sie sich mit diesem Papier bei der kanadischen Caritas, und dort bekommen Sie dann für's erste eine sogenannte Hygienepackung und Handtücher, und eine Schlafstelle wird Ihnen auch zugewiesen," klärte man uns auf.

Er überreichte uns einen blauen Karton mit unserem Namen, Nummer und Zielort und wünschte uns viel Erfolg in unserer neuen Heimat. Das war schon alles. Ich muß zugeben, dass mir ein wenig schwindlig wurde bei dieser Geschwindigkeit und der sogenannten Abfertigungszeremonie. Joska ging es auch nicht anders. Wir waren in der neuen Welt halbwegs angekommen, aber was jetzt? Unser bisheriges Leben hatte sich in geordnetem, von außen reguliertem und festgelegtem Rahmen abgespielt. Zum ersten Mal in diesem, meinem Leben fühlte ich so etwas wie Eigenverantwortung. Zum ersten Mal musste ich mich allein und unabhängig entscheiden, was ich machen wollte. Darüber andere Meinungen einzuholen war nicht möglich. Ich fühlte mich plötzlich verdammt allein. In diesem Augenblick hätte ich mir gewünscht, mein Vater wäre in der Nähe gewesen, um ihn um Rat fragen zu können. Aber ich war allein. Zahlreiche Fragen quälten mich. Hatte ich mich richtig entschieden? War ausgerechnet Kanada als Ziel wirklich so gut? War es der richtige Schritt, so weit weg von Europa, weit weg von meiner alten Heimat zu gehen? Wann würde ich Sopron wiedersehen, oder würde ich es überhaupt noch einmal wiedersehen? Das erste Mal in meinem Leben kam in mir das bisher unbekannte Gefühl 'Heimweh' auf.

Schweigend gingen wir zur kanadischen Caritas. Sichtlich unter den Ereignissen leidend, unsicher und von einer Menge ungelöster Fragen belastet, schlichen wir langsam auf die andere Seite der Straße.

"Halt! Nicht weiter!" rief mir plötzlich jemand zu und riss mich aus meinen Gedanken. Ich schaute etwas verdutzt und merkte, dass wir vor einer ziemlich langen Menschenschlange standen.

"Was ist das für eine Versammlung? Warum müssen wir uns hier einreihen?"

"Desinfektionstation, hier muss jeder durch. Vorbeugende Maßnahmen gegen Läuse und anderes Ungeziefer," war die knappe Antwort. Ich schaute Joska kurz an, er grinste und flüsterte mir zu: "Was soll's, da müssen wir halt durch." Wir warteten schön diszipliniert in der Schlange bis wir an der Reihe waren. Plötzlich ging das Tor auf und jemand brüllte: "Eintreten! Oberkörper frei machen, Hosengürtel öffnen, Schuhe ausziehen." 'Na', dachte ich 'so muss es beim Militär gewesen sein.' "Hände hoch", und in diesem Augenblick kam mir eine weiße Wolke entgegen und in der Mitte dieser weißen Wolke sah ich einen weißgekleideten Mann mit einer Art Blasebalg in der Hand, aus dem eine weiße Staubwolke entwich. 'Wuuuch'... und noch einmal 'wuuuuch' unter die Achselhöhle, dann rein in die offene Hose, zwischen die Beine, dann auf die Füße.

"Fertig!" brüllte er "Weitergehen!"

Es roch säuerlich, kratzte und klebte ein bißchen und war auf keinen Fall angenehm. Joska sah aus wie ein Weihnachtsmann, er hustete und grinste verlegen. "Oh Gott, das ist ja furchtbar!" zischte ich zwischen den Zähnen.

"Wenn es dir nicht gefällt, kannst du auch zurück nach Hause gehen." klärte mich jemand in aggressivem Ton auf, "was willst du denn, zu Hause in der Mühle hast Du auch nicht anders ausgesehen."

"Wie bitte?" antwortete ich, "ich habe noch nie in meinem Leben ein Mühle von innen gesehen, gar nicht davon zu reden, dass ich dort gearbeitet hätte." entgegnete ich betont.

"Komm László, es hat kein Zweck. Wir haben es hinter uns und mit dem kannst du sowieso nicht reden, er ist doch ein Hosenpfotz!" "Schaut, dass ihr rauskommt, ihr Arschlöcher!" brüllte plötzlich der weißgekleidete Mann. Joska packte mich am Arm und zog mich aus dem Raum.

Später erfuhr ich, dass es sich bei diesem weissen Pulver um hochgiftiges DDT handelte, was heute für solche Anwendungen wegen seiner hohen Giftigkeit strengstens verboten ist. Wir hatten unseren Anteil von dem später verbotenen DDT reichlich abbekommen. Ich hoffe nicht, dass davon etwas übriggeblieben ist, da der Entgiftungsvorgang mehrere Jahrzehnte dauern soll. Wenn mir heutzutage etwas misslingt, dann sagt meine Frau oft: "Naja, das ist halt der Rest von deiner DDT-Kur."

Als wir beide anschließend wieder auf der Straße standen, kam uns plötzlich ein Pfarrer mit der typisch langen schwarzen Kutte entgegen.

"Na, heute haben wir wirklich unseren Glückstag." grummelte Joska.

Man muß wissen, dass in Ungarn schwarze Kater und Pfarrer die schlimmsten Unglücksbringer sind. Ich schaute Joska an und bevor ich ihm antworten konnte stand der Unglücksbringer auch schon vor uns.

"Na, ihr beiden, wohin geht ihr denn?" fragte er uns etwas lauter als gewöhnlich.

Er sah etwas mager aus, war halb rasiert, und mit seiner Halbglatze und der runden Brille auf der Nase erschien er uns fast ulkig. Seine Augen strahlten eine gewisse Strenge aus, was er mit seinem Lächeln jedoch abmilderte. Wir schauten ihn verdutzt an und ich sagte: "Naja, wir waren eben in dieser Pulverstation, und jetzt wollen wir wieder auf unsere Zimmer gehen."

"Was für eine Pulverstation?" fragte er neugierig. "Na da, wo man mit weißem Puder bedeckt wird, und die Leute auch nicht die Höflichsten sind."

"Ach so, die Entlausungstation," und er begann laut zu lachen. "Na, da müssen ja alle durch." "Hochwürden, sind Sie auch schon da gewesen?" fragte Joska ungläubig. "Natürlich, und das Ganze ist halb so schlimm."

Später fragte ich Joska, wo er solche Ausdrücke wie 'Hochwürden' gelernt hatte, da ich Stadtkind wirklich nicht wusste, wie ich ihn hätte ansprechen sollen.

"Man merkt, dass du nicht oft auf dem Land warst," sagte er "meine Großeltern lebten in einem kleinen Dorf, nicht weit von Budapest entfernt. In den Sommerferien waren wir oft mit meinem Bruder auf dem Land. Da mussten wir Sonntags regelmäßig in die Kirche gehen, da mein Großvater streng katholisch war."

"Mein Vater ist auch strenger Katholik. Aber ich habe wirklich nicht gewusst, wie man einen Priester ansprechen sollte. Wir hatten einen sehr guten Hausfreund, Onkel Louise. Er war auch Priester, aber ihn sprach ich immer als Onkel Louise oder Lujzibácsi an." erklärte ich Joska.

"Und habt ihr euch schon irgendwo registrieren lassen?" mischte sich plötzlich der Priester unaufgefordert ein und wirkte fast etwas aufdringlich.

"Ja, wir wollen nach Kanada." verkündete ich entschlossen und mit stolzem Unterton.

"Und was wollt ihr dort machen, habt ihr vielleicht Verwandte oder jemanden, der euch dort weiterhilft?" Er schaute uns mit seinen kleinen runden Augen, die durch die starken Brillengläser noch kleiner aussahen, kritisch an. In diesem Augenblick hatte ich das Gefühl, wieder in der Schule gelandet zu sein.

Es erfasste mich ein unsicheres Gefühl, und ich dachte mal wieder an die Worte meines Vaters: „Du kommst in der Ferne nie allein zurecht". Plötzlich wallte in mir eine Welle von Heimweh auf. Meine Gedanken rasten. Wenn ich nach Kanada auswanderte, würde ich wohl Europa so schnell nicht wiedersehen. Joska schien ebenfalls recht unsicher zu werden und stieg von einem Fuß auf den anderen.

"Wir wollten eigentlich, wie gesagt nach Kanada, da uns bis zu dieser Zeit kein besseres Ziel einfiel. Aber warum fragen Sie, haben Sie vielleicht eine bessere Idee?" fragte ich ihn kurzentschlossen.

"Natürlich, Ihr Unglücksraben! In West-Deutschland gibt es ein ungarisches Realgymnasium und Ihr könntet Eure Schule dort fortsetzen und mit einem in Deutschland anerkannten Abitur beenden. Dann könntet Ihr mit einem entsprechenden Stipendium auf der Universität weiterstudieren. Der Unterricht läuft in Ungarisch, also hättet ihr auch keinerlei Anlaufschwierigkeiten," erklärte er uns.

"Und wo könnten wir weiterlernen, und wie geht es dann weiter, wo müssen wir uns melden?" fragte ich etwas ungläubig.

"Ihr müsst euch zuerst für West-Deutschland registrieren lassen, und dann fahrt ihr mit dem nächsten Zug nach West-Deutschland. Dort sucht Ihr euch zuerst Arbeit, bis Ihr einigermaßen gut Deutsch könnt und meldet euch dann im ungarischen Realgymnasium in München Fürstenried. Die Schule wird allem Anschein nach ab September 1957 die Tätigkeit aufnehmen, und ich werde dort Direktor sein. Mein Name ist Ireneus Galambos, merkt euch das, und beruft euch bei der Anmeldung auf mich." erklärte er uns.

Es klang ganz vernünftig und wir bedankten uns für die Information. Daraufhin verabschiedeten wir uns und suchten die westdeutsche Registrierstelle auf.

Unterwegs diskutierten wir die Idee nochmals gründlich, und diesmal siegte die Vernunft. Wir waren entschlossen, nach West-Deutschland zu gehen. Dieser Entschluss wurde auch davon beschleunigt, dass wir in einer doch recht fraglichen Unterkunft wohnten, und die Warterei jeden Tag für uns schwieriger wurde.

Unsere Schlafstelle befand sich in einem Saal mit ca. 40 Etagen-Betten. Die eine Seite war mit Frauen belegt und die andere mit Männern. Nachts begannen dann die Wanderungen, und man konnte verschiedene Töne vernehmen, die nicht nur von Schnarchern herrührten. Manchmal hörte man regelrechtes Winseln und kurz darauf ein begleitendes Flüstern „sei bitte etwas leise, die anderen können alles hören" oder "bitte bitte noch mehr, es war wunderbar", und auch mal ein leiser Aufschrei, "bitte bitte, ach gut so" .

Am Anfang amüsierten wir uns mächtig darüber, aber später wurde es doch lästig.

Vor allem morgens, wenn wir uns am Waschbecken wiedersahen. Die Waschbecken waren lange Blechwannen, die Viehtränken ähnelten, und darüber befanden sich mehrere Wasserhähne. Gewaschen haben sich Männer und Frauen zur gleichen Zeit, und so passierte es manchmal, dass sich neben mir eine ältere Frau mit hängenden Brüsten, die wie Tabaksbeutel aussahen, gebückt wusch oder junge reife Frauen mich ansprachen, ob ich allein in meinem Bett schlafe, was mich natürlich mächtig irritierte. Ich muss zugeben, dass ich bis dahin „Jungfrau" und in einem recht puritanischen Haus erzogen worden war, wo ich weder meinen Vater noch meine Mutter jemals nackt gesehen hatte. Meine Erlebnisse beschränkten sich auf den einen oder anderen heimlichen Kuss oder auf ‚versehentliches' Berühren der festen Brüste eines jungen Mädchens. Im Gegensatz dazu waren die „hängenden Tabaksbeutel" nun wirklich ein harter Kontrast.

Wir machten uns auf die Suche nach der westdeutschen Registrierungsstelle. Zu unserer großen Überraschung entdeckten wir ein fast leeres Zimmer. Wir wollten schon umkehren und glaubten uns am falschen Ort. Bisher mussten wir uns ständig hinter langen Schlangen anstellen, um an eine Registrierung heranzukommen. Besonders schlimm war es bei amerikanischen Staaten, da wohl jeder so weit wie möglich von Europa emigirieren wollte.

"Kommen Sie nur rein. Sie sind hier schon richtig!" rief eine freundliche Stimme.

"Wollen Sie nach West-Deutschland? Sie haben Glück, da morgen früh der nächste Transport-Zug nach Piding fährt. Sie können sich noch registrieren lassen."

"Ja, das hatten wir eigentlich vor." sagte ich etwas unsicher "und was müssen wir nun tun?"

"Sie geben nur Ihre persönlichen Daten an, und das ist alles. Sie bekommen dann in West-Deutschland eine unbegrenzte Aufenthaltsgenehmigung und einen Flüchtlingspass. Damit können Sie sofort überall anfangen zu arbeiten, und Arbeit gibt's genug. Alles andere ergibt sich dann, einschließlich des Studiums. Sie werden noch mehr in Deutschland erfahren, wenn Sie dann im Aufnahmelager ankommen," wurde uns erklärt.

"Also dann los. Lass es uns machen!" forderte ich Joska auf. Er nickte zwar noch etwas unsicher, folgte mir aber schließlich doch. Als wir das Büro verließen, fragte ein anderer junger Ungar, ob wir wirklich nach West-Deutschland auswandern wollten, da doch alle behaupteten, es sei ein recht gefährliches Land, so nahe an der sowjetischen Machtzone. Obendrein haben die Deutschen auch noch zwei Weltkriege angefangen. Ob wir uns das auch wirklich gut überlegt hätten?

Joska und ich schauten uns gegenseitig an und sagten dann fast gleichzeitig "Ja!" aber so sicher war ich mir in diesem Augenblick nicht mehr.

Am nächsten Morgen brachte uns ein Bus zum Bahnhof, wo wir den schon wartenden Zug bestiegen. Eine halbe Stunde später rollte dieser Zug in Richtung West-Deutschland, besser gesagt nach Piding in Bayern.

So wurde mein Leben zum ersten Mal gründlich verändert. Ich bin der Meinung, dass vieles im Leben vorbestimmt ist, man entscheidet selbst nur über kleine Dinge - wenn überhaupt. Viele behaupten, dass die freie Entscheidung nur eine Einbildung sei, alles im Leben wäre vorausbestimmt - wahrscheinlich durch unser Unterbewusstsein. Aber welche Erfahrung hat ein Siebzehnjähriger mit dem Unterbewusstsein? Aus welchen reichen Erfahrungen kann er so wichtige lebensbeeinflussende Entscheidungen treffen, die, wie sich dann später herausstellte, richtig waren? Oder existiert doch eine übernatürliche Kraft, die jemanden positiv beeinflusst und führt?

Ich habe viel später entdeckt, dass ich mit meiner Mutter wesentlich enger verbunden war als ich je gedacht hatte. Da ich meine Mutter im Alter von 5 Jahren verloren hatte und damit auch alles, was ich im späteren irdischen Leben hätte erhalten müssen, bekomme ich dies von ihr durch eine eigenartige mystische Beziehung. Schutzengel ist vielleicht der richtige Ausdruck dafür, auch wenn solche Ausdrücke etwas antiquiert klingen.

Auf jeden Fall hatte die Begegnung mit Direktor Galambos, der später tatsächlich mein Lehrer wurde, hier im Flüchtlingslager in Traiskirchen über meine gesamte Zukunft entschieden und sie geebnet. Dafür bin ich meinem Benediktiner-Lehrer Galambos unendlich dankbar und etwas traurig darüber, dass ich die letzte Möglichkeit verpasst hatte, ihn im Benediktiner Kloster in Pannonhalma in Ungarn zu treffen, wo er im Alter von 86 Jahren verstarb. Die dankbare Erinnerung an ihn wird aber für immer bei allen damaligen Schülern lebendig bleiben.

Richtung West-Deutschland.

Piding liegt direkt an der deutsch-österreichischen Grenze, umgeben von relativ hohen und für uns „himalaya-artigen" Bergen im Berchtesgadener Land. Wir kamen am 06.12.1956, dem Nikolaus Tag, spät nachmittags an. Vorher hatten wir einen kurzen Aufenthalt in Passau, wo wir mit Sandwiches und Wasser versorgt wurden. Sehr nette und vor allem sehr hübsche junge Damen hatten uns die Lebensmittel durch die Zugfenster gereicht. Als wir in Piding ankamen wurden wir zuerst in unsere Baracke geführt, die früher eine provisorische amerikanische Kaserne gewesen war. Uns wurde mitgeteilt, dass wir hier nur einen sehr kurzen Aufenthalt haben und spätestens in zwei Tagen weiter nach Nord-Deutschland fahren würden.

Wieder Etagenbetten und Hygienepackung von der Caritas mit Seife, Handtuch, Zahnpasta und Bürste, Kamm, Rasierzeug. Als wir mit dieser Prozedur fertig waren, lernten wir gleichaltrige Jugendliche kennen und beschlossen, mal schnell auf den vor uns ragenden Berg zu klettern, da er ja direkt vor unserer Nase lag. Wir sahen schließlich zum ersten Mal solche Bergkolosse und es schien uns, als könnten wir sie in einer Stunde leicht besteigen. So bekamen wir unsere erste Lektion, dass wir uns doch in einem uns völlig fremden Land befanden. Kaum waren wir losmarschiert, da wurde es plötzlich dunkel, und wir verloren die Orientierung. Unter uns waren auch zwei 15jährige, die bald darüber zu jammern begannen, dass wir überhaupt nicht mehr zurückfinden würden und wir total verrückt wären. Endlich konnten wir uns dank einer Lichtung besser orientieren und standen nach einer weiteren Stunde völlig erschöpft wieder im Dorf Piding. Hungrig und müde erreichten wir unser Lager und wollten etwas essen, aber das Personal teilte uns mit, dass das Abendessen bereits vorbei sei und wir erst am nächsten Morgen wieder beim Frühstück etwas bekommen würden. 'Der Heilige Nikolaus lässt Dich grüßen!' So krochen wir hungrig in unsere Betten und warteten sehnsüchtig auf den nächsten Tag.

Am nächsten Morgen bekamen Jóska und ich auf dem Weg zum Frühstücksraum den Hinweis, sofort ins Büro des Einwanderungsgebäudes zu gehen. Erst konnten wir das nicht verstehen, da wir doch nicht auswandern wollten, gingen aber dann trotzdem in Richtung Büro. Dort trafen wir auf zwei amerikanische Offiziere, die perfekt ungarisch sprachen. Vor ihnen lagen mehrere riesengroße und dicke Bildatlanten.

"Bitte, nehmen Sie Platz!" begann der eine lächelnd und fügte gleich hinzu "Sie brauchen kein Angst zu haben, es ist nur eine Routinebefragung und eine allgemein registratorische Kontrolle."

Ich hatte natürlich keine Ahnung, was das sein sollte und hielt dehalb gemäß Ostblockerfahrung meinen Mund.

"Bitte, geben Sie mir Ihre Hand, wir müssen Fingerabdrücke machen," und bevor ich begriff, worum es überhaupt ging, hatte ich schon meine rechte Hand voller schwarzer Tinte.

"So, und jetzt bitte die linke Hand." Ich fühlte mich wie ein Schwerverbrecher. Aber letztzlich dachte ich, je schneller diese Sache vorbei ist, umso schneller komme ich zu meinem Frühstück.

"So, nehmen Sie doch bitte Platz. Es wird noch ein wenig dauern." sagte er mit etwas übertriebener Höflichkeit, " Sie müssen uns ein paar Fragen beantworten. Ich nehme an, Sie möchten doch in West-Deutschland bleiben, oder?" und er holte eines der großen Fotoalben hervor und fragte: "Sie kommen aus Veszprém, so wie ich unterrichtet bin?"

"Ja, aber ich bin dort nur zur Schule gegangen. Leben, das heißt wohnen, tue ich in Sopron." antwortete ich etwas gequält, da sich nun mein leerer Magen doch recht unangenehm meldete.

"Darf ich Sie fragen, was ich hier in einem amerikanischen Militärbüro bei einer Fingerabdruckabnahme soll? Und was soll die Fragerei mit diesen Bildern? Ich dachte, ich bin in West-Deutschland?"

"Wissen Sie, wir arbeiten eng mit den deutschen Behörden zusammen und Ihre Informationen sind für uns sehr wichtig." antwortete der andere Offizier, der bisher im Hintergrund gestanden aber sich jetzt überaus höflich aus der Ecke meldete. Er war der ältere und ich glaube auch der höherrangige Offizier.

"Na schön, dann machen wir schnell weiter, weil ich seit gestern Mittag nichts mehr gegessen habe, und ich fände es sehr unangenehm, mein Frühstück wieder zu verpassen," teilte ich beiden mit.

"Ach, Sie haben seit gestern nichts mehr gegessen? Na sowas, wie ist das denn möglich?" fragten sie überrascht.

Ich erklärte ihnen unser gestriges Malheur, was allgemeines Gelächter auslöste, worauf der jüngere Offizier aufsprang und sagte: "Bitte, warten Sie, das regeln wir sofort." Er rief auf Englisch jemanden herein, sprach dann kurz mit einem jungen Soldaten, worauf dieser wieder verschwand und wir uns dem Bildatlas zuwandten.

"Kennen Sie Szentkirályszabadja?" fragte mich der ältere Offizier.

"Natürlich, aber warum wollen Sie das wissen? Meine Schule war doch in Veszprém, was gut 15 km von Szentkirályszabadja entfernt ist?"

"Ja, das wissen wir. Aber haben Sie dort zufällig einen russischen Flughafen gesehen?"

"Nein, sowas gibt es dort nicht, auf jeden Fall habe ich es nicht gesehen." entgegnete ich. "Sind Sie sicher?" bohrte er weiter nach.

"Warten Sie," und mir fiel plötzlich ein, dass wir öfter Düsenjäger mit ohrenbetäubendem Lärm wahrgenommen haben. Sie kamen plötzlich aus dem Nichts und donnerten in niedrigen Höhen über uns hinweg, wenn wir zu Fuß nach Balatonalmádi zum Baden gingen. Natürlich wussten wir nicht, woher die Maschinen kamen, aber es hat uns auch nicht weiter interessiert. Aber nun fiel mir das wieder ein.

"Wissen Sie, die Flugzeuge kamen - wenn ich mich gut erinnere - direkt aus einem großen Maisfeld." sagte ich, worauf er mir ein Bild zeigte, auf dem genau dieses Maisfeld zu sehen war.

"Ist dies das Maisfeld von dem Sie gesprochen haben?" - "Natürlich, das ist das Feld, aber woher haben Sie diese Aufnahmen?" ich war sprachlos. Er grinste genüsslich und zufrieden und meinte dann: "Naja, wir wissen eben auch einiges."

"Aber wozu dient dann meine Befragung?" fragte ich etwas irritiert.

"Sicher ist sicher, das ist alles. Wir kontrollieren unser Material durch Ihre Aussagen." Inzwischen kam der junge Soldat wieder herein. Er trug ein riesiges Tablett mit einem kompletten Frühstück. Es gab eine große Auswahl an Kaffee und Tee, leckerem Brot und verschiedenen Marmeladen und Sirup.

"So bitte, greifen Sie zu. Wir haben auch noch nichts gegessen und wenn es Ihnen nichts ausmacht, dann können wir gemeinsam frühstücken."

Mir fielen fast die Augen aus dem Kopf, als ich all die guten Sachen sah, und schlug mir genüsslich den Bauch voll.

Zwischendurch unterhielten wir uns weiter. Die amerikanischen Offiziere zeigten mir weitere Fotos, die mir natürlich alle sehr bekannt vorkamen, und ich musste nur beurteilen, ob diese Bilder auch wirklich der Realität entsprachen.

Der ältere Offizier erklärte mir dann auch, was es mit dem besagten Maisfeld auf sich hatte: Unter dem Maisfeld befand sich ein riesiger unterirdischer Flughafen.

"Die Flugzeuge beschleunigen sich unterirdisch und fliegen dann durch ein Tor hinaus. Deshalb entdeckten Sie plötzlich die Maschinen." erklärte mir der jüngere Offizier. Sie wussten viel mehr als ich jemals geahnt hatte.

Viel später erfuhr ich, dass das Ganze im Rahmen des militärischen Abschirmdienstes von der CIA geleitet wurde. Meine Personalien wurden ebenso von der CIA registriert. Als ich während meines Medizinstudiums mein Stipendium verlor und ohne jegliche Unterstützung war, kam diese alte, schon längst vergessene CIA Episode wieder zum Vorschein.

Am nächsten Morgen wurden wir relativ früh geweckt und erfuhren, dass unser Transportzug seine Fahrt bald in Richtung Norden fortsetzten würde. Wir würden hier in Piding nicht registriert werden, sondern müssten weiter nach Nordrhein-Westfalen fahren, weil in Bayern schon zu viele Flüchtlinge wären. Das genaue Ziel teilten sie uns nicht mit. Nach unserem Frühstück ging die Reise weiter, und unterwegs wurde uns mitgeteilt, dass wir nach Bocholt in ein großes Durchgangslager kommen würden. Dort würden wir endgültig registriert und auch mit der nötigen warmen Bekleidung versorgt werden.

Die Fahrt war recht aufregend, da wir durch eine wunderschöne Gegend entlang des Rheins fuhren. Des öfteren schrie jemand auf: "Schau mal, da sind ungarische Schiffe auf dem Rhein!" was sich später als gewaltiger Irrtum herausstellte. Die Flaggen auf den Schiffen hatten nämlich nicht unsere Nationalfarben rot-weiß-grün, sondern die Farben der französischen Trikolore rot-weiß-blau. Aber von weitem waren sie doch auffallend ähnlich und leicht verwechselbar.

Am Abend des 10.12. kamen wir in Bocholt an. Es regnete, war windig und unangenehm kalt. Aber als wir unseren Schlafraum betraten, fühlten wir uns gleich geborgen und in dem Bewusstsein, dass wir nun an der Endstation angekommen seien. Das lag wahrscheinlich daran, dass es kein schon gewohnter riesiger Schlafsaal war, sondern ein fast gemütliches warmes Zimmer für sechs Personen - mit sauber bezogenen Betten.

In unserem Zimmer waren neben meinem neuen Freund Joska noch vier andere gleichaltrige Jungen untergebracht. Alle, teils Gymnasiasten, teils Schüler anderer Fachschulen, stammten aus der Provinz.

Wir verstanden uns von Anfang an recht gut, und haben, wie es sich in den nächsten Tagen herausstellte, auch reichlich voneinander profitiert.

Am nächsten Tag mussten wir uns nochmals registrieren lassen, und so langsam wurde mir bewusst, dass nicht nur in Ungarn eine gewaltige Bürokratie herrschte sondern auch die Deutschen mit ihrer überzogenen Administration mithalten konnten. Abends wurden uns in einem Vortrag die Strukturen der Bundesrepublik erklärt und die einzelnen Bundesländer vorgestellt. Ich habe schon damals den Unsinn eines Stadt-Staates wie Hamburg oder Bremen nicht kapiert. Aber naja, andere Länder andere Sitten. Wir konnten nun auch endlich ein sogenanntes Kleiderlager aufsuchen und passende Bekleidung auswählen. Leider hatte dieser Ort eher den Charakter eines Lumpenlagers mit vielen unbrauchbaren Kleidungsstücken. Mir wurde ein Hemd gereicht, dem der Rücken fehlte. Außerdem erhielt ich ein Paar weiße Lackschuhe. Nur, was ich im Dezember damit anfangen sollte verriet mir kein Mensch. Gott sei Dank reichten die Sachen, mit denen ich von Ungarn gekommen waren, noch eine Zeit lang. Wenn mein Hemdkragen schmutzig wurde, so habe ich ihn eben mit Seife ausgewaschen, und bis zum nächsten Morgen war das Hemd wieder trocken. So erging es mir auch mit Socken und Unterwäsche.

Am nächsten Morgen kam ein Zimmernachbar strahlend auf uns zu und fragte, ob wir uns vielleicht ein paar D-Mark bei einem Bauern in der Nähe verdienen möchten. Natürlich waren wir alle einverstanden und wurden auch gleich mit einem Lastwagen abgeholt und zu einem Bauernhof gefahren, der direkt an der holländischen Grenze lag. Hier mussten wir beim Heuumschichten helfen, für 50 Pfennig in der Stunde. Essen bekamen wir umsonst. Leider konnte man dies nur als ein etwas besseres Schweinefutter bezeichnen. Am Abend hatte ich insgesamt 4 D-Mark und 50 Pfenninge erhalten. Das war mein erstes selbstverdientes Geld in Deutschland. Abends zurück in unserer Flüchtlings-Baracke waren wir zwar alle todmüde aber auch glücklich und stolz, da wir endlich ein paar Mark zum Einkaufen hatten.

Eines Tages, als ich etwas frustiert und gelangweilt im Hof stand, sprach mich ein ca. 55jähriger Deutscher an. Er erzählte mir etwas, von dem ich aber kein Wort verstand. Er lächelte und verschwand und kam nach einer Weile mit einem Dolmetscher zurück.

"Junge," begann der Übersetzer, "dieser Herr möchte dich gerne nach Düsseldorf mitnehmen. Er hat dort eine große Bäckerei, und er würde dich gern adoptieren, da er keine Kinder hat. Du würdest also sein Nachfolger werden." "Wie? Ich soll sein Kind werden? Soll das ein Witz sein? Ich habe doch meine eigenen Eltern, und ich brauche nichts anderes, als von hier endlich herauszukommen, um arbeiten zu können. Schauen Sie mich an, was ich am Leibe trage ist alles, was ich habe. Ich brauche keine Hilfe. Ich schaffe es allein! Ich brauche einen Arbeitsplatz und keine Adoptiv-Eltern." entgegnete ich etwas erregt und ziemlich bitter.

"Mir ist es egal, wenn Sie es nicht annehmen wollen, aber Sie werfen eine große Gelegenheit weg. Aber warum gehen Sie nicht zum Arbeitsamt und suchen sich dort einen Arbeitsplatz?" fragte er mich erstaunt. "Wie bitte? Wo macht man das? Uns wurde nichts erklärt, und wir warten hier schon eine Woche, dass mal was passiert," entgegnete ich aufgeregt und gereizt.

"Na sowas! Sie haben keine Ahnung von alldem?" "Nein, woher auch?"

"Na, dann kommen Sie mit. Ich helfe Ihnen gerne beim Arbeitsamt." Wir verabschiedeten uns von dem 'Möchte-gern-Vater' und gingen von unserer Baracke in ein anderes, ähnliches Gebäude, das etwa 500 m entfernt war. "So, hier ist die Annahmestelle. Hier müssen Sie sich registrieren lassen." erklärte er. "Ach Gott, nein, schon wieder eine Registration! Dieses Land besteht aus nichts anderem als Registrieren." platzte ich ungeduldig heraus.

"Ja leider, durch diese Unannehmlichkeiten müssen Sie durch. Kopf hoch, ich helfe Ihnen." baute er mich geduldig wieder auf.

Ich musste zugeben, er war wirklich sehr nett und hilfsbereit. Ungarisch hatte er von seinen Eltern gelernt, die 1946 Ungarn verlassen mussten. Er half hier freiwillig als Übersetzer, um ungarischen Flüchtlingen unter die Arme zu greifen und ihnen die ersten Schritte zu erleichtern. Hilfe für diejenigen, von denen er und seine Familie vor 10 Jahren aus ihrer Heimat verjagd worden waren. Eine merkwürdige Geschichte, doch ohne ihn hätte ich es wahrscheinlich noch länger in dieser elenden Baracke aushalten müssen.

"Sie müssen die provisorischen Ausweispapiere vorlegen und werden dann hier registriert. Falls dann passende Arbeitsplätze vorhanden sind, können Sie sofort dorthin fahren und die Arbeit aufnehmen. Haben Sie diese Papiere?"

"Ja, natürlich! Ich habe auch schon die für den Personal-Ausweis notwendige Registration hinter mir, und dort erhielt ich auch diese provisorischen Ausweispapiere". "Welchen Beruf haben Sie?" fragte er mich.

"Ich bin Schüler und komme von einem speziellen chemischen Gymnasium, wo ich im letzten Jahr kurz vor dem Abitur stand."

"Also, Sie möchten weiterstudieren, wenn ich Sie richtig verstanden habe?" "Ja, eigentlich schon, aber bevor ich mit dem Studium beginnen kann brauche ich eine Menge neuer Kleidung wie Schuhe, Hemden usw., und vor allem spreche ich kein Wort Deutsch. Also muss ich doch erst diese Sprache erlernen. Ich dachte, vielleicht könnte ich als ‚Halb'-Chemiker fürs erste in einer chemischen Fabrik anfangen. Oder hätten Sie einen anderen Vorschlag?"

"Nein, nein, ich finde Ihre Überlegung sehr gut und, erlauben Sie mir, auch recht bemerkenswert."

Kurze Zeit später traten wir in die Amtsstube des Arbeitsamtes ein. Er erklärte den Beamten, wer ich war, was ich wollte und welche Ausbildung ich hatte. Der Beamte schaute mich schweigend an und sagte: "Hier in Bocholt gibt es keinen Arbeitsplatz, aber in Köln könnte ich Ihnen etwas besorgen. Sind Sie damit einverstanden?"

"Natürlich! Mir ist alles recht. Ich möchte nur schnell weg von hier."

"Sie könnten in der Chemischen Fabrik Köln Kalk arbeiten. Als Hilfsarbeiter in der Chemie bekommen Sie 95 Pfennige Stundenlohn. Außerdem werden wir Sie in einem Jugendheim in der Nähe unterbringen. Natürlich müssen Sie dafür etwas zahlen, aber Sie verdienen ja auch. In diesem Jugendheim haben wir schon 8 andere ungarische Jugendliche untergebracht, also werden Sie nicht ganz allein sein." erklärte er mir. Es klang alles recht überzeugend, obzwar ich keine Ahnung von Gehalt und Jugendheim hatte. Aber ich dachte, ich mach es einfach, und fürs erste ist es annehmbar. "Also, ich bin bereit Ihr Angebot anzunehmen, wann könnte ich fahren?" willigte ich schnell ein.

"Schon morgen früh kommt ein Bus. Zusammen mit anderen Flüchtlingen könnten Sie dann gleich nach Köln fahren. Alles andere erledige ich für Sie von hier. Der Bus fährt Sie bis zum Jugendheim und dort werden Sie vom Heimleiter empfangen. Ich wünsche Ihnen alles Gute und einen guten Start!" Er reichte mir seine Hand, doch bevor er sich von mir verabschieden konnte, fügte ich noch kleinlaut hinzu: "Ach entschuldigen Sie, wir sind 8 Jugendliche in unserer Baracke. Könnten die eventuell auch mitfahren?"

"Ja, aber zuerst müssten sie hierher kommen und sich registrieren lassen." "In Ordnung, ich sage ihnen sofort Bescheid, aber" und ich drehte mich zu meinem Dolmetscher um "bleiben Sie noch einen Moment hier, da die anderen genauso wenig Deutsch können wie ich und sie sich bestimmt über Ihre Hilfe sehr freuen werden. "Ist klar, gehen Sie und holen Sie die anderen."

Auf diese Weise wurden noch sechs weitere Jugendliche registriert. Gemeinsam fuhren wir am nächsten Morgen nach Köln in das Jugendheim Köln Kalk.

Der Empfang im Jugendheim war sehr herzlich. Der Heimleiter zeigte uns unsere Zimmer und teilte uns mit, dass wir früh am nächsten Morgen zuerst in ein Kaufhaus fahren würden, um notwendige Bekleidung und Schuhe zu besorgen. Er hätte Spendengelder, so dass jeder von uns dort eingekleidet werden könnte. Wir waren überrascht und erfreut, nachdem die bisherigen Kleiderspenden von schlimmer Qualität gewesen waren und Schuhe überhaupt fehlten, abgesehen von meinen weißen Lackschuhen.

Ich trug noch die gleichen Schuhe, mit denen ich über die Grenze gekommen war, ich trug immer noch den Mantel meines Vaters. Dieses Ungetüm war ein ehemaliger Militär-Mantel und wurde im Herbst, als ich nach Veszprém in die Schule kam, vom Schneider neu für mich hergerichtet. Der Stoff war zwar sehr solide aber auch ungemein schwer, und wenn der Mantel nass wurde, so saugte er sich voll wie ein Schwamm, so dass man ihn kaum anheben konnte. Auch war das gute Stück zu groß für mich, doch mein Vater war der Meinung, dass ich schnell hineinwachsen würde; der Mantel war 3 Jahre später noch immer viel zu groß für mich. Ich war überzeugt, dass ich nur deshalb so langsam wuchs, weil der Mantel mich mit seinem Gewicht niederdrückte. Na ja, groß bin ich nicht geworden, beim Stand von 168 cm war es mit dem Wachstum vorbei.

Unsere Zimmer waren sehr angenehm. Wir mussten uns nur zu zweit ein warmes und sauberes Zimmer teilen, in dem ein großer Schrank stand. Unsere Bettwäsche war weiß-blau kariert, und die Handtücher hatten dasselbe Muster, was für mich ungewohnt war. Zu Hause hatten wir alles in weiß, und auch in der Schule war es nicht anders, aber sei wie es sein sollte, über solche Kleinigkeiten bin ich nicht gestolpert.

Am nächsten Morgen gingen wir nach dem Frühstück, das wir mit den deutschen Bewohnern gemeinsam einnahmen, zusammen in die Stadt. Die Stadt Köln ist durch den Rhein, einem der schönsten Flüsse Deutschlands, geteilt. Auf der anderen Seite befindet sich die Altstadt mit dem weltberühmten Dom. Dort befanden sich auch die meisten Kaufhäuser, und so mussten wir zu Fuß in den anderen Stadtteil marschieren. Leider war kein Auto vorhanden und unser Heimleiter war, wie es auch später immer mehr zum Vorschein kam, ein relativ geiziger Mensch. Wir mussten nämlich unser gesamtes Monatsgehalt für das Zimmer und die Verpflegung abgeben. Mir blieb vom Geld fast nichts mehr übrig, und während der Weihnachtsfeiertage haben wir gehungert, weil der Speisesaal geschlossen war.

Im Kaufhaus erhielten wir Unterwäsche, Hemden, ein Paar Schuhe, Pullover, und sogar einen Anzug. Für einen Wintermantel war kein Geld mehr übrig und so war ich gezwungen, meinen Militärmantel weiter zu tragen. Wir waren überglücklich, endlich vernünftige Bekleidung zu haben; über meinen Anzug war ich ganz besonders froh und trug ihn bis zum Abitur.

Am 24.12. 56 wurden wir in Köln zu einer Weihnachtsmesse eingeladen. Ich glaube, es war der Westdeutsche Rundfunk im damaligen Funkhaus neben dem Dom. Wir saßen im Veranstaltungsraum des Rundfunkhauses vor einem wunderschön geschmückten Weihnachtsbaum, was in uns erhebliches

Heimweh hervorrief, und sangen mir bis dahin unbekannte deutsche Weihnachtslieder. Bei „Stille Nacht, Heilige Nacht", einem auch in Ungarn bekannten Lied, kamen mir dann doch die Tränen. Ich bin alles andere als ein Weichling, im Gegenteil, meine Erziehung bestand, wie es sich für einen Offizierssohn gehörte, aus Härte und Durchhaltevermögen. Ich hatte eine recht preußische Erziehung genossen, was weitgehend mit preußischer Tugend beladen war. Mein Vater war als K.u.K. Offizier ein glühender Verehrer der preußischen Armee und der gesamten preußischen Lebensart. Eine der üblichen Parolen war bei uns zu Hause: Ein Soldat weint nicht! Weinen bedeutete Schwäche und dafür musste man sich schämen. Sich zu verspäten war äußert verpönt, und im Zimmer musste immer absolute Ordnung herrschen. Zuneigung war recht spärlich, und mütterliche Liebe gab es leider nicht, da meine zweite Mutter vielleicht dazu nicht in der Lage war und ich es wohl auch ablehnte. Also kämpfte ich mich so durch das Leben, was mir letztendlich in der Emigration von großem Nutzen wurde. Ich war hart im Nehmen. Ich konnte, besser gesagt musste, manches herunterschlucken, ohne dass der andere es merkte. Unter dieser harten Schale sah es in mir jedoch ganz anders aus. Ich erinnere mich an den ersten Bundespräsidenten Theodor Heuss, der über die Deutschen folgendes sagte: „Der Deutsche hat eine demokratische Uniform, aber unter dieser Uniform schlägt ein Soldatenherz". So ungefähr funktionierte ich auch. Ich hatte eine harte Schale und darunter einen recht sensiblen weichen Kern, was natürlich nicht viele wussten.

Also, in diesem Augenblick im Kölner Rundfunkgebäude kam plötzlich meine weiche Natur zum Vorschein und es kullerten die Tränen, worüber ich selbst erschrocken war. Es war schon lange her, seit ich das letztes Mal geweint hatte.

Nach der Veranstaltung erhielten wir alle Geschenke. Ich bekam ein Gedichtbuch von Heinrich Heine, mit dem ich damals wegen fehlender Sprachkenntnisse nicht viel anfangen konnte. Mir wäre ein reichhaltiges Abendessen lieber gewesen, da mich ein unglaublich starker Hunger quälte. Als wir das Rundfunkgebäude schließlich verließen und uns noch ein wenig um den Dom herum aufhielten, sah ich einen kleinen Jungen, der eine Apfelsinne wegwarf. Ich schaute mich vorsichtig um und stürzte mich dann auf diese Frucht. In diesem Augenblick kam die Mutter des kleinen Jungen, schaute mich mitleidig an, lächelte und ging ohne ein Wort zu sagen an mir vorbei. Ich schämte mich fürchterlich und habe mir geschworen, dass ich in meinem zukünftigen Leben nie mehr Hunger leiden wollte!

Nach der Weihnachtszeit brach bei einigen gewaltiges Heimweh aus. Ein paar Jungen waren erst 15-16 Jahre alt und meldeten sich bald mit dem Wunsch, nach Ungarn zurückzukehren. Anfang Januar, als ich bereits in der Chemischen Fabrik Köln Kalk arbeitete, erschien bei uns eine ungarische Delegation aus Frankfurt und versuchte uns aufzuklären, dass wir ohne jegliche Schwierigkeiten nach Ungarn zurückkehren dürften. Es würde uns nichts geschehen, und wir sollten bis Ende März 1957 eine allgemeine Amnestie genießen dürfen. Ich war sehr skeptisch und gleichzeitig auch zu stolz, ein solches Angebot anzunehmen. Nein, für mich stand fest, ich bleibe in Deutschland und baue hier meine Existenz auf, auch wenn es augenblicklich sehr schwer erschien. Einige unserer jüngeren Landsleute nahmen dieses Angebot an und kehrten in den nächsten Tagen nach Ungarn zurück. Viel später, nach der Wende 1989, erfuhr ich in Budapest, dass einer dieser Heimgekehrten, da er erst 17 Jahre alt und damit noch nicht volljährig war (in Ungarn wurde man damals mit dem 18. Lebensjahr volljährig) 1958 hingerichtet wurde.

Unser Leben lief monoton weiter: morgens um 7 Uhr Schichtbeginn in der Fabrik, dann nachmittags Deutsch büffeln und abends gingen wir relativ früh ins Bett.

Mit unserem Deutsch-Unterricht war es auch so eine Sache. Es gab in ganz Köln und Umgebung kein Deutsch-Ungarisches Wörterbuch. Die wenigen vorhandenen Exemplare hatten unsere Landsleute vor uns aufgekauft, und uns blieb nichts anderes übrig, als ein Wörterbuch selbst zusammenzustellen. Den wichtigsten Satz, den ich am Anfang in Deutschland lernte war: „Was ist das?" Ich zeigte auf Gegenstände und schrieb dann die Erklärung phonetisch auf. Ob dieser Begriff den Artikel der, die oder das hatte, interessierte mich überhaupt nicht. Wichtig war nur, dass ich mich ausdrücken und verständlich machen konnte. Einen richtigen Sprachunterricht haben wir nicht erhalten, aber wir hatten auch keine Zeit dafür, da wir ständig arbeiteten, um zu überleben und unser Jugendheim bezahlen zu können. Wenn ich heute an diese Zeit zurückdenke und sie mit 2010 vergleiche, dann muss ich gestehen, dass ich viele Emigranten heutzutage in Deutschland nicht verstehe, die angebotenen Sprachunterricht ablehnen, seit 20 Jahren bei uns leben und nach wie vor ungenügend Deutsch sprechen. Unser wichtigstes Ziel war damals, so schnell wie möglich die neue Sprache zu erlernen und uns schnellstens zu integrieren.

Natürlich brachte dieses "Do-it-yourself-Verfahren" einen riesigen Nachteil mit sich. Es ist so ähnlich wie beim Skilaufen: Wenn du dir am Anfang einen schlechten Stil zulegst, so wirst du später kaum in der Lage sein, diesen wieder auszumerzen. Für mich hatte es zur Folge, dass ich mich noch heute mit der deutschen Grammatik sehr schwer tue, andererseits aber über einen relativ großen Wortschatz verfüge.

Mark Twain hat mal gesagt: "Die deutsche Sprache ist eine tote Sprache, da nur die Toten so viel Zeit haben sie zu erlernen."

Ich glaube er hat recht gehabt. Aber für mich gab es jedoch ein sehr wichtiges Hilfsmittel: Die Bildzeitung! Diese Zeitung war sehr einfach geschrieben und leicht verständlich, weshalb ich sie jeden Tag gekauft habe. Damals kostete eine Bildzeitung 10 Pfenning, was ich mir gerade noch leisten konnte.

Am 5.3.1957 erlebte ich eine für mich bis dahin nicht gesehene Massenveranstaltung, die ich erst später begreifen konnte: der Kölner Karneval! Er lief diesmal unter dem Motto: „Lasst Blumen sprechen". Der Kölner Rosenmontagszug ist nicht nur der größte Karnevalsumzug in Deutschland, der seit 1823 jährlich veranstaltete „Zoch" ist auch der älteste der Rosenmontagszüge. Der Umzug aus kostümierten Fußgruppen, Musikkapellen, Reitern, Festwagen und Unterstützungsfahrzeugen hat eine Länge von über sechs Kilometern und lockt über eine Million Zuschauer an den Zugweg. Die in vielen Reihen auf den Straßen ausharrenden Jecken versuchen neben Blicken auf den Zug auch etwas von dem aus etwa 300 Tonnen Süßigkeiten sowie Blumen, Stoffpuppen und anderen Präsenten bestehenden Wurfmaterial, pauschal „Kamelle" genannt, zu erhaschen. Da die Kölner Karnevals-Geschichte so interessant ist, so erlaube mir etwas mehr Literatur zitieren:

Organisierte Umzüge am Montag zwischen dem Vorfastensonntag Esto Mihi und Aschermittwoch gab es in Köln zunächst unter den Bezeichnungen „Maskenumzug", „Fastnachtszug" oder „Festzug".

Man könnte über die Kölner Karnevalsgeschichten noch viel schreiben, u.a. wie sich der Karneval über die weiteren Jahrzehnte entwickelte, wie er die Weimarer Republik und vor allem die Hitlerzeit und den zweiten Weltkrieg überstand, aber das würde hier zu weit führen. Viel wichtiger erscheint mir darüber zu berichten, wie wir unseren ersten Karneval am 05.03.1957 erlebten.

Nach dem zweiten Weltkrieg zog nach zehnjähriger Unterbrechung 1949 zum ersten Mal wieder ein Rosenmontagszug durch Köln, organisiert vom 1947 wiedergegründeten Festausschuss des Kölner Karnevals. 10 Jahre später kamen wir Ungarnflüchtlinge nach Köln und erlebten so das kleine 10-Jahres-Jubiläum des Kölner Karnevals, was ganz besonders herzlich mit sehr viel Temperament und großem Engagement gefeiert wurde.

Kölner Karneval 1957

Als wir am Morgen des Rosenmontags wie gewöhnlich in den Speisesaal zum Frühstücken gehen wollten, mussten wir schon feststellen, dass heute ein ganz besonderer Tag war: bedeutender als Weihnachten und Ostern zusammen! Wir fanden nämlich kein Frühstück vor, stattdessen die lapidare Erklärung: „Hier habt ihr ein Lunchpaket, und ab geht's in die Altstadt zum Karnevalsumzug!" Außerdem erhielt jeder von uns 10 DM Taschengeld, was in dieser Zeit für uns ein kleines Vermögen war, und ich normalerweise dafür 10 Stunden arbeiten musste. Unterwegs erfuhren wir, dass seit Donnerstag in Köln nichts mehr geht. Jedes Amt und öffentliches Gebäude sei geschlossen und bis Dienstagmittag herrsche hier der Ausnahmezustand. Diese Tatsache allein hat uns mehr als erstaunt, da wir solche Zustände nicht kannten. Natürlich gab es auch bei uns in Ungarn die Faschingszeit, und vor allem in ländlichen Gegenden wurde Fasching gefeiert. Aber einen solchen Aufwand, der mitten in einer riesigen Stadt stattfand, hatte ich noch nie erlebt. Also gingen wir mit unserer Tagesration zu Fuß von Köln-Kalk über die Eisenbahnbrücke auf die andere Seite des Rheins in die Altstadt, um mal zu sehen, was da los war. Dort stießen wir auf eine unglaubliche Menschenmenge, die fast alle maskiert waren und ständig „Kölle alaaf"! schrien, was mir damals noch unverständlich war. Viel, viel später wurde mir dieser Ruf erklärt: „Kölle alaaf" aber auch Helau ist in vielen Karnevals- und Fastnachtshochburgen verbreitet und somit der bekannteste unter den Narrenrufen. Irrtümlicherweise wird er oft mit „ll" geschrieben, diese Schreibweise ist jedoch nicht richtig. Über seine Entstehung gibt es zahlreiche Erklärungsversuche. Am Niederrhein soll das „Helau" einmal ein Hirtenruf gewesen sein. Eine weitere Erklärung leitet „Helau" vom biblischen Jubelruf „Halleluja" ab. Ebenso gibt es Erklärungen das es sich vom Begriff „Hölle auf" oder „hel auf" (hel = germanische Götting der Unterwelt, hieraus hat sich der Begriff „Hölle" entwickelt) ableitet, denn Karneval und Fastnacht werden schon seit sehr langer Zeit gefeiert, um den Winter und die bösen Geister, die bei der Öffnung der Hölle auf die Erde kamen, zu vertreiben. Weiterhin gibt es eine Deutung, dass der Ruf von „hell auf" (lachen) oder dem englischen „Hello" ableiten könnte.

Wie es auch immer sei, an diesem Tag konnte ich davon nichts verstehen. Etwas unheimlich wurde es mir, als diese vielen verrückten Menschen tanzten und wildfremden Leuten in den Nacken sprangen und ununterbrochen schunkelten. Junge Mädchen waren dabei die Aktivsten, und so passierte es auch mal, dass plötzlich eine hübsche Dame mir nichts dir nichts auf den Rücken sprang und anschließend einen heftigen Kuss auf die Backe drückte.

‚Mein lieber Gott, das fängt ja gut an!' aber weiter kam ich nicht mit meinen Gedanken, da mich eine Fee einfach an die Hand nahm und mich in die Menge zog. Um mich herum schrien die Leute „Alaaf! Alaaf!" und tobten förmlich. Plötzlich wurden alle um mich Herumstehenden unglaublich aktiv und drängelten nach vorne, in mehr oder wenig gebückter Haltung. Eifrig versuchten sie etwas von der Straße aufzusammeln. Als ich besser hinschaute, entdeckte ich, dass von dem vorbeiziehenden Karnevalswagen massenweise Süßigkeiten in die Menge geworfen wurde. Einige Leute hatten dafür Regenschirme aufgespannt und hielten sie umgekehrt nach oben gerichtet, um die fliegenden Bonbons noch besser auffangen zu können. Mit diesem Trick erhaschte man natürlich noch mehr Süßigkeiten. Auch ich bückte mich, um etwas abzukriegen und merkte, dass neben Bonbons auch massenweise Schokolade in kleiner Tafelform, aber auch Kekse und viele Blumen vom Himmel fielen. Jetzt fiel mir wieder das Motto dieses Karnevals ein: „Lasst Blumen sprechen!" und deswegen waren auch so viele Blumen auf der Straße. Meine Fee, eine blonde blauäugige Göttin mit atemberaubender Figur und strammen Oberschenkeln, die unter ihrem kurzen Rock zum Vorschein kamen, zog mich weiter, lachte heiter und fragte mich auch etwas, was ich aber bei diesem Krach leider nicht verstehen konnte. Nachträglich, wenn ich so überlege, weiß ich nicht, ob es wirklich der Krach war oder ihr heftiger Dialekt, dass wir uns zwar anlächelten aber nicht verstehen konnten. Die Zeit verging rasend schnell. Als der Karnevalsumzug vorbei war und meine Fee noch immer neben mir stand, beschlossen wir, uns in eine echte Kölsche Kneipe zurückzuziehen und etwas zu essen. Dort hatte ich endlich Gelegenheit, mich überhaupt vorzustellen, und als ich erwähnte, dass ich aus Ungarn käme, brach die nächste Katastrophe aus. Kaum hatte ich das Wort Ungarn ausgesprochen, sprang sie schon auf einen Stuhl und fing laut an zu schreien:

„Wir haben hier einen Helden der ungarischen Revolution! Es lebe Ungarn! Alaaf! Alaaf!"

Darauf folgte ein wahrer Vulkanausbruch. Jeder wollte mit mir trinken, jeder wollte mich zum Essen einladen. Ich fühlte mich verloren und hatte es schwer, in diesem Tumult zurecht zu kommen und wünschte mir in diesem Augenblick meine Landsleute herbei. Auf der anderen Seite werde ich diese warme Gastfreundlichkeit nicht nur mir gegenüber sondern die tiefe Verneigung gegenüber meinem Land mein Leben lang nicht vergessen.

Die nächsten Tage waren leider nicht die angenehmsten. Ich hatte schon über einen Monat lang nicht mehr in der chemischen Fabrik Kalk gearbeitet, da ich nach einer Laugen-Gesichtsverletzung meinen Arbeitsplatz wechseln musste. So kam ich in die Felten & Guilleaume Kabelfabrik Köln, wo ich im Keller Isolierung für Kabel in einem Ölbad herstellen musste. Diese Arbeit war sehr schwer und alle ½ Stunde musste ich eine ca. 50 kg schwere Isolierspule vom heißen Ölbad mit Hilfe einer kleinen Hebebühne herausnehmen und eine neue Spule hineinlegen. Der Arbeitsplatz war stickig, heiß und nur ausländische Arbeiter wie Italiener und Griechen arbeiteten hier mit mir zusammen für einen Stundenlohn von 1.10 DM. Da ich meine Hand immer wieder in das Ölbad tauchen musste dauerte es nicht lange und ich bekam ein Öl-Ekzem an beiden Unterarmen, was fürchterlich juckte und mich nachts kaum schlafen ließ. Zu dieser Zeit erfuhr ich, dass die Knapsack Griesheim AG, heutiger Chemiepark Knapsack, einen Chemiker suchte. 1957 hatte diese Fabrik schon über 4000 Arbeiter und, was für mich noch interessanter war, ein Arbeiterheim für wenig Geld aber mit relativ großem Komfort. Die Fabrik hatte in dieser Zeit neben einer Carbid Produktion auch als neuen Produktionszweig Chloropren- und Acrylnitril-Produktion aufgenommen. Außerdem hatten sie ein sehr gut eingerichtetes Versuchslabor und zahlreiche sogenannte Technologie-Zentren. Natürlich war ich sehr an dieser Möglichkeit interessiert und fuhr deshalb an meinem freien Tag nach Knapsack, das etwa 20 km von Köln entfernt lag, um mich dort vorzustellen. Als ich an der Pforte der Fabrik ankam, erklärte ich mit meinem doch noch relativ holprigen Deutsch, was ich wollte, ohne dabei zu bedenken, welchen fragwürdigen äußerlichen Eindruck ich machte. Ich muss hier bemerken, dass die Mode der Beatles-Frisuren wesentlich später kam, doch ich hatte schon zu dieser Zeit eine entsprechende Haartracht, weil ich einfach kein Geld für einen Friseurbesuch hatte. Mein Outfit war auch nicht vom Besten. Kürzlich fiel mir ein Foto aus der damaligen Zeit in die Hände und - milde ausgedrückt – war vor mir selbst erschrocken.

Als mich der Pförtner musterte, da stiegen sicher bei ihm Zweifel hoch, weshalb er einen Chemiker vom Labor zur Hilfe rief: Als ich dann noch erzählte, dass ich graduierter Chemiker sei, da lachten alle beide laut auf und wollten mich mit guten Wünschen nach Hause schicken. In diesem Augenblick kam ein mit weißem Kittel bekleideter älterer Herr herein und fragte nach dem Grund ihres Gelächters. Sie erzählten ihm meine Story, worauf sich der Herr an mich wandte und fragte: „Wenn Sie Chemiker sind, dann können Sie mir die chemische Formel von Carbid aufschreiben, oder?" Jetzt fragte ich mich, ob die mich für verrückt hielten. Ich setzte mich hin und schrieb nicht nur die Formel von Carbid auf sondern die gesamte Herstellungs-Reaktion auf das Papier. Das schlug ein wie eine Bombe. Es herrschte plötzlich Totenstille. Die Männer schüttelten erstaunt die Köpfe, und nach einer qualvollen Stille sagte der weißbekittelte Herr: „Sehen Sie, so kann man sich gewaltig irren."

Dann drehte er sich zu mir um und meinte: „Junger Mann, kommen Sie! Ich stelle Sie meinem Chef, Prof. Schmidt, vor. Ich bin überzeugt, Ihre Einstellung ist schon jetzt gesichert."

Ich brauche nicht zu betonen, wie froh und erleichtert ich in diesem Augenblick war. Aber noch mehr Überraschungen erwarteten mich an diesem Tag. Wir gingen quer über den Hof, der zwischen den Verwaltungsgebäuden und des etwa 8-10-stöckigen zentralen Laborgebäudes lag. Dann fuhren wir mit dem Lift bis zum 8. Stockwerk.

„So, da wären wir." sagte mein Begleiter, „Hier ist unser Laborchef Prof. Schmidt. Ich stelle Sie vor und dann geht es wie von selbst." Er hatte wohl bemerkt, dass ich unsicher und etwas ängstlich war und versuchte mich zu beruhigen.

"Sie werden sehen, er ist ein netter Kerl. Sie brauchen überhaupt keine Angst zu haben." Er klopfte und dann traten wir in das Büro des Chefs ein. Es war ein großer, heller Raum mit vielen Fenstern und einem phantastischen Ausblick auf das Fabrikgelände. Der Professor war ca. 60 Jahre alt mit einer dunklen Hornbrille auf der Nase und Halbglatze, aber mit grauer Haarpracht an den Schläfen. Er schaute auf und fragte etwas erregt, was wir wollten, er hätte wenig Zeit und es wäre doch besser ein andermal wiederzukommen.

Mein Begleiter erwähnte jedoch das vorher mit ihm geführte Telefonat, worauf er sich wie ein typisch vergesslicher Professor entschuldigte:

„Ach ja, jetzt weiß ich Bescheid. Bitte, verzeihen Sie mir, aber zurzeit habe ich so viel zu tun, dass ich wirklich nicht weiß, wo mir mein Kopf steht. Also Sie sind graduierter Chemiker?" Er schaute mich mit Neugierde aber auch mit entsprechender Skepsis an.

Ich erklärte ihm, wie das ungarische Schulsystem funktioniert und warum neben einem normalen humanistischen Gymnasium sogenannte spezielle Gymnasien existierten und welche Aufgaben z.B. unser chemisches Gymnasium hatte. In den Ostblockländern wurde relativ schnell entdeckt, dass in bestimmten Bereichen der Industrie vor allem in der Mittelschicht die Facharbeiter fehlten. Es gab zwar genügend diplomierte Führungskräfte, aber im mittleren Arbeitsbereich, wo die Technologie sowie die Produktion ablief, herrschte ein eklatanter Fachkräftemangel. Um diesen Mangel beheben zu können, wurde ein Teil der Schüler, die wegen des begehrten Abiturs vor dem Gymnasium Schlange standen, umdirigiert mit dem Versprechen, dass sie auch an diesen Spezialgymnasien ihr Abitur machen könnten, und gleichzeitig ohne große Schwierigkeiten auch das entsprechende Fach in der Hochschule aufgenommen werden und so die Möglichkeit einer Hochschulreife erreichen können. So entstanden die verschiedenen Spezialgymnasien wie Chemie, Elektronik, Maschinenbau, Hoch und Tiefbau, Agronomie usw. Diese Ausbildung war sehr hart und oft auf die eigentlichen Fachbereiche, wie bei mir auf Chemie fokussiert, so dass man nach 4 Jahren harter Schule einen Wissensstand erreichte, den in Deutschland graduierte Chemiker besaßen. Sie würden mich natürlich fragen, ob ich schon so gut deutsch beherrschte, dass ich in der Lage war mich zu verständigen. Ja, ich hatte mir relativ schnell ein Deutsch-Basiswissen angeeignet, womit ich so eben zurecht kam

„Wenn Sie Zweifel an meinem Wissen haben, dann prüfen Sie mich bitte, und Sie werden überzeugt sein, dass ich nicht übertrieben habe." sagte ich in der Erwartung, dass ich die erste Frage gleich erhalten würde.

Tatsächlich kamen schon die ersten fachlichen Fragen. "Was wissen Sie von der Polymerisation? Was ist ein Absorber? Was wissen Sie über Katalysatoren?"

In Anbetracht meiner noch dürftigen Deutschkenntnisse musste ich erst überlegen, wie ich den doch etwas komplizierten Vorgang ‚Absorption' erklären sollte, bis mir ein handfestes Beispiel einfiel:

"Herr Professor, wissen Sie, eine Absorption ist wie eine Einkaufsstraße. Am Anfang gehen Männer und Frauen gemischt hinein und am Ende der Einkaufsstraße kommen nur die Männer raus, da die Frauen alle vor den verschiedenen Schaufenstern hängengeblieben sind."

Er begann lauthals zu lachen und sagte dann: „Herr Fodor, Sie sind unser Mann! Reicht es, wenn wir Ihnen einen Anfangs-Stundenlohn von 1.35 DM anbieten, mit kostenlosem Arbeiterheimplatz und einem Vorschuss von 100 DM, damit Sie gleich etwas für sich kaufen können? Ach ja, und damit Sie auch den Friseur aufsuchen können." und schmunzelte dabei. Ich dachte ich träume und war überglücklich.

„Ah, Herr Pirkler, bringen Sie Herrn Fodor in das Gaschromatographie-Labor. Dort wird er in Zukunft arbeiten, und stellen Sie ihn den zukünftigen Mitarbeitern vor. Außerdem stellen Sie ihm die üblichen Unterlagen aus, setzen Sie sich mit dem Arbeiterheim in Verbindung, und er braucht natürlich Arbeitskleidung usw. Apropos," er drehte sich zu mir um „ich habe gar nicht gefragt, wann Sie anfangen können?"

Ich stutzte einen Moment erwiderte dann aber freudestrahlend: „Herr Professor, meinetwegen sofort!" „Nein, Sie brauchen ja auch etwas Zeit zum Umzug, Einkaufen und zum Friseur zu gehen, oder?" und lachte. Ich glaube, er war von meiner Frisur wirklich nicht besonders begeistert.

„Ich würde sagen: Start ab 15. März, einverstanden?"

„Natürlich! Ich bedanke mich sehr und freue mich schon jetzt auf meine neuen Aufgaben und darauf, dass ich in Ihrem Team in Zukunft arbeiten darf," bedankte ich mich überschwänglich.

Anschließend fuhren wir ins 4. Stockwerk und blieben vor einer Tür mit der Aufschrift Gaslabor stehen. „So, hier ist Ihr neuer Arbeitsplatz. Ich stelle Sie mal kurz vor, und alles andere werden die Ihnen zeigen." sagte er und trat ohne zu klopfen ein. „Hallo, hier bringe ich ihnen etwas Verstärkung. Er ist aus Ungarn und ist Chemotechniker. Ich nehme an, Sie werden alle gut miteinander auskommen." Er wandte sich zu mir und sagte dann halblaut aber so, dass es jeder im Raum verstehen konnte. "Darf ich Ihnen ihre Mitarbeiter vorstellen?" Zuerst führte er mich zu einem etwas gedrungenen, übergewichtigen Mann mit ebenfalls brauner Hornbrille - mir schien, als trüge hier jeder eine Hornbrille. Er hatte ein ausgesprochenes Mondgesicht, das ohne Hals in einem Doppelkinn endete. Seine Augen sahen aus wie zwei Stecknadeln, strahlten aber doch eine witzige Wärme aus. Er wischte sich die Schweißperlen von der Stirn und reichte mir dann seine Hand: „Ich bin der Laborchef hier und heiße Bober, Robert Bober."

Ich stellte mich ebenfalls vor und betonte, wie sehr ich mich freue zusammen mit ihm arbeiten zu dürfen. Er grinste und antwortete

„Warten Sie ab, nicht dass Sie diese voreilige Meinung bald bereuen." Plötzlich wurde er lauter und rief: „Günter, komm, wir haben einen neuen Mitarbeiter!" Daraufhin erschien aus einem Seitenraum ein ca. 55jähriger, der mir auf den ersten Blick sympathisch war. Er trug als einziger einen grauen Kittel, während alle anderen weißbekittelt waren.

„Entschuldige, ich kann Dir leider meine Hand nicht reichen, weil ich mit Öl beschmiert bin." sagte er halblaut und eher zu sich selbst und versteckte dabei die Hände hinter seinem Rücken.

„So, und zum Schluss zeigen wir Ihnen noch unseren Laborantenlehrling Herrn Günzer." Herr Günzer war ein langer, hochgewachsener blonder Kerl, etwa in meinem Alter. Er grinste und hinterließ den Eindruck, dass er froh war, endlich nicht mehr der Letzte hier zu sein, sondern einen Nachfolger zu bekommen. Dieser erste Eindruck hatte mich auch nicht getäuscht, und so kam es auch später zu etlichen Kämpfen zwischen uns, bis er eingesehen hatte, dass ich hier nicht als Lehrling sondern als Techniker eingestellt war. Es fiel ihm um so schwerer, weil er wie so viele deutsche Arbeiter in der damaligen Zeit nicht daran gewöhnt war, mit Ausländern zusammen zu arbeiten.

Nach dieser kurzen Vorstellung durfte ich mir die notwendige Arbeitskleidung, Werksausweis und Essensmarken abholen und meinen neuen Spind belegen. Nachdem ich mich verabschiedet hatte, ging ich in das nicht weit entfernt gelegene Arbeiterheim, mein zukünftiges Wohnheim. Durch das Werkstor Nr. 3 gelangte ich unmittelbar zum Arbeiterheim und meldete mich beim Heimleiter. Der wusste bereits von meinem Kommen und empfing mich relativ freundlich aber bestimmend: „Aha, Sie sind also der Ungar."

„Und Sie werden bei uns wohnen, also hören Sie gut zu: Frauenbesuche sind strengstens verboten, und wenn ich Sie mit einer Frau erwische, dann fliegen Sie - kapiert? Im Zimmer ist Rauchen verboten, weiterhin dürfen Sie nichts im Zimmer kochen, auch nicht Tee, dafür ist die großzügige Gemeinschaftsküche vorgesehen. Natürlich müssen Sie sich um Teller, Besteck usw. selbst kümmern. Wäsche wird jeden Freitag abgeholt, dafür ist ein Wäschesack vorgesehen. Zahlen brauchen Sie nichts. Es wird vom Gehalt abgezogen. Wenn Sie später als 10 Uhr abends draußen bleiben wollen, müssen Sie in der Pforte Bescheid geben. Sie erhalten dann einen Schlüssel, sonst ist die Pforte ab 22.00 Uhr geschlossen und Sie müssen draußen bleiben. Jeweils 10 Zimmer haben ein eigenes Badezimmer mit mehreren Duschen, die bitte immer saubergehalten werden müssen."

Inzwischen erreichten wir im Gang meine zukünftige Zimmertür. "Hier ist Ihr Zimmer. Das Bett ist frisch bezogen und alles ist sauber."

erklärte er mir, während er die Tür aufsperrte. Ich muss sagen, auf den ersten Blick war mein zukünftiges Domizil nicht sehr groß. Es war ca. 10m² groß - klein aber mein! Das erste Mal in meinem Leben hatte ich ein Zimmer ganz allein für mich. Es war schon ein erhebendes Gefühl.

„Und wann darf ich einziehen?" fragte ich etwas verunsichert. „Wenn Sie wollen sofort. Hier sind Ihre Schlüssel und damit sind Sie offiziell Bewohner bei uns." und nun schmunzelte er zum ersten Mal.

Nach diesem wirklich erlebnisreichen Tag fuhr ich wie auf Wolken zurück nach Köln zu meinem Jugendheim und teilte mit, dass ich sofort ausziehen werde, da ich außerhalb von Köln Arbeit gefunden hätte. Mein Jugendheimleiter war ganz und gar nicht begeistert und wollte mich natürlich halten, da er für jeden Ungarnflüchtling eine schöne Summe vom Staat erhielt, wovon wir nicht im Geringsten profitierten. Ich möchte nicht wissen, wieviele gutgemeinte Spendengelder ihr Ziel nie erreichten und wie viele Leute stattdessen davon profitierten. Ich möchte nicht nachtragend sein, aber leider habe ich in meinem späteren Leben sehr oft erlebt, dass gutgemeinte Spenden, egal aus welchem Anlass, unterwegs versickerten, und nur ein Bruchteil davon wirklich ihr Ziel erreichte!

Ich packte mein Hab und Gut zusammen, das im Grunde genommen aus recht wenigem bestand, und fuhr sogleich am nächsten Morgen, nachdem ich auch in der Kabelfabrik gekündigt hatte, nach Knapsack, um mein neues Reich in Besitz zu nehmen.

Mein Einzug ins Arbeiterheim verlief reibungslos. Ich lernte bald meinen Nachbarn, einen älteren Carbidofen-Arbeiter kennen, der mir noch verschiedene Tricks aus dem Heim verriet und mir auch zeigte, wie man Bratkartoffeln und Steak brät, wo man in Knapsack gut einkaufen kann und wie gut das frisch gezapfte Bier nebenan in der Eckkneipe schmeckt. Dafür zeigte ich ihm, wie man ein richtiges ungarisches Gulasch zubereitet, worauf er dann wochenlang nur noch Gulasch köchelte. Mein Bett war bequem, der Schrank reichte mir voll und ganz und der Tisch war auch ausreichend für meine Bedürfnisse. Im Badezimmer habe ich endlich lange und ausgiebig geduscht, was ich schon seit längerer Zeit vermisst hatte. Dann suchte ich endlich auch einen Friseur auf, der nicht schlecht über meine Mähne staunte.

Von meinem Vorschuss kaufte ich Hemden, Unterwäsche, aber auch eine Pfanne, Besteck, Teller etc., so dass sich allmählich ein kleiner Hausstand entwickelte.

Am 15.03.1957 um 8 Uhr - ausgerechnet am ungarischen Nationalfeiertag - nahm ich meine Arbeit im Werk auf. Jetzt erst hatte ich auch begriffen, was in diesem Gaslabor passierte: Es wurde hier ein neuartiges Gasanalysegerät entwickelt, mit dem man in der Lage war verschiedene Gasgemische zu trennen und zu analysieren. Günter - im grauen Kittel - hat mich gleich herangenommen und mir erklärt, wie die Absorber-Säulen in heißes Öl getaucht wurden. Er erklärte mir auch, welche Aufgaben sie haben und wie die einzelnen Fraktionen der verschiedenen Gase dann auch mit Hilfe von Schreibgeräten ausgewertet werden können. Meine Aufgabe war dann in der nächsten Zeit zu ‚planimetrieren', das heißt die Fläche des absorbierten Gases mengenmäßig zu erfassen. Diese Arbeit war etwas langweilig, aber jedesmal, wenn ich meine Planimetrie durchführte, dachte ich häufig an die stinkenden Öldämpfe in der Kabelfabrik und war dann sehr froh über diesen neuen Arbeitsplatz. Auch hätte ich mir zu dieser Zeit nicht vorstellen können, dass ich später einmal während meiner wissenschaftlichen Arbeit reichlich Gelegenheit haben würde, mich mit Gaschromatographie zum Zwecke der Eiweißanalyse zu beschäftigen. Natürlich war unser Gaschromatograph in einem absolut primitiven Zustand, er bestand aus einer etwa 2m langen Kupferröhre, die mit Porzellanpulver, dem sogenanntem Zeolith, gefüllt war. Diese Röhre wurde zu verschiedenen Öltemperaturen aufgewärmt und die Qualität der eingeführte Gasgemische immer wieder analysiert. Trotzdem war es spannend, vor allem, da wir echte Pioniere im Bereich der Gaschromatographie waren.

Es dauerte nicht lange und ich musste die Schichtleitung übernehmen, da ein sogenanntes Herstell-Technikum - ein Gebäude mit halbindustrieller Produktion – mit einem neuen technologischen Verfahren in der Polymerisation beauftragt wurde und wir dazu die Gas-Zusammensetzung dieser Fertigungsanlage ständig kontrollieren mussten. Die Arbeit war sehr angenehm, da im Technikum des öfteren beistimmte Gasmengen gefährlich anstiegen, worauf das Technikum abgestellt wurde und ich mich auf einen Haufen Zellstoff legen und so bis zum nächsten Morgen ungestört schlafen konnte.

Ein Abfallstoff dieses Technikums, die hoch explosive Flüssigkeit Dimetylacetylen, wurde ebenfalls bei uns analysiert, aber es musste ständig unter ca. -40°Celsius gehalten werden, da es sonst bei der geringsten Bewegung zur Explosion kommen konnte. Dieses Mittel war 10mal explosiver als TNT. Gekühlt wurde es mit sogenanntem Trockeneis, das eine Eigen-Temperatur von -80°Celsius hatte. Der Nachteil war, dass sich das Trockeneis sehr schnell verflüchtigte und das darin zu kühlende Mittel dann ohne ausreichende Kühlung war. Als ich eines Morgens meinen Arbeitsplatz aufräumen wollte und die Thermoskanne mit unserem hochexplosiven Stoff auf die Seite schob, da gab es einen ohrenbetäubenden Knall und es entstand ein gewaltiger Druck, der mich in die gegenüber stehende Vitrine beförderte. Als ich wieder zu mir kam, fühlte ich mich wie zu Weihnachten: große Schneeflocken fielen vom Himmel, nur waren sie diesmal nicht weiß sondern pechschwarz. Die Fenster des Labors waren zu Bruch gegangen und die ersten Werksfeuerwehrleute erschienen im Labor. Natürlich sprach sich das Missgeschick sehr schnell herum, und ich wurde schon mehrmals als Opfer begraben. Sehr wichtig war für mich, dass ich für diese Explosion absolut nicht verantwortlich gewesen war, da die Nachtschicht vergessen hatte, das Thermostat mit Trockeneis zu füllen.

So langsam gewöhnte ich mich an meinen neuen Arbeitsbereich, und meine Mitarbeiter lernten mich ebenfalls zu schätzen. Eine besonders enge Beziehung entwickelte ich zu Günter und seiner Familie, und war häufig bei ihm zu Hause, wo wir beide glückselig an einem alten Motorrad herumschraubten. Günter war im 2. Weltkrieg in Belgien gewesen und hatte dort auch seine Frau kennengelernt. Nach dem Ende des Krieges musste seine Frau jedoch aus Belgien fliehen, weil sie als sogenannte Kollaborateurin mit der deutschen Wehrmacht galt. Dem frischverheirateten Paar blieb nichts anderes übrig als 1945 Belgien zu verlassen. Darunter hatte seine Frau sehr gelitten und wurde ständig von Heimweh geplagt. Sie war eine ausgezeichnete Köchin und konnte ebensogut backen. Günter besaß zwei Motorräder, eine ältere BMW und eine 125 ccm Sachs Maschine mit Ilo Motor. Leider funktionierte dieser Ilo Motor nie, so dass er eines Tages sagte:

„László, weißt Du was? Ich schmeiße diesen Haufen Schrott weg."

„Um Gottes Willen, bloß nicht! Wenn Du es nicht mehr behalten möchtest, dann kaufe ich es Dir ab," bot ich ihm an.

„Aber erstens läuft diese Maschine nicht und wird auch nie laufen, zweitens kannst Du doch nicht Motorrad fahren und drittens besitzt Du auch keinen Führerschein. Also, einen größeren Blödsinn habe ich noch nicht gehört!" erwiderte Günther lauthals lachend.

„Also, was willst Du für Deinen Schrott haben?" fragte ich ihn, entschlossen diese Maschine zu kaufen.

„Du meinst das doch nicht ernst, oder?" und blickte mich verwundert an.

„Doch, doch - also wieviel?" bohrte ich weiter.

Er grinste und nach kurzer Überlegung sagte er: „So, wie dieser Haufen hier steht, 50 DM, einverstanden?"

„Ja, Hand drauf!" Ich hatte schon lange überlegt, dass das Motorchassis, die Räder, Reifen und der Sitz noch absolut in Ordnung waren, und dass mir vielleicht ein Fachmann den Motor in Schuss bringen könnte. Gesagt, getan! Ich nahm den Motor, der am Boden lag, packte ihn in einen alten Koffer und bat Günter, mir das Motorrad anschließend ins Arbeiterheim zu schieben. So kamen wir beide an der Pforte des Arbeiterheims an und wurden natürlich sofort gestoppt, da man zwar ein richtiges Fahrzeug dort abstellen durfte, es aber nicht erlaubt war, einen Haufen Schrott dort zu deponieren. Nach längerer Diskussion und unserem Versprechen, dass das Motorrad bald schon repariert sein würde, erteilte man uns schliesslich doch die Genehmigung, es vorläufig im hinteren Hof zu lagern. In der darauffolgenden Woche nahm ich den Motor auseinander und versuchte nochmals ihn zu reparieren. Leider blieben bei der Zusammenstellung immer mehr Schrauben übrig, so dass ich wutentbrannt den Motor in meinen Koffer packte und ihn zur Werkstatt trug.

„Guten Tag, ich habe hier ein Motorrad, das ich leider nicht mehr richtig zusammenstellen kann. Könnten Sie mir vielleicht dabei helfen? fragte ich den Mechaniker zögerlich.

„So, so, und wo haben Sie dieses Motorrad?" entgegnete er. „Hier im Koffer!" sagte ich und zeigte auf mein Paket.

„Wie bitte? Na sowas ist mir in meiner ganzen Laufbahn noch nicht untergekommen. Sie haben den Motor im Koffer?" lachte er laut auf und kratzte sich dabei am Kopf. „Inzwischen kamen auch andere Mechaniker hinzu, und alle lachten herzlich, was mir immer peinlicher wurde.

„Na, dann sehen wir uns mal Ihren Schrott an," schlug der Chef vor, und ich öffnete brav meinen Koffer.

Nun wurde plötzlich der Mechaniker still, und nach einer Weile murmelte er vor sich hin: „Mein Gott, es ist ein alter Ilo-Motor, wo haben Sie denn den her?" Ich schwieg und statt zu antworten fragte ich nochmals: "Können Sie mir jetzt helfen?"

Er starrte immer noch auf den Motor. „Ich glaube schon, aber es kostet Sie auch etwas. Sagen wir so 80 DM." Ich rechnete im Kopf, dass ich dann für etwa 150 DM ein Motorrad bekommen könnte.

„Könnte es nicht etwas billiger werden, da ich nicht viel Geld habe und als Flüchtling doch jeden Pfenning umdrehen muss," drängelte ich weiter.

„Wo kommen Sie denn her" „Aus Ungarn, und ich arbeite hier im Werk." Er musterte mich kurz von oben bis unten, schüttelte seinen Kopf und sagte dann: „Ich habe viel über die ungarische Revolution gesehen und gehört. Hier im Dorf wurde auch für die ungarischen Flüchtlinge gesammelt, aber um ehrlich zu sein halte ich von solchen Sammelaktionen nichts und habe auch nichts gegeben. Jetzt hat mich das Schicksal doch noch eingeholt und ich glaube, jetzt kann ich vielleicht doch direkt was für Euch tun. Also egal, ob wir mit der Summe zurecht kommen oder nicht, wir machen es für 50 DM. Ist Ihnen das recht? Aber es wird nicht vor 2 Wochen fertig, in Ordnung?"

Ich war überglücklich und natürlich mit dem Angebot einverstanden. So begann sich mein erstes Fahrzeug zu entwickeln. Leider stand ich noch immer ohne Führerschein da, und das Motorradfahren musste ich auch irgendwie erlernen. Es waren noch einige Probleme zu lösen, was mich aber keinen Augenblick zurückschrecken ließ.

Nach zwei Wochen war es endlich soweit. Ich schob mein noch motorloses Motorrad zur Werkstatt und nach gut 4 Stunden wurde auch der letzte Akt vollbracht und der Motor ins Motorrad eingebaut. Ich tankte noch auf, bezahlte und wollte gerade mein Motorrad wieder zurück ins Arbeiterheim schieben, als mich der Meister überrascht fragte:

„Was ist denn mit Ihnen los? Sie können doch jetzt schon losfahren, warum schieben Sie dieses kostbare Stück?"

„Ach, wissen Sie, ich habe noch ein kleines Problem, was aber in der nächsten Zeit erledigt wird: Ich besitze noch keine Fahrerlaubnis und anmelden kann ich meine Maschine erst, wenn ich die dazu nötigen Papiere habe," erklärte ich ihm etwas verlegen.

„Wie bitte, Sie haben keinen Führerschein? Na sowas! Sagen Sie mir, können Sie überhaupt Motorradfahren?" fragte er mich entrüstet.

„Um ehrlich zu sein muss ich das Fahren auch noch erlernen. Aber es kommt schon eines nach dem anderen. Hauptsache, ich habe jetzt erstmal ein Motorrad, alles andere schaffe ich schon."

„Na, Sie sind ein Himmelhund! Lassen Sie sich bloß nicht erwischen, sonst ist's ausgeträumt mit dem Motorradfahren. Übrigens kenne ich in Hürth eine sehr gute Fahrschule, wo Sie schnell die notwendigen Papiere bekommen, wenn Sie schon etwas fahren können," er zwinkerte mir zu und grinste vieldeutig „Hier, auf den Waldwegen und Flur-Straßen kann man schön üben, und da kommt auch keine Obrigkeit vorbei."

Meiner erstes Motorrad 1957 Arbeiterheim Knapsack

Ich bedankte mich für den Tip und schrieb mir die Adresse der Fahrschule auf.

„Aber dieser Rat ist nicht von mir, ist das klar?" rief er mir noch zu. „Natürlich, das ist meine eigene Idee gewesen. Ist doch selbstverständlich." verabschiedete ich mich, nahm mein Vehikel und schob es stolz in Richtung Arbeiterheim und nahm gelassen die mitleidigen Blicke einiger Passanten in Kauf, die sicher dachten: ‚Der arme Kerl plagt sich, aber wer sein Motorrad liebt, der schiebt es eben auch.'

Gleich am nächsten Tag berichtete ich Günter stolz von dem, was ich erreicht hatte. Nach erstem ungläubigen Kopfschütteln schlug der vor: „Hör mal, dann könnten wir beide doch eine Spritztour in die Eifel unternehmen." Er hatte Verwandte in der Eifel.

„Ja, das könnten wir, vorausgesetzt, dass Du mir auf den Flur-Straßen das Motorradfahren beibringst."

„Meinetwegen, aber nicht jeden Tag, und Du kannst auch mal selber allein was unternehmen."

„Also, heute abend nach der Schicht, einverstanden?" fragte ich ihn, um ihn gleich festzunageln.

Gut, einverstanden. Ich hole Dich vom Arbeiterheim ab, wir beide fahren dann in den nahegelegenen Wald, wo Du auf den Waldstraßen ungestört üben kannst." willigte er ein.

An diesem Abend erhielt ich meinen ersten Motorrad-Fahrunterricht, und ich machte überraschender Weise große Fortschritte und konnte sogar allein über 40 km/Std fahren. Wenn ich, was auch vorkam, nicht anhalten konnte, so zog ich einfach den Zündschlüssel aus der Lichtmaschine heraus, auf diese Weise kam ich zwar recht unsanft aber dennoch relativ schnell zum Stehen. Dazu muss man wissen, dass sich der Zündschlüssel des Ilo-Motors direkt an der Lichtmaschine befand und ein recht primitiver Messingstöpsel war, der vor jedem Anlassen des Motors in die Lichtmaschine gesteckt werden musste. Nur so konnte man die Fußkurbel erfolgreich betätigen. Es war eben damals ein echtes Abenteuer, mit einem solchen Vehikel zu fahren. Von bequemem automatischen Motoranlassern, wie sie heute selbstverständlich sind, konnten wir damals nur träumen.

Es war anstrengende körperliche Arbeit mit der Fußkurbel zu arbeiten, und ich musste jedesmal mit meinem ganzen Köpergewicht mehrmals daraufspringen, um die Maschine endlich zum Laufen zu bringen.

Mit der Zeit sammelte ich immer mehr Fahrroutine und fuhr öfter sogar alleine zum Üben in den Wald. Bei solchen Aktionen nahm ich stets meinen ganzen Mut zusammen und fuhr durch die Ortschaft und wieder zurück, was natürlich nicht ungefährlich war, da ich mich ja auf öffentlichen Straßen befand. Aber es ging immer gut.

Inzwischen hatte Günter das Motorrad auf seinen Name angemeldet, um Versicherung und Steuern zu erledigen. Sonst hätten wir mit dem Motorrad nirgendwo hin fahren können.

Meine Sicherheit wuchs und ich hatte mein Motorrad schon recht gut im Griff, als ich mich entschloss, an einem heissen Junitag allein an den nächstgelegenen Baggersee zu fahren. Ich nahm eine Luftmatratze und etwas zu essen mit und verbrachte einen wunderbaren Sonntag mit Baden und Faulenzen. Als ich jedoch am Abend wieder nach Hause fahren wollte und vom Ufer des Baggersee aus zur Straße blickte, stellte ich mit großem Schrecken fest, dass eine Polizeikontrolle die Straße blockierte. Was nun? Was sollte ich tun? Wie konnte ich dieser prekären Lage entkommen - ohne Führerschein? Ich hatte plötzlich eine göttliche Eingebung und liess aus dem hinteren Reifen meines Motorrads die Luft ab. So kam ich mit schiebendem Rad zur Kontrolle.

„Papiere bitte!" forderte mich der Polizist harsch auf. „Wissen Sie nicht, dass diese zum Ufer führende Straße für Fahrzeuge alle Art gesperrt ist? Es steht dort ganz groß auf der Verkehrstafel!" „Doch, doch, nur bin ich da nicht hineingefahren sondern habe mein Motorrad hineingeschoben." antwortete ich ihm.

„Was? Wieso das denn?" er schaute mich verwundert an.

„Wir hatten leider einen Platten im Hinterrad. Sehen Sie, es ist keine Luft drin." erklärte ich ihm. „Na, das ist etwas anderes. Aber zeigen Sie mir trotzdem Ihren Führerschein."

„Ich habe keinen Führerschein. Mein Freund hat mich hergefahren. Als der Platten passierte haben wir das Motorrad hier abgestellt, und ich sollte es am Abend nach Hause schieben. Knapsack ist nicht weit, das würde ich auch allein schaffen, weil er am Nachmittag eine Einladung hatte. Deshalb konnte er nicht den ganzen Tag mit mir am Baggersee bleiben."

Der Polizist schaute mich ziemlich ungläubig an. Daraufhin notierte er sich mein Nummernschild und verlangte nach meinem Ausweis, den ich natürlich auch nicht dabei hatte. „Also gut, Sie schieben jetzt dieses Rad nach Hause, und dann erscheinen Sie mit ihrem Freund unverzüglich auf dem Polizeirevier und legen die Papiere, einschließlich Führerschein vor." forderte er mich auf und inspizierte mich dabei nochmals von Kopf bis Fuß.

Ich durfte gehen und brauche nicht zu betonen, wie erleichtert ich war. Unterwegs pumpte ich natürlich an der nächsten Tankstelle mein Hinterrad wieder auf und fuhr nach Hause. Ich stellte mein Motorrad im Hof ab und rannte hinüber zu Günter. Leider war nur seine Frau zu Hause und nachdem ich ihr die ganze Geschichte erzählte, sagte sie besorgt: „Du Laszlo, der Günter ist nicht da. Er ist auf einer Hochzeit am Ende des Dorfes. Du musst dort hingehen und ihm die Geschichte erzählen. Ich hoffe nur, dass er nicht zu viel getrunken hat, sonst kann er nicht fahren." Ich hastete natürlich sofort zu der Hochzeit, wo ich ihn auch sehr schnell fand, jedoch mit einer entsprechenden Alkoholfahne.

„Das kann doch nicht wahr sein! Wie konntest Du nur so einen Blödsinn machen?" schimpfte er, „Wie soll ich jetzt mit dieser Fahne zur Polizei?"

„Spül deinen Mund mit Odol aus und lutsch ein paar Pfefferminz-Bonbons. Das wird schon reichen. Komm jetzt, wir müssen uns beeilen." drängelte ich ihn.

Auf dem Polizeirevier angekommen, legten wir unsere Papiere vor, vor allem Günters Führerschein. Er hielt gebührenden Abstand zum Polizeibeamten, der zum Glück nichts von der Alkoholfahne bemerkte. Wir bedankten uns schnell und waren genauso schnell wieder auf der Straße. An diesem Tag versprach ich ihm, mich am nächsten Morgen für den Motorrad-Führerschein in Hürth anzumelden. Und tatsächlich, nach nur 2 Wochen und mit nur einer Probefahrt hatte ich die Prüfung bestanden und erhielt mit 18 Jahren meinen Motoradführerschein.

Die Zeit in Knapsack ist mir in schöner Erinnerung geblieben. Ich lernte dort viele nette Menschen kennen und verlebte nicht nur eine schöne sondern auch sehr nützliche Zeit. Auch mein Deutsch wurde sprunghaft besser, auch wenn manche deutschen Mitarbeiter so manches Mal über meine eigenwillige Aussprache schmunzelten.

Es muss Anfang September gewesen sein, als mich unser Chef, Prof. Dr. Schmidt, zu sich gebeten hat. Ehrlich gesagt hatte ich ein komisches Gefühl im Bauch, da solche Extraaudienzen immer ein Vorzeichen von etwas Unangenehm waren und war deshalb auf das Schlimmste vorbereitet, obzwar ich mir keiner Schuld bewusst war. Ich fuhr hoch zum 8. Stock und klopfte zaghaft an die Tür von Prof. Schmidt.

„Ja bitte, treten Sie ein." kam die freundliche Aufforderung, was auf mich dann doch etwas beruhigte. Mein Chef saß lächelnd hinter seinem Schreibtisch und sagte:

„Herr Fodor, nehmen Sie bitte Platz, wir müssen ein wichtiges Problem besprechen."

‚Also doch! Es ist etwas schief gegangen.' dachte ich und nahm vorsichtig auf einem der Ledersessel Platz.

„Lieber Herr Fodor, bitte verstehen Sie mich richtig" begann er, und ich wartete schon auf das dicke Ende.

„Wir sind mehr als sehr zufrieden mit Ihnen und würden Sie sehr gern bei uns behalten, aber als erfahrener alter Mann muss ich ihnen einen Rat erteilen, was Ihre Zukunft betrifft. Sie haben noch kein Abitur und standen doch direkt davor, als Sie ihr Land verlassen mussten."

Ich nickte zustimmend, war aber innerlich vor Neugier nah am Platzen.

„Deshalb," setzte er seine Rede fort „bin ich der Meinung, dass Sie unbedingt Ihr Abitur hier in Deutschland beenden und anschließend auf einer Universität studieren sollten. Sie haben alles, was man zu einer erfolgreichen Universitätslaufbahn benötigt, und es wäre sehr schade, wenn Sie hier bei uns im Werk bleiben würden." Ich war zuerst sprachlos, und nach einer Weile sagte ich ganz leise und doch sehr verunsichert: „Herr Professor, es ehrt mich sehr, was Sie über mich denken und gesagt haben, aber wie soll ich in

Deutschland das Abitur machen, wenn man allein neben mindestens zwei Fremdsprachen doch auch noch andere Fächer wie Geschichte, Literatur usw. nachholen muss. Ich habe in Ungarn als einzige Fremdsprache Russisch gelernt. Das war bei uns Pflicht, aber ich spreche mäßig Deutsch, kein Wort Englisch, von Französisch gar nicht zu reden."

„Moment, nicht so hastig," unterbrach er mich und nahm einen Zeitungsausschnitt in die Hand „ich stieß hier auf einen sehr interessanten Artikel, in dem über ein ungarisches Gymnasium berichtet wird. Wussten Sie, dass so etwas in Deutschland existiert?" Jetzt fielen mir die Worte des Benediktiner-Priesters von Traiskirchen in Österreich ein, der uns von dieser Schule berichtet hatte, was ich jedoch inzwischen völlig vergessen vergessen hatte.

„Hier ist die Adresse und sogar die Telefonnummer mit dem Namen des Direktors. Ein Benediktiner-Priester namens Dr. Ireneus Galambos. Ich würde Ihnen sehr dazu raten, schnell dort anzurufen. Das Schuljahr hat zwar schon begonnen, aber man kann trotzdem versuchen, noch in der Schule aufgenommen zu werden."

Ich war zunächst sprachlos und überwältigt, dass ein völlig fremder Chef mir eine so weitreichende Hilfe zukommen ließ, nahm dann aber meinen ganzen Mut zusammen und fragte: „Herr Professor, könnten wir vielleicht gleich dort anrufen? Es macht sicher einen guten Eindruck, wenn Sie zuerst mit dem Direktor reden würden." „Klar, das mache ich sehr gern für Sie." Er griff zum Telefon, und es dauerte nicht lange bis er mit Direktor Galambos verbunden wurde. Nach einem kurzen Telefonat reichte er den Hörer an mich weiter, und ich stellte mich als der verlorengegangene Schüler aus Traiskirchen vor. Dr. Galambos wusste sofort, um wen es geht und sagte: „Bitte, pack deine Sachen zusammen und komm unverzüglich nach München-Fürstenried. Dort ist ein Teil unseres provisorischen Gymnasiums, d.h. die letzten 2 Klassen vor dem Abitur. Natürlich hast Du auch einen Internatsplatz und alles andere wie Stipendium usw. werden wir hier an Ort und Stelle erledigen." Ich bedankte mich herzlich, und nachdem ich die genaue Adresse notiert hatte, gab ich den Telefonhörer an meinen Chef zurück. Der dankte dem Direktor Galambos für die schnelle Zusage, reichte mir dann seine Hand und sagte: „Ich bin sehr froh, dass Sie sich so schnell und richtig entschieden haben. Sie haben in ihrem Leben einen großen Schritt nach vorne gemacht, und ich verspreche Ihnen, wenn Sie Hilfe brauchen, werden wir immer für Sie da sein."

Selbstverständlich können Sie in ihren Ferien jederzeit bei uns im Werk arbeiten. Aber jetzt gehen Sie, packen Sie und holen Sie sich ihr Gehalt von der Kasse ab und dann geht's ab nach München."

So schnell geschah mein Abschied aus Knapsack und so schnell begann ein ganz neues Kapitel in meinem Leben, was meine Zukunft von Grund auf veränderte.

Vom Benediktiner Schüler zum Abitur.

Nach einem kurzen Abschied von meinen Labormitarbeitern und selbstverständlich von meinem Freund Günter und seiner Frau, packte ich meine Sachen in einen größeren Koffer und schickte ihn mit der Post los. Ich stellte noch ein extra Paket mit meinen wichtigsten Unterlagen zusammen, das ich auf meinem Motorrad befestigte, und dann ging es los: Autokarten kaufen, voll tanken und ab nach Süden in Richtung München.

Das Schloss Fürstenried wurde von Kurfürst Max Emanuel in den Jahren 1715-1717 erbaut und diente lange Zeit als Repräsentations-Objekt der bayerischen Könige. Später gehörte es dem Erzbistum München-Freising und wurde als katholisches Exerzitien-Haus genutzt. Da zu dieser Zeit das Gebäude im Großen und Ganzen leerstand, so wurde von der Kirche beschlossen - um den ungarischen Flüchtlingen zu helfen - hier eine Schule mit Internat als Provisorium einzurichten. In dieser Zeit hatte schon der bayerische Staat unter Führung von Ministerpräsident Wilhelm Hoegner (1954-1957; Viererkoalition) nach massivem Druck von der Kirche beschlossen, in der Oberpfalz in Kastl bei Amberg ein altes Benediktiner-Kloster zu renovieren und dort ungarischen Schülern in Deutschland eine neue Heimat zu geben. Man muss wissen, dass das ungarische Real-Gymnasium seit Ende des 2.Weltkrieges existierte. Gegründet wurde es 1945 in Passau, später landete die Schule nach verschiedenen Zwischen-Stationen in Baden Württemberg in der Nähe von Pforzheim im Bauschlott. Aber als dann 1956 der Flüchtlingsstrom einsetzte platzte die Schule aus allen Nähten, und so war dringend nötig, eine neue Lösung mit Zeitperspektiven zu finden. So wurde in Kastl in der Oberpfalz in einem ehemaligen Benediktiner Kloster mit Hilfe der katholischen Kirche, des Bayerischen Staates und des Bundes ein ungarisches Realgymnasium konzipiert. Nach Beendigung der Renovierungsarbeiten sollte dann Fürstenried sofort aufgelöst werden.

Etwas verspätet aber doch noch rechtzeitig erreichte ich endlich die Schule in Fürstenried, und nicht nur mein Hinterteil sondern beide Hände und Schultern waren nach der langen Motorradfahrt ziemlich strapaziert. Nachdem ich mühselig und mit steifen Beinen vom Motorrad abgestiegen war und die ersten Schritte wagte, hatte ich das Gefühl, als wäre ich nach einem langen Ritt vom Pferd gestiegen. Direktor Galambos empfing mich sehr freundlich und warmherzig und stellte mich sofort meinem zukünftigen Präfekten bzw. Aufsichtslehrer, Herrn Raab, vor. Der sollte mir mein Zimmer und alles andere wie Schrank, Bettwäsche, Decken etc. zeigen. Mit Schrecken erkannte ich, dass hier wieder Veszprémer Verhältnisse herrschten: Es gab kein Schlafzimmer sondern einen Schlafsaal für 35 Schüler! Mit Wehmut dachte ich in diesem Augenblick an das komfortable Arbeiterheim in Knapsack. Doch die zukünftigen Mitschüler waren durchweg alle sehr nett, freundlich, hilfsbereit und vor allem aufgeschlossen, ganz anders als im Veszprémer Internat.

„Gehört Dir das Motorrad im Hof? Ich heiße Mészáros, aber alle nennen mich hier Bandi." stellte sich einer der künftigen Mitschüler kurz vor.

„Ja, das Motorrad gehört mir. Ich bin damit von Köln bis hierher nach München gefahren, und jetzt tut mein Arsch gewaltig weh. Ich heiße Fodor László." antwortete ich ihm.

„Und ich heiße Wirth Jozsi", hörte ich eine weitere Stimme hinter mir, und dann trat ein etwas dicklicher Kerl hinzu: Gosztonyi, der Legionär, und er grinste wie ein Vollmond. Er hieß deshalb der Legionär, weil es sein größter Wunsch war, einmal in die Legion oder wenigstens in die US Armee einzutreten. Er gehörte zu den Schwergewichtigen und war ein gemütlicher Junge. Leider ist er nach unserem Abitur völlig von der Bildfläche verschwunden. Manche erzählten, dass er Röntgenologe geworden wäre und andere behaupteten, er sei schon längst nach Amerika ausgewandert.

Plötzlich kam recht bedächtig eine weitere Gestalt auf mich zu, die mir die Hand reichte: "Ich bin Fertöszögi Ferenc, aber mich nennen hier alle nur Fertö."

„Schön, Dich kennenzulernen!", sagte ich ohne zu ahnen, dass er für lange, lange Zeit mein bester Freund werden würde. „Und woher kommst Du?" fragte ich neugierig. „Aus Györ (Raab) d.h. nicht weit davon, und Du?"

„Aus Sopron, also sind wir ja fast Nachbarn", antwortete ich und dachte im gleichen Augenblick, dass die Soproner die Györer nie ausstehen konnten. Na ja, die alten Rivalitäten zwischen zwei ‚Großstädten'.

Plötzlich tauchte noch ein weiterer zukünftiger Mitschüler auf. "Ich heiße Toth, András Toth" und grinste unentwegt, und ich glaube, auch später habe ich ihn nie mit ernster Miene gesehen. Er war ein sehr hilfsbereiter Mitschüler, saß später vor mir in der Bank, spielte nicht schlecht Fußball und gehörte zu unserem sogenannten inneren Kreis. Er wurde Lehrer und starb leider sehr früh an Krebs. Ich könnte hier noch viele andere Schulfreunde aufzählen, aber - auch wenn ich noch so scharf nachdenke - ich kann mich an keinen unsympathischen oder bösartigen Mitschüler oder Querulanten an dieser Schule erinnern. Als wir uns später zu unserer 50jährigen Abiturfeier trafen, waren es immer noch dieselben fröhlichen, freundlichen und hilfsbereiten Freunde wie damals. Warum hebe ich dies hier als Besonderheit hervor? Weil wir erstens nur 2 Jahre in der Schule zusammen verbrachten und zweitens aus allen Windrichtungen Ungarns stammten, mit den unterschiedlichsten Biografien und Charakteren. Aber wir wurden in diesem Internat zusammengeschweißt wie Pech und Schwefel. Demgegenüber waren im Veszprémer Internat, in dem ich 3 1/2 Jahre verbracht hatte, kurz nach meiner Flucht alle Kontakte auf einmal abgebrochen. Anlässlich der Veszprémer 50jährigen Abiturfeier war ich zwar eingeladen worden, fühlte mich jedoch wie ein Fremdkörper und Ausgestoßener.

Unsere Abiturklasse bestand aus 78 Schülern, die alle ihr Abitur bestanden haben. Ca. 80% davon absolvierten eine Hochschule. Mehr als die Hälfte von ihnen hatten leitende Positionen eingenommen und wurden zum Teil bekannte Wissenschaftler oder Künstler. Dies klingt wie ein Phänomen, gelang aber vielleicht deshalb, weil wir als Minderheit unter besonderem Arbeitsdruck standen und mehr Leistung von uns erwartet wurde als von Einheimischen.

Fürstenried Ung. Gymnasium 1957 Klasse 8b.

In den darauffolgenden Tagen wurden wir unseren Klassenzimmern zugewiesen und den einzelnen Lehrern vorgestellt. Unser Klassenlehrer war Dr. Jozsef Kondor, der Lateinlehrer und leidenschaftlicher Esperanto-Anhänger war, leider hielt sich meine Begeisterung für Latein sehr in Grenzen. Weitere Lehrer waren Prof. Dr. András Szabados, ein ehemaliger Universitätsdozent für Biologie mit internationalem Ruf, dann Geschichtslehrer Elemér Pajor und der gefürchtete temperamentvolle Lehrer für ungarische Literatur, István Horváth. Dann gab es da noch den unsympathischen und strengen und deshalb nicht besonders akzeptierten Mathematiklehrer, der Benediktiner Károly Silly und unseren Religionslehrer, ebenfalls Benediktiner, Dr. János Kocsis. Leider mussten wir außer Deutsch auch noch Englisch als zweite Fremdsprache erlernen. Herr Ferenc Raab versuchte uns sein eher amerikanisches als britisches Englisch beizubringen, er war nach dem 2. Weltkrieg längere Zeit bei der amerikanischen Armee beschäftigt gewesen, was wohl seine Sprachkenntnisse in Englisch stark beeinflusst hatte. Den Deutsch-Unterricht erteilte uns Direktor Dr. Galambos. Wir waren schockiert als wir erfuhren, welche Fächer und wieviel Unterrichtsstoff für das Abitur nötig sein würden. Neben den üblichen

Fächern wie Mathe, Biologie, Geschichte und ungarische Literatur sollten wir noch die zwei Fremdsprachen Englisch und Deutsch lernen und dazu noch das sogenannte Kleinlatinum, und das alles in einem Jahr. Nach ausführlicher Diskussion wurde jedoch ein Kompromiss geschaffen: Wer sich gut vorbereitet fühlte, konnte sich nach einem Jahr zum Abitur melden, und die anderen wurden für ein Jahr zurückgestuft und würden ihr Abitur in zwei Jahren machen. Ich habe mich sofort freiwillig zurückstufen lassen - sicher ist sicher, und so entstand eine Abiturklasse von 25 Schülern und zwei sogenannte Vorbereitungsklassen für die nächsten zwei Jahre mit insgesamt 78 Schülern. Unsere Klasse „8" B hatte 36 Schüler. Ich, als der nicht gerade Fleißigste, suchte mir in der letzten Reihe einen Sitzplatz neben Jozsi Wirth, der, wie sich später herausstellte, ein mathematisches Genie war. Deshalb passten wir sehr gut zusammen, da ich mein ganzes Leben lang ein mathematischer Versager war. Insgeheim hoffte ich natürlich, dass er mir bei meinen Schulaufgaben behilflich sein würde.

Internat Fürstenried München 1957

Die Zeit bis zu den Weihnachtsferien verging relativ schnell, und plötzlich stand mal wieder Weihnachten vor der Tür. Diese Tage waren für uns alle relativ schwer und traurig. Es herrschte eine gedämpfte Stimmung, und immer öfter hörten wir von den anderen die verschiedensten Geschichten aus der Heimat. So kamen natürlich Erinnerungen an die traditionelle ungarische Weihnachtsbäckerei hoch und auch an das Festessen mit dem Karpfen und den schön geschmückten Weihnachtsbaum. Leider verlief diese Zeit bei uns im Internat mehr als ärmlich und bescheiden. Die Diözese München-Freising brachte ein kleines Paket für jeden für uns, worin sich Zahnpasta, Zahnbürste, Waschlappen und ein Stück Seife befanden mit einer netten Karte vom Jesuskind und dem üblich gedruckten Text „Fröhliche Weinachten". Ich hatte diese ‚Gaben' schon drei mal erhalten und bekam es nun eben zum vierten Mal. Zwischen den Feiertagen erschienen plötzlich hohe amerikanische Offiziere von der Münchner Garnison, die neugierig unsere Unterbringung, den Speisesaal und Speiseplan inspizierten. Es dauerte nicht lange bis mehrere US-Armee-Lastwagen vorfuhren und jede Menge Käsekonserven, Marmeladen aber auch Schinken, Milchpulver, Kakao und Wurstkonserven abluden. Man versprach, sofort mehr zu bringen falls unsere Schule noch etwas benötigen sollte. Wir haben uns natürlich riesig über dieses besondere Weihnachtsgeschenk gefreut. Ab sofort gab es abends Käse, Wurst und jede Menge Kakao. Allerdings konnten wir den gelben Konservenkäse bald nicht mehr sehen und riechen, da die Küche so viel davon hatte, dass ab sofort alle möglichen Rezepte wie Käsenudeln, Käsekartoffeln, Käsesuppe, Käsebrot, Käseauflauf usw. auf dem Speiseplan standen und uns der Käse allmählich zum Halse raushing.

Während der Winterferien erfuhr ich, dass unser neues Domizil in der Oberpfalz langsam fertiggestellt wäre und wir mit Sicherheit in den Sommerferien umziehen würden. Meine Neugierde ließ mich nicht in Ruhe, und daher entschloss ich mich, per Autostopp nach Kastl/Oberpfalz zu fahren, um meine zukünftige Schule in Augenschein zu nehmen. In der damaligen Zeit war diese Art des Reisens relativ einfach und problemlos, und man lernte dabei oft interessante Leute kennen. Man musste sich nur an die Autobahnauffahrt oder den Straßenrand stellen und so lange zu winken, bis ein Auto anhielt man gleich mitgenommen wurde. Ich hatte mir ein Pappkartonschild gebastelt, worauf ich „Student" kritzelte, mehr nicht. Wenn dann jemand anhielt, teilte ich mein gewünschtes Ziel mit, in der Hoffnung, dass er mich wenigstens ein Stück in diese Richtung mitnehmen würde. So stand ich also am Straßenrand als plötzlich ein riesengroßer, langer Chevrolet anhielt und der Fahrer mich fragte, wohin ich fahren wolle und wer ich sei. Ich erklärte ihm, dass ich gen Norden in die Oberpfalz fahren möchte und dass ich ein ungarischer Flüchtlingsschüler bin. Daraufhin flippte er fast aus und erklärte mir in gebrochenem Ungarisch, dass seine Eltern ursprünglich auch aus Ungarn stammten und jetzt in Chicago lebten. Er selbst sei seit Ende des 2. Weltkrieges in der Armee und wäre jetzt als Major in Deutschland stationiert.

„Wissen Sie was? Ich fahre Sie direkt nach Kastl, da ich zum Übungsplatz nach Grafenwöhr muss, und das liegt doch direkt daneben." schlug er mir vor. „Wir fahren zuerst in Richtung Augsburg, da dort eine US-Tankstelle ist und ich unbedingt tanken muss."

Das Auto sah innen aus wie ein opulenter Salon, breit und mit bequemen Ledersitzen, und als wir losfuhren, glaubte ich über die Straße zu schweben. Das Motorgeräusch war fast gar nicht zu hören. An der besagten Tankstelle meinte er:

„Wenn der Tank voll ist, dann müssen wir unsere Bäuche auch noch vollschlagen, ich lade Sie zum Essen ein, einverstanden?"

„Vielen Dank, aber das ist wirklich nicht notwendig." antwortete ich etwas verlegen.

Er verbat sich die Widerrede und lief energisch in Richtung eines blau gestrichenen Gebäudes.

Wir betraten das barackenähnliche Bauwerk, in dem wir uns erst alles selbst aus Regalen zusammensuchen mussten, bevor wir damit zur Kasse gehen konnten. Ich wusste gar nicht, was ich überhaupt nehmen sollte, weil ich so etwas doch noch nie gesehen hatte, und lesen konnte ich natürlich die englischen Bezeichnungen schon gar nicht. Der Major bemerkte sofort meine Unsicherheit und legte mir verschiedene, einzeln verpackte Sachen auf mein Tablett. Ich hoffte nur insgeheim, dass ich das dann auch würde essen können. Im Gebäude nahm ich einen interessanten und für mich bisher unbekannten Geruch wahr, eine Mischung aus Minze, Desinfektionslösung und Kölnischwasser. Noch Jahrzehnte später, als ich mehrmals in den USA war und diesen Geruch in die Nase bekam, fiel mir jedesmal der US Major und das Mittagessen bei Augsburg ein.

Als ich nach Gutdünken und mit Hilfe des Majors doch so einiges auf mein Tablett geladen hatte, unter anderem ein großes Kunststoffglas mit einem zuckersüßen Milchshake, zogen wir uns zum Mittagessen in eine Ecke zurück. Ich begann nun alle Päckchen, eines nach dem anderen, aus seiner Plastik Packung zu puhlen. Es waren undefinierbare weiße dreieckige Brotstücke, die einem nach dem Essen noch stundenlang am Gaumen klebten, dann eine cremige Erdnuss- und Schokoladenmischung, ein paar Scheiben Käse, eine gepresste Scheibe Wurst, die der Major als Schinken bezeichnete, und natürlich viel Mayonnaise und Tomaten-Ketchup. Ich muss sagen, dieses amerikanische Mittagessen war für mich wirklich sehr gewöhnungsbedürftig. Noch mehr staunte ich darüber, dass mein Tablett nach dem Essen mit all dem vielen Verpackungsmaterial noch voller war als vor dem Mittagessen. Alles bestand einschließlich des Bestecks aus Wegwerf-Artikeln. Zum Schluss trugen wir unsere Tabletts zu einer Klapp-Tür und schütteten den ganzen Rest hinein. Man hörte ein pfeifendes Sauggeräusch, und der gesamte Abfall war weg.

„So, jetzt noch ein Softeis," schlug mein Major vor, und ich folgte ihm zu einer Maschine, die viel Ähnlichkeit mit einer Bierzapfsäule hatte. Wir nahmen wieder einmal einen Kunststoffbecher, und mit Hilfe eines Hebels füllten wir unsere Becher mit einer Art weißem Schaum. Anschließend streuten wir noch Schokoladenpulver darauf, und damit war unser Mittagessen beendet. Wie gesagt, diese Geschmacksrichtung war zwar nicht unbedingt die meine, aber zum Schluss war ich doch gut gesättigt.

Die Weiterfahrt war sehr angenehm und nicht nur bequem sondern auch sehr unterhaltsam. Er erzählte viel von den letzten Kriegstagen, über seine Stationierung in München und von seiner Familie. Auch von seinen Eltern berichtete er, die in Chicago lebten und als Juden 1936 noch im letzten Augenblick Ungarn verlassen konnten, ohne irgendetwas mitnehmen zu können. Sein Vater war in Budapest Eisenwarengroßhändler gewesen, und er hatte eine Schwester, die in Kalifornien lebte. Ich muss zugeben, dass ich von Kalifornien nur soviel wusste, dass es dort Los Angeles und Hollywood gab und dort auch irgendwo unsere damalige Idealfrau Marilyn Monroe lebt. Ich hätte mir aber nicht in meinen kühnsten Träumen vorstellen können, dass eines Tages eine meiner Töchter mit ihrer Familie dort leben würde.

Die Zeit verflog und wir waren plötzlich in Kastl. Wir verabschiedeten uns und versprachen, miteinander in Kontakt zu bleiben. Da ich in Kastl keinen

Menschen kannte und nur von Weiten die auf einem Berg liegenden Burg sehen konnte, entschloss ich mich kurzerhand, erst einmal den Bürgermeister im Gemeindehaus aufzusuchen. Nach kurzer Erkundigung stand ich schon vor seiner Bürotür, und nachdem er mich hereingerufen hatte, erklärte ich, wer ich sei und was ich vorhatte.

Plötzlich war er Feuer und Flamme und begrüßte mich mit einem gewissen Pathos als den ersten ungarischen Schüler in Kastl. Auch ließ er es sich nicht nehmen, mich persönlich zur Burg zu begleiten, um mir die relativ fortgeschrittenen Arbeiten in der Schule zeigen zu können.

Burg-Kastl/ Oberpfalz

Auf einem Felsrücken, hoch über dem Tal des Lauterachs, liegt die Klosterburg Kastl, die bis 1556 Benediktinerarbeit war. Nach der Überlieferung geht die Burganlage bis in die Zeit Otto II. (973-983) zurück. Die Besitzer der Burg sollen sich 1098 darauf geeinigt haben, die Burg in ein Kloster umzuwandeln. 1103 bestätigte Papst Paschalis II. die Gründung. Der Kirchenbau ist wohl sofort mit dem Eintreffen der Mönche begonnen worden. 1129 wurden der Chor und die Egidiuskapelle geweiht. 1195 waren die Bauarbeiten für die Klosterkirche abgeschlossen. Umbauten, Erweiterungen, Brände und andere Einflüsse gaben der Klosterkirche im Laufe der Jahrhunderte ihr heutiges Gesicht. Als Besonderheit der Klosterkirche zählt das vierjochige Tonnengewölbe des Mittelschiffs, eines der größten Tonnengewölbe rechts des Rheins. An den

Hochwänden des Mittelschiffs befindet sich der Wappenfries aller Gönner des Klosters. Die Vorkirche birgt neben dem Sarkophag des "braven" Feldherrn Schweppermann die Mumie des "Kastler Kindls", eine Tochter König Ludwig des Bayern, die 1319 im Alter von drei Jahren verstorben war.

Blüte des Klosters bis ins 15. Jahrhundert, 1413 erfolgt sogar Erhebung zum Reichskloster. Im 16. Jahrhundert trotzdem rascher Verfall und schließlich Aufhebung 1556. Später Sitz der Jesuiten und Malteser. 1803 Säkularisation, im 20. Jahrhundert ungarisches Gymnasium, welches im Juni 2006 nach 50 jährigem Bestehen aus wirtschaftlichen wie vor allem aus politischen Gründen aufgelöst wurde.

Heute steht der gesamte Gebäudekomplex leer und befindet sich in einem Dornröschenschlaf mit der Hoffnung, vielleicht doch noch eines Tages eine Renaissance zu erleben. Traurig aber ist es, dass vor allem in der postkommunistischen Zeit, d.h. nach der Wende im Jahre 1990, aufgrund unverständlicher Entscheidungen alte Traditionen vernichtet wurden. Dieses Ungarische Gymnasium war die einzige Institution dieser Art außerhalb Ungarns. Die Schüler sind aus der ganzen Welt nach Kastl gekommen, um dort nicht nur die ungarische Sprache zu erlernen sondern auch das ungarische Kulturgut zu pflegen und gleichzeitig das in ganz Europa anerkannte deutsche Abitur zu erlangen.

Kehren wir zurück ins Jahr 1957. Als ich mit dem Herrn Bürgermeister oben in der Burg ankam, war ich überwältigt von der Größe und den mächtigen dicken Mauern der Gebäude. Innen konnte ich die schon fast fertigen Klassenzimmer aber auch den Internatsteil mit den Schlafzimmern und Bädern besichtigen. Mit Erleichterung stellte ich fest, dass höchstens 5 Betten in einem Schlafzimmer Platz hatten, also schien die Zeit der Massenquartiere vorbei zu sein. Es gab auch einen wunderschönen Speisesaal, dem ehemaligen Refektorium mit alten mich sehr beeindruckenden Wandfresken. In diesem Speisesaal gab es einen in der Wand eingelassenen Predigtstuhl, von dem während des Essens immer ein Mönch aus der Bibel vorgelesen hatte, Unterhaltung im Speisesaal war damals verboten. Ich dachte nur hoffentlich führen sie diese Sitte nicht wieder bei uns ein.

Nach der gemeinsamen Besichtigung lud mich der Bürgermeister in ein Gasthaus zum Essen ein und organisierte gleichzeitig auf Kosten der Gemeinde eine Übernachtung für mich. Ich war von diesem freundschaftlichen Empfang sehr berührt und wusste gar nicht, wie ich mich für all das bedanken sollte. Nach München zurückgekehrt berichtete ich begeistert von meinen Erfahrungen mit Kastl, auch Direktor Galambos war von meinem Abenteuer sehr angetan.

Der Winter verging sehr schnell, und als sich die Ferien näherten schrieb ich meinem ehemaligen Chef Prof. Schmidt einen Brief mit der Frage, ob ich vielleicht während der Schulferien wieder in Knapsack (Hürth) arbeiten könnte. Die Antwort kam prompt: Natürlich, zu jeder Zeit und ich könnte sogar mein Zimmer im Arbeiterheim wiederbekommen. Mein Freund Fertöszögi - Fertö - erhielt ebenfalls einen Arbeitsplatz in Köln bei einem Brückenbau, und so hatten wir die Möglichkeit, gemeinsam mit meinem Motorrad nach Köln zu fahren und öfter die Freizeit zusammen zu verbringen. Allerdings kam vor Ferienbeginn eine gewaltige Aufgabe auf uns zu. Wir mussten nach Burg-Kastl umziehen. Auch diesmal halfen uns die Amerikaner mit ihren Lastwagen. Die Soldaten luden alles Wichtige der Schule auf 10 US Army Lastwagen und brachten zusätzlich noch reichlich Lebensmittel, Kleidung und allgemeine Einrichtungsgegenstände mit wie Töpfe für die Küche, Warmhaltegefäße, Bettwäsche, Decken und viel Büromaterial für die Klassen. Der Umzug lief echt militärisch und sehr gut organisiert ab, und ein paar Tage später war der Spuk vorbei. Auch das nagelneue Schulmobilar traf pünktlich ein, sodass wir es nur noch den einzelnen Klassen zuordnen mussten. Die Möbel bestanden aus Stühlen und Tischen und nicht wie früher in Ungarn aus geschlossenen Schulbänken. Die Tische konnten wir individuell verstellen, und so hatten wir an Nachmittagen ein sogenanntes gemütliches „Wohnzimmer". Unsere Klasse war in einem der schönsten Räume untergebracht, in der früheren Bibliothek des Klosters, und besaß einen geschlossenen Balkon. Der Balkon erinnerte mich an den Romeo- und Julia-Balkon, mit dem Unterschied, dass sich unter unserem Balkon ein tiefer Abhang von gut 30 Metern befand, der einen herrlichen Blick auf das Dorf und die umgebenden Berge bot.

Klassenzimmer 1958 Burg-Kastl

Ich nahm meinen Platz in der letzten Reihe des Klassenzimmers ein, neben Fertö aber nicht weit von Wirth Joska entfernt, wegen seiner Mathematikkenntnisse. Neben mir befand sich noch eine kleine Mauernische, in der ich mich ab und zu vor unangenehmen Blicken der Lehrer verstecken konnte.

Bald darauf erhielten wir auch unser erstes Zeugnis, und ich muss sagen, es war sehr ernüchternd: Mathematik genügend und Englisch nur unter Vorbehalt genügend, wenn ich direkt nach den Ferien eine Prüfung ablegen würde, ansonsten könnte ich nicht in die 9. Klasse aufsteigen. Ich war nicht der einzige, dem es so erging, aber was nützte es mir. Ich nahm mir fest vor, in den Ferien Englisch und Mathe zu üben und ahnte noch nicht, welches Glück ich in Knapsack haben würde.

Fertö und ich fuhren also auf meinem Motorrad nach Köln. Ich setzte ihn in Köln ab und meldete mich anschließend im Arbeiterheim.

Der Empfang war so herzlich, als wäre ich überhaupt nicht weggewesen. Alle alten Kumpel waren noch da, und auch mein Arbeitsplatz hatte sich nicht verändert bis auf eine Kleinigkeit:

Ich wurde einem jungen gut 1,80 m großen Engländer, vorgestellt. Er war auch wie ich ein Werkstudent und wohnte sogar im selben Arbeiterwohnheim. Ich war natürlich sehr froh darüber, da ich sofort eine Gelegenheit erkannte, mein miserables Englisch zu verbessern. Er sprach relativ gut Deutsch, und es stellte sich heraus, dass sein Vater ein bekannter englischer Politiker war: Richard Austen Butler, Baron Butler of Saffron Walden, KG, CH, PC (* 9. Dezember 1902 in Attock Serai, Britisch-Indien; † 8. März 1982 in Great Yeldham, Essex), bekannt als Rab Butler, ein gefürchteter britischer konservativer Politiker.

Sein Sohn war ein äusserst interessanter Kautz. Er hatte sein Zimmer neben mir, und als ich ihm dabei half, seine Koffer auszuräumen, stellte ich mit Verwunderung fest, dass er außer einem fürchterlich abgetragenen Anzug und ein paar Hemden nur einen Haufen Bücher und Golfschläger bei sich hatte. Er trug die Schuhe immer ohne Socken und seine einzige Sorge war, ob es in der Nähe einen Golfplatz gäbe. Aber er war mir wegen meines schlechten Englisch sehr behilflich, und so konnte ich zumindest so viel von ihm lernen, dass ich doch noch in die 9. Klasse kam. Wir waren öfter zusammen, das heißt, er nahm gerne die Mitfahrgelegenheit auf meinem Motorrad in Anspruch. So fuhren wir oft nach Köln, und so manches Mal blieb er dort wegen einer Frauenbekanntschaft und erschien dann natürlich am Montag verspätet an seinem Arbeitsplatz, was nicht selten ein Donnerwetter zur Folge hatte. Eines Tages erschien sogar ein angeblicher Ehemann bei uns im Werk und drohte, den Herrn "Engländer" zu erwürgen, Gott sei Dank kam es nicht dazu, aber der werte Baron lebte doch recht gefährlich.

Im Jahr 1958 fand in Brüssel die Weltausstellung statt. 1954 wurde die Bundesregierung zur Teilnahme an der Weltausstellung in Brüssel eingeladen. Es war die erste Weltausstellung nach dem Zweiten Weltkrieg. Der Titel assoziiert die Problematik der Industrie-Epoche: »Le progrès et l'homme« (Der Fortschritt und der Mensch). Dabei schwangen entgegengesetzte Gefühle und Vermutungen mit: Euphorie und Kritik. Der Weg nach Brüssel war ein sehr schwieriger und mit Hindernissen gepflasterter Weg, den die junge Bundesrepublik hinter sich bringen musste. Aber auch das Jahr 1958 war sehr widersprüchlich, was in der Brüsseler Weltausstellung im Zeichen des Atomiums – die Welt im Banne des Atoms -Ausdruck verliehen hatte. Eine unbegrenzte Euphorie über die friedliche Atomenergie und seine unbegrenzten Einsatzmöglichkeiten, aber auch die beginnende Angst vor einer Atom-Aufrüstung. Auch politisch passierte einiges in Europa. Denken wir nur an die Wahl De Gaulles in Frankreich, womit eine Krise in Frankreich endete und die V. Republik begann.

Wie schon im Jahr 1956 entstand auch 1958 eine krisenhafte Entwicklung im Nahen Osten und ließ die Welt an den Rand eines internationalen Krieges geraten. Nach dem Sturz der Monarchie im Irak am 14. Juli marschieren britische und US-amerikanische Truppen auf Bitten der jordanischen und libanesischen Regierung in diese Länder ein, um weitere Umstürze zu verhindern. Die Sowjetunion beschränkte sich in der Nahostkrise auf verbale Proteste. Auch bei den kriegerischen Handlungen im Fernen Osten – zwischen der Volksrepublik China und Taiwan – bezogen die Weltmächte deutlich Stellung auf entgegengesetzten Seiten. In diesem Fall griffen jedoch auch die Vereinigten Staaten nicht in den Konflikt ein.

Mit Empörung reagierte die westliche Welt auf die Hinrichtung von Imre Nagy und drei seiner politischen Kampfgefährten. Er war während des Volksaufstandes im Herbst des Jahres 1956 ungarischer Ministerpräsident. Nach einem geheim gehaltenen Prozess wurden alle vier Politiker in Ungarn zum Tode verurteilt und die Urteile sofort vollstreckt.

Der Tod des 82-jährigen Oberhauptes der katholischen Kirche, Papst Pius XII., löste weltweit Trauer aus. Nachfolger wurde der Patriarch von Venedig, Kardinal Angelo Giuseppe Roncalli (als Papst Johannes XXIII)

Wir Jugendliche bekamen zwar diese Spannungen am Rande mit, aber uns interessierten viel mehr die kulturellen Änderungen, die wir gleichfalls bejubelten. Rock & Roll beherrschte die Szene. US-Soldat Elvis Presley in

Bremerhaven und die Auftritte von Bill Haley in mehreren Städten der Bundesrepublik, bei denen es teilweise zu schweren Krawallen kam, waren für uns die Höhepunkte des Jahres. Dass uns natürlich auch die Weltausstellung brennend interessierte, war selbstverständlich. Deshalb wollten wir, Fertö und ich, unbedingt dabei sein. Wir entschlossen uns mit meinem Motorrad nach Brüssel zu fahren. Zwei andere Freunde von uns fuhren mit dem Zug dorthin, und wir trafen uns dann in der Stadt. Die Fahrt verlief störungsfrei bis wir ca. 25 km nach der deutschen Grenze plötzlich ohne die notwendige Motorenkraft an einer Steigung hängenblieben. Der Motor heulte auf, hatte aber keine Kraft mehr. Wir versuchten alles Mögliche, bis mir einfiel, dass eventuell der Motor zu heiß gelaufen war. Also setzten wir uns an den Straßenrand und warteten. Tatsächlich sprang nach einer guten halben Stunde der Motor wieder an, so dass wir fröhlich unsere Reise fortsetzen konnten. Leider dauerte diese Freude nicht lange und wir blieben wieder hängen. Also wiederholten wir die Prozedur und siehe da, es ging erneut. Zum Schluss verlor ich jedoch die Geduld und trat voller Wut mit meinem Fuß gegen den Motor. Daraufhin lief der wieder einwandfrei, sogar bis Brüssel. Ich ahnte natürlich nicht, dass meine Korken-Kupplung völlig abgenutzt war. Durch meinem kräftigen Fußstoß klebten die Lamellen fest aneinander, weshalb wir noch ein Stück fahren konnten. In Brüssel musste ich jedoch meine Maschine in die Werkstatt bringen, wo mein Verdacht weitgehend bestätigt wurde, dass die Kupplung im Eimer war und es mindestens 1 Woche dauern würde bis sie fertig sei, Kostenpunkt ca. 80 DM. Diese erste Bekanntschaft mit der wallonischen oder französischen Sprache hier in Brüssel blieb mir sehr in Erinnerung. Als ich auf Deutsch den Meister fragte, was wohl mit meinem Motorrad los sei und ob er es mir reparieren könnte, wollte er mich überhaupt nicht verstehen und fragte, ob ich Französisch könne. Ich versuchte ihm klar zu machen, dass ich leider außer Deutsch nur etwas Englisch spräche, aber auch russisch und natürlich ungarisch, aber kein Französisch. Er schaute mich ungläubig an und fragte mich dann in einwandfreiem Deutsch:

„Sie sind ›also kein Nazi?" Ich war verwundert über diese Frage 13 Jahre nach Kriegsende und in Anbetracht meines Alters und erklärte ihm, dass ich weder Nazi noch Deutscher sei sondern ungarischer Flüchtling. Daraufhin wirkte er plötzlich wie verwandelt, grinste mich freundlich an und sagte in sehr höflichem Ton:

„Ach, das ist doch etwas anderes, selbstverständlich werde ich Ihnen Ihr Motorrad reparieren, in einer Woche ist es fertig."

Diese kleine Episode war in meinem Leben das erste Erlebnis, was es heißt, eine andere Nationalität in diesem kleinen Europa zu haben und welcher Hass immer noch 13 Jahre nach Kriegsende zwischen den Europäern bestand. Es gab nur einen Weg aus dieser Sackgasse und der deutete auf ein vereintes Europa.

Fertö, der natürlich die ganze Zeit dabei war, habe ich mit entsprechender Mimik meine Vision erklärt, aber er titulierte mich nur als bekloppten Menschen, ohne mich im Geringsten zu verstehen. Damals hatte ich wenig Ahnung von dem weit fortgeschnittenen Gedankengut von Robert Schumann, weitreichenden Folgen der römischen Verträge, und es sei hier zu vermerken, die ohne die ungarische Revolution 1956 nie so schnell zustande gekommen wären. Weitere hoch brisante politische Konsequenzen wie die Europäische Verteidigungsgemeinschaft (EVG).Hallstein-Doktrin, (Außenpolitischer Grundsatz der Regierung der Bundesrepublik D zwischen 1955 und 1969, nachdem die Bundesrepublik D den Anspruch auf Alleinvertretungsrecht für das gesamte deutsche Volk erhob und keine diplomatischen Beziehungen zu den Staaten aufnahm oder aufrecht erhielt, die die DDR völkerrechtlich anerkannten. Ausnahme: UdSSR als Siegermacht des Zweiten Weltkriegs), nur um ein paar wichtige europäische Politikkomplexe hier kurz zu skizzieren. Aber sicherlich war dieses Ereignis ein bestimmender Faktor in meinem Leben, um mich zu einem echt europäischen Geist zu entwickeln.

Aber wir waren jetzt in Brüssel und unser Ziel war die Weltausstellung und natürlich das Atomium, das Symbol der Weltausstellung. Das Atomium in Brüssel ist neben dem Eiffelturm in Paris einer der interessantesten Bauwerke in Europa und gleichzeitig das Wahrzeichen der Weltausstellung von 1958. Durch seine Größe von 102 Meter Höhe und Gewicht von 2400 Tonnen stellt es ein Eisenmolekül dar. Im Inneren befinden sich mehrere Räumlichkeiten einschließlich einer Panorama-Kugel, von der man einen herrlich weiten Blick über die Weltausstellung und über Brüssel genießen konnte. Der Architekt A. Waterkeyn widmete das Gebäude dem wissenschaftlichen Fortschritt.

Leider konnten wir das Atomium nicht von Innen besichtigen, da die Besucherschlangen einfach zu lang waren, und so besuchten wir stattdessen die anderen Ausstellungspavillons. Bald danach trafen wir unsere Freunde und waren nun zu viert, und es drängte sich langsam das nächste Problem auf: Wo werden wir heute schlafen? Geld für ein Hotel hatten wir natürlich nicht, also blieb uns nichts anderes übrig, als in der Nähe des Ausstellungsparks Unterschlupf zu suchen. Die Parkanlage der Weltausstellung grenzte unmittelbar an die belgische Königsresidenz von Baudouin I. Der Garten des Königs, der früher ein botanischer Garten war, wurde genauso streng bewacht wie der königliche Palast, der eines der schönsten Gebäude in Brüssel ist. Ein hoher gusseiserner Zaun zog sich um das gesamte Anwesen, und vor dem Garten marschierten Wachsoldaten hin und her. Auf der anderen Straßenseite befand sich ein kleines, schutzbietendes Straßenbahn-Haltestellenhäuschen. Ab Mitternacht fuhr die Straßenbahn nicht mehr, und so erschien uns dieser Platz ideal, um uns dort auf der Bank bis zum nächsten Morgen auszuruhen. Wir versuchten so gut es eben ging ein wenig zu schlafen. In den frühen Morgenstunden meldete sich aber unser Freund Fertö, dass er dringend etwas erledigen musste, aber wo? Wir rieten ihm, doch in den gegenüberliegenden Park zu klettern, der augenblicklich unbewacht erschien. Er nickte nur schnell, rannte auf die andere Straßenseite und kletterte blitzschnell über den Zaun des königlichen Gartens. Nach einer Weile erschien er wieder am Zaun und wollte herausklettern, merkte aber, dass in diesem Augenblick die Wachsoldaten wieder ihren Kontroll-Gang aufgenommen hatten. Fertö saß also wie ein Affe im Käfig hinterm Zaun des königlichen Gartens. Wir konnten auch nicht miteinander kommunizieren, da es zu laut und gefährlich gewesen wäre. Wir diesseits und er jenseits des Gartenzaunes mussten also auf einen günstigen Augenblick warten. Als die beiden Wachsoldaten plötzlich etwas abseits stehenblieben, gestikulierten wir Fertö wie verrückt dass er jetzt schnell über den Zaun klettern sollte, was er auch in Windeseile tat. Seit diesem Tag war er unheimlich stolz darüber, dass er zu den wenigen Menschen gehörte, die im Garten von Baudouin I. ihre Notdurft erledigen durften.

Wir fuhren notgedrungener Weise mit dem Zug nach Deutschland zurück. Im Arbeiterheim angekommen, erfuhr ich aus der Zeitung, dass ich im Lotto gewonnen hatte. Es war der größte Gewinn, den ich jemals im Lotto erreicht hatte, genau 80 DM und genauso viel, wie ich zur Reparatur meines Motorades benötigte, also Glück im Unglück.

Der Sommer verging sehr schnell. Ich konnte etwas sparen und fuhr nun mit aufgebessertem materiellen Hintergrund wieder zurück nach Kastl ins Internat. Dort bestand ich glücklich aber mit erheblicher Anstrengung meine

Englisch-Prüfung. Also hatte mir der Kontakt zum englischen Hochadel doch etwas geholfen.

Im Herbst gründete ich einen Chemie-Arbeitskreis in einem Schuppen neben dem Internat, in dem wir uns mit Feststoffraketen beschäftigten. Kurz darauf hielt ich in der Schule ein Referat über die Geschichte der Raketenforschung und unter anderem über Eugen Sänger, Wernher von Braun und andere, was mir große Anerkennung einbrachte. In dieser Zeit entschloss ich mich auch dazu, Ingenieur für Raketentreibstoff zu werden und an der Aachener Uni zu studieren. Leider blieb von diesem Vorhaben nicht mehr übrig als ein schöner Traum.

Eines Tages besuchten uns junge Studenten aus der Uni Erlangen. Als sie meinen Chemieschuppen erblickten versprachen sie, uns einige Hilfsmittel und Chemikalien zu besorgen. Damit konnten wir dann endlich auch einen Prüfungsstand für Raketentriebwerke mit Messung der Schubleistung bauen. Nur explodierte leider das Ganze bei der ersten Zündung unseres Feststofftriebwerkes, und ich versengte mir meine Augenbrauen und die Wimpern.

An jedem Sonntag gab es in der alten Kirche eine gemeinsame Messe zusammen mit den Dorfbewohnern, bei der wir abwechselnd ministrieren mussten. Zur Aufbesserung unseres Budgets wurde diese Messe jeden Monat auch über den Sender Freies Europa nach Ungarn übertragen, wofür der Sender gut bezahlte. Einer meiner Klassenkameraden, der von Jazz und Rock & Roll begeisterte Lorant Bucsis, musste eines Sonntags zusammen mit mir die Heilige Messe ministrieren, die unser Direktor zelebrierte. Um nun die Geschehnisse besser verstehen zu können, muss ich ein wenig ungarische Sprachlektion vermitteln: ‚Auf meiner Schulter' heißt auf Ungarisch „wallamra" (so spricht man es aus), ‚auf meinem Fuß' heißt auf Ungarisch „labamra." Als während der Messe unser Direktor schließlich vor dem Zeigen des Sakramentes uns aufforderte, die Stola auf seine Schulter zu legen, verstand Bucsis – angeblich - „auf die Füße" und so umwickelte er dem Direktor pflichtbewusst die Füße mit der Stola und das vor versammelter Gemeinde. Der Direktor zischte wütend durch die Zähne: „Du Vollidiot - wallamra und nicht labamra!" Es herrschte einen Augenblick Totenstille, gefolgt von Kichern und unterdrücktem Gelächter. Es dauerte eine ganze Weile, bis Bucsis es endlich geschafft hatte, unseren Direktor aus der misslichen Lage zu befreien und die Stola am richtigen Platz, auf der Schulter, zu platzieren. Wir haben nie erfahren, ob er es wirklich falsch verstanden hatte oder gewollt so agierte. Gute Freunde waren die beiden nie, und Bucsis musste sogar befürchten kurz vor dem Abitur aus der Schule verwiesen zu werden. Aber er bestand das Abitur und wurde ein angesehener promovierter Diplomchemiker. Geheiratet hat er allerdings nie, und ich glaube, es war auch besser so….

Plötzlich war das letzte Schuljahr zu Ende, und wir standen vor dem gefürchteten Abitur. In Ungarn ist es Sitte, eine Tafel mit Bildern der Abiturienten zu erstellen, die dann an einer öffentlichen Stelle aufgehängt wird, um zu zeigen, wer in diesem Jahr das Abitur bestanden hatte.

Meine Abiturklasse Burg Kastl 1959.

↑↑↑

Außerdem veranstaltete man ein Fest zum Abschied vom Gymnasium. Die Ungarn nennen dieses Fest ‚ballagás' oder auf Deutsch ‚wandern' d.h. der ehemalige Schüler wandert in die Welt hinaus und lässt seine Schule für immer hinter sich. Wie jeder Wanderer erhält er einen Wanderstock und ein kleines Proviant-Säckchen. Dazu bekommt er von seinen Freunden und natürlich auch von seinen Freundinnen eine weiße Schleife mit kleinen Versen, guten Wünschen für die Zukunft und mit den Namen der Schenkenden. Je mehr Schleifen er besaß, desto angesehener war er – besonders wichtig waren die Schleifen von Freundinnen. Während der „Wanderung" wurden alte Studentenlieder in lateinischer Sprache gesungen, wie: Gaudeamus Igitur.

Die Organisatoren dieses Festes waren immer die Schüler der Klasse, die im nächsten Jahr Abitur machen würde. Die Feierlichkeiten begannen mit einem Gottesdienst, es folgte dann die „Wanderung" durch sämtliche Klassenräume und zum Schluss kam man im Innenhof zusammen, wo noch Reden gehalten wurden, bis der Tag dann endlich mit einem großzügigen Festessen ausklang. Obligatorisch war am Abend das sogenannte Tanzfest, bei dem wir offiziell nur alkoholfreie Getränke trinken durften, aber jeder besaß seinen Flachmann, was dann für eine besonders fröhliche Stimmung sorgte. Nur durfte man sich nicht erwischen lassen, und nicht selten wurden wir von den Lehrern kontrolliert. „Hauch mich an!" hieß dann der Befehl. Ich hatte in meinem ganzen Leben noch nie so viele Pfefferminz-Bonbons gelutscht wie an diesem Abend, womit ich aber erfolgreich durch die allgegenwärtige Kontrolle kam.

Realgymnasium Ballagás 1959 Burg Kastl Ung.

Nach dem Abschlussball begann jedoch die ernste Etappe mit den Abiturprüfungen in Mathematik, Deutsch, ungarischer Literatur, Geschichte, Chemie (mein Wahlfach) und Physik, wenn ich mich noch genau an die einzelnen Fächer erinnere.

Ich habe mich später mit vielen Menschen über diese stressigen Abitur-Tage unterhalten, und alle haben mir einhellig bestätigt, dass das Abitur ihre schlimmste Prüfung im Leben gewesen sei. Noch heute träume ich davon, dass ich entweder nochmals mein Abitur nachholen muss oder durchgefallen bin. In der schriftlichen Prüfung in Mathe war es besonders prekär, und dank der Hilfe eines Schulfreundes bin ich gerade so durchgerutscht. Aber wir waren nach dem Muster der drei Musketiere ‚einer für alle und alle für einen' gestrickt. Es war wirklich eine verschworene Gesellschaft, und jeder hat dem anderen geholfen, wenn es notwendig war. Dieser Zusammenhalt blieb auch bis heute unter den ehemaligen Schülern des Gymnasiums erhalten. Wir treffen uns noch regelmäßig alle paar Jahre; aus diesem Grunde wurde sogar eine ‚Alumni-Burg Kastl e.V.' gegründet, um diesen Geist weiter erhalten und pflegen zu können.

Die Ziele des Vereins sind eindeutig und klar aus der Vereinssatzung ersichtlich:

„1.3 Zweck des Vereins ist die Pflege des geistigen Erbes und die Verwaltung der materiellen Hinterlassenschaft des ehemaligen Ungarischen Gymnasiums in Burg Kastl sowie der weitere Ausbau der persönlichen Kontakte unter den ehemaligen Schülern weltweit durch Organisation von regelmäßigen Treffen, Ausstellungen sowie über die Nutzung des Internets für Kontaktpflege durch den vereinseigenen Blog und durch die vereinseigene Homepage. Weiterhin bezweckt der Verein ungarische kulturelle Einrichtungen in Deutschland und auch außerhalb Deutschlands zu unterstützen."

Ich selbst bin Vorstandsmitglied der Alumni und froh darüber, dass wir etwas Derartiges konzipiert haben, erst recht nachdem diese Schule leider ihre Tore mit Hilfe der ungarischen postkommunistischen Regierung endgültig geschlossen hatte.

Aus diesem Grund haben wir in letzter Zeit, seit die FIDESZ Orban Regierung Ungarn führt, der Regierung verschiedene Petitionen eingereicht, in der Hoffnung eventuell doch das zur Zeit geschlossene Gymnasium wiederzubeleben.

Das Abitur verlief im Großen und Ganzen gut. Ich habe die Prüfung zwar nicht mit einer Eins aber immerhin mittelmäßig abschließen können.

Ich gebe zu, nie ein guter Schüler gewesen zu sein. Mich langweilten immer die Detailfragen, und wenn ich etwas verstand, was relativ schnell geschah, ermüdeten mich die weiteren Einzelheiten. Vor allem aber konnte ich nichts auswendig lernen, und dieses Problem hatte ich stets bei der ungarischen Literatur. Gedichte auswendig zu lernen, war für mich ein echter Horror. Aber die Zusammenhänge der Dinge, Reaktionsketten und Ineinanderzahnung der Ereignisse haben mich immer gefesselt und fasziniert. Logik und die Möglichkeit der logischen Ableitung, das war auch in meinem ganzen Leben das leitende Symptom. Leider bekommt man dadurch automatisch eine gewisse visionäre Betrachtungsweise, der andere oft nicht folgen können, oder diese Visionen sind noch zu früh, um ihre weitreichende Wirkung richtig einschätzen zu können. Mit einen Schritt voraus zu sein, ist für die anderen oft schon ein Rückschritt. Ein Beispiel: Als sich die Computer so langsam durchsetzten und die ersten Personal Computer auf den Markt kamen, besuchte ich die Messe in Hannover und sprach mit hochrangigen Siemens-

Fachleuten. Ich versuchte ihnen klar zu machen, welche Bedeutung der PC für uns Mediziner hätte. Nicht nur für die tägliche Abrechnung sondern auch für die Dokumentation und die Kommunikation untereinander wäre es bahnbrechend und für die Industrie äußerst lukrativ. Man bräuchte nur die passende Software. Sie hörten mich höflich an, bedankten sich für meine Ausführungen und... dabei blieb es. Dies geschah etwa im Jahr 1984. 10 Jahre später tobte der Konkurrenzkampf unter zahlreichen Software Herstellern, und heute ist eine Praxis oder Krankenanstalt ohne PC nicht vorstellbar. Was wäre gewesen, wenn damals Siemens oder IBM nur ein wenig aufmerksamer zugehört hätten?

Nach unserem erfolgreich bestandenen Abitur, übrigens ist nur einer von uns durchgefallen, der aber nach der Ferien das Fach wiederholen konnte, haben wir erstmal anständig gefeiert. Es war schon ein seltsames Gefühl, plötzlich nicht mehr in der Schule aber auch noch nirgendwo anders zu sein. Zwischen zwei Stühlen zu sitzen ist alles andere als bequem. Ich hatte von Aachen noch keine verbindliche Antwort auf meine Unibewerbung, und Fertö wollte unbedingt Elektroingenieur in Stuttgart studieren. Gerade, als wir mit der letzten Packerei fertig waren, bekam ich den lang ersehnten Bescheid aus Aachen mit dem niederschmetternden Inhalt: "Mit Bedauern teilen wir Ihnen mit, dass zur Zeit kein Laborplatz für Sie zur Verfügung steht, deshalb empfehlen wir Ihnen, sich in 2 Jahren wieder bei uns zu bewerben." Also zwei Jahre wollte ich auf keinen Fall warten. Inzwischen war Fertö schon abgereist. Ein anderer Freund, Andreas Mészáros, dessen Onkel im Allgäu in der Nähe von Kempten lebte, fragte mich, ob ich ihn nicht für die Dauer der Ferien begleiten wollte. Er hätte einen recht gutbezahlten Ferienjob in einer Käsefabrik und wenn ich wollte, so könnte ich dort auch unterkommen, bis wir was Vernünftiges an der Uni fänden. Er wusste auch nicht, was er studieren sollte, obzwar er ein guter Mathematiker und sehr fleißiger Schüler gewesen war. Nach kurzer Überlegung war ich einverstanden, packte meine Sachen und war abfahrbereit. Ein anderer Klassenkamerad, István Székelyi, kam auf uns zu und fragte mich, ob ich nicht bereit wäre, ihm mein Motorrad zu verkaufen. Er würde es dringend in München an der Uni brauchen. Er studiere Maschinenbau und wäre mit so einem Fahrzeug doch wesentlich flexibler. Mészáros nickte mir zu und sagte:

„Warum nicht? Verkaufe es ruhig, wir werden so viel Geld verdienen, dass Du bald ein anderes kaufen kannst. Und außerdem haben wir dann auch Geld für die Zugreise." Obzwar mir der Abschied von meinem treuen Vehikel doch recht schwer fiel, schien mir der Gedanke doch vernünftig zu sein. „Was zahlst Du dafür?" fragte ich ihn und schaute ihn gespannt an.

„Du, ich kenne deine Maschine. Ich weiß wie gut oder schlecht sie ist. Also, ich würde dafür 250 DM auf die Hand zahlen, aber es dauert etwas bis ich die Maschine ummelden kann, bist Du einverstanden?" schlug er vor.

„In Ordnung!" willigte ich nach kurzer Pause ein, während mir durch den Kopf ging, was mich dieses Motorrad bisher gekostet hatte, und war mir sicher, dass ich dafür niemals mehr bekommen würde. Ich wurde mein Motorrad los, und mit dem restlichen Gepäck marschierten wir in Richtung Bahnhof. Am Bahnhof angekommen blickten wir noch ein letztes Mal zu unserer Burg hinauf, und mir wurde doch etwas wehmütig ums Herz.

„Bandi", so nannten wir Mészáros unter uns, "weißt Du, eigentlich war diese Zeit, die wir hier verbracht haben, doch schön, und wir hatten endlich wieder ein zu Hause."

„Ich empfinde das nicht so wie Du, da ich ja meinen Onkel und die Tante hatte und in den Ferien immer bei ihnen zu Hause war. Sie sind zwar auch nicht mehr die jüngsten, aber ich habe dort noch immer mein eigenes Zimmer. Aber Du wirst sie sowieso kennenlernen, sie sind sehr nett."

Bandis Onkel war Donauschwabe und musste nach dem Krieg Ungarn 1946 verlassen. Auch Bandi war ein anerkannter Volksdeutscher, was damals finanziell wegen Wiedergutmachungs-Geldern schon von großem Vorteil war. Außerdem erhielt er relativ schnell die Einbürgerung und den deutschen Pass. Wir Ungarnflüchtlinge wurden als Staatenlose geführt, und um Deutschland verlassen zu können, mussten wir immer vom Einreisestaat ein Visum beantragen.

Endlich kam der Bummelzug, der uns nach Neumarkt brachte und dann ging es in Richtung Allgäu Kempten, besser gesagt mit dem Endziel „Champignon Camembert" Käserei Heising.

Käse ‚Facharbeiter' mit Abitur.

Wir kamen abends relativ spät an, so dass ich bei Bandis Verwandten übernachten musste, und wir erst am nächsten Morgen die Käserei aufsuchen und uns vorstellen konnten. Bandis Onkel war sehr nett und die Tante zauberte uns ein richtiges ungarisches Abendessen mit Gulasch herbei.

Am nächsten Tag fuhren wir in die Käserei und stellten uns vor. Bandi kannte dort bereits alle, schließlich arbeitete er dort regelmäßig in den Ferien, aber ich war noch fremd. Zuerst gingen wir zum Chefingenieur, der wie ich erfuhr, ebenfalls aus Ungarn stammte und nach dem 2. Weltkrieg als Flüchtling in Deutschland, besser gesagt in Bayern, blieb. Er war Maschinenbau-Ingenieur, hatte ein wichtiges Patent für die Milchverarbeitungsindustrie konzipiert und landete auf diese Weise auch in der Käserei in Heising. Man munkelte sogar, dass er einen beträchtlichen Teil der Käserei besäße, aber niemand wusste genau, ob es nur ein Gerücht war oder ob es wirklich der Wahrheit entsprach. Tatsache war, dass er auch zwei Kinder hatte, einen Sohn und eine ältere Tochter. Er wollte unbedingt, dass seine Tochter die ungarische Sprache erlernt und fragte mich deshalb gleich bei meinem Vorstellungsgespräch, ob ich in meiner Freizeit ab und zu mit seiner Tochter ungarisch üben würde. Ich sah in diesem Augenblick keinen Grund, der dagegen sprach und sagte eifrig zu. Er strahlte und ich wurde als Arbeiter in der Käserei aufgenommen. Ich erhielt sogar ein kostenloses Zimmer über der Tischlerei, was für mich natürlich von großem Vorteil war, da ich nun noch mehr von meinem Gehalt sparen konnte. Apropos Gehalt:. Auch das war äußerst zufriedenstellend, ich weiß zwar heute nicht mehr, wieviel ich verdiente, aber wie ich mich erinnere, war es für die damalige Zeit nicht wenig.

Nachdem wir die übliche Papierbürokratie erledigten hatten, wurde ich in mein zukünftiges Zimmer geführt, und damit war der Aufnahmetag beendet. Mein Zimmer war sehr schlicht eingerichtet, mit einem Schrank, einem Tisch, zwei Stühlen und zwei Betten. In einer Zimmerecke befand sich eine Kochnische mit Elektroherd und ein zwar altmodischer aber immerhin doch funktionierender Kühlschrank. Noch am selben Nachmittag holte ich meine

Siebensachen von Bandis Onkel und richtete mich soweit es ging in meinem neuen Heim gemütlich ein.

Mein Arbeitstag begann um 6:00 Uhr früh und endete um 14:00 Uhr nachmittags. Ich war in meinem ganzen Leben nie ein begeisterer Frühaufsteher sondern eher ein typischer Morgenmuffel, aber was nützte es mir, „c'est la vie", wie die Franzosen zu sagen pflegen.

Am nächsten Morgen war ich pünktlich in der Käserei und meldete mich dort beim Käsereimeister. Er erklärte mir ausführlich, was ich zu tun hätte und das täglich. Also: einmal erlernen und ewig ausführen.

„Morgens, wenn die Milch in die Käserei kommt, musst Du Mischa helfen, die 100 Liter Milchbehälter aufzufüllen." sagte er in belehrendem Ton, als wenn er es mit einem geistig Behinderten zu tun hätte.

„Klar" antwortete ich sehr knapp. „Und anschließend", setzte er seine belehrende Einführung fort, „wird dann hier der ganze Saal mit Lauge geschrubbt und abgespült, und danach geht Ihr beide in den ersten Stock zum Ausschröpfen." Ich hatte zwar diesen Ausdruck „Ausschröpfen" nicht verstanden, aber kommt Zeit kommt Rat.

„Alles andere, was Du noch nichts kannst, wird Dir dann Mischa erklären." „Hallo Mischa! Hier ist Dein neuer Mitarbeiter," rief er in die Dampfwolke hinein, und langsam tauchte aus dem Nebel ein Fleisch-Koloss mit Mondgesicht und Armen wie ein Preisringer. Er reichte mir seine Hand und meinte: „Soll das ein Witz sein? Nichts gegen Dich, junger Mann, aber Du schaffst das hier auf keinen Fall." Ich riss meine Augen weit auf und fragte vorsichtig

„Wieso nicht, Schrubben ist doch nicht so schwer?"

„Ja, wenn wir die vollen Milchbehälter ausgefahren haben. Komm ich zeige Dir, was das heißt."

Er lief vorne weg und führte mich zu einem vollen Milchbehälter, den sie allgemein als Milchtopf bezeichneten. Dieser Topf wurde gerade voll. Jeder dieser Töpfe stand auf einem fahrbaren Dreiecks-Holzvehikel, der sie manövrierfähig machte. Er faßte den Topf an, schleifte ihn in den Aufzug, hoch in den ersten Stock und zog ihn weiter zu einem langen Tisch, an dem Arbeiter bereits mit riesigen Schöpflöffeln auf die Milch warteten.

„So Junge, Du musst jetzt den einen Henkel anfassen, ich fasse den anderen an und wenn ich „los" schreie, musst Du den Topf kurz anheben, gleichzeitig das darunter befindliche Fahrwerk mit dem Fuß hinausstoßen und dann den Topf vorsichtig auf den Boden setzen. Das ist eigentlich alles, nur musst du wissen, dass der Topf etwa 120 kg wiegt. Es muss also schnell gehen, sonst ist dein Fuß platt. Komm, wir probieren es mal, aber falls es nicht klappt, ist deine Arbeit hier beendet."

Ich war innerlich nicht nur aufgeregt sondern hatte, um ehrlich zu sein, die Hose voll. Man muss sich vorstellen, ich, mit meiner Körpergröße von 168 cm und mit einem Gewicht von höchstens 65 kg, stand einem Koloss von gut 190 cm und einem Gewicht von mindestens 110 kg gegenüber. Es war so ähnlich wie David gegen Goliath.

Ich fasste Mut und holte tief Luft: „Also probieren wir es mal."

Es klang merklich unsicher, und ich grinste verlegen. Also sammelte ich all meine Kraft, blickte ihn an und rief entschlossen: „Bereit!" Schon im nächsten Augenblick schrie er: „Los!" Wir hoben den Milchtopf kurz an, ich schlug das Fahrwerk mit dem Fuß heraus und der Topf donnerte auf den Fußboden. Mischa grinste anerkennend und sagte: „Naja, du bist gar nicht so schlecht, aber wir müssen das jeden Morgen mit ca. 40 Töpfen machen. Schaffst Du das?"

„Ich hoffe es!" antwortete ich noch immer mächtig pustend, „Wir werden sehen, und wenn nicht, so suche ich mir halt was anderes, Arbeit gibt es genug und ich brauche Geld für mein Studium."

„Ach so, ich wusste nicht, dass Du ein Student bist. Naja, ich werde Dir helfen, aber die Töpfe bewegen sich halt nicht von selber, da musst Du schon zupacken."

Oben in der Ausschöpferei wurde die in den Töpfen geronnene Milch mit einem Harfen-Messer kleingehackt und dann in die runden Käseformen geschöpft. Die Molke sickerte durch die perforierte Käse-Form, und der Käse wurde auf diese Weise immer dichter. Auf einem Tablett standen ca. 25-30 Käseformen, und damit der Käse schneller trocknete, musste man sie Tag und

Nacht alle 2-3 Stunden drehen. Das war eine sehr lukrative Zusatzarbeit, weil man diese Tätigkeit außerhalb des normalen Verdienstes extra vergütet bekam, als sogenannte Überstunden. Der Haken an der Sache war nur, dass ein Tablett mit 30 Käseformen gut 30 bis 40 kg wog und man sie mit einer besonderen Technik drehen und anschließend auf den Tisch knallen musste, so dass der Käse richtig in der Form auf das andere Ende rutschte. Gelang das nicht, dann bekam der Käse eine schiefe Form und der Arbeiter gehörigen Ärger. Aber es handelte sich nicht nur um ein Tablett, sondern ein Arbeiter musste ca. 60 Tabletts umdrehen, was richtig auf die Knochen ging. Dies machte ich auch eine Zeit lang mit, gab es aber dann später im Laufe meiner Tätigkeit in der Käserei auf, weil mir das doch zu viel wurde. Mit der Zeit wurden Mischa und ich gute Kumpel. Er erzählte mir viel von seinem früheren Leben. Er war bei der französischen Fremdenlegion gewesen und mit denen im Indochina-Krieg, wo er auch verwundet wurde. Er kämpfte sogar als SS Soldat bei der SS Panzerdivision. Die Geschichte mit der SS löste bei mir zwar keine Bewunderung aus, aber ich habe ihn bemitleidet, dass er sein ganzes Leben mehr oder weniger verpfuscht hatte.

Bald meldete sich auch der Chefingenieur wegen des Ungarisch-Unterrichtes seiner Tochter. Er lud mich zu sich nach Hause zum Nachmittagskaffee ein. Die Familie wohnte auch auf dem Fabrikgelände. Er stellte mich seiner Frau und der Kinder vor. Die junge Dame, die ich unterrichten sollte, war ein etwas pummeliges aber hübsches Mädchen und von Anfang an recht temperamentvoll. Leider wollte sie alles andere als Ungarisch lernen, und so trennten wir uns gütlich nach mehrmaligem Anlauf und meiner vorsichtigen Abwehr, schließlich war ihr Vater mein Chef in der Käserei. Mein Freund Bandi hatte zwar geraten anstatt wegzulaufen mich lieber der Herausforderung zu stellen, aber in dieser Zeit war ich noch ein schüchterner junger Mann und auf diesem Gebiet schlicht und einfach unerfahren. Dieser Zustand änderte sich dann aber relativ schnell, und so wurde aus dem Berater Bandi ein auffallend großer Neider. Ich glaube, die bayerischen Mädchen besitzen alle ein gewisses Temperament und wenig Hemmung, wenn es um das Erreichen ihrer Ziele geht.

So verging Monat um Monat, der Winter kam und wir wussten immer noch nicht, was und wo wir studieren sollten. Ich entwickelte eine unangenehme Magenschleimhautentzündung oder wie die Ärzte sagten Gastritis und musste den Hausarzt aufsuchen. Er wies mich in ein Krankenhaus nach Kempten zur weiteren Diagnoseabklärung ein, wo ich den sehr netten

Chefarzt Herrn Dr. Nissen, Facharzt für Chirurgie, kennenlernte. Wie jeder operationswütige Chirurg wollte er mich gleich am Anfang operieren, ließ aber dann zum Glück davon ab. Anderenfalls hätte ich heute nur ein Drittel meines Magens und das seit dem 20. Lebensjahr. Ein Mensch muss mal auch Glück haben! Aber unsere Bekanntschaft blieb noch lange bestehen, und ich konnte noch sehr viel von seinem Können und Wissen profitieren, aber darüber mal später.

Als ich aus dem Krankenhaus entlassen wurde, musste ich auch meinen Arbeitsplatz aufgeben, da mein Hausarzt der Ansicht war, dass die Ursache der Gastritis der große Stress am Arbeitsplatz gewesen wäre. Und damit kam es auch zur wichtigsten Entscheidung meines Lebens.

Ich erzählte dem schon etwas älteren Arzt, dass ich noch nicht wüsste, was ich studieren sollte, worauf er antwortete: „Junge, warum studierst Du nicht Medizin?"

„Ich und Medizin?" fragte ich erschrocken, "Wissen Sie, ich habe mein Abitur mit Ach und Krach bestanden was Latein betrifft. Wie sollte ich dann in der Medizin mit den vielen lateinischen Begriffen zurechtkommen?"

In meiner Abiturarbeit musste ich einen Brief von Cicero übersetzen. Nach 2 Stunden schwitzte ich noch immer am ersten Satz. Als unser Lateinlehrer das bemerkte flüsterte er: „László, verdammt noch mal, so wirst Du nie fertig! Wir haben nur noch ein paar Minuten." Er schaute sich um und flüsterte mir dann zu: „Schreib, was ich diktiere, aber mach auch ein paar Fehler, nicht dass Du noch einen Einser bekommst."

Er kannte mich von Kindheit an, da er in Sopron geistlicher Betreuer im Gefängnis gewesen war und oft mit unserer Familie beim Mittag- oder Abendessen zusammen saß. Er war ein richtiger Genießer, was das Essen betraf und hat auch gern mal ein oder zwei Gläschen guten Soproner Blaufränkisch getrunken. Nicht selten war die letzte Speisekarte noch auf seiner dunkelblauen Benediktinerkutte zu erkennen. Nach dem ungarischen Aufstand flüchtete er auch nach Westen und kam als Benediktiner an unsere Schule in der Position des Internatsdirektors. Nicht jeder von uns Schülern kam mit ihm zurecht, aber ich hatte nie ein Problem mit ihm. Später habe ich erfahren, dass mein Vater mit Pater Lothar ständig korrespondierte, was dann wahrscheinlich zur Rettung meines Abiturs geführt hat. Auf diese Weise erreichte ich also mein kleines Latinum! Aber das alles hatte mich noch lange nicht lateinkundig gemacht.

„Wegen Latein?" fragte der Hausarzt ungläubig.

„Junger Mann, das ist nicht viel mehr, als wenn Sie einen Haufen Namen in einer Schulklasse auswendig lernen müssen. Wenn Latein Ihr einziges Problem ist, so werden Sie ein ausgezeichneter Doktor, glauben Sie mir."

Diese Unterhaltung hinterließ bei mir einen tiefen Eindruck, und gleich am nächsten Tag fragte ich Bandi, was er davon hielt. Er dachte nach und fragte dann, wo wir Medizin studieren sollten, worauf ich natürlich keine Antwort wusste, und so vertagten wir vorläufig diese Entscheidung. Trotzdem bekam ich diese Idee mit der Medizin nicht mehr aus dem Kopf, und ich bin sicher, dass ich mich in diesen Tagen - zwar nicht bewusst so doch im Unterbewusstsein - entschlossen hatte, Medizin zu studieren und Arzt zu werden.

Die Tätigkeit am neuen Arbeitsplatz war nicht mehr so schwer wie vorher. Ich musste den fertigen Käse in der Packerei zur Auslieferung bereitstellen und arbeitete mit lauter jungen Damen zusammen, was einen gehörigen Stress mit sich brachte. Leider war ich der einzige junge Mann und noch dazu ein zukünftiger Akademiker. Außer mir gab es noch einen richtigen bayerischen Brummbären, so um die 60 Jahre alt, sonst arbeiteten dort aber nur Frauen.

An den Wochenenden kam immer ein Lastwagen aus Immenstadt und fuhr mit Käse vollgepackt zurück, um am Montag von dort aus nach Norddeutschland weiter zu fahren. Diesen Lastwagen beluden wir immer am Samstagvormittag, und ich fuhr dann mit dem Wagen mit, um in den Alpen Ski zu laufen. So lernte ich etliche wunderbare Gegenden im Allgäu kennen, wie den Mittags-Berg, Stuiben, Oberstdorf und das Nebelhorn, mit Abfahrten, von denen eine schöner als die andere war. Bei einem solchen Ausflug traf ich eine Gruppe ungarischer Studenten aus Freiburg. Wir kamen ins Gespräch und sie meinten, dass für das Sommersemester in Freiburg sicher noch Stipendien zu vergeben seien, und wir sollten es doch umgehend versuchen. Davon angespornt setzte ich mich sofort mit der Freiburger Universität in Verbindung und bekam zu meiner größten Überraschung postwendend eine positive Antwort mit der Verheißung, dass ich im Sommersemester 1960 mit meinem Medizinstudium beginnen könnte. Bandi zögerte zwar noch etwas, hat sich aber dann ebenfalls beworben und erhielt auch einen Studienplatz.

Wir hatten noch 3 Monate vor uns, und ich versuchte mich so gut wie möglich auf meinen Studienbeginn zu konzentrieren. Noch im selben Monat erfüllte ich mir endlich meinen schon lange gehegten Wunsch und kaufte mir ein Motorrad, eine Horex 350 ccm, die ich relativ günstig erwerben konnte. Dann stellte ich eine Liste auf mit Dingen, die ich während der ersten Zeit in Freiburg noch benötigen würde, da mein Stipendium von 120 DM gerade genug war, um eine Monatsmiete zu bezahlen und etwas zum Essen zu kaufen. Ich benötigte noch allerhand wie Unterwäsche, Socken, Handtücher, Töpfe, Teller. Unter meinem derzeitigen Zimmer befand sich eine Tischlerei, und ich kannte den Tischlermeister sehr gut. Deshalb bat ich ihn, mir eine Holzkiste für meine Klamotten zu bauen. Diese Kiste besitze ich heute noch, das war noch richtige Wertarbeit. Ich packte alle meine Sachen hinein und gab sie kurz vor unserer Abreise nach Freiburg bei der Bahn auf.

Ostern 1960 entschloss ich mich, für ein paar Tage meine in London lebende Kusine Edith zu besuchen. Zu diesem Besuch musste ich allerdings ein englisches Visum beantragen, was ich nur in München bekommen konnte. Also fuhr ich mit meiner neu erworbenen Horex-Maschine nach München. Leider wurde diese Fahrt fast ein Verhängnis für mich, da ich unterwegs in einer Kurve, die wegen eines stehengebliebenen LKW halb blockiert war, ausweichen musste. Ich kam von der Fahrbahn ab, flog im Freistil ca. 20 Meter durch die Luft und landete auf einem Acker. Mein Motorrad war im Graben steckengeblieben und wirkte dadurch wie ein Katapult. Der Fahrer des Lastwagens rannte sofort zu mir, und als ich gleich wieder auf den Beinen stand sagte er aufatmend: „Junge, Du hast mehr Glück als Verstand!" Als wir dann mein Motorrad inspizierten, atmete ich auf, weil dem Rad auch überhaupt nichts fehlte. In diesem Augenblick interessierte mich nichts weiter als „hoffentlich ist mein teures Motorrad noch in Ordnung". Nach kurzer gemeinsamer Inspektion, bei der ich nichts Schlimmes feststellen konnte, setzte ich meine Fahrt in Richtung München fort. Dort bekam ich mein Visum und konnte auch die notwendigen Fahrscheine lösen. Ich musste bis Ostende mit dem Zug fahren, dann über den Kanal mit der Fähre schippern und von Dover mit der englischen Bahn bis London Viktoria Station fahren. Es war eine lange und anstrengende Fahrt, aber die meisten Bedenken hatte ich wegen der Schiffsreise. Ich war noch nie auf einem Schiff über ein Meer gefahren, und allein der Gedanke daran löste bei mir Unwohlsein aus. Ich malte mir schon aus, dass es mir übel werden könnte und ich eventuell die ganze Fahrt über der Reling hängen müsste.

Karfreitag war es dann soweit. Ich fuhr erst nach München und von da über Köln und Aachen bis Ostende. Dort wartete schon mein Schiff auf mich. Kurze Zeit später legten wir in Richtung England ab.

Ich blieb sicherheitshalber auf dem obersten Deck, da mir erzählt wurde, dass dies die sicherste Stelle sei gegen Seekrankheit. Mit beiden Händen hielt ich mich an der Reeling fest. Der Wind blies mir eiskalt ins Gesicht, und in kürzester Zeit war ich so durchgefroren, dass ich beschloss im Restaurant den typischen English Tea zu trinken. Dort sprach mich eine hübsche blonde Dame auf deutsch an und fragte, ob ich auch nach London fahre.

„Ja, ich werde zum ersten Mal in London sein, besser gesagt bin ich auch zum ersten Mal auf einem Schiff", sagte ich etwas verlegen, „Ich fahre auch nach London. Mein Vater lebt dort und ich besuche ich ihn des öfteren. Sie brauchen keine Angst zu haben. Das Meer ist sehr ruhig, es wird nichts passieren, Sie werden es sehen, " erklärte sie mir in beruhigendem Ton und lächelte.

Inzwischen hatten wir uns beide unseren Tee geholt, und sie zeigte mir, wieviel Milch ich in den Tee schütten sollte. Aber nebenbei erzählte sie mir alle möglichen Geschichten, und um ehrlich zu sein redete sie wie ein Wasserfall. Ich rede auch gern, aber diesmal kam ich überhaupt nicht zu Wort. Ich hörte geduldig zu und fragte mich immer nur, wann sie überhaupt mal Luft holte. In kürzeste Zeit erfuhr ich alles über Herkunft der Familie, Vater und Mutter, Geschwister etc und nach einer halben Stunde wusste ich über sie wahrscheinlich besser Bescheid als sie über sich selbst.

Das Wetter wurde langsam etwas besser. Die Sonne kam zum Vorschein, und die Kälte ließ nach, dafür wurde allerdings das Meer etwas rauer. Unser Schiff tanzte immer heftiger, und die von weitem sichtbare weiße Küste von Dover wollte und wollte nicht näher kommen. Mir wurde immer übler, meine Begleiterin hörte nicht auf zu schwatzen und ich bekam zunehmend Angst, dass ich mich vor ihr übergeben müsste. Natürlich merkte sie meine missliche Situation und fragte scheinheilig:

„Geht es Ihnen nicht gut?" Dumme Frage dachte ich, aber mit gequältem Gesichtsausdruck sagte ich nur: „Es geht mir einigermaßen."

„Sie müssen tief einatmen und nach oben schauen, bloß nicht ins Wasser, sonst wird Ihnen noch schlechter. Wissen Sie, ich kenne mich damit sehr gut, aus da ich oft auf verschiedenen Schiffen bin. Kürzlich war ich in Schottland und habe mehrere Tage auf einem Fischerboot verbracht..."

„Ach, wenn es Ihnen nichts ausmacht, so möchte ich mich jetzt nicht weiter unterhalten. Mir geht es wirklich nicht gut, " unterbrach ich sie.

„Es ist nicht schlimm, wenn Sie erbrechen müssen. Nur raus damit, es erleichtert. Sie müssen nur darauf achten, dass Sie sich nicht verschlucken".

Blöde Kuh, dachte ich mir, jetzt sogar über Einzelheiten in dieser prekären Situation zu reden. Ich schaute in die Ferne und sehnte mich nach der englischen Küste und bildete mir ein, dass es gar nicht mehr so weit sei. Hungrige Mäuse träumen vom Speck!

Aber nichts dauert ewig und bald darauf kamen wir endlich an der Küste an. Die Schaukelei wurde zunehmend geringer und ich wurde immer lebendiger. Ich entdeckte sogar meine Reisebekanntschaft wieder. Sie lächelte und sagte sanft:

„Na sehen Sie, wir haben es überstanden. Ich glaube England hat Ihnen bis jetzt nicht der besten Eindruck vermittelt, aber es ändert sich, wenn Sie auf dem Festland sind".

„Fahren Sie auch mit der Eisenbahn oder werden Sie abgeholt?" fragte ich vorsichtig, nicht ohne Hintergedanken, da ich schon fürchtete, mit ihr eine weitere Stunde im Zug sitzen zu müssen. „Ich weiß nicht. Vielleicht holt mich mein Freund mit dem Wagen ab, das ist aber nicht sicher."

Inzwischen kamen wir im Schneckentempo an der Mole an und durften aussteigen. Vor uns befand sich eine lange Schlange von Passagieren, die alle auf die Visumkontrolle warteten und dann weiter zur Zollabfertigung gingen. Mit heroischer Geduld standen die Engländer in Reih und Glied und ließen sich nicht aus der Fassung bringen. Nur die offensichtlichen Nicht-Insulaner waren ungeduldiger, was ich auch hinter mir immer wieder von einem deutschen Ehepaar hören konnte: „Was ist da vorne los? Warum geht es nicht schneller?" Diese englische Disziplin konnte ich später in London immer wieder beobachten. An den Bushaltestellen standen sie streng hintereinander. Als ich es einmal wagte nach vorne zu gehen so wurde ich zwar nicht angesprochen aber mit verachtenden und vernichtenden Blicken zur Raison gerufen.

Endlich kamen wir durch die Kontrolle, und ich hörte plötzlich zu meiner großen Erleichterung meine Begleiterin aufschreien: „Hallo Horst, hier bin ich! Hallo!" Dann drehte sie sich um und erklärte mir, wie glücklich sie sei, nicht weiter die unbequeme Eisenbahnfahrt in Anspruch nehmen zu müssen, weil sie von ihrem Freund in Empfang genommen wird. Natürlich war ich auch sehr froh, endlich wieder meine Ruhe zu haben und allein weiterreisen zu können. Gott ist manchmal doch gnädig! Wir verabschiedeten uns, ich wünschte ihr noch einen angenehmen England-Aufenthalt und dachte mir, dass ich schon lange nicht mehr so erleichtert war, einer Dame den Rücken kehren zu dürfen.

In London angekommen, musste ich von Viktoria-Station aus noch längere Zeit die Wohnung meiner Kusine suchen bis ich endlich bei ihr in Finchley ankam. Ich übernachtete in einem College, da die Schüler gerade Osterferien hatten. Auch hier ging es sehr englisch zu. Es gab einen großen Park mit Tennisplätzen, Schwimmbad aber noch ohne Wasser, Footballplatz, also alles, was die Jugend so in der Schule braucht. Mein Gott, war das alles weit weg von unserer Schule in Kastl. Sehr beeindruckt war ich vom holzgetäfelten Speisesaal und der riesigen Bibliothek. Auch London imponierte mir, besonders mit seiner konservativen vielleicht manchmal zu sehr patinierten Einstellung, durch seine gemütlichen Pubs, etwas altmodischen Mode und eigenartigen Lebensart. Ich war sehr erstaunt, als ich Arbeiter im Straßenbau mit Krawatten sah oder Menschen auf der Straße in schwarzem Anzug und Zylinder. All das war für mich ungewohnt, fast fremd, eigenartig und oft sehr gewöhnungsbedürftig. Auch das tägliche Essen schien mir weit entfernt von meinem Geschmack, und ich war überzeugt, in England in kürzester Zeit ohne zu Hungern abnehmen zu können. Ich möchte hier keine Reisebeschreibung abgeben aber als ich dann später doch noch häufiger in England weilte, erinnerte ich mich nicht selten an diesen ersten Eindruck von 1960, der bei mir haften geblieben war. Vor allem das englische Frühstück konnte ich nicht vergessen: Spiegelei mit gebratenen Schinkenstreifen, dann die kurzen kleinen Würstchen, die die Konsistenz und den Geschmack von Sägemehl hatten - es mögen mir hier diejenigen verzeihen, die von derartigem begeistert sind. Höhepunkt eines solchen Frühstücks war vor allem eine undefinierbare, hellgraue, klebrige Masse, was die Insulaner als Porridge bezeichneten und aus nichts anderem als Haferbrei bestand. Wer so etwas mag, ist in England in besten Händen, leider hatte es bei mir alles andere als einen positiven Eindruck hinterlassen. Anders war es jedoch beim Tee oder der

Orangenmarmelade, was ich beides noch heute sehr genieße oder auch der frisch gepresste Orangensaft, der ein echter Genuss ist.

Die paar Tage vergingen wie im Flug, und neben vielen Besichtigungen in Begleitung meiner Cousine marschierte ich allein oft kilometerweit in der Stadt herum und konnte mich einfach nicht sattsehen. Einer der Höhepunkte war der Besuch des British Museums, wo ich besonders die ägyptische Ausstellung bewunderte und mir damals schwor, einmal nach Ägypten zu fahren und die Pyramiden zu besichtigen, was ich dann viele Jahre später an meinem 50. Geburtstag tatsächlich verwirklichen konnte. Kurz vor meiner Abreise überraschte mich meine Cousine mit einem sehr schönen Geschenk: Sie kaufte mir meinen ersten weißen Arztkittel. Ich war in diesem Augenblick zwar sehr gerührt aber gleichzeitig auch ein wenig unsicher. Was mache ich mit diesem symbolhaften Geschenk, wenn ich mein Ziel Arzt zu werden nicht erreiche?

Nach einem kurzen Ausflug zum berühmten Stonehenge, das damals noch sehr leicht zugänglich war, trat ich die Rückreise nach Deutschland an. In Deutschland angekommen suchte ich meine Habseligkeiten zusammen und verabschiedete mich von allen Bekannten im Allgäu.

Bei der Verabschiedung bedauerte der Chef zwar unser Fortgehen, aber er verstand auch, dass unser Studium Priorität hatte. Ich bekam zum Abschied sogar ein Zertifikat als Käse-Facharbeiter überreicht! Bandi kaufte sich einen Henkel Motorroller, und so fuhren wir beide motorisiert unserem neuen Lebensabschnitt entgegen.

Universitätsstadt Freiburg, ich werde Mediziner.

Freiburg Schlossberg-Turm Panoram

Freiburg liegt im Südwesten Baden-Württembergs am südöstlichen Rand des Oberrheingrabens und am westlichen Fuß des Schwarzwaldes. Die nächstgelegenen Großstädte sind Mülhausen (frz. *Mulhouse*) im Elsass, etwa 46 km Luftlinie südwestlich, Basel, etwa 51 km südlich, Zürich, etwa 85 km südöstlich, Straßburg, ca. 66 km nördlich, Karlsruhe, etwa 120 km nördlich sowie Stuttgart, etwa 133 km nordöstlich von Freiburg. Es ist ein sehr zentral gelegener idealer Studienort mit fast submediterranem Klima, in dem nicht nur zahlreiche Obstsorten reifen sondern auch vorzüglicher Wein. Eine berühmte separate Hügellandschaft ist der Kaiserstuhl, der etwa 15 km vor Freiburg liegt und überwiegend vulkanischen Ursprungs ist. Hier gedeiht nicht nur der Kaiserstühler Wein prächtig sondern ist auch ein beliebtes, traditionelles Ausflugsziel der Studenten.

Albert-Ludwigs-Universität Freiburg, 1457 als Volluniversität gegründet, Viele berühmte Philosophen, Spitzenforscher und Nobelpreisträger lehrten und forschten an der Albert-Ludwigs-Universität. Die Universitäts-Gebäude liegen zentral in der Freiburger Altstadt oder sind auf kurzen Wegen von dort zu erreichen.

In Freiburg angekommen mussten wir uns zuerst um eine Unterkunft kümmern, was schon zu dieser Zeit sehr schwierig war. Freiburg war im 2.Weltkrieg der Altstadt 80% zerstört (Nov. 1944) und noch dazu herrschte allein durch die hohe Studentenzahl ein akuter Wohnungsmangel. Während der ersten Tagen waren wir gezwungen, in der Jugendherberge zu übernachten, das allerdings auch nur für drei Nächte erlaubt war. Daraufhin versuchten wir es beim Studentenwerk in der Uni und bei der ASTA, jedoch ohne Erfolg. In der sogenannten Alten Universität trafen sich regelmäßig ausländische Studenten und darunter auch eine Handvoll Ungarn. Sie spielten Schach und tauschten die neuesten Nachrichten aus. Bandi und ich hofften, dort vielleicht jemanden zu treffen, der uns weiterhelfen könnte. Als wir dort ankamen entdeckten wir tatsächlich ein paar Schach spielende Ungarn. Wir stellten uns vor, worauf mich der älteste, eine lange Bohnenstange, fragte: „Von woher aus Ungarn kommst Du?"

„Aus Sopron."

„Und wo hast Du in Sopron gewohnt?" bohrte er weiter. Komisch, dachte ich, warum fragt er das alles so im Detail, ist er vielleicht auch ein Soproner?

„Villasor 38. Ich wohnte im Löverek. Kennst Du Dich in Sopron aus?" schaute ich ihn fragend an.

„Nicht nur in Sopron sondern auch in eurem Haus, jetzt staunst Du was?" grinste er.

„Ja, Du hast Recht. Erzähl mir, woher kennst Du mein Haus?"

„Erkennst Du mich nicht?" fragte er verwundert.

„Nein, entschuldige, aber ich bin nur im Sommer zu Hause gewesen, sonst war ich im Internat in Veszprém."

„Und in den Ferien war ich wiederum unterwegs, aber ich habe Dich trotzdem mehrmals gesehen. Ich heiße László Veres und ich war der Forststudent, der bei Euch in der Mansarde gewohnt hat. Ich war außerdem auch derjenige, der die Porzellan-Waschschüssel kaputtgemacht hat, weswegen Dein Vater mit mir sehr geschimpft hat. Jetzt könnte ich das bei Dir wieder gut machen, nicht wahr?"

„Ja sowas! Wie klein ist die Welt, aber tatsächlich könntest Du mir vielleicht helfen. Wir suchen dringend eine Unterkunft, da wir morgen die Jugendherberge verlassen müssen und auf der Straße landen werden."

„Ihr habt Glück, ich hätte eine Adresse, aber ihr müsst sofort hinfahren, sonst ist es weg."

„Kein Problem, wir können sofort hinfahren, wir sind motorisiert."

„Was, Du hast ein Motorrad?" schaltete sich ein anderer Ungar, der sich bislang im Hintergrund gehalten hatte, in unser Gespräch ein.

„Ich heiße Lajos Tarcsai und studiere Chemie. Was werdet Ihr studieren?"

„Medizin, besser gesagt, wir werden es versuchen. Ich habe eine Horex und Bandi einen Henkel Roller, aber László sag mir bitte die Adresse des Vermieters, wir wollen sofort losfahren und uns das mal anschauen."

„Birnbaumweg". Leider habe ich die Hausnummer vergessen, aber ich weiß noch, dass es ein Aussiedler-Häuschen mit einer Mini-Wohnung und kleinem Garten war. Wir fuhren los und fanden nach längerem Suchen tatsächlich das Häuschen. Der Besitzer war Aussiedler aus dem Sudetenland und zeigte uns bereitwillig die noch vakanten Zimmer. Unsere zukünftige Unterkunft war ein kleines Schlafzimmer mit einem Ehedoppelbett in der Mitte und einem Nachtschränkchen auf jeder Seite. Gegenüber standen ein großer Kleiderschrank aus den 20er Jahren und zwei Stühle. Das ganze sollte 70 DM warm im Monat kosten. Toilette und Badezimmer mussten wir natürlich mit dem Hausbesitzer teilen. Der Vermieter versprach, noch einen Tisch in das Zimmer zu stellen - allerdings konnte ich mir mit größter Phantasie und bestem Willen nicht vorstellen, wo dieser Tisch Platz finden sollte. Aber uns blieb nichts anderes übrig, als dieses Quartier wenigstens als Zwischenlösung zu nehmen.

Es folgten Immatrikulation und der Antrag zum Stipendium im Studentenwerk. Tatsächlich erhielt ich als Ungarnflüchtling 110 DM Stipendium, musste aber pro Semester 70 DM Semestergebühr entrichten. Die Eingewöhnung ins Studium fiel mir nicht leicht: Man musste sich über viele Vorlesungen, Seminare und Kurse klar werden, und da kein anderer Ungar unseres neuen Bekanntenkreises auch Medizin studierte, so konnten wir auch niemanden fragen. Aber dank meiner Kontaktfreudigkeit und dank meines offenen Wesens kam ich mit zahlreichen deutschen Kommilitonen in Kontakt, was dann später oftmals ein Zuviel wurde und sich im ersten Semester auch nachteilig auf mein Studium auswirkte. Es entwickelte sich ein Kumpel Kreis, in dem außer mir kein anderer Ungar anwesend war, was wiederum für meine deutschen Sprachübungen von Vorteil war. Bandi war leider etwas zurückhaltend und isolierte sich zunehmend. Zwischen uns beiden gab es immer häufiger Meinungsverschiedenheiten, die dann auch bald zu getrennten Wohnorten führten. Zu meinem neuen Freundeskreis zählten u.a. Werner Grüninger, der Professor für Neurologie wurde, und Hermann Kern, der sich zum Facharzt für Chirurgie entwickelte. Mit beiden habe ich noch heute Kontakt.

Ich lernte zahlreiche Studenten auch aus anderen Fakultäten kennen und wurde so z.B. auch zu konservativen Studentenverbindungen eingeladen. Ich möchte hier noch vermerken, dass wir interessanter Weise immer als rechts konservativ eingeschätzt wurden, obzwar wir als ungarische Aufständische nicht den geringsten Rechtsruck akzeptieren wollten. Ich kann mich noch gut daran erinnern, wie Kardinal Mindszenty aus dem Gefängnis befreit wurde und er gleich die kirchlichen Besitztümer zurückforderte. Das hatte ein negatives Echo ausgelöst. Gerade wegen dieser falschen Einschätzung wurden wir mehr oder weniger von links orientierten Studenten gemieden. Schon damals merkte man, dass in Deutschland doch eine verhältnismäßig extreme Haltung ohne stabiles Mittelfeld existierte: Entweder links oder rechts. Es gab etliche rechtsorientierte Studentenverbindungen, die ihre eigenen Verbindungshäuser hatten. Jedes neue Mitglied oder Gäste wie wir, die nicht aufgenommen wurden, weil wir nicht die deutsche Staatsangehörigkeit besaßen, musste auch einen Bierabend mitmachen, den ich in meinem Leben nie vergessen werde.

Wir, d.h. László Veres und ich, kamen im Verbindungshaus an und wurden als ungarische Studenten sehr herzlich begrüßt. Dann mussten wir an einem ca. 10 Meter langen Eichentisch Platz nehmen. Wir saßen nun mitten unter 25 bis 30 in Verbindungsuniformen und runder Kopfbedeckung gekleidete Studenten. Auf dem Tisch lagen mehrere in Leder gebundene und auf einer Seite mit Messingnägeln versehene Bücher. Es stellte sich heraus, dass es Liederbücher waren und die Messingnägel nur zum Schutz der Bücher dienten, wenn später auf dem Tisch das Bier in Strömen floss. Auf diese Weise konnte das Bier unter dem Liederbuch ungestört abfließen, ohne das Buch zu beschädigen. Zu unserer Begrüßung erhoben sich alle von ihren Sitzen und schrien mit ihren vollen Bierkrügen in der Hand „Auf unsere Gäste, Ex!" und es folgte die totale Entleerung des Kruges, der so ungefähr ¾ Liter Inhalt hatte. Die Verbindungsstudenten begannen dann etwas aus dem Liederbuch zu singen, worauf sich diese Ex-Prozedur wiederholte. Leider konnten wir nicht schummeln, da unsere Krüge durchsichtig waren, es war also leicht zu entdecken, wer den Befehl ‚Ex' missachtet hatte. Nach diesem Besuch im Verbindungshaus war ich zwei Tage lang todkrank.

Inzwischen hatten Bandi und ich mit Hilfe unserer Verbindungsstudenten eine ausgezeichnete Bude in der Günterstalstraße mitten in der Stadt gefunden und wurden vom gemeinsamen Ehebett erlöst. Probleme bekamen wir allerdings wegen der fehlenden Möblierung, da uns einfach das nötige Geld für solche Anschaffungen fehlte.

An jedem zweiten Sonntag fand in Freiburg ein ungarischer Gottesdienst statt. Im Anschluss daran trafen sich zahlreiche Ungarn aus Freiburg und Umgebung zu einem Plausch. Dort kam ich nun zum ersten Mal in Kontakt mit der Caritas und der Kirche, die mich durch mein weiteres Leben begleiteten.

Ich war mehr als 35 Jahre Arzt beim Malteser Hilfsdienst und sogar 3 Jahre lang Chefarzt für Anästhesie in einer große Caritas Klinik von 1000 Betten. Auch mit hochgestellten geistlichen Persönlichkeiten, wie mehreren Bischöfen (Diözese Passau, Trier, Amsterdam, und sogar Prag) aber auch mit mehreren Heiligen Vätern hatte ich zu tun, unter anderem mit dem Papst Heiliger Johannes Paul II.,den ich in meiner Funktion als Notarzt mehrmals begleitete, so etwa in Ungarn 1991 und dann im Vatikan im Jahr 2000. Während des sog. ‚Heiligen Jahres' war ich zwei Wochen lang akkreditiert. Benedikt XVI. habe ich 2006 in Regensburg begleitet, wo er die berühmte Regensburger Rede über den Islam gehalten hat.

Natürlich konnte ich das alles noch nicht ahnen, als ich in Freiburg eine ungarische Ordensschwester namens Maria kennenlernte. Sie arbeitete in der deutschen Caritas Zentrale und hatte daher entsprechende Möglichkeiten, uns ungarische Studenten in dieser für uns finanziell sehr schwierigen Zeit zu unterstützen.

Wir wandten uns mit der Frage an sie, ob sie uns vielleicht mit alten Möbeln für unser neues Zuhause aushelfen könnte. Unser Engel, Marianéni(Tante) Schwester wie wir sie immer nannten, hatte sofort die Idee mit einem Altenheim, in dem vorwiegend alleinstehende alte Menschen wohnten und einsam starben. Ihr Nachlass musste nach ihrem Tod entsorgt werden. Und so kamen wir zum Zuge. Wir marschierten mit einem geliehenen Handwagen zum Altenheim und fragten nach noch brauchbaren Möbeln. Die sparsamen katholischen Schwestern des Altenheims waren erfreut darüber, dass wir wenigstens einige der Möbelstücke retten wollten. So konnten wir mit mehreren Fuhren eine ausreichende Menge Möbel aus dem Altenheim in unsere neue Unterkunft wegschaffen, sogar wesentlich mehr, als wir für uns benötigten. Den Rest verteilten wir dann unter anderen Landsleuten. Kurz darauf erwartete uns eine noch größere Überraschung: Die Schwestern des Altenheims boten 5 Studenten einen kostenlosen Mittagstisch an. Wir konnten dort jeden Tag zwischen 12 Uhr und 14 Uhr essen, also relativ flexibel, je nachdem wann unsere Vorlesung zu Ende ging.

Das Studium habe ich leider etwas schleifen lassen. Es gab in dieser Zeit sehr viele, vielleicht zu viele Ablenkungen, und es wurde auch ein relativ hohes Lehrgeld verlangt, wenn man an einer deutschen Universität studierte. Studentenfreiheit, Studiumsfreiheit, viele hübsche Damen, Studentenverbindungen, eine wunderbare und überschaubare Stadt mit einer besonderen Atmosphäre, großes Studienangebot, hier und da mal rein hören und fremde Fakultäten besuchen - das alles genoss ich in vollen Zügen, aber leider mit entsprechenden Konsequenzen.

In dieser Zeit entwickelte sich der Vietnamkrieg zu einer allgemein politischen aber auch militärischen Belastung, die im Grunde genommen in drei Phasen entstand. Der französische Indochina-Krieg, den man die französische Phase nennt, dann die amerikanische Unterstützungsaktion in Vietnam mit zunehmender Übernahme der Kriegshandlungen, was man ‚die amerikanische Phase' nennt, und zum Schluss die ‚vietnamesische Phase', besser gesagt die amerikanische Kapitulation unter Nixon. Am 23.1.1973 gab Nixon bekannt, dass ein Waffenstillstand zustande gekommen sei. Dies war unter anderem darauf zurückzuführen, dass die USA Angriffe auf Ziele nördlich des 20. Breitengrades eingestellt hatten. Auf den Waffenstillstand folgte am 27. Januar ein Abkommen zur Beendigung des Krieges und zur Wiederherstellung des Friedens in Vietnam. Das Abkommen sah vor, dass alle Truppen der USA abgezogen würden, aber noch 145.000 nordvietnamesische Truppen in Süd-Vietnam blieben.

1960-1961 begannen zunehmende Studentendemonstrationen in Deutschland, und nicht selten waren Rufe wie "Ho Ho Chi Minh" auf der Straße zu hören.

Ich fühlte mich umzingelt von zahlreichen roten Fahnen und Hasstiraden, die natürlich gegen das kapitalistische Amerika gerichtet waren. Ich konnte diese einseitige Einstellung nicht verstehen, erst recht nicht den zunehmenden Linksradikalismus. Deshalb suchte ich politische Freunde auf der anderen Seite, was mir viel Ärger und in gewisser Weise hässliche Angriffe in Studentenzeitungen aber auch in der Freiburger Presse eingebracht haben. Schließlich war ich doch ein Opfer der kommunistischen Diktatur und hatte in meiner eigenen Haut erfahren, was es heißt, unter einer Diktatur zu leben. So kam ich auch in Berührung mit den Jungsozialisten oder des Sozialistischen Deutsche Studentenbunds. (SDS) Diese Vereinigung war ein politischer Studentenverband in der früheren Bundesrepublik und West-Berlin (1946–1970). Anfangs der Sozialdemokratischen Partei Deutschlands (SPD) Nahestehende wurden nach der erzwungenen Trennung von der Mutterpartei zum Sammelbecken der Neuen Linken und spielten eine bedeutende Rolle in der Studentenbewegung der 1960er Jahre, woraus später nicht nur Dutschke sondern auch Bernd Rabehl hervorgingen. Cohn-Bendit, der Organisator der Pariser Mai-Revolution, war nach seiner Ausweisung aus Frankreich in Deutschland im SDS und der Außerparlamentarischen Opposition aktiv, Ich suchte verständlicherweise die rechte politische Szenerie, merkte aber bald, dass dort Auswüchse mit stark nationalistischen Tendenzen zu spüren waren. Insbesondere die sogenannten „schlagenden Verbindungen" wiesen eine sehr konservative Einstellung auf und erwähnten nicht selten lobend und bewundernd die Nazizeit. In dieser Zeit konnte man eindeutig merken wie richtungslos und unsicher die deutsche Jugend war. Oft hatte ich Gelegenheit, mit radikalen Linken zu reden und versuchte vergeblich, ihren politischen Irrtum zu korrigieren. Für mich als ungarischer Flüchtling war es wichtig, direkt erfahren zu können, woher die Einstellung dieser jungen Leute kam. Es war für mich und viele andere Ostblockflüchtlinge eine deprimierende Erfahrung, leidenschaftliche Diskussionen über Marx und Engels, Lukacs, Lenin und über den glorreichen chinesischen Führer Mao Tse Tung zu hören. Ausgerechnet uns, die jahrelang zwangsweise den Pflichtunterricht in Marxismus/Leninismus genießen mussten, versuchten die deutschen Studenten zu überzeugen. Aber mir erschien das alles fast wie eine Religion, der man mit kühlem Sachverstand und stichhaltigen Argumenten nichts erreichen konnte. Wie oft erzählte ich vom Berliner Aufstand 1953, von der einseitigen völkerrechtlichen Vertragsverletzung des Berliner Viermächte-Abkommens und der daraus entstandenen Berlinblockade 1949, die Teilung Deutschlands - ihrer eigenen Heimat – und über die niedergeschlagene ungarische Revolution 1956, doch das nützte alles nichts. Interessanter Weise fiel mir dann auf, aus welchen Familienkreisen diese Studenten stammten. Man würde erwarten, dass solche Einstellungen doch überwiegend aus der Arbeiterklasse oder der ärmeren Bevölkerungsschicht stammten - aber weit gefehlt. Diese Studenten kamen - ähnlich wie Marx und Engels - fast ausnahmslos aus gutsituiertem wenn nicht sogar vermögenden Elternhaus. Sie wurden von ihren Familien mit großem materiellen Aufwand unterstützt, hatten viel Zeit zum Studium und noch mehr Zeit, auf den Straßen zu demonstrieren. Leider waren ihre Geschichtskenntnisse oftmals miserabel und nur auf die Gegenwart gerichtet, ohne das geringste Verständnis für gewisse zeitliche und politische Zusammenhänge. Von der deutschen Geschichte, vor allem vom 19. und 20. Jahrhundert, wussten die meisten fast gar nichts. Diesen Zustand mit unserer ungarischen Erziehung und Geschichtsbewusstsein zu vergleichen, fiel für sie recht mager aus. Vor allem, wenn man tiefer in die Geschichte eintauchte und die Weimarer Republik oder das Dritte Reich erwähnte, dann herrschte meist qualvolle Stille. Aber ohne Vergangenheit gibt es keine Gegenwart. Hier hatten die Alliierten gründliche Arbeit geleistet. Mir blieb eine Diskussion unvergesslich, mit welcher Argumentation diese linken Studenten arbeiteten und wie dünn dieses Eis war, auf dem sie tanzten.

Ich war mal wieder beim SDS eingeladen; sie hatten erfahren, dass wir Ungarn anlässlich des 5. Jahrestages unserer ungarischen Revolution etwas vorbereiteten, was wohl diese jungen Herren irritierte, störte und doch auch neugierig machte. Während dieser Unterredung kam es zwischen mir und einem SDS Anhänger zu einem ziemlich heftigen Schlagabtausch.

„Herr Fodor, warum bereiten Sie eine Erinnerungsveranstaltung von einem Geschehnis vor, das bereits vor 5 Jahren passiert ist? Die Welt hat sich längst weitergedreht, und wer beschäftigt sich heute noch mit diesem doch recht undurchsichtigen Aufstand, von dem noch nicht einmal klar ist, ob es nicht tatsächlich eine vom Westen organisierte Konterrevolution war?" fragte mich ein SDS Student mit gequältem Gesichtsausdruck als würde er unter Zahnschmerzen leiden.

„Ich verstehe Sie nicht. Sie meinen also, der Volksaufstand in Ungarn 1956 wäre nur eine vom Westen organisierte innere Unruhe gewesen, habe ich Sie richtig verstanden? Und die über zwei Wochen andauernde militärische Auseinandersetzung mit vielen Toten beiderseits wäre nur eine kurze Affäre gewesen?" fragte ich mit einem jetzt doch schärferen Unterton.

„Um Gottes willen, regen Sie sich nicht auf! Ich will Sie nicht beleidigen, aber man soll doch objektiv bleiben. Was ich sagte ist die pure Wahrheit. Sie können es überall nachlesen."

„Ach, und darf ich erfahren, woher Sie diese Wahrheiten haben? Vielleicht aus der Frankfurter Allgemeinen Zeitung? Oder doch vom Neuen Deutschland?"

Letztere war von 1946 bis 1989 das Zentralorgan der Sozialistischen Einheitspartei Deutschlands (SED). Aber zu ihnen würde eher die „Junge Welt" passen." Die *Junge Welt* (später *junge Welt* geschrieben) wurde am 12. Februar 1947 im Sowjetischen Sektor von Berlin gegründet. Die junge Welt (jW) ist eine überregionale deutsche Tageszeitung mit linkem, marxistisch orientiertem Selbstverständnis.[1] Redaktionssitz ist Berlin. Sie war von 1947 bis 1990 das Zentralorgan der FDJ.

„Ich empfehle Ihnen, auch mal osteuropäisches Zeitungsmaterial in die Hand zu nehmen, es schadet nicht und fördert die Objektivität." meinte er gönnerhaft.

„Wissen Sie, ich hatte genug Zeit diese östliche Objektivität zu genießen, die Sie noch keinen einzigen Tag erlebt haben. Und was Ihre sozialistische Phantasie betrifft, so wünsche ich Ihnen, nur für eine Woche - ohne die Unterstützung Ihres vermögendes Elternhauses - nicht mal in Ungarn sondern in der DDR zu leben. Sie können doch jederzeit die Stellung wechseln." Er schaute mich mit durchdringendem Blick an, zog seine Unterlippe herab, als wenn er sich vor etwas ekeln würde und quetschte aus sich heraus:

„Das ist doch kein Argument, so kann man nicht diskutieren!"

„Sie haben Recht. Das ist eben Ihr Problem und das Ihrer zahlreichen SDS Mitglieder. Nicht theoretisieren sollte man, sondern den Tatsachen ins Auge sehen, aber das wollen Sie ja gerade nicht. Sie haben leicht reden, da Sie nichts in ihrem Leben jemals vermissen mussten. Alles kam von selbst, ohne jegliche Schwierigkeiten, und dann predigen Sie das sozialistische Paradies. Darf ich Sie mal fragen, wieviele ostdeutsche Flüchtlinge bisher dieses Paradies verlassen haben? Waren alle 1953 in Berlin demonstrierenden Arbeiter verführte Konterrevolutionäre? Aber Sie waren noch nie in dieser Arbeiterklasse, sie gehören ja nicht dazu und würden sich dort nicht wohlfühlen, müssten Sie sich dann womöglich noch die Finger schmutzig machen."

„Jetzt geht es zu weit! Was wissen Sie von meiner Vergangenheit, was wissen Sie schon, was ich und wo ich gearbeitet habe."

„Wissen Sie, wenn es nicht so wäre, dann müsste ich annehmen, dass Sie nicht in der Lage sind logisch zu denken, was wiederum bedeuten würde, dass Sie für das Jurastudium ungeeignet sind," lächelte ich gequält und fügte noch hinzu:

„Erlauben Sie mir bitte, diese fruchtlose und in jeder Hinsicht aussichtslose Diskussion hiermit zu beenden. Ich habe die Hoffnung, dass die Zeit Ihnen die notwendige Reife bringen wird, und dann werden Sie auch die Dinge anders beurteilen."

Eigenartigerweise haben wir doch relativ freundlich voneinander Abschied genommen, und er war derjenige, der sich später öfter über mich positiv äußerte. Übrigens hat er dann doch noch eine gute Karriere gemacht und es in der SPD bis zum Staatssekretär gebracht.

Das Wintersemester 1960/61 verging relativ schnell, nach meiner Beurteilung sogar viel zu schnell, und das kommende Semester wartete auf mich mit einer ernst zu nehmenden Prüfung, dem Vorphysikum. Ich musste in vier Fächern - Chemie, Physik, Zoologie und Botanik - eine Prüfung ablegen, um im Medizinstudium weiterkommen zu können. Vor allem hing mein Stipendium davon ab, ob ich den verlangten Notendurchschnitt von 2,0 erreichen würde. Andererseits wurde ich auch zu verschiedenen politischen Vereinigungen eingeladen, so unter anderem dem ‚Internationalen ungarischen Studentenverein', der im Oktober 1961 in Sant Moritz in der Schweiz seinen Kongress abhielt.

Int. Ung. Studentenverein Kongress in Sant.Moritz/Schweiz 20.10.1961

Dieser ungarische Studentenverein war der rechtmäßige Nachfolger des 1956 gegründeten freien ungarischen Studentenvereins, der einen maßgeblichen Anteil im ungarischen Freiheitskampf getragen hat.

Ehrlich gesagt, viel Zeit zum Büffeln blieb mir nicht, und noch dazu war ich ziemlich leichtsinnig. So kam es, wie es kommen musste. Ich bestand meine vier Prüfungen, aber statt mit einem Notendurchschnitt von 2.0 nur mit 2.5. Leider war das für ein weiteres Stipendium zu wenig. Im Sommer 1961 stand ich also ohne einen Pfennig Unterstützung da, und nur mein Mittagessen im katholischen Altenheim war gesichert. Mir blieb nicht anders übrig als Gelegenheitsarbeiten zu suchen und wurde Hundeführer, Heckenschneider, Möbeltransporter oder Helfer beim Waggonausladen. Allerdings nicht immer mit Erfolg, vor allem was das Heckenschneiden betraf.

Leider war das Studentenwerk, was das Stipendium betraf, absolut unnachgiebig. Ich wurde beim Leiter des Studentenwerks vorstellig, und der sagte nur: „Herr Fodor, nicht jeder muss studieren, erst recht nicht Medizin. Es werden jetzt händeringend Arbeiter gesucht. Probieren Sie es doch mal mit harter Arbeit."

Darauf antwortete ich wütend: „Wissen Sie, bei uns in Ungarn gibt es ein altes Sprichwort „und wenn der Teufel vom Himmel fällt" so werde ich doch noch Arzt, und wir sehen uns bald wieder, wenn Sie mir mein Stipendium wiedergeben müssen."

Mit gemischten Gefühlen verließ ich das Büro. Mir war klar, dass ich bis zum Physikum kein Stipendium erhalten würde und es doch noch mindestens zwei Jahre wären. Plötzlich meldete sich mein Freund Fertöszögi, oder Fertö, wie wir ihn nannten, aus Stuttgart und meinte, dass er es an der technischen Hochschule im Fach Elektroingenieur doch nicht schaffe und fragte mich um Rat. Ich empfahl ihm Medizin und als Studienort die Freiburger Universität und würde ihm auch bei der Zimmersuche helfen, er müsse sich nur schnell entschließen. So kam Fertö zu uns und begann im Wintersemester 1961/62 mit dem Medizinstudium.

Zur gleichen Zeit triumphierten die Sowjets mit ihrem Wostok-Raumschiff und mit dem ersten Menschen im Weltraum: Juri Gagarin. Am 12. April 1961 absolvierte er mit dem Raumschiff Wostok 1 seinen spektakulären Raumflug und umrundete dabei in 106 Minuten einmal die Erde. Der Westen reagierte nicht nur erstaunt sondern in gewisser Weise auch wie gelähmt: Sind die Sowjets tatsächlich schon so weit und womöglich auch militärisch so stark? An dieser politischen Starre änderte auch das geschichtsträchtige Kennedy-Chrustschow-Treffen in Wien am 3. und 4. Juni 1961 nichts. Denn kaum atmete der Westen auf, da kam auch schon die nächste unheilbringende Nachricht am 13. August 1961: Der Bau der Berliner Mauer.

Die Geschehnisse des 13. August haben uns alle erschüttert. Wir verließen gerade das Altenheim nach unserem Mittagessen, als wir die verstörenden Nachrichten über die Geschehnisse in Berlin erfuhren. Es war für uns unfassbar: Eine Mauer mitten in Europa und mitten in Berlin? Wir hofften alle, dass die Amerikaner dies nicht zulassen würden und wurden eines Besseren belehrt, und leider verhielten sich die USA wie 1956 in Ungarn. Welche kindliche Naivität es doch war, die Sowjets so zu unterschätzen? Wohin würde das noch führen? Berlinblockade 1948/49; Korea 1953; Berlin 1953; Ungarn 1956. Ich musste unwillkürlich an die Studenten des SDS denken. Ob die doch in gewisser Weise Recht hatten? Wo blieb unsere NATO? Mir fiel zunehmend auf, dass der Westen eine überängstliche, sehr unsichere und vor allem perspektivlose Politik gegenüber dem Osten verfolgte. In dieser Zeit habe ich allmählich verstanden, warum wir in unserem Freiheitskampf 1956 so allein gelassen worden waren und auf alles nur leere Worte statt Taten folgten. Andererseits erschien es mir auch merkwürdig, dieses relative deutsche wie europäische Schweigen wahrzunehmen, ohne große Demonstrationen oder sonstige Aktivitäten. Schweigen auch im SDS, jedoch nicht bei Ho-Tsi-Minh-Demonstrationen mit zahlreichen roten Fahne. Meine ‚linken' Kommilitonen meinten, dass dies doch notwendig gewesen sei, man müsse nun mal eine souveräne Staatsgrenze zum Schutz haben, nur gegen wen, das haben sie mir nicht verraten. Wir ungarische Studenten diskutierten nächtelang über die Berliner Geschehnisse und konnten uns nicht vorstellen, dass unser Volk eine derartige Grenze mitten durch Budapest toleriert hätte. Es kam in Deutschland fast eine Gleichgültigkeit zum Vorschein, und abgesehen von dem direkt betroffenen West-Berlin herrschte in der Bundesrepublik eine bemerkenswerte politische Ruhe. Auch Bundeskanzler Adenauer hielt sich auffallend zurück, ließ sich viel Zeit und erschien erst Wochen später in Berlin. Dies alles war für mich absolut unverständlich. Ein interessantes Erlebnis hatte ich im November 1961, als ich mit anderen Studenten in Bonn beim Kanzler Konrad Adenauer und seinem Außenminister von Brentano zu Besuch war. Mir war Heinrich von Brentano viel sympathischer als der „Alte".

Man redete damals davon, dass der Außenminister homosexuell sei. Darauf angesprochen antwortete Konrad Adenauer: „Dat ist mir ejal, solange er misch nit anpackt." Als wir ungarische Studenten fragten, was der Bundeskanzler unter Demokratie verstehe, sagte er: "Ich liebe die Demokratie, ich habe einen großen Beraterstab, ich höre alle an, aber entscheiden tue ich allein!" Als ich diesen Satz hörte und mich an die Rede von Bundespräsident Theodor Heuß erinnerte „Wir Deutschen haben eine demokratische Uniform, aber darunter schlägt ein Soldatenherz" ist mir vieles klarer geworden warum Deutschland wieder ein Wirtschaftswunder erlebte, und was es bedeutete, so schnell das Land nach diesem Weltkrieg noch besser aufbauen zu können.

Im Wintersemester 1961/62 begann ich auch spezielle Fächer wie Anatomie, Biochemie und Physiologie zu besuchen und musste mich in verschiedenen Seminaren wie Anatomie Präparier-Kurs und Physiologie-Kurs einschreiben, um die begehrten Scheine zu erhalten, die dann zur nächsten Physikums Prüfung notwendig waren.

Leider waren zur damaligen Zeit die zu Studienzwecken freigegebenen Leichen eine Rarität, und so konnten nur mindestens 8 bis 10 Studenten an einem Leichenteil arbeiten, das heißt z.B. Nerven oder Gefäße am Arm oder am Bein auspräparieren. Es stank bestialisch nach Formaldehyd, worin die Körperteile lagen. Bei diesem Tumult hatte ich häufig kein Lust mitzumischen, aber man musste anwesend sein um den notwendigen Schein zu erhalten. Deshalb hielt ich mich etwas im Hintergrund und beobachtete mit Genuss, wie die fleißigen Deutschen, vor allem die Damen, eifrig herumhantierten. Nicht selten wurde ich gefragt, warum ich so uninteressiert herumstehe, worauf ich antwortete, dass ich mit Sicherheit kein Pathologe werden würde.

Im Physiologie Kurs ging es auch nicht anders zu: ein Massenbetrieb mit sehr fraglicher Effizienz. Wir mussten Frösche sezieren und das Froschherz in Nährlösung untersuchen. Aber dazu musste man erst einmal einen lebendigen Frosch aus einer Wanne holen, ihn dann dekapitieren, also ganz einfach köpfen (lateinisch de- ab und capit Kopf). Diese Prozedur war aber für mich undurchführbar, da ich weder einen Frosch anfassen konnte und schon gar nicht in der Lage war, ihm den Kopf abzuschneiden. Deshalb habe mich immer auch hier stets im Hintergrund gehalten. Aber wie sich ein Mensch doch ändern kann: 7 Jahre später habe ich als junger Arzt in der Weiterbildung zum Facharzt im Astra Pharmawerk ohne zu zögern Mäuse und Ratten getötet, um sie präparieren und analysieren zu können. Alles ist Gewohnheit, wenn es wirklich wahr ist?

Ende Nov. 1961 wurde ich in den Vorstand der Ungarischen Studentenvereinigung Deutschland gewählt, was natürlich noch mehr Arbeit bedeutete.

Vorstandswahl Ung. Studentenvereinigung Deutschland Nov. 1961

In dieser Zeit musste ich des öfteren in Deutschland von einer Hochschule zur anderen fahren und meine studierenden Landsleute besuchen, nebenbei auch jobben, da ich kein Stipendium hatte und in der Zwischenzeit auch noch mein Medizinstudium mit Vorlesungen und Seminaren durchziehen. Daher kam es öfter vor, dass ich während der Vorlesungen eingeschlafen bin, wenn ich nachts durchgearbeitet hatte. Die best honorierten Gelegenheitsarbeiten waren überwiegend nur nachts zu bekommen, also war man froh so einen Job zu ergattern. Wenn aber überhaupt keine Arbeit zu finden war, dann bin ich zum Blutspenden gegangen. Leider durfte man nur alle halbe Jahre einmal Blut spenden, und so habe ich manches Mal meinen Namen geändert, bis ich bei einem der zahlreichen Blutspendetermine ohnmächtig umfiel, der ganze Schwindel aufflog und ich für ein Jahr Hausverbot bekam. In dieser Zeit lernte ich die Maggi-Suppen lieben. Wenn ich nicht mehr als altes trockenes Brot zu Hause hatte, dann machte ich mir heißes Wasser, warf einen Maggi Würfel hinein und mein Abendessen war fertig. Äußerst stolz auf meine Kochkunst erzählte ich dies auch unserer Schwester Maria, mit dem Erfolg, dass ich erstens von ihr ‚eins aufs Dach' bekam und ab dieser Zeit auch mein Abendessen im Altenheim gesichert war. Aber man hatte natürlich noch andere Ausgaben, und zudem durfte auch die Damenwelt nicht vernachlässigt werden. Damals war es selbstverständlich, die Rechnung zu bezahlen, wenn man eine Dame eingeladen hatte. Ich hätte niemals auch nur einen Pfenning von einem Mädchen angenommen. So waren damals die Sitten, was sich heute auch grundlegend geändert hat. Leider musste ich mich zu dieser Zeit von meinem Horex Motorrad trennen, konnte aber von Bandi umso günstiger seinen Henkel Roller erwerben, da er sich einen kleinen 500er Fiat zugelegt hatte, in der Hoffnung, mehr Erfolg bei den Frauen zu erzielen. Merkwürdigerweise hatte ich diesbezüglich nie die geringsten Probleme, auch nicht ohne Motorrad.

Von einem Freund hatte ich eine schöne Messing-Schachtel bekommen, so ungefähr 25x15x10cm groß, die für mein Spargeld vorgesehen war. Doch leider war die Schachtel immer leer und ich nutzte sie deshalb für die Unterbringung aller meiner Damenfotos. Mir kam dann die großartige Idee, erst dann zu heiraten, wenn diese Messingbox mit verschiedenen Frauenbildern vollgefüllt war. Dann würde ich auch mit Sicherheit genügend Erfahrung mit Frauen gesammelt haben, um mich mit jemandem fest zu binden. Dies war natürlich ein großer Irrtum, da man die Frauenwelt niemals und trotz aller Erfahrungen durchschauen kann. Sie bleibt einem ein ganzes Leben lang ein Geheimnis. Aber: Wer nicht wagt, der nicht gewinnt. Deshalb ist die Ehe ein ewiges Risiko. Eine Ehe ist wie ein Swimmingpool, du kannst deine Hand reinhängen, du kannst dein Bein reinbaumeln lassen, aber wie sich das Wasser im Pool tatsächlich anfühlt, das erfährst du erst, wenn du hineinspringst. Dann musst du jedoch auch schwimmen können. Mir fallen da noch einige Zitate über das andere Geschlecht ein: ‚In der Jugend braucht man die Frauen, um zu lernen, was die Liebe ist. Im Alter braucht man die Liebe, um zu lernen, was die Frauen sind' (Roland Dorgeles, französischer Schriftsteller).

‚Eine Frau ist eine raffinierte Mischung aus Brandstifter und Feuerwehr' (Jack Nicholson, amerik.Filmstar).

Meine finanzielle Lage wurde immer prekärer und es gab keine Aussicht auf irgendeine Hilfe. So kam Weihnachten 1961. Es fiel natürlich sehr mager aus, und ich kaufte mir nur ein halbes Hähnchen aus der Gockel Kette „Wienerwald" und verspeiste es mit einer frischen Semmel als Festmahl. Silvester trafen wir ungarische Studenten uns - wie immer - in der „Alten Uni" und marschierten abends gemeinsam zur Kleinen Mayerhofer' Wirtschaft um zu feiern. Dort erfuhr Bandi, dass über der Kneipe ein Zimmer mit Bad frei geworden war und er es mieten könnte und er sofort zuschlug. Nur wusste ich nun nicht, wer zu mir einziehen sollte, da ich die Miete allein nicht aufbringen konnte. Aber kommt Zeit kommt Rat, und als wir am nächsten Tag unseren Nachbarn trafen, einen Sportstudenten, der direkt neben mir Wand an Wand wohnte, teilte er uns mit, dass er Anfang Februar ausziehen und seine Bude frei würde. Der Vermieter dieses Zimmers wohnte ebenfalls auf derselben Etage, ein Polizist namens Zipfel mit einer sehr netten Familie und der hübschen Tochter Edith. Ich fragte dann Frau Zipfel, ob sie mir dieses vakante Zimmer vermieten würde. So begann das Jahr 1962 mit einem großen Umzug. Bandi zog hinüber zum ‚Kleinen Mayerhof' und ich konnte schon Mitte Januar in das frei gewordene Zimmer nebenan umziehen. Selbstverständlich wollten wir unser altes Zimmer nicht Fremden überlassen und so zogen von unseren ungarischen Studenten gleich zwei nach und die Etage kam somit fest in ungarische Hand. Mein neues Zimmer war nicht sehr groß. Ca. 3.5 Meter breit und 4.5 Meter lang, mit einem Kachelofen, Bett, Schreibtisch, einem alten Schrank, Wandregal, leicht schräger Wand zum Fenster hin, und außen vorm Fenster noch einen halben Meter Fenstersims, was für Blumen gedacht war. Warum ich dies so ausführlich beschreibe, hat einen wichtigen Grund: Im Sommer war es in meiner Bude immer fürchterlich heiß, und auch zu anderen Jahreszeiten, abgesehen vom Winter, habe ich gerne außerhalb des Fensters gesessen und gelernt. Auf diese Weise konnte ich einmal von hier aus einen schweren Unfall auf der Straße beobachten und habe mir als Unfallzeuge viel Ärger eingehandelt. Ich musste mehrmals zum Gericht, für nichts und wieder nichts, und wurde vom Unfallverursacher sogar ernsthaft bedroht, dass er mich verprügeln würde, woraus dann doch Gott sei Dank nichts wurde. Leider war dieses Zimmer auch nicht ganz billig. Ich zahlte 85 DM Miete monatlich, was damals viel Geld war und noch mehr, wenn man nichts hatte. Mit meinem Studium ging es leider auch nicht sonderlich aufwärts, obzwar ich mich immer mehr dem Physikum näherte, das im Grunde genommen fast den Eintritt zum Arztberuf bedeutete. Wer im Physikum durchfiel hatte es schwer, das Endziel zu erreichen. Der Zweck dieser letzten Station, die Physikum Prüfung, bestand darin, zu selektieren, wer zum Arzt geeignet und wer nicht. Allerdings musste man, bevor man zur Prüfung zugelassen wurde, zahlreiche Tests in Anatomie, Physiologie, Biochemie etc absolvieren. Meine Freunde, vor allem Bandi und Fertö, warnten mich, doch besser noch ein oder zwei Semester dranzuhängen. Aber ich wollte erstens endlich den Prüfungs-Stress hinter mich bringen und zweitens wollte ich unbedingt mein Stipendium zurückhaben. Aber dazu war es notwendig, tagsüber zu büffeln und leider nachts zu arbeiten. Leichter gesagt als getan - aber wo konnte ich einen einigermaßen gutbezahlten Job finden, der nicht zu schwere körperliche Arbeit erforderte, damit ich tagsüber lernen konnte. Auch war es schon in dieser Zeit nicht leicht Gelegenheitsarbeit zu bekommen. Eines Tages traf ich einen Ungarn auf der Straße, der in der Nobel Dynamit Fabrik in Rheinfelden arbeitete. Er erzählte mir, dass in seinem Labor immer wieder Werkstudenten eingestellt würden, vor allem in den Semesterferien. Ich machte mich natürlich sofort auf den Weg nach Rheinfelden, das ungefähr 70 km südlich von Freiburg lag, und stellte mich dort vor. Dank meiner Chemievorkenntnisse und Erfahrungen aus Knapsack wurde ich ab März eingestellt. Auch meine Anatomietests hatte ich alle bestanden, war nun aber trotzdem vor Semesterende sehr unsicher, was ich tun sollte. Sollte ich auf die Warnung meiner Freunde hören und mit dem Physikum noch warten oder geradewegs ‚durch die kalte Küche' marschieren?

In dieser Zeit erinnerte ich mich an ein berühmtes Zitat von Francois VI. de La Rochefoucauld, französischer Schriftsteller (1613-1680), das besagte: „Hoffnung und Furcht sind unzertrennlich, und es gibt keine Furcht ohne Hoffnung und keine Hoffnung ohne Furcht"

Also, in diesem Sinne fest entschlossen die Herausforderung zu meistern, beschloss ich, mich zum Physikum im Sommersemester 1963 anzumelden, in der Hoffnung, dass Immanuel Kant recht behalten würde: „Habe Mut, dich deines eigenen Verstandes zu bedienen."'

Ich begann den zum Physikum notwendigen Lernstoff aufzuteilen und bildete mit meinen deutschen Freunden Werner, Hermann und Klaus eine Prüfungsgruppe. Um mir genügend Geld und dadurch auch die entsprechend notwendige und vor allem ungestörte Zeit zum Studium zu sichern, fing ich Anfang März mit meiner Arbeit bei Dynamo Nobel an. Meine Arbeit war nach einer Woche Tätigkeit schon fast wieder beendet. In unserem Labor ging ein wichtiges Gerät kaputt, und wir hatten ab diesem Zeitpunkt nichts zu tun. Diese war für mich die langweiligste Zeit, die ich je erlebte. Mein ungarischer Freund Lajos, mit dem ich zusammen im Labor arbeitete, war leidenschaftlicher Leser des Spiegels, und so konnte ich in dieser Zeit dieses linkslastige und doch interessante Produkt näher kennenlernen. Wir haben nur gelesen und vor uns hingedöst, was sollten wir auch anderes machen.

Mein Vermieter war ein typischer sparsamer Schwabe. Eines Morgens teilte er mir mit, er hätte etwas für mich, womit ich auch in Freiburg Geld verdienen könnte.

"Herr Fodor, kommen Sie, ich habe was Nützliches für Sie." Er führte mich in seinen Schuppen und zeigte auf einen aus Kunststoff bestehenden Besen mit einem etwas dickeren Stiel. Am Ende befand sich eine kurzhaarige Bürste, die man nach Bedarf auch austauschen konnte.

"Schauen Sie her. Es ist ein sensationeller Besen, mit dem man alles putzen kann: Parkett, aber auch Steinböden, sogar Holzdielen. In den Stiel füllt man je nach Bedarf entweder ein Wachs oder ein anderes Reinigungsmittel und dann braucht man nur am Stiel zu drehen und das Reinigungsmittel fließt gut dosiert in die Bürste. Es ist sehr bequem und sehr sparsam. Man braucht sich nicht zu bücken und kann aufrecht stehend schrubben. Ist das nicht revolutionär?"

Ich schaute etwas skeptisch, doch als er mir noch erzählte, dass er am Tag nebenbei 5 bis 8 Stück von diesen Besen verkauft hätte und somit einen Gewinn von mindestens 100 DM pro Tag erzielte, war ich sehr beeindruckt.

"Sie brauchen nichts anders zu tun, als von mir 3 Besen mit Reinigungsmittel abzunehmen, und wenn Sie diese verkauft haben, dann schicke ich Ihnen so viele nach wie Sie benötigen. Kostenpunkt pro Stück 30 DM, und Sie verkaufen es spielend weiter für 40 oder 45 DM pro Stück. Ich gehe immer von Haushalt zu Haushalt und führe den Besen vor. Die Leute sind begeistert und reißen ihn mir aus der Hand."

Ich überlegte für einen Moment, aber als mir dann die vielen Haushalte in meiner Wohnumgebung einfielen, da glaubte ich, dass es mir doch hier in Freiburg gelingen müsste. Mein Entschluss wurde auch dadurch bestärkt, als ich erfuhr, dass es diesen Besen in Freiburg nicht gab, ich also ohne Konkurrenz wäre. Ich war mit dem Geschäft einverstanden und kaufte von meinen Ersparnissen gleich drei Besen. Gott, wie war ich naiv und unerfahren! Als ich nach meiner Werkstudenten-Tätigkeit wieder nach Freiburg zurückgekehrt war, stellte ich fest, dass dieser „Wunder-Apparat" trotz intensivster Bemühungen nicht zu verkaufen war. Ich bin noch nie in meinem Leben aus so vielen Wohnungen hinausgeworfen worden wie mit diesem Besen. Frustriert über diese Pleite musste ich alle drei Besen verschenken - mit 90 DM Geschäftsverlust.

Das einzig Positive an diesem Besengeschäft war, dass mir meine Wirtin als Dank für den geschenkten Besen einen Hefezopf brachte.

„Es ist eine große Kunst zu wissen wie man Wind verkauft."
Baltasar Gracián y Morales (1601-58), span. Philosoph u. Schriftsteller

Mitte April kehrte ich wieder nach Freiburg zurück und stürzte mich auf die Vorbereitungen zum Physikum. Ich muss ehrlich zugeben, dass sich die anfängliche Euphorie relativ schnell wieder legte und mein Durst und auch die Lust mit meinen Freunde feiern zu gehen mich allmählich wieder eroberten. Laszlo Veres, ein in diesem Jahr fertiggewordener Förster, lud uns alle in die Forststudentenkneipe St. Valentin ein. Das gefiel uns so gut, dass wir seit dieser Zeit öfter zu diesem romantisch gelegenen Wirtshaus hinausgewandert sind.

St. Valentin lag außerhalb von Freiburg in Richtung Schauinsland im Günterstal. Man konnte zwar ein Stück mit der Straßenbahn fahren, aber danach war noch ein kräftiger Fußmarsch notwendig, um das einsam gelegene Gasthaus auf einer Berghanglage mitten im Wald zu erreichen. Es war ein uraltes und auch recht urig eingerichtetes Wirtshaus, in dem man richtig laut feiern konnte ohne irgend jemanden zu stören. Wir trafen dort auch öfter hübsche Studentinnen und boten nicht selten unsere ritterliche Hilfe an, sie nach Hause zu begleiten, da die letzte Straßenbahn meist schon weggefahren war. Man muss wissen, dass der Rückweg spätabends durch einen dunklen Wald führte und man ohne großen Aufwand etliche nette Frauen kennenlernen konnte.

So geschah es auch an einem warmen Sonntagabend, dass eine sehr hübsche junge Frau und ihre beiden Freundinnen die Straßenbahn verpasst hatten.

"Oh, um Gottes willen!" schrie sie auf, als sie von der Wirtin erfuhr, dass die letzte Bahn schon längst abgefahren war. Dieses Entsetzen war wie Musik in unseren Ohren, und wir sprangen sofort auf, um unsere ritterliche Hilfe anzubieten.

"Sie wissen hoffentlich, dass Sie durch den Wald gehen müssen, in dem es natürlich keine Beleuchtung gibt?" fragte ich vorsichtig."Aber wir würden Sie selbstverständlich begleiten, wenn Sie einen Moment warten bis wir unsere Gläser geleert haben." fuhr ich fort und zeigte auf meine beiden Freunde.

"Aber wir kennen Sie doch gar nicht." antwortete sie etwas verlegen und unsicher.

"Oh, Entschuldigung, darf ich mich vorstellen, Laszlo Fodor, Medizinstudent, und die beiden anderen sind Ferenc Fertöszögi, ebenfalls Medizinstudent, und der ältere Herr ist Laszlo Veres, Diplomforstwirt, der gerade mit seinem Studium fertiggeworden ist. Wir drei kommen alle aus Ungarn."

"Moment mal, Du machst mich ja viel zu alt, schliesslich bin ich nur ein bisschen älter als Ihr anderen." korrigierte mich Veres Laci (Laci war sein Rufname, so wie auch ich Laci genannt wurde) empört. Er war in gewisser Weise immer schüchtern gegenüber Frauen, was sich später zur Tragödie entwickelte.

"Na, ich weiß nicht, ob es eine gute Entscheidung wäre, Sie in Anspruch zu nehmen." "Ganz wie Sie wollen, wir drängen uns um Himmels willen nicht auf, aber wenn etwas passiert, bitte etwas lauter schreien, damit wir Sie hier in der Kneipe noch hören können."

"Aber was sollte uns schon passieren? Machen Sie sich doch nicht lächerlich." sagte sie, allerdings mit einem leicht unsicheren Unterton.

"Nichts, Sie haben völlig recht. Was kann schon in einem dunkeln Wald gegen Mitternacht passieren? antwortete ich sehr selbstsicher und drehte mich schon von ihr ab, um noch ein Bier zu bestellen. Unsere Unterhaltung hörten auch vier andere Studenten, die lachend gruselige Geistergeräusche wie "uuuuuuhhhh" von sich gaben.

"Also, meinetwegen, wenn es Ihnen nichts ausmacht, dann würden wir Ihr Angebot gerne annehmen." erwiderte sie plötzlich sehr freundlich und in völlig gewandeltem Ton, und lächelte dabei.

„Ich heiße Karin, und sie ist" und zeigte zu der neben ihr sitzenden Freundin „Nora, und dies" und jetzt drehte sie sich halb um, um ihre andere Freundin links vorzustellen „ist Kathrin."

Ich versuchte erneut, meine beiden Freunde vorzustellen aber sie unterbrach mich mitten im Satz „Ich kenne Sie doch schon, oder haben Sie vergessen, dass Sie die beiden Herren schon vorgestellt haben?"

„Ach ja, entschuldigen Sie, aber ich dachte, es wäre doch besser uns nochmals vorzustellen, da unsere Namen nicht alltäglich und vor allem nicht leicht zu verstehen sind." schmunzelte ich etwas schelmisch, stand auf und sagte

„Wir sind bereit und können aufbrechen, wenn Sie wollen." Wir standen alle auf, und sehr schnell hatte sich eine Gruppenordnung herauskristallisiert: Ich ging mit Karin vorneweg, es folgten Fertö mit Nora und als Schlusslicht marschierten Veres Laci mit Kathrin. Als wir den dunklen Wald betraten verschwand plötzlich das herrlich romantische Mondlicht, da der Vollmond gerade hinter den Wolken verschwand, und in Sekundenschnelle wurde es stockdunkel. Es dauerte einer Weile, bis sich die Augen an die Dunkelheit gewöhnt hatten und so stolperten wir anfangs über den Waldweg. Karin suchte plötzlich ängstlich meine Hand, drückte sie ganz fest und flüsterte verlegen: „Entschuldigung, aber ich war eben so unsicher und hatte Angst zu fallen."

„Aber ich bitte Sie, deshalb sind wir doch hier. Aber wäre es nicht besser wenn wir uns duzen würden?" schlug ich vor.

„Oh natürlich, daran habe ich gar nicht gedacht", sie holte kurz Luft und fuhr fort, „ich bin Karin, wie Du schon weißt." „Nett, und wenn Du mir jetzt noch verrätst, was Du so machst, dann bin ich total zufrieden, studierst Du vielleicht oder bist Du noch Schülerin?" „Sehe ich so jung aus? In meinem Alter wäre es mit Sicherheit kein Kompliment."

„Aber nein, ich sehe Dich in dieser Dunkelheit doch nicht richtig und in der Nacht ist jede Katze grau." Jetzt entriss sie mir plötzlich ihre Hand und zischte: „Das war jetzt aber wirklich kein Kompliment, mein Herr."

„Oh Entschuldigung, aber so habe ich es nicht gemeint."

„Na schön, aber damit Du mich nicht nochmals als Schülerin titulierst, ich bin Studentin der Germanistik und Philosophie."

„Philosophie? Was macht man mit Philosophie? Kann man davon ein Familie ernähren?" fragte ich neugierig.

„Ihr Männer seid so materialistisch. Ihr denkt nur ans Geld aber nicht an die geistigen Werte des Lebens." klärte sie mich auf.

„Doch, doch, aber wir sind eben mal etwas pragmatischer als ihr und vor allem könnte es leicht sein, dass ich wirklich keine Ahnung von Philosophie habe und deshalb dieses Kapitel so stiefmütterlich behandele. Aber Du kannst gerne korrigierend eingreifen, ich bin ein sehr gelehriger Schüler."

„Kennst Du Professor Martin Heidegger?" fragte sie mich.

„Na ja, so vom Hören-Sagen. Wie ich weiß, hat er sich im Dritten Reich ziemlich disponiert und deshalb seinen Lehrstuhl in Freiburg verloren. Besser gesagt haben die Franzosen ihm 1945 jegliche Universitätstätigkeit untersagt, und er wurde auch nicht entnazifiziert. Andererseits hat er als damaliger Rektor die Bücherverbrennung und die Judenplakate an der Uni verboten. Natürlich war er seit 1933 aus Überzeugung NSDAP Mitglied, aber ich denke, diese politische Fehlentscheidung geschah aus purem Egoismus, da er hoffte, seinen alten Traum einer zentralen Dozentenakademie in Berlin mit Hilfe von Hitler verwirklichen zu können. Daraus wurde dann nichts, und so trat er dann 1934 vom Rektorat wieder zurück."

„Und Du sagst, Du weißt nichts von Heidegger?" fragte mich Karin erstaunt. „Du bist ein schöner Lügner."

„Also gut, ich habe mich ein wenig mit Heidegger beschäftigt, da ich seine kürzlich gehaltene Gastvorlesung, die auch in zwei andere Hörsälen wegen des großen Interesses übertragen wurde, gehört habe und manche Passagen, die ich verstanden habe fasziniert mich doch. Heidegger hat die Technik mit dem metaphysischen Denken in einen Zusammenhang gebracht. In dieser Zeit hatte er sich schon von seiner ursprünglichen These und dem 1927 herausgegebenen Buch „Sein und Zeit" spürbar distanziert."

„Ja, das stimmt, und er war längere Zeit körperlich wie seelisch krank und erhielt erst mit der Emeritierung seine Rechte als Professor zurück. Sogleich kündigte er eine Vorlesung an und las im Wintersemester erstmals wieder in der Freiburger Universität. Seine Vorlesungen hatten großen Zulauf und lösten, wie auch seine Schriften, ein breites Echo aus."

„Aber doch nicht regelmäßig, sonst wäre dieser Andrang bei dem erwähnten Vortrag doch nicht so groß gewesen."

Wir kamen langsam wieder aus dem Wald heraus, und dank unserer angeregten Diskussion hatten wir gar nicht bemerkt, wie schnell die Zeit vergangen war. „Karin, wo wohnst Du? Es ist jetzt kurz nach 2 Uhr und zu dieser Zeit fährt keine Straßenbahn und kein Omnibus mehr. Du kannst entweder mit dem Taxi nach Hause fahren oder ich begleite dich und fahre nachher mit der Tram zurück." Ich hatte nicht so viel Geld für ein Taxi und hoffte, dass sie doch allein das Taxi nähme. Dann müsste ich von hier noch gut drei Kilometer laufen und wäre dann in meinem Bett.

„Nein, nein, ich brauche kein Taxi. Ich laufe gern, aber Du kannst mich bis zu meiner Wohnung begleiten, es ist nicht weit von hier, wir brauchen nur nach Zähringen zu marschieren." Sie lächelte verschmitzt, und ich glaubte, dass ich mich verhört hätte: Zähringen lag am anderen Ende von Freiburg im Norden, also genau am weitesten entfernt vom Günterstal.

„Wenn ich mich nicht täusche sind es von hier gut 10 km" warf ich mein Argument vorsichtig ein, in der Hoffnung, dass sie sich doch noch ein Taxi nehmen würde.

„Ach, das macht mir nichts aus, ich gehe gerne wandern und bis zum Frühstück bin ich zu Hause. Du kannst mich natürlich begleiten, und wir frühstücken dann gemeinsam bei mir." Ich konnte mir lebhaft vorstellen, was für mich dieser 10 km-Marsch bedeuten würde, einem Menschen, der überhaupt nicht gern wandert, auch wenn eventuell zur Belohnung ein noch so schönes Frühstück winken würde. Ich war mir sicher, dass ich danach zu nichts anderem mehr in der Lage war als ausgiebig zu schlafen. Aber als geborener Kavalier blieb mir nichts anders übrig als ‚ja' zu sagen.

„Na dann, auf geht's! Packen wir es an und hoffentlich werden wir bis morgen zum Frühstück dort sein, oder du musst mich in die Klinik einliefern lassen."

„Aber um Himmelswillen, wenn es Dir zu viel ist, so können wir uns hier trennen und ich gehe allein weiter." schlug sie vor.

„Ach, Du glaubst doch nicht, dass ich dich in der Nacht um 2 Uhr hier allein lasse. Nein, nein, und außerdem habe ich schon jetzt einen Mordshunger auf ein ausgiebiges Frühstück."

Also setzten wir unseren Marsch in Richtung Zähringen fort. Unterwegs diskutierten wir über zahlreiche Themen wie die Philosophie von Kant, Schopenhauer aber auch Jaspers und nicht selten waren wir verschiedener Meinung und ich habe dann nachgegeben, da ich dachte, dass sie als

Philosophiestudentin mehr Ahnung davon haben müsste als ein Laie wie ich. Nur stellte sich schon hier heraus, was später im Leben auch öfter vorkam: Man sollte den Frauen nicht widersprechen. Lieber etwas abwarten, da sie sich oftmals relativ schnell selbst widersprechen. Langsam fingen auch meine Füße an zu brennen und ich wurde immer müder und stiller und war heilfroh, als wir endlich vor ihrer Tür standen. Es war etwa 6 Uhr morgens, und auch in diesem Stadtteil erwachte relativ früh das Leben. Gerade hatte der Bäcker seinen Laden geöffnet und auf der gegenüberliegenden Straßenseite machte auch der Milchladen auf. Ich war sehr froh endlich am Ziel zu sein, und stellte mir schon jetzt vor, was für ein tolles Frühstück ich mit duftendem Kaffee, frischen Brötchen und feiner Marmelade bekommen würde und wer weiß, was anschließend noch auf mich wartete. Ein plötzlich laut kreischender Ton riss mich aus meinen Tagträumen:

„Fräulein Karin, Sie wissen, dass ich keinen Männerbesuch dulde, nicht wahr?" Eine kleine, brillentragende, grauhaarige alte Dame leicht vorgebeugt und bucklig, trat aus der Haustür und machte auf mich unwillkürlich den Eindruck als wäre.plötzlich eine Schwarzwälder Hexe erschienen.

„Aber Frau Stützele, wir wollten nur gemeinsam frühstücken." antwortete Karin entschuldigend.

„Dann gehen Sie zum Bäcker. Dort können sie zusammen frühstücken, aber nicht in meinem Haus," keifte sie weiter

„Schon in Ordnung, ich habe sie nur nach Hause begleitet. Seien Sie nicht so ängstlich, ich werde mich hüten reinzugehen," erwiderte ich und versuchte die Wirtin zu beruhigen.

Ich verabschiedete mich von Karin, die diesen Vorfall tausendmal bedauerte und mir versprach, bei nächster Gelegenheit alles wieder gut zu machen. Leider kam es zu keiner nächsten Gelegenheit, da ich nach dieser enttäuschenden Tortur keine Lust hatte, sie wiederzusehen. Man sollte seine Phantasie in jede Richtung zügeln und vor allem an die alte Volksweisheit denken: Du sollst erst nach Erlegen des Bären auf seinen Pelz trinken.

Physikum und Eintritt ins Klinikum als candidatus medicus.

Das Sommersemester 1962 war voller Überraschungen. Ich erhielt eines Tages einen sehr interessanten Brief aus Genf vom dortigen Ungarischen Studenten Weltverband, in dem sie sich für meine Arbeit im Deutsch-Ungarischen Studentenverband bedankten und mir gleichzeitig mitteilten, dass sie über meine finanzielle Lage Bescheid wüssten und mir gerne helfen würden. Deshalb sollte ich nach Genf reisen, um dort weitere Einzelheiten mit ihnen zu besprechen. Über diese Nachricht freute ich mich ganz besonders, da ich ja neben der Vorbereitung zum Physikum nachts arbeiten musste und dies verständlicherweise äußerst belastend war.

In Genf angekommen erfuhr ich, dass ich ein Stipendium in Oxford/ England erwerben könnte, trotz meiner fehlenden Englischkenntnisse. Natürlich reizte mich dieses phantastische Angebot sehr, aber dann siegte bei mir die Angst. Ich wollte nicht noch einmal Zeit verlieren und vor allem nicht noch eine weitere Fremdsprache erlernen müssen, erst recht, da meine Deutschkenntnisse auch noch viel zu wünschen übrig ließen. Noch heute glaube ich, dass es ein sehr schwerer Fehler war, dieses Angebot in Oxford nicht angenommen zu haben.

„Den größten Fehler, den man im Leben machen kann, ist, immer Angst zu haben, einen Fehler zu machen". (Dietrich Bonhoeffer), und dieses Zitat hat mich in der Tat ein Leben lang begleitet.

Ich glaube, auch später habe ich häufig nach dem Motiv 'bloß keinen Fehler machen' zahlreiche Chancen liegengelassen, und da auch meine Frau recht vorsichtig war, so blieb sicher so manches interessante Angebot auf der Strecke. Zu dieser Zeit hatte auch mein Vater noch seinen ausgeprägten diktatorischen Einfluss auf mich ausgeübt. Obwohl sich zwischen uns nicht nur 1500 km sondern auch ein unüberwindbarer eiserner Vorhang befand, litt ich trotzdem stark unter seiner Ausstrahlungskraft. Vielleicht hatte der Satz von Hermann Hesse "Man hat nur Angst, wenn man mit sich selber nicht einig ist" auch bei mir seine Gültigkeit. Ich glaube, eine auf Angst aufgebaute

Erziehung wirkt sich früher oder später neurotisch aus. Angst ist ein Narkotikum, das den liberalen Gedankengang blockiert und jeden auf eine falsche Fährte führt. Angst ist ein schlechter Ratgeber und danach zu handeln ist eine Zwangshandlung, die sich später bitter rächen kann. Eine logische freie Entscheidung kann nur jemand treffen, der frei von lähmenden Emotionen ist, da Angst eine wichtige emotionelle Hemmung ist. Diktatoren benutzen gerne das Phänomen Angst, um damit ihre Macht ausüben zu können. Diktatoren sind aber nicht nur so bekannte Persönlichkeiten wie Napoleon oder Hitler sondern Diktatoren sind auch alle, die Macht über andere benötigen, um ihre Meinung durchzusetzen, einschließlich dominanter Eltern. Welche Vor- oder Nachteile es gerade in der Erziehung bringt ist äußerst umstritten. Jeder kennt die bekannte Volksweisheit „ein Fohlen muss erst gebrochen werden bis man auf ihm reiten kann".

Mein Vater gehörte eben zu den Personen, die nichts anders kannten als Befehle entgegenzunehmen und Befehle auszuteilen. Und wenn etwas nicht so funktionierte, wie er es sich vorstellte, dann teilte er Strafen aus. Er nannte es christliche Erziehung zur Tugendhaftigkeit, Ehrlichkeit, Pflichtbewußtsein und standhaftem Charakter. Er bemerkte nicht, dass er dadurch Angst um sich selbst aufgebaut hatte, die sich auf Kosten einer friedlichen familiären Atmosphäre und auf seinen eigenen Respekt auswirkte.

Wenn man nachdenkt, so ist auch die Kirche auf solchen Säulen aufgebaut mit dem ständigen Vorhandensein der möglichen Bestrafung wie Hölle oder ewiger Verdammnis. Vielleicht ist dies heute etwas abgeschwächter als noch zu Zeiten Luthers, aber eine Drohung ist nach wie vor existent, wenn auch in anderer Form.

Man muss dann doch nachfragen ob unsere Kirche liberal ist? Ich glaube nicht und sie kann es aufgrund dieser künstlichen Angstbarriere auch nicht sein. Interessant ist auch, wie sich eine ganze Nation unter diesem Phänomen entwickelte und welche charakteristischen Züge sich zum Beispiel in der Preußischen Nation ausbildeten. Wie hat mal Siegmund Freud gesagt "Wer die Vergangenheit nicht kennt, kann die Gegenwart nicht begreifen und für die Zukunft nichts ablesen." Deshalb ist es oft so schwierig Nationen nicht nur zu verstehen sondern sie erst recht unter, sagen wir, eine Flagge zu bekommen. Ich denke dabei an Europa mit seinen augenblicklichen 27 Mitgliedstaaten und unserer gemeinsamen Zukunft.

Ich dachte an den berühmten Satz von Emanuel Kant: "Habe Mut, dich deines eigenen Verstandes zu bedienen" als ich in Genf bei der Sitzung dieses sehr bedeutende Angebot ausgeschlagen hatte. Sie versprachen mir zwar, sich noch anderweitig umzusehen, trotzdem bin ich voller Enttäuschung nach Freiburg zurückgekehrt. Von meinen Freunden und Bekannten wurde ich natürlich beschimpft, dass ich dieses Angebot ausgeschlagen hatte.

Dies alles war für mein seelisches Gleichgewicht nicht gerade positiv. Und um dies alles noch zu toppen lag ein Brief meines Vaters auf meinem Schreibtisch, worin er stolz und überglücklich mitteilte, dass er eine Ausreise-Genehmigung nach Deutschland erhalten könnte, wenn ich die gesamten Aufenthaltskosten übernehmen und dies der ungarischen Behörde schriftlich bestätigen würde. Mein Vater wusste allerdings nicht, dass ich pleite war. Woher sollte ich das Geld für seine Reise nehmen?

Nach einer schlaflosen Nacht zog ich meinen Freund Fertö zu Rate. Aber viel kam dabei nicht heraus. In dieser Zeit kam ein alter Freund, Stefan Lukács, gleichfalls Medizinstudent aus Marburg, nach Freiburg, um sein Klinikum hier fortsetzen zu können. Er war bereits mit der Pharmazie Studentin Renate verheiratet, Tochter des weltberühmten Hals–Nasen-Ohren Professors aus Marburg, der überhaupt nicht begeistert war, dass seine Tochter noch während des Studiums ein Kind bekam und das ausgerechnet mit einem Ausländer. Stefan oder Pista, wie wir ihn nannten, ermunterte mich, doch meinen Vater nach Freiburg zu holen. Wir waren charakterlich sehr ähnlich gestrickt, sein Vater war ein kalvinistischer Priester mit ebenfalls starker Ausstrahlungskraft auf seinen Sohn. Also konnte er mir auch nichts anderes empfehlen.

Demokrit sagte einmal: „Mut steht am Anfang des Handelns, Glück am Ende." Und so kam es auch bei mir. Ich schrieb einen Empfehlungsbrief mit Bestätigung der Kostenübernahme und gab ihn noch am selben Tag auf.

Und die nächste Überraschung kam promt. Am gleichen Tag erhielt ich einen Brief aus Paris vom Sender "Stimme Amerikas", in dem sie mir gratulierten, dass ich ein Stipendium für die Fortführung meines Medizinstudiums erhalten werde. Aus diesem Grund sollte ich mich im Hotel-Colombi, einem schon zur damaligen Zeit hervorragenden 5 Sterne Hotel, zu einem Mittagsessen einfinden, um dort weitere Einzelheiten zu besprechen. Ich konnte mir erst überhaupt nicht erklären, woher sie meine Adresse hatten.

Nach langer Spekulation bin ich zu der Schlussfolgerung gekommen, dass sie nur über den Internationalen Ungarischen Studentenverband in Genf von meinen Problemen erfahren haben. Aber letzten Endes war es egal, wichtig erschien mir in dem Augenblick die Möglichkeit, dass ich mein Stipendium wenigstens bis zum Physikum sichern konnte.

Ich konnte den Tag kaum erwarten und erschien wesentlich früher notwendig an der Rezeption des Hotels. "Sie sind aber etwas zu früh hier." begrüßte mich der Kellner und fragte, was ich trinken möchte. Anscheinend wusste er, auf wen ich wartete, weil er gleich fortsetzte "Es kommen noch zwei Herren, also bitte ich Sie um etwas Geduld."

"Ah natürlich! Zeit habe ich, und wenn Sie mir noch ein kleines Pils bringen, dann wird meine Wartezeit noch schöner." antwortete ich aufgesetzt locker, war aber innerlich fürchterlich aufgeregt. Meine Gedanken kreisten verständlicherweise nur um mein fragliches Stipendium. Wieviel wird es wohl sein? Wenn überhaupt, von wem erhalte ich dieses Geld? Was muss ich dafür machen? Wann muss ich dieses Stipendium zurückbezahlen usw.? Als ich so gedankenverloren dasaß, kamen plötzlich zwei Herren zu mir und fragten mich höflich, ob sie sich zu mir setzen dürften:

"Warten Sie auch auf die Herren aus Paris?"

"Ja, und Sie?"

"Ja, wir auch. Wir kommen aus Wien und sollten an diesem Treffen teilnehmen."

Ich erwähne hier ganz bewusst keine Namen, was Sie, lieber Leser, nach den nächsten Zeilen sicherlich verstehen werden. Eine Weile später erschienen plötzlich zwei in dunkle Anzüge gekleidete Herren zwischen 45 und 50 Jahren. Einer von ihnen trug eine schwarze Hornbrille. Sie steuerten direkt auf uns zu und begrüßten uns wie alte Bekannte. Sie sprachen fließend Deutsch aber fragten uns sicherheitshalber, ob wir uns vielleicht doch in Englisch verständigen könnten. Wir einigten uns auf Deutsch. Anschließend luden sie uns ins Restaurant ein. Es gab ein phantastisches Menü, was für mich nach dem typischen schlichten Mensa-Essen eine willkommene Abwechslung war. Während des Essens unterhielten wir uns über absolut belanglose Dinge, was mich immer ungeduldiger und neugieriger stimmte. Wir genossen noch einen

Espresso, und dann drehte sich plötzlich einer der Herren aus Paris zu mir und fragte:

"Herr Fodor, Sie haben doch sicher ein Bankkonto, oder?"

"Ja, natürlich, bei der Dresdner Bank." antwortete ich etwas überrascht, "früher habe ich mein Stipendium dorthin überwiesen bekommen, aber das ist leider jetzt nicht möglich. Aber die Kontonummer existiert immer noch." erklärte ich.

"Es ist nicht schlimm, wir müssen nur eine Bankverbindung haben, um das Geld überweisen zu können." erklärte er mir sehr höflich, strahlte dabei aber eine gewisse Kälte aus. Er nahm seine Brille ab, putzte sie und fragte ganz langsam:

"Sie kommen aus Sopron, nicht wahr?"

"Ja", antwortete ich, und meine Haltung verriet wohl Unsicherheit und Neugierde, was er sofort bemerkte.

"Ach, bitte verstehen Sie mich nicht falsch, aber wir kennen Ihre Angaben aus Piding, als Sie über die deutsche Grenze kamen und das erste Mal registriert wurden," erklärte er mir entschuldigend und fast verlegen.

"Ach so! Dann kennen Sie vielleicht auch den netten Lieutnant, der mir das riesige amerikanische Frühstück besorgte?" fragte ich und lachte etwas erleichtert auf. Aber er blieb relativ steif, putzte immer noch sein Brille und schaute mich von der Seite prüfend an.

"Nein, sicher nicht. Mir sind nur die Unterlagen bekannt." In diesem Augenblick wusste ich, dass diese Herren nicht vom Sender 'Stimme Amerikas' kamen sondern höchstwahrscheinlich direkt von der C.I.A., da diese Unterlagen in Piding von der C.I.A. erhoben wurden, ansonsten wären sie nicht an diese Daten herangekommen.

"Sie haben also in Veszprém studiert und berichteten von der dort stationierten sowjetischen Panzerdivision, stimmt das?"

"Natürlich, aber Sie haben doch dies alles in meinen Akten aus Piding, oder?"

"Werden Sie, wenn es wieder möglich ist, nach Ungarn zurückfahren, auch wenn nur als Besucher?" bohrte er, ohne mir zu antworten, weiter nach.

"Natürlich, lieber heute als morgen, aber mein Name steht auf der schwarzen Liste. Deshalb glaube ich nicht, dass ein erster Heimatbesuch bald stattfinden wird," gab ich mit Achselzucken an.

"Ja, das ist wohl wahr. Sie sind auf die schwarze Liste gesetzt, sehr bedauerlich,." sagte der Brillenträger "aber wer weiß, wie sich Ungarn in der nächsten Zeit entwickeln wird, die Hoffnung stirbt zuletzt, oder?" Und zum ersten Mal lächelte er, was wirklich echt aussah.

Ich fühlte mich immer unsicherer und unwohler und überlegte, was ich wohl für dieses Stipendium leisten müsste, umsonst würden sie mir bestimmt kein Geld geben. Aber ich war schon viel zu sehr in die Sache verwickelt, es gab also keinen Rückzug mehr. Wir unterhielten uns noch eine Weile, wobei es sich immer um dieselben Fragen drehte wie in Piding, und dann standen sie plötzlich auf, verabschiedeten sich, schüttelten meine Hand und wünschten zum Studium alles Gute.

"Kommen Sie, Herr Fodor, ich werde Sie hinausbegleiten. Wir haben mit den anderen beiden Herren" und er zeigte auf die beiden Wiener "noch einiges zu besprechen und wollen Sie nicht unnötig aufhalten. Hoffentlich hat Ihnen das Mittagessen geschmeckt? Alles andere werden wir in die Wege leiten. Bitte, kontrollieren Sie in den nächsten Tagen ihr Konto." Inzwischen erreichten wir die Tür, er schüttelte nochmals meine Hand und ich war wieder draußen an der Rezeption. Jetzt erst begriff ich, dass ich weder Namen noch Adressen von den geheimnisvollen Herren hatte, aber nochmals hineinzugehen wagte ich nicht, und so ging ich mit unsicherem Gefühl und der Frage nach Hause, was sich wohl aus diesem Mittagessen entwickeln würde. Unterwegs traf ich Fertö und erzählte ihm von meinem Abenteuer und der Hoffnung, vielleicht doch - zumindest vorübergehend - eine Überbrückungshilfe bekommen würde.

"Und die haben weder Adresse noch Telefonnummer noch genaue Name erwähnt?" fragte er ungläubig. "Sag mal, weißt Du überhaupt, was das bedeutet? Die sind nicht von der ‚Stimme Amerikas' sondern von der CIA gewesen und die schenken Dir bestimmt kein Geld." Er schaute mich mit weit aufgerissenen Augen an und schüttelte den Kopf.

"Du, das habe ich auch kapiert, aber es war zu spät, ich saß schon beim Mittagsessen und, um ganz ehrlich zu sein, habe ich nicht gewagt aufzustehen und die ganze Gesellschaft sitzen zu lassen, kannst Du das verstehen? Und wenn schon, wenn ich jetzt Geld bekomme, dann kann ich wenigstens vorübergehend weiterstudieren und alles andere wird sich schon irgendwie ergeben," versuchte ich Fertö und letzten Endes auch mich selbst zu beruhigen, weil ich mich nun immer unbehaglicher fühlte. Ich dachte an die möglichen Folgen der CIA Gelder und tröstete mich, dass bisher weder ein Problem noch Geld vorhanden waren.

Die nächsten Tage verliefen unter erheblicher Anspannung. Ich marschierte mehrmals zur Bank, und es wurde mir schon allmählich lästig, immer wieder die gleiche Frage zu stellen: "Haben Sie eine Überweisung auf mein Konto erhalten?", worauf ich die stereotypische Antwort erhielt: "Ich bedauere, aber ihr Konto ist immer noch leer."

Inzwischen hatten Hermann Kern, Werner Grüninger, Hans Hable und ich eine Physikum-Gruppe gegründet, um noch konzentrierter arbeiten zu können. Leider sind wir neben unseren Bemühungen, das Physikum-Pensum zu schaffen, zum krönenden Abschluss des Tages in irgendeiner Kneipe gelandet. Besonders die Wirtschaft „Kleiner Mayerhofer" eroberte unsere Herzen, aber wir pilgerten auch des öfteren zum Glottertal in den Gasthof Engel, um die berühmten Studentenschnitzel zu essen. Diese Schnitzel waren riesig, und man konnte soviel Pommes frites dazu nehmen wie man wollte. Gleichzeitig genossen wir natürlich auch reichlich den guten Weißherbst. Leider wurden dadurch meine Geldreserven immer geringer. Dazu fällt mir eine sehr typische Schwabenepisode ein: Unser Freund Hans aus der Lerngruppe war ein durch und durch typischer Schwabe. Eines Tages, als wir mit unserem gemeinsamen 'Studium' abends fertig geworden waren, schlug ich allen vor:

"Hört mal, wir könnten doch ausnahmsweise mal um die Ecke in die Kneipe gehen, um einen anständigen Wurstsalat zu essen?"

"Tolle Idee, ich habe jetzt auch einen richtigen Appetit auf Wurstsalat." meinte Hans ganz begeistert, und so brachen wir zur nebenanliegenden Gastwirtschaft auf.

Die Bedienung, ein hübsches Mädchen aber schon verlobt, kam prompt und fragte uns was wir möchten.

"Wurstsalat!" rief Hans als erster wie aus der Pistole geschossen.

"Wir auch und Bier, Ganter Bier dazu." ergänzten wir die Bestellung.

"Möchtet ihr vielleicht auch was anderes dazu, oder nur den Wurstsalat?"

"Na ja, eine Speisekarte wäre nicht schlecht, um mal rein zu schauen." ergänzte Hermann. Sie verschwand und kam kurze Zeit später mit der Speisekarte zurück. Plötzlich schrie Hans laut auf "Mein Gott! Das kann doch nicht wahr sein!" und rannte zur Theke, um seine Wurstsalat-Bestellung zu annullieren. Wir staunten nicht schlecht und ich fragte ihn:

"Hans, was ist in Dich gefahren? Du wolltest doch von uns allen am meisten den Wurstsalat, oder?"

"Hast Du nicht gesehen, was der Wurstsalat kostet? Dafür bekomme ich morgen in der Metzgerei die dreifache Menge."

"Hör mal, aber Du hast doch jetzt Appetit darauf, oder?"

"Schon, aber da muss ich mich halt überwinden. So ein teurer Wurstsalat muss nicht sein."

Wir waren alle erstaunt, aber da alle Überredungskunst an ihm abprallte, so genossen wir halt unseren Wurstsalat ohne Hans, und er trank nur sein Bier.

Zufällig, am nächsten Tag, als wir zusammen zur Vorlesung marschierten, kam ein Rotkreuzsammler mit der üblichen Sammelbüchse und bat uns um eine Spende. Als ich in Anbetracht meiner prekären finanziellen Lage eine Spende ablehnte, wandte sich Hans daraufhin zu mir, ob ich ihm mit 10 DM aushelfen könnte.

"Du, das ist mein letztes Geld. Du musst es mir bis morgen zurückgeben. Aber wozu brauchst du 10 DM?" fragte ich ihn verwundert, da ich doch wusste, welch sparsamer und geiziger Schwabe er war und ich die gestrige Geschichte noch sehr lebendig in Erinnerung hatte. Trotzdem reichte ich ihm meine letzten 10 DM, und er stopfte sie prompt in den Schlitz der Sammelbüchse. Ich war sprachlos und fragte dann vorsichtig:

"Hans, ich komme hier nicht ganz mit. Gestern hast Du Dich geweigert 1.50 DM für Wurstsalat auszugeben, weil er Dir zu teuer war und heute schmeißt Du 10 DM für das Rote Kreuz weg? Tut mir leid, aber das verstehe ich nicht."

"Das brauchst Du auch nicht." erklärte er mir "Was den Wurstsalat betrifft, so war das mein leibliches Wohlergehen, was nicht unbedingt notwendig war, aber die Spende für das Rote Kreuz ist eine andere Sache, das ist für eine wichtige Institution, die Millionen Menschen auf dieser Welt hilft, da kann ich doch nicht Nein sagen."

Diese Episode war für mich so typisch schwäbisch, dass ich noch lange über seine menschliche Größe und Warmherzigkeit nachdenken musste, die sich hinter seinem Geiz versteckt hatte.

Zirka drei Wochen nach meiner Begegnung mit den Herren aus Paris nahm ich nochmal meinen ganzen Mut zusammen und ging erneut zur Bank.

"Bitte, seien Sie jetzt nicht böse, aber für mich ist die Angelegenheit existentiell sehr wichtig, deshalb bin ich wieder hier um nachzufragen..." begann ich meine Frage.

"Ich weiß, das brauchen Sie nicht zu betonen, Sie waren schließlich häufig genug bei mir," unterbrach mich der Angestellte mit einem breiten Schmunzeln und voller Vorfreude, dass er mir nun endlich etwas Gutes mitteilen konnte.

"Ja, ihr Geld ist tatsächlich angekommen."

"Und wieviel? Sagen Sie es mir doch endlich," und ich konnte mich kaum mehr beherrschen.

"Ganz schön viel. Stellen Sie sich vor, Ihnen wurden von der Voice of Amerika, Paris, 3000 $ überwiesen. Mir stockte der Atem und mir wurde plötzlich schwindelig.

"Was? Wie bitte? Haben Sie eben 3000 $ gesagt?" fragte ich noch immer ungläubig, "das kann nicht sein, $ 3000!" wiederholte ich langsam. Ich hatte in meinem bisherigen Leben noch nie soviel Geld auf einem Haufen gesehen. Der damalige Wechselkurs $ zu DM war 1:4, das heißt, ich erhielt 12.000 DM. Wenn ich mir dieses Geld gut einteilte und noch ein wenig dazu verdiente, so könnte es mindestens 4 Semester lang reichen, da ich ungefähr 400 DM pro Monat benötigte.

Das würde wiederum heißen, dass ich meine prekäre Situation über das Physikum hinaus überbrücken konnte. Nach dem Physikum würde ich dann mein Stipendium ohnehin wieder bekommen. Leider hatte ich diese Rechnung wortwörtlich ohne den Wirt gemacht und merkte relativ bald, dass meine Kalkulationen nicht aufgingen. Ich habe ja schon erwähnt, dass ich ein miserabler Mathematiker war! Jetzt war es Zeit zum Handeln und nicht zum Spekulieren. Natürlich musste ich mit meinen Ausgaben vorsichtig umgehen, aber ich konnte mich auch voll auf mein Studium konzentrieren. Außerdem stand noch die Einladung meines Vater an, die ich jetzt auch finanziell leichter bewältigen konnte. Das Wichtigste diesbezüglich war, die Eisenbahnkarte zu kaufen und ihm zu schicken. Die Unterbringung hatte ich mit meiner Wirtin besprochen, und sie erlaubte mir, dass mein Vater in meinem Zimmer schlafen durfte. Mein Zimmer war nicht groß, aber für 2 Wochen im Sommer reichte es aus. Selbstverständlich wurde mein Glück gebührend gefeiert. Ich lud meine Freunde im St. Valentin zum Umtrunk ein, was recht lustig wurde und ich zum Schluss Schwierigkeiten hatte wieder nach Hause zu finden.

Bei unserer ungarischen Heiligen Messe, die kontinuierlich in Freiburg stattfand, lernte ich einen echten Grafen, Dr. med Karl Georg von Boroviczény, mit Familie kennen, und es stellte sich heraus, dass er als Internist und Hämatologe in der Klinik für Innere Medizin in der Universität arbeitete. Er hatte in Ungarn als Laborfacharzt in Budapest gearbeitet, da jedoch dieser Facharzt in Deutschland in den sechziger Jahren noch nicht existierte, arbeitete er als Hämatologe unter dem weltberühmten Internisten Prof. Dr. med. Ludwig Heilmeyer. Er war auch Ende 1956 nach dem ungarischen Volksaufstand als Flüchtling nach Deutschland gekommen und ging dann direkt nach Freiburg. Wir fanden uns gegenseitig schnell sympathisch und er bot mir seine Hilfe an, falls ich während meines Medizinstudiums etwas benötigen würde. Allerdings wusste ich zu dieser Zeit noch nicht, wie sehr ich seine Hilfe noch in Anspruch nehmen würde: als mein indirekter Doktorvater und Vermittler zwischen Prof. Heilmeyer und mir.

Bald bekam ich von meinem Vater die Rückmeldung, dass er, falls es mir zeitlich passte, Ende Juli kommen und ca. 10 Tage bleiben würde. Natürlich hatte ich mich gefreut, schon um ihm zu zeigen, was aus seinem Sohn geworden war und vielleicht noch werden würde. Ein Sohn, von dem er nie viel gehalten und immer wieder betont hatte: "Mein Sohn, wenn Du so weitermachst, dann wirst Du noch am Galgen enden." Er hatte also nicht die beste Meinung von mir.

Er teilte mir dann mit, dass er gegen Mittag am Karlsruher Hauptbahnhof ankäme und wir uns dort treffen sollten, weil ich ihm beim Umsteigen helfen müsste. Ich fuhr also von Freiburg nach Karlsruhe, und da ich dort eine sehr nette Freundin hatte kannte ich mich auch gut aus. Ich war schon sehr früh dort und dachte nur unentwegt daran, dass ich ihn auf keinen Fall verpassen durfte, da mein Vater ein Choleriker war. Ich machte mich gleich auf die Suche nach dem richtigen Bahnsteig. Leider begann hier schon meine erste Schwierigkeit, da er gemäß Fahrplan auf dem Bahngleis 1 ankommen sollte, dort jedoch bereits der D-Zug nach Basel stand. Also ging ich zur Bahnauskunft, um dort die richtigen Informationen einzuholen:

"Entschuldigen Sie, ich suche den richtigen Bahnsteig für den Fernzug aus Wien über Stuttgart." "Sie können doch lesen, oder? Es steht eindeutig an der Ankunftstafel." blaffte mich ein unfreundlicher älterer Herr in Bahnuniform an.

"Ja, das ist gerade mein Problem, auf der Ankunftstafel steht Bahngleis 1 aber an der Tafel am Bahnhofsgleis steht Basel. Also, wo kommt mein Zug nun rein?" ließ ich nicht locker.

"Moment, das kann doch nicht sein." und er blätterte etwas nervös in seinem Heft und sagte dann nach ein Pause triumphierend:

"Ich sagte doch schon Bahngleis 1, hier steht es schwarz auf weiß."

"Also gut, wenn Sie es sagen. Ich darf nur auf keinen Fall den Zug verpassen, da ich meinem Vater beim Aussteigen helfen muss." erklärte ich ihm.

"Sie werden Ihren Vater schon nicht verpassen. Wir sind hier in Deutschland und bei uns herrscht Ordnung, und was ich sagte stimmt auch so." Er schaute mir siegessicher in die Augen und lächelte triumphierend wie ein Preisboxer nach einer k.o.- Runde. Na gut, dachte ich und setzte mich auf eine Bank am Bahnsteig 1. Es war relativ heiß und ich hatte noch gut 10 Minuten Zeit. Plötzlich donnerte auf dem gegenüberliegenden Gleis 3 ein Zug rein, und etwas überrascht fragte ich ganz beiläufig meinen Sitznachbar:

"Wissen Sie, woher gerade dieser Zug auf dem Bahnsteig 3 kam?"

"Ach, der ist aus Wien, aber komischer Weise es ist er früher angekommen als es im Fahrplan steht."

"Wie bitte? Aus Wien? Aber mir wurde an der Information gesagt, der Zug aus Wien komme auf Gleis 1 an."

"Ach, dieser Suffkopf, hier ist der Zug aus Wien noch nie eingefahren." Ich bedankte mich schnell, sprang auf und rannte durch den Unterführungstunnel zum Gleis 3. Als ich dort ganz außer Atem ankam setzte sich der Zug bereits wieder in Bewegung, und dort stand nun mein Vater mit zwei großen Koffern und mir zugewandtem Rücken. Ich wusste in diesem Augenblick, dass er mich richtig zusammenstauchen würde, ob ich etwas dafür konnte oder nicht.

"Hallo Apu!" rief ich etwas zögerlich. Er drehte sich um und stand unbeweglich, die Tränen kullerten über sein Gesicht. Dies war das erste Mal in meinem Leben, dass ich meinen Vater weinen sah. Er stand da wie ein Kind, hilflos und mit ausgebreiteten Armen und sagte nur: "Mein Junge, mein Sutyi!"

Diese Geschichte beweist, dass die Bundesbahn schon damals eine insuffiziente Gesellschaft war, aber das Leben einem immer wieder neue Überraschungen bereitet.

Als wir in Freiburg angekommen waren, machte ich meine Wirtin mit meinem Vater bekannt, stellte dann ein Klappbett für mich auf und überliess meinem Vater mein Bett. Er war sehr erschöpft, erzählte noch eine Zeitlang dies und jenes und bemerkte am Rande, wie schön Freiburg sei, es aber noch schöner wäre, wenn man die vielen Autos aus der Stadt verbannen würden. Ich war über seine Meinung etwas überrascht und hatte geglaubt, dass gerade das moderne Stadtbild mit all den Fahrzeugen auf ihn einen positiven Eindruck machen würde, aber weit gefehlt. Bald aber schlief er ein, und ich ging schnell etwas einkaufen, schließlich mussten wir am nächsten Morgen auch frühstücken. Unterwegs traf ich Fertö, der mir mitteilte, dass das Altenheim auch meinem Vater Essen geben würde, wenn wir es wollten. Dieses Angebot war natürlich für mich finanziell eine grosse Erleichterung, und so aß mein Vater ab dieser Zeit bis zu seiner Abreise zusammen mit uns im Altenheim. Abends führte ich ihn dann immer wieder in verschiedene Lokalitäten, wobei ich mit ihm regelmäßig einen Kampf durchstehen musste, da er sich jedesmal vehement dagegen wehrte, dass ich so viel Geld für ihn ausgab. Ich stellte ihm auch meine Freunde vor, wobei er Stefan Lukács ganz besonders sympathisch fand und auch mehrmals betonte, dass ich mir ruhig ein Beispiel an ihm nehmen könnte. Solche Bemerkungen gefielen mir aber nicht besonders, da hier wieder einmal seine dominante und auch in gewisser Weise diktatorische Persönlichkeit zum Vorschein kam. Schließlich war ich alt genug, um mein Leben so wie ich es wollte in die Hand zu nehmen und zu gestalten und brauchte keine Vorbilder. Stefan war zwar ein netter und ehrgeiziger Junge, aber er war nicht unbedingt mein Vorbild, obzwar wir nicht selten zusammen waren und ich auch öfters bei seinem kleinen Sohn babysittete.

Wie sehr mein Vater von Stefan beeindruckt war bewiesen auch seine Briefe, die er später Stefan schrieb, um sich bei ihm zu erkundigen, wie ich in meinem Studium vorwärtskäme und bat sogar um seine Meinung hinsichtlich meiner zukünftigen Frau. Natürlich erfuhr ich davon erst viel, viel, später, als Stefans Frau Renate uns dies alles erzählte.

Ich bin schon damals nicht der unbedingt gehorsame praktizierende Katholik gewesen und ging ich auch nicht regelmäßig in die Kirche. Meine Meinung über die Kirche war schon damals grundlegend anders als die meines Vaters. Glauben betrachtete ich als persönliche Angelegenheit und die kirchliche Institution als einen gut funktionierenden Machtapparat, aufgebaut auf eine ureigene menschliche Eigenschaft - die Angst.

Friedrich Nietzsche schreibt sinngemäß in ‚Also sprach Zarathustra': „Denn unsere größten Hindernisse auf dem Weg zum Übermenschen sind Angst und die Macht der Gewohnheit. Die meisten von uns sind aber weit entfernt vom Ideal des Übermenschen. Wir haben uns keineswegs unter Kontrolle und lassen uns ständig von unserer Angst, unseren Gewohnheiten und Ressentiments, unserem Aberglauben und anderen Dingen versklaven. Von Geburt an werden wir von der Familie, der Kirche und der Schule abgerichtet, uns Regeln und Gesetzen zu unterwerfen, uns ‚normal' zu verhalten, an Illusionen zu glauben und uns in den Dienst verschiedener Herren zu stellen. All das, was als ‚Natur des Menschen' bezeichnet wird, ist in Wirklichkeit nichts als unsere Gewohnheit. Aus Trägheit und Furcht scheuen wir vor Herausforderungen und Gefahren zurück und stumpfen allmählich gegen die Regungen unseres Gewissens ab."

Ich glaube, über Nietzsches Sätze sollten wir hin und wieder nachdenken, auch wenn vielen dieser Weg der Erleuchtung unbequem und beschwerlich ist. Glaube ist ein Zustand der maximalen Bequemlichkeit, er fordert nur indirekt zur Logik auf, dessen Fundament im Dogma des Unveränderlichen liegt. ‚Ich glaube es - Cogito ergo sum -- ich denke also existiere ich -- kann aber dann doch nicht der dogmatische Zustand des Glaubens so zur Wirkung kommen, da die Trägheit ein effektives Denken verhindert'.

Andererseits ist Denken ein unbequemer Prozess, der ständig neue Fragen aufwirft. Er macht einen unsicher, nimmt einem die Stabilität weg sich irgendwo festzuhalten und stößt einen in den Zustand des ewig Werdenden aber nie Ankommenden.

Der unerschütterliche Glaube meines Vaters entartete aber nicht selten in einen Fanatismus im Namen Gottes, was auch während des Kommunismus zu schmerzhaften Konsequenzen für seine Familie führte. Unsere Existenz hing eben doch davon ab, ob er Arbeit bekam oder nicht. Leider verlor er eine Arbeitsstelle nach der anderen, weil er sich stets demonstrativ und konsequent vor seinen Glauben stellte und nicht bereit war, irgendwelche Kompromisse einzugehen, er blieb unbeugsam. Diese Charakterzüge bewunderte ich als Kind sehr und fand sie später als Erwachsener aber nicht immer logisch. Ich wage es kaum auszusprechen, ob seine Verhaltensweise vielleicht auch mit einem gewissen Starrsinn und Dickköpfigkeit zusammenhing, obzwar Überzeugung nicht immer mit Sturheit gleichzusetzen ist.

Wir haben in Freiburg sehr viel miteinander geredet und ich glaube, es geschah zum ersten Mal, dass er mich in gewisser Weise als gleichberechtigten Partner sah und nicht in einem Vater-Sohn-Verhältnis. Aber diesen für mich neuen und hoch interessanten Zustand konnte ich nur teilweise genießen, da er dann wiederum schnell und unvermittelt in die alte Rolle des Bestimmenden, Allwissenden und Unfehlbaren zurückfiel. Solche Momente waren dann stets spannungsgeladen, und nicht selten rebellierte ich vehement dagegen, da ich um meine endlich gewonnene Gleichberechtigung kämpfte. Diskussionen vermied ich, weil ich wußte, dass er jeglichen Widerspruch für unerträglich hielt und sein Wort immer das Letzte sein musste. In dieser Situation fühlte ich mich dann auch hier in Freiburg wieder in meine Kindheit zurückversetzt, und nicht selten dachte ich daran, dass es schön war ihn hier zu haben, aber es noch besser wäre, wenn er wieder ginge. Natürlich sprachen wir auch oft über meine finanzielle Situation und ich verschwieg nicht, welch enorme Belastung es für einen Studenten sei ohne Eltern oder Verwandte in der Ferne studieren zu müssen und wie viele Ausgaben auf einen zukämen, wenn man alles bis zum Toilettenpapier finanziell abdecken musste. Deshalb war ich dann doch sehr überrascht, als er mir vor seiner Abreise plötzlich - nicht bittend sondern in einer Art Befehlston - mitteilte: "Sutyi, es waren wunderbare Tage bei Dir, aber um gegenüber den zu Hause Gebliebenen gerecht zu werden, musst Du dann nächstes Jahr deine Mutter und Deinen Bruder Tamás ebenfalls nach Freiburg holen."

Ich war im ersten Augenblick sprachlos, schließlich hatte ich für diesen Besuch meine letzten finanziellen Reserven mobilisiert, aber gleich im nächsten Jahr noch zwei weitere Personen einzuladen, das haute mich dann doch um. Außerdem hatte ich zu meiner Stiefmutter nie ein besonders herzliches Verhältnis gehabt und Tamás war mein Halbbruder, warum sollte ich dann nicht meinen Bruder Jenö einladen? Ich war wirklich durcheinander und schaute meinen Vater ungläubig an.

"Papa, ich verstehe Dich nicht. Ich soll nächstes Jahr meine Mutter und Tamás nach Freiburg einladen?" fragte ich sehr langsam und betonte dabei jedes Wort."

Ja, ja, ich weiß wie schwer das für Dich ist. Aber der Gerechtigkeit wegen musst Du es tun. Das erwarten wir von Dir."

"Aber ob Ihr das erwartet oder nicht ist nicht das Problem. Ich kann es mir einfach finanziell nicht leisten. 1963 mache ich im Sommer das Physikum. Ich kann mich dann nicht mit der Familie beschäftigen und habe auch ganz einfach kein Geld!" antwortete ich hektisch.

"Sutyi, bis dahin ist noch jede Menge Zeit. Sie kommen dann halt nach deinem bestandenen Physikum und bis dahin kannst Du doch auch die Kosten zusammen bekommen, nicht wahr?" In diesem Augenblick merkte ich wieder die Gewalt des patriarlischen Diktators, und seine Antwort klang wie das letzte Wort. Ich wollte ihm nicht mehr widersprechen, da ich unbedingt den Frieden bewahren wollte und gab natürlich - wie immer - nach.

"Ja, ich werde darüber nachdenken." sagte ich nachdenklich. Er lächelte fast siegessicher und fügte hinzu: "Sutyi, ich wußte dass Du ein anständiger Junge bist und ein gutes Herz hast." und damit war die Unterhaltung über dieses Thema beendet.

Nach 10 Tagen Aufenthalt begleitete ich ihn zum Zug, nachdem ich ihm noch Stuttgart gezeigt hatte. Wir verabschiedeten uns, und auch diesmal kamen seine Tränen. Er umarmte mich und sagte: "Sutyi, ich weiß nicht, wann wir uns wiedersehen, vielleicht war dies das letzte Treffen."

"Aber Apu, Du bist doch noch so jung. Selbstverständlich werden wir uns in Zukunft noch öfter treffen. Warte mal ab, bis ich meine deutsche Staatsangehörigkeit bekomme, dann fahre ich auch endlich mal nach Hause." sagte ich aufmunternd. In diesem Augenblick dachte ich an die 10 Tage seines Besuchs zurück und sagte zu mir selbst 'Du hast keinen Menschen mehr außer Deinem Vater. Sei froh, dass er hier war, egal wie er ist, wie er denkt und was er verlangt, er ist doch Dein Vater.'

Ich fuhr wieder nach Freiburg zurück und grübelte ständig darüber nach: Wie sollte ich dem Wunsch meines Vaters nachkommen und meine Mutter und meinen Bruder nach Freiburg holen. Warum besaß mein Vater immer noch seinen diktatorischen, unbeugsamen, und keinen Widerspruch duldenden Einfluss, obzwar zwischen uns nicht nur 1500 km lagen sondern uns auch der eiserne Vorhang trennte? Je mehr ich nachdachte um so heftiger stieg eine Wut in mir auf, machte sich ein rebellisches Gefühl in mir breit: gegen meinen Vater und auch gegen mich selbst. Die Frage „Warum gebe ich immer nach? Warum kann ich mich nicht durchsetzen? Warum neige ich immer zu Kompromissen, um den Frieden zu wahren?" machten mich unzufrieden und die gleichzeitig schizophrene Einstellung zu Vaterliebe und Vaterverehrung gegenüber den wahren Tatsachen lähmte meine Tatkraft. Später, viel, viel später habe ich öfter darüber nachgedacht, warum ich immer nachgebe, warum ich immer derjenige bin, der als erster mit der Friedensfahne entgegenläuft? Warum versuche ich immer wieder, die verschiedenen Parteien zu befrieden, und warum besitze ich den Drang zum Frieden stiften? Sicher, es hat seine Vorteile, aber leider auch und nicht selten gewaltige Nachteile. Könnte es sein, dass hier doch der Verlust meiner Mutter zum Vorschein kommt? Könnte es sein, dass ich in meinem Leben ein gewisses seelisches Ungleichgewicht durch das Fehlen mütterlicher Liebe und Geborgenheit nicht kompensieren konnte und mir die seelische Stabilität fehlte? Fragen über Fragen, zu denen es keine Antworten gab, und wenn doch, dann waren es nur Spekulationen.

Inzwischen war ich wieder in Freiburg angekommen, und der Alltag mit seinen Problemen hatte mich bald wieder eingeholt. Ich traf einen

Kommilitonen, der mir erzählte, dass in der neurochirurgischen Klinik eine Sitzwache gesucht würde und ich umgehend dort vorbeigehen sollte, um vielleicht noch eine vakante Stelle zu ergattern.

Im Klinikkomplex neben der alten Chirurgie gab es einen Neubau für Neurochirurgie. Dort war damals für Frischoperierte keine Intensivstation vorhanden, weshalb die Patienten nach dem Eingriff in ihre Zimmer zurückgebracht und von einer Sitzwache betreut wurde. Für diesen Dienst, der abends um 18:00 Uhr begann und bis morgens 7:00 Uhr dauerte, bekam man etwa 25 DM. Allerdings hatte ich keine Ahnung, was man machen und welche Erfahrung man mitbringen musste. Also ging ich mit großem Optimismus dorthin, um mich zu bewerben.

Ich landete erst beim Pförtner und fragte, wo und bei wem ich mich für eine Sitzwache bewerben könnte.

„Sind Sie Kliniker, das heißt ‚cand. Med'?" fragte er mich unverbindlich und schaute gelangweilt an mir vorbei.

„Nein, ich bin noch Vorkliniker. Ich mache mein Physikum im nächsten Semester." antwortete ich, um gleich eine weitere Frage nachzuschieben: „Wieso? Hat es einen Nachteil, wenn ich nur Vorkliniker bin?"

„Junger Mann, Sie müssen nicht nur da sitzen sondern auch mal was tun. Oder dachten Sie, es ist ein Job für Sitzende?" und er grinste mit seinem lückenhaften Gebiss.

„Aber meinetwegen, ich bestimme es sowieso nicht. Gehen Sie ruhig zur Oberin in den ersten Stock. Viel Glück werden Sie dort nicht haben."

Ich ging in den ersten Stock hinauf und suchte nach dem Zimmer der Oberin. Als ich es gefunden hatte, hielt ich kurz inne und klopfte dann leise an der Tür. Ich wartete, aber es passierte nichts. Es kam keine Antwort auf mein Klopfen, also versuchte ich es noch einmal. Auch diesmal passierte nichts und ich wollte gerade wieder gehen, als mir eine etwa 40 jährige Schwester vom anderen Ende des Gangs entgegenkam.

„Ach, Sie wollten sicher zu mir, ich bin Oberin Ingeborg," lächelte sie und reichte mir ihre Hand. "ich muss mich entschuldigen, aber ich hatte in der

Bettenzentrale zu tun." „Ich wollte…" begann ich, aber sie unterbrach mich und redete weiter wie ein Wasserfall.

„Ach, Sie wissen gar nicht, wieviel hier zu tun ist, und ich muss alles selber machen. Wissen Sie, wenn man nicht alles selbst kontrolliert, dann klappt überhaupt nichts." Sie holte kurz tief Luft und bevor ich etwas sagen konnte fuhr sie fort, "Stellen Sie sich vor, kürzlich hatten wir einen Wasserbruch! Na, ich sage Ihnen, das war was! Ich hätte am liebsten ein Kanu als Fortbewegungsmittel verwendet. Hier stand alles unter Wasser," sie hatte inzwischen die Tür aufgeschlossen und wir konnten in ihr Büro eintreten.

„Schön ist es hier, nicht wahr?" fragte sie mich und strich sich ihr blondes, etwas struppeliges Haar zur Seite: „Bitte, nehmen Sie Platz. Sie kommen sicher wegen der Elektroinstallation. Wir warten schon so lange auf Sie."

„Nein ich…" versuchte ich mich vorzustellen und sie über meinen Besuch aufzuklären, aber ohne meine Erklärung abzuwarten fuhr sie fort:

„Ich dachte, Sie wären viel älter. Ihre Stimme klang am der Telefon ganz anders, aber es macht nichts. Hauptsache, Sie verstehen Ihr Handwerk."

„Entschuldigen Sie, aber…" fing ich erneut an, aber es war zwecklos. „Nein, nein, sie brauchen sich deshalb doch nicht zu entschuldigen, um Gottes willen. Sind Sie verheiratet?" Auf diesen Frontalangriff war ich überhaupt nicht vorbereitet und mir blieb mein Mund offen stehen - im ersten Augenblick konnte ich nicht mal Luft holen.

„Nein, nein, aber bitte hören Sie mich…" wollte ich wieder beginnen, aber es sollte nicht gelingen.

„Ach, es ist nicht schlimm, ganz in Gegenteil, ich bin auch noch nicht verheiratet. Wissen Sie, ich warte auch auf den Prinzen, der mich mitnimmt." lachte sie mit offenem Mund laut auf, so dass eine goldene Zahnfüllung sichtbar wurde. In diesem Augenblick dachte ich „Oh, Du armer Mann, wenn Du einem solchen Drachen in die Hände gerätst."

„Entschuldigung, aber hören Sie mich doch bitte endlich an." wurde ich laut und entsprechend bestimmend. Ihr Lächeln gefror auf ihrem Gesicht und gleichzeitig legte sich die Haut auf ihrer Stirn in Falten.

„Aber," sie holte tief Luft und fauchte mich an „wie reden Sie mit mir? Ich bin Oberin Ingeborg, so etwas lasse ich mir nicht bieten."

„Ich weiß, wer Sie sind, aber Sie wissen nicht wer ich bin und das versuche ich Ihnen schon die ganze Zeit klar zu machen, aber Sie hören mich gar nicht an." sagte ich, nach wie vor zwar mäßig laut aber um so bestimmter. Ihre Augen weiteten sich und sie machte langsam ihren Mund auf, sagte aber nichts. Sie sah in diesem Augenblick aus wie ein Karpfen auf dem Trockenen. Ich nutzte diese peinliche Stille und fügte schnell hinzu:

„Ich bin nicht wofür Sie mich halten. Ich bin nicht der Elektriker, davon verstehe ich überhaupt nichts. Ich wollte mich nur für die vakante Sitzwache bewerben, aber ich glaube, das ist ordentlich schiefgegangen." Ich stand auf und in diesem Moment hatte sie sich wieder gefangen und begann lauthals zu lachen, so dass eine andere Schwester in der Tür mit fragendem Gesichtsausdruck erschien.

„Schon gut, schon gut, Schwester Martha, es ist alles in Ordnung. Es war halt ein Missverständnis. Der junge Mann ist nicht der von mir erwartete Elektriker sondern ein Student für die Sitzwache," presste sie heraus und lachte noch immer. Ich lächelte auch und ging zur Tür, da ich dachte, die Sache sei erledigt und ich hätte nicht die geringste Chance auf eine Sitzwache.

„Moment, bleiben Sie doch!" rief sie mir hinterher „Wie heißen Sie?"

„Laszlo Fodor, Medizinstudent im fünften Semester."

„Ach, Sie sind noch nicht in der Klinik, das ist schlecht," sagte sie, aber sie lächelte noch immer.

„Können Sie Blutdruck und Puls messen? Können Sie jemanden füttern oder zu trinken geben? Können Sie jemandem die Bettpfanne reichen und nachher seinen Hintern saubermachen? Na ja, ich sehe, dass Sie das alles erst lernen müssen, Sie brauchen mir nicht zu antworten. Sie kommen ab morgen für ein paar Tage in den Tagesdienst und werden alles erlernen und dann können Sie mit der Sitzwache beginnen. Schwester Martha!" rief sie laut und die gleiche Schwester, die vorher hereingestürmt war, erschien erneut in der Tür.

„Schwester Martha, teilen Sie den Studenten diese Woche in der Station für Frischoperierte für den Tagesdienst ein, und in der nächsten Woche sehen wir dann weiter." Ich wollte noch etwas sagen aber Schwester Martha zog mich schon aus dem Zimmer. Wir landeten in einem halb abgedunkelten Zimmer, in dem eine mumienhafte Gestalt im Bett lag. Vor lauter Mullbinden konnte man nicht das Geringste des Gesichtes erkennen.

„Guten Morgen, Herr Fischer! Wir sind wieder da, aber diesmal habe ich einen Helfer mitgebracht. Er ist Medizinstudent und wird bei uns Sitzwache halten. Sie haben doch nichts dagegen, oder?" stellte mich Schwester Martha dem Patienten vor und trat zum Bett. Der Patient murmelte etwas, was ich nicht verstehen konnte und schüttelte leicht seinen vollgewickelten Kopf. Die Schwester deckte sein Bett auf und sagte zu mir:

„So, und Sie holen jetzt mal Waschschüssel, Waschhandschuh und Seife, damit wir den Patienten abwaschen können".

Ich suchte die Waschschüssel, ließ dann Wasser hinein und zog eine Art Gummihandschuh an. Damals waren diese Handschuhe natürlich weit entfernt von der Qualität der heutigen Latexhandschuhe. Sie ähnelten eher jetzigen Küchen- oder Gartenhandschuhen. Inzwischen hatte die Schwester den Patienten vorsichtig angehoben und - Rücken und Kopf stützend - in die Waschposition gebracht. Ich sollte nun mit der Waschzeremonie beginnen. Um ehrlich zu sein, war ich im ersten Augenblick sehr unsicher. Ich hatte noch nie zuvor in meinem Leben einen Menschen abgewaschen und wußte gar nicht, wo ich eigentlich beginnen sollte. Nachdem ich erstmal tief Luft geholt hatte, fragte ich mit zaghafter Stimme: „ Ist das Wasser auch nicht zu kalt?" Dann begann ich mich von oberhalb der Brust, über die Achsenhöhlen, Bauch, Bauchnabel in Richtung Oberschenkel vorzuarbeiten. Schwester Martha war still und so war ich noch unsicher, ob ich meine Arbeit auch wirklich richtig machte. Ich blickte sie mehrmals fragend an, aber ihre Miene verriet nichts über Zufriedenheit oder Unzufriedenheit. Meine Anspannung wurde fast unerträglich, als ich die Geschlechtsorgane abwaschen musste, da ich allein durch die Berührung dieser Körperteile Gänsehaut bekam. Sie blieb weiter gelassen und stützte nur den Patienten heroisch. Den eingeseiften Schamhaarbereich vom Schaum zu befreien, ohne dabei das Bett zu sehr zu benässen, brachte mich ordentlich ins Schwitzen. Doch endlich war ich fertig. Ich drehte den Patienten vorsichtig auf die Seite, um zuletzt noch den Rücken zu waschen und war in gewisser Weise schon etwas lockerer geworden. Als ich zum Schluß den Rücken des Patienten noch mit Franzbranntwein einrieb, hörte ich ein brummendes Geräusch wie wenn man einer Katze den Kopf streichelt . Nachdem wir fertig waren und den Patienten wieder in seine Rückenlage befördert hatten, suchte er plötzlich meine Hand, drückte sie dann fest und murmelte etwas für mich Unverständliches. Aber dieser erste dankbare Händedruck meines ersten Patienten blieb mir ewig in Erinnerung. Als wir nach Neubezug des Bettes das Zimmer verließen, machte endlich meine liebe Schwester Martha ihren Mund auf und sagte nur kurz:

„Na, das haben Sie wirklich ordentlich gemacht, aber so sehr dürfen Sie von dem Patienten keine Angst haben, Sie zitterten ja wie Espenlaub." und schmunzelte dabei.

Ich bedankte mich für Ihr Lob, aber innerlich dachte ich ‚Du blöde Kuh! Du hättest Dir diese Bemerkung sparen können.'

So begann meine Laufbahn in der Krankenpflege, und nach einer Woche hatte ich meinen Sitzwachenplatz. Natürlich gab es immer wieder Tätigkeiten, bei denen ich mich schwer getan habe, wie z.B. nach einem Stuhlgang den Hintern der Patienten zu säubern oder Erbrochenes aufzuwischen, aber der Mensch ist ein Gewohnheitstier, man lernt alles und man gewöhnt sich an alles.

„Es hat immer einen unendlichen Nutzen, sich so zu gewöhnen, dass man sich selbst zu einem beständigen Gegenstand seines Nachdenkens macht." (Wilhelm von Humboldt, deutscher Gelehrter und Staatsmann 1767–1835; Mitbegründer der Humboldt-Universität zu Berlin)

Auf jeden Fall hatte ich nun endlich Arbeit, die ich während des Semesters bequem nebenbei machen konnte und war so in der Lage, mein Budget ständig etwas aufzubessern.

Für meine Semesterferien hatte ich aber noch keinen Job und suchte deshalb eine Ganztagstätigkeit, was leider schon zu dieser Zeit keine leichte Aufgabe war. Viel später, als ich schon Oberarzt in der Uniklinik war, hörte ich immer wieder von unseren Studenten, dass die Möglichkeit einen Job zu bekommen sehr viel schwerer geworden sei und es früher zu unserer Zeit wesentlich einfacher gewesen wäre zu studieren und nebenbei zu jobben. Ich konnte auf dieses haltlose Jammern immer nur mit einem müden Lächeln antworten, da es zu unserer Zeit bei Gott nicht einfach gewesen war, einen Job zu finden, und wenn einem nicht mehr als 4 bis 5 Stunden Schlaf gegönnt wurden, dann konnte man das wirklich nicht als eine leichte Studiumszeit betrachten. Mir blieb nichts anderes übrig als Tellerwäscher in ein Restaurant zu gehen, um wenigstens ein paar DM zu verdienen. Hier lernte ich einen Studenten kennen, der mir erzählte, dass in der geschlossenen Abteilung der Psychiatrie für die Nächte Aushilfs-Pfleger gesucht würden und ich doch mal schnell vorbeigehen und mich bewerben sollte.

„Du bist doch Medizinstudent und wenn sie sogar mich Germanistik-Studenten aufgenommen haben, dann hast Du bestimmt auch eine Chance", erklärte er mir mit überzeugender Stimme. „Du brauchst nicht mal die ganze Nacht aufzubleiben sondern nur zur Hälfte, da der Dienst um 18:00 Uhr beginnt und morgens um 8:00 Uhr endet, allerdings macht der eine Wachdienst von 18 bis 1 Uhr und der andere von 1 bis 8 Uhr und umgekehrt. Also kannst Du in der zweiten Hälfte der Zeit schlafen und musst halt nur in Bereitschaft bleiben."

„Du, das klingt ganz toll, aber in einer geschlossenen Abteilung? Ist das nicht gefährlich"? fragte ich etwas besorgt. „Ach was, Du wirst schon sehen und Du bist nie allein, es ist immer ein erfahrener Pfleger dabei." beruhigte er mich.

„Weißt Du, am liebsten würde ich ja einen Ganztagsjob annehmen, aber wenn nichts anderes möglich ist, dann muss ich nehmen was es gibt. Ich brauche Geld, und diese Teller-Wäscherei ist nicht das Beste. Ich stinke schon nach abgestandenem Fett und habe eine Hand wie eine Waschfrau!" erklärte ich und zeigte ihm dabei meine aufgeweichten Hände.

„Soll ich in deinem Namen was in der Klinik sagen? Ich kenne den Oberpfleger ganz gut, ich glaube, es würde nicht schaden." sagte er mir mit vielversprechendem Gesichtsausdruck.

„Das wäre toll, bitte mach das, und ich werde morgen früh gleich vorbeigehen. Und jetzt gebe ich Dir ein Bier aus, in Ordnung?"

„Du, das ist nicht notwendig, aber Durst habe ich immer" lachte er und so verabschiedeten wir uns und wollten uns am nächsten Morgen vor der Psychiatrie treffen.

„Ach, ich blöder Hund, habe mich noch nicht mal vorgestellt! Ich heiße Karl, so wie Karl der Große"

„Mein Name ist László und wenn ich Dir sage wie König László, dann kannst Du damit nichts anfangen, also merk Dir einfach László, der Ungar" stellte ich mich vor und lachte dabei.

„Ach, Du bist ein Ungar? Womöglich auch noch ein 56iger, oder?" Ich vernahm plötzlich einen seltsamen Ton in seiner Antwort.

„Ja, das bin ich. Ich hoffe nicht, dass Du zur kommunistischen Jugend gehörst?" fragte ich ihn.

„Du hast es erraten. Ich bin sogar sehr aktiv, aber keine Angst, ich werde Dir trotzdem helfen, aber ich werde Dich auch entsprechend aufklären, welch großen Irrtum Ihr Ungarn begangen habt. Man kann gegen die Zukunft nicht hadern!" sagte er mit glänzenden Augen und stand vor mir wie ein Prophet. Ich merkte sofort, dass es nur eine Möglichkeit gab, meinen zukünftigen Job zu erhalten und zwar indem ich jetzt meinen Mund hielt, wenigstens vorübergehend.

„Bitte, sei nicht böse, aber ich muß wieder an die Arbeit. Also dann morgen um 10 Uhr vor der Psychiatrie?" verabschiedete ich mich schnell und versuchte damit, weiteren Diskussionen aus dem Wege zu gehen.

„Eva, bitte ein Bier für diesen Herrn auf meine Kosten!" rief ich zur Theke rüber und stürzte mich dann wieder auf den inzwischen aufgehäuften Geschirrberg.

Am nächsten Morgen pünktlich um 10 Uhr stand ich vor der Psychiatrie. Obzwar ich etwas skeptisch war, ob er überhaupt kommen würde, erschien er pünktlich und begrüßte mich lächelnd: „Na, Du Revolutionär, hast Du Dich ausgeschlafen?"

„Danke der Nachfrage, wenn man um 3 Uhr früh ins Bett kommt, ja, aber auch daran kann man sich gewöhnen".

„Du László, wir gehen gleich zum Oberpfleger, wo ich Dich vorstelle, und dann sehen wir weiter" schlug er vor.

Wir gingen in das erste Stockwerk, wo das Zimmer des Oberpfleger lag, und hatten Glück, er war in seinem Büro.

„Guten Tag, Herr Oberpfleger, ich bringe ihnen einen potentiellen Aushilfspfleger. Er ist Medizinstudent und möchte gern bei Ihnen arbeiten," begann Karl ohne die geringste Einführung, als wenn es selbstverständlich wäre, dass er einen neuen Mitarbeiter brachte, und mit einem Unterton, als wenn er für diese Leistung auch noch Honorar verlangen würde. Innerlich dachte ich ‚Na, es ist wohl schon vorbei, bevor die ganze Vorstellung beginnt.' Aber dieses Benehmen war wohl für diese Generation üblich und für mich abgründig fremd.

Schon allein, wenn wir Ungarn etwas haben wollten, waren wir aufgrund unserer Sprache gezwungen, eine gewisse Umschreibung der Dinge zu leisten und erst dann schließlich zum Kernpunkt der Sache zu kommen. Wir führten zum Beispiel die Bitte mit einer besonders höflichen Floskel ein: ‚Entschuldigen Sie, dürfte ich Sie bitten, wenn es möglich wäre, mir zu erklären, wo hier dieses oder jenes Amt ist` usw. Meine Frau behauptete später immer, dass dies ein typisches K.u.K.- Überbleibsel sei und nur noch das demütige ‚werter Herr Oberregierungsrat' etc. fehle. Man solle doch besser nicht so viel reden sondern schnell zum Kern der Sache kommen.

Als meine Frau und ich einmal zu Besuch in Ungarn waren, fehlte beim Frühstück im Hotel die Butter. Meine Frau wollte diesen Mangel reklamieren und gleichzeitig ihre Ungarischkenntnisse nützen und sagte deshalb auf ungarisch zum Kellner: 'Hier fehlt Butter'. Sie war recht stolz darüber, die ungarische Sprache halbwegs zu beherrschen. Auf diese kurze und knappe Reklamation folgte ein durchschlagender Erfolg: der Kellner schlug seine Fersen zusammen und antwortete laut ‚Jawohl, gnädige Frau, Butter kommt sofort!'. Ich schüttelte nur den Kopf und lächelte etwas gequält und sagte später zum Kellner auf Ungarisch ‚Sie macht gute Fortschritte im Ungarischen, nicht wahr? Aber das Preußische bleibt trotzdem'. Er grinste und sagte ‚Ich glaube, aus ihr wird nie eine Ungarin'.

Merkwürdigerweise reagierte der Oberpfleger sehr nett und freundlich und fragte mich, wie weit ich mit meinem Studium wäre und ob ich in Deutschland allein lebe und wann ich aus Ungarn geflohen sei. Er bot mir sogar eine Tasse Kaffee an, was ich bei bisherigen Vorstellungsgesprächen nie erlebt hatte. Dann eröffnete er mir, dass er mich gern nehmen würde, jedoch vorläufig nicht zum Nacht- sondern erst zum Tagdienst, da zurzeit mehrere Pfleger in Urlaub seien und er mich deshalb gut gebrauchen könnte. Ich muss nicht betonen, wie sehr ich mich darüber freute, obzwar das Gehalt von 450 DM pro Monat nicht besonders viel war. Er erklärte mir, dass ich sofort anfangen könne und bei Semesterbeginn dann zur Nachtwache eingestellt würde.

Wir verabschiedeten uns und vereinbarten, uns morgen um 8 Uhr zum Tagesdienst wiederzutreffen. Als ich draußen auf der Straße war fiel mir ein, dass ich die geschlossene Abteilung, meinen zukünftigen Arbeitsplatz, noch nicht einmal gesehen hatte. Karl wollte sich verabschieden, aber als ich ihn überredete, dass wir darauf unbedingt noch ein Bier trinken müssten, gingen wir in unsere Mayerhof-Kneipe, wo auch einige meiner Landsleute saßen. Ich stellte ihn meinen Freunden vor, und kaum dass wir uns hingesetzt hatten, begann Karl auch schon zu politisieren und versuchte uns zu missionieren. Mut hat er, dachte ich, wenn jemand in einer solchen Löwenhöhle einen Freudentanz vor wilden Tieren aufführt. Aber er war genauso unbekümmert wie in der Psychiatrie beim Oberpfleger. Wir tranken ein Bier nach dem andern und leider alles auf nüchternen Magen und wurden daher immer lauter, bis der Wirt uns zur Mäßigung aufforderte. Karl sagte, dass er sich die ungarischen Flüchtlinge ganz anders vorgestellt hätte, und wir lobten ihn, dass er ein ausgezeichneter Antikommunist werden könnte und wir ihm gerne bei seiner ideologischen Umwandlung helfen würden. Vielleicht führte dieses Trinkgelage später dazu, dass er ein recht angesehener Tageszeitungsredakteur in Deutschland wurde. Viele Jahre später traf ich ihn zufällig in Frankfurt, wo wir uns wieder bei einem Bier über die vergangene Studentenzeit unterhielten. Dort erzählte er mir, was für ein kurzsichtiger Kerl er damals gewesen sei - als kommunistischer Jugendaktivist.

Mein erster Dienst in der Psychiatrie steckte voller Überraschungen. In der geschlossenen Abteilung musste ich mich erst daran gewöhnen, dass jede Tür abgeschlossen war und man nur mit Hilfe eines Schlüssels dort hineinkam. Am Morgen war die ganze Mannschaft im Hof der Klinik versammelt, Patienten ebenso wie Pflegepersonal. Es wurde dort der Nachtdienst übergeben, und auch der Klinikdirektor erschien jedesmal, begrüßte die Patienten und besprach mit uns, was für Arbeit anfiel. Am ersten Tag stellte ich mich beim Pflegepersonal und den Ärzten vor. Die Atmosphäre in der Klinik war auffallend nett, freundlich und entgegenkommend. Die Pfleger waren alle sehr hilfsbereit, und so habe ich manche wichtige Informationen erhalten, wie z.B. unbedingt darauf zu achten, dass die Patienten keine scharfen Gegenstände bei sich haben durften, da die Selbstmordgefahr auf dieser Station besonders hoch sei. Oder man sollte nichts glauben, wenn ein Patient Merkwürdiges erzählte, dass er womöglich Cicero oder Adenauer sei, was ja noch leicht nachvollziehbar war. Wenn jedoch jemand behauptete, er sei Elektriker und möchte jetzt rausgehen, da seine Arbeit hier erledigt sei und ich deshalb die Tür aufschließen sollte, war die Situation doch etwas schwieriger. Man musste nach jedem Essen die Essbestecke abzählen oder nach jeder Rasur die Rasierklingen wieder abnehmen usw. Am unangenehmsten aber waren die nicht im Voraus einschätzbaren Verhaltensweisen der Patienten. Hier musste man sehr vorsichtig sein. Es konnte passieren, dass ein Schizophrener den Teufel in einem sah und er seiner inneren Stimme folgend diesen Teufel, also den Pfleger, eliminieren musste.

Eines Nachmittags, als ich allein auf der Station war, weil die anderen Patienten im Hof und in der Beschäftigungstherapie waren, kam plötzlich ein Patient auf mich zu. Er hatte ein Messer in der Hand. Er sagte nichts, aber sein Gesichtsausdruck verriet, dass er nicht unbedingt friedlich mit mir plaudern wollte. Ich bekam einen Riesenschreck und rettete mich mit einem Sprung in den Küchenraum. Es half aber nichts. Er folgte mir und begann an die Küchenglaswand zu hämmern und brüllte plötzlich: „Lass mich rein! Ich tu Dir nichts, ich will nur mit Dir reden." Ich wollte schon zum Telefon greifen, um Hilfe zu holen, dachte dann aber, dass es doch lächerlich sei wegen einer solchen Kleinigkeit Hilfe zu holen. Das könnte ich doch auch alleine regeln. Also machte ich die Küchentür einen Spalt auf und sagte in ruhigem Ton: „Es ist in Ordnung, wir können miteinander reden. Aber zuerst gibst Du mir dieses Küchenmesser."

„Klar, hier hast Du es. Ich weiß gar nicht, was ich damit machen wollte." Er reichte mir das Messer und lächelte dabei. Ich nahm das Messer, drehte mich um und wollte es in der Schublade verstauen, als er plötzlich aufbrüllte und einen Sprung nach vorn machte, so dass mir nur eine schnelle Rettung in die Küche übrigblieb, und ich mit voller Wucht die Tür zuknallte.

„Du hast mich betrogen! Du hast mein Messer geklaut! Das wirst Du noch schwer büßen!" Jetzt blieb mir wirklich nichts anderes übrig als meinen Kollegen um Hilfe zu rufen. Er kam sofort und erkannt gleich die Situation. Er umarmte den Mann von hinten und versuchte ihn in sein Zimmer zu bugsieren. Inzwischen war auch ich aus der Küche herausgestürzt, und zusammen konnten wir den Patient erfolgreich zur Ruhe bringen.

„Na, Du hast deine Feuertaufe hinter Dich gebracht. Ich gratuliere, das war schon sehr gut. Du musst wissen, unser Roland ist ein schwer schizophrener Kranker. Leider brachte die bisherige Therapie nur wenig. Er sieht ständig gefährliche Soldaten um sich herum, die ihn umbringen wollen und deshalb versucht er sich ständig zu wehren. Wir müssen jetzt ein ausführliches Protokoll schreiben, und wahrscheinlich wirst Du auch zum Chef geladen, da Roland Privatpatient ist und der Chef ihn persönlich behandelt."

Tatsächlich musste ich am nächsten Tag zum Klinikdirektor. Er war ein sehr netter, umgänglicher Mensch. Er sprach relativ leise und sehr bedächtig. Er trug eine goldene Brille und hatte ausgeprägte Geheimratsecken, die schon langsam in eine Glatze übergingen. Als ich in sein Zimmer eintrat stand er sofort hinter seinem Schreibtisch auf und bot mir an, neben ihm an einem kleinen Dreieckstisch Platz zu nehmen.

„Bitte, nehmen Sie Platz, möchten Sie eine Tasse Kaffee oder kann ich Ihnen etwas anderes Gutes tun". Er lächelte dabei, und ich fühlte mich geehrt, von einem berühmten Professor so bedient zu werden.

„Nein, nein, vielen Dank. Es ist wirklich sehr nett von Ihnen, aber ich trinke keinen Kaffee," habe ich gelogen, um aus dieser für mich etwas peinlichen Situation schneller herauszukommen, obzwar ich normalerweise nichts gegen eine gute Tasse Kaffee hatte, nicht jedoch von so einem ‚Weltklasse-Professor'.

„Ich hörte schon von Ihnen, Sie sind Medizinstudent und kommen aus Ungarn, stimmt das?"

„Ja, Herr Professor, aus Sopron. Sopron liegt direkt am…" aber er unterbrach mich und sagte

„Mein Gott, tatsächlich aus Sopron? Ich kenne diese Stadt sehr gut. Wissen Sie, ich war 1944 in der Stadt als Oberstabsarzt im deutschen Wehrmachtshospital. Warten Sie mal…" er dachte kurz nach und setzte dann seine Erzählung fort „…dieses Gebäude war früher eine pädagogische Akademie, und da hatten wir unsere Neurochirurgie-Abteilung. Mein Gott, wie hieß nur diese Straße?"

„Sie meinen sicher die Ferenczy-János-utca. Ich glaube, so hieß sie damals, da während des Kommunismus inzwischen oft die Straßennamen geändert wurden."

„Ja, ich glaube schon," und er runzelte dabei seine Stirn.

„Dann waren wir, wenn auch nur für kurze Zeit, Nachbarn" sagte ich und lächelte.

„So, ist das möglich?"

„Ja, weil ich genau eine Querstraße weiter unterhalb im Gefängnis gewohnt habe."

„Um Gottes Willen, wieso das denn?" fragte er erschrocken.

„Mein Vater war dort Gefängnissdirektor und wir wohnten im Gefängnis".

Er fing an zu lachen und sagte dann: „Na, darauf müssen wir was trinken", und nahm zwei Cognac Gläser aus dem Schrank. So kam ich zum ersten Mal in meinem Leben zu einem Glas Cognac und zu einem späteren Förderer in meiner Studienzeit. Doch vor allem war mein Arbeitsplatz bis 1965 absolut sicher. Wir sprachen noch lange über Sopron und den 2.Weltkrieg und entdeckten immer neue Plätze und Straßen in Sopron. Er berichtete mir sogar von einer schönen Ungarin, von der ich aber unter keinen Umständen erzählen durfte. Deshalb lasse ich auch hier ihren Namen weg.

Warum ich überhaupt zum Klinikdirektor gehen musste ging völlig unter bei unserer Nostalgiereise in die Vergangenheit. Nur zum Schluss sagte er noch „Ach ja, und der Bericht von unserem Sorgenkind ist in Ordnung. Nur passen Sie auf, dass Ihnen nichts passiert." Wir verabschiedeten uns und ich merkte erst auf der Station wie stark der Cognac zu wirken begonnen hatte.

Die Sommersemester-Ferien gingen relativ schnell zu Ende, und da dieser Herbst in jeder Hinsicht voller neuer Anforderungen steckte, war ich auch entsprechend eingespannt. In der Psychiatrie bekam ich bald eine Nachtdienststelle und konnte mich so noch intensiver für das Physikum vorbereiten. Wir formten unsere sogenannte Physikum-Gruppe, die aus den seit dem ersten Semester bekannten Studienfreunden bestand. Oft trafen wir uns, um gemeinsam den Physikum-Stoff aufzuarbeiten und landeten anschließend im Meyerhof, unserer Stamm-Kneipe, auf ein Bier, wie es sich eben gehörte. In dieser Zeit hatte ich nur wenig Gelegenheit, meine ungarischen Freunden zu treffen, da ich mich auch sprachlich auf diese Prüfung konzentrierte, und es kam mir deshalb sehr gelegen, dass ich ständig nur Deutsch sprechen musste. Wir erarbeiteten etwa 800 Physikumsfragen, bei denen ungefähr die wichtigsten Prüfungsfragen vorkamen. Das Physikum zu bestehen war außerordentlich wichtig, da derjenige, der hier weitergekommen war, es auch meistens zum Staatsexamen schaffte. Die letzte Hürde war, beim Physikum die Spreu vom Weizen zu trennen. Das Physikum selbst bestand aus drei Fächern: Anatomie, Biochemie, und Physiologie. Dabei war das schlimmste Fach die Physiologie. Prof. Dr. Albert Fleckenstein war nicht nur ein weltbekannter Forscher - der Entdecker der Calciumantagonisten - sondern auch ein begabter Akademischer Lehrer mit phantastischer Rhetorik. Seine Vorlesungen waren weit außerhalb von Freiburg bekannt, aber seine Strenge gleichfalls gefürchtet. Deshalb legten wir bei der Vorbereitung besonderes Gewicht auf die Physiologie, da wir uns vor diesem Fach am meisten fürchteten. Viel später, als ich schon wissenschaftlicher Assistent in der Ulmer Universität war, schickte mich mein Klinik-Chef, Prof. Dr. Ahnefeld, zu den sogenannten Deidesheimer Gesprächen, weil er aus Termingründen verhindert war an diesem Treffen teilzunehmen. Ich staunte nicht schlecht, als ich dort lauter hochgradige Wissenschaftler antraf und ich der einzige kleine Assistenzarzt war. Noch mehr überraschte mich dann aber das gemeinsame Abendessen, als ich neben Prof. Fleckenstein sitzen musste. Wir machten uns bekannt und er stellte mir die übliche Frage:

„Haben wir uns vielleicht schon irgendwo mal getroffen? Sie kommen mir sehr bekannt vor." Ich dachte ‚na mal wieder so'ne Floskel', nahm aber daraufhin meinen ganzen Mut zusammen und antwortete:

„Ja, Herr Professor, ich bin derjenige, den Sie im Physikum 1963 durchsausen ließen."

„Ach nein, also dann hat es sich ja doch rentiert," und er lachte laut auf und mit ihm natürlich die ganze Runde am Tisch. Wir haben uns noch lange wie zwei alte Freunde unterhalten, obzwar er mein Schicksalslehrer und gleichzeitig mein Intim- Feind gewesen war, aber darüber später.

Während wir uns fleißig auf das bevorstehende Physikum vorbereiteten platzte am 15. September 1962 die Nachricht herein, dass die Sowjets Interkontinentalraketen in Kuba stationieren würden. Dazu veröffentlichte das Magazin ‚Spiegel' einen aufregenden Artikel, der uns alle tief beunruhigte:

‚Die Kuba-Krise', Spiegel 16Jg. Nr. 44, 1962:

Am 16. Oktober 1962 schuf John F. Kennedy ein Gremium, das später „Executive Committee" (Ex Comm) genannt wurde. Dieses betrieb unter seiner Leitung rund um die Uhr klassisches Krisenmanagement. Das Gremium hatte die Aufgabe, den Präsidenten zu unterstützen und ihm Hilfe zu geben. Doch die letzte Entscheidung lag bei John F. Kennedy. Er hatte die unangenehme und schreckliche Aufgabe, zusammen mit seinem Gegenspieler Chruschtschow (Präsident der Sowjetunion) die Krise an ein Abgleiten in den Atomkrieg zu hindern. Dies war auch das erste Mal in der Geschichte, daß sich die Supermächte gegenseitig mit Nuklearwaffen bedrohten. Die Sowjetunion warnte die USA, denn jede militärische Aktion gegen Kuba würde den Atomkrieg auslösen.

Am 22. Oktober 1962 weihte John F. Kennedy mit einer Fernsehrede die Öffentlichkeit in die Krise ein. Es kam auch nun zu der Frage, wie man die Sowjetunion "wieder zu Vernunft" bringen konnte, damit die Raketen beseitigt werden. Um dies zu bewirken, waren drei militärische Aktionen möglich: Invasion, Luftangriff oder Seeblockade.

Die Invasion und der Luftangriff schieden aber nach Diskussionen des Krisen-Gremiums (Ex Comm) aus und das sogenannte Ex Comm entschied sich für die Seeblockade. Diese Seeblockade wurde von McNamara und Robert Kennedy vorgeschlagen.

Anfangs hatte man zwar noch einige Bedenken, denn viele Frachter mit Raketen waren schon auf Kuba eingetroffen, und diese konnte man schließlich nicht mehr auf dem Ozean aufhalten. Man musste den ganzen Vorgang ziemlich langsam angehen, da auch hier eventuelle Schwierigkeiten auftreten konnten, z. B. eine Mißachtung der Blockade der sowjetischen Schiffe.

Die Seeblockade sollte eine Teilblockade sein, die ausschließlich gegen offensive Waffen gerichtet war. Sie war eine begrenzte Aktion, die Kennedy die Wahl ließ, seine Antwort auf die Raketen zum Luftangriff und zur Invasion zu steigern. Ebenso ließ sie aber auch Chruschtschow den Rückzug offen.

John F. Kennedy bezeichnete die Seeblockade als "Quarantäne", denn dies sollte eine Verteidigung und kein Angriff sein. Am 24. Oktober 1962 trat nun die "Quarantäne" in Kraft. Sie wurde durch eine Linie von 16 Zerstörern, 3 Kreuzern und einem Flugzeugträger gebildet, auf die sich 18 Sowjetfrachter zubewegten, beschützt von U-Booten.

"Die Quarantäne" war erfolgreich, da 16 von 18 Frachtern umkehrten. Doch damit war die Krise selbst nicht gelöst, da trotzdem immer noch bereits vorhandene Raketen auf Kuba stationiert wurden.

Jetzt kam die Zeit der Chruschtschowschen Briefe. Am 26. Oktober 1962 erhielt John F. Kennedy über einen geheimen Fernschreiber den ersten Brief von Chruschtschow. Er klang ziemlich verworren, doch es wurde darin eine politische Lösung angedeutet.

Die sowjetische Botschaft gab am selben Tag Lösungsvorschläge bekannt: Die sowjetischen Raketen würden unter Überwachung der UNO abgebaut und zurück in die Sowjetunion gebracht werden, aber nur unter der Bedingung, wenn die USA für immer das Versprechen gebe, nicht mit ihren Streitkräften in Kuba zu landen. Die Krise schien sich ihrem Ende zuzubewegen, nachdem John F. Kennedy einen zweiten Brief von Chruschtschow erhalten hatte. Dieser war noch viel härter als der erste und Chruschtschow verlor kein Wort über den im ersten Brief angedeuteten Kompromiß.

Chruschtschow verlangte die Beseitigung aller stationierten Jupiter-Raketen in der Türkei.

Doch John F. Kennedy ignorierte diesen Brief und bezog sich in einem Antwortschreiben an Chruschtschow nur auf den Brief vom Vortag. Das Schreiben beinhaltete einen Vorschlag, dem zufolge die USA keine Invasion auf Kuba starten werde, wenn die Sowjets ihre Raketen auf Kuba demontierten.

Am 28. Oktober 1962 kam die Antwort von Chruschtschow. Er war mit diesem Vorschlag einverstanden und die Raketen wurden abgebaut. Als inoffizielle Gegenleistung wurden später die amerikanischen Jupiter-Raketen aus der Türkei entfernt.

Die USA und die Sowjetunion schrieben einen Brief an die UNO und damit war die Kuba-Krise am 28. Oktober offiziell beendet.

Während dieser 12 Tage fürchteten wir, dass der 3. Weltkrieg ausbricht und - als Atomkrieg - uns alle wahrscheinlich vernichten würde. Ängstlich naiv und fast kindlich suchten wir Alternativen zum Überleben. Was, wann und wo könnte man doch eventuell überleben? Ich erinnere mich gut daran, dass es ein schöner Herbst war, aber ich sah dies alles nicht sondern packte in einem schnell gekauften Rucksack die wichtigsten Sachen zusammen. Vor allem warme Kleidung, da ich überzeugt war, dass ich lange im Freien übernachten müsste. Abends hörten wir mit Fertö gemeinsam die Nachrichten, und am 24.

Oktober, als die Blockade ihren Höhepunkt erreicht hatte, waren wir beide überzeugt, dass wir uns im Schwarzwald verstecken müssten und wollten auch schon Freiburg verlassen. Andere Studenten dachten ebenso, nur verlief die Kommunikation zwischen uns - wegen der uns damals noch fehlenden Kommunikationsmittel wie eigene Telefon - sehr schleppend, und oft bekam einer vom anderen nur lückenhafte Nachrichten, weshalb kein Massenexodus in den Schwarzwald stattfand. Auch die Geschäfte waren betroffen, und so waren plötzlich bestimmte Lebensmittel, Batterien, Kerzen und Streichhölzer ausverkauft. Ans Lernen dachte in dieser Zeit keiner von uns, und ich grübelte innerlich schon darüber, dass damit Studienzeit und Studentenleben umsonst gewesen waren und es nie mehr so sein würde wie früher. Meine Vermieter-Familie Zipfel war am Abend des 27.Oktober schon auf alles gefasst und wollte in den nächsten Tagen in die Schweiz zu Verwandten fahren. Frau Zipfel fragte mich noch, ob ich weiter hier ausharren wollte, aber was sollte ich anderes tun?

Im Laufe des 28. Oktobers kam dann endgültig die erlösende Nachricht: Die sowjetische Marine drehte vor Kuba ab - mitsamt ihrer Intercontinental Raketen an Bord. Diese Nachricht wurde von uns allen gefeiert, und so konnte ich meinen Rucksack wieder auspacken und mich weiter auf mein Physikum konzentrieren.

Das Jahr endet mit einer recht aufregenden politischen Szenerie, mit der "Spiegel-Affäre". Am 26. Oktober besetzten Polizisten die Redaktionsräume des Nachrichtenmagazins "Der Spiegel". Rudolf Augstein, der Herausgeber, und einige Redakteure wurden wegen Landesverrats verhaftet. Der Grund: Ein Artikel des Militärexperten Conrad Ahlers über das NATO-Manöver "Fallex 62" hatte angeblich geheime militärische Informationen enthalten. Wegen des Eingriffs in die Pressefreiheit kam es bundesweit zu Protesten. Die "Spiegel-Affäre" wuchs sich zur Regierungskrise aus, Verteidigungsminister Franz Josef Strauß musste sein Amt aufgeben. Diese politische Affäre traf auch uns Studenten, vor allem die rechts stehenden Studenten. Ich mache keinen Hehl daraus, dass mir anfangs Franz Josef Strauß als ein sympathischer und fähiger Politiker erschien, umso enttäuschter war ich wegen dieser undemokratischen Ereignisse.

Meinen Nachtdienst in der Psychiatrie nutzte ich fleißig weiter, da ich gut in der Stille der Nacht lernen konnte und in der anderen Nachthälfte zum Schlafen kam.

Eines Abends, als ich mich mal wieder in mein Physiologie-Buch vertieft hatte, kam ein älterer Mann zu mir und bat um etwas Essen vor dem Schlafengehen. Ich gab ihm bereitwillig ein Stück Brot mit Butter und entschuldigte mich, dass ich leider nicht mehr in der Küche gefunden hatte.

„Es ist nicht schlimm. Ich hatte nur plötzlich einen fürchterlichen Hunger, so dass ich unbedingt etwas essen musste." sagte er entschuldigend und lächelte etwas verlegen. Er war ziemlich übergewichtig, mit einem bedenklich großen Bauch. Er trug ein zerknittertes Hemd und eine recht schmutzige Krawatte, welche wohl noch das letzte Monatsmenü zeigte. Seine Hose war abgenutzt und glänzte am Knie und sein Jacket sah auch nicht mehr frisch aus. Die spärlichen Haare auf seinem Kopf waren ungekämmt und sein Gesicht hatte ein Doppelkinn mit einem unrasierten Drei-Tage-Bart.

„Ach, ich habe mich noch nicht vorgestellt," lächelte er und sagte dann „Ich bin Professor der Philosophie, besser gesagt Geschichtsprofessor der philosophischen Fakultät."

„So, so" antwortete ich schnell und dachte mir gleich ‚Du darfst nur nicht glauben, was Du hier hörst, das ist hier ein ungeschriebenes Gesetz'

„Aber ich habe Sie noch nie hier in der geschlossenen Abteilung gesehen" antwortete ich „Ich kenne Sie gar nicht."

„Ja, das ist durchaus möglich, weil ich erst heute nachmittag hier - leider unfreiwillig -gelandet bin. Aber morgen früh werde ich schon auf die Privatstation verlegt, der Professor hat es mir versprochen. Aber eine Nacht muss ich hier aushalten. Na, ich werde es überstehen, und wenn alle so nett sind wie Sie, dann komme ich schon zurecht." Ich wollte keine weiteren Einzelheiten erfragen, diskreter Abstand ist immer das Beste, aber mich interessierte plötzlich doch, ob er tatsächlich Geschichtsprofessor sei und fragte deshalb vorsichtig:

„Herr Professor, Sie sind doch Geschichtsprofessor, könnten Sie mir vielleicht etwas über die ungarischen geschichtlichen Ereignisse 1848/49 erzählen?" Er lächelte etwas ironisch und fragte: „Wollen Sie mich prüfen?" Plötzlich schämte ich mich wegen meiner banalen Frage und wäre am liebsten davongelaufen, aber es war zu spät.

„Nein, nein, ich bitte Sie, bitte, verzeihen Sie mir! Ich habe es wirklich nicht so gemeint", wiegelte ich ab. Aber er reagierte ganz gelassen und sagte nur:

„Kein Problem junger Mann. Ich hätte wahrscheinlich in Ihrer Situation das gleiche getan, schließlich ist es nicht alltäglich, dass hier in der geschlossenen Abteilung ein Oxford Professor landet, oder?"

Das erschien mir wiederum doch recht fragwürdig, schließlich war hier in unserer Abteilung jeder zweite Patient der Papst oder Galilei. Ich kam aber nicht mehr dazu, meine Gedanken zu Ende zu führen, als der Professor plötzlich mit seinem Vortrag über die ungarische Revolution 1848 begann. Ich war absolut sprachlos und schämte mich jetzt erst recht. Er erzählte mir mit größter Genauigkeit die verschiedenen Zusammenhänge des Habsburger Hofes, Frankreichs, der Preußen und der ungarischen Außenpolitik, so dass ich nur noch mit den Ohren wackelte.

Am nächsten Morgen, nach der Ablösung, erfuhr ich dann auch noch, dass er wegen eines leichten Nervenzusammenbruchs oder wie man heute sagen würde ‚Burnout Syndrom' zu uns gekommen war. Er war tatsächlich ein berühmter Philosophie-Professor aus Oxford. Wir blieben weiter gute Bekannte, und ich kann mich bei ihm auch für einen hoch interessanten gemeinsamen Nachmittag mit Heidegger bedanken.

Als ich 1965 im Mai in Freiburg heiratete und wir als frisch getrautes Ehepaar das Rathaus verließen, war er zufällig der Erste, der uns auf der Straße zu unserer Hochzeit gratulierte, aber noch immer im selben Anzug und mit abgenutzter, recht speckiger Krawatte.

Mit Riesenschritten näherte sich die Physikumsprüfung, und dementsprechend stieg in mir die Angst auf. Oft dachte ich daran: Was wird passieren, wenn ich das Physikum nicht schaffen würde? Was sollte ich dann machen? Hatte ich einen Plan B? Um ehrlich zu sein, ich war absolut planlos und hatte nicht die geringste Ahnung, was ich statt der Medizin anfangen sollte.

Retrospektiv gesehen, denke ich oft darüber nach, was für ein Leben unsere Jugend heutzutage hat, wieviele verschiedene Beratungsstellen heute existieren, die zwar nicht immer vollkommen aber dennoch vorhanden sind. In der damaligen Zeit war so etwas unvorstellbar. Überhaupt daran zu denken, etwas außerhalb der Universität zu beginnen, wenn man schon das

Abitur absolviert hatte, kam gar nicht in Frage. Außerdem war es nun für meinen Vater absolut selbstverständlich, dass ich Arzt werden würde. Dieser psychische Druck führte nicht selten zu Niedergeschlagenheit und Antriebsschwäche, was sich auch durch die nächtliche Arbeit verschlimmerte. Ich kann mir vorstellen, hätte ich damals Zugang zu Haschisch gehabt, so hätte ich es auch ausprobiert.

Kurz vor Weihnachten fiel bei den Emigranten die Stimmung auf den Nullpunkt. Familienfeste ohne Familie sind immer schmerzhaft, was dadurch noch gesteigert wurde, dass man nicht zu seinen Liebsten nach Hause fahren konnte. Je näher die Festtage kamen, um so enger schlossen sich die „Heimatlosen" zusammen. So trafen wir Ungarn uns auch immer öfter, und solche Treffen endeten stets in einem Trinkgelage.

Eine bemerkenswerte Eigenschaft der Ungarn, die sie auch mit Leidenschaft pflegen, ist ihre Melancholie. Melancholie bezeichnet einen seelischen Zustand von Schwermut oder Traurigkeit, der in der Regel auf keinen bestimmten Auslöser oder Anlass zurückgeht. Das Wort leitet sich ab von dem griechischen Begriff melancholia. In seinem Aufsatz „Trauer und Melancholie" von 1917 grenzt Sigmund Freud die Melancholie von der Trauer ab: „Sie sei dadurch gekennzeichnet, dass die Herabsetzung des Selbstgefühls nicht durch die positive Trauerarbeit behoben wird. Die Melancholie ist seelisch ausgezeichnet durch eine tief schmerzliche Verstimmung, eine Aufhebung des Interesses für die Außenwelt, durch den Verlust der Liebesfähigkeit, durch die Hemmung jeder Leistung und die Herabsetzung des Selbstgefühls, die sich in Selbstvorwürfen und Selbstbeschimpfungen äußert und bis zur wahnhaften Erwartung der Strafe steigert." (Siegmund Freud).

Die Ungarn besitzen die fast neurotische Eigenschaft, die fixe Idee, die Welt liebe sie nicht, die Welt will uns nicht verstehen und deshalb sind wir ewig beleidigt. Diese neurotische Einstellung wirkt hemmend auf die Entwicklung der ungarischen Nation. Sie reflektiert das Unverständnis gegenüber der Kritik anderer Nationen, was dann schnell im Beleidigtsein entartet. Deshalb scheinen manche geschichtlichen Ereignisse wie der Trianon-Vertrag nach dem 1.Weltkrieg unüberwindbar und werden trotz EU-Gemeinschaft unnötig nationalisiert. Ungarn trauert und träumt gleichzeitig gerne von der großartigen Vergangenheit. Auch versteht man es nicht, warum andere Nationen nicht in der Lage sind die Ungarn zu verstehen. Ungarn isoliert sich und fühlt sich in dieser Rolle als gewollter Held wohl. Anders ausgedrückt: Das Beleidigtsein steckt, glaube ich, in unseren Genen. Ob es eine überzogene Sensibilität ist oder schlicht und einfach Dummheit, darüber kann man lange

diskutieren, auch mit Freud, aber das ändert nichts an den Tatsachen. Natürliche Kritik, vor allem wenn sie von Außen kommt, ist immer schmerzhaft, aber manchen Dingen muss man ins Auge sehen und versuchen, dadurch den anderen zu verstehen.
„Beleidigungen sind die Argumente derer, die unrecht haben." Jean-Jacques Rousseau (1712 - 1778) oder ich würde sagen passt zu uns, um darüber hinweg zu segeln oder ‚eine dicke Haut ist ein Geschenk Gottes', von Konrad Adenauer (1876 - 1967).
Eine sehr bezeichnende Bemerkung über uns Ungarn las ich kürzlich in der Zeitschrift ‚Essen&Trinken' :
„Ein Ungar in der Fremde ist laut Vorschrift aller besseren Operetten ein unglücklicher Ungar, der ohne Unterlass in seine Gulaschsuppe weint, wobei ihm ein Stehgeiger gegen überhöhtes Trinkgeld behilflich ist."

Deshalb also trafen wir Ungarn uns in entsprechender vorweihnachtlicher Stimmung und spekulierten, was wir wohl am Heiligen Abend oder während der Feiertage anstellen sollten. Selbstverständlich herrschte bei solchen Diskussionen wieder die unüberwindbare Melancholie, die letzten Endes zu merkwürdigen Schlüssen führte. Mészáros Bandi schlug plötzlich vor:
„Du, ich werde am Heiligen Abend ein ganzes Brathähnchen essen und eine ganze Flasche Wodka trinken und anschließend ins Münster zur Mitternachtsmesse gehen." Er strahlte siegessicher und dachte, er würde jetzt eine absolut ungewöhnliche Tat vollführen.
„Ach nein, das schaffst Du ganz allein"? fragte ich ungläubig und ergänzte so nebenbei
„Wenn Du alleine, ohne fremde Hilfe, die ganze Flasche austrinkst, dann mache ich auch mit. Aber Du darfst keinen Tropfen abgeben und musst danach pünktlich um Mitternacht im Münster sein."
Ich drehte mich zu den anderen um und setzte fort:
„Und Ihr fungiert als Schiedsrichter. Wenn er das nicht schafft, dann muss er meine ganzen Ausgaben ersetzen. Bist Du einverstanden Bandi?"
„In Ordnung, die Wette gilt! Wir können unsere Sachen gleich kaufen, da morgen sowieso schon der 24.12. ist." Wir marschierten los und jeder von uns kaufte eine Flasche 0,7 Liter 45% Wodka. Anschliessend verabredeten wir, dass wir uns alle in Bandis Bude am nächsten Tag um Punkt 18 Uhr treffen würden. Am Abend des 24.12. waren wir alle da mitsamt unsren knusprigen Brathähnchen. Wir begannen mit dem Verspeisen des Huhnes und tranken nebenbei immer wieder reichlich Wodka. Um ca. 23 Uhr 30, stand ich auf und lallte mit schwerer Zunge, dass ich noch einen Schluck Wodka habe und dann

ins Münster gehen würde, ohne darauf zu achten, in welcher Verfassung Bandi war. Schon die Treppe hinunterzusteigen fiel mir sehr schwer, aber letztendlich schaffte ich es doch auf die Straße. Wie ich aber zum Münster gekommen war, das nicht weiter als 200 Meter entfernt lag, weiß ich nicht mehr. Mir wurde meine merkwürdige Situation erst wieder beim Eintritt bewusst, als seltsamerweise die Menschen mir trotz des überfüllten Münsters einen breiten Korridor bereiteten als wenn ich der Bischof gewesen wäre. Mein unsicherer Gang nahm zu und die Kirchenwände fingen an zu wackeln. Ich fühlte mich wie auf hoher See und entschloss mich deshalb, rechtzeitig, das Gottes-Haus schleunigst durch einen Seitengang wieder zu verlassen. Draußen an der kalten Luft ging es mir etwas besser und von irgendwoher wünschte mir jemand ein schönes Weihnachtsfest, wobei ich nur dachte: ‚Siehst Du, ich hatte schon meine Bescherung'.
Anschließend setzte ich meinen Weg nach Hause fort und erreichte kurz vor 6 Uhr früh endlich mein Zimmer. Ich muss allerdings bemerken, dass die Entfernung zwischen Kirche und meiner Bude nicht mehr als ca. 1000 Meter betrug. Was den Zeitraum zwischen 24 und 6 Uhr betrifft, so existierte bei mir nur ein dunkles Loch. Ich fiel in mein Bett und schlief sofort ein. Wie ein fürchterlicher Hammerschlag auf meinen Schädel erklangen um 6 Uhr früh die Feiertagsglocken der Kirche nebenan und weckten mich unsanft auf. Später klopfte meine Wirtin an die Tür mit frischem Kaffee und Kuchen und wünschte mir schöne Weihnachten.
„Wir haben Sie zwischen dem ersten und zweiten Stock schlafend gesehen und wollten Sie nicht aufwecken."
„Um Gottes Willen und wann war das?" fragte ich entsetzt.
„Nun, so etwa gegen 2 Uhr in der Nacht" lachte sie „Ich glaube, ein starker Kaffee wird Ihnen gut tun"
„Das glaube ich auch, und wenn Sie vielleicht auch noch ein Aspirin hätten, dann wären Sie meine Lebensretterin!"
„Natürlich, ich bringe Ihnen sofort eine Tablette."
„Vielen Dank, Frau Zipfel. Dieses Weihnachten werde ich sicher nicht so schnell vergessen" und ich lächelte gequält.
Kurze Zeit später trat ihre Tochter Edith ein. Sie war sehr hübsch und vor allem attraktiv, 6 Jahre jünger als ich. Als sie in mein Zimmer kam lachte sie laut auf und überreichte mir die rettende Tablette.

„Na, Sie haben aber schön ausgesehen, ich habe Sie erst gar nicht erkannt", plauderte sie. Ich lächelte sauer mit brummendem Schädel, auf einen weiteren Plausch war ich nicht erpicht. Trotzdem führte diese Begegnung zwischen uns

beiden fast zu weiteren Konsequenzen wäre nicht ein Kommilitone rettend in die Bresche gesprungen.
Nachmittags habe ich dann Bandi aufgesucht, der noch immer in seinem Bett lag. Mir wurde klar, dass ich wohl die Wette gewonnen hatte.
„Hallo Bandi, ich sehe Du bist alkoholkrank" begrüßte ich ihn.
„Hör auf! Bitte kein Wort mehr über Alkohol!" krächzte er.
„Du, ich sehe, Deine Wodkaflasche ist auch nicht ganz leer." Auf das Wort ‚Wodka' hin sprang er aus dem Bett, sein Gesicht verfärbte sich grau-grün, er rannte zum Waschbecken und versuchte sich zu übergeben, aber es kam nichts mehr und so entstand ein würgend pfeifender Ton, während er dies mit dem jammernden Satz untermalte: „Mein Gott, hilf mir, ich sterbe."
Ich ließ ihn sterben und zog mich in ein Café zurück, das am ersten Feiertag offen war. Dort traf ich Fertö, der mir weitere Einzelheiten über meine Wodka-Kur erzählte.

Silvester verbrachten wir - wie schon mehrmals – auf dem Schauinsland im Universitäts-Heim. Hier trafen sich Studenten aus verschiedenen Fakultäten und Nationalitäten, was immer recht lustig war. Aber dieses Mal trank ich sehr wenig Alkohol und von unsere Clique fehlte nur Bandi. Hier lernte ich auch eine sehr nette Amerikanerin aus Virginia kennen, aber da sie sehr eindeutige Heiratsabsichten äußerte suchte ich schnellstens das Weite. Ähnlich erging es mir auch mit einer wohlhabenden, recht pummeligen blonden Studentin der Germanistik, die mich gleichfalls mit allen Mittel ewig an sich binden wollte, aber ich fand es doch etwas zu früh, um mich zu einem solchen Schritt zu entschließen.
Der Winter 1963 war bitterkalt und brachte für Freiburg ungewöhnlich reichlich Schneefall mit sich. Da ich leider überall sparen musste, also auch an Heizmitteln, war es an der Tagesordnung, dass meine gefüllte Waschschüssel jeden Morgen von einer dicken Eisschicht bedeckt war. Deshalb entwickelte ich einen besonderen Apparat, um wenigstens rechtzeitig warmes Wasser beim Aufstehen zu haben. Ich montierte eine Art Schalter auf die Rückseite eines alten Weckers, wo sich der Drehschlüssel befand, und klebte einen Seilzug daran. Wenn der Wecker morgens klingelte und sich dabei der Schlüssel zu drehen begann, zog er durch die Schnur des kleinen Schalters, der wiederum den an ihn angeschlossenen Strom einschaltete. An diesem Schalter waren mein Radio, mein Tauchsieder und das Licht angeschlossen, und so schaltete sich morgens um 7 Uhr mein Radio ein, und wenn ich aufstand, so hatte ich auch mein heißes Wasser zum Waschen und zum Tee kochen. Da Kaffee für mich zu teuer war, trank ich deshalb morgens

ausschließlich Tee. Selbstverständlich gibt es heute solche automatischen Stromschalter fertig zu kaufen, nicht aber im kalten Winter 1963, und so wurde meine Apparatur eifrig von anderen Studenten nachgebaut.

Auch sonst begann das Jahr 1963 ziemlich heftig, weil ich noch zahlreiche sogenannte Testate einholen musste, bevor ich mich zum Physikum anmelden konnte. Auch unsere Prüfungsgruppe arbeitete unermüdlich, und Werner Grüninger kam öfter zu mir, um spezielle Fragen durchzunehmen. Die Spannung stieg und entsprechend wurden meine Nerven strapaziert. Auch von meinen Freundinnen zog ich mich zurück, was ehrlich gesagt nicht ganz einfach war, aber wie Hermann Busenbaum bzw. Busembaum (1600-1668) der Jesuit und Theologe war, in seinem Werk Medulla theologiae „Cum finis est liticus, etiam media sunt licita" sagte - „Wenn der Zweck erlaubt ist, sind auch die Mittel erlaubt". So habe ich also weise gehandelt.

Während meiner Vorbereitung zum Physikum entwickelte ich oft abwegige Gedanken, so dass ich plötzlich wieder Lust zum Cellospiel bekam und ich mich entschloss, wenn die Prüfungen gut verliefen, ich anschließend wieder mit dem Cellospiel beginnen wollte. Außerdem dachte ich schon hin und wieder darüber nach, welchen Berufszweig ich nach dem Staatsexamen einschlagen wollte und entschloss mich in Richtung operative Medizin zu gehen. Leider wurde ich mit etlichen schlechten Nachrichten sehr unsanft aus meiner Träumerei geweckt, die auch mein Studentendasein direkt beeinflussten.

Unser Engel, Schwester Maria, die uns so oft geholfen hatte, verstarb nach einem plötzlichen Herzinfarkt.

»Selig sind die Toten, die im Herrn sterben. Von nun an, spricht der Geist, sollen sie ausruhen von ihren Mühen, denn ihre Werke folgen ihnen nach.«
(Off. 14,13)

✝

Zur Erinnerung im Gebet und beim hl. Opfer an Ehrw. Schwester

Maria Ehrenfrieda Jelli

Kreuzschwester

geb. am 17. Juni 1915 in Zsámbék/Ungarn
Hl. Profeß am 6. Jan. 1936 in Zsámbék
gest. am 8. Febr. 1963 in Krozingen/Baden

»Mein Glück ist es, an Gott mich festzuklammern, mein Hoffen auf den Herrn zu setzen.« (Ps. 72,28)

Dies war ein schwerer Schlag für uns, und wir wussten nicht, wie es betreffend Altenheim-Mittagstisch, Bücher-Spenden usw. weitergehen würde. Dazu kam noch, dass die Zahl der Aushilfskräfte in der Psychiatrie stark reduziert wurde und leider auch mein Platz gefährdet war. Eine andere, aber ähnlich schlimme Nachricht erhielt ich mein Stipendium betreffend. Mir wurde mitgeteilt, dass im Falle eines erfolgreichen Physikums die Möglichkeit bestehe, das Stipendium zurückzubekommen, aber erst nach gründlicher Prüfung in Bonn, was mit einer Auszahlungsverspätung von mindestens 4 Monaten verknüpft war. Das hieße, dass ich praktisch keinen Pfenning mehr besitzen würde und - falls mein Physikum schief laufen würde – ich wohl auf der Straße enden würde. Ich hatte zwar noch eine kleine Reserve, aber wenn meine Mutter doch noch nach Freiburg käme und ich den ganzen Aufenthalt zahlen musste, blieb von dieser Geldbasis nichts mehr übrig.

Leider hat das Leben ohne Frauen keinen Wert oder der Mann ist ohne die Frau ein Baum ohne Laub und Zweige. Allerdings gibt es ein kaum größeres Missverständnis als das, wenn ein Mann eine Frau vollkommen zu verstehen glaubt. Deshalb trennte ich mich wieder von meiner Freundin Hilla und wandte mich schnellstens einer neuen Freundin zu. An meinem Geburtstag feierten wir wieder kräftig und zu meiner großen Überraschung hatte ich mich im Stillen sozusagen verlobt. In den nächsten Tagen wurde es mir erst richtig bewusst, dass ich nicht nur mein letztes Geld fast versoffen hatte sondern nun auch noch eine Frau endgültig am Hals haben würde. Nicht genug, dass ich vor der großen Herausforderung des Physikums stand, was meine Zukunft bestimmen würde, und der Ausgang absolut unklar erschien. Ich war ganz sicher, dass ich in geistiger Umnachtung gehandelt haben musste. Nach mehreren Anläufen, um meine Freiheit wieder zu erlangen, was jedesmal misslang, meldete sie sich plötzlich und teilte mir mit, dass sie wieder in ihre Heimat nach Mannheim zurückziehen müsste, versprach aber, dass wir weiter zusammenbleiben und sie mich ständig besuchen würde. Ich dachte, es sei ein plötzliches Gottesgeschenk und hoffte insgeheim, dass die Entfernung dann alles wie von selbst erledigen würde, wie es dann auch letztendlich passierte.

Am 21. März war es dann soweit. Morgens um 8 Uhr 30 begann meine erste schriftliche Prüfung in Biochemie. Obzwar ich wegen meiner ungarischen Vorkenntnisse in Chemie sicher war, hierbei keine Überraschungen zu erleben, war die schriftliche Arbeit sehr schwer und ich dachte schon an das Schlimmste. Meine Befürchtung war nicht unbegründet und ich musste mich leider mit einer Note 4 begnügen. Zwei Tage später folgte die mündliche Prüfung, bei der ich mit einer Note 1 wieder alles ausmerzte. Am 29. März kam dann die schwerste schriftliche Prüfung, Physiologie. Ich war sehr aufgeregt, und meine Spannung wurde noch dadurch gesteigert, dass wir nicht wie vorgesehen um 9 Uhr sondern erst um 11 Uhr 30 beginnen konnten. Leider ging die schriftliche Arbeit mächtig daneben, eine glatte Note 5. Am 1. April erschien ich zur mündlichen Prüfung und ausgerechnet mit Institutsdirektor Prof. Dr. Albert Fleckenstein. Die Prüfung war kein Aprilscherz und dauerte nicht lange.

Er raunzte mich ziemlich mürrisch an: „Was soll ich nur mit Ihnen machen? Es ist alles Müll, was Sie hier produziert haben. Also machen wir es ganz kurz. Ich stelle ihnen eine Frage, wenn Sie die richtig beantworten können, stelle ich Ihnen die zweite Frage, wenn Sie darauf die Antwort nicht wissen, dann auf Wiedersehen. Eine weitere Chance haben Sie nicht."

Ich lächelte verkrampft und ergeben, was blieb mir auch anderes übrig, und dachte ‚das ist das Ende'. Und wie es kommen sollte, so kam es auch, und ich war relativ schnell wieder draußen vor der Tür. Dort traf ich Werner und erzählte vom Ende meines Medizinstudiums, und dass ich mir jetzt einen guten Job suchen müsste und bei der letzten Prüfung, Anatomie, nicht mehr teilnehmen würde.

„Du bist verrückt! Du kannst doch mit der Anatomieprüfung noch alles herausholen und dann machst Du in Physiologie eine Nachprüfung, und das war es."

„Ich weiß nicht, vielleicht sollte ich überhaupt nicht Arzt werden, vielleicht war es ein Zeichen Gottes, dass ich nicht für den Arztberuf geeignet bin."

„Schwachsinn! So ein Idiot, Du glaubst doch nicht, dass ein verrückter Professor einem so das Leben versauen kann, oder?"

„Hör mal Werner, Du redest leicht. Du hast bisher lauter 1-er, Dich plagt doch nicht der geringste Zweifel, oder? Bei mir ist es ganz anders. Ich sehe ein, dass ich ein viel zu großes Risiko eingegangen bin. Ich habe mich schlecht vorbereitet und mich zu früh zum Physikum angemeldet, obzwar mich meine Landsleute alle davor warnten. Und um ehrlich zu sein, wir haben außerdem viel zu viel gefeiert und zu viele Freundinnen gehabt. Auch die kurzen Nächte und die Nachtarbeit zehrten an meiner Kraft. Aber ich will jetzt nicht jammern oder verzweifelt nach einem Grund suchen, es ist halt so, Schluss, aus, das war es."

Ich lächelte unsicher, fuchtelte mit dem Arm, um meine Argumentation noch zu untermauern und wollte gerade gehen, als mir doch noch etwas einfiel: „Werner, weißt Du was, komm wir gehen jetzt einen trinken, ich muß diesen Staub aus dem Hals kriegen."

„Aha, Du kommst wieder zu Dir, wie nach einem k.o. aber noch keinem kompletten Knock out." Er lachte laut auf und fügte hinzu „und beim Meyerhofer reden wir nochmal über die Fortsetzung des Physikums".

„Darüber ist nicht mehr viel zu reden, aber saufen tun wir mit Sicherheit."

Ich glaube, es war schon gut Mitternacht, als Werner plötzlich laut aufschrie:

„Um Gottes willen, wir müssen übermorgen zur Anatomie-Prüfung. Komm, lass uns austrinken und dann ab nach Hause." Er stand schon auf und winkte der Bedienung zu.

„Ich gehe nicht zur Prüfung. Das habe ich Dir doch schon gesagt, außerdem bin ich fix und foxi. Ich kann es gar nicht schaffen, ich muss erstmal meinen Rausch ausschlafen, aber Du solltest gehen." wehrte ich ab.

„Na gut, dann gehe ich pinkeln und dann werde ich mich verabschieden" und er verschwand im Tabakdunst. Ich trank mein Bier aus und wollte gerade aufstehen, als Werner wieder vor mir stand und sagte:

„So, gehen wir. Ich habe was für Dich. Es ist Plerudin, ähnlich wie Pervitin, ein Amphetamin, also ein Aufputschmittel. Du nimmst die Pillen morgen früh und dann noch einmal übermorgen früh vor der Prüfung. Du wirst sehen, es hilft enorm. Aber mehr kriegst Du nicht. Hier hast du zwei Pillen." Er reichte mir die beiden weißen kleinen runden Pillen und fügte noch hinzu:

„Und übermorgen um 8 Uhr 30 sehen wir uns vor dem anatomischen Institut. Übrigens, die Zeche habe ich schon bezahlt".

Ich weiß zwar nicht, warum ich ihm nicht widersprach, vielleicht wegen des zuviel getrunkenen Bieres oder weil ich in diesem Moment doch etwas unsicher war, was die Fortsetzung meines Physikum betraf. Wie heißt es so schön: 'in vino veritas' auf jedenfall trennten wir uns, ich marschierte nach Hause und war froh in meinem Bett zu liegen.

Am nächsten Morgen dachte ich nochmals darüber nach, ob ich zur Anatomieprüfung gehen sollte. Aber mehr als durchfallen konnte ich nicht, dachte ich mir und setzte mich mit erneuter Intensivität an den Tisch zum Lernen. Ich war überrascht, wie einfach und ohne Hemmungen ich von einem Kapitel zum anderen gelang, und kaum blickte ich auf, da war es auch schon Abend. Ich ging an diesem Abend relativ früh zu Bett und erst jetzt fiel mir die Pille von Werner ein. Aber es war schon viel zu spät, und so entschloss ich mich, am nächsten Morgen diese angebliche Wunderpille zu schlucken.

Am 3. April um 8 Uhr 30 war es wieder soweit. Nachdem ich vorher noch schnell die Pille geschluckt hatte stand ich pünktlich vor dem Anatomie-Institut. Prof. Dr. Keller, der älteste und ein sehr gutmütiger Professor der Anatomie übernahm unsere Gruppe zum Prüfen. Er war ein netter und großzügiger Prüfer, ein von Studenten aber auch von Mitarbeitern allseits akzeptierter und geliebter Wissenschaftler. Er erzählte uns häufig, wie er nach dem zweiten Weltkrieg das stark zerstörte Institut wieder mit aufgebaut hat, wie er für das Institut Lebensmittel aus der Schweiz schmuggelte und mit welchen Schwierigkeiten er am Anfang nach dem Krieg zu kämpfen hatte. Er fuhr ein uraltes Motorrad und trug Anzüge aus den 30er Jahren, und er feierte auch gerne mit den Studenten, was oft spät bis in die Nacht dauerte.

Als wir von unserem Glück erfuhren, da waren wir alle sehr erleichtert, und ich dachte nur ‚na ja, Gott ist doch gerecht'.

Die Prüfung verlief relativ schnell und als ich drankam und die Fragen hörte, dachte ich, es kann nicht wahr sein - ich konnte alles ausnahmslos beantworten. Ich hatte das Gefühl, alle Antworten zu wissen, ich war absolut euphorisch, äußerst lebhaft und musste mich sogar etwas bremsen. Meine Prüfung verlief einfach wunderbar, und meine Note, eine dicke 2, war auch nicht übel. Damit war ich tatsächlich gerettet, nur in der Physiologie musste ich eine Nachprüfung im Juli ablegen und hoffte schon jetzt, dass ich diese Prüfung schaffen könnte. Am nächsten Morgen befiel mich jedoch bleierne Schwere. Ich konnte nicht aus dem Bett kommen, mir taten alle Glieder weh, mein Kopf brummte wie ein altes Radio ohne Sendung und es war mir hundeübel. Jetzt fiel mir wieder diese Wunderpille ein und dies waren die Nachwirkungen. Ich schwor mir, solche Putschmittel nie wieder in meinem Leben zu schlucken. So ist es auch geblieben, das war das erste und letzte Mal, dass ich eine Aufputschdroge genommen habe.

Nach der Prüfung erhielt ich als Nachtpfleger eine Dauerstelle in der Psychiatrie. Zur Erholung entschloss ich mich, mit einem Freund, der ein paar Semester unter mir war, per Autostopp und Schwarzfahren mit der Eisenbahn nach Rom zu reisen. Geld hatte ich nicht viel, aber ich baute auf meine neue Stellung in der Psychiatrie, und so brachen wir mit meinem letzten Pfennig nach Rom auf. Wir besorgten uns zuerst ein Visum nach Italien sowie ein Durchreisevisum durch die Schweiz. Dann ergatterte ich noch leihweise ein Zelt von meiner Wirtin und mit Rucksack ging die Reise los. Karesz, mein Begleiter, fabrizierte noch eine Tafel aus Pappe, auf der geschrieben stand „Student nach Rom", und so stellten wir uns auf die Straße und warteten. Zum Glück dauerte es nicht lange, bis der erste Wagen anhielt und uns bis Basel mitnahm. So ging es bis zur italienischen Grenze, wo uns das erste Problem erwartete.

„Papiere bitte!" erklang die recht unhöfliche Stimme des italienischen Grenzbeamten.

„Wohin wollen Sie fahren? Wieviel Geld haben Sie bei sich und zu wem fahren Sie?" wollte der Beamte wissen.

„Wir fahren nach Rom, besser gesagt in den Vatikan, und schlafen werden wir im Collegium Germanicum et Hungaricum." antwortete Karesz wie aus der Pistole geschossen.

„Ach so, im Vatikan?" fragte er mit einer nicht zu überhörenden Ironie.

„Sind Sie vielleicht vom Papst zur Audienz geladen? Das können Sie mir ruhig anvertrauen, ich kenne den Papst sehr gut und er wartet schon auf Sie." Er grinste jetzt über sein ganzes fettes Gesicht und fügte hinzu:

„He, Kollege, hier sind zwei Pilger, die zum Papst nach Rom wollen, soll ich sie weiterreisen lassen?" und drehte sich zu seinem Kollegen um.

„Natürlich, die Lutheraner aus Deutschland sind immer willkommen im Vatikan" und lachte laut auf.

„Nein nein, es sind Ungarn, die nur in West-Deutschland studieren, apropos, was studieren Sie?" und drehte sich wieder zu uns.

„Medizin" sagte ich ziemlich verärgert, weil mir die Unterhaltung doch ziemlich albern erschien.

„Die wollen uns nur veräppeln" sagte ich zu Karesz auf Ungarisch, woraufhin mich der Beamte ganz schroff fragte:

„Was haben Sie gesagt, junger Mann? Ich lasse mich nicht von ihnen beleidigen".

„Nein nein, um Gottes willen, wie kommen wir dazu, ich habe nur gesagt, dass Sie uns scheinbar nicht glauben wollen".

„Hören Sie gut zu. Hier geht es nicht um Glauben, das können Sie sich für den Vatikan aufheben, hier gilt nur die Tatsache. Also, bitte die genaue Adresse, wo Sie übernachten wollen, mit Namen und allen Angaben!"

„Natürlich, bitte schreiben Sie" sagte Karesz seelenruhig und diktierte eine Adresse und Namen. Ich staunte nicht schlecht über seine reiche Phantasie, weil ich von dieser Adresse noch nie gehört hatte.

„Sehen Sie, es geht doch!" Er reichte uns unsere Pässe zurück und schlug vorher noch einen Stempel auf unsere Papiere.

„So, Sie können gehen und grüßen Sie den heiligen Vater von uns." sagte er noch genüsslich, und das brauchte er nicht zu wiederholen, wir waren schnell davon.

Als wir schon ein ganzes Stück weiter vom Grenzübergang entfernt waren, fragte ich Karesz vorsichtig:

„Du, mein Lieber, Du hast Nerven, woher hast Du diese Adresse? Wenn die es nachprüfen, dann sind wir aber dran!"

„Wieso? Es stimmt alles. Der Name ist von einem Schulfreund aus dem Benediktiner Gymnasium von Kastl. Er ist im Priesterseminar in Rom und wohnt im Collegium Germanicum-Hungaricum. Also, was willst Du, es ist alles legal. Dass er aber von unserem Besuch nichts weiß, na, das ist Nebensache. Aber wir werden ihn unter allen Umständen aufsuchen, da er wirklich freien Zugang zum Vatikan hat. Ob wir dort bei ihm übernachten können ist jedoch fraglich, aber wir haben ja schließlich unser Zelt, oder? Also lass uns weitergehen!"

Die Fahrt nach Rom verlief relativ glatt und den Umständen entsprechend schnell. Die italienischen Autofahrer waren durchaus nett und hilfsbereit und nahmen uns immer mit, so dass wir schon nach zwei Tagen in Rom ankamen. Wir mussten nur einmal am Straßenrand im Zelt schlafen und abgesehen davon, dass wir am frühen Morgen von einer Kuh geweckt wurden, ist nichts passiert. In Rom angekommen versuchten wir sogleich, unseren Vatikansfreund zu treffen. Wir hatten Glück, er war in Rom und erklärte sich sogar dazu bereit, uns den Vatikan zu zeigen. Es war das erste Mal in meinem Leben, dass ich den Vatikan betrat. Ich ahnte damals noch nicht, dass ich später noch mehrmals Möglichkeiten haben würde sogar längere Zeit im Vatikan zu verweilen und nicht weniger als zwei Päpste persönlich kennenzulernen.

Es war Osterzeit, die Stadt war voller Pilger, und deshalb fuhren wir nach Ostia zu einem Campingplatz, da in Rom schon alle Übernachtungsmöglichkeiten überfüllt waren. Ostia ist ein beliebtes Ziel für

Rom-Touristen: Neben den Ausgrabungen in Ostia Antica, der Hafenstadt des antiken Roms, locken vor allem die Strände. Diese sind im Sommer meist überlaufen. Zu Ostern hingegen, wenn vor allem den ‚Römern' das Wasser noch zu kalt ist, ist Ostia so etwas wie das Naherholungsgebiet Roms. Da wir nicht viel Geld hatten lebten wir von Weißbrot, italienischer Salami und Rotwein, mit dem Erfolg, dass wir uns eine kräftige Verstopfung einhandelten. Am Ostersonntag fuhren wir zum St. Petersplatz, um das berühmte Urbi et Orbi zu erleben.

Der damalige Papst Johannes XXIII, mit bürgerlichem Name Angelo Giuseppe Roncalli, war ein außergewöhnlicher Papst. Er rief überraschender Weise das zweite vatikanische Konzil ein, war Vermittler in der Kubakrise zwischen John F. Kennedy und Nikita Chruschtschow und führte zahlreiche Friedensinitiativen durch, zum Beispiel durch seine ‚Enzyklika Pacem in terris'. Leider erlebte er den Abschluss des 2. Konzils nicht mehr, da er am 3. Juni 1963 starb. Er wurde im Jahre 2000 am 3. September zusammen mit dem Konzilpapst des 1. Vatikanums (1869/70) Pius IX. seliggesprochen. So durften wir ihn bei seinem letzten Osterfest Urbi et Orbi noch erleben.

Nachdem wir wieder nach Freiburg zurückgekehrt waren, suchte ich erst einmal wieder die Psychiatrie auf, um mich erneut um eine Stelle im Nachtdienst zu bewerben. Mein positives Gefühl täuschte mich diesmal nicht und nach einer kurzen Unterredung bekam ich meinen alten Platz wieder, und hatte damit den Semesterferienplatz auch gesichert. Jetzt konnte ich mich ungestört und ohne Sorge auf meine Physiologie-Wiederholungsprüfung stürzen. Ich musste mich bis zum 10. Juni 1963 anmelden und bis dahin das gesamte Fach Physiologie erneut aufarbeiten. Diesmal ging ich fast generalstabsmäßig vor. Ich teilte meine Zeit gut ein und gab mir selbst auch noch genügend Zeit für die gesamte Stoffwiederholung zum Schluss. Nach meiner Einschätzung dürfte es nun nicht mehr schiefgehen - wenn ich natürlich den hier vorliegenden Plan auch einhalten würde. Meine Wiederholungsprüfung war am 09.Juli schriftlich und am 17.Juli mündlich vorgesehen. Auch mein Privatleben wurde sehr stark reduziert. Meine Freunde bekamen mich sehr selten zu Gesicht.

Ich bekam eine alte Schreibmaschine geschenkt, die zwar einigermaßen arbeitete, deren einzelne Buchstaben jedoch miserabel waren. Das machte nichts: Ich hatte meine erste Schreibmaschine, auch wenn ich leider nur mit der zwei-Finger-Technik schreiben konnte.

Meine Lernstrategie wurde neu konzipiert: Ich teilte mir die gesamte Physiologie in mehrere Abschnitte auf und ordnete noch Prüfungsfragen dazu und kaute auf diese Weise regelrecht die einzelnen Kapitel durch. Ich muss sagen, dass diese Art der Lernmethode zwar sehr erfolgreich aber auch fürchterlich anstrengend ist. Nach jedem Kapitel folgte dann eine kurze Wiederholung, was desöfteren in totaler Frustration mündete, wenn ich feststellen musste, dass ich schon wieder wichtige Details vergessen hatte. In diesen Augenblicken bin ich meistens aufgesprungen und mit Wut im Bauch zur nächsten Kneipe gelaufen, um meinen Frust zu ertränken. Wenn solche Anfälle vorbei waren, dann ging die Prozedur wieder von vorne los. Auch hier merkte ich, dass mich Detailfragen weniger interessierten als die Zusammenhänge, und wenn ich die Logik im Ganzen entdeckte und auch verstand, dann waren die Einzelfragen nur zweitrangig. Ich muss zugeben, dass ich dadurch oft oberflächlich handelte, da ich schnell Dinge begriff oder meinte, sie begriffen zu haben, was sich dann später bitter rächte. Der Sommer war sehr heiß und mitten im Juni/Juli litten wir nachts öfter unter tropischen Temperaturen. Sich dabei konzentriert auf ein Examen vorzubereiten war wahrlich kein Zuckerschlecken.

Endlich war es am 09. Juli soweit. Um 15:00 Uhr begann die dreistündige schriftliche Prüfung. Am Ende der Prüfung war ich mir überhaupt nicht sicher, ob ich es wirklich geschafft hatte und bin mit Fertö zu unserer Kneipe gegangen, um den ‚schriftlichen Staub' hinunterzuspülen. Dort wurde ich schon von meinen anderen Freunden erwartet, die mich zu trösten und zu beruhigen versuchten, doch mit wenig Erfolg. Mein Kopf war voller Fragen: Was werde ich tun, wenn ich auch diesmal durchsause? Die nächsten Tage waren fast unerträglich, eine ganze Woche musste ich nun auf die alles entscheidende mündliche Prüfung warten. Trotz Hitze lernte ich sehr viel und fing leider auch gleichzeitig mit dem Rauchen an. Zuerst kaufte ich mir die Roth-Händle Sechser Packung, merkte aber, dass dieses Kraut für mich als Anfänger doch etwas zu stark war, und so wurde ich für lange Zeit zum Hb-Raucher. Am letzten Abend vor meiner mündlichen Prüfung war ich innerlich sehr ruhig. Wie immer hatte ich auch diesmal einen Plan B, falls alles schief ginge: Ich hatte mich entschlossen, nach Amerika auszuwandern und mich der US Armee anzuschließen. Ich hatte gehört, dass ich dadurch die Chance bekommen könnte, eventuell weiterzustudieren. Am 17. Juli, um 11 Uhr 15, waren wir pünktlich im Physikalischen Institut, und ich musste im ersten Stock vor dem Arbeitszimmer von Prof. Fleckenstein erscheinen, der damals eine sehr berühmte Persönlichkeit aber gleichzeitig ein gefürchteter Prüfer war. Albrecht Fleckenstein, eigentlich Albrecht Vinzens Siegfried Fleckenstein (* 3. Mai 1917 in Aschaffenburg; † 4. April 1992 in St. Ulrich bei Freiburg im Breisgau) war ein deutscher Pharmakologe und Physiologe. Besonders bekannt wurde er als Entdecker der neuen Arzneistoffgruppe der Calciumantagonisten. 1951 bis 1952 verbrachte er als einer der ersten Deutschen nach dem Krieg ein Jahr als British Council Exchange Lecturer am Pharmakologischen Institut der Universität Oxford bei Joshua Harold Burn und am Biochemischem Institut der Universität Sheffield bei Hans Adolf Krebs, dem 1953er Empfänger des Nobelpreises für Physiologie oder Medizin. Er bedauerte des öfteren in seiner Vorlesung, dass nicht er sondern sein Konkurrent in England diese Ehre erhalten hatte, obzwar er der ‚Vater der Calciumantagonisten' sei. Aber mich interessierten diese äußeren Umstände in diesem Augenblick wirklich nicht. Mein Kopf war nur voll mit dem Gedanken: Ich muss diese Prüfung bestehen! In dieser fast unerträglichen Spannung musste ich mehr als 4 Stunden warten, bis endlich die Tür aufging und eine tiefe, mehr brummende Stimme erklang: „Herein, bitte"

Ich betrat ein nicht unbedingt gemütliches Büro mit einem Haufen Bücher und unzähligen Papierakten. In der Mitte stand ein auffallend großer Schreibtisch und davor ein nicht sehr bequem aussehender Stuhl. Er saß hinter seinem Schreibtisch mit schwarzer Hornbrille, hoher Stirn und einem Doppelkinn. Er war recht übergewichtig, und wenn er mal jemanden unter seiner Hornbrille ins Visier nahm, so bescherte es einem nicht unbedingt warme Weihnachtsgefühle. Einfach gesagt, er war mir nie sympathisch, obzwar sich seine Vorlesungen allgemeiner Beliebtheit bei den Studenten erfreuten.

„So, Sie sind also Herr Fodor" sagte er recht barsch und schaute mich scharf über den Rand seiner Brillengläser an.

„Ja, Herr Professor" antwortete ich, aber meine Antwort war eher ein vorsichtiges Hauchen einiger Buchstaben. Mein Herz klopfte bis zum Hals, und ich dachte, ich würde im nächsten Augenblick ohnmächtig werden. Plötzlich kamen in mir die schrecklichsten Gedanken auf: Was wird sein, wenn er mich rausschmeißt? Mir wurde übel und wahrscheinlich hatte ich auch bereits meine Gesichtsfarbe verloren, da schon prompt die nächste Frage kam:

„Geht es Ihnen nicht gut? Wir haben noch nicht mal angefangen, und Sie sehen schon aus wie eine Leiche". Er lehnte sich bequem in seinen Stuhl zurück, schaute mich nochmals an und sagte dann langsam: „Nun, eine glänzende Arbeit haben Sie sicherlich nicht geschrieben, aber mal sehen, was Sie mir so mündlich bieten können."

Dieser Satz war für mich wie Öl auf Feuer. Ich dachte, na, es ist schon wirklich egal, ich könnte jetzt wohl auch gleich aufstehen und gehen. Warum tue ich mir das überhaupt alles an? Es gibt doch tausend andere Möglichkeiten, dieses verdammte Leben zu bestehen, es muss ja nicht unbedingt Medizin sein! Gleichzeitig fiel mir auch ein Zitat von Dietrich Bonhoeffer ein: ‚Den größten Fehler, den man im Leben machen kann, ist, immer Angst zu haben, einen Fehler zu machen`. Also was soll's, Du kannst deinem Schicksal sowieso nicht ausweichen. Eigenartigerweise wurde ich plötzlich ruhiger und merkte sogar, wie das Blut wieder in mein Gesicht strömte und mir angenehm warm wurde.

„Ich habe Ihre schriftliche Arbeit nochmals durchgeschaut und dazu erstmal einige Fragen", begann er langsam, und seine Stimme war plötzlich gar nicht mehr abweisend oder kalt sondern fast etwas väterlich, wobei er schmunzelte, was mir etwas seltsam vorkam.

„Was Sie hier über die roten Blutkörperchen geschrieben haben ist etwas abenteuerlich, also fangen wir mal dort an." Und so begann meine Prüfung und ich kam von einer Fragerunde zur anderen und wurde immer besser. Über die Zellmembran-Transportmechanismen und darunter natürlich die Wirkungsweise der Natrium-Kaliumpumpe erreichten wir den Höhepunkt meiner Prüfung, und ich war auch in den Fragen der Chemie doch recht gut zu Hause. Meine Prüfung entwickelte sich als eine angenehme Plauderstunde. Zum Schluss sagte er: „Also, lieber Herr Fodor, Sie sind gar nicht so schlecht, wie Sie vorgeben. Ich würde ihnen eine ganz gute Note geben, aber Sie wissen ja leider, dass bei Wiederholungsprüfungen die beste Note eine Drei ist. Also, Sie haben die Prüfung bestanden. Herzlichen Glückwunsch und weiter viel Erfolg als Cand Med!" Ich dachte ich höre nicht richtig und hätte in diesem Augenblick am liebsten die ganze Welt umarmt. Er bemerkte meine Sinneswandlung und fügte noch leise hinzu:

„Nur langsam! Flippen Sie nicht gleich aus, Sie haben noch viel vor sich. Also, nicht übermütig werden!" aber er lächelte und mit einem wohlwollenden Gesichtsausdruck teilte er mir ohne Worte mit: Ich verstehe Sie schon.

Ich schwebte wie auf Wolken die Treppen hinunter, hinaus auf die Straße. Unwillkürlich warf ich einen Blick auf die hohen Mauern des gegenüberliegenden Gefängnisses und dachte, dass es so ähnlich auch allen

Gefangenen gehen musste, wenn sie entlassen wurden, so wie ich jetzt aus der Prüfung entlassen wurde. Selbstverständlich ging ich wie immer zu meiner Kneipe ‚Kleiner Mayerhof' und teilte unterwegs noch Bandi mit, dass wir uns alle dort treffen sollten. Ich hatte zwar kein Geld, aber Fertö lieh mir etwas und so feierten wir durch bis zum Morgengrauen.

Die Zeit verging sehr schnell und Ende Juli 1963 kamen meine Mutter und mein Bruder Tamás aus Ungarn, nachdem ich mit ziemlicher Anstrengung endlich das Geld für beide Fahrkarten zusammenkratzen und diese nach Sopron schicken konnte. Unterbringen konnte ich meine Mutter bei meinen Vermietern, Familie Zipfel, und mein Bruder Tamás schlief bei mir in meinem Zimmer.

Auch das tägliche Mittagessen war gesichert, da die beiden mit uns im Altenheim essen durften. Mit allem weiteren versorgten wir uns selbst. Nach ihrer Ankunft begann für mich eine recht turbulente Zeit zwischen Freude und Ärger. Meine zweite Mutter war ein äußerst rechthaberisches und dickköpfiges Wesen, und es nützte nicht viel, wenn ich ihr einige hiesige Gepflogenheiten erklären wollte.

Eines Morgens stand sie mit einer Menge ungarischer Briefmarken in der Hand vor mir, mit folgender Erklärung:

„In Ungarn sind diese Briefmarken sehr wertvoll. Ich hörte, dass man diese Marken im Westen gut verkaufen kann. Bitte sag mir, wo solche Briefmarkengeschäfte sind, damit ich sie veräußern kann."

„Mama, so etwas kann man bei uns nicht verkaufen. Diese Marken haben hier keinen Wert. Dafür bekommst Du so gut wie nichts." versuchte ich ihr in aller Ruhe zu erklären. Aber das war wie Öl auf Feuer.

„Aber wie kannst Du so etwas sagen! Ich habe in Sopron mit Fachleuten gesprochen, und die haben mir alle empfohlen, diese Marken zu kaufen und in Deutschland wieder zu verkaufen. Die müssen es wohl besser wissen als Du."

„Aber Mama, die haben Dir nur Mist verkauft und Du bist übel darauf reingefallen." antwortete ich zwar vorsichtig aber doch betont.

„Also, wenn Du mir nicht helfen willst, dann eben nicht. Ich werde schon jemanden finden, z.B. Lukacs Pista oder einen Deiner anderen Freunde." Ich befürchtete schon, dass sich aus dieser Briefmarken-Geschichte eine tolle Affäre entwickeln würde, aber letztendlich war ich demgegenüber absolut machtlos.

„Mama, sag mir, wozu brauchst Du Geld? Ich habe genug für uns und wenn Du etwas besorgen willst, dann musst Du es bitte nur sagen. Außerdem sind hier 100 DM, damit Du etwas Geld hast." Und ich versuchte ihr einen Hundert Markschein zu überreichen.

„Ich will Dein Geld nicht! Ich weiß, dass Du selber keines hast, also was soll das?"

Sie stieß energisch meine Hand weg und sagte zornig und gleichzeitig mit stolzem Unterton: "Ich rede mit Lukacs Pista. Er wird mir schon helfen."

„Du wiederholst Dich, aber deshalb ändert sich die Situation nicht. Du kannst hier diesen Mist nicht verkaufen. Versuch mich doch bitte zu verstehen und bringe mich nicht in eine unangenehme Lage." sagte ich jetzt sehr betont und fast schon wütend und entsprechend laut. Mein Bruder war zusammengezuckt, und da ich merkte, dass ich gleich platzen würde fügte ich nur kurz hinzu:

„Ich muss jetzt weg. Den Schlüssel habt Ihr. Wir sehen uns beim Abendessen im Altenheim um 19.00 Uhr".

Ich ging hinunter auf die Straße und dachte ‚Nur weg von hier! Ich halte es nicht aus! Was habe ich auf mich genommen, um die beiden rausholen zu können, nur um mein Versprechen für meinen Vater einlösen zu können, und jetzt habe ich diese Geschichte am Hals. Als wenn ich nicht schon genug Sorgen hätte.'

Weil ich nicht recht wusste, wohin ich gehen sollte schlug ich den Weg in Richtung Fertö ein, da ich jemandem diese missliche Lage erklären musste. Er war gerade zu Hause, und wir konnten ungestört reden, aber auch das half meiner aufgewühlten Seele nicht viel. Ich versuchte mir eine Strategie aufzustellen aber es sollte nicht gelingen. Fertö redete mir gut zu, dass sie nur noch ein paar Tage hier wären und ich meine Nerven nicht verlieren sollte, auch dann, wenn ich absolut recht hätte. Wir beschlossen, noch ein anständiges Bier zu trinken und dann so langsam zum Abendessen zu marschieren. Nach meinen zwei Bieren – Hopfen beruhigt - gingen wir ins Altenheim. An der Pforte, wo immer eine Nonne saß, hörten wir, dass meine Familie schon am Tisch saß. Nach kurzer Begrüßung fing meine Mutter sofort an, Fertö die bekannte Story mit den Briefmarken zu erzählen. Gleichzeitig eröffnete sie mir, dass sie jemanden von der Caritas aufgesucht hätte und er ihr ebenfalls bestätigte, dass man diese Marken verkaufen kann. Wie sie das hinbekommen hatte war für mich ein Rätsel. Er hatte ihr sogar eine gute Adresse vermittelt, wo sie die Marken loswerden könnte. Auf diese Geschichte hin verging mir mein Appetit endgültig und ich stocherte nur anstandshalber auf meinem Teller herum.

„Du musst uns morgen früh unbedingt zu dieser Adresse bringen!" sagte sie triumphierend und reichte mir einen Zettel.

„Fertö, könntest Du nicht meine Mutter begleiten", fragte ich schwach lächend, aber sein striktes ‚Nein' kam wie aus der Pistole geschossen. „Nein, leider bin ich morgen den ganzen Tag beschäftigt. Das tut mir sehr leid. Ich würde es ja sehr gerne tun, aber ausgerechnet morgen geht es nicht. Ich fahre nämlich weg und komme erst in ein paar Tagen wieder." sagte er etwas verlegen lächelnd. So raffiniert war seine Antwort, dass ich diese Sache nicht mal um einen Tag verschieben konnte, da er ja mehrere Tage nicht da wäre. Verdammter Hund!

„Na, also gut, dann werden wir morgen dahin marschieren und Millionen machen mit dem Verkauf der wertvollen Briefmarken." sagte ich ergeben und dabei hilflos grinsend, was wohl eher einem schmerzverzogenem Gesicht glich.

Am nächsten Morgen, nachdem wir gefrühstückt hatten, ging es nach Zähringen, wo angeblich ein größerer Briefmarkensammler sein Geschäft hatte. Ich muss dazu sagen, dass weder meine Mutter noch mein kleiner Bruder ein Wort Deutsch sprachen, und so war ich natürlich auch für die komplizierte Übersetzung verantwortlich. Als wir allerdings das Geschäft betraten, benahm sich meine Mutter wie ein Universalgenie und sprach den Geschäftsführer in fließendem Ungarisch an, als wenn es die absolute Selbstverständlichkeit wäre, dass er auch Ungarisch beherrsche. Er schaute mich mit verzweifeltem und flehendem Gesichtsausdruck an, welcher sagte: ‚Um Gottes Willen befreien Sie mich von diesem Unheil!' Es erinnerte mich in diesem Augenblick an den Einfall der Ungarn in die Schweiz um 900 n.Ch. Die dortige Bevölkerung beendete ab dieser Zeit ihr tägliches Abendgebet mit dem Satz ‚Und lieber Gott, schütze uns vor den ungarischen Pfeilen!'

Von 899 an und besonders zwischen 909 und 933 stießen plündernde ungarische Verbände bis nach Dänemark, Frankreich, der Provence und Apulien vor. Die Ungarn suchten auch das Hoch- und Oberrheingebiet heim. Im Sommer 910 fiel Abt Gozpert von Rheinau im Kampf gegen sie. 917 wurde Basel geplündert, wobei vermutlich Bf. Rudolf II. umkam. 926 überfielen die Ungarn St. Gallen, Rheinau und Säckingen und belagerten Konstanz. Das Galluskloster wurde verbrannt; doch dank der Vision der Reklusin Wiborada, die beim Einfall am 1.5.926 erschlagen wurde, konnten die Mönche unter der Führung von Abt Engilbert die Bibliothek auf die Reichenau und sich selbst in die sog. Waldburg, ein Refugium an der Sitter (Gem. Häggenschwil), retten. Dieser Einfall hat in der St. Galler Geschichtsschreibung einen breiten Niederschlag gefunden (Ekkehard I., "Vita sanctae Wiboradae"; Ekkehard IV., "Casus sancti Galli"). Das Ausmaß der von den Ungarn angerichteten Schäden ist schwer abzuschätzen und scheint in späteren Berichten übertrieben worden zu sein. Da zentrale Abwehrmaßnahmen des Reiches noch nicht wirksam waren (Burgenordnung Heinrichs I. von 926), lagen Abwehr und Schutz der Bevölkerung in den Händen lokaler Herren, die Fluchtburgen anlegen oder alte Refugien instandsetzen ließen (z.B. Chastel bei Lostorf). Die Raubzüge der Ungarn nach Westen endeten durch die Niederlagen gegen Heinrich I. (Riade 933) und Otto den Grossen (Lechfeld 955). Um 974 taufte der von Otto entsandte Missionsbischof Brun (Prunwart), ein ehem. Mönch von St. Gallen, den Grossfürsten Geza (970/72-997), den Vater Kg. Stephans (997-1038), wodurch die Hinwendung Ungarns zum christl.-lat. Europa eingeleitet wurde.

„Mama, entschuldige, aber der Herr versteht kein Wort von dem, was Du ihm erzählst. Wir sind nicht in Ungarn," versuchte ich mich dazwischen zu werfen. Aber sie hörte mich gar nicht an sondern setzte ihren Monolog fröhlich fort. Sie nahm dann ihr Briefkuvert und schüttete all ihre Briefmarken auf den Tisch. Der Geschäftsmann lächelte verlegen und nahm eine Briefmarke in die Hand, worauf meine Mutter sich triumphierend zu mir wandte und zischte:

„Siehst Du, er versteht mich, Du Angsthase." Was sollte man darauf schon antworten? Ich guckte ebenso gequält wie der Geschäftsführer und versuchte, ihn mit einem Lächeln um Verzeihung zu bitten.

„Also, jetzt sagen Sie mir bitte, was diese Briefmarken wert sind." sagte meine Mutter erneut und in ihrem Ton steckte ein gewisser preußischer Befehlston.

Man darf nicht vergessen, dass ihre Vorfahren, die alte Roßkopf-Familie, von einer berühmten Uhrmacher-Familie aus Königsberg in Ostpreußen stammte, und so war dieser Befehlston leicht zu erklären.

„Ach, es ist schon interessant. Sehr schöne Bildausführung." wandte sich der Mann zu mir, worauf sich sogleich meine Mutter ebenfalls an mich wandte, und da sie das Wort ‚interessant' verstanden hatte kreischte sie mich aufgeregt an: „Na bitte, habe ich nicht gesagt, es ist so ‚wie ich es in Ungarn gehört habe, es sind sehr wertvolle Briefmarken."

„Mama nein, nein, er meinte nur, dass diese spezielle Briefmarke eine schöne Ausführung ist, aber ob sie wertvoll ist oder nicht, darüber hat er kein Wort verloren." versuchte ich ihr verzweifelt zu erklären.

„Nein, nein. Ich habe in seinen Augen gesehen, wie begeistert er ist und nun hofft, dass wir ihm diese Marken verkaufen werden. Aber jetzt müssen wir auf der Hut sein! Nicht, dass er uns übers Ohr haut." In diesem Augenblick verspürte ich wirkliche physische Schmerzen und mein Magen zog sich so unerbittlich zusammen, dass ich mich fast übergeben musste. Mit letzter Kraft wandte ich mich wieder zu ihr und sagte als letzten Versuch:

„Mama, bitte verstehe mich doch, er ist nicht an diesem Mist interessiert. Er ist nur höflich Dir gegenüber, aber sonst will er nichts, hast du mich endlich verstanden?"

„Ach, du redest ein dummes Zeug." keifte sie zurück und wandte sich von mir ab. Im nächsten Augenblick hatte sie den ganzen Inhalt des Briefkuverts auf der Tisch geschüttet und sagte zum Geschäftsführer: „Na, was sagen Sie dazu? Ist das nicht ein Haufen wunderschöner Briefmarken? Was zahlen Sie dafür?"

„Liebe Frau" begann der Geschäftsinhaber - aber stets mir zugewandt und allem Anschein nach Hilfe erwartetend - „dieses ganze Paket ist zwar schön aber für mich absolut wertlos. Bitte, verstehen Sie mich, so etwas kann ich hier nicht verkaufen, und davon lebe ich ja."

„Na, was hat er gesagt? Habe ich nicht recht? Was zahlt er denn? Aber bitte, gib sie nicht zu billig her!" löcherte sie mich mit ihren Fragen.

„Nein Mama, er hat etwas ganz anderes gesagt. Aber Du glaubst mir nicht und zuhören kannst Du auch nicht, also was soll's." Ich holte tief Luft und setzte meine Ausführung fort „pack Deinen ganzen Mist zusammen und lass uns nach Hause gehen, er will das Zeug nicht. Das ist alles w-e-r-t-l-o-s!" betonte ich ganz langsam und fing an die Papierschnipsel vom Tisch wieder ins Briefkuvert verschwinden zu lassen.

„Das glaube ich einfach nicht! Er versteht nichts von seinem Handwerk. Ich weiß, dass diese Briefmarken viel wert sind, schließlich habe ich ja auch viel Geld dafür bezahlt." sagte sie zu mir, aber nun mit einem unsicheren und flehenden Unterton.

„Mama, ich weiß, Du willst mir nur etwas Gutes tun, ich verstehe Dich, aber es ist nun einmal so. Was Ihr in Ungarn gut oder sehr gut findet entspricht noch lange nicht der Wahrheit. Glaube mir, es ist auch eine Art Propaganda, was die Kommunisten verbreiten und es öffnen sich einem erst die Augen, wenn man in ein anderes Land und vor allem freies Land kommt. Ich weiß, so etwas ist sehr schwer zu akzeptieren, aber das ist nun einmal die Realität und je früher Du es verstehst, um so schneller begreifst Du, dass viele Dinge hier anders sind und vor allem einen anderen Wert haben. Du machst Dir sonst Dein Leben unnötig schwer und nebenbei mir auch. Ich bin froh, dass Ihr hier seid, aber bitte belaste mich nicht unnötig mit Sachen, die nur schwer zu ertragen sind. Und vor allem, versuch bitte, mich mal ernst zu nehmen und mir zu glauben, auch wenn es Dir schwer fällt!"

Sie schaute mich erst etwas erstaunt dann aber traurig an und antwortete:

„Laci, ich möchte Dich auf keinen Fall belasten. Ich weiß, was für eine große finanzielle Belastung wir für Dich sind, und nur deswegen versuche ich, etwas Geld zu beschaffen, um Deine Sorgen zu mindern".

„Schon gut, wir haben schon x-mal darüber gesprochen. Ich habe mich bereit erklärt, Euch nach Deutschland zu holen, also ich habe auch die dazu notwendigen Finanzmittel, sonst hätte ich das alles abgesagt," versuchte ich sie zu beruhigen und dachte gleichzeitig ‚Mein Gott, Du lügst wie gedruckt, in jeder Hinsicht, und wirst noch nicht mal rot!' Aber was blieb mir anderes übrig? Ich konnte ihr doch nicht die Wahrheit sagen, dass es bei mir um jeden Pfennig ging, und ich große finanzielle Schwierigkeiten zu überwinden hatte, oder dass mir gar nicht wohl dabei war, dass sie gerade jetzt hier waren, ich es aber nur auf den drängenden Wunsch meines Vaters möglich gemacht hatte.

Lieber schwieg ich, und so gingen wir in recht gedrückter Stimmung nach Hause, wobei ich schon längst ahnte, dass diese Auseinandersetzung nicht die letzte gewesen sein würde. Mit gewisser Erleichterung sah ich den kleinen Hoffnungsschimmer, dass sie ja nur noch eine Woche hier wären und dann der Spuk endgültig vorbei sein würde. Gleichzeitig erschrak ich vor mir selbst. Wie konnte ich nur so eiskalt sein? Hatte ich denn gar keine Gefühle mehr zu meinen Eltern? Ich musste zugeben, dass ich gegenüber meiner Mutter tatsächlich etwas gefühllos war. Mein Bruder, besser gesagt Halbbruder, Tamás, den ich wirklich sehr lieb hatte und wie meinen echten Bruder betrachtete, sprach während des Heimwegs kein Wort. Ich merkte nur, dass er sehr bedrückt war und es für ihn höchst schmerzhaft gewesen sein musste, wie heftig ich in meiner Aufregung mit seiner Mutter gesprochen hatte. Das tat mir leid und ich entschloss mich deshalb, das ganze irgendwie wieder gut zu machen und ihn etwas aufzumuntern.

„Tamás, weißt Du was, wir gehen jetzt Eis essen, was hältst Du davon?" schlug ich vor. „Anyu, dürfen wir Eis essen gehen?" und schaute flehend auf die Mutter.

„Du, ich glaube wir gehen besser nach Hause. Es ist ja sowieso bald Mittagszeit, und da müssen wir doch ins Altenheim zum Essen gehen."

In diesem Augenblick stieg wieder die Wut in mir hoch und ich dachte, dass ich mich jetzt nicht mehr zurückhalten könnte und platzen müsste wie ein Luftballon. Aber dann fiel mir etwas Besseres ein: Ich schaute auf meine Uhr: „In Ordnung, wir gehen tatsächlich pünktlich zum Essen, aber nachher sehen wir weiter". Ich war wirklich heilfroh, dass der Blick auf meine Armbanduhr mich gerettet hatte, da es anderenfalls zum Vulkanausbruch gekommen wäre. Ich fühlte mich auf einmal, als hätte ich ein Gewitter ohne einen Tropfen Regen überstanden.

Beim Mittagstisch trafen wir neben Fertö auch Csaba, der Zahnmedizin studierte und auch öfter mit uns aß. Er berichtete jedesmal von irgendeinem großartigen Geschäft, was er gerade abgewickelt und welche unwahrscheinlichen Summen er dabei gewonnen hatte. Wir kannten alle seine Geschichten, aber meine Mutter war tief beeindruckt und fragte Csaba gleich, ob er vielleicht auch mir mal helfen könnte. Ich grinste und erklärte meiner Mutter, dass er mir schon ein ganzes Vermögen geschenkt hätte, worüber Fertö und ich uns dann prächtig amüsierten.

Eines dieser unglaublich „lukrativen" Geschäfte war die ‚VW Aktien-Geschichte', die er eingefädelt hatte. Am 7. April 1961 wurden die ersten VW Aktien als Volksaktien ausgegeben. Jede Aktie hatte einen Nennwert von Hundert DM, aber es durften nur zwei Aktien pro Person erworben werden. Wenn jemand eine dritte Aktie kaufen wollte, so wurde diese ausgelost. Ein paar Tage vorher trafen wir ungarische Studenten uns wie immer in der alten Uni. Csaba kam mit einem ungarischen Jurastudenten, dessen Onkel Jurist in Freiburg war; er eröffnete uns ein fantastisches Geschäft. Wir sollten alle Aktien kaufen, um dann den höchsten Gewinn herauszuholen.

„Und sage mal, lieber Csaba, von woher sollen wir das Geld nehmen?" fragte ich ungläubig. Aber er antwortete prompt: „Geld ist vorhanden, der Onkel streckt das Geld vor, und wenn wir Gewinn beim Wiederverkauf erzielen, bekommt jeder von Euch 20% vom Gewinn. Ist das kein Geschäft?" Wir überlegten einen Moment. Auch ein eventueller Verlust wurde gleichfalls geklärt, da auch dafür der Onkel geradestand. Überzeugt von diesem Geschäft gingen wir sofort in die Bank, um Aktien zu notieren. Ich hatte Glück und bekam sogar drei Stück. 24 Stunden später, als die VW Aktien erschienen, schoss ihr Wert auf die unglaubliche Höhe von 950 DM pro Aktie. Ich wurde über Nacht schwerreich, pardon, natürlich nur auf dem Papier. Was ich laut Absprache bekam waren eben nur 20 % und nichts mehr, den Rest der Summe kassierte der Onkel. Natürlich waren wir alle stocksauer, da es nicht um einen legalen Kauf ging, sondern wir es schlicht und einfach als Betrug ansahen. Aber wer hatte daran außer uns Anstoß genommen? Wir ließen natürlich nicht locker und marschierten gemeinsam zum Onkel und verlangten mehr als 20%, worauf er antwortete:

„War es nicht so abgesprochen? Ihr wart alle einverstanden, und ich habe das gesamte Risiko getragen. Es hätte genauso gut umgekehrt verlaufen können, also was wollt Ihr?" Natürlich waren die meisten von uns damit nicht einverstanden, obzwar er völlig recht hatte. Einige von uns betitelten ihn sogar als ‚typischen Juden'. Ob er wirklich Jude war weiß ich nicht, nur eins ist mir tief in Erinnerung geblieben: Um uns zu beruhigen antwortete er:

„Also gut, Ihr habt zwar keinen Anspruch darauf, aber in Anbetracht eurer Lage hebe ich Euer Honorar von 20% auf 30% an, und dann sind wir aber quitt. Ich habe gehört, wie Ihr mich tituliert habt, nun, das hat mit diesem Geschäft nichts zu tun. Vielleicht habt ihr recht und ich bin ein Jude, aber ein verdammt großzügiger, schreibt euch das hinter Eure Ohren. Hier, ich zahle euch jetzt aus, aber kommt dann nie mehr zu mir, egal aus welchem Grund!" Wir gingen nach Hause und niemand sprach unterwegs ein Wort, wir haben uns alle sehr geschämt. Diese kleine Episode war leider sehr bezeichnend wie abwegig, falsch und ungerecht wir unsere jüdischen Mitmenschen behandelten, eine tausende Jahre alte Geschichte trotz Holocaust, Shoah, Blut und Vernichtung. Warum?

Nach dem Mittagessen gingen wir zu dritt zum Rathausplatz in eine exzellente Eisdiele. Tamás freute sich sehr auf das Eis, vor allem als ich ihn aufforderte: „So und jetzt wähle eine anständige Portion, was immer Du möchtest."

„Nein, nein, Tamás, uns reicht eine Kugel, nicht wahr?" mischte sich mal wieder meine Mutter ein. Das war aber jetzt nicht mehr zu kompensieren und ich flippte richtig aus. Ich konnte mich einfach nicht mehr beherrschen.

„Mama, jetzt reicht es mir endgültig. Wir essen und trinken, was wir wollen und ich kann einladen, wen ich will und wo ich will. Es ist eine Beleidigung, dass Du ständig in mein Tun und Lassen reinredest. Ich habe mich heute den ganzen Tag zurückgehalten. Ich versuchte Dir gegenüber höflich zu bleiben, aber jetzt reicht es mir. Hier sind die Hausschlüssel. Geh nach Hause, aber lass uns hier in Ruhe unser Eis essen." Ich knallte meine Hausschlüssel auf den Tisch und drehte mich von ihr weg. Am liebsten wäre ich aufgestanden und weggegangen.

Fertö drehte sich zu mir und sagte: „Hör mal, beruhige Dich! Sie meint es doch nur gut. Das weißt Du auch, was soll also dieses Theater?"

„Hör mal, halt deinen Mund. Du hast gar keine Ahnung, was ich heute schon mitgemacht habe, ich kann einfach nicht mehr. Schluss, aus!"

Inzwischen kam die Bedienung und fragte, was wir bestellen möchten.

„Ich möchte 4 Riesenportionen Eis von verschiedenen Eissorten mit Schlagsahne." sagte ich verärgert in militärischem Ton.

„Aber ich möchte nur eine kleine Portion." flüsterte meine Mutter ängstlich.

„Es wird gegessen, was auf den Tisch kommt, oder Du lässt es stehen, das ist mir egal. Es wird ab sofort nicht mehr diskutiert. Ab heute wird zurückgeschossen!"

"Was hast Du gesagt?" fragte mich Fertö und ich musste ihm diesen Hitler'schen Satz vom Beginn des 2.Weltkrieges erklären, und so lang ich damit beschäftigt war normalisierte sich allmählich wieder mein Adrenalinspiegel.

„Ach, wissen Sie, Tante Fodor, er ist ein wenig verrückt. Nehmen Sie ihn nicht zu ernst. In einer Stunde ist er wieder wie ein Lamm." Ich schaute Fertö an schüttelte meinen Kopf und sagte nur knapp: „Du musst es ja wissen."

In diesem Augenblick kam unser Eis, besser gesagt Berge von Eis und dahinter versteckte sich die Bedienung. Es waren solche grossen Mengen, dass auch ich erst einmal erschrak. Tamás war der erste, der sich mit Hingabe seiner Eisportion widmete. Und wir taten es ihm nach. Nur meine Mutter saß noch steif da und starrte auf ihren Eisberg, ohne ihn zu berühren.

„Frau Fodor, Sie müssen Ihr Eis essen. Es tropft schon, und es wäre schade um jeden Tropfen." forderte Fertö meine Mutter auf. Sie lächelte etwas verlegen und begann vorsichtig, mit sichtlichem Unmut an ihrem Eis zu kratzen. Aber eigenartiger Weise wurde sie immer schneller und ich traute meinen Augen nicht, dass sie es war, die als erste ihre Portion weggeputzt hatte. Die Eisportionen waren wirklich mächtig, und ich musste zum Schluss kämpfen, um meinen Becher leer zu bekommen. Sie war in dieser Zeit schon längst fertig.

„Na, wenn es Dir nicht geschmeckt hat, dann heiße ich Pius der XII." sagte ich und zum ersten Mal lächelte sie erleichtert.

„Nein, es war einfach himmlisch! So ein gutes Eis habe ich noch nie gegessen!" sagte sie strahlend.

„So Mama, dann kannst Du jetzt auch bitte bezahlen." worauf wir alle erleichtert lachten - die Wolken hatten sich, wenigstens vorübergehend, verzogen. Es schien für uns wieder die Sonne, nur ich machte mir Vorwürfe ‚Mein Gott, Du blöder Heini, warum lernst du nicht, dich endlich zu beherrschen!'

Aber auch diese Episode und später viele weitere zeigten, mit welchem propagandistischen Eifer die Kommunisten bei ihrer eigenen Bevölkerung vorgegangen sind, was im Grunde genommen einer Hirnwäsche gleichgestellt war. Wenn ein Mensch völlig von der Außenwelt abgeschirmt ist und nur das sieht, was er darf und das hört, was zu diesem Bild passt, dann glaubt er es zum Schluss auch, und eine schwer änderbare fest gesetzte Vorstellung bleibt bei ihm haften.

Die ununterbrochenen Propaganda-Floskeln führten mit falschem nationalen Stolz zu einem festen Weltbild, was viel, viel später eindeutig und lange anhaltend nach der Wiedervereinigung Deutschlands, aber noch stärker in den sogenannten Satellitenstaaten, zum Vorschein kam. Nach dem Zusammenbruch im Jahre 1989/90 suchten die Menschen, wie in einem Realitätsverlust taumelnd, verzweifelt nach Wahrheit und echter Wertigkeit. Man muss es sich so vorstellen, als wenn das Christentum plötzlich zugeben würde, dass Christus nicht existiert hatte und die Wiederauferstehung ein biblisches Märchen sei und der ganze Glaube nur ein machtpolitisches Instrument sei, welches über 2000 Jahre sehr geschickt fungiert hatte. Die Menschen würden es nicht glauben und sich mit allen Mittel dagegen wehren, diese in ihren Augen ‚Unwahrheit' zu akzeptieren. Das führte natürlich auch dazu, dass in den Jahren 1989 bis 2012 die veränderte Situation nur zögernd angenommen wurde. In den Neuländern der Bundesrepublik bzw. dem damaligen DDR-Gebiet und erst recht in den anderen Ostblockländern baute sich eine starke nostalgische Gefühlswelt auf, in die sich ein Großteil der Bevölkerung wie in eine Art Wehr-Burg zurückzog, um nur nicht die veränderte Realität akzeptieren zu müssen. Dazu gesellte sich noch die stark geänderte Soziallage. Auch hier war man unfähig, Tatsachen realistisch ins Auge zu sehen und zu verstehen. Eine hohe Sozialleistung ist immer kostspielig und setzt eine entsprechende Geldquelle voraus, was von einer entsprechenden Produktivität gedeckt wird. Um ein hohes Sozial-Leistungsniveau zu erhalten - mit billigen Wohnungen bis kostenfreiem Gesundheitswesen, wie es in den sozialistischen Ländern üblich war – und weiter zu leisten ist einfach ohne das dazu notwendige Kapital nicht möglich. Man kann ohne Geld nichts einkaufen, und auf Staatsschulden ein kommunistisches Reich aufzubauen war nicht nur Illusion sondern eine Utopie. Leider konnten viele Menschen damals und können auch heute nicht Tatsachen realistisch ins Auge sehen oder wollen es aus Bequemlichkeit nicht akzeptieren. Sie glauben lieber an eine Utopie oder Märchenwelt. Mit solchen, in meinen Augen ‚Aufklärungsversuchen' war ich anfangs meinen Eltern gegenüber vorsichtig und zurückhaltend. Doch mit der Zeit sah ich meine eigene Verwandtschaft häufiger und bemerkte immer mehr, wie tief und fest dieser falsche Glaube saß. Ich ging daraufhin in die Offensive, um ihnen die Augen zu öffnen.

Auf Bemerkungen hin, dass z.B. die besten LKWs aus Ungarn kämen, die Lokomotivproduktion der Welt ohne Ungarn unvorstellbar sei oder in ganz Südamerika nur lauter ungarische Busse fahren, weil diese am besten wären, konnte ich mich nicht mehr zurückhalten.

Aber wer verliert schon gern? Und wenn so allmählich fast alles, was in seinem geliebten Heimatland bisher produziert wurde nur drittklassiger ‚Schrott' sein sollte, wer wollte solche Wahrheiten akzeptieren? Zu dieser Situation gesellte sich aber auch ein gehöriger Nationalstolz, um an alten falschen Wahrheiten noch festzuhalten. Was sonst hätte diese ausgebeutete und erniedrigte Nation so lange am Leben gehalten?

Mit meiner Mutter kämpfte ich weiterhin. Trotzdem gelang es mir, ihr und Tamas einiges in Freiburg zu zeigen und ab und zu auch mal anständig essen zu gehen. Sie wollte das natürlich auf keinen Fall, da es zuviel Geld kostete. Die letzte Anstrengung kam für mich, bevor sie nach Hause fuhren und ich noch ein paar Geschenke für meine Familie kaufen wollte.

Meine Mutter hatte bereits eine Liste mit Dingen, die sie besorgen wollte, aber nur wenn sie nicht zu teuer waren. Selbstverständlich verursachte bereits die Fragestellung Spannung, aber als ich ausführlich erklärte, dass ich nichts von finanziellen Problemen hören wollte, kam es zur Aufwallung.

„Es kommt nicht in Frage! Ich werde von Dir doch kein Geld annehmen! Dann kaufe ich halt nichts ein!" sagte meine Mutter entschlossen und schaute mich an wie Brunhilde im Nibelungenlied: entschlossen zu kämpfen.

„Mama, bitte mach mein Leben nicht schwerer als es ist. Ich habe Dir erklärt, dass ich Geld gespart und auch für meine Zukunft vorgesorgt habe, also was soll das Ganze?" Dabei log ich, dass sich die Balken bogen, aber ich konnte sie doch wirklich nicht mit leeren Hände nach Hause schicken.

„Bitte, zeig mir deine Liste, und wir sehen dann, wohin wir zum Einkaufen gehen können,." sagte ich entschlossen ohne ihr direkt in die Augen zu sehen.

„Nein, ich muss diese Liste erst sortieren." entgegnete sie. In diesem Augenblick sprang mir mein Bruder zu Hilfe, riss ihr den Zettel aus der Hand und reichte mir triumphierend den erbeuteten Fetzen: „Hier ist sie, und jetzt ist Schluss mit der Streiterei oder ich gehe mit Euch nirgendwo mehr hin. Ich kann diese ewigen Diskussionen zwischen euch nicht mehr verkraften!"

Im ersten Augenblick war ich sprachlos und staunte nicht schlecht, immerhin war mein Bruder Tamás erst 10 Jahre alt und sein selbstsicheres Auftreten war untypisch für ihn.

„Tamás, gib mir sofort diesen Zettel zurück!" schrie meine Mutter entsetzt auf. Aber dafür war es zu spät. Ich hatte dieses Papier schon in meiner Hand, setzte mich hin und begann zu lesen. Um ehrlich zu sein, ich fiel von einer Überraschung in die andere. Es waren Gegenstände aufgezählt, mit denen ich überhaupt nicht klar kam. Zum Beispiel eine Schürze für eine unbekannte Tante, Kaffee für die Nachbarsfamilie, Nylonstrümpfe für eine Mitarbeiterin usw. Aber Geschenke für meinen Vater oder für meinen Bruder Jenö konnte ich auf dieser Liste kaum entdecken. Deshalb fragte ich vorsichtig und fast etwas ängstlich, immer mit der Gewissheit, dass jeder Funke zur Explosion führen konnte: „Mama, sage mal, ich vermisse hier Geschenke für die Familie. Stattdessen werden wildfremde Menschen von Dir bedacht? Sehe ich das richtig oder kommt noch etwas dazu?"

„Laci, es sind sehr wichtige Geschenke für die Nachbarschaft, für Bekannte und für manchen Geschäftsführer, die uns immer geholfen haben und auf deren Hilfe man sich stets verlassen kann. Bei Euch im Westen ist das anders. Du kannst so weit auf Deinen eigenen Füße stehen. Bei uns in Ungarn ist es doch ganz anders. Wenn ich mal einen guten Handwerker brauche, muss ich entsprechende Verbindungen haben und noch dazu mit materiellen Zusatzleistungen aufwarten, sonst geht das alles überhaupt nicht. Eine Hand wäscht die andere, das ist gelebter Sozialismus oder Arbeiterstaat. Natürlich hat sowas aber auch eine menschliche Seite. Du kommst mit anderen Personen in Kontakt, und so entsteht ein zwar lockeres aber doch gesellschaftliches Netz, was jedem zu Gute kommt."

„Also ein Zweckverband. Eine Hand wäscht die andere oder ‚Wie ich Dir so Du mir' mit entsprechender Verpflichtung. Ich habe Dir geholfen also musst Du nun auch mir helfen. Ich habe Dir was gegeben dann musst Du mir mindestens das auch zurückgeben," antwortete ich nachdenklich und fügte noch hinzu: „Das ist eine sozialistische Freundschaft mit tiefen kommunistischen Furchen." Ich atmete tief durch, wollte aber nicht mehr weiter darüber reden und dachte nur darüber nach, was für ein Unterschied zwischen unseren beiden Welten bestand.

„Gut" sagte ich nach längerer Pause „ich werde mich dann um die Geschenke kümmern, die meinen Vater und meinen Bruder betreffen. Die kenne ich und werde hier nicht nach „Nützlichkeit" auswählen müssen. Du kannst meinetwegen alles andere aussuchen. Lass mich aber bitte bei dieser Aktion weitgehend in Ruhe," und lächelte dabei gequält.

Meinem Bruder kaufte ich zuerst neue Sandalen, die er überglücklich entgegen nahm. Erst jetzt fiel mir auf, dass seine Fersen von seinen schon sehr abgenutzten Schuhen blutiggescheuert waren. Auch für meinen Vater besorgte ich ein paar Kleinigkeiten, und mein Bruder Jenö, der zu Hause bleiben musste, bekam einen Pullover. Natürlich musste ich sehr auf die Kosten achten, weil ich so gut wie kein Geld mehr hatte, wovon meine Mutter selbstverständlich nichts erfuhr. Man wollte einfach nicht ständig wegen des Geldes streiten. Ich hatte immer wieder versucht, ihren Aufenthalt schön und angenehm zu gestalten, aber wir endeten doch immer wieder in Diskussionen wegen der leidigen Geldfrage, da sie natürlich nichts von mir annehmen wollte. Wenn wir irgendwohin zum Essen gingen, so wählte sie ihr Gericht nicht nach ihrem Appetit aus sondern stets nach dem, was am billigsten war. Nachträglich konnte ich ihre Haltungsweise und ängstliche Fürsorge verstehen, damals hat es mich aber mächtig irritiert. Ständig war mein Stolz verletzt, da ich ihren Aufenthalt für diese kurze Zeit unbedingt so angenehm wie möglich gestalten wollte. Dieser Versuch führte jedoch unentwegt zum Streit: 'Was das alles kostet! Mein lieber Sohn, wenn wir gehen, so wirst Du unseretwegen hungern müssen.'

Die letzten Tage vor ihrer Abreise wurden dann doch etwas friedlicher. Vielleicht hatte sie es letztendlich eingesehen, dass nicht nur sie sondern auch ich dickköpfig sein konnten. Der Abschied im Karlsruher Hauptbahnhof, wohin ich sie noch begleitet hatte, war dann doch recht schmerzhaft. Wir wussten nicht, wann wir uns wiedersehen durften. Obzwar ich versuchte, meinen Bruder Tamás zu trösten, dass wir uns vielleicht schneller wiedersehen könnten als er denkt, weinte er heftig, und dicke Tränen kullerten über sein Gesicht. Innerlich glaubte ich natürlich nicht an Wunder. Ich wusste, dass es noch lange, lange dauern würde, bis ich einmal nach Hause fahren könnte. In dieser traurigen Atmosphäre stieg in mir das

Heimweh auf. Wir umarmten uns, sie stiegen in den Zug nach Wien ein, der sich langsam in Bewegung setzte. Ich blieb auf dem Bahnhof zurück und schaute noch lange dem immer kleiner werdenden Zug nach bis der letzte Wagen hinter der Kurve ganz verschwunden war.

Nach Hause zurückgekehrt, stellte ich fest, dass ich absolut pleite war. Außerdem schuldete ich Fertö mehrere Hundert DM. Es war eine prekäre Situation, die mich sofort in irgendeinen Job drängte. Ich ging deshalb zur studentischen Arbeitsvermittlung mit der Hoffnung, vielleicht doch wenigstens eine Stunden-Arbeit zu ergattern. Ich hatte Glück! Eine ältere etwas 60jährige blonde Dame suchte jemanden für Gartenarbeiten.

„Entschuldigung, vielleicht kann ich Ihnen helfen. Um was geht es denn?" fragte ich vorsichtig. „Ich habe eine Buxbaumhecke, die beschnitten werden müsste," erklärte sie mir und schaute mich dabei prüfend von der Seite an. „Können Sie so eine Arbeit erledigen?"

„Natürlich!" sagte ich selbstsicher, obzwar ich in meinem ganzen Leben noch nie Hecken geschnitten hatte. Aber so schwer konnte das doch wohl nicht sein.

„Gut, dann kommen Sie mit. Ich zahle Ihnen 2.50 DM Stundenlohn, ist das recht?" „..und außerdem mache ich Ihnen noch einen Nachmittagskaffee, ist das in Ordnung?" Ich hatte keine andere Wahl und musste nehmen, was ich bekommen konnte, schließlich war ich pleite.

„Natürlich!" ich bedankte mich sehr und erkundigte mich noch schnell nach ihrem Namen und der Adresse.

„Ja, ich habe mich noch gar nicht vorgestellt. Ich heiße Abersdorfer und wohne in der Lorettostrasse."

„Und ich heiße László Fodor und studiere Medizin. Deshalb verstehe ich etwas vom Schneiden und Schere halten." und lachte selbst über meinen schwachen Witz.

„Von woher kommen Sie? Sie sind kein Deutscher, oder?"

„Nein, ich komme aus Ungarn und bin seit dem Ungarn-Aufstand in der Bundesrepublik."

„Ach ja, das macht nichts. Hauptsache Sie können Hecken schneiden."

Diese Antwort klang fast wie eine Entschuldigung, dass ich Ausländer war, sie mich aber trotzdem nähme. 'Welch Großzügigkeit!' dachte ich. Aber diese Sprüche hörte ich so oft, dass es mir gar nicht mehr auffiel.

Überhaupt herrschte zu dieser Zeit in Deutschland noch eine beträchtliche Ausländerfeindlichkeit. Auch wenn nicht offen darüber gesprochen wurde, so konnte es doch jeder von uns spüren. Oft dachte ich in solchen Situationen nach, wie wir in Ungarn auf Ausländer reagieren würden. In unserer Schule waren mehrere Kinder von griechischen Kommunisten und wir behandelten sie genauso wie alle anderen, man konnte nie einen Unterschied feststellen. Auch in Sopron, wo doch ca. 30% der Bevölkerung anderen Nationalitäten abstammten, wie Deutsche, Kroaten und Serben, konnte ich mich nie an eine Diffamierung erinnern. Vielleicht waren wir alle noch sehr jung und kümmerten uns nicht darum, wer von woher stammte. Im Kommunismus gab es nur Einheit und Gleichwertigkeit, wenigstens auf dem Papier, es gab eben halt nur Ungarn, basta. Deshalb hielt z.B. der Vielvölkerstaat Jugoslawien so gut zusammen, was sich jedoch nach der Wende 1989 grundlegend änderte. Denken wir nur an den 10-Tage-Krieg in Slowenien (1991), den Kroatienkrieg (1991–1995), den Bosnienkrieg (1992–1995) und den Kosovokrieg (1999).

Später änderte sich diese Einstellung in Deutschland doch grundlegend. Einerseits kamen immer mehr Ausländer wie Gastarbeiter und Flüchtlinge nach Deutschland und andererseits lernte auch die deutsche Bevölkerung nach und nach Toleranz, Verständnis und Entgegenkommen. Deutschland wurde Weltmeister im Tourismus, was wiederum neue Erkenntnisse über andere Nationen und deren Sitten nach sich zog.

In dieser Zeit kannte in Freiburg noch kaum jemand Wassermelonen oder die zahlreichen ‚exotischen' Gewürze. Heute ist ein Laden ohne diese Produkte nicht mehr vorstellbar, und in Berlin gibt es bei türkischen Gemüsehändlern eine große Auswahl an exotischen Früchten, die früher höchstens in München auf dem Viktualienmarkt zu finden waren.

Inzwischen kamen wir bei Frau Abersdorfer zu Hause an. Sie zeigte mir ihre Hecken, reichte mir eine Heckenschere und wünschte mir viel Erfolg. Dann verschwand sie in ihrem Haus. Die Hecke war gut zwei Meter hoch, ich sollte sie etwas kürzen und glatt schneiden und von Seitenästen befreien. Nun, das Glattschneiden ging relativ leicht, aber die Hecke zu kürzen erwies sich als fast unüberwindbare Kunst. Zwischendurch erschien Frau Abersdorfer und lud mich zu einer Tasse Kaffee auf ihre Terrasse ein. Zu meiner größten Überraschung tafelte sie noch dazu eine herrliche Schwarzwaldtorte auf.

Während wir Kaffee tranken erzählte sie mir, dass sie aus Ostpreußen stammte, aus der Nähe von Tilsit.

Obwohl Tilsit während des Siebenjährigen Kriegs von 1758 bis 1762 von russischen Truppen besetzt war, blieb es unbeschädigt, ebenso, als französische Truppen auf ihrem Russlandfeldzug 1807 durch die Stadt zogen. In Tilsit rezitierte in dieser Zeit die preußische Königin Luise das berühmte Goethe-Gedicht „Wer nie sein Brot mit Tränen aß, ...". Am 7. und 9. Juli 1807 wurde hier der Friede von Tilsit zwischen Frankreich, Russland und Preußen geschlossen. Seit 1895 bis 1945 war Tilsit ein selbständiger Stadtkreis im Regierungsbezirk Gumbinnen Ostpreußen im Deutschen Reich. Die Verwaltung des Landkreises Tilsit, später Tilsit-Ragnit, befand sich ebenfalls in Tilsit. Bereits am 22. und 23. Juni 1941 sowie im Juni 1942 wurde Tilsit durch sowjetische Fernflieger attackiert. Den ersten schweren sowjetischen Bombenangriff während des Zweiten Weltkriegs musste die Stadt am 21. April 1943 über sich ergehen lassen, dem bis zum Juli 1944 weitere Großangriffe folgten. Ab August erfolgte die Evakuierung von Tilsit, zunächst Frauen mit Kindern. Nach einem schweren Artilleriebombardement, das die Stadt bis zu 80 % zerstörte, wurde Tilsit am 20. Januar 1945 von sowjetischen Truppen eingenommen. Auf Grund des Potsdamer Abkommens kam die Stadt zusammen mit den nördlichen Teilen Ostpreußens vorbehaltlich eines Friedensvertrags zur Russischen Sozialistischen Föderativen Sowjetrepublik der Sowjetunion.

Frau Abersdorfer musste ihre Heimat zusammen mit ihrer Mutter und drei Schwestern verlassen. Für sie und ihre Familie begann ein für uns unvorstellbar langer und leidvoller Weg mit dem Flüchtlingstreck nach Westen. Während wir unseren Kaffee tranken erzählte sie lange von ihrem Leidensweg und wischte sich ab und zu eine Träne vom Gesicht. Sie beluden eine Pferdekutsche mit ein paar Habseligkeiten und den Kindern und nahmen den Weg in Richtung des zugefrorenen frischen Haffs. Ihr Vater war als deutscher Wehrmachtsoffizier an der Westfront und sie hofften, sich mit ihm in Deutschland treffen zu können. Als ihre Kutsche mehrere Tage lang auf dem zugefrorenen Eis rollte, tauchten plötzlich russische Flieger auf und begannen den Flüchtlingsstrom von oben zu bombardieren. Ihre Kutsche wurde dabei getroffen und vor ihren Augen ging die Kutsche samt Pferden und ihren 3

Geschwistern unter. Ihre Mutter und sie konnten sich mit einem Sprung von der Kutsche retten, aber die anderen haben es nicht mehr geschafft. Sie standen zitternd auf dem Eis, ohne alles und nur mit einer Decke umwickelt. So begannen sie zu Fuß weiterzumarschieren bis ein anderer Wagen sie aufnahm. Ihre Mutter bekam kurze Zeit später hohes Fieber und starb nach ein paar Tagen an einer Lungenentzündung. So blieb sie allein ohne jegliche Hilfe zurück und war auf sich selbst angewiesen. Später musste sie vom Wagen herunter, weil ein Pferd verendet war. Ein Militärfahrzeug hat sie später mitgenommen. Sie war das älteste Kind und im Jahr 1945 gerade mal 15 Jahre alt geworden. Insgesamt forderte die Flucht unter Kriegsbedingungen größtenteils im Winter sehr viele Tote. Es wird geschätzt, dass bei Kriegsende von den ca. 2,4 Millionen Bewohnern Ostpreußens ca. 300.000 unter elenden Bedingungen auf der Flucht ums Leben gekommen sind.

Frau Abersdorfer hatte trotzdem Glück im Unglück. Sie überlebte und fand eine neue Heimat in Freiburg. Aber geheiratet hat sie nicht und ich glaube, sie trauerte noch lange und konnte diese Tragödie einfach nicht verarbeiten.

Leider war meine Heckenschneidekunst auch nicht das Beste. Ich merkte, dass ich immer mehr Wellen in die Hecken geschnitten hatte und meine Ausbesserungsversuche zu einer immer niedrigeren Heckenhöhe führten. Frau Abersdorfer kam schließlich auf mich zu und entband mich meiner Pflicht:

„Lieber Herr Fodor, ich glaube es wäre besser, wenn Sie diese Tätigkeit wenigstens bei mir aufgeben würden, sonst habe ich bald keine Hecken mehr."

So endete meine erste und letzte Gartenarbeit, was ich auch nicht unbedingt bedauerte, da ich kein begeisterter Gärtner bin. Umso mehr musste ich später jedoch meiner Frau im Garten helfen.

Andererseits hatte ich einen sehr interessanten und lehrreichen Nachmittag bei Frau Abersdorfer erlebt und authentisch die Schrecken der Flucht und die Grausamkeit der russischen Armee erfahren. Ich werde niemals die Schuld der deutschen Armee und der Nazis in Frage stellen, aber es gab auch schändliche Taten der Alliierten, die nicht unbedingt mit den Nazisverbrechen erklärt werden konnten. Denken wir nur an das Bombardement Dresdens ohne den geringsten militärischen Wert. In der Nacht vom 13. auf den 14. Februar 1945 erfolgte auf das rund 630.000 Einwohner zählende Dresden der schwerste Luftangriff auf eine Stadt im Zweiten Weltkrieg. 773 britische Bomber warfen in zwei Angriffswellen zunächst gewaltige Mengen an Sprengbomben ab. Durch die Zerstörung der Dächer und Fenster konnten die anschließend abgeworfenen etwa 650.000 Brandbomben eine größere Wirkung entfalten. Ein präzises teuflisches Werk! Ihr Feuersturm zerstörte rund 80.000 Wohnungen und ihre Hitzeeinwirkung deformierte sämtliches Glas in der Innenstadt. Dem britischen Nachtangriff auf die ungeschützte Stadt, die über keinerlei Luftabwehr verfügte, folgte am Tag die Flächenbombardierung durch 311 amerikanische Bomber. Am 15. Februar musste das bereits vollständig zerstörte und mit schlesischen Flüchtlingen überfüllte Dresden einen weiteren Angriff der US-Luftwaffe überstehen. Bis zu 25.000 Menschen verloren ihr Leben. Die bis zur Unkenntlichkeit verkohlten Toten lagen noch Tage auf der Straße oder in den Trümmern, ehe die Leichenberge zur Verhinderung von Seuchen verbrannt werden konnten.

Oder Potsdam, der Luftangriff auf Potsdam, auch als Nacht von Potsdam bezeichnet, fand vom 14. auf den 15. April 1945 statt. In dieser Nacht zerstörte ein britischer Luftangriff im Rahmen der Area bombing directive-Strategie große Teile der Potsdamer Innenstadt. Nach nur sehr kurzer Vorwarnzeit begann um 22:16 Uhr ein Bombardement, bei dem 1700 Tonnen Bomben abgeworfen wurden und 1593 Potsdamer zu Tode gekommen sind. Bei dem Angriff wurden fast 1000 Gebäude in der Innenstadt völlig zerstört, wodurch rund 60.000 Menschen obdachlos, und das alles während die Sowjetische Armee 20 km vor Potsdam stand.

Magdeburg wurde am 16. Januar 1945 dem Erdboden gleich gemacht und wofür? Eine Stadt mit einer 1200-jährigen Geschichte existierte plötzlich nicht mehr. Ich könnte weitere Städte aufzählen wie Köln, Nürnberg, Frankfurt, von Berlin gar nicht zu reden!

Solche Unterhaltungen mit der deutschen Bevölkerung waren für mich nicht nur interessant und vor allem lehrreich sondern holten gleichzeitig einen versäumten Geschichtsunterricht nach. Hier habe ich endlich auch die von den Kommunisten verfälschte Vergangenheit entdeckt und versuchte, die wahre Geschichte des 2. Weltkrieges zu verstehen. Nach diesem interessanten Nachmittag hatte ich in den darauffolgenden Jahren noch viele weitere Begegnungen mit Menschen, die entweder aktiv im Krieg involviert waren, Gefangene in Sibirien gewesen waren, Vergewaltigungen und Massaker in Polen und der damaligen Czechoslowakei miterlebt hatten. Es war für mich ein lebendiger Geschichtsunterricht von unschätzbarem Wert. Auch hier wurde meine innerste Überzeugung gestärkt, dass es nie wieder einen solchen Krieg geben durfte. Dieses Ziel war jedoch einzig und allein nur durch ein vereintes Europa zu erreichen. Europa musste endlich zur Ruhe kommen. Die europäischen Völker mussten lernen sich gegenseitig zu verstehen und zu tolerieren. Wir mussten uns endlich mit unserer gesamteuropäischen Kultur und Geschichte identifizieren. Dies war der einzige Weg für uns, da wir sonst alle untergehen würden! Eigenartig fand ich, dass die Menschen, die im Krieg an der Front gewesen waren, von dieser Zeit sehr ungern erzählten, so z.B. mein späterer Schwiegervater, der ebenfalls Jahre in Russland als Kriegsgefangener verbracht hatte. Aber diejenigen, die heldenhafte Geschichten von sich gaben, hatten ihre Kriegszeit meist alle im Hinterland verbracht und eine relativ bequeme Zeit verlebt. Als ich viel später als niedergelassener Arzt im bayerischen Wald arbeitete, nahm ich an einem sogenannten „Senioren-Stammtisch" teil, wo Kollegen im Seniorenalter von ihren ‚Heldentaten' während des 2.Weltkrieges berichteten. Jedoch war keiner von ihnen wirklich an der Front gewesen. Ich empfand diese Geschichten immer eigenartig wenn nicht sogar abstoßend. Deshalb kehrte ich diesem Stammtisch bald den Rücken.

Auch politisch hatte sich einiges getan. Zum 15. Jahrestag der Berliner Luftbrücke am 26. Juni 1963 besuchte Kennedy als erster US-amerikanischer Präsident West-Berlin. Begleitet wurde Kennedy von Außenminister Dean Rusk und General Lucius D. Clay. Am Rathaus Schöneberg hielt Kennedy vor rund 1,5 Millionen Menschen seine berühmte Rede, in der er an der Seite des damaligen Regierenden Bürgermeisters Willy Brandt seinen berühmten Satz sagte: „Ich bin ein Berliner!". Kennedy sicherte auch zukünftig der Stadt und Deutschland die Unterstützung der USA als alliierte Schutzmacht zu. Es dauerte nicht lange bis der Ostblock reagierte, und am 1. Juli 1963 besuchte – offensichtlich als Reaktion auf Kennedys Besuch – Chruschtschow in Ost-Berlin Walter Ulbricht, den Staatsratsvorsitzenden der DDR. Gleichzeitig kündigte Kennedy an, dass noch vor 1970 ein Amerikaner auf dem Mond landen würde, der größte Triumph des ehemaligen Nazis Werner von Braun, der die kürzlich gegründete NASA leiten durfte. Merkwürdige Moral in Amerika, da von Braun direkt für die mörderische Zwangsarbeit abertausender Juden und politischer Gefangenen in den Arbeitslagern während des Zweiten Weltkrieges verantwortlich war, und er ein paar Jahre später in den USA vom Kriegsgefangenen zum Direktor des Marshall Space Flight Center in Alabama ernannt wurde, eine Position, die er bis 1970 behielt.

Dort war er maßgeblich an den erfolgreichen Mercury-, Gemini- und Apollo-Programmen aber auch für das amerikanische Militär-Raketenprogramm beteiligt.

Kulturell gab es auch interessante Höhenpunkte, wie den berühmten Alfred Hitchcock Film *Die Vögel* . Nur war es anfangs extrem schwer Kinokarten dafür zu bekommen. Die Uraufführung des Films ‚Das Schweigen' von Ingmar Bergman dagegen wurde wegen sexueller Darstellungen zum Skandal.

Endlich bekam ich wieder einen Gelegenheitsjob. Ich musste drei Tage lang nachts Lastwagen abladen. Die Arbeit war gar nicht so schwer, weil die Kisten Schokolade enthielten und daher relativ leicht waren, und ich konnte mich endlich für längere Zeit mit Süßigkeiten versorgen. Mit mir arbeitete ein gut 10 Jahre älterer „Kleiderschrank", der erst kürzlich aus dem Gefängnis entlassen und wortwörtlich mit allen Wassern gewaschen war.

„Ich heiße Roland" stellte er sich vor und lächelte etwas verlegen, einem Kind ähnlich, das gerade etwas stibitzt hatte.

„Sehr angenehm, ich heiße László" antwortete ich und drückte seine ausgestreckte Hand. Dann jedoch dachte ich ‚Um Gottes Willen, hoffentlich zerquetscht er meine Hand nicht!'

„Ha, ‚sehr angenehm', wo hast Du denn diese vornehme Ausdruckweise gelernt? Ehrlich gesagt kotzt es mich an!"

Da ich verblüfft über seine Äußerung war, was er offensichtlich sofort merkte, fügte er noch laut lachend hinzu: „Du brauchst nicht gleich beleidigt zu sein. Nur ist sowas in meinen Kreisen zu schleimig. Weißt Du, wo ich herkomme, da ist alles ein wenig anders." und schmunzelte. „Und wo kommst Du her? Du bist doch kein Deutscher, oder?"

„Nein, ich komme aus Ungarn und studiere hier in Freiburg Medizin."

„Na, dann bin ich in gewisser Weise auch Akademiker. Ich komme nicht ganz so weit von deinem Institut her, nämlich gleich hinter dem Physiologischen Institut. Nur befand sich zwischen uns eine relativ hohe Mauer." und er grinste über sein ganzes breites Gesicht und zeigte mir sein lückenhaftes Gebiss.

„Ach, ich verstehe, Du kommst vom staatlichen Sanatorium, was man auch Gefängnis nennt."

„Du, das ist kein Sanatorium, das sage ich Dir. Du musst das mal ausprobieren! Aber Du kannst dort auch sehr viel lernen, mehr als Du denkst, vor allem praktische Dinge fürs Leben, glaube mir." Inzwischen schleppten wir beide die mit Schokolade beladenen Pakete vom Lastwagen ins Lagerhaus. Plötzlich fragte er „Isst Du gerne Schokolade?"

„Natürlich, wer isst nicht gern Schokolade?"

„Also, schau mal her." und plötzlich schmiss er sich samt Karton auf den Boden, so dass die Schokoladentafeln in alle Richtungen flogen. Dann stand er auf und trat mit dem Fuss noch auf die übrigen am Boden liegenden Tafeln.

„So bitte, das ist für uns!" sagte er triumphierend und nahm die gut 40 Tafeln und brachte sie zum Vorarbeiter.

„Sie, ich bin ganz dumm gestolpert und habe leider ein paar Tafeln zerbrochen. Was soll ich damit machen?" fragte er den Vorarbeiter scheinheilig.

„Zeige mal. Ach was! Nimm das mit nach Hause. Die sind alle kaputt, aber pass auf, dass du keine Verstopfung kriegst." Daraufhin packte er zuerst den ganzen Karton und anschliessend den kaputten Karton in seinen Rucksack.

„Draußen teilen wir es uns Herr Akademiker!" grinste er wieder siegessicher und bemerkte noch „Na bitte, so macht man das, dazu braucht man kein Abitur, und übrigens, wenn ich mal einen Arzt brauche, dann kannst Du mir helfen, oder?"

„Hör mal, ich bin noch nicht Arzt, ich studiere noch." versuchte ich ihm zu erklären.

„Verdammt, wie lange studiert Ihr denn? Es kann doch nicht so schwer sein, eine Wunde zusammenzunähen, oder? Weisst Du, ich kriege ab und zu mal ein paar Kratzer ab und da wäre es gut, wenn ich jemanden hätte, der mir ohne Probleme mal helfen würde."

„In Ordnung, wenn Du mich brauchst, dann melde Dich und wir sehen weiter, ob ich Dir helfen kann." In diesem Augenblick dachte ich an meinen

‚Nähkurs' bei der schlagenden Verbindung, vielleicht war es ja wirklich nicht so schwer.

Ein paar Monate später saßen Fertö und ich in einem Cafe in der Kaiserstrasse, als plötzlich ein junger Kerl an unseren Tisch trat und zu stänkern begann. Ich stand auf und wollte gerade etwas sagen, als er plötzlich einen Zigarettenstummel in mein Gesicht rammte. Ich trat zurück um richtig ausholen zu können als plötzlich ein dunkler Schatten herbeisprang, den Kerl packte und ihn in hohem Bogen aus dem Cafe warf. Dies passierte blitzschnell. Dann drehte er sich um und grinste mich triumphierend an.

„Hallo Roland, wo kommst Du denn her?"

„Na, ich habe Euch schon länger beobachtet, wollte aber nicht stören. Aber als dieser Kerl da auftauchte, na, da dachte ich ich, muss ich jetzt doch meinem Doktorchen beistehen. Der Kerl ist stadtbekannt, und er fackelt nicht lange und zieht auch gern sein Messer."

Es war das erste Mal in meinem Leben, dass mich jemand „Dok" nannte. Ich habe Roland nach diesem Zwischenfall nie wieder gesehen, angeblich hatte er sich relativ bald ins Ausland abgesetzt. Was aus ihm geworden ist weiß ich nicht. Aber eins ist sicher, auf der Lebensakademie hat er viel gelernt, und hat hoffentlich auch sein Leben gut gemeistert. Er war kein bösartiger Mensch aber seine Lebensbahn verlief eben etwas anders als meine.

Am 20.August konnte ich endlich wieder mit meinem Pflegerjob in der Psychiatrie beginnen. Gleichzeitig lernte ich immer fleißiger für meine Prüfung in der Inneren Medizin, mit der Hoffnung mein Stipendium zurückzubekommen. Meine Schulden bei Fertö wurden langsam abgetragen, und da ich nun einen festen Job hatte, wurde meine finanzielle Lage etwas stabiler. Während der Semesterferien konnte ich auch tagsüber in der Psychiatrie arbeiten, weil viele Pfleger im Sommerurlaub waren und Pflegekräfte fehlten. So musste ich auch manchmal Patienten in eine andere Klinik begleiten, was nicht immer einfach war wie auch folgender Besuch einer Zahnklinik.

Ich musste mit einem ca. 50 Jahre alten Patienten wegen seiner Zahnschmerzen in die Zahnklinik. Ich muss dazu bemerken, dass er diesen Zahnarztbesuch freiwillig antrat und ihn keiner dazu gezwungen hatte . Also fuhren wir mit dem Taxi los. Wir unterhielten uns ganz ungezwungen über Gott und die Welt als er plötzlich rief:

„Ich habe gerade einen Elefanten auf der Straße gesehen."

„Wie bitte? Ein Elefant in Freiburg auf der Straße? Na, das ist schwer möglich, wir sind nicht in Afrika." sagte ich mit Überzeugung. Doch gleichzeitig fiel mir ein, mit wem ich es eigentlich zu tun hatte, aber es war schon zu spät. Er wurde recht aggressiv, verlangte anzuhalten und dass wir aussteigen sollten um diesen Elefanten aus der Nähe anschauen zu können. Ich wandte mich zum Taxifahrer und fragte, ob er auch diesen Elefanten gesehen hätte. Der Fahrer grinste und erklärte dem Patientien recht unbefangen, dass es unmöglich sei, aber wenn er unbedingt austeigen wolle so könnte er anhalten. Auf diese Erklärung hin wurde der Patient plötzlich etwas einsichtiger und sagte leise:

„Ja, dann habe ich mich wohl geirrt. Bitte, entschuldigen Sie und fahren Sie ruhig weiter, mein Zahn meldet sich wieder und ich hoffe, bald beim Zahnarzt zu sein."

Ich atmete auf und wir kamen glücklich vor der Klinik an. Ich erledigte die Anmeldung, so dass der Patient relativ schnell an der Reihe war. Natürlich wusste der Zahnarzt bereits, woher wir kamen, und so war es auch für ihn besser, solche Patienten schnellstens zu versorgen und zurück in ihre Klinik zu schicken. Kurze Zeit später waren wir fertig, der Patient strahlte und meinte, dass alles in Ordnung sei und es auch nicht weh getan hatte. Also stiegen wir wieder in das Taxi ein und fuhren los. Unweit unserer Klinik sagte er plötzlich:

„Halt! Bitte nicht weiterfahren. Hier sind Soldaten auf der Straße. Sie wollen uns töten!" Diesmal aber schaltete ich sofort und wusste, dass er halluzinierte. Das mit dem Elefanten war auch nichts anderes und man durfte ihm jetzt nur nicht widersprechen.

„Halten Sie bitte an." rief ich dem verwunderten Taxifahrer zu „Wir werden mal nachsehen, was da vorne los ist."

„Wie Sie wollen." und er schüttelte seinen Kopf. In diesem Augenblick riss der Patient die Autotür auf und rannte weg. Ich lief ihm natürlich schreiend nach und versuchte ihn zu beruhigen. Die Passanten auf der Straße schauten uns verwundert zu und manche beschimpften mich sogar, wie ich dazu käme, diesen Mann zu belästigen. Endlich konnte ich ihn einholen und versuchte ihn zu besänftigen. Doch da tauchten plötzlich zwei Polizisten hinter mir auf. Obzwar ich ihnen die Situation erklärte, schüttelten sie ihren Kopf und forderten uns beide auf, sie aufs Revier zu begleiten. Das war das erste und auch letzte Mal, dass ich in Deutschland von der Polizei festgenommen wurde.

„Hören Sie, Sie können uns alles erzählen. Psychiatrie, Patient, Pfleger und was Ihnen sonst noch so einfällt. Wir werden es im Revier kontrollieren. So ein Märchen kann uns ja jeder auftafeln. Übrigens, wo sind denn Ihre Papiere?"

„Leider habe ich keine dabei. Aber rufen Sie doch bitteschön in der Nervenklinik an, die werden es ihnen bestätigen." versuchte ich mich verzweifelt zu verteidigen.

„Also, sehen Sie, wir haben doch recht gehabt. Keine Papiere, Ausländer, vielleicht noch ein Taschendieb?"

„Ich bitte Sie! Jetzt gehen Sie aber zu weit mit ihren Anschuldigungen! Ich werde mich bei Ihrem Vorgesetzten beschweren. Und was heißt hier Ausländer? Ist es ein Verbrechen Ausländer zu sein?"

Man sollte sich nicht mit der Obrigkeit anlegen, leider auch dann nicht, wenn man recht hat, weil es einem nur zum Nachteil wird. Wir kamen am Revier an und ich wurde mit meinem Patienten, der die ganze Zeit geschwiegen hatte, in eine Zelle gesperrt, wo wir lange warten mussten. Zwischendurch kam wieder ein Polizist und sagte selbstherrlich:

„Also, wir haben alles geprüft. Eine Person namens „Odor" arbeitet nicht in der Psychiatrie und ist denen auch nicht bekannt."

„Natürlich nicht! Ich habe meinen Name genau buchstabiert. Ich heiße nicht Odor sondern mit F wie Franz: Fodor. Haben Sie mich jetzt richtig verstanden?" entgegnete ich ziemlich verärgert und entsprechend laut, da mir die ganze Situation doch langsam unerträglich wurde. Er verschwand wieder und es verging eine ganze Weile, bis endlich wieder die Tür aufging und zwei Pfleger aus der Psychiatrie feixend vor uns standen.

„Na, Du Held, was suchst Du denn hier? Jetzt bist du vorbestraft wegen Menschenraub." lachte einer laut auf.

„Hör auf mit dem Blödsinn! Lass uns von hier verschwinden, mir ist wirklich nicht zum Witzeln zu Mute, mir reicht es!" raunzte ich ihn an.

„Also komm, Kopf hoch, es ist doch nichts passiert." versuchte er mich zu beruhigen.

„Wie bitte? Was ich alles mitgemacht habe? Unter anderem wurde ich als Verbrecher verdächtigt, ist das vielleicht nichts?" antwortete ich verärgert und relativ laut, so dass es auch der Polizist mitbekam, worauf er entgegnete:

„Sie müssen uns verstehen, wir erfüllen nur unsere Pflicht und es hätte doch auch ganz anders sein können."

„Ach ja, was Sie nicht sagen, und von einem einigermaßen höflichen Ton halten Sie nicht viel? Und dass wir über eine Stunde in der Zelle gesessen haben ist für Sie normal?" fauchte ich ihn an.

„Sie können gerne mit unserem Vorgesetzten reden wenn Sie möchten." sagte er jetzt schon fast zu höflich, worauf ich ablehnend antwortete:

„Wissen Sie, ich bin froh, wenn ich von hier schnellstens rauskomme und Sie nie mehr wiedersehen muss." und stolzierte vor ihm aus dem Revier hinaus. Noch lange wurde in der Klinik schmunzelnd über meinen Menschenraub gesprochen. Aber der Patient war tatsächlich schizophren und bereitete uns später immer wieder Schwierigkeiten.

Am nächsten Tag musste ich wegen meines Stipendiums zum Studentenwerk fahren. Ich habe im selben Zimmer erscheinen müssen, in dem ich damals mein Stipendium verloren hatte. Natürlich saß derselbe unangenehme Beamte hinter seinem Schreibtisch: mit karierter Jacke, magerem blassen Gesicht, einer hohen Stirn und einem winzig kleinen Schnurbart, der fast lächerlich aussah. Er begrüßte mich mehr oder weniger teilnahmslos und fragte mit krächzender Stimme, was ich wünschte.

Ich dachte sofort, dass er mich nicht erkenne, konnte aber meinen inneren Triumph nicht unterdrücken und sagte forsch: "Ich habe mein Physikum bestanden, und ich möchte jetzt mein verlorengegangenes Stipendium wiederhaben." Er schaute mich verwundert an und sagte dann richtig genüsslich, in vollem Bewusstsein seiner Wichtigkeit: „Soso, so einfach ist es aber nicht Herr.., ach, wie heißen Sie doch?" „Laszlo Fodor, ab heute cand med." antworte ich schnell mit voller Stolz.

„Mich interessiert nicht, was Sie jetzt sind sondern ich benötige Fakten, also Prüfungspapiere, bisherige Stipendienzahlungen, persönliche Daten, usw. Hier, füllen Sie bitte dieses Formular aus und reichen Sie es mit den angeforderten Unterlagen zusammen wieder hier ein." Erst jetzt lächelte er süffisant, fast siegessicher und verbreitete ein Gefühl des „Deutschland-Deutschland-die Beamten über alles".

„Übrigens dauert die gesamte Aktenüberprüfung bis zur Stipendien-Auszahlung so gut 3 bis 4 Monate. Darauf müssen Sie sich schon einstellen." In diesem Augenblick wurde mir ganz schwindlig. Was nützte mir nun die bestandene Prüfung?

„Aber entschuldigen Sie, wovon soll ich denn bis dahin leben? Dieses Stipendium reicht vorn und hinten nicht. Ich bin hier in Deutschland ganz allein, ich habe keine Eltern wie die deutschen Kommilitonen. Ich muss doch alles selber finanzieren!"

„Das bedauere ich, aber ich kann nichts für Sie tun. Sie kennen sicher die Gesetze, diese Dinge brauchen eben Zeit um bearbeitet zu werden. Aber wenn ich Ihnen einen guten Rat geben darf, lassen Sie sich doch für ein oder zwei Semester beurlauben. Dann haben sie Zeit etwas Geld zu verdienen und können anschließend wieder ungestört weiterstudieren. Sowas wird unter den Studenten häufig gemacht. Nicht nur bei den ausländischen Studenten sondern auch unter den deutschen Studenten gibt es Bedürftige, das dürfen Sie nicht vergessen. Sie sind hier keine Ausnahmefigur!" Er setzte wieder seine süß-saure Miene auf und imitierte ein Lächeln, was ihm nicht ganz gelang. Wutentbrannt aber doch diszipliniert antwortete ich:

„Vielen Dank für Ihre ausgesprochen großzügige Hilfe, ich werde die nötigen Papiere einreichen, und solange Sie die Papiere prüfen setze ich mich vor das Freiburger Münster mit einem Hut zum Betteln."

Ich stand auf und ohne seine Antwort abzuwarten nahm ich den Fragebogen und stürmte aus seinem Büro. Erst draußen begriff ich die wirkliche Lage. Als ich so in der Kaiserstraße ziellos herumirrte, landete ich vor einem Tchibo

Kaffeeladen, der damals den billigsten Kaffee anbot. Frustriert schüttete ich eine Tasse Kaffee in mich hinein und erblickte durchs Fenster eine Kinoreklame. Es wurde ein für mich passender Film gespielt:

' Vom Winde verweht' - Der Film war der erfolgreichste Film des Jahres 1939 und erhielt bei der Oscarverleihung 1940 13 Nominierungen und 10 Oscars für den besten Film, die beste Regie für Victor Fleming, für Vivien Leigh als beste Hauptdarstellerin und für Hattie McDaniel als beste Nebendarstellerin (erste ausgezeichnete schwarze Schauspielerin).

Da ich nichts Besseres vorhatte ging ich in die Vorführung, was ich nicht bedauerte. Es war einer der besten Filme meines Lebens.

Anschließend war mein Seelenfrieden wieder einigermaßen hergestellt. Eine Semesterpause war in meinem Plan nicht drin. Durch die Studenten-Arbeitsvermittlung bekam ich einige gar nicht so schlecht bezahlte Gelegenheitsjobs in der Nacht, wie Waggons ausladen, Lastwagen beladen, Zementsäcke transportieren. Neben diesen Jobs erhielt ich auch interessante, besser gesagt nützlichere Tätigkeiten, wie Warenausliefern von Bäckerläden oder Fleischtransporten von einem Metzger zum anderen. Bei diesen Arbeiten konnte ich dann für die nächsten Tage immer etwas zum Essen erhalten, oder ich brachte einiges für meine Wirtin mit, die es mir dann für etwas anderes eintauschte.

Vormittags schlief ich immer lange und ging nachmittags öfter wegen der Hitze ins Schwimmbad. Bei einer solchen Gelegenheit verknackste ich mir beim Fußballspielen meine Kleinzehe am linken Fuß, die einfach nicht abschwellen wollte. Im Gegenteil, es wurde immer blauer bis ich dann doch in die Ambulanz der chirurgischen Klinik marschierte, wo mir ein Knochenbruch in der Kleinzehe diagnostiziert wurde. So war es mit den Kurzjobs auch vorbei und ich musste 2 Wochen lang mit einem Fußgips-Stiefel herumlaufen. Zwischendurch kam auch noch ein Brief vom Studentenwerk, in dem ich aufgefordert wurde, schnellstens eine Leistungsprüfung für die Innere Medizin zu absolvieren. Davon würden sie es dann abhängig machen, ob ich mein Stipendium zurückerhalten könnte oder nicht. Wie sagen die Österreicher dazu: „Na, Servus!" Dazu kam auch noch eine neuerliche Attacke von einer Möchte-gern zukünftigen Schwiegermutter. Es hatte sich eigenartigerweise sehr schnell herumgesprochen, dass ich mein Physikum bestanden hatte, was dann so viel bedeutete, dass man mit 90%iger Sicherheit Arzt werden würde. Also, eine bessere Partie kann man nicht machen, als einen cand.med. für sein Töchterchen zu angeln, deshalb: Holzauge sei wachsam!. So war es auch mit meiner letzten Freundin Brigitte, eine Alemannin mit polnischer Mischung, eine temperamentvolle hübsche Blondine, allerdings mit einer äußerst gefährlichen Mutter. Ich war froh, meine Freiheit wieder erlangt zu haben, als diese Affäre vorbei war. Zwischendurch tätigte ich noch ein leider sehr schlechtes Geschäft, da ich einen günstigen Vespa-Roller für 150 DM angeboten bekam, es sich aber herausstellte, dass das Motorrad einen Rahmenriss hatte, den man nicht schweißen durfte. So hatte ich bei meiner prekären Finanzlage noch einmal 150 DM verloren. Übrigens war der Verkäufer ein Landsmann von mir. Seit dieser Zeit bin ich besonders wachsam, wenn mir ein Ungar etwas verkaufen möchte.

Die Nächte waren relativ warm und bei 22-25°C zu arbeiten ist auch kein Vergnügen. Eines Morgens, als ich nach dem Zementtransport nach Hause kam, stellte ich fest, dass ich eine fürchterlich juckende Zement-Allergie auf meinem Rücken hatte. Weil ich mich weder kratzen und noch mit lindernder Creme einschmieren konnte, wollte ich meine Wirtin um Hilfe bitten. Leider traf ich aber nur ihre Tochter an, die aber sofort bereit war, erste Hilfe zu leisten.

„Komm László, ich helfe Dir. Ist doch kein Problem. Mach deinen Oberkörper frei." und begann schon, mein Hemd auszuziehen.

„He, nur langsam! Hier auf dem Gang wird es nicht gut gehen, lass uns lieber in mein Zimmer gehen." „Natürlich! Komm, komm!" antwortete sie mit einer gewissen Ungeduld, was ich in diesem Moment gar nicht verstand. Wir gingen in mein Zimmer, wo sie dann zwar sehr vorsichtig aber mit viel Hingabe meinen Rücken einschmierte. Doch dann stellte ich fest, dass trotz meiner anatomischen Kenntnisse der Rücken ziemlich weit hinunter bis zu meinen vier Buchstaben reichte und diese erotische Zone doch gar nicht von dem Ekzem betroffen war. Gerade als wir so in diese „Rehabilitationstätigkeit" vertieft waren ging plötzlich die Tür auf, und auf der Türschwelle stand meine Wirtin.

„Was macht Ihr denn hier? Schämst Du dich nicht" und wandte sich ihrer Tochter zu.

„Nein Mama, es ist ganz anders als Du denkst. Schau mal seinen Rücken an. Er hat von der Arbeit eine Zementallergie bekommen" und sie zeigte auf meinen Rücken, natürlich ohne meinen Hintern zum Demonstrationszweck jetzt noch zu erwähnen.

„Schluss damit, es ist gut eingeschmiert und Laszlo, beim nächsten Mal wendest Du Dich bitte an mich."

„Natürlich, das wollte ich ja von Anfang an, aber Sie waren nicht zu Hause." versuchte ich mich zu verteidigen.

Ich bedankte mich bei der Tochter für die Fürsorge. Sie lächelte etwas verlegen und flötete: „Deine Bude ist wirklich nett. Ich habe sie bisher noch nie von innen gesehen, und ich denke, ich werde Dich ab jetzt mal öfter besuchen." Trotz des Grollens ihrer Mutter kicherte sie fröhlich beim Verlassen meines Zimmers.

„Na, wir sind sowie schon sehr enge Nachbarn, da diese dünne Gipswand nicht viel zurückhält. Ich höre immer Deine nie endende Leidenschaft für den Ravel-Bolero, was aber nicht unbedingt mein Geschmack ist."

„Ach nein, und das hörst Du durch die Wand? Das hätte ich nicht gedacht." Sie lachte laut auf und setzte noch dazu „Was meinst Du eigentlich, was ich alles von Deinem Zimmerleben so mitbekomme? Aber darüber unterhalten wir uns ein andermal bei Dir, in Ordnung?"

„Natürlich, ich freue mich schon darauf." lachte ich ironisch, ahnte aber noch nicht, was für Konsequenzen das noch nachsichziehen würde.

In der Innenpolitik der Bundesrepublik kam es gleich zu Beginn des Jahres 1963 zu Auseinandersetzungen über die positive Haltung der Bonner Regierung gegenüber der antibritischen Politik de Gaulles. Weite Kreise lehnten eine Unterzeichnung des Deutsch-Französischen-Vertrages ab, da sie ihn als einen Affront gegenüber den übrigen Verbündeten in Europa empfanden. Diese unterschiedlichen Ansichten waren u. a. Grund für eine Kontroverse zwischen Bundeskanzler Konrad Adenauer und Wirtschaftsminister Ludwig Erhard. Adenauer, der sich nach langem Zögern 1963 zu seinem Rücktritt entschloss, wollte – allerdings erfolglos – die Kanzlerschaft des von der CDU-Fraktion gewählten Nachfolgers Erhard verhindern. Mit Vehemenz hatte Adenauer seit seinem Amtsantritt 1949 den Anschluss Deutschlands an das westliche Bündnis betrieben, verbunden mit einer konsequenten Abgrenzung vom Machtbereich der Sowjetunion.

Entgegen dieser Politik, die zu einer Vertiefung der Spaltung Deutschlands führte, wies der SPD-Politiker Egon Bahr am 15. Juli in seiner Rede »Wandel durch Annäherung« erstmals auf die Notwendigkeit von Gesprächen mit Vertretern aus der DDR hin. Egon Bahrs Politik war vor allem in der Willy Brand Ära äußerst umstritten. Ich hatte die Möglichkeit, ihn viel später 2007 in Berlin kennen zu lernen, und seine im hohen Alter noch immer geistige Frische zu bewundern, obzwar er weiterhin ein konservativer harter SPD Mann geblieben ist; noch 2004. rät er der SPD, in den neuen Bundesländern stärker auf die Partei des Demokratischen Sozialismus (PDS) zuzugehen - ein Überbleibsel der DDR- Postkommunisten! Er kritisierte sogar, dass die SPD versäumt habe, nach der Wende die "große Masse unbelasteter Kommunisten" zu integrieren. Das fand nicht ich nur politisch unsinnig, sondern wurde als empörende Beleidigung Hundertausender DDR-Bürger empfunden, die unter dem Kommunismus gelitten hatten. Unbelastete Kommunisten gab es nicht, so etwas kann nur derjenige behaupten, der nie im Ostblock gelebt hat.

In den Jahren 1961- 1963 entwickelte Bahr gemeinsam mit Willy Brandt außenpolitische Leitgedanken, die die Basis für die spätere nicht ungefährliche ‚neue Ostpolitik Bundesrepublik Deutschland' bildeten. Bahr wird zum Architekten der Ostverträge sowie Vordenker und Stratege der Beendigung des Kalten Krieges. Leider hat dies durch zunehmende Anerkennung des DDR Regimes den unaufhaltsamen Untergang der maroden DDR verlangsamt und so den Mauerfall unnötig bis 1989 hinauszögerte.

In dieser Zeit begannen langsam auch Annäherungsversuche zwischen der Bundesrepublik und Ungarn, obzwar die 1956er Revolutions-Wunden noch relativ frisch waren. Ungarn wollte aber, da das Land auf die Auslandsbeziehungen mit West-Europa angewiesen war, schnell und ohne großes Aufsehen einen Austausch von Handelsmissionen zwischen Bonn und Budapest beginnen. Natürlich ging es auch hier nicht ohne politische Floskeln, wodurch es dann zwischen Bonn und Budapest zum Bruch kam. Die geheimen Verhandlungen führten von der ungarischen Seite Leiter der ‚Germanischen Abteilung im ungarischen Außenministerium', Gesandter Beck, in Bonn mit dem Leiter der Ostabteilung des Bonner Außenamts, Ministerialdirektor Krapf. Man muß wissen, dass in dieser Zeit in Ungarn noch immer eine harte Vergeltungslinie gegenüber den 1956er Aufständischen führte. Leider existierten schon damals gut gemeinte und wohlwollende Zeitungsberichte über den sogenannten ‚Gulaschkommunismus', was ein

Artikel der Zeitschrift ‚Die Zeit': „Eindrücke aus dem Lande Janos Kadars" *von Peter Bender,* widerspiegelte:

" Die Revolution war nicht umsonst. Kadar tut jetzt, was die Opponenten 1956 verlangten".

Diesen Satz hörte ich zum ersten Mal im vergangenen Sommer von einem ungarischen Intellektuellen, der die Bundesrepublik besuchte. Als ich dann nach Ungarn kam, hörte ich ihn häufig – meist eingeschränkt, manchmal etwas modifiziert. Doch im Kern war es immer dieselbe Paradoxie: Der Mann, der im Rufe steht, die Revolution verraten zu haben, gilt als Vollender der Revolution."

Wenn man als ungarischer Flüchtling so etwas in der BRD zu lesen bekam, musste automatisch sein Glaube an den Westen erschüttert werden, aber schon damals war die Berichterstattung oft sehr fragwürdig gefärbt und der herrschenden politischen Richtung untergeordnet. Leider auch viel, viel später 2010 und 2012 hat sich diesbezüglich nichts geändert und eher verschlimmert.

Das Jahr 1963 betrachtet man in Ungarn als Beginn der politischen Konsolidierung. Nach der Niederschlagung des Ungarischen Volksaufstands, während dessen Mátyás Rákosi sein Amt niederlegte, wurde Kádár von Moskau als politischer Führer Ungarns eingesetzt. Mit grausamer Vergeltung restaurierte er die Institutionen der Diktatur und gründete die Ungarische Sozialistische Arbeiterpartei (MSZMP). So gelang es ihm auch, die sich neu formierenden stalinistischen Gegner im Zaum zu halten. Die viel gehasste und brutale ÁVH, Staatsschutzbehörde – die am 6. September 1948 gegründete Abteilung des Innenministeriums, die Nachfolgeorganisation der vormaligen *ÁVO (Magyar Államrendőrség Államvédelmi Osztálya,* „Staatsschutzabteilung der Ungarischen Staatspolizei") – wurde nach dem Volksaufstand 1956 nicht neu organisiert. Die ehemaligen Mitglieder der ÁVH konnten sich bei anderen exekutiven Staatsorganen melden. Sie wurden häufig bei der sich neu formierenden Polizei übernommen. Zu Beginn des Jahres 1957 wurde zudem eine neue, paramilitärisch strukturierte, bewaffnete Organisation gegründet. Oft war diese Organisation mit „gezwungenen Freiwilligen" besetzt, wie mir mehrere ehemalige Schulfreunde später darüber berichteten. Es handelte sich hierbei um eine Einheit mit dem Namen *Munkásőrség* (Arbeiterwache). Sie war von Militär und Polizei unabhängig und unterstand direkt dem Zentralkomitee der Partei. Ihre Mitglieder waren meist Fabrikarbeiter aber auch Hochschulangestellte, die eine Karierre in der Universität beabsichtigten.

Sie erhielten eine ideologische wie praktische Schulung, einen Waffenschein und Handfeuerwaffen, und- in graue Uniformen gekleidet - bei Massenveranstaltungen neben der Polizei mit der Erhaltung der öffentlichen Ordnung beauftragt waren. Die Organisation *Munkásőrség* hatte bald 60.000 Mitglieder; einen Einsatzbefehl für ihren Dienst an der Waffe hat es Gott sei Dank nie gegeben.

Im Interesse des Kompromisses mit der UNO erließ Kádár 1957 eine sehr raffinierte allgemeine Amnestie für die Verurteilten. Gleichzeitig wurden jedoch noch zahlreiche 56er Widerständler hingerichtet, und sogar bis zum Jahr 1960 Menschen zum Tode verurteilt, die bei ihrer Gefangennahme damals noch minderjährig waren. Die Henker haben solange gewartet, bis diese armen Jugendlichen volljährig wurden, und haben sie dann hingerichtet. Es dauerte bis zum 15. März 1963, als etwa 80 % der Gefangenen freigelassen wurden. Im Austausch dazu wurde Ungarn international anerkannt und die Delegation und der Empfang von Botschaftern ermöglicht. Das System gestattete größere private Freiheiten und Karrieremöglichkeiten, die strengen Barrieren politischer Aktivitäten wurden aber beibehalten. Dennoch wurde die „ungarische Frage" im Austausch für die erweiterten Freiheiten von der Agenda der Vereinten Nationen gestrichen. Die Parteiführung nahm bis 1963 einen autoritären Stil an und strebte nicht mehr nach totalitärer Diktatur und vollständiger Überwachung. Kádár verkündete „wer nicht gegen uns ist, ist mit uns" („*aki nincs ellenünk, az velünk van*"). Es war nicht mehr verpflichtend, an das System zu glauben, aber oppositionelle Handlungen, egal ob mit Worten oder in anderer Form, waren weiterhin verboten.

Mein Freiburger Wohnhaus wurde von einem Tag zum anderen bis zum Dach hinauf eingerüstet. Von meinem Dachzimmerfenster konnte ich jetzt über das Gerüst zum Nachbarn klettern. Diese Freiheit genoss ich sehr, da ich noch spät abends draußen auf dem Gerüst sitzen und die relative Ruhe genießen konnte. Der Sommer war ziemlich warm, und draußen auf dem Gerüst war es durch eines schwachen Luftzugs noch angenehm kühl. Natürlich konnte ich so auch in Ediths Zimmer hineinschauen. Sie entdeckte mich sofort, lächelte entzückt und winkte dazu leicht mit ihrem rechten Handgelenk. Ich muss schon sagen, sie war wirklich ein verdammt hübsches Mädchen und, naja, heute würde man sagen ‚sexy'.

Ich kletterte in meine Bude zurück und begann, mich endlich auf die Innere Medizin von Heilmeyer zu stürzen, da ich diese Prüfung noch unbedingt zum

Wiedererlangen meines Stipendiums brauchte. Ich weiß nicht, wie lange ich vertieft über meinem Buch gesessen hatte, als ich plötzlich ein leises Klopfen hörte. Zuerst dachte ich, es käme von meiner Eingangstür, aber als das Klopfgeräusch erneut erklang drehte ich mich um und entdeckte dabei mit Erschrecken Edith hinter meinem Fenster auf dem Gerüst stehend. Mich hat nicht ihre Kletterei erschreckt - schließlich saß ich auch desöfteren dort draußen - aber wie sie dort stand, das war allerdings sehr ungewohnt: Sie stand splitternackt auf dem Gerüst, nur leicht vom Vollmond beschienen, und deutete an, dass ich das Fenster aufmachen sollte. Ich war wie gelähmt. Als ich wieder klar denken konnte, schnappte ich mir geistesgegenwärtig ein Handtuch, rannte zum Fenster, drückte es ihr in die Hand und sagte fast zu laut:

„Um Gottes Willen, was machst Du hier? Hast Du komplett Deinen Verstand verloren? Wenn das Deine Mutter erfährt, dann bin ich meine Bude los!"

„Du Angsthase! Sie ist nicht zu Hause, und ich fühlte mich so einsam." antwortete sie mit einem Blitzen in den Augen.

„Na das ist ja toll, wunderbar, aber jetzt komm erstmal vom Fensterbrett runter und bitte, halte Dir dieses Handtuch vor." stotterte ich leise und verunsichert. Sie stieg vom Fensterbrett hinunter in meine Bude, lächelte und genoss offensichtlich meine Aufgeregtheit. Unvermittelt schaute sie mir tief in die Augen und fragte unverblümt mit einem frechen Unterton: „Gefalle ich Dir vielleicht nicht?"

„Doch, doch! Aber Du musst zugeben, dass diese Situation hier nicht gewöhnlich und alltäglich ist." „Aber Du hast doch schon öfters nackte Frauen gesehen und willst schließlich Arzt werden, oder?"

„Weißt Du was, darüber werden wir ein andermal reden. Jetzt steig bitte wieder auf das Fensterbrett und geh in dein Zimmer zurück, solange Deine Mutter noch nicht zu Hause ist." Ich drehte sie vorsichtig aber bestimmend um. Dabei musste ich zugeben, dass ihr feiner weißer Rücken, ihr festes Gesäß und die wunderschöne Figur mich an die Grenze der Versuchung brachte, und es nicht viel gefehlt hätte ihr nicht widerstehen zu können.

„Du schickst mich also wieder zurück? Na, das wirst du noch bereuen!" schimpfte sie etwas verärgert. Sie stieg wieder auf's Fensterbrett, ihre Schamhaare blitzten noch kurz auf und dann verschwand sie auf dem Gerüst in die Nacht. Nur mein Handtuch warf sie mir in letzter Sekunde zurück. Ich stand dort noch lange etwas fassungslos vor meinem Fenster und ärgerte mich aber gleichzeitig, warum ich Blödmann denn nicht ihrem Wunsch nachgekommen war.

Anfang Oktober meldete ich mich zur Leistungsprüfung zur Inneren Medizin an. An welchen Prüfer ich geraten würde wusste ich nicht. Ich sollte mich nur beim Sekretariat von Prof. Dr. Ludwig Heilmeyer, dem damaligen Direktor der medizinischen Klinik, melden.

Prof. Dr.Ludwig Heilmeyer

Prof. Dr. Heilmeyer war in dieser Zeit einer der bekanntesten Internisten in Europa und ein international anerkannter Hämatologe oder Bluterkrankungsfachmann. Ludwig Heilmeyer begründete die quantitativ-chemische Hämatologie. Neben der Eisenmangelanämie gehörten zu seinen Hauptarbeitsgebieten die Leukämien, bei denen er die Behandlung mit Zytostatika einführte. Er war auch der Erstbeschreiber der *chronischen Erythroblastose*, die unter dem Namen „Heilmeyer-Schöllersche Erkrankung" bekannt ist. In der Tuberkulose-Therapie setzte Heilmeyer mit der Anwendung von Tuberkulostatika wichtige Impulse.

Während des Dritten Reiches hatte er sich ziemlich exponiert, war Mitglied des Stahlhelms und wurde nach der „Machtergreifung" der Nationalsozialisten und der Gleichschaltung des Stahlhelms Mitglied der SA.

Er nahm an rassenpolitischen Schulungen der Staatsschule für Führertum und Politik in Thüringen teil. 1937 wurde er zum außerordentlichen Professor für Luftfahrtmedizin und Blutkrankheiten ernannt. Nach dem Krieg übernahm er nach vorübergehendem Wirken an der medizinischen Akademie in Düsseldorf und Wuppertal-Barmen 1946 den Lehrstuhl für Innere Medizin am Universitätsklinikum Freiburg i. Br., den er bis 1967 innehatte. 1967 wechselte er nach seiner Emeritierung in Freiburg als Gründungsrektor an die medizinisch-naturwissenschaftliche Hochschule Ulm. Durch unglückliche Umstände starb er im Jahre 1969 mit 70 Jahren an einem Spannungspneumothorax (Luft im Brustkorb) in Südtirol. Interessant war in diesem Zusammenhang, dass er die Diagnose eines herbeigeilten Landarztes nicht ernst nahm und weiter auf einem Campingplatz verweilte statt sofort das nächstliegende Krankenhaus aufzusuchen. Man hätte dort mit einem kleinen Eingriff sein Leben retten können, leider kam es anders, und der großartige Fachmann starb an Erstickung. Auch Ärzte können irren, und das kann dann tödlich sein.

Als ich im Sekretariat wartete ging kurze Zeit später die Tür auf, Prof. Heilmeyer kam herein und fragte mich, was ich hier machte.

„Ich muss eine Leistungsprüfung für mein Stipendium machen, deswegen bin ich hier und warte auf den Prüfer. Nur weiß ich noch nicht, wer mich prüfen wird."

„Ach so, das kriegen wir gleich hin," tönte er fröhlich mit seiner Bassstimme; „Ich habe gerade ein paar Minuten Zeit. Mehr brauchen wir nicht. Kommen Sie, ich werde Sie prüfen." In diesem Augenblick dachte ich, jetzt ist alles vorbei, bei ihm habe ich keine Chance.

„So, kommen Sie rein!", rief er mir freundlich zu und zeigte in Richtung seines Zimmers, dessen Einrichtung für meinen Geschmack recht schlicht war.

Doch fiel mir der mit verschiedensten Akten überladene Schreibtisch auf und ein ziemlich abgenützter Lederstuhl, der davor stand. Dieser Stuhl war sicher gut hundert Jahre alt und gehörte meiner Ansicht nach zum ältesten Inventar der Klinik. Er bemerkte meine Unsicherheit und meinen erstaunten Blick und sagte zur Aufmunterung:

„Nur rein in die gute Stube. Ich weiß, es ist kein Modellbüro und schon gar nicht die Hauskapelle, aber es lebt." und er lachte mit tiefer sonorer Stimme aber überaus freundlich.

„Kommen Sie und nehmen Sie Platz. Wir fangen gleich an. Sie sind doch hoffentlich nicht zu aufgeregt, oder?"

„Danke, ein bisschen schon. Man legt ja nicht jeden Tag eine Prüfung vor so einem berühmten Professor ab," flüsterte ich vorsichtig und lächelte verlegen.

„Ach, das ist halb so schlimm. Mehr als durchfallen können Sie nicht." und putzte sich dabei seine Brille während er vor sich hinschmunzelte. Ich dachte, das fängt ja gut an und verspürte plötzlich einen gehörigen Blasendruck.

„Übrigens bin ich ein Professor wie jeder andere. Berühmt bin ich höchstens wegen meiner ständigen Meckerei, aber einem Klinikdirektor bleibt nichts anderes übrig als zu meckern."

Als ich auf dem antiquaren Stuhl Platz genommen hatte ging er sofort ins Detail.

Da ich wusste, dass er Hämatologe ist, konzentrierte ich mich natürlich besonders auf die klinische Hämatologie (Bluterkrankungen). Tatsächlich kam schon die erste Frage über Anämie (Blutarmut) und über den Blutfarbstoff Hämoglobin, seine Aufgabe und Konzentrationsmessung im Blut usw. Als Chemiker kannte ich mich mit analytischen Messverfahren sehr gut aus, vor allem mit der Technik des Photometers. Natürlich ahnte ich zu dieser Zeit noch nicht, dass ich ausgerechnet über diese Thematik bei ihm meine Doktorarbeit schreiben würde. Und darüberhinaus hatte ich kurz vor der Prüfung noch einmal das Kapitel Anämie durchgelesen, was mir jetzt wirklich zugute kam. Ich konnte also richtig loslegen.

„Donnerwetter! Sie haben sich aber gründlich auf diese Prüfung vorbereitet. Sollten wir nicht vielleicht auf ein anderes Gebiet wechseln?" schaute er mich fragend an. Doch plötzlich holte er aus seiner Tasche eine goldene Taschenuhr mit Kette, blickte kurz darauf und sagte ganz aufgeregt: „Es tut mir aufrichtig leid, aber ich muss jetzt sofort zur Visite." „Frau Hoffmann, würden Sie dem Herrn bitte ein sehr gutes Zeugnis ausstellen und zum Schluss noch vermerken, dass er unbedingt sein Stipendium wieder erhalten soll." „So,

Herr Fodor, und Sie können jetzt gehen. Die Prüfung haben Sie glänzend bestanden. Ich wünsche ihnen in Ihrem weiteren Studium viel Erfolg."

Damit hatte ich endlich mein Stipendium wieder erhalten, auch wenn bis zur nächsten Zahlung noch zwei Monate vergingen.

Meine tägliche Arbeit in der Psychiatrie konnte ich ab November etwas lockern und ließ mich nur zur Nachtwache eintragen.

In der Politik kam es in der Bundesrepublik zum Kanzlerwechsel. Adenauer trat aus gesundheitlichen Gründen zurück, und sein Nachfolger wurde der damalige Wirtschaftsminister Ludwig Erhard. Doch als Bundeskanzler konnte dieser an die vorausgegangen Glanzzeiten nicht mehr anknüpfen, obwohl er 1965 die Bundestagswahl souverän gewann. Dazu kam Adenauers ständiges Gestichel gegen seine Art der Amtsführung. Dies hing allerdings auch mit der politischen Annäherung an Frankreich zusammen, die sich zu Lasten der Beziehungen zu den USA auswirkte. Damit stand Erhards Position gänzlich konträr zu der seines Amtsvorgängers. In den USA kam es im Sommer 1963 zur bisher größten Massendemonstration in Washington D.C., von mehr als 250.000 Menschen vor dem Capitol, wo die berühmte Rede von Martin Luther King „I Have a Dream" erklang, und die Gleichberechtigung der schwarzen Bevölkerung einleitete.

Ein sehr schmerzhafter Verlust für die Amerikaner, wenn nicht für die ganze Welt, passierte am 22. November, als J.F. Kennedy in Dallas/Texas von Lee Harvey Oswald ermordet wurde. Ich werde diesen Tag nie vergessen, nicht nur, weil ein großer Politiker starb sondern wegen der Sorge vor den eventuell daraus entstehenden Konsequenzen auf der internationalen politischen Bühne. Viele dachten, es werde womöglich ein Krieg zwischen den beiden Großmächten USA und Sowjetunion ausbrechen, erst recht da die Kubakrise noch nicht lange zurücklag. Wird es ein zweites Sarajevo geben? Tagelang hielt die Hochspannung an und die Situation wurde noch verworrener, als der angebliche Täter Oswald zwei Tage später von dem Barbesitzer Jack Leon Rubenstein erschossen wurde. Es ist aber bis zum heutigen Tag nicht klar, wer oder welche Gruppierung wie KGB, Mossad, Mafia etc. hinter diesem Attentat stand. Demgegenüber schien es klar zu sein, dass Oswald nicht der Täter gewesen war.

Am 25. November wurde in Freiburg ein großer Fackelzug mit ca. 20.000 Menschen anlässlich der Ermordung Kennedys veranstaltet. Natürlich sind wir ungarische Studenten mitmarschiert, und während der Demonstration gab es kein anderes Thema als die Sorge, welche Konsequenzen daraus in der Weltpolitik entstehen könnten. Wir erreichten in dieser Zeit einen Höhepunkt des kalten Krieges. Nachfolger von US Präsident J.F.Kennedy wurde am 26.11.1963 Lyndon B. Johnson (* 27. August 1908 in Stonewall, Texas; † 22. Januar 1973 ebendort).

Andererseits ist es doch merkwürdig, wie schnell Menschen vergessen oder verdrängen, auf jeden Fall wandten wir uns sehr bald wieder unseren alltäglichen Problemen zu, und die Welt drehte sich unerschütterlich weiter. So war es auch bei mir. Im Großen und Ganzen passierte nichts und ich widmete mich meinen gewohnten Lasten wie Studium und Geldsorgen aber auch zur besonderen ‚Last': dem weiblichen Wesen. In der Innenstadt gab es die „Alte Uni", so hieß dieses Gebäude im Volksmund, weil es tatsächlich das älteste Stück der Freiburger Uni war. Aber diese Alte Uni diente nur als Aufenthaltsraum für ausländische Studenten mit einer kleinen Mensa. Im ersten Stock war das Forstwissenschaftliche Institut untergebracht, wo unser Freund Veres Laci nach seinem erfolgreich abgelegten Staatsexamen über Forstwissenschaft als Assistent arbeitete. Im gegenüberliegenden Gebäude befand sich ein Studentenlokal, die Tangente, wo man spät in der Nacht noch bei live-Musik, nicht selten sogar Jazz-Musik, feiern konnte. Hier waren wir öfter und tranken die obligatorische Cola mit Schuss oder das berühmte Freiburger Ganter-Bier.

Ich beschäftigte mich erneut mit größerer Konzentration mit meinem Studium, da die Pathologie-Vorlesungen sehr wichtig waren, und ich als cand. med. bald ein Testat nach dem anderen absolvieren musste. Es war notwendig, eine bestimmte Anzahl von Testaten zu bestehen, da man anderenfalls keinen Zugang zum Staatsexamen erhalten würde - pro Semester waren es etwa 4-5 Testate, was oft in schweißtreibende Arbeit ausartete. Doch trotz allem blieb mir immer noch ein wenig Zeit für Kaffeehausbesuche und um neuerdings philosophische Vorlesungen zu absolvieren. Ich entdeckte in mir die Neigung zur Philosophie, ob es eine Modeerscheinung war, wusste ich nicht, aber das hat mich auch nicht im geringsten interessiert, ich dachte, ein solcher geistiger Höhenflug schadet nicht, auch wenn ich desöfteren nicht viel von der Vorlesung verstanden hatte. Hermeneutik, politische-, Rechts- und Sozialphilosophie weckten immer mehr mein Interesse, und ich stellte fest, dass leider unsere Hochschullehrer oft Deutungen und Zeichen seelischer Hinweise missverstehen und falsch interpretieren, was dann in der medizinischen Diagnostik fatale Wirkungen nach sich ziehen kann. Unser Leben besteht aus Bildern, die wir verstehen müssen, nur leider tun wir uns mit diesem Verstehen sehr schwer. Also, eine geistige Auffrischung zielgerichtet würde mir nicht schaden.

Dort traf ich auch einen ungarischen Geologie-Studenten. Er war einen wirklich netter Kerl, abgesehen von seinem Hobby: Jedes Wochenende machte er ein langen Ausflug, wogegen nichts zu sagen ist, aber er ging mit leerem Rucksack zum Wandern und kehrte mit einem stark gefüllten nach Hause zurück. Der Inhalt, ca 30 kg, bestand aus lauter Steinen. Nach dieser Bekanntschaft war ich erst recht überzeugt davon, dass das Medizinstudium für mich doch besser geeignet und vor allem körperlich wesentlich leichter war. Lieber Blut, Tote, Obduktion, als stundenlang kiloweise Steine zu schleppen, nichts als Steine!

Inzwischen hatte ich mit meiner Freundin Schluss gemacht, wieder nur eine kurze Affäre. Sie behauptete, dass ich Vater werden würde, was an und für sich nicht das Schlimmste ist, als ich jedoch mit meinen eingeschränkten mathematischen Fähigkeiten recherchierte, musste ich feststellen, dass ich schwerlich der Heilige Geist sein konnte. Nach einem ernsthaften Wortwechsel machte ich ihr klar, dass man heute dank der modernen Medizin genau die Vaterschaft bestimmen kann und im Falle einer Falschaussage gäbe es schwedische Gitter. Das hat wohl Eindruck gemacht, und sie hat, in Tränen aufgelöst, um Entschuldigung gebeten.

Endlich wieder solo und zum Ende des Jahres voller Tatendrang. Bei der letzten katholischen Messe vor Weihnachten traf ich zufällig Dr. med. Karl Georg von Boroviczény oder Graf Boroviczény, der als Oberarzt in der Medizinischen Klinik im Hämatologischen Labor bei Prof. Ludwig Heilmeyer arbeitete. Er war damals in Deutschland der einziger Facharzt für Labordiagnostik, weil er 1956 als Laborfacharzt aus Ungarn geflüchtet war und es eine solche Spezialisierung in Deutschland bis dahin nicht gab. Heilmeyer gefiel dieses unerwartete Geschenk, einen Oberarzt als Internist und gleichzeitigen Laborfacharzt zu erhalten, da er schon lange für eine Deutsche Laborfacharzt-Anerkennung gekämpft hatte. Aus dieser Einstellung ist später das Laborfach, zuerst in Freiburg, später aber in ganz Deutschland, entstanden. Graf Boroviczény habilitierte sich bei Heilmeyer und wurde Mitbegründer der modernen Qualitätssicherung in medizinischen Laboratorien in Deutschland. Aber an diesem trüben November-Nachmittag wussten wir beide noch nicht, wie sich seine Kariere entwickeln und durch gewisse Umstände auch ich dazu ein wenig beitragen würde. Er sprach mich an und fragte, wie mein Studium liefe. Nach kurzer Schilderung meines augenblicklichen Standes und permanenter finanzieller Probleme, fragte er mich:

„László, hast Du schon mit Deiner Doktorarbeit begonnen?" Ich überlegte einen Augenblick, ob ich mich überhaupt darüber äußern sollte, schließlich war es nicht unbedingt mein vordergründigstes Problem, aber dann sagte ich doch etwas betont:

„Nein, ich habe noch gar nicht daran gedacht, ich könnte mir jedoch vorstellen, irgendeine statistische Arbeit zu erstellen, aber es hat ja wohl noch Zeit".

„Ich glaube, Du hast mir mal erzählt, dass Du ein halber Chemiker wärest und am liebsten Chemie studiert hättest, oder?"

„Richtig, aber es kam alles ein bisschen anders, und heute bin ich zufrieden, Medizin zu studieren", antwortete ich etwas melancholisch, eben wie jemand, der mit seinem Schicksal einverstanden ist, auch wenn es nicht optimal verlaufen war. In dieser Zeit habe ich nicht selten an ein alternatives Studium der Chemie gedacht, da ich doch ein begeisterter Chemiker gewesen war, und noch nicht ahnte, dass mein ganzes Leben in der Medizin gerade durch diese Promotion parallel mit der Chemie und der Analytik laufen würde. Später bewegten sich meine Forschungs-Arbeiten unaufhörlich im Bereich der chemischen Analyse, und ich war sehr froh, dass ich so viel chemisches Grundwissen hatte, was den meisten Medizinern bis heute fehlt

„Du, ich suche mir einen Doktoranden bei Heilmeyer, der würde Dein Doktorvater werden, und Du würdest unter meiner Leitung in meinem Labor arbeiten. Na, was hältst Du von dieser Möglichkeit? Aber es ist keine statistische Arbeit sondern eine experimentelle, die selbstverständlich mit mehr Aufwand aber besserer Benotung einhergeht, und Du hättest bei Heilmeyer promoviert, und das heißt schon was."

„Ja, das klingt gut, aber erlaube mir, dass ich darüber etwas nachdenke und vielleicht, wenn es Dir recht ist, würde ich morgen bei Dir vorbeischauen. Ach so,.. und wie lange würde denn diese Arbeit so dauern?"

„Wenn Du Dich beeilst, könntest Du die Arbeit ungefähr in 2 Jahren beenden, das heißt, wenn Du das Staatsexamen machst, dann ist Deine Promotion auch beendet, aber überlege nicht zu lange, und auf jeden Fall sehen wir uns morgen bei mir in der Klinik wieder. Unser Labor befindet sich im Keller, nicht zu verfehlen!"

„Ich danke Dir, also bis morgen," antwortete ich etwas erleichtert, da ich in diesem Augenblick an die 2 Jahre Arbeit neben dem Studium dachte, aber Staatsexamen und zugleich Promotion wären wirklich nicht schlecht, waren aber eine gewaltige Aufgabe. Leider ich bin sehr naiv gewesen, und es kam doch ganz anders.

Am nächsten Morgen ging ich voller Neugierde in die Medizinische Klinik zu v. Boroviczény oder, wie wir ihm nannten, ‚Boro'. „Guten Morgen, Onkel Doktor, ich habe überlegt: also wenn das Kleingedruckte auch passt, dann mache ich meine Doktorarbeit bei Dir."

„Ach, László, das freut mich, sicherlich ist dieser Entschluss richtig, Du wirst es nicht bereuen."

Natürlich war diese Aktion ein ‚win-win-Geschäft', schließlich brauchte Boro Publikationen und ich meine Promotion.

„Ich sage Dir, was der Inhalt Deiner Doktorarbeit werden wird, und zeige Dir vor allem Dein zukünftiges Labor und die notwendigen Apparate. Du sollst mit Hilfe einzelner Photometer von Zeiss-Pulfrich bis zu verschiedenen Beckmann Photometer aber auch einfacher Photometer und Kolorimeter miteinander vergleichen, wie groß die Abweichungen und die Genauigkeit der Messergebnisse am Beispiel der Hämoglobin-Messung sind"

In diesem Augenblick stieg in mir schon ein leichtes Unbehagen auf, und als ich mir die vielen herumstehenden Geräte angeschaut hatte, verspürte ich eine gewaltige Unsicherheit, ob ich so etwas je schaffen würde. Aber im nächsten Augenblick hatte schon meine Neugier alle Zweifel auf die Seite geschoben, und war nur von dem Ziel beseelt: ich würde in 2 Jahren mit meiner Doktorarbeit fertig werden. Oh Gott, welch ein Unsinn und welche

Blauäugigkeit! Ja, die jugendliche Unerfahrenheit! Trotzdem, schon jetzt zeigte sich – zwar in noch nebliger Form – auf welchem Gebiet ich in Zukunft meine Forschungstätigkeit machen würde. Auch hier landete ich, wie schon so oft, z.B. Knappsack Griesheim A.G., bei der analytischen Chemie, und in gewisser Weise zeigte ich Treue zu meinem alten Chemie-Hobby. Ich erhielt einen Schreibtisch und ein Spind, in das ich meine Sachen einschließen konnte. In diesem Augenblick war ich nicht nur zufrieden sondern in gewisser Weise glücklich. Am nächsten Tag berichtete ich stolz meinen Freunden von meiner ‚Errungenschaft', worauf einige, vor allem Mészáros und Fertö, mit dem Kritisieren begannen:

„Du glaubst doch wohl nicht, dass Du eine experimentelle Arbeit in 2 Jahren hinter Dich bringen kannst. Hast Du allein an die zahlreiche Literatur gedacht? Allein für die statistischen Auswertungen brauchst Du mehrere Wochen. Dann willst Du nebenbei noch das Klinikum mitmachen, ach so, und Geld verdienen willst Du ja auch noch, Du armer Hund."

„Ach, ich habe noch Zeit, darüber nachzudenken, und jetzt trinken wir erst einmal ein Bier," schlug ich vor, aber innerlich war ich doch etwas verunsichert.

Die nächsten Tage vergingen ziemlich unruhig, ich konnte mich immer noch nicht entscheiden: Doktorarbeit oder erst Staatsexamen? Doch dann traf ich eine Kommilitonin, die ebenfalls im Labor von Boro arbeitete. Sie riet mir, unverzüglich zu Boro zu gehen, weil er mich Heilmeyer als meinen legitimen Doktorvater vorstellen möchte. Ich dachte, so, jetzt wird es verdammt ernst, und es gibt keinen Rückzug mehr. Ich sagte zu, dass ich am nächsten Tag zum Labor gehen würde und habe mich wegen meiner längeren Abwesenheit entschuldigt. Am nächsten Morgen erwartete mich schon Boro in bester Stimmung im Labor: „ So, Laci, auf in den Kampf, der Boss wartet schon auf uns!" Um ehrlich zu sein, mir war nicht besonders wohl dabei, da ich noch immer unsicher war, ob ich diese Arbeit annehmen sollte. Aber mir schien jetzt kein Rückzug mehr möglich zu sein, und wie ein Vieh, das auf den Schlachthof geführt wird, trat ich in Heilmeyers Büro ein. Ich kannte sein Büro mit den abgenutzten Lederstühlen und die fürchterliche Unordnung auf seinem Schreibtisch noch von der Leistungsprüfung für mein Stipendium her. Er begrüßte uns sehr freundlich, wandte sich zu mir und sagte:

„ Ach, Sie sind also der Doktorand, sagen Sie, kennen wir uns nicht von irgendwo her?"

„Ja, Herr Professor ich war wegen der Leistungsprüfung bei Ihnen."

„Und habe ich Sie rausgeschmissen?" und lachte herzlich, nur mir kam er in diesem Augenblick vor wie ein römischer Kaiser mit nach unten gerichtetem Daumen.

„Was, Laci, ich habe ja gar nicht gewusst, dass Ihr Euch schon kennt," bemerkte Boro mit überraschter Miene.

„ Ach, natürlich, jetzt kann ich mich erinnern, es stimmt, Sie waren derjenige, der über Hämoglobin so ausgezeichnete Antworten geliefert hat, na, dann sind Sie bei uns richtig," und bevor ich antworten konnte, lachte er wieder auf und sagte:

„Herzlich willkommen, aber ich muss schon wieder rennen, meine Vorlesung wartet auf mich" und verschwand schon im Sekretäriat.

„Ich dachte, es würde länger dauern, Boro, aber für mich ist es sogar besser" wandte ich mich an Boro, der schon im Gehen begriffen war

„Ja, er ist ein Hecktischer, aber wenn er uns mal spontan im Labor besucht mit einer Flasche Kaiserstühler- Weißherbst unter dem Arm, dann ist er ganz anders. Du wirst es noch erleben." grinste Boro vielsagend. Wir gingen erneut ins Labor und unterwegs erzählte er mir, wie einfach diese Arbeit wäre und ich sehen würde, dass man ohne große Anstrengung die Promotion erreichen könnte.

„Und kann ich wirklich nebenbei noch etwas arbeiten, da mein Stipendium zu viel zum Sterben aber zu wenig zum leben ist?" warf ich ein und unterbrach dadurch seinen Gloria-Gesang, wie einfach es doch sei, mit dieser Arbeit zu promovieren.

„Aber selbstverständlich, Du wirst sehen, wie viel Zeit für Dich noch bleibt für andere Dinge, sogar auch für eine anspruchsvolle Freundin," und grinste er unter seinem Schnurrbart wirklich etwas diabolisch.

Jetzt war meine Zukunft besiegelt, ich habe es nicht mehr geschafft, von dieser Arbeit zurückzutreten, obzwar mein inneres Gefühl immer mehr dagegen rebellierte, und auch meine Vernunft meldete sich aufdringlich.So begann meine Promotion, die mit der Zeit immer komplizierter wurde, und aus der angekündigten ‚2-Jahres-Arbeit' wurden genau 5 Jahre - mit sehr viel Schweiß und nicht wenig Ärger.

Viele Jahre später, nach der Wende und der deutschen Wiedervereinigung, als ich meine ungarische Staatsangehörigkeit im Münchner Generalkonsulat erneut beantragte, um auch einen ungarischen Pass zu erhalten, füllte ich den Antrag mit ‚Dr. Fodor' aus. Die Beamtin sagte darauf, als sie den Antrag gesehen hatte; ihr fehle noch ein Dokument, und zwar von der Ungarischen Ärztekammer zur Erlaubnis der Führung meines Doktortitels. Ich habe zwar versucht, ihr klar zu machen, dass ich meine Promotion in der Bundesrepublik gemacht hatte, es nützte nichts, mein Titel blieb aberkannt. Dazu muss erwähnt werden, dass jeder Ungar, der das medizinische Staatsexamen in Ungarn bestanden hatte, automatisch seinen Dr.-Titel erhielt - ohne jegliche Promotionsarbeit. Meine Bemühungen mit 5 Jahren harter Arbeit zählten im postkommunistischen Ungarn nicht. Erst viel später, unter der Orban-Regierung, wurde endlich auch meine Promotion anerkannt. Andere Länder andere Sitten!

Meine Arbeit erforderte immer mehr Kraft und Aufwand, und desöfteren war ich am Rande der Verzweiflung, da einige Apparate doch wesentlich mehr und tiefere physikalische Vorkenntnisse verlangten als ich es mir vorgestellt hatte. Zum Beispiel der sogenannte Pulfrich-Photometer, der aus einer etwas komplizierten optischen Bank mit verschiedenen Linsen und Lichtquellen bestand und zu dessen Benutzung ein besonders abgedunkelter Raum erforderlich war, um sich mit dem menschlichen Auge gut auf die Lichtquelle einstellen oder wie es so schön heißt ‚adaptieren' zu können. Öfters, wenn ich dann so weit war, ging die Tür auf und meine Bemühungen waren ‚im Eimer'. So geschah es auch an einem späten Abend, wobei ich dachte, dass niemand mehr im Institut sei und ich ungestört arbeiten könnte. Als ich im Dunklen endlich soweit war, trat jemand in mein Labor ein, plötzlich ging das Licht wieder an und ich wurde so stark geblendet, dass ich wieder mit allem aufhören musste. Natürlich brüllte ich wütend: „Bist Du ein Idiot, kannst Du nicht lesen, ich habe eine Tafel ‚Bitte, nicht stören!' an die Tür gehängt, verdammt noch mal!" Ich konnte niemanden erkennen, weil ich vom Licht immer noch geblendet war, nur die sonore Stimme kam mir bekannt vor:

„Oh, entschuldigen Sie vielmals, das habe ich völlig übersehen, aber einem verträumten Professor kann man das doch verzeihen!?"

Um Gottes willen, er ist mein Boss, Professor Heilmeyer, schoss es mir wie Blitz durch den Kopf. Er war es tatsächlich, mit einer Flasche Wein unter dem Arm in Begleitung von Professor Herbert Reindell.

Reindell (* 20. März 1908 in Staudernheim, Rheinland-Pfalz; † 26. Juli 1990 in Freiburg im Breisgau) war einer der ersten deutschen Sportmediziner, der vor allem als Begründer des wissenschaftlichen Intervalltrainings bekannt wurde (zusammen mit dem Leichtathletiktrainer Woldemar Gerschler). Bedeutung erlangten auch seine Forschungen zur Herz- und Kreislauffunktion bei Sportlern, insbesondere über die nach jahrelangem Training eingetretene Herzerweiterung, das so genannte ‚Sportherz'. Berühmt war er auch durch sein ständiges Training mit dem Fahrrad um den Kaiserstuhl herum und wegen seiner Liebe zum Kaiserstühler Rebensaft.

„Ach, es ist nicht schlimm, typisch das ungarische Temperament, na, was sagst Du zu meinem neuesten Doktoranden, Stimme hat er!" und drehte sich zu Reindell,

„ Wo sind Gläser und Korkenzieher?" fragte er in ungeduldigem Unterton.

„Ich bringe es sofort und bitte, nehmen Sie solange Platz" und zeigte auf die halb belegten Stühle, die ich schnell frei machte. Ich brachte zwei Gläser und wollte gerade ‚Auf Ihr Wohl' sagen, als Heilmeyer mich energisch und betont anschnauzte: „und wo ist mein Glas?!" „Herr Professor, da ist es doch" und zeigte auf eines der zwei Gläser.

„Ja, in Ordnung, und Sie trinken aus der Papiertüte, nicht wahr?" Na, ich holte mir einen leeren Joghurt-Becher, da mehr Gläser nicht vorhanden waren. Er machte die Flasche auf, und wir haben miteinander angestoßen und zwar auf meine zukünftige gute Doktorarbeit, die tatsächlich erst sehr viel später fertig wurde jedoch ‚summa cum laude' erhielt. Ob dieser Erfolg mit unserem Keller-Erlebnis und dem guten Kaiserstühler-Tropfen zusammenhing, weiß ich bis heute nicht.

Wenn wir uns mal anständig waschen wollten, dann gingen wir in die öffentliche Badeanstalt, wo es Duschen und Badewannen gab. Ich hatte eine abgrundtiefe Abneigung gegen Badewannen, die ich bis zum heutigen Tag beibehalten habe, und so stand ich immer lange unter der warmen Dusche, wobei ich mich auch herrlich entspannen konnte. Interessanterweise fielen mir dabei auch so manche gute Ideen ein, was sich auch in meinem späteren

Leben oft wiederholte. Bei einem solchen Anlass in der Badeanstalt wurde mir einmal, während ich genüsslich duschte, mein Spind aufgebrochen und mein Geldbeutel samt Papieren gestohlen. Da ich nie viel Geld hatte war es finanziell zwar kein großer Verlust, aber da die Ausweise und andere wichtige Papiere damit ebenfalls verschwunden waren, verursachte mir das doch wegen der Lauferei in die verschiedenen Ämter sehr viel Ärger, Mühe und Zeitverschwendung

Aber nicht genug der Unannehmlichkeiten: Ich musste zum ersten Mal in meinem Leben als Zeuge vor Gericht erscheinen, da ich hilfsbereit einer alten Frau beistehen wollte. Ich hatte von meinem Fenster aus gesehen, wie eine Frau auf dem Zebrastreifen unserer Straße angefahren wurde. Ich bin hinunter gerannt, um ihr zu helfen, bis der Rettungsdienst kam, und wurde so unfreiwillig zum Unfallzeugen. Also, hin zur höheren Instanz deutscher Gerichtsbarkeit - aber dieses Erlebnis hat leider meinen Glauben an unsere Gerichtsbarkeit nicht gestärkt. Der Autofahrer wurde freigesprochen, weil nach Ansicht anderer Zeugen die Dame sich nicht auf dem Zebrastreifen befand und plötzlich zwischen den parkenden Autos auf die Straße getreten sei und sie also schuldig wäre. Natürlich hat das so sein können und ich hatte das Geschehnis von hoch droben wohl falsch aufgefasst, na ja, Recht haben und Recht zu bekommen ist wirklich nicht das gleiche.

Langsam kam wieder die Zeit der von mir nicht besonders geschätzten Weihnachtsfeiern. Überhaupt hatte ich nie viel von solchen Festlichkeiten gehalten, was auch wieder familiäre Gründe hatte, und hielt das Ganze für ein falsches Theater. Früher bei uns zu Hause in Sopron begann schon am 24. 12. vormittags der Dauerstress: Kochen, Putzen, Weihnachtsbaum aufstellen, und ein ununterbrochenes Dauergemecker. Es passte dies nicht, es passte das nicht, hier war zu viel Lametta auf dem Baum, es fehlten die sanften, silberhaarigen Engelein, dann haben wir die Glöckchen nicht gefunden. Zwischendurch bekam meine Mutter mit der Essenzubereitung Probleme, und der obligatorische Karpfen schwamm etwas angeschlagen in der Badewanne, also sollte man ihn auch endlich in die ewigen Jagdggründe schicken, dann aber hat sich mein Bruder Jenö schmutzig gemacht, und endlich kam der berühmte Beigli halb verbrannt aus dem Ofen.

Über unser Nationalgebäck Beigli (Ungarische Walnuss bzw. Mohnrolle) ist so viel zu sagen, dass zum Weinachtsfest einfach jede Familie dieses Gebäck haben musste. Ohne Vanille-Kipferl und Beigli war es einfach kein

Weihnachten. Es ist in Ungarn zwar ein typisches "Weihnachtsgebäck", aber wir essen eigentlich die Beigli das ganze Jahr über gerne. Bejgli, oder manchmal Beigli, ist ein traditioneller Kuchen der ungarischen Küche. Es gibt ihn in zwei Varianten, als Walnussrolle (Diós Bejgli) und als Mohnrolle (Mákos Bejgli). Bejgli kommen ursprünglich aus der schlesischen Küche und werden in Ungarn traditionellerweise zur Weihnachts- und Osterzeit gegessen. Der Teig wird aus Mehl, Eigelb, Butter und Hefe zubereitet. Die Mohnfüllung besteht aus gemahlenem Mohn, Rosinen, Rum und Vanille; die Walnussfüllung aus Rosinen, Rum, Zitronenschale und gemahlenen und gehackten Walnüssen. Der Teig wird dick ausgerollt und die Füllung darauf verteilt, worauf alles zu einem gleichmäßigen Zylinder aufgerollt, mit Eigelb bestrichen und im Ofen gebacken wird.

Man kann auch eine Beigli-Vergiftung erleiden, dazu eine kurze Geschichte: In den siebziger Jahren, als wir schon nach Ungarn fahren konnten ohne Gefahr zu laufen, als ehemalige Emigrant verhaftet zu werden, waren wir natürlich auch an Feiertagen öfter zu Hause. Damals wohnten wir nicht sehr weit von der ungarischen Grenze entfernt im östlichen Bayern, so dass wir bequem in ein paar Stunden meine Heimatstadt Sopron erreichen konnten. Nach einem gemeinsamen Osterfest packte meine Mutter vor unserer Rückreise stets eine Menge Marmeladen und Gebäck in unser Auto. In der Zeit des Gulaschkommunismus waren in Ungarn alle Lebensmittel reichlich und preiswert zu haben, im Gegensatz zu anderen Ostblockstatten wie etwa der DDR. Als wir dann nach dem Urlaub Sopron in Richtung Österreich verlassen wollten und zur Grenzkontrolle kamen, mussten wir wie immer mit nicht sehr angenehmen Grenzsoldaten und recht forschen Zollbeamten rechnen. Auch diesmal hörten schon die üblichen Floskeln: „Papiere bitte, Kofferraum auf, haben Sie was zu verzollen" und so weiter. Ich muss aber hier unbedingt bemerken, dass die ungarische Grenze in keiner Weise mit der DDR Grenze zu vergleichen war. Wir sind öfter zu meinen Schwiegereltern nach West-Berlin gefahren und haben dann die DDR-Kontrollen an den Grenzübergängen mit Schikanen und vielem Ärger über uns ergehen lassen müssen. Unser ungarischer Zollbeamter ließ sich den Kofferraum öffnen, aber als er dann die die reichlichen Beiglipakete entdeckte, stöhnte er mit gepeinigter Miene auf:

„Um Gotteswillen, machen Sie den Deckel zu, sonst wird mir schlecht. Ich kann keinen Beigli mehr sehen!" Damit war die sonst so gründliche Kontrolle beendet.

Bei einer anderen Gelegenheit wollte ich ein Gemälde, das ich von meinem Vater geerbt hatte, nach Deutschland mitnehmen. An die Grenze, nach der üblichen Kontrolle, sagte mir ein älterer Zollbeamter:

„Nein, mein Herr, dieses Gemälde ist registriert und Sie dürfen es nicht ohne Genehmigung des Kultusministeriums in Budapest ins Ausland transportieren."

„So, und was soll ich machen, morgen muss ich zum Dienst in meinem Krankenhaus sein, und kann doch jetzt nicht nach Budapest fahren", fragte ich etwas erregt „schließlich ist dieses Gemälde ein Erbstück von meinen Eltern, was soll ich jetzt tun?"

„Sie bringen das Bild wieder schön nach Hause, und Ihre Eltern beantragen eine Auslieferungsgenehmigung, das ist doch einfach, oder?" und lächelte dabei, was mich langsam auf die Palme brachte.

„Ich kann doch jetzt nicht dieses verdammte Gemälde zurückfahren, ich müsste schon längst in Deutschland sein" schwindelte ich, in der Hoffnung, dass er ein Einsehen haben würde, worauf er ganz gelassen erwiderte:

„Wissen Sie, ich bin nur ein einfacher Beamter und tue meinen Dienst seit über 30 Jahren, aber gehen Sie zu meinem Vorgesetzten und zeigen Sie es ihm, vielleicht hat er eine andere Idee"

„In Ordnung, ich probiere es halt" ich ging mit sehr unsicherem Gefühl in das Zollgebäude und dachte, dass es nichts bringen würde, aber wenigstens habe ich es versucht. In dem Raum saß ein junger, höchstens 30 jähriger Beamter, dem ich mein Anliegen erklärte und fragte, wo ich den leitenden Zollbeamten fände.

„Das bin ich," sagte er nicht ohne Stolz, und dann nahm er das Bild, drehte es hin und her zur Begutachtung, und zum Schluss sagte er:

„Na, dieses billige Zeug können Sie ruhig mitnehmen, es ist doch keinen Fillér (Pfenning) wert. Packen Sie es ein, ich wünsche Ihnen eine gute Reise." Ich ging wieder zu meinem Auto und erklärte dem älteren Beamten die Meinung seines Vorgesetzten, worauf er etwas verbittert antwortete:

„ Sehen Sie, so verliert Ungarn seine Kunstschätze, aber Sachverstand braucht man hier nicht, nur das Parteibuch und alles andere erledigt der große Bruder, vielleicht wird er bald nicht nur Zoll-Leiter sondern sogar Minister, den Sachverstand hat er ja dazu."

Ja, so funktionierte der gesamte Ostblock mit den entsprechenden katastrophalen Ergebnissen, die später zum Zusammenbruch führten.

Später habe ich öfter darüber nachgedacht, wo die bürgerliche Mitte geblieben war, wo die führende Intelligenz, wo die kreativen Köpfe Ungarns? Die Antwort ist einfach, es gab schlicht und einfach keine. Nach Kreativität wurde nicht gefragt, sie war im Gegenteil unerwünscht. Die Partei bestimmte alles, und neue Ideen oder Geistesblitze waren für das abgestumpfte Zentralkomitee gefährlich. In der Sowjetunion lief es schon so, seit 1920 und so sollte es eben auch in den Satellitenstaaten nach 1945 laufen. Sehr schön beschreibt Gorbatschow in seinem Buch „Alles zu seiner Zeit", welch katastrophaler Zustand in Russland herrschte und wie schwierig es war, aus diesem Dilemma heraus zu kommen. Aber wie sollte es auch anders sein: Das sogenannte Proletariat, also die Arbeiterklasse, musste die Führung übernehmen, und wenn hier keine Führungspersönlichkeit zu finden war, so wurde sie gemacht. Ein Kadersohn konnte bis zum Staatsexamen nicht durchfallen auch wenn er geistig nicht in der Lage war, er musste durch, da seine Führungsposition schon im voraus bestimmt war. Auch eine Art der Sicherung der Diktatur. Die Intelektuellen waren unterdrückt und wurden ständig kontrolliert. In der Partei herrschte eine ewige Angst, dass sich doch dieser hochnäsige ‚Möchte-gern-Akademiker' in unsere Arbeit einmischen wird. Mitarbeit war nur da möglich, wo die Untertanen ergeben und treu der Führung dienten und nie die kleinste Kritik äußerten. So wurden sie geduldet, aber konnten auch ohne Grund ausgewechselt werden. Auf diese Weise war es unmöglich, eine produktive Tätigkeit mittelfristig aufzubauen, was auch nicht erwünscht war. Bemerkenswert war auch die auffallend niedrige Intelligenz im Zentralkomitee, was automatisch zur Selbstüberzeugung und Kritiklosigkeit führte. Dazu kam dann noch das sowjetische Diktat, was erst bei Beginn der Ära Gorbatschow so allmählich nachgegeben hat. Andererseits war aber dieses diktierte Gesellschaftsleben auch sehr bequem, man brauchte nicht nachzudenken, nur der Partei zu folgen, die an alles gedacht und alles getan hat, was ihrer Ansicht nach für das Proletariat notwendig war, und wenn mal irgendetwas fehlte, na, dann blieben dem Menschen wunderbare Träume - auch wenn diese nicht in Erfüllung gehen konnten. Ganz einfach: Es kann doch nicht jeder auf den Mount Everest!

Ein guter Bekannter hat mir folgende Analyse über den sozialistischen Menschen erzählt. Ein Mensch im Sozialismus erklärt zu jeder Zeit, was warum nicht geht. Allerdings: man könnte es zwar machen, aber das ist nicht seine Aufgabe. Er weist mutig darauf hin, dass dieses Vorhaben nicht gelingen wird, aber sofort fügt er hinzu, dass er auf keinen Fall dafür verantwortlich ist. Ein Sozialist kam dadurch zustande, dass man den Raben mit einem Faultier gekreuzt hat.

Aber zurück zum damaligen Weihnachtsfest: Als wir endlich mit den Vorbereitungen fertig waren, dann mussten wir gemeinsam zum Friedhof marschieren. Meistens war es in dieser Zeit schon recht kalt und nass, also richtig ungemütlich. Auf dem Friedhof herrschte eine unheimliche Atmosphäre, Besucher schlichen still zwischen den Gräbern herum, hier und da ging ein Kerzenlicht an, und ab und zu murmelte jemand irgendetwas, was man nicht verstehen konnte. Wir legten unseren Kranz nieder, zündeten auch eine Kerze an, die in kürzester Zeit wieder erlosch, was bei unserem Vater einen Wutanfall auslöste. Nach kurzer Andacht gingen wir endlich in Richtung Zuhause. Hinter dem Friedhofstor standen immer Marktfrauen, die heiße Maronen anboten, und wir durften 7 Stück für 1 Forint (ungarische Währung) kaufen. Die heißen Kastanien wärmten angenehm die Hände, was bei mir immer das wohltuendes Gefühl auslöste, dass die unangenehme Friedhofs-Zeremonie jetzt endlich ein Ende hatte.

In Freiburg, in der Fremde, war das alles natürlich ganz anders, aber dank meiner Erinnerungen an die Weihnachtsfeste zu Hause traf mich das Heimweh nicht so heftig wie manche meiner Freunde.

Umso lustiger war aber dann für uns alle die Sylvester-Party und das Neujahrsfest. Da wir leider keinen Platz mehr in dem Studentenheim auf dem Schauinsland bekommen konnten, feierten wir den Jahreswechsel im ‚Pferdestall'. Wir trafen dort besonders viele Ausländer, Studentenkollegen, unter anderem Boris, einen aus Chile emigrierten Flüchtling, der ziemlich links eingestellt war und natürlich auch in Freiburg den Jungsozialisten angehörte. Zum ersten Mal habe ich verstanden, dass links nicht gleich links ist, und es auch unter den Sozialisten sehr viele Unterschiede gibt. Boris war vor Pinochets Terror geflüchtet und bekam in der BRD das gleiche Asylrecht wie ich, und er durfte sein Philosophiestudium hier in Freiburg fortsetzen. Es gab manchmal harte Auseinandersetzungen mit ihm, aber sie blieben immer fair. Er gewann nun vom sowjetische Kommunismus doch einen ganz neuen und völlig anderen Eindruck. Ich wiederum profitierte von seinen Erkenntnissen über die südamerikanischen Verhältnisse und erfuhr über das unglaubliches Elend, das in Chile geherrscht hat. Eines Abends kam zu unserer Diskussion noch ein etwas merkwürdig aussehender Glatzkopf dazu, schaltete sich in unsere Diskussionsrunde ein und schilderte die zurzeit in Ägypten herrschenden Verhältnisse. Später stellte es sich heraus, dass er der Sohn von Faruk, König von Ägypten, war, sein Vater lebte als abgesetzter König in Rom, und er studierte Philosophie in Freiburg. Ich muss zugeben, am Anfang war ich etwas skeptisch und in gewisser Weise voller Vorurteile. Aber auch hier wie später noch so oft wurde ich gehörig überrascht von der Intelligenz, der Weitsicht und dem politischem Verstand eines Menschen des ägyptischen Hochadels .Ich staunte allerdings über seinen maßlosen Zigarettenkonsum.

Leider konsumierte ich in dieser Zeit auch einige 'Glimmstängel'. Ich kann mich erinnern, wie ich zum ersten Mal in Deutschland zur Zigarette gegriffen hatte: Es war 1956 im Flüchtlingslager in Bocholt, wo wir kostenlos ein Päckchen Roth-Händle bekamen. Es war eine sogenannte ‚DreierPackung' mit drei Zigaretten. „Roth-Händle"-Zigaretten wurden aufgrund ihrer ehemaligen Stärke umgangssprachlich auch als „Lungentorpedo", „Lungenzäpfchen", „Toth-Händle" oder „Roter Tod" bezeichnet. Heute dürfen in der EU keine Zigaretten mehr verkauft werden, welche mehr als 1,0 mg Nikotin, 10 mg Teer oder 10 mg Kohlenmonoxid enthalten. Ich bekam nach meinem ersten Zug einen richtigen Keuchhustenreiz und habe sofort beschlossen, mich besser auf andere Art und Weise umzubringen als mit einer Zigarette. Dieser Schwur hat nicht lange gehalten, und später als Student habe ich doch wieder als HB-Zigaretten Anhänger mit dem Rauchen angefangen und später als Malboro-Töter. In der Zeit während meiner Doktorarbeit und zwischen den Prüfungen kam ich am Tag schon mal auf 20 Stück, aber gegenüber unserem ägyptischen hochadeligen Faruk war das fast lächerlich, da er durchaus 80 Stück am Tag in die Luft geblasen hatte.

Apropos Doktorarbeit. Ich kam mit meiner Arbeit doch langsam vorwärts, und nach geglückten Messreihen wartete die mühselige Auswertung auf mich. Gott, hätte ich es doch erst dreißig Jahre später bearbeiten müssen! Die statistische Auswertung erfolgte per mechanischer Rechenmaschine mit Handkurbel-Bedienung, wobei die statistische Formel in Einzelteile zerlegt und jeder Rechenvorgang einzeln mechanisch berechnet wurde. Derartiges dauert heute 2 Sekunden und benötigt einen Tastendruck, was für mich damals 3 Wochen Arbeit bedeutete. Irgendwann war es dann doch geschafft, und der erste Teil meiner erfolgreichen Doktorarbeit wurde in der Fachzeitschrift „Medizinische Welt" 1965, veröffentlicht. Natürlich war ich darüber sehr glücklich und stolz, schließlich war das meine erste Veröffentlichung, und ich ahnte damals noch nicht, dass dem noch mehr als 100 weitere wissenschaftliche Veröffentlichungen und 10 Bücher folgen würden. Eine andere, ebenfalls zeitaufwendige Arbeit waren die Literatur-Recherchen. Um dabei einigermaßen schnell zurecht zu kommen, habe ich auf den Rat eines Bibliothekars einen sogenannten Rüttelkasten und Lochkarten angeschafft. Dieses Unding war ein Stahlkasten von ca. 60 mal 60 cm mit Löchern an der Seite, wo man eine Nadel einführen konnte. Mit dieser ‚Stricknadel' konnte man durch Rütteln des Kastens die passenden Literaturzitate aussuchen, was ansonsten von DIMDI oder anderen Literatursammlungen mühselig zusammengesucht und entsprechend in dieser Lochkartei eingetragen worden war. Google, Yahoo oder überhaupt Internet gab es damals noch nicht, und ein IBM-Computer unseres Instituts hatte eine lächerliche Gesamt-Rechenkapazität von maximal nicht einem halben Gigabite. Und dafür waren auch noch ein riesiges Zimmer mit Klimaanlage und mehrere große Schränke notwendig. An dieser Stelle möchte ich noch ein amüsantes Erlebnis mit den damals in Ungarn stationierten sowjetischen Besatzern und ihren technischen Kenntnissen erzählen. 1980, als mein Onkel in Veszprém verstorben war, fuhr ich nach Ungarn zur Beerdigung. Als ich danach wieder auf der Rückreise nach Deutschland war wurde ich plötzlich von zwei am Straßenrand stehenden uniformierten Personen angehalten. In dieser Zeit war es sehr empfehlenswert, den Befehlen Uniformierter Folge zu leisten, wenn man nicht in Schwierigkeiten kommen wollte. Ich stoppte den Wagen am Straßenrand und merkte erst jetzt, dass ich es mit zwei hochrangigen sowjetischen Offizieren zu tun hatte. Merkwürdig war für mich, dass die Offiziere ein Auto mit westdeutschem Kennzeichen angehalten hatten, was im Grunde genommen dem sowjetischen Militär verboten war.

„Wo Sie fahren?" fragte mich der ältere, im Rang eines Majors, in gebrochenem Deutsch. „Ich fahre nach München" antwortete ich mit gewisser Zurückhaltung und Reserviertheit.

„Wir fahren nach Szombathely (Grenzstadt an der ungarisch-österreichischen Grenze) in Kaserne, Sie uns mitnehmen?" fragte der ältere „Wenn Ihnen das erlaubt ist," antwortete ich „dann steigen Sie ein" und lächelte ein wenig, aber wohl war mir dabei auf keinem Fall zumute. Wir fuhren los und kamen ins Gespräch, und er erzählte, dass er mehrere Jahre in Dresden stationiert gewesen war und daher seine Deutschkenntnisse hatte, und sein Begleiter wäre ein Hauptmann aus Sibirien. Nach einer Weile fragte er plötzlich, auf mein Funkgerät zeigend:

„Was ist das?" Ich versuchte ihm zu erklären, dass es eine Funkausrüstung sei, die ich wegen meiner Arzt-Praxis für Hausbesuche benutze, um Wege zu sparen, nur leider hatte ich versäumt, es vor der Ungarischen Grenze abzumontieren.

„Nein, es ist nix Radio, Radio groß, hier nix Platz" lehnte mein Major meine Erklärung ab und verlangte, dass wir halten sollten, er möchte unter die Motorhaube schauen, da das Funkgerät sicher dort versteckt sei. Mir blieb nichts anderes übrig, als seinem Wunsch zu folgen. Verblüfft suchte er vergebens im Motorraum nach einem Funkgerät, hat aber nach einer Weile doch meine Erklärung akzeptiert, dass mein Funkgerät tatsächlich nur so klein ist und dass es in dem Handschuhfach Platz hatte.

Später, als ich dieses Erlebnis meinem Service-Mann in Deggendorf erzählte, begann er zu lachen und klärte mich auf, dass die Sowjets tatsächlich für die gleiche Sendestärke einen schrankgroßen Sendeapparat hätten; er hat öfter die Geräte der auf der Donau fahrenden sowjetischen Frachter repariert und konnte es mit meinem Sender vergleichen. Das war im Jahre 1980, nur so viel vom Stand der damaligen deutschen und sowjetischen Technologie.

Aber zurück zum Anfang 1964.

Der Winter war relativ kalt, und so musste ich auch täglich ein paar Mal meinen gusseisernen Ofen einheizen, was oft mein Programm durcheinander brachte: Kohlen und Holz kaufen, einheizen, Asche entsorgen, und das alles im 4.Stock - kein Vergnügen. Trotz dieser Anstrengung erlebte ich morgens beim Aufstehen eine fürchterliche Kälte und hatte nicht selten eine Eisschicht in meiner Wasserschüssel.

Mein Studium nahm wieder Tempo auf, und ich rannte von einem Testat zum anderen. Ein ganz besonderes Erlebnis war es, am chirurgischen Praktikum teil zu nehmen. Wir waren nur 8 Studenten in einer Gruppe und durften ganz nah am Operationsfeld sein. Auch freute ich mich schon im voraus auf das nächste Krankenhaus-Sommerpraktikum, da mir die Chirurgie sehr gefiel.

Allerdings war dann die Geburtshilfe alles andere als angenehm. Wir, eine Vierer-Gruppe Studenten, mussten eine sogenannte Klinikgeburt mitmachen, und uns dafür 24 Stunden in der Frauenklinik einquartieren. Unter uns war auch ein norwegischer Student, gut 1.90 m groß und mit Händen wie Schaufeln. Er war recht ungeschickt, was er mit seinem goldenen Humor auszugleichen versuchte. Leider kam es tagsüber zu keiner einzigen Geburt, und wir waren deshalb ziemlich geknickt, als nachts eine im Zimmer installierte Sirene aufheulte. Ich fiel vor Schreck aus meinem Bett und rannte mit den anderen in den Entbindungsraum, um endlich ‚unsere' Geburt zu absolvieren. Dieses Erlebnis war für mich keineswegs motivierend, und ich schwor mir, alles zu machen, aber nur nicht Frauenheilkunde.

Als die Geburt endlich vorbei war haben wir uns artig bedankt und wollten uns diskret zurückziehen, worauf die Hebamme uns nachrief: „He Jungs, wir sind noch lange nicht fertig, jetzt kommt der Mutterkuchen!"

Mein norwegischer Kommilitone drehte sich zu mir um und sagte laut: „He, ich wusste gar nicht, dass man hier schon so früh das Neungeborene mit Kuchen feiert". Es brach natürlich ein herzliches Gelächter aus, und seit diesem Zeitpunkt hieß er unter uns ‚Plazenta-John'.

Am 1.März wurde ich zu meinem Entsetzten 25 Jahre alt, was ich entsprechend begossen habe. Wir haben bis in die Morgenstunden im St. Valentin gefeiert, und ich musste am nächsten Tag eine Pause einlegen, da ich vor lauter Kopfschmerzen unfähig war aufzustehen. Im Mai haben wir alten Kastl-Schüler nach 5 Jahren das erste Abiturientrentreffen veranstaltet, und die ganze Klasse war, abgesehen von zwei Mitschülern, anwesend. Am 50. Jahrestag des Abiturientrentreffens waren nur noch 40% der Klassenkameraden da. Hierzu möchte ich bemerken, dass aus unserer Abitur-Klasse von 75 Schülern (2 Parallelklassen) 85 % Akademiker geworden waren und mehr als 50% führende Stellungen in Deutschland oder im Ausland eingenommen haben. Das ist doch wohl ein sehenswertes Ergebnis, das weit über dem deutschen Durchschnitt liegt.

Leider hatte ich in meiner Bude keine Nasszelle und nicht einmal fließendes Wasser, das ich jedes Mal aus dem Wasserhahn im Flur holen musste. Aus diesem Grunde war es von Zeit zu Zeit notwendig, in eine öffentliche Badeanstalt mit Duschkabine zu gehen, um sich mal richtig reinigen zu können. Solche Anstalten gibt es heute kaum noch, weil es unvorstellbar ist, dass ein Appartement nicht über WC und Dusche verfügen würde. Damals war es gang und gäbe. Täglich duschen zu können, war eine Illusion. Also ging ich meistens mit Fertö zum Duschen. Bei einem solchen Reinigungsprozess wurde mein Spind aufgebrochen und meine gesamtes Monatsstipendium gestohlen, was ich gerade von der Bank abgehoben hatte. So blieb mir nicht anders übrig, als erneut nachts arbeiten zu gehen, um mein täglichen Ausgaben decken zu können.

In dieser bedenklichen finanziellen Situation habe ich eine erfreuliche Nachricht von meinem Bruder Jenö erhalten und erfuhr, dass er mit großem Glück die Ungarisch-Österreichische Grenze gesund überwunden hatte, trotz Minengürtels und sonstiger Behinderungen. Die ungarische Grenze war damals eine der am besten befestigten Grenzabschnitte am Eisernen-Vorhang, und sie galt als fast unüberwindbar. Deshalb wurde er sofort, als er österreichische Boden betreten hatte, in der Annahme verhaftet er sei ein Spion des Ostens. Nach vier Wochen Gefängnis und zahlreichen Verhören wurde er jedoch entlassen. Da er aber erzählte, dass sein älterer Bruder in West-Deutschland lebte, wurde ihm nahegelegt, Österreich so schnell wie möglich zu verlassen, nach Deutschland zu fahren und dort einen Antrag auf Anerkennung als Flüchtling zu beantragen. Nur war diese Angelegenheit nicht so einfach, die deutschen Bürokraten haben von mir eine Menge Papiere verlangt, damit ich beweisen konnte, dass Jenö tatsächlich mein Bruder ist. Es begann eine Odyssee von einem Amt zum anderen, bis ich endlich mit Hilfe des deutschen Hochadels und vor allem mit Hilfe meines Doktorvaters Graf Karl Georg von Boroviczény und seiner guten Verbindungen zum Ziel kam und unter dem Kautel „Familienzusammenführung" die Einreiseerlaubnis für meinen Bruder erhielt. Trotz vollständiger Unterlagen hat es aber doch noch eine ganze Weile gedauert, bis mein Bruder aus Österreich zu mir übersiedeln konnte. Hier in Freiburg bekam er als Automechaniker sehr schnell eine gut dotierte Arbeitsstelle, und für die Unterkunft konnte ich auch sorgen, im Nachbarzimmer gemeinsam mit einem anderen ungarischen Studienkollegen. Auf diese Weise konnte ich ihn ständig unterstützen. Man musste ihn auch einkleiden und vieles andere besorgen, was manchmal nicht so leicht war.

Zwischendurch hatte ich auch eine Praktikumsstelle im Krankenhaus Isny erhalten, die ich am 03.08 antreten sollte. Das achtwöchige Praktikum war notwendig, um zum Staatsexamen zugelassen zu werden. Warum gerade Isny? Nun, es war eine alte Verbindung noch aus meiner Arbeitszeit in der Käsefabrik Camembert in Heising. In dieser Zeit litt ich unter einer unangenehmen Magenschleimhautentzündung, und da man zuerst an ein

Magengeschwür gedacht hatte, wurde ich in ein kleines Krankenhaus nach Kempten eingewiesen. Dort habe ich den sehr sympathischen Chirurgen, Dr Niess, kennengelernt, der später im Krankenhaus Isny Chefarzt wurde. So kam ich auf die Idee, ihn zu fragen, ob er mich als Praktikant aufnehmen könnte. Da er sich an mich noch gut erinnern konnte hat er zugesagt, und ich fuhr nun nach Isny im Allgäu. Im Krankenhaus bekam ich ein winziges Zimmerchen mit Nasszelle, was damals für mich ein absoluter Luxus war. Das Essen habe ich in der Klinik erhalten, und zu meiner Überraschung bekam ich sogar zum Schluss noch ein paar DM als Taschengeld. Es waren sehr schöne 8 Wochen und ich habe sehr viel lernen können. Schon kurz nach meiner Ankunft musste ich nachts raus, weil nach einem schweren Unfall 4 Schwerverletzte in unsere Klinik eingeliefert wurden. Ich musste Verbände anlegen und Blutdruck messen und sogar meine erste Infusion anlegen, natürlich unter Aufsicht! Verständlicherweise war ich sehr stolz auf mich, obwohl sich die ganze Aktion bis in der Morgenstunden hinzog und mir nicht viel Zeit für den Nachtschlaf übrigblieb. Auch waren in der nächsten Zeit die Tage voller Überraschungen und lehrreicher Stunden. Ich lernte im Operationssaal zu assistieren, selber Wunden zu nähen, Injektion zu geben, Wunden zu versorgen, und konnte auch an Diagnose-Feststellungen mitwirken. So lernte ich auch den Umgang mit Patienten und das Fach Chirurgie zu lieben. Zu dieser Zeit stand bei mir fest, dass ich ein operatives Fach wählen würde. Auf mein zukünftiges Fach ‚Anästhesie' bin ich noch nicht gekommen, da hier alle Narkosen von Pflegern ausgeübt wurden, was damals in Deutschland normal war. Man betrachtete es sinnvoller, einen ausgebildeten Arzt auf anderen Gebieten einzusetzen als für eine, ‚lächerliche Betäubung'. Es herrschten zu dieser Zeit in Deutschland noch mittelalterliche Ansichten über die Anästhesie.. Zu dieser Zeit war z.B. in den USA die Anästhesie schon ein sehr angesehenes Spezialfach, und es wurden sogar für die ambulante Medizin ausgebildete Anästhesisten herangezogen.

Das Krankenhaus in Isny war früher eine bekannte Lungenklinik, in der auch der berühmte Professor Sauerbruch häufig aus München zum Operieren kam. Er fuhr gewöhnlich in einem großen Mercedes, und eines Tages nahm er Staatsexamkandidaten mit, die er dann während der Fahrt prüfte. Angeblich war er einmal beim Prüfen so wütend geworden, dass er seinen Chauffeur anhalten und alle Prüflinge auf die Straße hinauswerfen ließ.

„Ihr sollt gemeinsam überlegen, was für Dummheiten Ihr erzählt habt. Jetzt habt Ihr Zeit zum Nachzudenken, bis ich wieder zurückkomme." sagte er und fuhr weiter.

Den Herren Kandidaten blieb nichts weiter übrig, als bis zum späten Abend auf die Rückkehr des Professors zu warten. Er sammelte die Studenten wieder ein, und fuhr mit ihnen nach München zurück und: die Kandidaten haben alle das Examen bestanden. Warum ich diese Anekdote erzähle, hat einen ganz besonderen Grund, nämlich das Fach Anästhesie. Sauerbruch war derjenige, der immer wieder betonte, dass derjenige, der in der Chirurgie zwei linke Hände hat, der muss die Narkose machen, also der Nichtskönner. Professor Killian wollte über Anästhesie habilitieren, wie er mir einmal persönlich erzählte, aber Sauerbruch beharrte darauf, dass so lange niemand über anästhesiologische Probleme habilitieren kann, so lange er, Sauerbruch, Vorsitzender der Chirurgischen Gesellschaft sei. Bemerkenswert ist, dass es in Deutschland den ersten anästhesiologischen Ordinarius erst im Jahr 1953 gab und Professor Frey in Mainz damit beauftragt wurde. Zu dieser Zeit hatten schon fast alle anderen europäischen Staaten ein eigenes Fach Anästhesie.

Die Zeit in Isny verging sehr schnell und ich musste nach Freiburg zurück. Als Abschiedgeschenk habe ich 200 DM von der Verwaltung erhalten, mein erstes Arzthonorar, was meiner finanziellen Lage sehr gut tat. In Freiburg habe ich meine Doktor-Arbeit endlich beendet und begonnen, sie zusammenzu schreiben. Eine sehr mühevolle Arbeit mit immer wieder unsicherem Ausgang. Zwischendurch Testate und Stipendiums-Prüfungen. Wegen 180 DM Stipendium wurde ein großer Aufwand betrieben, und was konnte man schon mit 180 DM erreichen, es war wirklich lächerlich. Wenn man nicht nebenbei einen Job hatte, dann war man verloren. Langsam kamen die allgemein gefürchteten Weihnachtstage und das Jahresende. Ich bekam eine Einladung in das Universitäts-Heim auf dem Schauinsland und konnte Sylvester mit anderen ungarischen Studenten dort verbringen. Hier bin ich zum ersten Mal meiner zukünftigen Frau begegnet, die sich später jedoch nicht an mich erinnern konnte.

Familien-Gründung.

1965. In diesem Jahr passierte einiges, das mein zukünftiges Leben sehr beeinflusst und verändert hat. Gleich Anfang Januar habe ich Gerlinde näher kennengelernt. Sie wohnte, wie die meisten zugereisten jungen Leute, in einem kleinen Dachzimmer, ‚Käschtle', wie es die Freiburger nannten. Obwohl in Baden doch sehr schwäbisch: viel Geld für wenig Wohnung. Ich ahnte noch nicht, was sich aus dieser Bekanntschaft entwickeln würde. Gerlinde arbeitete zu dieser Zeit in der Geschäftsstelle der Freiburger IBM, hatte aber den Plan eines Frankreich-Jahres noch nicht aufgegeben. Wir waren immer häufiger zusammen und haben ‚auch gemeinsam mit Freunden, in Freiburg und Umgebung viel unternommen.

Unter meinen Kommilitonen gab es schon viele, die verlobt oder sogar verheiratet waren, aber ich wollte unter keinen Umständen eine zukünftige Kollegin heiraten. Der Gedanke war mir damals zuwider gewesen, dass ich mich mein Leben lang nur noch mit meinem Fach Medizin beschäftigen sollte, in der Klinik sowie zu Hause – ausgeschlossen!.

Sie gefiel mir immer besser und plötzlich, wie aus heiteren Himmel, habe ich mich zur Verlobung entschlossen. Gerlinde behauptete später, dass ich sie überrumpelt hätte, aber ich war der Meinung eine 22 Jährige müsse doch wissen was sie tut. Ihre Eltern waren verständlicherweise skeptisch und der Ansicht, dass Gerlinde noch zu jung sei, was wir auf keinen Fall akzeptiert haben, aber letztendlich waren sie mit unserem Vorhaben einverstanden. Ich habe auch meinem Vater schriftlich meinen Entschluss mitgeteilt. Er war natürlich sehr dagegen und schrieb mir einem langen Brief mit Ratschlägen, dass ich es mir gut überlegen und doch besser eine Ungarin heiraten sollte. Schon diese Bevormundung ärgerte mich, doch noch mehr hat mich eine andere Aktion meines Vater erbost: Ohne meines Wissens hatte er einen langen Brief an einen meiner Freunde geschrieben, um sich nach der ‚Dame', ihrer Herkunft so weiter zu erkundigen. All das empfand ich nicht nur unverschämt mir gegenüber sondern auch äußerst verletzend und beleidigend. Nach allem, was ich während meines bisher wirklich nicht leichten Lebens für meine Eltern und meinen Bruder getan hatte, war es für mich wirklich am Rande der Akzeptanz. Ich schrieb einen wütenden Antwortbrief zurück. Nun, diese skeptisch beurteilte Verbindung hat zu einer glücklichen und lang anhaltenden Ehe geführt und uns beide mit zwei wunderbaren Töchtern und vier Enkelkindern beschenkt.

Nach unserer Verlobung stürzte ich mich dann voller Konzentration auf mein Studium, da ich so schnell wie möglich mein Studium beenden wollte. Gerade in dieser Zeit begann aber in Deutschland die Studentenbewegung, in der vor allem die politisch links orientierten Studenten die Führungsrolle übernehmen wollten. Auch in der Europäischen Wirtschaftsvereinigung, der EWG, kam einiges in Bewegung, und mit den Zollsenkungen beginnend zeigte es sich, dass die Zukunft Europas doch auf dem richtigen Weg war. Auch in Ungarn war einiges in Bewegung geraten. Angeblich hatte Kádár, Ministerpräsident und Verräter, eine neue Richtung der Versöhnung eingeschlagen. Man sprach von dem sog. ‚Gulaschkommunismus'. Trotzdem glaubte ich den Kommunisten nicht. Sehr große Probleme entwickelten sich in Südost-Asien, vor allem in Vietnam. Hier wurden die kriegerischen Auseinandersetzungen immer heftiger. Das erste großflächige Bombardement der Amerikaner mit Napalmbomben hatte begonnen, was natürlich auch bei uns in Freiburg zu Studentendemonstrationen führte.

Die Wochen vergingen, Jenö hatte endlich einen sicheren Arbeitsplatz gefunden und auf der gleichen Etage neben mir sein eigenes Zimmer bezogen. Ich musste in diesem Semester neun sogenannte Arbeitsscheine erreichen, die dringend zum Staatsexamen nötig waren. Es war wirklich nicht einfach, vor allem die Pathologie bereitete mir viel Kopfschmerzen. Trotzdem hat alles geklappt, ich hatte endlich die wichtigsten Scheine und konnte mich langsam auf mein Staatsexamen konzentrieren. Allerdings wurde meine finanzielle Lage immer heikler, das Stipendium mit lächerlichen 180 DM reichte vorn und hinten nicht mehr aus. In dieser Zeit bot die Bundesbahn an, nachts Waggons auszuladen, was auch gut bezahlt wurde. Allerdings fehlte mir der Nachtschlaf, was dann tagsüber in den Vorlesungen die nötige Konzentration beeinträchtigte. Ich wurde immer müder und nervöser und litt auffallend häufig unter Kopfschmerzen, die nicht selten sogar zu regelrechter Migräne führten.

Interessante Diskussionen führte ich häufig mit Gerlinde über Toleranz und Akzeptanz des Anderen. Hier merkte ich wie schwer es den Deutschen fällt, Ausländer zu akzeptieren, und wie schwierig es dadurch für eine vollkommene Integration wurde. Anderseits wurde von Einheimischen kritisiert, dass viele Ausländer sich nicht um Integration bemühten.

Eigenartig, dass sich dieses Problem auch jetzt, 50 Jahre später während ich dieser Zeilen schreibe, nicht nur nicht gelöst hat sondern sogar in viel stärkem Maße vorhanden ist. Das erschwert unsere zwischenmenschlichen Beziehungen enorm und bremst auch die europäische Vereinigung in starkem Maße. Integration ohne Identifikation ist nicht möglich, aber Identifikation ist wiederum ohne eine Öffnung konservativer Kreise der Einheimischen und Einlass ausländischer Mitbewohner gleichfalls unmöglich. Toleranz ist ein leichtes Wort aber eine schwere Tat mit weitreichenden Konsequenzen. Toleranz ist jedoch das Fundament der liberalen Demokratie und ein unerlässlicher Bestandteil des menschlichen Miteinander. Eine immer wiederkehrende Diskussion über den Begriff der ‚illiberalen Demokratie', den Orbán so gern verwendet, ist eine Totgeburt. Lajos Kossuth sagte einmal, es gäbe kein ‚ein wenig Freiheit' ebensowenig wie ‚ein bisschen Schwangerschaft'! Entweder ist man schwanger oder man ist frei oder nicht! Wenn wir miteinander leben und gemeinsam unsere europäische Zukunft aufbauen wollen, dann müssen wir uns gegenseitig akzeptieren, und dürfen keine Parallel-Gesellschaften dulden. Das beste Beispiel - mit gewissen Einschränkungen - sind die Einwohner der Vereinigten Staaten. Es ist egal ob jemand von der Abstammung her Chinese, Mexikaner oder Afrikaner ist, primär ist er Amerikaner und dann erst Chinese oder Afrikaner. Könnten wir in Europa nicht auch so denken und leben, erst Europäer und dann Ungar oder Franzose oder gerade Türke zu sein. Wo sind wir zu Hause? Doch primär in Europa, aber mit nationalen Eigenschaften, die selbstverständlich beibehalten werden sollten. Ein grosser Strauß verschiedener Blumen ist doch viel schöner und bunter als ein Blumenstrauß mit nur einer Blütenart! Globalität ist nicht nur eine Wirtschaftsfrage sondern auch ein Lebensstil. Globalität verlangt Vielseitigkeit aber auch Akzeptanz. Ein interessantes Phänomen beobachte ich immer wieder in Deutschland. Der Deutsche neigt dazu, seine Meinung und Überzeugung anderen Nationen aufzudrängen, so ähnlich, wie meine Frau immer wieder versucht, mir zu erklären, dass dies oder jenes für mich das Beste wäre. Bei manchen Dingen mag das so sein aber häufig ist es doch ganz anders. Was dem einen ein Glücksgefühl beschert, kann für den anderen die Hölle sein! Wie heisst es so schön „Leben und Leben lassen", und das ist Toleranz, und von dieser Toleranz brauchen wir in Europa doch noch eine ganze Menge!

Nach unserer Verlobung planten wir, gemeinsam nach Berlin zu fahren, um mich dort der Familie vorstellen zu können. Ich hatte natürlich wieder einige Problemen zu lösen, nicht nur die finanziellen sondern auch die Transit-

Aktion nach West-Berlin. Als im Westen anerkannter politischer Flüchtling war es für mich lebensgefährlich, durch die ‚sowjetisch besetzte Zone', d.h. DDR, zu fahren, weshalb ich mit einer Alliierten Maschine nach Berlin fliegen musste, was wiederum nicht billig war. Wir entschlossen uns, getrennt zu reisen - ich fliege und Gerlinde fährt mit der Bahn. Am 15. April war es soweit. Zum ersten Mal in meinem Leben bin ich geflogen, mit einer amerikanischen PAN Maschine nach Berlin Flughafen Tempelhof. Ich war damals recht unsicher und aufgeregt, und wenn ich heute darüber nachdenke, wie oft ich ab diesem Zeitpunkt geflogen bin und welche langen Strecken ich in Flugzeugen zurück gelegt habe, so muss ich doch schmunzeln. Ich saß neben einem amerikanischen Offizier, der ausgezeichnet deutsch sprach. Ich glaube sogar, dass er gebürtiger Deutscher war. Wir haben uns gut unterhalten, und ich erzählte ihm viel vom ungarischen Aufstand, was er mit großer Aufmerksamkeit verfolgte. Dann berichtete er, dass er in seiner Kompanie auch mehrere Ungarn hätte, die nach dem Aufstand in die USA ausgewandert wären. Einige von ihnen seien leider zur Zeit in Vietnam, und er müsse auch in Kürze dorthin zurückkehren. Das stimmte mich doch sehr nachdenklich und war dankbar, dass ich mich trotz Geldmangels und gewisser Unsicherheiten nicht beklagen konnte, immerhin lebte ich in Sicherheit.

Berlin war für mich in jeder Hinsicht ein einmaliges Erlebnis. Als Stadt, als Wohnort meiner zukünftigenen Verwandten, als Freiheitsinsel im Osten, als politischer Unruheherd, als Stadt mit unzähligen Narben, und auch als pulsierende Großstadt mit besonderem Scharm. Ich dachte, hier könnte ich leben, wenn dieser Stadt nur nicht eingekesselt wäre wie ein Konzentrationslager, doch damals habe ich noch nicht geahnt, dass ich meinen Lebensabend hier sehr zufrieden und glücklich verbringen würde. Gottes Wege sind unergründlich, wie so oft!

Unser Berlin Aufenthalt war sehr aufschlussreich, mit vielen Ausflügen und Besichtigungen und Verwandten- und Bekannten-Besuchen. Peter, mein zukünftiger Schwager, hatte sogar ein Auto gemietet, um mich in der Stadt herumzufahren. Natürlich durfte auch die obligatorische Mauerbesichtigung nicht fehlen. Beim Anblick dieses Monstrums lief mir ein kalter Schauer über den Rücken, und mir wurde in diesem Augenblick bewusst, wie angenehm es war, in der Freiheit zu leben. Voller Mitgefühl blickte ich auf die andere Seite dieser geteilten Stadt. Gleichzeitig stellte ich die Frage, ob es möglich gewesen wäre, Budapest so teilen zu können wie hier? Seitdem hatte ich oft den Gedanken, was für ein williges, gehorsames und pflichterfüllendes Volk doch diese Deutschen seien. Warum konnte man mit ihnen machen was man wollte? Wieso konnte man ein Berliner Schloss, das doch trotz aller Zerstörung durchaus wiederherstellbar war, auf Befehl sprengen? In Budapest hätte das stalinistische Regime von Rákosi so etwas nie geschafft, ganz im Gegenteil. Hier wurde unsere Burg mit viel Mühe und großem finanziellen Aufwand wieder aufgebaut. Wo ist der nationale Stolz der Deutschen, hatten es die Alliierten tatsächlich geschafft, die deutsche Identität völlig zu zerstören? Ist es möglich, in einer geschichtslosen Zeit zu leben? Tatsächlich dauerte es lange, bis dieses Volk langsam Kraft und Mut sammelte, um seine Geschichte aufzuarbeiten und sich auf die eigene Vergangenheit zu besinnen. In Ungarn war es selbstverständlich, dass wir unsere Nationalfeiertage mit beflaggten Häusern und die Hymne singend auch während des schlimmsten Stalinismus gefeiert haben. Hier in Deutschland war die Nationalflagge verpönt und Nationalstolz als Abartigkeit total abgelehnt. Höchstens sagten einige mutige Bürger „wir dürfen soetwas nicht, nach allem, was wir im Krieg getan haben". Was für eine Neurose! Ich werde nicht vergessen, mit welcher Überraschung ich konstatierte, dass 2006 während der Fußballweltmeisterschaft plötzlich zum ersten Mal die Deutschen mit Nationalflaggen in den Kneipen, an Autos, in Stadien und auf öffentlichen Plätzen erschienen sind. Dies alles war für mich wirklich eine große Überraschung. 1997, nachdem ich das Bundesverdienstkreuz verliehen bekam, wurde ich von der Süddeutschen Zeitung befragt, was ich von der Frage „Sind Sie stolz Deutscher zu sein?" halte. Ich war mehr als überrascht und antwortete, dass man nur stolz darauf sein kann, was man selber geschaffen hat. Wo man geboren ist, ist nichts anderes als ein Gottesgeschenk und nicht beeinflussbar, aber wo man lebt, das bestimmt man selber und was man erreicht hat, darauf kann man unter Umständen stolz sein Und wenn man in diesem Land auch noch zufrieden ist, dann kann man eventuell sagen, ja, ich bin glücklich in diesem Land zu leben, aber stolz bin ich nur als Europäer.

Während unseres Berlin-Aufenthaltes geschahen einige politische Zwischenfälle, die einen von nostalgische Träumereien auf den Boden der harten Wirklichkeit zurückbrachten. Mit fürchterlichem Krach in Höhen von höchstens 200 Metern, überflogen sowjetische Düsenjäger den Berliner Reichstag während der fünften und letzten Plenarsitzung des Bundestages, der in West-Berlin tagte. Außerdem wurden aus Protest gegen die Abhaltung der Sitzung des Bundestages zeitweilig die Zugänge zu Wasser und zu Lande nach West-Berlin durch sowjetische und DDR-Soldaten blockiert. Ja, wir waren in einer eingeschlossenen und verriegelten Stadt, umgeben von der sowjetischer Macht, was mein Gefühl verstärkte: Alles schön, aber bloß nicht hier leben! Deshalb war ich erleichtert, als ich wieder mit dem Flugzeug in Frankfurt gelandet war.

Wir haben den Zeitpunkt unserer Hochzeit beschlossen und dank der Hilfe unserer Freundin Rita eine gemeinsame Wohnung im Rosbaumweg gefunden, in Freiburg-Ost, neben dem französischen Militärflughafen und hinter den Uni-Kliniken. Zwei Dach-Zimmerchen mit integrierter Mini-Küche und Dusch-Bad eine halbe Treppe tiefer. Klein aber unser! Am 28. Mai wollten wir heiraten, und bis dahin musste ich allerlei Papiere besorgen und übersetzen lassen. Ich erfuhr, dass ich einen Antrag auf einen einmaligen Zuschuss, das sog. Heiratsgeld, bekommen könnte, was sich dann allerdings als Irrtum herausstellte, da es nicht für ausländische politische Flüchtlinge gedacht war. Wieder einmal feststellen zu müssen, ein Zweiter-Klasse- Mensch zu sein, ist nicht gerade ein erhabenes Gefühl. Am 1. Mai haben wir unsere neue Wohnung erobert. Als Hochzeitsgeschenk im voraus erhielten wir von unseren ungarischen Freunden einen Kühlschrank, der sich dann als sehr nützlich in den heißen Sommermonaten erwies.

Eine große Überraschung bedeutete für mich die Nachricht, dass wir vor der kirchlichen Trauung an einem sogenannten Braut-Unterricht teilnehmen müssten. So gingen wir also in das Pfarrhaus und hörten uns brav an, was der Herr Pfarrer so zu berichten hatte. Ich muss sagen, dass mir Mediziner, kurz vor dem Staatsexamen, Probleme des sexualen Zusammenlebens anhören zu müssen, doch äußerst absurd erschien. Auch das katholische und fast unüberwindbare Problem, dass Gerlinde evangelisch war, stieß bei mir hart gesottenem und im Kommunismus erzogenen Katholiken auf absolutes Unverständnis. Ich dachte schon daran, dass wir diese kirchliche Zeremonie doch lieber sein lassen sollten, aber na ja, Tradition eben und der Gedanke an meinen Vater ließen mich dann doch diese Prozedur überstehen.

Auf Drängen meiner Freunde haben wir am 26. Mai im St. Valentin Wald-Restaurant in Günterstahl einen geräuschvollen und fröhlichen Polterabend gefeiert. Es war ein unvergessliches Erlebnis, obzwar ich während der Feier unzählige Male an den Hochzeitstag denken musste und mir, um ehrlich zu sein, doch manchmal etwas mulmig zumute war. Zum Schluss sind wir alle zu Fuß nach Hause maschiert, was zwar etwas anstrengend aber doch sehr romantisch bei Vollmond stattfand und wir, um unseren Heimweg zu verkürzen, quer durch den Wald gestapft sind. Unterwegs erblickte ich etwas Glänzendes auf dem Waldboden: etwa 30 bis 40 5,00 DM-Stücke. Na, wenn das kein gutes Ohmen ist, was dann, dachten wir alle.

Am 28.Mai war es dann soweit. Ich zog meinen dunklen Abituranzug an, der gerade noch so passte, ich durfte allerdings die Jacke nicht zuknöpfen. Gerlinde trug ein schlichtes weißes Hochzeitskleid, das sie später noch für andere Anlässe verwenden konnte. Der Brautstrauß - lauter rote Rosen mit einer weißen Schleife gebunden – kam rechtzeitig an. Mit Gerlindes Eltern und unseren Freunden ging die kleine Hochzeitsgesellschaft in Richtung Freiburger Rathaus. Als Trauzeugen fungierten Gerlindes Freundin Rita und mein Freund Fertö. Leider konnte von meiner Familie außer meinem Bruder Jenö niemand teilnehmen, der Eiserne Vorhang hat das nicht zugelassen. Nach der üblichen Zeremonie mit Eintragung ins Familienbuch und Gratulation war die Eheschließung besiegelt. Allerdings entwickelte sich zwischen uns beiden ein kaum zu bändigenden Lachanfall, als der freundliche Standesbeamte uns zum Schluss noch ein Buch überreichte. Gerlinde hatte mir kurz vor der Hochzeit noch über die Gepflogenheiten im Dritten Reich berichtet, dass jedem frischgetrauten Paar, ob es wollte oder nicht, Hitlers ‚Mein Kampf' überreicht wurde, was dann in Berlin häufig im Taxi ‚vergessen' wurde. Später haben wir bedauert, dem freundlichen Beamten nicht den Grund unseres kaum zu unerdrückenden Lachens zu erklären. Als wir das Rathaus verließen kam uns plötzlich der Philosophie-Professor Dr. Brock, mein Patient aus der Psychiatrie, entgegen und gratulierte uns als erster auf der Straße. Ich dachte: Na, das ist das zweite gute Omen, einmal Geld im Wald gefunden und jetzt dieses geistige Geschenk!

Wir hatten einen Tisch im Gasthaus „Zum roten Bären", einem der ältesten Gasthöfe Deutschlands. Es steht am Platz Oberlinden in der Nähe des Schwabentors. Die Fundamente des Gebäudes sind nachgewiesen bis vor der Stadtgründung um 1120. Sie gehörten zum Herrenhaus des ehemaligen Grafenhofs der Zähringer. Das Herrenhaus lag in der Siedlung, von der aus Berthold III. um 1090 die Burg auf dem Schlossberg errichten ließ. Der dreistöckige Keller ist bis heute mit seinen Arkaden und Pfeilern sowie den gewachsenen Böden erhalten. Die Nutzung als Gasthaus ist bis ins 12. Jahrhundert nachweisbar. Wenn das nicht ebenfalls ein gutes Zeichen für unser zukünftiges Zusammenleben ist?

Vor dem Gasthof angekommen wurden wir von der dritten, nicht erwarteten Überraschung beglückt: Der Straßenbahn, die in der engen Straße direkt vor dem Gasthaus vorbeifuhr, hielt plötzlich außerplanmäßig an, und der Fahrer gratulierte uns spontan, verstärkt durch den Aussenlautsprecher.

Die kirchliche Hochzeit fand anschließend, was ja nicht unbedingt üblich ist, erst nach dem Mittagessen in einer kleinen Kapelle am Schlossberg statt. Gleich nach der Hochzeit begann wieder das ernsthafte Leben, d.h. die endgültigen Vorbereitungen für das Staatsexamen. Ich verspürte jetzt verstärkt eine Verantwortung nicht nur für mich und wollte so schnell wie möglich mein Studium beenden. Zu dieser Zeit hatte ich keine Muße für Ablenkungen wie etwa politische Arbeit, obzwar auch hier schon die später berühmt-berüchtigten ‚68er Studenten-Unruhen' begannen. 1962 hatten Rudi Dutschke und Bernd Rabehl eine Berliner Gruppe der Münchner „Subversiven Aktion" gegründet, die sich als Teil der ‚Situationistischen Internationale' verstand. Im Dezember 1964 organisierte er anlässlich des Staatsbesuchs des kongolesischen Premierministers Moïse Tschombé mit einem Dritte-Welt-Kreis eine Demonstration, an der auch der Berliner SDS teilnahm. Im Januar 1965 wurden Dutschke und seine Gruppe Mitglied des SDS; im Februar wurde er in dessen politischen Beirat gewählt und bestimmte die politische Richtung des SDS fortan mit. Von Bernd Rabehl stammt die folgende Schrift: „Wendung und Erkenntnis". Der Mauerbau 1961 war ein entscheidendes Ereignis nicht nur für Rabehls Haltung zum Osten gewesen, sondern auch für seine Haltung zum Westen. In einem 1968 publizierten Aufsatz schrieb er, dass „die gutgläubigen Studenten und die Arbeiterjugend" – darunter Rudi Dutschke und er selbst – versucht hätten, die Mauer zu stürmen. „Sie fälschten Pässe, gruben Tunnel, zerschnitten Zäune oder malten ihre Parolen von der Freiheit an den Zement ... Die Ernüchterung folgte schnell und zog die Erkenntnis nach sich, dass der Mauerbau mit Zustimmung der USA stattgefunden hatte."

Die Vereinigten Staaten von Amerika hätten sich mit dieser Bestätigung der Verabredungen von Teheran, Jalta und Potsdam gleichzeitig darauf festgelegt, „ungestört die Befreiungsbewegungen in der Dritten Welt zu zerschlagen". Auch die Haltung der bundesdeutschen Politiker zum Mauerbau habe erkennen lassen, „dass sie nicht zur ‚entscheidenden Tat' bereit waren", das Mittel des Krieges sei ihnen „durch die innerkapitalistische Machtaufteilung nach dem Zweiten Weltkrieg verwehrt" gewesen. Auch im bundesrepublikanischen Polit-Panorama begann sich einiges zu ändern.

1965 ist ein Jahr des Übergangs. In der Bundesrepublik Deutschland nähert sich die restaurative Phase der Nachkriegszeit ihrem Abschluss. Die CDU, die seit 1949 unangefochten als stärkste Partei den Regierungschef stellt, kann sich auch bei der Bundestagswahl im September noch einmal mit Ludwig Erhard als Kanzler behaupten. Dennoch bahnt sich das Ende der christdemokratischen Ära an. Die »Adenauer-Zeit« hat die Westintegration der Bundesrepublik bewerkstelligt, das »Wirtschaftswunder« auf den Weg gebracht und Millionen Flüchtlinge und Vertriebene integriert. Der Nachfolger Adenauers, Erhard, regiert aber zu einer Zeit, in der sich das Selbstverständnis des jungen Staates verändert, in der sich aber auch erstmals wirtschaftliche Schwierigkeiten abzeichnen. Damit ändern sich für viele Bürger die Vorzeichen. Das in den 1950er Jahren entwickelte politische und gesellschaftliche Selbstverständnis der Bundesrepublik wandelt sich, und die SPD erscheint vielen erstmals wieder wählbar. Auch die Jugend wird zunehmend rebellisch, und die studentische Außerparlamentarische Opposition wird immer stärker sichtbar. Unruhen erfassen viele Hochschulen, wobei wie so oft wiederum Berlin die Führung übernommen hatte. Auch löste eine Todesnachricht unter uns Studenten kontroverse Diskussionen aus und ließen Erinnerungen an den 2. Weltkrieg lebendig werden: Winston Churchill, der bedeutende englische Politikers des 20.Jahrhunderts war gestorben. Man konnte spüren, dass eine wichtige Epoche der Weltgeschichte zu Ende ging, und zahlreiche neue bisher unbekannte Fragen kamen zum Vorschein. Schuld, Generationenschuld, Geschichtsbewältigung nach Art der neuer Generation, Unbefangenheit über Nationalitätsfragen bis hin zum Verneinung der Deutschen Nation, und Hinwendung zu Fragen Europas. Auch zunehmende Töne der Antiamerikanisierung waren nicht zu überhören, und die bislang große Dankbarkeit gegenüber dem Befreier USA ging merklich zurück. Es wurde oft heftig diskutiert, und mich störte zunehmend der antideutsche Einstellung, die manchmal bis zur Verleumdung des eigenen Nationalitätsgefühls ging. Es waren Internationalität und Kommunität gefragt. In dieser Zeit merkte ich zum ersten Mal deutlich, dass ich in Deutschland angekommen war aber durch Deutschland eben auch in Europa. Langsam entwickelte sich bei mir ein Gefühl, dass ein Mensch seine Identität nicht nur eng national betrachten kann und sich durch die kulturelle Zusammengehörigkeit in einem viel größeren Lager als nur mit 10 Mill. Menschen in Ungarn identifiziert. Das heißt aber auf keinen Fall, dass man die Heimat und die eigene Herkunft verleugnet, ganz im Gegenteil, aber die Werte-Prioritäten werden gewissermaßen neu geordnet. Vielleicht kann man das so ausdrücken: erst Europa, dann Ungarn.

Aufgrund dieser Überlegungen und natürlich dank zahlreicher Diskussionen kristallisierte sich bei mir eine immer stärkere antinationalistische Einstellung heraus, wodurch sich auch ein anderes Verständnis gegenüber zahlreichen noch unbeantworteten Fragen einer neuen gesellschaftlichen Entwicklung in Deutschland aber auch in Europa entwickelte.

In Ost-Europa waren in dieser Zeit solche Fragen absolut überflüssig und in einem diktatorisch und dogmatisch geführten Staat wie Ungarn unerwünscht. Wie sehr aber auch dort nach neuen Wegen gesucht wurde zeigte sich schon in zahlreichen Studenten-Diskussionen und allmählicher politischer Aufmüpfigkeit Anfang der 70er Jahre, was auch Parteisekretär Kádár zu spüren bekam und er deshalb den sogenannten ‚Gulasch-Kommunismus' einführte. Er wusste sehr gut, dass man durch eine bessere Versorgung der Bevölkerung die unerwünschten politischen Aktionen erfolgreich zurückdrängen konnte. Allerdings muss man aber hierzu bemerken, dass die politische Führung dadurch nichts ausser Zeit gewonnen hatte, aufhalten konnte sie diese Tendenz nicht. Auch die ersten Triebe der späteren 80er Jahre um Viktor Órbán und FIDESZ stammten aus dieser Zeit. Zum anderen bemerkte man immer stärker, dass in Europa die alten politischen Werte einschließlich der Begriffe wie Demokratie, Freiheit und Liberalismus einer langsamen Änderung wenn nicht sogar einem Paradigmenwechsel unterzogen wurden, und die Menschen zunehmend eine Richtung hin zu neuen gesellschaftlichen Formen suchten. Eventuell sollte eine Synthese zwischen Kapitalismus, Sozialismus und Kommunismus entstehen. Eigenartiger Weise spielte Deutschland hier, wie so oft in der europäischen Geschichte, den Vorreiter. Nein, keine Revolution, dazu sind die Deutschen nicht fähig, aber zur stillen gesellschaftlichen Veränderung wie bei Martin Luther, Immanuel Kant, Artur Schopenhauer, aber auch Karl Marx und Friedrich Engel. Ich bin mir bewusst, dass diese Aufzählung nicht nur auf Zustimmung stoßen wird, aber ich wollte nur die bewegenden Kräfte dieser einzelnen Persönlichkeiten aufzeichnen, die zu einem Paradigmen-Wechsel in Deutschland und Europa fähig gewesen waren. Die 1960er Studentenbewegung um Rudi Dutschke und Bernd Rabel war ebenfalls eine gesellschaftsformende und verändernde Bewegung mit Auswirkungen auf ganz Europa einschliesslich Ungarn! Wenn man aufmerksam das Buch von Igor Janke liest: „Viktor Orban, ein Stürmer in der Politik" (2012), dann bemerkt man sehr schnell, welche auffallenden Parallelen sich auftun zwischen Dutschke und Orban - mit einer gewissen Zeitverschiebung.

Aber wenden wir uns wieder den alltäglichen Aufgaben zu, die durch die Eheschließung doch erheblich zugenommen und mich gewisser Weise auf eine normale Ebene gebracht haben. Ich begann meine Probleme wesentlich realistischer zu betrachten, die notwendigen Ziele hatten objektivere Formen angenommen, meine Verantwortung rückte plötzlich wesentlich klarer in den Vordergrund und mein studentisches Bohème-Leben hatte ein Ende gefunden. Ich nahm wieder meine Nachtwachen in der Nervenklinik auf, um unser gemeinsames Haushaltsbudget aufzubessern.

Gesundheitlich war ich in dieser Zeit nicht unbedingt auf die Höhe, öfter litt ich unter Kopfschmerzen, einmal kam es zu einem unerklärlichen Schwindelanfall und dann zu Gallen-Beschwerden. Natürlich hatte das alles mit meinem Staatsexamensstress zu tun. Meine Doktorarbeit lief ja auch noch parallel dazu, und Boro hat mich stark unter Druck gesetzt, da er mit meinem Doktorvater die Ergebnisse zeitgleich veröffentlichen wollte.

Dieser Druck um Publikationen und um Publikationswillen war mir neu, aber später hatte ich als Oberarzt in der Universitätsklinik reichlich Zeit darüber zu erfahren. Da ich dem andauernden Hochschuldruck und den ehrgeizigen Plänen der Ordinarien und der verkrusteten Hochschul-Hierarchie nicht standhalten konnte und wollte, entschloss ich mich, lieber ohne Professur meine klinische Tätigkeit in einem großen Klinikum mit über 1000 Betten fortzuführen. Mein damaliger Chef konnte meinen Entschluss die Uni zu verlassen nicht verstehen und hat mir dies bis zu seinem Tode auch nicht verziehen. Auch war die damalig existierende Habilitationsordnung noch stark veraltet und zum Dienste des Ordinarius ausgerichtet. Die Publikationen mussten in erster Linie dem Klinikdirektor dienen, und sein Name an erster Stelle über den Arbeiten stehen. Je mehr ein Institut publizierte, umso größer war ihr Ansehen. Nicht selten wurden Arbeiten mehrmals umgeschrieben und öfters mit dem selben Inhalt veröffentlicht.

In Freiburg musste ich noch etliche sogenannte „Persil" Praktikum-Scheine von einzelnen Fächern wie Hals-Nasen-Ohren oder Pathologie besorgen, um mich dann zum Staatsexamen melden zu können. Ich war noch ziemlich unsicher, ob ich mich 1965 oder ein Jahr später zum Examen anmelden sollte. Meine alten Freunde Werner und Hermann haben sehr dazu geraten, mich noch im selben Jahr anzumelden, aber es kam doch anders. Meine Schwachstelle Pathologie hat den Persilschein verweigert, und so war mir klar, dass ich erstens gründlicher und exakter arbeiten musste, da die bisherige Leistung zu oberflächlich und für die Prüfungen ungenügend waren.

Jenö hatte sich sein erstes Auto zusammengebastelt, und so haben wir eine Spritztour nach Titisee unternommen. Ich erfuhr, dass Studenten in Freiburger Fahrschulen einen günstigen Rabatt bei der Erlangung des Führerscheins erhielten, und habe mich deshalb schnell zur Fahrschule angemeldet.

Zwischendurch bekam ich auch meine erste wissenschaftliche Publikation unter dem Titel: „Neue Hämometer für die Praxis", ein Teil meiner Doktorarbeit. Natürlich habe damals nicht geahnt, dass noch viele, viele weitere wissenschaftlichen Arbeiten von mir erscheinen würden, und um ehrlich zu sein, ich war zwar stolz auf meine Publikation, aber ein Bedürfnis zu weiteren Veröffentlichungen verspürte ich nicht. Wir hatten kurz gefeiert und darauf getrunken, und das war schon alles. Die gesamte Promotion habe ich allerdings erst 1967 eingereicht, als ich längst in Tirschenreut in der Oberpfalz als Medizinal-Assistenzarzt arbeitete und meine Doktorarbeit fast vergessen hätte. Boro schrieb mir damals einen sehr energischen Brief und schimpfte, warum ich meine Arbeit noch nicht beendet hatte, auch Prof. Heilmeyer hätte schon wegen meiner Nachlässigkeit moniert. In dieser Zeit hatte ich mich schon weit weg von der Laborchemie bewegt, obzwar ich noch immer im Unterbewusstsein klinischer Chemiker war. Nach dem Examen hatte mir zwar Prof. Heilmeyer eine Assistenzarzt-Stellung im Klinikum Freiburg angeboten, mit einem Anfangsgehalt von 360 DM. Wie sollte jedoch ein Ehepaar mit einem Kind mit 360 DM auskommen, das war unmöglich, und deswegen haben wir wohl oder übel Freiburg verlassen müssen, was uns beiden nicht leicht fiel.

Nach unserer Hochzeit schienen auch einige meiner Freunde Appetit auf die Ehe bekommen zu haben, und so hat sich Bandi verlobt und sogar der stille Imre geheiratet. Im September 1965 war die Bundestagswahl, die ich natürlich noch immer passiv ohne Wahlrecht verfolgen durfte. Die Wahl am 19. September 1965 war eine Zäsur in der Geschichte der Bundesrepublik. Erstmals trat Konrad Adenauer nicht mehr an, er hatte 1963 zugunsten von Ludwig Erhard „abgedankt", dessen Name mit dem „Wirtschaftswunder" der 50er Jahre verbunden war – einer vergangene Zeit zwar, denn Mitte der 60er Jahre waren die hohen Wachstumsraten der Aufbaujahre nicht mehr zu schaffen. Doch trug die Popularität des jovialen Erhard, der sich gern als

Zigarre schmauchender Gemütsmensch darstellte, noch weit genug, um der Union einen ordentlichen Wahlsieg zu bescheren.

Erhard schnitt besser ab als Adenauer vier Jahre zuvor, die Union kam auf 47,6 Prozent. Was auch daran lag, dass die FDP ihr außerordentlich gutes Ergebnis von 1961 nicht halten konnte und jetzt nur noch 9,5 Prozent holte. Erhards Wirtschaftskompetenz hatte sie wenig entgegenzusetzen, die Partei war auch schon im Umbruch – weg vom Satellitenstatus als Dauerpartnerin der Union, hin zu einer neuen Offenheit für Koalitionen mit der SPD. Darauf arbeitete die Partei nicht zuletzt in Nordrhein-Westfalen schon längere Zeit hin, angeführt vom stellvertretenden Bundesvorsitzenden Willi Weyer. Aber auch Willy Brandt legte schön zu, und so kam die SPD auf 39.3 Prozent. Ein Ergebnis, was im nachhinein traumhaft erscheint bei einer Wahlbeteiligung von 86,8%. Heute, nach 50 Jahren, ist eine derartige Wahlbeteiligung unvorstellbar, was eindeutig auf die allgemeine politische Frustration und alternativlose Parteipolitik zurückzuführen ist.

Mir ist gerade ein Satz von Reinhard Fondermann eingefallen, der leider in unserer Zeit eine hohe Aktualität hat: „Wenn die Politik keine schlüssigen Antworten auf die Fragen ihrer Wähler findet, dann brechen Staat und Gesellschaft auseinander. Manchmal endet das in einer Revolution. Möge uns das erspart bleiben!".

Und folgen wir Katja Nellers Aussagen, so wird uns wahrlich unwohl, was alles auf unsere Gesellschaft zukommt, was man wahrscheinlich nicht einmal aufhalten kann, da es ein Paradigmen-Wechsel ist.

„Politisches Engagement - also politisches Interesse und Beteiligung der Bürger - gilt als notwendige Voraussetzung funktionsfähiger Demokratien. Demokratische Entscheidungen können nur dann tatsächlich demokratisch sein, wenn die Bürgerinnen und Bürger ihre Präferenzen äußern. Politische Präferenzen setzen aber ein Mindestmaß an politischer Information voraus. Das heißt, die Menschen müssen sich für politische Vorgänge interessieren. Politisch engagierte Bürgerinnen und Bürger verstehen darüber hinaus etwas von politischen Zusammenhängen und werden vor diesem Hintergrund keine überzogenen Gesamtforderungen an das politische System stellen. Somit ist politisches Engagement auch ein entscheidender Faktor für die Stabilität und Lebensfähigkeit dieser politischen Systeme.Obwohl die Bedeutung des politischen Engagements allgemein als sehr hoch eingestuft wird, sind die Menschen eher inaktiv und kaum an Politik interessiert. So sind beispielsweise viele Kneipengespräche nicht von Begriffen wie Engagement, Aufmerksamkeit und Involvierung, sondern eher von Enttäuschung, Ablehnung, Desinteresse und Frustration gekennzeichnet."

Langsam war es an der Zeit, dass ich meine Pflicht-Entbindung in der Klinik absolvierte. Hier habe geschworen, alles in der Medizin zu machen, nur die Geburtshilfe nicht.

Aber wie es im Leben so geschieht, kaum war ich fertig und hatte mit meiner Zeit als Medizinal-Assistenztarzt in Tirschenreuth begonnen, da passierte folgendes:

Dieses relativ kleine Kreis-Krankenhaus mit ca. 250 Betten hatte nur eine Belegabteilung für die Gynäkologie (Frauenheilkunde), die von einem niedergelassenen Frauenarzt versorgt wurde. Er leitete die Geburten und operierte die Frauen tagsüber. Nachts war er natürlich nicht anwesend, nur wenn es sich als unbedingt notwendig herausstellte. Alles andere sollte der diensthabende Assistenzarzt erledigen. Ich kam frisch von der Uni, und nach genau sechs Wochen, als ich Nachtdienst hatte, unterrichtete mich unser Gynäkologe – ein begeisterter Jäger -, dass in dieser Nacht nichts zu erwarten sei, da er jede schwangere Frau im Landkreis gut kenne, und nach menschlichem Ermessen keine Geburt anstehe. Wenn aber doch etwas passieren sollte, so sei er über sein ‚Talky-Walky' auf seinem Jagd-Hochsitz jederzeit erreichbar. Ich war sehr beruhigt, da ich mir alles wünschte, nur keine Geburt. Leider kam aber alles anders. Eine hochschwangere Berlinerin, unterwegs in die Ferien, bekam plötzlich heftige Wehen und hatte nur knapp unser Krankenhaus erreicht. Die im Haus befindliche Hebamme rief mich natürlich sofort mit folgender Nachricht an:

‚Herr Doktor, kommen Sie schnell, der Steiß ist schon sichtbar'.

Man muss dazu bermerken, dass eine sogenannte Steißlage das Schlimmste ist, was bei einer Geburt passieren kann. Heute sind solche Fälle relativ selten, weil man dank der Ultraschall-Untersuchung frühzeitig eine Fehlstellung in der Gebärmutter diagnostizieren und dann rechtzeitig einen Kaiserschnitt einleiten kann. Damals war es aber ganz anders, und deshalb mussten wir Medizinstudenten am Phantom alle eine Steißlage-Entwicklung ableiten, wohlgemerkt auch an der Phantom-Puppe war das nicht so einfach, aber es war eben nur eine Puppe. Also, ich eilte sofort in Richtung Entbindungszimmer, unterwegs brach bei mir der kalte Schweiß aus, und als ich im Zimmer ankam, schrie die Mutter vor Schmerzen und blutet schon stark. Ich hatte keine Zeit mehr, um meinen Gynäkologen-Kollegen anzurufen sondern versuchte sofort mit Hilfe der Hebamme das Kind zu entwickeln. Laut Lehrbuch versuchte ich das Kind zuerst zurück zu stöpseln, um dann die Arme entwickeln zu können. Als ich das geschaft hatte, war das Kind, wie es lege artis so schön heißt, entwickelt, mit einem unglaublichen Glück. Später traf dann doch noch mein Kollege ein, aber da hatten wir schon alles hinter uns gebracht, und die Mutter war zwar erschöpft aber glücklich lächelnd. Ich war klatschnass aber in gewisser Weise doch stolz über mein Ergebnis. Die Hebamme fiel mir um den Hals, aber der werte Kollege bemerkte nur, statt sich zu bedanken „Warum bin ich eigentlich hier, Herr Kollege, machen Sie es weiter fertig, ich gehe wieder auf meinen Hochsitz".

So habe ich ‚echte' Kollegialität kennengelernt, und seitdem bin ich kein großer Freund - und ich hoffe die verzeihen es mir- von Frauenärzten. Interessanterweise habe ich keinen einzigen Frauenarzt zum Freund, und habe mich als langjähriger Notarzt im Einsatz vor nichts mehr gefürchtet als vor einer Notgeburt.

Nach meinen drei Pflichtentbindungs-Tagen in der Frauenklinik, die vorwiegend Nachtarbeit bedeuteten, kam ich total überrmüdet nach Hause und musste mich auf die Innere Medizin stürzen, da auch hier noch ein offener ‚Persilschein' auf mich wartete. Um zwischendurch unsere Finanzlage etwas verbessern zu können, habe ich Nachtwachen in der Chirurgie übernommen, was etwas Geld, Essen und vor allem Ruhe zum Lernen brachten. Hierbei hatte ich eine sehr nette Schwester kennen gelernt, die später Fertös Frau wurde.

Auch tagsüber kam ich als Praktikant öfter in die Klinik und ärgerte mich nicht selten über die Überheblichkeit und Arroganz deutscher Ärzte gegenüber ausländischen Kollegen. Schon damals waren viele Ärzte aus dem Ausland, vor allem aus Italien, Türkei aber auch aus Frankreich bei uns tätig. Leider hat sich diese ablehnende Haltung bis zum heutigen Tag nicht sehr geändert. Es wird viel von Integration gesprochen, aber ohne entsprechende Toleranz gegenüber den neu Zugewanderten wird dies einfach nicht möglich sein. Wir können kein gemeinsames Europa aufbauen, wenn wir nicht mal mit unseren nächsten Nachbarn tolerant umgehen erst recht nicht mit Einwanderern aus anderen Kulturkreisen. Ich habe als junger Flüchtling häufig gespürt, was das bedeutet, Ausländer zu sein und einer Minderheit anzugehören. Oft dachte ich an den Antisemitismus in Deutschland, und wie sehr eine Volks- oder Glaubensgruppe in extreme Isolation gedrängt wurde, die auf der anderen Seite durch Widerstand eine besonders hohe Leistungsbereitschaft verursachte. Denken wir nur an die zahlreichen jüdischen Deutschen, die erstaunliche und zum Teil sensationelle Leistungen im kulturellen aber auch im wissenschaftlichen Bereich erbrachten. Auch in der Geschäftswelt spielten sie führende Rollen und nicht selten haben sie als berühmte Bankiers ausgerechnet ihren Unterdrückern wie z.B. den Preußischen Königen aus der finanziellen Not geholfen. Auch war ihre Spendenbereitschaft äußerst bemerkenswert. Ja, und wo wäre heute die deutsche Nation ohne die Ausländer, denken wir nur an die Hugenotten, Juden, und Italiener oder an die Einwanderer aus Osteuropa usw. Auch bei den ungarischen Emigranten setzte sich das ungeschriebene Gesetz durch: ‚wenn du hier überleben willst, so musst du doppelt so gut sei wie ein Einheimischer. Du musst dich durchsetzen, anderenfalls gehst du unter'. Natürlich gab es einige, die es nicht geschafft haben, aber viele wurden wertvolle Bürger des neuen Heimatlandes Deutschland, deren Bürger nicht selten überheblich und ängstlich diese Minderheit betrachtet haben, aber allmählich setzte sich doch auch in dieser Nation die die Erkenntnis über die Unverzichtbarkeit und das große Gewinnpotential dieser früher so wenig geschätzten Einwanderer durch.

Während des Studiums tobte der unritterliche Kampf um Praktikumsscheine. Ohne diese wertvollen Papiere konnte man sich nicht zum Examen anmelden.

In der chirurgischen Vorlesung musste ich leider auch mal ran, ohne Gnade. Prof. Kraus, ein Schüler von Prof. Sauerbruch, hatte ein sadistisches Vergnügen daran, Studenten zu sich in die „Arena" (Vorlesungssaal) zur Patienten-Demonstration herunter zu rufen. Man musste dann coram publico beweisen, was man konnte oder auch leider nicht konnte.

Ich hatte eine junge, gelb gefärbte Dame vor mir und sollte sie untersuchen. Natürlich war es eine Gelbsucht, also stürzte ich mich zielstrebig in Richtung Oberbauch, um sie abzutasten. In diesem Augenblick ertönte lautes Löwen-Gebrüll:

„Wie oft muss ich noch sagen, nicht sofort, auch wenn sie noch so hübsch ist, die Patientin anzufassen" Ich zuckte zurück als wenn diese Dame einige tausend Volt geladen hätte.

„Erst sehen, dann hören und dann tasten, oder?? Woher kommen Sie..?" fragte er wütend. „Ich bin aus Ungarn," stotterte ich und bekam einen Schweißausbruch.

„So, so, aus Ungarn, na ja, Sie können ja nichts dafür, es liegt sicherlich in Ihrem Blut, dieses überschießende Temperament, nicht wahr? Aber nächstes Mal beherrschen Sie sich!" Das Auditorium brüllte vor Lachen und ich bekam einen tomatenroten Kopf.

„Na, also, was sehen Sie?" „Sie ist gelb....," aber er hatte mich schon wieder unterbrochen.

„Was ist gelb, junger Mann, die Ohren oder die Haare oder vielleicht die Achselhöhle?" und feixte provozierend.

„Nein, sondern die gesamten sichtbaren Oberflächenhäute einschließend der Augen und Schleimhäute."

„Na, das klingt schon etwas besser, was zittern Sie, haben Sie Angst vor der Dame, aber doch nicht in diesem Alter, oder" Natürlich folgte darauf wieder eine Lachsalve aus der Arena.

Er wurde dann wieder ernst, atmete tief durch, steckte wie Napoleon eine Hand in seinen „Sauerbruch-Kittel' und sagte in gnädigerem Ton:.

„In Ordnung, aber Sie müssen noch viel pauken, um zum Examen kommen zu können, aber na ja, die Richtung ist gut, aber bei einer Untersuchung brauchen Sie nicht so zu zittern, es überträgt sich sonst auf den Patienten. Ruhe bewahren und ein Gesicht zeigen, so als wenn Sie über allen Problemen stehen würden und mit dem Ausdruck ‚Ganz einfach, ich habe alles im Griff!'

Diese Begegnung mit meinem „Sauerbruch"-Professor habe ich bis heute nicht vergessen, und es hat mir sehr geholfen, wenn ich als Notarzt mit einem SAR Helikopter oder im Rettungswagen vor schwierigen Situationen stand. Ich habe diese klugen Ratschläge auch an meine jüngeren Kollegen weitergegeben, wenn sie vor Aufregung wie Espenlaub gezittert haben.

Übrigens war der ‚Sauerbruch-Kittel' ein hochkragiger Mantel mit doppelläufigen Knöpfen, was außer dem Chef niemand tragen durfte. Selbstverständlich haben die Sauerbruch-Schüler nach ihrer Beförderung in einem neuen Klinikum dies nachgeahmt, und so hat auch unserer hochverehrter Professor Kraus sofort einen solchen Kittel bestellt. Das nennt man wohl Erbrecht!

Der erste Schnee fiel am 13. November, was nach meinem Gefühl doch ein wenig zu früh kam. Mit der zunehmenden Kälte bekamen wir auch Heizungsprobleme, und wir mussten mit unserer sparsamen Wirtin ständig um etwas mehr Wärme kämpfen. Allerdings haben wir zur Erholung auch häufig lange Ausflüge in die Freiburger Umgebung gemacht, u.a. zum Kaiserstuhl, nach Basel, ins Elsass und natürlich auch immer wieder hinauf zum St. Valentin.

Über den Namen unseres zukünftigen Kindes hatten wir uns auch schon Gedanken gemacht, ein Junge würde vielleicht Robert heißen und ein Mädchen Kristina. Eigenartigerweise empfand ich die Tatsache meines zukünftigen Vaterseins beglückend und war nicht sonderlich besorgt, was ich auf mein jugendliches Alter und die daher rührende Unbekümmertheit zurückgeführt habe. Ein echtes Vatergefühl kam erst nach der Geburt unserer Tochter auf.

Meine Studienkollegen und ich haben uns zu einer Vierer-Examensgruppe zusammengeschlossen. Ab sofort trafen wir uns einmal wöchentlich zur gegenseitigen Kontrolle unseres Wissensstandes. Diese sogenannten Studien-Abende war immer recht lustig, mal bei mir und mal bei den anderen Kommilitonen, aber zum Schluss war es immer obligatorisch – zur Regeneration unserer Hirnzellen – uns in einem netten Lokal bei einem Glas Kaiserstühler Weißherbst zu erholen. Leider hatte ich in der letzten Zeit wieder sehr häufig starke Kopfschmerzen, die mich manchmal beim Studium regelrecht blockierten. Gerlinde machte sich Sorgen und ich, als typischer Medizinstudent, dachte sogar schon an einen Hirntumor. 1965 gab es noch keine Magnetresonanztomographie (MRT) und mit einer einfachen Röntgenaufnahme konnte man nur eine mäßig zufriedenstellende Diagnose stellen. Trotzdem bin ich in die Neurologische Klinik gegangen, um mich, so weit es möglich war, untersuchen zu lassen. Es war eine ziemlich aufwendige Zeremonie mit dem Ergebnis, dass mir nichts fehlte! Diese Kopfschmerzen seien rein psychischer Natur und kämen vom Examensstress. Damals wollte ich derartiges nicht glauben und entschloss mich, nie mehr zu einem Neurologen zu gehen. Also schluckte ich weiter Schmerzmittel, rauchte eine Menge Zigaretten und trank Unmengen von Kaffee.

Um vom Examens-Stress ein wenig Abstand zu bekommen, wendete ich mich der Philosophie des Georg Wilhelm Friedrich Hegel zu. Warum ausgerechnet zum Vertreter des deutschen Idealismus, weiß ich bis heute nicht, aber es hat mir nicht geschadet, im Gegenteil, es brachte mir eine Menge neuer Erkenntnisse. Hegels Philosophie erhebt den Anspruch, die gesamte Wirklichkeit in der Vielfalt ihrer Erscheinungsformen einschließlich ihrer geschichtlichen Entwicklung zusammenhängend, systematisch und definitiv zu deuten. Sein philosophisches Werk zählt zu den wirkmächtigsten Werken der neueren Philosophiegeschichte. Es gliedert sich in „Logik", „Naturphilosophie" und „Philosophie des Geistes", die unter anderem auch eine Geschichtsphilosophie umfasst. Sein Denken wurde außerdem zum Ausgangspunkt zahlreicher anderer Strömungen in Wissenschaftstheorie, Soziologie, Historie, Theologie, Politik, Jurisprudenz und Kunsttheorie und prägte vielfach auch weitere Bereiche von Kultur und Geistesleben. Für mich war seine Philosophie zwar keine leichte Literatur, brachte aber eine willkommene Abwechslung von der monotonen medizinischen Lehre.

Hegel war in seiner Zeit sicherlich nicht unumstritten, zahlreiche Philosophen - unter anderem besonders Schopenhauer - haben ihn massiv kritisiert. Diese Kritik hat sich teils aus verschiedenen Motiven akademischer, schulmäßiger und ideologischer Rivalität (vor allem im Fall Schopenhauers) gespeist. Sie brachte Hegel den despektierlichen Titel des „preußischen Staatsphilosophen" ein. Als politischer Philosoph wurde er für seinen Staat, und als vernünftig-optimistischer Geschichtsphilosoph für die Geschichte dieses Staates, im Nachhinein haftbar gemacht; d. h. die persönliche Enttäuschung über die politische Entwicklung Preußens und darauf Deutschlands wurden mit Vorliebe Hegels Philosophie angelastet. Hiergegen wird eingewandt, dass „die blinde Formel vom ‚preußischen Staatsphilosophen' die selbst stets umstrittene Politik des Ministeriums Altenstein mit dem ‚preußischem Staat'" identifiziert und so „die unterschiedlichen, ja gegensätzlichen politischen Gruppierungen und Bestrebungen dieser Jahre" ignoriert. Der Geist ist für Hegel die Wahrheit und das „absolut Erste" der Natur. Vielleicht fühlte ich mich deshalb von Hegel so angezogen und wendete mich nicht selten dem Bereich des geistigen Inhalts der Medizin zu, der ganzheitlichen Betrachtungsweise der Medizin: Körper, Geist und Seele!

Denn systematisch gesehen stellt der erste Teil der Philosophie des subjektiven Geistes, die von Hegel sogenannte „Anthropologie" dar. Ihr Thema ist nicht der Mensch schlechthin sondern die Seele, welche Hegel von Bewusstsein und Geist unterscheidet. Der subjektive Geist ist hier „an sich oder unmittelbar", wohingegen er im Bewusstsein als „für sich vermittelt" und im Geist als „sich in sich bestimmend" erscheint.Hegel wendet sich dezidiert gegen den neuzeitlichen Dualismus von Leib und Seele. Für ihn ist die Seele zwar immateriell, steht aber nicht im Gegensatz zur Natur. Sie ist vielmehr „die allgemeine Immaterialität der Natur, deren einfaches ideelles Leben"

Dieses faszinierende Gedankengut hat mich als junger werdender Arzt tief beeindruckt und auch meine spätere Laufbahn organisch verfolgt. Ich trage bis zum heutigen Tag einen gewissen Widerspruch in mir: Naturwissenschaft und Mystik, Forschung, Fakten, Zahlen einerseits, und empirische Ergebnisse, unerklärbare aber positive Resultate andererseits. Anästhesie und Intensivmedizin, die maximale naturwissenschaftlich ärztliche Behandlung, und dann doch Akupunktur, Ayuverda-Medizin, Homöopathie.

Mitte Dezember war der schon lange erwartete Entbindungstermin erreicht. Gerlinde hatte bereits alles Notwendige für den Klinikaufenthalt zusammengepackt und wir warteten auf den großen Tag. Ich musste sehr oft an meine Mutter denken und hoffte inständig, dass sich ihr Schicksal nicht wiederholen möge. In der Frauenklinik hatten wir den netten Oberarzt, Dr. Huber, kennen gelernt, der das jugendliche Aussehen eines 18 Jährigen hatte.

Zwischendurch bekam ich Briefe von zu Hause, die Mutter teilte mir mit, dass sie unbedingt Waschpulver brauche. Solche Briefe weckten bei mir immer ein Unbehagen, fast kleine Rebellionen, warum ausgerechnet jetzt, und warum soll ich in meiner Situation Pakete nach Ungarn schicken? Natürlich stand Weihnachten vor der Tür, aber ich hatte hundert andere Sorge und würde demnächst Familienvater sein, also Grund genug, mich in Ruhe zu lassen. Es war in Sopron zu einer Selbstverständlichkeit geworden, dass der älteste Sohn schon alles erledigen würde. Um so mehr haben wir uns über die Berliner Pakete gefreut. Meine Schwiegereltern verwöhnten uns mit schönen Geschenken und Kleidung für das zu erwartende Kind.

Endlich war es so weit. Am 21.12. 1965 morgens geschah der Blasensprung, und wir fuhren voller Vorfreude in die Frauenklinik. Oberarzt Huber hat uns empfangen, und ich, wie es damals üblich war, musste nach Ablieferung meiner Frau die Klinik verlassen. Von wegen begleitender Geburt zusammen mit meiner Frau. So etwas gab es damals noch nicht, auch nicht für mich angehenden Mediziner, kurz vor dem Staatsexamen. Vormittags versuchte ich mehrmals anzurufen, was auch zu einer Tortur ausartete, bis mal jemand ans Telefon ging, aber in die Klinik durfte ich nicht hinein. Vor lauter Aufregung bekam ich auch noch ordentliche Kopfschmerzen, und da es scheinbar mit der Geburt nicht vorwärts gehen wollte, so bin ich einfach ins Kino gegangen.

Endlich die frohe Kunde: um 20:44 Uhr war unser erstes Kind auf die Welt gekommen, ein Mädchen, 3250 Gramm schwer und 50 cm groß! Ich war sehr erleichtert und glücklich. Mich hatte plötzlich ein besonderes Gefühl erobert: Ab sofort trug ich viel Verantwortung, ich war Familienvater geworden. Leider durfte ich noch immer nicht zu meiner Frau und konnte erst am nächsten Morgen in der Klinik meine Frau besuchen und meine Tochter bewundern.

Gerlinde sah entspannt und glücklich aus, die langen Strapazen des vorigen Tages sah man ihr nicht an. Aber meine Tochter durfte ich noch immer nicht sehen, d.h. nach einer ganzen Weile bekam ich die Genehmigung, durch das Glasfenster einen Blick auf sie zu werfen. Ich muss ehrlich sein ich war sehr enttäuscht. Ich hätte sie so gern in meinen Armen gehalten, aber an derartiges durfte man damals gar nicht denken. Namensgebung wurde auch erledigt unsere Tochter heißt: Kristina, Judith, Maria. Die zweite Name Judith ist der Name meiner Mutter und Maria der meiner zweiten Mutter.

Nachmittags bin ich nochmals mit meinen ungarischen Freunden in die Klinik gegagen, um ihnen die wunderbare Kristina vorzustellen. Meine Freunde hatten 50 DM für Kristina gesammelt, die in der Klinik feierlich übergeben wurden. Bei nächsten Besuch bekam ich dann doch gehörige Angst, Gerlinde hatte über 39° Fieber, und mich packte die Horror-Vorstellung, dass es ihr ebenso ergehen könnte wie meiner Mutter. Aber jetzt gab es genügend effiziente Antibiotika, und relativ schnell kam alles wieder in Ordnung.

Die Weihnachtsfeiertage waren still, Mutter und Kind in der Klinik, und ich hockte mit meinem Bruder Jenö bei mir zu Hause. Leider kam es dabei auch zu einer gewaltigen Auseinandersetzung mit Jenö, weil er ununterbrochen unser Gastland Deutschland kritisierte. Ich versuchte ihm klar zu machen, dass nach einem so kurzen Aufenthalt und mit seinen mehr als miserablen Sprachkenntnissen er doch besser den Mund halten sollte, aber es nützte nichts. Eigenartig, ich habe derartige Hass-Ausbrüche von Ungarn auch später immer wieder erlebt und konnte mir dies mit eventuellem Heimweh nicht erklären. Anderseits verhielten sich die Deutschen gegenüber den Ungarn im allgemeinen äußerst freundlich, verständnisvoll und hilfsbereit, was bis etwa 2010 so blieb. Bedauerlich ist nun, dass die große Sympathie eine gewaltige Schlagseite bekam, als Viktor Orbán ungarischer Ministerpräsident wurde, ein rechtskonservativer Politiker, der mit seinen oft populistischen Äußerungen nur schwer in die europäische kulturpolitische Landschaft hineinpasst. Seine stark nationalistische Einstellung führte häufig zu gewaltigen politischen Erdbeben in Europa. Es begannen nicht selten heftig geführte Auseinandersetzungen in den Medien und politischen Gremien, was auch zu entsprechenden Reaktionen der deutschen Bevölkerung geführt hat.

Am 29.12. haben wir Kristina taufen lassen, Rita, Gerlindes älteste Freundin, und mein Bruder Jenö übernahmen die Patenschaft. Mutter und Kind wurden aus der Klinik entlassen, und somit konnten wir Silvester zur dritt erleben und auf ein erfolgreiches 1966 hoffen, eins der wichtigsten Jahre meines Lebens.

Wenn ich zurückdenke so war 1965 kein leichtes Jahr, privat wie beruflich. Wenn ich heute, 2016, die allgemeine politische Lage bedenke, so erinnert mich vieles an den Übergang 1965 und 1966. Wir saßen am 01.01.1966 mit Freunden am Nachmittag traditionsgemäß in unserer Studentenkneipe zusammen und redeten über das vergangene Jahr und darüber, was uns wohl die Zukunft bringen würde. Die allgemeine politische Lage löste in uns keinen großen Optimismus aus, auch im Hinblick auf unsere alte Heimat. Veres Laci hatte immer noch nicht den Traum aufgegeben, bald wieder nach Ungarn zurückzukehren. Alles was er kaufte stand unter der Prämisse: es muss leicht einzupacken und transportabel sein. Er hatte kürzlich ein Radio gekauft, selbstverständlich tragbar und batteriebetrieben! Wir mussten schon schmunzeln, aber so war er nun mal.

Bei unseren Diskussionen ging es um zwei Themen: Emigration und ihre Effektivität in Deutschland, und welche politischen Veränderungen Osteuropa zum Einlenken zwingen und dort einen gewissen Liberalismus bringen würden. Ich sprach mich gegen eine übertriebene Hoffnung aus und wies darauf hin, dass die USA für unsere Angelegenheiten nicht das geringste Interesse zeigten. Heute, wie vor 52 Jahren, kommt es wieder zu einem US Präsidentschafts-Wechsel, und wie damals bei L.B.Johnson, dem Unglücksraben und Vietnam-Bomber, stehen wir heute meiner Meinung nach gleichfalls vor der Inthronisation des umstrittensten amerikanischen Populisten Donald Trump zum US Präsidenten, mit unvorhersehbaren weltpolitischen Konsequenzen.

1965 hatte uns der geniale Staatsmann Sir Winston Churchill verlassen, einer der noch lebenden vehementen Antikommunisten, der wusste, welche Ziele Stalin und seine Nachfolger in Europa verfolgten. Luftkrieg, Napalm-Brandbomben in Vietnam, Bundestagswahlen, und in Frankreich wird General Charles de Gaulle in einer Stichwahl mit 55,2 % der Stimmen zum zweiten Mal für weitere sieben Jahre zum Staatspräsidenten gewählt.

Was die Effektivität der ungarischen Emigranten in Deutschland betrifft, so können wir unserer Nation zu dieser Zeit und ich glaube noch viele Jahre danach nur mit besseren Studien-Leistungen, fleißigem Vorwärtskommen und allgemeiner Anerkennung dienen. Man darf nicht vergessen, jeder von uns ist ein Diplomat und Vertreter unserer Nation, und was wir tun und sagen schlägt sich nieder, nicht als Einzelaktion einer Person ‚Soundso' sondern als ungarische Tat oder Untat. Die Zeiten der großartigen Reden und Nostalgien in Bezug auf den glorreichen Freiheitskampf 1956 waren vorbei. Was bleibt sind nackte Tatsachen und: ‚welche Ergebnisse bringt er, der Ungar!'

Wie wahr diese Worte wurden konnte jeder einzelne später deutlich spüren. Wir Emigranten mussten doppelt so viel leisten wie Einheimische, um auf der Karriereleiter weiter kommen zu können. Ich schreibe diese Zeilen nicht aus Verbitterung und bin keinesfalls nachtragend, es war in unseren Augen selbstverständlich, was leider die nach uns kommende Migration in Deutschland nur schwer versteht und daraus übersensible Konsequenzen ableitet.

Nur so ist effektive Hilfe für unsere Nation erfolgreich und möglich. Mit gewissem Stolz denke ich an meine Abiturklasse zurück, von der 80% der 73 Schüler die Akademie absolviert haben (Jahresbericht 1958/59 Ungarisches Realgymnasium).

Zu Beginn meines „Wendejahres1966" habe ich auf Empfehlung einiger Studentenkollegen versucht, die deutsche Einbürgerung wegen meiner zukünftigen Approbation einzuleiten. Leider waren die Freiburger Beamten, wie auch anderswo in Deutschland, nicht gerade zuvorkommend sondern unhöflich und arrogant, vor allem gegenüber Ausländern.

„Warum wollen Sie die Deutsche Staatsangehörigkeit, wollen Sie nicht wieder nach Ungarn zurück?" fragte er und lächelte herablassend. „Wissen Sie, wir brauchen hier nicht zu viel fremdes Blut, es führt nur zu Spannungen, Sie sind doch aus einem anderen Kulturkreis, und es verträgt sich nicht gut."

Ich dachte, ich höre nicht richtig. Natürlich schoss mein Adrenalinspiegel hoch und ich zischte ihn an:

„Was glauben Sie denn, wer Sie sind, diese Arroganz schlägt alle Grenzen, und ich werde mich sofort bei Ihrem Vorgesetzten beschweren. Wie heißen sie nochmals?"

Er lehnte sich in seinem Stuhl zurück, grinste herablassend und nuschelte zwischen halbgeöffneten Lippen:

„Ich nehme an, Sie können lesen, Herr Student, an meiner Tür draußen finden Sie meinen Namen, und ein Stockwerk höher ist mein Vorgesetzter, ich hoffe auch ihn werden Sie finden". Ich stand auf, verließ das Zimmer und schlug mit ordentlichem Krach die Tür zu. Als ich so wutentbrannt und fassungslos auf dem Gang stand kam ein älterer Herr auf mich zu und fragte, was passiert sei. Ich beruhigte mich und erklärte, was für ein unhöflicher und arroganter Beamter in diesem Raum säße. Er schüttelte lächelnd den Kopf und sagte:

„Kommen Sie mit ‚ich werde Ihnen helfen", wir gingen ohne ein Wort zu wechseln hinauf in die zweite Etage in einen relativ eleganten Büroraum.

„Bitte, nehmen Sie Platz, ich gebe Ihnen jetzt einige Fragebögen, die Sie ausfüllen müssen. Lassen Sie sich Zeit, und wenn Sie noch Fragen haben, dann schießen Sie los"

Ich dachte, ich wäre in einer anderen Welt gelandet. Relativ schnell war ich mit dem Schriftkram fertig und überreichte ihm die ausgefüllten Unterlagen. „Ich möchte mich sehr herzlich bedanken, dass Sie mir geholfen haben, aber darf ich fragen, mit wem ich es hier zu tun habe?" Er schaut mich prüfend an, nachdem er meine Papiere studiert hatte, und antwortete ruhig: „Ich bin hier der Regierungsdirektor und leite diese Behörde."

Ich wollte noch etwas sagen, doch er unterbrach mich: „Ist schon gut, Herr Fodor, wir reichen Ihren Antrag ein, es dauert zwar noch einige Monate, doch dann werden Sie die deutsche Staatsangehörigkeit erhalten. So, ich wünsche Ihnen viel Erfolg zum Staatsexamen, und wenn Sie das Diplom in der Hand halten, dann haben Sie auch den deutschen Pass."

Nun, so schnell ging es dann doch nicht, und ich erhielt die Einbürgerung erst 1969. Gottes Mühlen und Beamtenmühlen drehen sich eben langsam.

Der Druck kurz vor dem Examensbeginn wuchs enorm, da ich zahlreiche Kapitel wiederholen musste und parallel dazu noch einige Feinarbeit zu meiner Doktorarbeit zu erledigen hatte. Ich rauchte viel und trank literweise Kaffee und musste zahlreiche Einladungen meiner Freunde abschlagen. Damit ich mich noch besser konzentrieren konnte fuhr bzw. flog Gerlinde mit Kristina Ende Februar nach Berlin.

Um nach dem Staatsexamen rechtzeitig einen annehmbaren Arbeitsplatz als Medizinalassistent zu bekommen musste ich mich außerdem noch um umfangreichen Schriftkram kümmern.

Heilmeyer hatte mir zwar ein Stellenangebot mit entsprechenden Aufstiegsmöglichkeiten unterbreitet, was mir natürlich sehr gut gefallen hätte, aber die Bezahlung war unannehmbar. Für 360 DM in Monat konnte man schon damals kaum in Freiburg leben und erst recht keine Familie ernähren. Deshalb starteten wir eine großangelegte Strategie: Gerlinde hatte nicht weniger als 75 Bewerbungen auf ihrer kleinen Reiseschreibmaschine geschrieben, und ich fuhr nach Isny zu meinem Chirurgenchef, in der Hoffnung, vielleicht dort eine annehmbare Stellung zu bekommen. Er versprach mir, dass es überhaupt kein Problem sei, die Bezahlung entsprach auch annährend dem damaligen BAT III, doch dann wurde - ohne einen Grund zu nennen - die Zusage storniert. Ich war natürlich enttäuscht, da ich ja den Chirurgen gut gekannt und geschätzt habe, aber so ist es halt das Leben, man muss immer weiter kämpfen. Wellenreiter!

Ein zwar aufregendes jedoch keinesfalls erfreuliches Ereignis passierte, als ich mich zu Hause gerade voll auf meinen gynäkologischen Studiumsteil konzentrierte. Vor unserem Wohnzimmerfenster in ca. 800 Meter Luftlinie entfernt, war die neue Hals-Nasen-Ohren Universitätsklinik(HNO). Nicht weit von unserem Wohnhaus befand sich ein kleiner Flugplatz, der nach dem 2.Weltkrieg von der französischen Armee benutzt wurde. Freiburg gehörte zur französischen Besatzungszone laut dem Viermächte-Abkommen. Natürlich landeten hier in Freiburg nur leichte Motorflugzeuge, aber die Franzosen hatten auch einen sehr gut flukturierenden Segelflughafen mit Segelflugschule. Fast täglich stiegen Segelflugzeuge auf und machten eine Runde über Freiburg, flogen dabei auch über die HNO-Klinik und landeten dann wieder auf dem Flughafen. An diesem Tag aber blies ein recht starker Wind, und zu meiner Überraschung stieg trotzdem eine Maschine auf, drehte ihre Runden, und als sie sich über der HNO-Klinik befand begann sie plötzlich zu wackeln und landete unfreiwillig auf dem Dach der Klinik. Ich rannte zum Telefon unserer Vermieterin und rief sofort die Pforte der Klinik an und schilderte, was soeben auf der Dach passiert war.

„Hallo, wer ist am Apparat?" fragte der Pförtner. „Ich heiße László Fodor und wohne direkt in der Nachbarschaft, von wo ich einen Segelflugzeug-Absturz auf Ihrem Klinikdach beobachtet habe."

„Wollen Sie mich auf den Arm nehmen, auf unserem Dach ist ein Segelflugzeug? Ich glaube, Sie ticken nicht richtig. Übrigens, warum rufen Sie mich an, dafür ist doch der Rettungsdienst zuständig."

„Hören Sie, Sie sollten sofort auf das Dach steigen, um erste Hilfe zu leisten und natürlich alle Rettungskräfte alarmieren!"

„Nennen Sie mir doch erst einmal Ihre Telefonnummer" rief er ziemlich unwirsch. Ich war genervt und schrie meine Telefonnummer in den Hörer. Später erfuhr ich, dass der französische Flieger nach 20 minütigem Dachaufenthalt noch gelebt hat. Leider hatten die Franzosen darauf bestanden, den Verletzten in ihr Militär-Hospital zu transportieren, obzwar die Notfallstation der Uni-Chirurgie nur 150 Meter entfernt war und das französische Hospital in gut 3 km Entfernung. Das Ergebnis dieser Aktion war, dass der Soldat während des Transports starb. Ich war sehr erschüttert, da es nicht hätte passieren müssen. Später, als Anästhesist, habe ich leider ähnliche Erfahrungen mit der britischen Armee gemacht.

Ende April kehrten meine beiden Damen wieder zurück, und ich war sehr glücklich, dass endlich unsere kleine Familie wieder vereint war. Sogar meine Examensvorbereitungen gingen mir plötzlich viel leichter von der Hand.

Endphase Staatsexamen.

Endlich begann die Endphase, am 20. Juni 1966 haben wir uns zum Staatsexamen angemeldet. Kein Rückweg!

Unsere Examens-Gruppe bestand aus Hans, Karl, dem älteren ‚Papa' Laci und mir. Warum wir Laci ‚alten Papa' nannten lag an seinem höheren Alter, er war 5 Jahre älter als wir und unglaublich phlegmatisch, die Ruhe selbst und konnte stundenlang schweigen, was ich erst nicht verstanden habe. Wir haben nach der Anmeldung in einer Studentenkneipe anständig ins Glas geschaut. Dabei kamen aber schon die Ängste hoch, ob wir es überhaupt schaffen würden oder ob wir besser noch ein Semester warten sollten? Aber je intensiver wir in unserere Gläser schauten, umso stärker entwickelte sich der Wille und die Zuversicht, dass wir es schaffen würden. 50 Jahre später klang es beim amerikanischen Präsidenten Obama ähnlich: „yes, we can".

Auch in der Weltgeschichte passierte einiges, was wir doch trotz intensivster Examensvorbereitung sehr wohl mitbekommen haben.

China, mit 772 Mio. Menschen das bevölkerungsreichste Land der Erde, erlebte 1966 die gewaltigste Umwälzung seit der kommunistischen Machtübernahme: Die Große Proletarische Kulturrevolution. Der britische Historiker John K. Fairbank bilanzierte später die epochalen Ereignisse: »Die ... Kulturrevolution war eines der seltsamsten Ereignisse der Geschichte. Für westliche Beobachter machte sie China nur noch mysteriöser ... Dieses gigantische Durcheinander ist zu neu, um schon vollständig bekannt, geschweige denn verstehbar zu sein.« Mao Zedong, der seit sechs Monaten als todkrank gilt, gelingt es, junge Menschen hinter sich zu bringen und einen Großteil der »Revisionisten« in Partei, Regierung und Administration aus dem Weg zu räumen. Gleichzeitig erzwingt der charismatische Parteivorsitzende einen ganz auf sich zugeschnittenen Personenkult. Unerwartet entgleitet ihm jedoch die Gewalt über die zunächst willfährig eingeschätzten Handlanger der Säuberung: Der Terror der neu formierten »Roten Garden« führt zu blutigen Ausschreitungen im ganzen Land. Erst Mitte 1968 gelingt es der Pekinger Führung, die Garden mit Hilfe der Armee zu demobilisieren.

Auch sonst war 1966 ein Wendejahr. 1966 ist ein Schwellenjahr zwischen Stagnation und Umbruch gewesen. Weltpolitische Konflikte eskalierten, ohne dass Lösungen gefunden werden konnten. Die Jugend diesseits und jenseits des Atlantiks lehnte sich gegen die Ideale ihrer Eltern auf und suchte die offene Auseinandersetzung mit Staat und Gesellschaft. Die sich anbahnende 68er Revolution war aber für die Älteren noch nicht erkennbar. Viele von ihnen empfanden die ersten Anzeichen des Aufbegehrens als unerhörte Anmaßung. Auch der Vietnam Krieg wurde immer schlimmer und forderte hunderttausende von Toten.

Frankreichs Präsident de Gaulle war auf eine Aktion nationaler Stärke bedacht. Mit seiner „Politik des leeren Stuhls" lähmte er die Europäische Wirtschaftsgemeinschaft. Der westdeutsche Diplomat Walter Hallstein (1901 – 1982), damals Präsident der Europäischen Kommission, äußerte sich nicht weniger dramatisch: „Wenn die EWG scheitert, dann ist die politische Einigung für eine Generation verloren." Frankreich trat aus der NATO aus, zog seine Truppen aus dem Kommandobereich der NATO zurück und entzog die in der Bundesrepublik stationierten französischen Verbände dem alliierten Kommando.

In der damaligen DDR wuchs die innenpolitische Spannung trotz der hermetisch abgeriegelten innerdeutschen Grenze.

Konrad Adenauer wurde 90 Jahre alt, und der Künstler Oskar Kokoschka malte aus diesem Anlass ein Portrait des Altmeisters. Dieses Bild steht heute noch im Bundeskanzleramt Berlin, wo ich später häufig war und immer genug Zeit hatte, mich daran zu erfreuen.

Der technische Fortschritt zeigte sich überall. Der Start der Raumkapsel „Gemini 9", in der sich zwei Astronauten befanden, von denen der eine sogar einen „Weltraumspaziergang" unternahm, war ein Beweis dafür.

Auch die deutsche Jugend war im Aufbruch. Sie wollte auch nicht mehr, was der älteren Generation recht und billig erschien. Junge Intellektuelle suchten die offene Auseinandersetzung mit Staat und Gesellschaft. An der Berliner Freien Universität klagten die Studenten ihre Mitbestimmungsrechte ein. Junge Literaten, darunter Hans-Magnus Enzensberger, Peter Weiss und Robert Walser, suchten die Konfrontation mit dem »CDU-Staat«. Im Bewusstsein, den Elfenbeinturm des Künstlers endgültig verlassen zu müssen, verfassten sie nicht nur gesellschaftskritische Texte, sondern waren auch politisch präsent: So zählte Enzensberger zu den Wortführern der Protestbewegung gegen die Notstandsverfassung, die von der Großen Koalition anvisiert wurde. Im »Jahr 1 des jungen deutschen Films« forderten junge Regisseure – Alexander Kluge, Jean-Marie Straub, Ulrich und Peter Schamoni, Volker Schlöndorff – die Auseinandersetzung mit den Fehlern der unbewältigten Vergangenheit und den daraus resultierenden Missständen.

In diesen doch recht unruhigen Zeiten sich nur auf die Examina zu konzentrieren war wirklich nicht einfach. Plötzlich standen wir vor der ersten Prüfung. Am 20. Juli 1966 begann bei mir der große Kampf, entweder alles oder nichts. Einen Plan B gab es für mich nicht, nicht wie vor meinem Physikum, schließlich hatte ich jetzt Frau und Kind.

Das erste Prüfungs-Fach war Innere Medizin, was wiederum aufgeteilt war: Zwei von der medizinischen Poliklinik, und zwei von der Medizinischen Klinik. Also vier Prüfungen in vier Tagen. Ich trug meinen dunklen Abitur- bzw. Hochzeitsanzug, der so langsam aus allen Nähten platzte, und bin mit zitternden Knien in die Klinik marschiert. Tief atmen durfte ich nicht, da das sonst die Hosennähte nicht durchgehalten hätten.

Wir hatten die erste Hürde genommen und wesentlich besser als gedacht. Mit meiner Benotung zwischen 1 und 2 war ich hochzufrieden. Hierzu muss ich aber bemerken, dass es mir in dieser Situation nicht um die Noten ging, sondern nur darum, einzig und allein die Prüfungen zu bestehen. Später fragte nämlich kein Mensch mehr nach den Noten, es ist schließlich kein Abitur. Gleichzeitig musste ich mich auch um meine zukünftige Arztstelle kümmern, Gerlinde hatte, wie schon erwähnt, Bewerbungen an ca. 75 Kreiskrankenhäuser geschrieben, mit der Hoffnung, dass ich eine Stellung gemäß unseren finanziellen Vorstellungen bekommen würde. Und warum unbedingt Kreiskrankenhäuser? Dort konnte man alle drei Pflichtzeiten in den erforderlichen Fächern Innere Medizin, Chirurgie und Gynäkologie absolvieren und musste nicht ständig umziehen. Wenn ich heutzutage von jungen Kollegen höre, wie schwer es wäre, eine gute Stellung zu finden, dann muss ich schmunzeln und an meine Anfangszeiten zurückdenken. Zu der Stellenschreiberei muss ich noch erwähnen, dass wir im Jahre 1966 weder Computer noch halbautomatische Schreibmaschinen hatten und Gerlinde sich, wie bereits erwähnt, auf ihrer kleinen Reiseschreibmaschine die Finger wundklopfte.

Es meldete sich das Stadtkrankenhaus Freudenstadt und lud mich zu einer persönlichen Vorstellung ein. Wir waren froh, da Freudenstadt nur etwa 70 km von Freiburg entfernt ist. Also fuhr ich dort hin und suchte den ärztlichen Klinik-Direktor auf. Er hat mich sehr freundlich empfangen, zeigte mir kurz die Klinik und besprach mit mir in seinem Büro die Bezahlung, Wohnmöglichkeiten, Aufgabenbereiche usw.

„So, Herr Fodor, bitte setzen Sie sich noch kurz draussen hin, ich muss mit meinen Chefarztkollegen reden und werde Ihnen anschließend sagen, wann Sie anfangen können." Nach einer Weile bat er mich in sein Zimmer. „Also, lieber Herr Fodor", begann er mit deutlich verändertem distanzierten fast arroganten Ton „ich bedaure, aber wir können Sie nicht nehmen, wir haben bisher keine Erfahrungen mit Ausländern sammeln können, und das stellt uns vor etliche Probleme, weshalb wir Ihre Bewerbung ablehnen müssen."

Ich war sprachlos und wie vor den Kopf gestoßen, und dann stotterte ich: „Entschuldigen Sie, welche Probleme bereite ich Ihnen? Haben Sie etwas gegen Ausländer, oder wie soll ich das alles verstehen?"

„Entschuldigung, Herr Fodor" begann er mit eisiger Stimme „ ich bin nicht verpflichtet, Ihnen weitere Erklärungen zu geben, ich habe Ihnen die Klinikmeinung mitgeteilt, ich wünsche Ihnen viel Glück zu Ihrem Staatsexamen und jetzt ein gute Heimreise."

Er stand auf, öffnete die Tür, lächelte kühl und ich verließ wie betäubt sein Zimmer.

Für mich war diese Erfahrung nicht nur tiefgreifend, sondern auch unvergesslich. Zum ersten Mal hatte ich gemerkt, dass ich zwar geduldet aber nicht erwünscht war. Während der Heimreise habe aber auch verstanden, dass es für uns Ausländer in der BRD nur einen einzigen Weg gibt, vorwärts zu kommen: doppelt so viel arbeiten und doppelt so viel Wissen aneignen wie ein Einheimischer, nur dann haben wir eine Chance vorwärts zu kommen. Ich sagte innerlich zu mir: na mein Lieber, Du wirst einen harten und schwierigen Weg vor Dir haben, aber das ist auch eine Herausforderung, und Du wirst es bestehen!

Damals hatte ich nicht die geringste Ahnung, was ich nach dem Freudenstädter Erlebnis später erreichen würde. Leider gab es dank der Erklimmung meiner Karriereleiter auch eine nicht unbedeutende Schattenseite: Ich hatte immer weniger Zeit für meine Familie. Aber wir waren in der relativ glücklichen Lage, dass meine Frau nicht arbeiten brauchte und sich um die Kinder und die Organisation des meist sehr turbulenten Alltages kümmern konnte. Doch wie erging es wohl anderen Emigranten, die nicht einen derart hohen sozialen Stand hatten?

Ich habe mir später bei Besuchen in Ungarn oft anhören müssen, dass wir es im Westen wesentlich leichter gehabt hätten als die zu Hause gebliebenen Menschen, ‚die die Suppe auslöffeln mussten'. Welche Unkenntnis, welcher Neid, ohne die geringste Ahnung zu haben, was es bedeutet, mit viel Schweiß und noch mehr Verzicht als ehemaliger Ausländer im „goldenen Westen" eine Existenz aufzubauen.

Aber wie es eben der Zufall will: Ausgerechnet in Freudenstadt erhielt ich 1980, genau 14 Jahre später, aus der Hand des Oberbürgermeisters die Ehrenmedaille der Stadt Freudenstadt in Silber für meine geleistete Arbeit in der Ärzte-Ausbildung!

Nach der unangenehmen Erfahrung wendete ich mich wieder meinem Examen zu, da wir kurz vor der nächsten Prüfungsserie im Fach Kinderheilkunde standen. Die Prüfung lief glänzend bei Professor Dr. Beckmann, mit viel Lob und dem Gewinn einer großen Portion Selbstbewusstsein. Die nächsten Prüfungen in ‚Haut' und ‚Psychiatrie' liefen wie geschmiert. Dazu gesellte sich noch die tägliche Freude: Kristina gedieh prächtig und bekam schon die ersten Zähnchen.

Mir stand leider die schwerste Prüfung noch bevor, Pathologie, und vor dieser Tortur fürchtete sich jeder. Der Institutsdirektor Professor Hans Ulrich Zollinger war vor einem Jahr von Zürich zu uns gekomen, ein gebürtiger Schweizer, und seine Vorlesungen mit dem typischen Schweizer Akzent – Schwyzerdütsch - waren entsetzlich. Wir hatten bis dahin aus den Büchern des weltberühmten Pathologen Franz Büchner gelernt, was der neue Direktor Zollinger rundweg ablehnte. Es war für uns ohnehin schwer zu verstehen, warum nach Prof. Büchner ausgerechnet ein Schweizer aus Zürich diesen doch weltberühmten Pathologiestuhl einnehmen durfte. Das Freiburger Pathologie-Institut war schon vor Büchner durch Ludwig Aschoff berühmt geworden - jedoch mit erheblichen Schattenseiten.

In der Zeit des Nationalsozialismus war Aschoff von 1936 bis 1940 Lehrbeauftragter für die Geschichte der Medizin. Anlässlich seines 75. Geburtstages wurde er 1941 von der Freiburger Alma Mater zum Ehrenbürger der Universität ernannt. Ferner wurde er von Adolf Hitler mit der Goethe-Medaille für Kunst und Wissenschaft und dem Adlerschild des Deutschen Reiches ausgezeichnet.

Aschoff stand dem Nationalsozialismus positiv gegenüber: „Ich habe inzwischen über den neuen Staat nachgedacht. Wir alle müssen ihn stützen und fördern. Er ist der letzte Hort vor dem Bolschewismus. Und es geht um unser Volk, nicht aber um die Intellektuellen" (in einem Brief vom 26. April 1933). Auch seine Abschiedsrede anlässlich der Emeritierung 1936 macht den Einfluss nationalistischer Gesinnung auf die deutsche Wissenschaft deutlich.

Leider hatte auch Büchner eine nationalsozialistische Gesinnung, aber er war nicht Mitglied der NSDAP, und fiel negativ aufgrund seiner deutlichen Kritik an der nationalsozialistischen Euthanasiepraxis auf, die er in einem vielbeachteten öffentlichen Vortrag mit dem Titel „Der Eid des Hippokrates" im November 1941 formulierte. Dies war der einzige bekannte Protest eines prominenten Mediziners während der Nazizeit gegen diese Verbrechen!

Kehren wir zu unserem Pathologen Zollinger zurück. Seine Vorlesungen waren ein einziger Horror. Wir saßen im halb abgedunkelten Vorlesungssaal, der „Arena", und er - unten stehend - warf Dia-Bilder von histologischen Gewebsproben -Histopathologie – an die Wand, pickte irgend jemanden von uns heraus und fragte, was er von diesem krankhaften Gewebe hielt. Gott sollte demjenigen gnädig sein, der dazu nichts sagen konnte. Er nahm in solchen Fällen ein Notizbuch und schrieb jedes Mal den Namen des Kommilitonen auf, mit folgender Bemerkung:

„So, ich hab Sie vermerkt, und ich garantiere Ihnen, es wird für Sie kein leichtes Examen werden, wir werden uns schon wiedersehen."

Das bedeutete, er würde die Examensprüfung abnehmen, aus der bislang niemand mit strahlendem Gesicht herausgekommen war. Deshalb hofften wir alle, dass wir nicht bei Zollinger sondern bei irgendeinem anderen Prüfer landen würden. Am 14. 09. 1966 war es dann soweit: Morgens um 8 Uhr mussten wir im Institut erscheinen und uns im Sekretariat anmelden. Da im Institut außer Zollinger noch zwei andere Professoren prüften, wurde uns mitgeteilt, zu wem wir eingeteilt worden waren. Als wir hörten, dass unser Prüfer jemand anderes und nicht Prof. Zollinger war, da haben wir tief durchgeatmet und warteten etwas entspannter auf dem Flur, bis wir aufgefordert wurden ins Prüfungszimmer zu gehen. Kaum dass wir Platz genommen hatten ging plötzlich eine Tür auf und ...herein trat ‚"Ivan der Schreckliche', sprich Zollinger, und steuerte auf uns zu. Er grinste sadistisch und sagte siegesgewiss: „Ich habe heute ein wenig Zeit, und deshalb übernehme ich Eure Gruppe zur Prüfung. So werdet Ihr schneller fertig und braucht nicht lange zu warten".

Ich dachte verzweifelt, dass ich in meinem Leben bereits so viel gewartet habe, ob in den endlosen Schlangen vor den Lebensmittel-Geschäften in Sopron, im Flüchtlingslager usw., warum darf ich jetzt nicht warten, das Leben ist wirklich erbarmungslos.

Mir fiel ein Zitat von Max Plank ein: ‚Auch eine Enttäuschung, wenn sie nur gründlich und endgültig ist, bedeutet einen Schritt vorwärts.' Allerdings, ob mich das jetzt vorwärts bringen würde, das war noch völlig unklar.

Wir gingen gemeinsam in den Obduktionssaal, wo zwar keine Leiche sondern ältliche Organe lagen. Ich erhielt ein relativ großes Herz, und Zollinger wandte sich mit folgender Frage an mich. „Na, Herr Kollege, was sehen Sie hier"?

Doch bevor ich antworten konnte kam schon die zweite Frage:

„Wo ist die linke Kammer?" Da aber das Herz mit der linken Kammer auf meiner Hand lag, zeigte ich auf die rechte Kammer und wollte sagen ‚die linke Kammer liegt unten auf meiner Hand, und ich muss jetzt das Herz drehen, um.' aber dazu kam ich gar nicht sondern hörte nur ein lautes Gebrüll:

„Sie, wenn Sie nicht mal wissen, wo rechts und links ist, was um Gotteswillen suchen Sie hier. Raus, ich kann Sie nicht mehr sehen".

Damit war, wenn auch vorübergehend, Schluss mit meinem Examen. Ich ging aus dem Saal, packte meine Sachen und wollte gehen, als meine Gruppe durchgeschwitzt aus dem Saal kam. Ich wollte mich noch von ihnen verabschieden, als ein Assistent aus dem Direktorenzimmer kam und zu mir sagte:

„ Sind Sie verrückt, wohin wollen Sie gehen? Ihre Histologie-Prüfung war in Ordnung und jetzt gehen Sie in die mündliche Prüfung, aber schnell"!

Also nahm ich meinen letzten Mut zusammen und ging mit den anderen ins Prüfungszimmer. Hinter dem Schreibtisch saß der Diktator und brüllte los:

„Sagen Sie, habe ich Sie nicht hinausgeschmissen?" Aber bevor ich etwas erwidern konnte, sagte er:

„ Na ja, meinetwegen, ich gebe Ihnen eine letzte Chance. Ich fange mit Ihnen an, und dann haben wir alles schnell hinter uns gebracht. Also, was wissen Sie von der Funktion der Natrium-Kalium-Pumpe in der Zelle?" Erleichtert begann ich innerlich zu lachen, weil das eines meiner Lieblings-Themen war. Obzwar diese Frage nicht direkt zur Pathologie gehörte, habe ich später als Forscher an der Universität in Ulm etliche Arbeiten gerade zu diesem Thema publiziert.

Natürlich ging ich großzügig diesen Fragenkomplex an, und zu meiner größten Überraschung begann er über das ganze Gesicht zu strahlen, und zum Schluss sagte er: „Es tut mir leid, Sie hätten eine Eins verdient, aber mit Ihrer Herzgeschichte kann ich Ihnen nur einen Dreier geben".

Ich war sehr erleichtert, und da ich der erste Prüfling war, lehnte mich entspannt in meinem Stuhl zurück und merkte erst jetzt, dass mein Rücken klatschnass war. Aber ich habe mich nie wieder mit einem nassen Rücken so wohlgefühlt wie an diesem Tag. Obwohl mein Leistungskatalog durch diesen einzigen Dreier etwas in Schieflage geraten war, so hatte ich doch meine schwerste Prüfung bestanden.

Nach dieser schweißtreibenden Prüfung konnten wir ein wenig durchatmen, da wir danach elf freie Tage bis zur nächsten Prüfung hatten. Ich teilte meine Zeit nochmals streng ein und nahm vor allem die Unfallchirurgie unter die Lupe. Eines Morgens, als ich in Ruhe zu arbeiten begann - Frau und Kind waren bereits spazieren gegangen - und ich ideale Voraussetzungen zum intensiven Lernen hatte, da bemerkte ich plötzlich Rauch im Zimmer. Ich öffnete die Tür zum Treppenhaus und merkte, dass aus dem Zimmer unter uns, wo die betagte Mutter unserer Vermieterin wohnte, dicke Rauchschwaden herauskamen. Ich stürzte die Stufen der Wendeltreppe hinunter, riss die Tür auf und sah, dass die alte Dame auf dem Boden kniete und eine brennende Kerze unter ihr Sofa hielt. Unter ihrem Bett qualmte es immer stärker.

„ Um Gottes Willen, was machen Sie denn da, das Sofa brennt doch schon!"

„Ich suche einen Knopf, der mir unter das Sofa gerollt ist"

Ich rannte in unsere Wohnung, holte einen Eimer Wasser und goss es auf das Polster, das ich schnell herausgerissen hatte. Ich musste dann mehrmals zwischen Bad und Zimmer hin und herlaufen, bis endlich der schwelende

Sofabrand gelöscht war. Das Zimmer war voller Rauch, und der Fußboden schwamm in Wasser. Man muss dazu noch wissen, dass die alte Dame seit Jahren keine einzige Zeitung weggeworfen hatte, sondern sie ordentlich gestapelt in ihrem Zimmer aufbewahrt hatte. Natürlich waren auch diese Zeitungen nass geworden, was ihr gar nicht gefallen hat. Anstatt sich für die Feuerlöschung zu bedanken, klagte sie über den Verlust ihrer kostbaren Drucksachen. Inzwischen war Frau Duscha, unsere Vermieterin nach Hause bekommen und bedankte sich von ganzem Herzen bei mir für diese Rettungsaktion – sie war völlig aufgewühlt, da ja das ganze Haus hätte abbrennen können.

Es kamen noch etliche Prüfungen auf mich zu wie Chirurgie, Frauenheilkunde, Haut etc., aber leider wurden die vorgesehenen Prüfungstermine bis zum 25.11.66 verschoben. Somit dauerte der Prüfungszeitraum vom 20.Juli bis zum 25. November mit insgesamt 23 Einzel-Prüfungen. Doch alle diese Prüfungen liefen zum Glück problemlos ab.

Am Tag der Augenheilkunde-Prüfung, die für 10 Uhr festgesetzt war, bekam ich schon sehr früh morgens erhebliche Probleme: Ich wollte schnell in unser Duschbad, das sich ein halbes Stockwerk unter unserer Dachgeschosswohnung befand. Als ich die Badezimmertür öffnen wollte, da hielt ich plötzlich die Türklinke in meiner Hand und der badseitige Teil der Klinke krachte innen auf die Bad-Fußbodenfliesen. Ich stand entsetzt da und schaute auf meine Uhr, die 9.00 Uhr zeigte. Also, eine Stunde vor meinem Prüfungsbeginn stand ich unrasiert und ungewaschen und konnte nicht ins Badezimmer gelangen. Nach kurzer Überlegung sprang ich, noch im Schlafanzug, hinunter auf die Straße und begutachtete von dort unser Badezimmer-Fenster mit der Hoffnung, dass es mir vielleicht von draußen gelingen könnte ins Bad zu kommen. Zum Glück war das Badezimmer-Fenster offen, nur, wie sollte ich da hinaufkommen? Mir fiel dann die Leiter bei einem unserer Nachbarn ein, also nichts wie hin, ich hatte nicht viel Zeit, ich klingelte kurz, aber es war niemand zu Hause, also schnappte ich mir die Leiter und legte sie an unsere Hauswand.

In diesem Augenblick schrie jemand hinter mir: „He, was machen Sie dort oben, ich hole sofort die Polizei"!

„Um Gottes Willen ich wohne doch hier, nur komme ich nicht in mein Badezimmer rein".

„Sie halten mich wohl für verrückt, so ein Blödsinn", und bevor ich ihn nochmals aufklären konnte, verschwand er in seinem Haus. Ich dachte, dass er es doch eingesehen hatte und kletterte hinauf zum Badezimmerfenster. Leider erwies sich diese Aktion doch komplizierter als ich gedacht hatte, da das Fenster nur halb offen und ein weiteres Öffnen nicht möglich war. Nach kurzer Überlegung griff ich vorsichtig zur Innenseite des Fenster und hörte in diesem Augenblick hinter mir das Martinshorn der Polizei.

„Was machen Sie da oben, kommen Sie sofort herunter"! rief mir ein Polizist von unten zu, so dass mir nichts anders übrig blieb als wieder von der Leiter hinunterzusteigen. Ich stellte mich vor und muss einen ungewohnten Anblick geboten haben: ein Einbrecher im Schlafanzug und ohne Papiere. Ich erklärte den Beamten meine Not, dass ich in einer halben Stunde mein Examen in der Augenklinik hätte und deshalb in größter Zeitnot sei. Die Polizisten konnten sich das Lachen nicht verkneifen, einer kletterte auf meiner Leiter hinauf, und ruck-zuck war das Badezimmer-Fenster offen Na, wie man so sagt: Aus dem besten Verbrecher wird der beste Polizist. „So, und jetzt dalli, rennen Sie zum Duschen, viel Zeit haben Sie nicht mehr, wir warten hier unten auf Sie". Ich habe zwar nicht verstanden, warum sie auf mich warten wollten, vielleicht musste ich doch noch zum Polizeirevier, aber ich beeilte mich und stürzte in meinem dunklen Anzug auf die Straße. Tatsächlich waren die beiden Polizisten noch immer da und riefen schon:

„Schnell, schnell, wir haben nicht viel Zeit", und so fuhren wir mit Blaulicht direkt zur Augenklinik, so dass ich noch schnell die Zulassung bei der Sekretärin erreichen konnte. Diese Prüfung werde ich mein Lebtag nicht vergessen und auch den wahren Spruch: ‚Die Polizei, dein Freund und Helfer!'

Inzwischen hatten wir eine erfreuliche Nachricht im Hinblick auf meine zukünftige Medizinalassistenten-Stelle erhalten, aus Tirschenreuth in der Oberpfalz. Um ehrlich zu sein, wir hatten, bevor wir uns auch für dieses Kreiskrankenhaus bewarben, von diesem Ort noch nie gehört und wussten gar nicht, wo er überhaupt lag, so dass wir uns erst genau auf einer detaillierten Landkarte kundig machen mussten. Die Stadt liegt nicht weit von der tschechischen Grenze entfernt, unweit Marienbad. Die Einwohnerzahl betrug damals etwa 9000. In der weiteren Umgebung liegen die Städte Weiden, Marktredwitz aber auch Bayreuth und Nürnberg. Das Angebot des Kreiskrankenhauses war sehr beeindruckend: Gehalt nach BAT III und eine 3

Zimmer Wohnung für 170 DM mit eigenem Badezimmer und zentraler Ölheizung. Also ideale Voraussetzungen für das Familienleben. Ich sollte aber umgehend das Tirschenreuther Krankenhaus aufsuchen und mich persönlich vorstellen.

Am 25. Oktober startete ich mit der Bundesbahn um 0 Uhr 12 vom Freiburger Bahnhof. Ich musste dann viermal umsteigen und fuhr zuletzt in einem aus zwei Personenwaggons bestehenden Dieselzug. Als ich durch das Fenster die Gegend betrachtete, da wuchs allerdings meine Skepsis gewaltig. Ich sah nur eintönige Wälder, Wälder und dazwischen Sumpf und Wasser. Keine Siedlungen, keine Häuser, ab und zu eine einsame Wiese, und... es regnete in Strömen. Mein Eindruck änderte sich auch nicht, als ich endlich den „Hauptbahnhof" Tirschenreuth nachmittags um 16.00 Uhr erreicht hatte. Ein trostloses, ziemlich heruntergekommenes Gebäude, davor ein kleiner Platz voller Regenpfützen und keine Menschenseele. Ich wandte mich an einen Bahnmitarbeiter, um mich nach dem Ort meines zukünftigen Arbeitsplatzes zu erkundigen. „Ach, Sie wollen ins Krankenhaus?"

„Ja", antwortete ich etwas verlegen, da die Frage dieses Einheimischen nicht gerade aufmunternd klang. „Da müssen Sie schon zu Fuß gehen, wir haben hier noch kein Taxi, aber bald werden wir auch eins kriegen. Dann ist sein Monopol zu Ende. Wir haben nämlich einen Krankentransporter, der gleichzeitig den Personaltransport durchführt, aber er ist kein Taxi, merken Sie sich das wegen der Bezahlung. Wenn Sie möchten, so könnte ich ihn anrufen, Sie sehen doch so aus, als wenn Sie es nach oben zu Fuß nicht schaffen werden. In welcher Abteilung werden Sie denn aufgenommen?" Auf diesen Wortschwall war ich wirklich nicht vorbereitet. Scheinbar hatten mir meine Prüfungswochen doch so sehr zugesetzt, dass ich wohl erschöpft und krank wirkte.

„Nein, nein, ich bin ein zukünftiger Assistenzarzt und wollte mich beim ärztlichen Direktor vorstellen", erwiderte ich schmunzelnd.

„Sie, wissen Sie was, meine Frau muss sowieso in die Stadt, sie wird Sie mitnehmen. Der Direktor ist ein guter Bekannter von mir, oder besser: ich bin sein guter Kunde." „Wieso, sind Sie krank?"

„Wie man es nimmt. Wissen Sie, der Chefarzt Baierl ist der Bruder unseres Brauerei-Besitzers, und ich bin ein treuer Kunde dort, und deshalb muss ich halt immer mal wieder meine Leber untersuchen lassen."

Er grinste und plötzlich war er nicht mehr der steife Beamte, sondern ein wirklich sympathischer Mensch. Dieser erste positive Eindruck revidierte meine Zweifel in Bezug auf die vor mir liegende Lebensphase. Das Krankenhaus bestand aus einem alten Gebäude und einem angefügten Neubau. Die Schwestern waren in der Mehrzahl Klosterschwestern, was in mir etwas Skepsis auslöste, da sie erfahrungsgemäß auf ein Maximum an Sparsamkeit gedrillt waren und gern die Andersdenkenden als Verschwender betrachteten. Der ärztliche Direktor, Herr Dr. Baierl, der gleichzeitig Chefarzt der Inneren Abteilung war, machte mir einen sehr sympathischen Eindruck, und seine erste Frage war, ob ich gern Bier tränke. Dank der Aufklärung durch den Stationsvorsteher habe ich natürlich sofort den Sinn dieser Frage verstanden. Später durfte ich auch seine Spendierfreudigkeit genießen, weil wir Ärzte Bier zu günstigen Konditionen aus der Brauerei beziehen durften.

„ Und, wie war die lange Eisenbahnfahrt?" fragte er, und ich erklärte ihm die etwas anstrengende Reise mit häufigem Umsteigen und schilderte ihm meine Eindrücke von der ungewöhnlichen und seltsamen Sumpflandschaft kurz vor Tirschenreuth, die ich vom Zugfenster aus wahrgenommen hatte.

„ Ach so, das nennen Sie Sumpfgebiete', lachte er und klärte mich auf:

„Wissen Sie, das sind künstliche Karpfen-Teiche. Tirschenreuth ist berühmt für seine Karpfenzucht, und da jetzt ‚Erntezeit' ist werden die Teiche abgelassen, um die Karpfen ausfischen zu können."

Diesen Landstrich hat man deshalb auch ‚als Land der tausend Teiche' bezeichnet. 3724 Teiche und Weiher soll es im Gebiet des Landkreises Tirschenreuth geben. Während unserer langen Unterhaltung wurde mir natürlich ein großes Glas Bier der Tirschenreuther Brauerei serviert . Der Chefarzt hat auch gleich die bezugsfertige Wohnung erwähnt und mich dann aufgefordert, das Krankenhaus von innen zu besichtigen. Wir besichtigten einige Stationen und landeten in einem noch halb- fertigen Raum.

„Das wird die Intensivstation", sagte der Chefarzt nicht ohne Stolz. Damals habe ich nicht ahnen können, dass ich ein dreiviertel Jahr später diese Intensiv-Abteilung einrichten und hier auch den ersten Cava-Katheter des Landkreises legen würde.

Ich war vom Krankenhaus und besonders von der hier herrschenden freundlichen Atmosphäre sehr eingenommen und beeindruckt, fragte aber vorsichtshalber „Herr Chefarzt, wir haben schon vieles besprochen, nur nicht davon, warum ich hier bin".

„Ach ja, das habe ich ganz vergessen, aber was für eine Frage, natürlich sind Sie herzlich willkommen und zwar zum 01.01.1967." Ich musste in diesem Augenblick an meinen Vorstellungstermin in Freudenstadt denken, welch ein Unterschied!

„ Bitte, kommen Sie noch zu meinem Chefarzt-Kollegen, Herrn Dr. Ernst. Er ist der Chirurg, und mit ihm werden Sie auch ziemlich viel zu tun bekommen"

Ich muss hierzu anmerken, dass dieser Chef-Chirurg, wie ich später erfuhr, ein echter Kriegschirurg war und im Zweiten Weltkrieg mit der letzten Maschine aus Stalingrad hinausgeflogen wurde. Ein echter Könner aber auch ein Haudegen und Draufgänger. Wir haben uns glänzend verstanden, er hat mir viel Freiheit eingeräumt, und sicherlich bin auch durch ihn und seinen Oberarzt endgültig zur Anästhesie gekommen. Ich wollte immer Chirurg werden, aber zum Schluss war ich doch bei der Anästhesie viel glücklicher. Während meines beruflichen Werdegangs kam ich nie von der Intensivmedizin los, und meine Habilitationsarbeit an der Universität Ulm hatte ich auch über künstliche Ernährung und Spurelementenforschung in der Intensivmedizin angefertigt, die ich dann aber nie eingereicht habe. Das Leben spielt manchmal seltsame Kapriolen, und ich habe entgegen dem Rat meines damaligen Chefs, Prof. Ahnefeld, eine gut dotierte Chefarztposition gewählt.

Trotzdem, meine medizinischen Wurzeln stammten aus Tirschenreuth. Nach der Krankenhaus Besichtigung bin ich mit dem Verwalter des Hauses zu unserem zukünftigen Familiendomizil gegangen, wo wir in Zukunft wohnen würden. Es war ein Zweifamilienhaus, die Vermieter, Familie Ott, wohnten im ersten Stock, und wir würden in die freie Ergeschosswohnung ziehen. Drei große Zimmer, ein Bad mit Wanne und eine große Küche, in der allerdings nur ein Elektroherd vorhanden war. Frau Ott fragte mich ängstlich, ob wir mit der Badewasser-Heizung zurecht kommen würden.

„Wissen Sie, Herr Doktor, (obzwar ich noch keiner war) wenn Sie baden wollen, dann müssen Sie den Ofen erst einheizen, da Sie sonst kein warmes Wasser haben."

Dieser Ofen bestand aus einem Kupferkessel von gut 40 Liter Inhalt, und das Aufheizen des Badewassers war doch etwas gewöhnungsbedürftig Ich hatte jedoch ganz andere Sorgen: Wie sollten wir diese riesige Wohnung einrichten, da wir doch nur ein Kinderbett, ein paar kleine Bücherregale und einen Kühlschrank besaßen, schließlich hatten wir bisher in möblierten Zimmern zur Untermiete gewohnt..

Unser Vermieter fragte vorsichtshalber, wieviel Platz wohl unser Umzugs-LKW benötigen würde, da er dann Schilder auf der Straße aufstellen müsste. Ich antwortete: „Wir brauchen keine Schilder, da unser gesamtes Hab und Gut in eine 1 Kubikmeter große Bundesbahn-Kiste passen wird, die man sogar im Garten abstellen kann". Da gab es ein großes Erstaunen, ein Doktor, der nichts hat. Gibt es denn so etwas? Richtig mitleidig haben sie uns angesehen, der arme Doktor.

Am nächsten Morgen fuhr ich wieder nach Freiburg zurück, um meine Examen fortzusetzen.

Auf mich wartete eine erfreuliche Überraschung: Kaum zu Hause angekommen erhielt ich einen Anruf meines Assistenz-Doktorvaters mit der Nachricht, dass meine zweite wissenschaftliche Veröffentlichung in der Zeitschrift „Die medizinische Welt" unter dem Titel: „Neue Hämometer für die Praxis II." erschienen ist. Ich war glücklich und natürlich stolz. Ich und Wissenschaft und Publikation, also unfassbar.

Es folgten weitere Examen wie Anatomie; Pharmakologie und Augenheilkunde. Leider wurde ‚aus prüfungstechnischem Grund' - was das ist konnten wir nicht eruieren - die letzte Prüfung auf den 25. November verschoben. Das heißt, die gesamten medizinischen Examen dauerten vom 20.Juli bis zum 25.November, sage und schreibe 4 Monate lang. Umso mehr freuten wir uns, als der letzte Tag anbrach. Um ehrlich zu sein, wir waren alle kräftemäßig erschöpft, und das letzte Fach, die Gerichtsmedizin, war nicht unsere stärkste Seite. Umso mehr waren wir positiv überrascht über Herrn Professor Spann, ein junger, sehr angenehmer und sympathischer Mann, dem wahrscheinlich unsere Erschöpfung bewusst war, denn kaum eine Stunde später hatten wir die letzte Hürde hinter uns gebracht.

Genau um 10.15 Uhr traten wir aus dem Institut hinaus und brüllten - wie abgesprochen - „ich bin Arzt"! Es war ein unglaubliches Gefühl: Glück, Müdigkeit, Freude, ein wenig Wehmut und vielleicht eine gewisse Fassungslosigkeit. Ich setzte mich auf die Treppe des Instituts und starrte vor mich hin, und in diesem Augenblick liefen die 6 Jahre Studienzeit an mir vorüber wie eine Fata Morgana. 6 Jahre Studium, davon 1 Jahr Beurlaubung, da ich kein Geld mehr hatte, um weiter studieren zu können, unendlich viel Schufterei, Verzicht und nicht selten Hunger und Depressionen, und jetzt am Ziel, unfassbar! Plötzlich rüttelte mich Karlheinz an meiner Schulter: „He, was ist mit Dir, Herr Doktor?"

„Ach, ich fasse es nicht, ich bin völlig durcheinander, lieber Karlheinz"

‚Also, bitte den Kopf gut ausschütteln, und dann geht's so richtig zum Saufen, also, los!"

Es kam dann wirklich so, wie sollte es auch anders sein, wir feierten mit unseren Frauen zusammen bis morgens um 4 Uhr. Am nächsten Tag ging die Feier bei meinen ungarischen Freunden weiter, mit Gulasch (Pörkölt) und Rotwein. Einige waren wohl etwas neidisch, da sie zwar auch Medizin studierten und wir zur gleichen Zeit begonnen hatten, ihnen aber zum Schluss der Mut gefehlt hatte, zum Examen anzutreten.

Damit ich rechtzeitig meine Stelle in Tirschenreuth antreten konnte, mussten wir schon in den nächsten Tagen von Freiburg Abschied nehmen und mit Kind und Hab und Gut die lange Reise antreten.

In Tirschenreuth angekommen ging ich sofort zu meinem zukünftigen Chefarzt, um mich anzumelden. Er war hoch erfreut, gratulierte mir zu meinem Examen und begrüßte mich mit bayerischer Herzlichkeit, das heißt mit einem anständigen Bier.

Als ich das Krankenhaus verlassen hatte, drehte ich mich kurz um und dachte in diesem Augenblick „oh Gott, was erwartet Dich hier in Zukunft"

Herr Doktor, was nun?

Nachwort.

Nach mehreren Jahre Schreibarbeit und nicht wenigen Recherchen und vor allem nach vielem Nachdenken habe ich diese Aufzeichnungen endlich beendet. Sicherlich fühlt man beim Erreichen eines selbstgesetzten Zieles befreit und froh, aber ich bin gleichzeitig unsicher und frage mich, wer sich wohl dafür interessieren wird, schließlich ist es keine wissenschaftliche Abhandlung sondern eine Autobiographie und auch dies nur zum Teil. Ein Lebensabschnitt von nur 26 Jahren, doch gerade diese Zeitspanne prägte und formte den alleinstehenden Flüchtling und seinen künftigen Werdegang in einem fremden Land.

Auf einem stabilen Fundament kann man auch gut bauen.

Dieses Fundament wurde - mit vielen Ecken und Kanten - in den ersten 26 Jahren gelegt, und im Nachhinein kann man ruhig behaupten, dass es ein stabiles und gut erstelltes Fundament geworden ist. Für den Titel meiner Aufzeichnungen habe ich den Titel ‚Wellenreiter' gewählt, obzwar ich selbst noch nie auf einem Surfbrett gestanden habe. Andererseits hat es mich immer fasziniert, wie man auf einem derart instabilen Stück Brett jonglieren kann ohne in die bewegten Wassermassen zu fallen und trotz aller Widrigkeiten elegant über der Wasserfläche zu gleiten. Man muss auch zugeben, dass so manche Surferversuche kläglich gescheitert sind. Wer es jedoch trotz allem schaffte, dem blieb ein unvergessliches Erlebnis und der Wunsch oder auch Zwang zum nächsten Wellenreiten. Welch fantastische Allegorie ist das für unser Leben: Ein ewiges Auf und Ab, ständige Risiken und Ängste und dann plötzliche Freude über Erfolge und die Ermunterung zum Weiterkämpfen. Ja, man kann ruhig behaupten, dass diese ersten 26 Jahre, diese Ouvertüre, nur ein Bruchteil des Lebens gewesen ist. Als ich jetzt am Ende meiner Aufzeichnungen auf alles Erreichte zurückblicke, da muss ich zugeben, dass ich das damals nie in meinen künsten Träumen zu hoffen gewagt hatte. Wellenreiten nach unten, dann aber wieder nach oben, mal unsicher taumelnd am Rande des Absturzes und dann siegessicher strahlend zum Ufer gleitend. Natürlich gilt auch hier das allgemeine Gesetz: Nur wer wagt, der gewinnt. Ein altes Sprichwort ist hier wortwörtlich gültig „Wasch mich, aber mach mich nicht nass." Man wird schon ordentlich nass, aber das ist eben der Preis für den Erfolg, den jeder zahlen muss: Man wird häufig sogar sehr nass!

Ich pflegte meinen Patienten immer zu sagen - wenn sie mich nach dem Sinn des Lebens befragten, häufig mit dem Unterton von Angst vor dem Tod: Das

Leben ist wie ein Mosaikbild, das man ein Leben lang aufbaut. Die einzelnen Mosaiksteine sind deine Erlebnisse, und am Lebensabend, wenn du im Schaukelstuhl sitzend das von dir gemachte Bild betrachtest, dann kannst du feststellen, was du im Leben geschafft hast; hast du deine Lebensziele erreicht und sind sie mit Schönem versehen, dann bist du zufrieden und glücklich und brauchst dich beim Abschied von dieser Welt nicht zu fürchten. Denke deshalb zu jeder Zeit in deinem Leben an dein Werk, an dein eigenes Mosaikbild. Sammle wertvolle Steine, die in dein Bild hineinpassen.

Ich habe auch darüber nachgedacht, ob ich diese Geschichte weiter schreibe, weil doch automatisch die Frage auftaucht ‚na und, wie geht es weiter?'. Ging es aufwärts auf der Karriereleiter oder geriet man in den Hafen der Selbstzufriedenheit mit einem bürgerlich stillen Leben. Am Anfang dachte ich auch: Examen, sicherer Arbeitsplatz, und glückliche Familie. Aber gerade der sichere Arbeitsplatz blieb für mich eine ständige Herausforderung. Ich habe sehr schnell erkannt, dass die Herausforderungen und das Weiterkommen für einen Flüchtling doppelt so schwer sind wie für einen Einheimischen. Das ist verständlich und für einen Ausländer völlig normal, doch dafür muss man auch doppelt so viel arbeiten und wissen wie ein einheimischer Bürger.

Hier beginnt eine unheilvolle Spirale, aus der es kein Entrinnen gibt. „Nur wer sein Bestes gibt, wird auch das Beste bekommen", sagt Georg Wilhelm Exter.

Oder: „Das Gefühl, das damit verbunden ist etwas zu erreichen, macht süchtig. Menschen, die daran gewöhnt sind etwas zu leisten, finden es immer sehr schwierig, mal aus diesem Muster auszuscheren, denn das hält sie am Laufen." (Emma Thopson)

Ich glaube, so war es auch. Wenn ich heute die junge Generation betrachte, so ist ihre Einstellung zum Beruf wesentlich lockerer als in unserer Zeit, und vor allem wesentlich familienfreundlicher. Ich bedaure es retrospektiv, und weiß auch, dass ich mich wesentlich mehr um meine Familie hätte kümmern müssen, aber beides: Karriere und zufriedene Familie geht sehr schwer zusammen. Zu Beginn meiner Assistentenzeit, in der die Herausforderungen noch nicht so stark waren, ging es einigermaßen, aber die ersten Zeichen der Spirale kamen auch hier schon zum Vorschein. Später, bei der Facharzt-Ausbildung, wurde es immer stärker, und als ich in der Universität beschäftigt war und ich mir das Ziel Habilitation gesetzt hatte, da war der unerbittliche Arbeitskampf in vollem Gange. Ich wollte, wie schon erwähnt, meine weiteren Erfahrungen aufschreiben, entschloss mich aber dazu, im

Nachwort nur am Rande die einzelnen Stationen zu beschreiben, die ich der Vita am Ende meines Buches hinzugefügt habe, so dass sich der Leser daran orientieren kann, was „nachher" war.

1967 – 1968 Medizinalassistent am Kreiskrankenhaus Tirschenreuth.

1970 Wissenschaftlicher Assistent in der experimentellen Pharmakologie der Asta Werke Bielefeld. Assistenzarzt in der Inneren Abteilung (Nephrologie) und in der der Anästhesie-Abteilung des Kreiskrankenhauses Detmold.

1971 Funktionsoberarzt der Anästhesie-Abteilung des Kreiskrankenhauses Detmold.

1971 – 1973 Assistenzarzt in der Anästhesie-Abteilung des Universitätsklinikums Ulm.

1973 Facharzt für Anästhesie.

1973 Leiter der experimentellen Anästhesie des Universitätsklinikums Ulm.

1973 – 1975 Chefarzt der Anästhesie-Abteilung im Elisabeth Krankenhaus Rheydt.

1976 – 1998 Niedergelassener Allgemeinarzt in eigener Praxis in Freyung (Bayerischer Wald).

1977 Facharzt für Allgemeinmedizin. Zusatzbezeichnung Betriebsmedizin.

1977 – 1997 Betriebsarzt der Wolfsteiner Werkstätten für Behinderte in Freyung (Bayerischer Wald).

1980 Zusatzbezeichnung Naturheilverfahren.

1988 Zusatzbezeichnung Homöopathie.

1990 – 2009 Notarzt im Rückholdienst / Flugrepatriierung des ADAC.

1999 – 2004 Vorsitzender des medizinischen Beirats der Torre GmbH Ganzheitliche Pharmazie.

2000 – 2004 Leiter der Akademie für Regulationspharmazie der Torre GmbH.

2001 – 2009 Notarzt im Intensivtransport der Malteser Hilfsdienst gGmbH Berlin.

2004 – 2007 Ärztlicher Leiter Rettungsdienst der Malteser Hilfsdienst gGmbH Berlin.

2007 – 2010 Managing Partner der PATEROK & FODOR International Consulting GbR.

2008 – 2010 Ärztlicher Geschäftsführer der HEALTH+ESCORT GmbH & Co. KG.

2009 – 2010 Honorararzt an den Oberbergkliniken in Berlin/Brandenburg.

Natürlich habe ich neben dem o.g. auch zahlreiche ehrenamtliche und wissenschaftliche Tätigkeiten ausgeübt wie:

1980 – 1995 Organisation von 30 ärztlichen Fortbildungskongressen des Zentralverbandes der Ärzte für Naturheilverfahren e.V. mit durchschnittlicher Teilnehmerzahl von 1.800 Ärzten.

1981 – 2003 Dozent für Naturheilverfahren und Seminarleiter für Sauerstofftherapie beim Zentralverband der Ärzte für Naturheilverfahren e.V.

1981 – 2001 Gastreferent des Katholischen Kreisbildungswerkes des Landkreises Freyung- Grafenau.

1981 – 2002 Ausbildungsarzt des Malteser Hilfsdienstes, Diözese Passau.

1983 – 1995 Schriftleiter der ‚Ärztezeitschrift für Naturheilverfahren'.

Umfangreiche Vortragstätigkeiten in Deutschland, Österreich, Schweiz, Italien, Ungarn, Japan, Korea und Mexiko. Verfasser von mehr als 100 wissenschaftlichen Arbeiten. Autor und Koautor mehrerer medizinischer Fachbücher. Gründer und Herausgeber eines Lehrbuchs für Sauerstofftherapie.

Ehrenamtliche Tätigkeiten:

seit 1967 Mitglied der deutschen Ärztekammer.

1968 – 1976 Mitglied der Deutschen Gesellschaft für Anästhesie e.V.

1977 – 2010 Freiwilliger Arzt beim Malteser Hilfsdienst, Diözese Passau.

1991 – 2000 Bereitschaftsarzt (Chefarzt) beim Malteser Hilfsdienst, Landkreis Freyung-Grafenau.

1981 – 2000 Gründer und Erster Vorsitzender des Kneipp-Vereins im Landkreis Freyung-Grafenau.

1981 – 1995 Vorstandsmitglied des Zentralverbandes der Ärzte für Naturheilverfahren e.V.

1990 – 1995 Ärztlicher Geschäftsführer des Zentralverbandes der Ärzte für Naturheilverfahren e.V.

1985 – 1988 Gründer und Präsident der Internationalen Ärztegesellschaft für Sauerstofftherapie und Forschung e.V.

1985 – 1995 Mitglied des wissenschaftlichen Beirats der Deutschen Gesellschaft zur Förderung der medizinischen Diagnostik e.V.

1990 – 2005 Mitbegründer und Vorstandsmitglied des rumänischen Krankenhaus-Kuratoriums Heilige-Kreuz-Stephanie in Tirgu Secuiesc, Siebenbürgen (Rumänien).

1991 – 2000 Mitbegründer und stellvertretender Vorsitzender der Deutsch-Ungarischen Ärztegesellschaft für Naturheilverfahren.

seit 1992 Ehrenpräsident der Internationalen Ärztegesellschaft für Sauerstofftherapie und Forschung e.V.

seit 1995 Malteser-Sektion in Sopron (Ungarn), Gründer und Vorsitzender bis 2000, seit 2000 Vorstandsmitglied.

1998 – 2005 Stellvertretender Vorsitzender der Internationalen Ärztegesellschaft für Sauerstofftherapie und Forschung e.V.

2000 – 2005 Diözesanarzt des Malteser Hilfsdienstes, Diözese Passau.

seit 2002 Ehrenvorsitzender des Kneippvereins Freyung-Grafenau.

seit 2005 Ungarnbeauftragter des Malteser Hilfsdienstes, Diözese Passau.

2005 – 2007 Diözesanarzt (Landesarzt Berlin, Brandenburg, Vorpommern) des Malteser Hilfsdienstes, Erzdiözese Berlin.

seit 2007 Mitglied der Deutsch-Ungarischen Gesellschaft in der Bundesrepublik Deutschland e.V.

seit 2008 Mitglied des Freundeskreis Europa Berlin e.V., bis 2010 Vorstandsmitglied.

2008-2016 Vorstandsmitglied der Burg Kastl Alumni e.V.

Seit 2008 Bundeshauptstadt-Beauftragter und Mitglied des Präsidiums der Deutsch-Ungarischen Gesellschaft in der Bundesrepublik Deutschland e.V.

Nach dieser Aufzählung, die vielleicht manchen Leser ermüdet hat - aber diese Daten gehören eben auch zur Biographie - komme ich zu den letzten Auszeichnungen, die ich mit gewissem Stolz gern nenne, weil jeder Mensch nun mal seine „Streichel-Einheiten" braucht:

Auszeichnungen:

1980 Ehrenmedaille von Papst Johannes Paul II.

1980 Ehrenmedaille der Stadt Freudenstadt in Silber.

1990 Ehrennadel des Zentralverbandes der Ärzte für Naturheilverfahren e.V. in Gold.

1990 Malteser-Plakette in Bronze.

1994 Ehrenurkunde des Kuratoriums Heilige Kreuz Stephanie Tirgu Secuiesc, Siebenbürgen (Rumänien).

1995 Malteser-Plakette in Silber.

1997 Verdienstkreuz am Bande des Verdienstordens der Bundesrepublik Deutschland.

2000 Medaille Sovrano Militare Ordine di Malta Roma.

2000 Malteser Plakette in Gold.

2001 Ehrenurkunde des Bayerischen Wald-Vereins.

2006 Ehrennadel des Kneipp-Bundes e.V. in Silber.

2006 Malteser Einsatzspange Benedikt XVI.

2014 Ritterkreuz des Verdienstordens der Republik Ungarn

2016 Ehrenmedaille von Veszprém/Ungarn

2016 Ehrenmedaille Sopronért Sopron /Ungarn

Ich glaube, damit habe ich es vollbracht. Endlich ist mein Buch fertig. Ich bin am Gipfel des schwer zu besteigenden Berges angekommen, und nun erweist sich der Abstieg als ebenso schwierig: Zahlreiche Fragen werden mich noch quälen, so wie ‚war es überhaupt notwendig, das alles zu Papier bringen, habe ich eventuell doch bei dem einem oder anderen Ärger ausgelöst'? Wird mich vielleicht die Kritik zu sehr treffen, werde ich es bereuen überhaupt geschrieben zu haben?

Frage um Frage und ein Gefühl der Unsicherheit, ja sogar ein wenig Angst. Ich glaube, Dietrich Bonhoeffer hatte gewissermaßen recht:

" Den größten Fehler, den man im Leben machen kann, ist, immer Angst zu haben, einen Fehler zu machen." Wer Angst hat wird unsicher deshalb:

„Das Glück gehört denen, die sich selber genügen; denn alle äußeren Quellen des Glückes und Genusses sind, ihrer Natur nach, höchst unsicher, misslich, vergänglich und dem Zufall unterworfen." (Arthur Schopenhauer)

Als Schlusswort möchte ich Luc de Clapiers Vauvenargues zitieren:

„ Fasst man nicht auf, was man liest, so darf man sich nicht darauf versteifen, es verstehen zu wollen, sondern muss die Lektüre aufgeben, um sie an einem anderen Tage oder zu einer anderen Stunde wieder aufzunehmen, und man wird mühelos dem Autor folgen. Scharfblick wie Phantasie besitzt man nicht in jedem Augenblick. Nicht immer ist man gestimmt für eine fremde Geistesart."

Berlin 15.06.2019

Literatur:

Eva Orbán: Amit 56`-ról mindenkinek tudnia kell. Technika Alapítvány 2006

Az 1956-os forradalom eseményei a Veszprémi Vegyipari Egyetemen. Osservatorio Letterario 2006.

Bibliográfia az 1956-os forradalom és szabadságharc Veszprém ... A Veszprémi Vegyipari Egyetem Tanácsának és ifjúságának kiáltványa Veszprém. város

dolgozó népéhez = Veszprémi Népújság. (különkiadás) 1956. X. 25. ...
web.ekmk.hu/ekmk56/index4.html

Irányi Lászlo: Veszprémi Ipari Szakközépiskola és Gimnázium Jubileumi Évkönyve Prospektus Verlag Veszprém 1999

Németh Alajos: Papok a rács mögött Szent István Társulat az Apostoli Szentszék Könyvkiadója 1991 Budapest

Jozsef Kardinal Mindszenty: Erinnerungen 1974 Ullstein-Verlag

György Dalos: 1956 Der Aufstand in Ungarn BpB , C.H. Beck Verlag 2006

Dr Németh Alajos: Sopron könnyes-véres dátumai Verlag Hillebrand 1993

Kristo Gyula et all. Magyarország története elöidöktöl 2000-ig. Pannonica Verlag 2002

Assenmacher, Euler-Schmidt, Schäffke: 175 Jahre ... und immer wieder Karneval, Herausgegeben vom Festkomitee des Kölner Karnevals von 1823 e.V., Köln: Bouvier 1997, ISBN 3-416-02735-3,

Hildegard Brog: Was auch passiert: D'r Zoch kütt! Die Geschichte des rheinischen Karnevals. campus, Frankfurt / New York 2000,

Leifeld, Euler-Schmidt: Kölner Rosenmontagszug,

István Nemeskürty: Wir Ungarn Akadémiai Kiadó Budapest 1999

Paul Lendvai: Mein verspieltes Land ECOWIN Verlag 2010

Igor Janke: Viktor Órbán Schenk Verlag 2012

Joseph Ratzinger Benedikt XVI.: Gott und die Welt. Knaur Verlag 2005

Zoltán Nagymihály: A magyar csoda története. Mentor Kiadó 2014

Pritz Pál: Bádossy László Elektra Kiadóház 2001

Paul Lendvai: Die Ungarn. Ein Jahrtausend Sieger in Niederlagen C.Bertelsmann 1999

Michail Gorbatschow: Alles zu seiner Zeit. Hoffmann und Campe Verlag 2013

Walter Jaeschke: Hegel-Handbuch, Stuttgart 2003

Stephen E. Ambrose: The Wild Blue, The Men and Boys who flew the B-245 over Germany. 1999.

Edith Oltay: FIDESZ and the Reinvention oft he Hungaran Center-Right Századvég Kiadó 2012

Thomas Sakmyster: Admirális fehér lovon Helikon Kiadó 2001